KB069039

제 6 판

비교정치

신명순 · 진영재

박영사

VERY SUSTAINABLE

16.2	Finland	(179) ▼
16.6	Norway	(178) ▼
18.0	Iceland	(177) ▼
18.4	New Zealand	(176) ▼
18.8	Denmark	(175) ▼
19.9	Switzerland	(174) ▼

SUSTAINABLE

21.1	Luxembourg	(173) ▼
21.4	Sweden	(172) ▼
21.7	Canada	(171) ▼
21.8	Australia	(170) ▼
22.2	Ireland	(169) ▼
24.1	Netherlands	(168) ▼
24.8	Germany	(167) ▼
26.1	Austria	(166) ▼
26.6	Singapore	(165) ▼
26.8	Portugal	(164) ▼
28.2	Slovenia	(163) ▼

VERY STABLE

31.0	Belgium	(162) ▼
32.2	Japan	(161) ▲
32.5	France	(=159) ▼
32.5	South Korea	(=159) ▼
35.9	Uruguay	(158) ▼
36.2	Malta	(157) ▼
38.1	Mauritius	(156) ▼
38.7	Lithuania	(155) ▼
39.0	Slovak Republic	(154) ▼
39.3	Czechia	(153) ▼
39.5	Estonia	(152) ▼

MORE STABLE

40.3	United Arab Emirates	(151) ▼
41.5	United Kingdom	(150) ▼
42.5	Costa Rica	(149) ▼
43.0	Israel	(148)
43.1	Poland	(147) ▼
44.0	Latvia	(146) ▼
44.1	Chile	(=144) ▼
44.1	Qatar	(=144) ▼
44.6	United States	(143) ▼
44.8	Spain	(142) ▼
45.2	Italy	(141) ▼
47.0	Barbados	(140) ▼
48.7	Panama	(139) ▼
49.8	Croatia	(138) ▼

MORE STABLE

50.1	Argentina	(137) ▼
50.4	Oman	(136) ▼
51.0	Romania	(135) ▼
51.1	Hungary	(134) ▼
51.6	Bulgaria	(133) ▼
52.3	Mongolia	(132) ▼
52.4	Bahamas	(131) ▼
52.9	Trinidad and Tobago	(=129) ▼
52.9	Kuwait	(=129) ▼
54.5	Greece	(128) ▼
54.9	Antigua and Barbuda	(127) ▼
56.1	Grenada	(126) ▼
56.3	Brunei Darussalam	(=124) ▲
56.3	Seychelles	(=124) ▼
56.9	Malaysia	(123) ▲
57.0	Botswana	(122) ▲
57.4	Cyprus	(121) ▼
58.5	Montenegro	(120) ▼
59.0	Albania	(119) ▼
59.5	Cuba	(118) ▼

WARNING

61.2	Jamaica	(=116) ▼
61.2	Kazakhstan	(=116) ▼
61.5	Suriname	(115) ▼
63.3	Vietnam	(114) ▲
63.9	Ghana	(113) ▲
64.2	Cabo Verde	(=110) ▲
64.2	Samoa	(=110) ▼
64.2	Belize	(=110) ▼
64.3	Namibia	(109) ▲
64.5	North Macedonia	(108) ▼
64.7	Dominican Republic	(107) ▼
66.1	Guyana	(106) ▼
66.4	Paraguay	(105) ▼
66.7	Bahrain	(104) ▼
67.0	Moldova	(103) ▼
67.4	Gabon	(=101) ▲
67.4	Serbia	(=101) ▼
67.6	Maldives	(=99) ▼
67.6	Indonesia	(=99) ▲
68.0	Belarus	(98) ▼
68.2	Turkmenistan	(97) ▲
68.3	Bhutan	(96) ▲
68.9	China	(95) ▲
69.2	Tunisia	(94) ▼
69.7	Saudi Arabia	(93) ▼
69.8	Armenia	(=91) ▼
69.8	Ukraine	(=91) ▼
69.9	Mexico	(90) ▼

ELEVATED WARNING

	70.0	South Africa (89) ▲
	70.4	Fiji (88) ▼
	70.9	Thailand (87) ▼
	71.2	Ecuador (86) ▼
	71.4	Peru (85) ▼
	71.5	Morocco (=83) ▼
	71.5	Sao Tome and Principe (=83) ▼
	71.6	El Salvador (82) ▼
	71.7	Micronesia (81) ▼
	72.0	Uzbekistan (80) ▲
	72.6	Georgia (79) ▼
	72.8	Benin (78) ▼
	72.9	Bosnia and Herzegovina (77) ▼
	73.4	Senegal (76) ▲
	73.6	Russia (=74) ▼
	73.6	Algeria (=74) ▲
	74.9	Bolivia (73) ▲
	75.1	Tajikistan (=71) ▲
	75.1	Azerbaijan (=71) ▼
	75.8	Brazil (70) ▼
	76.0	Laos (69) ▲
	76.4	Kyrgyzstan (68) ▼
	76.8	Jordan (67) ▼
	77.0	India (66) ▼
	77.1	Nicaragua (65) =
	77.9	Lesotho (64) ▲
	79.3	Colombia (=61) ▼
	79.3	Tanzania (=61) ▼
	79.3	Solomon Islands (=61) ▲
	79.4	Honduras (=59) ▼
	79.4	Guatemala (=59) ▼
	79.5	Madagascar (58) =
	79.7	Turkey (57) ▼

HIGH WARNING

	80.5	The Gambia (=55) ▲
	80.5	Sri Lanka (=55) ▲
	80.6	Cambodia (54) ▼
	80.9	Papua New Guinea (=52) ▲
	80.9	Timor-Leste (=52) ▲
	82.2	Nepal (51) ▲
	82.4	Djibouti (=49) ▲
	82.4	Philippines (=49) ▼
	82.5	Comoros (=47) ▼
	82.5	Eswatini (=47) ▲
	83.2	Malawi (46) ▲
	83.4	Sierra Leone (45) ▲
	84.1	Equatorial Guinea (44) ▼
	84.5	Iran (43) ▼
	84.9	Zambia (42) ▼
	85.0	Rwanda (=39) ▲
	85.0	Bangladesh (=39) ▲
	85.0	Egypt (=39) ▲
	85.1	Togo (38) ▲
	86.0	Palestine (37)
	87.1	Burkina Faso (36) ▼
	89.0	Lebanon (=34) ▼
	89.0	Angola (=34) ▼
	89.1	Mauritania (33) ▼
	89.2	Kenya (32) ▲
	89.5	Liberia (31) ▲

ALERT

	90.0	North Korea (30) ▲
	90.5	Pakistan (29) ▲
	90.7	Côte d'Ivoire (28) ▼
	92.0	Guinea-Bissau (27) ▲
	92.4	Congo (Republic) (26) ▼
	92.6	Venezuela (25) ▼
	92.9	Uganda (24) ▼
	93.8	Myanmar (23) ▲
	93.9	Mozambique (22) ▼
	96.0	Niger (21) ▼
	96.2	Iraq (20) ▼
	96.6	Mali (19) ▼
	97.0	Libya (=17) ▼
	97.0	Eritrea (=17) ▼
	97.1	Burundi (16) ▲
	97.2	Cameroon (15) ▼
	97.4	Guinea (14) ▼
	97.5	Haiti (13) ▲
	98.0	Nigeria (12) ▼
	99.0	Ethiopia (11) ▼
	99.1	Zimbabwe (10) ▲

HIGH ALERT

	102.1	Afghanistan (9) ▲
	105.2	Sudan (8) ▼
	105.8	Chad (7) ▲
	107.0	Central African Republic (6) ▲
	108.4	Congo (Democratic Republic) (5) ▲
	109.4	South Sudan (4) ▲

VERY HIGH ALERT

	110.7	Syria (3) =
	110.9	Somalia (2) =
	111.7	Yemen (1) ▲

*자료출처: The Fund for Peace, Fragile States Index 2021. (Washington D.C.: Fund for Peace) (2021)

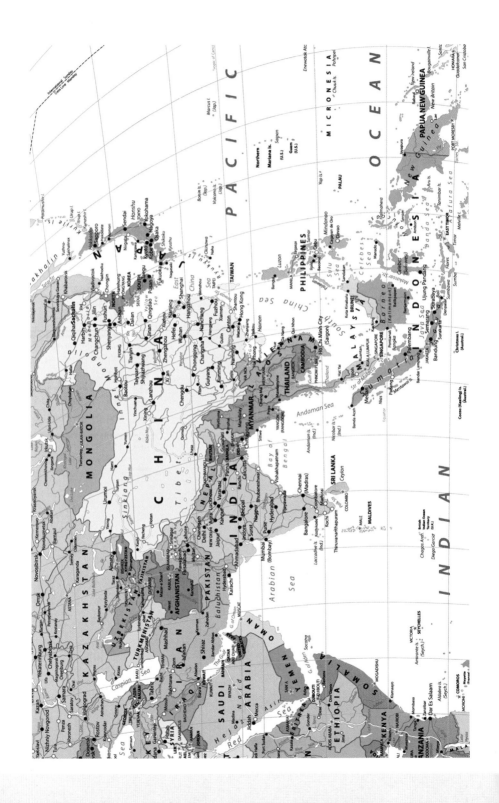

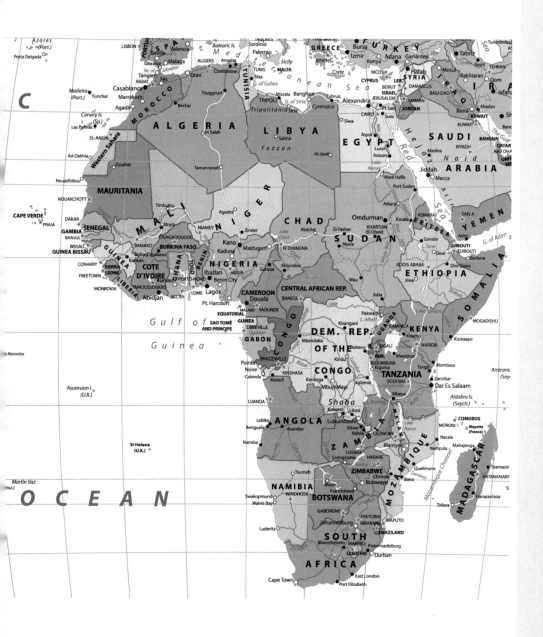

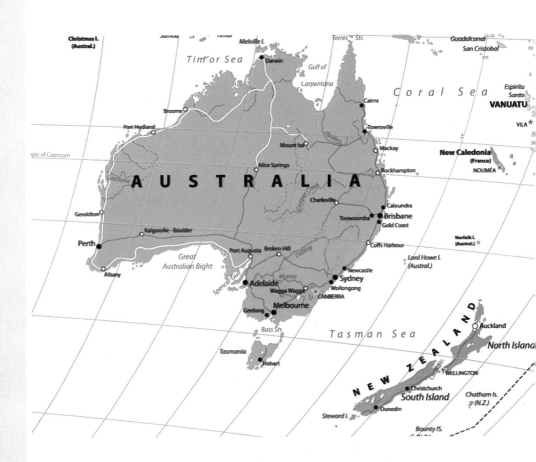

　2022년에 6판을 출간한다. 6판에서는 도표를 자료가 허락하는 범위에서 업데이트하였다. 특히, 제9장 '정치경제' 부분의 도표들은 독자들의 시의적 필요성 및 가변성의 수준을 고려하여 2022년 5월의 시점을 기준으로 모두 업데이트하였다. 분량으로 내용의 중요성이 결정될 수 없다. 필자들은 비교정치를 보다 총체적으로 완성도 있게 이해하기 위한 장으로서 '정치경제' 부분을 포함시켰다. 인간의 원초적 관심은 "먹고 사는 문제"이며, 연장선상에서 "인간다운 삶을 제공하는 살기 좋은 세상이란 어떤 체제인가"라는 문제와 연결된다. "행복지수"와 "인간개발지수" 등의 도표는 이러한 맥락에서 제공된 것이다. 비교정치 학습의 목적이 "민주주의 성취 수준"에 대한 이해와 "어떻게 민주주의 성취의 수준을 높일 것인가"에 대한 고민이라고 볼 수 있으며, 민주주의 성취 수준을 다면적으로 이해하기 위해서는 "살기 좋은 세상이란 어떤 것인가"에 대한 종합적 차원의 고민이 필요하다. 이러한 점에서, 국가, 헌법, 정부형태, 정당, 의회, 선거, 제도, 문화를 논하는 것에 덧붙여서 지구촌 인간사회의 먹고 사는 문제에 관한 논의의 장으로 '정치경제'를 본 저서에 포함시켰다.

　6판에서 국가별 비교로 제공된 모든 도표는 해당 내용의 이해를 돕기 위하여 엄선한 것이다. 제공된 도표들을 통하여, 독자들이 지구촌 국가들의 전체 상황에 대한 통찰력을 갖는데 도움이 되었으면 한다.

　본 저서에 실린 많은 도표의 변화상황을 편집하는 지루한 과정에서 수고하여 주신 박영사 전채린 차장님께 감사드린다.

2022년 8월 5일

저자 신명순, 진영재 씀

2019년에 『비교정치』 5판을 출간한다. 2016년 4판 이후 3년만이
다. 『비교정치』 5판은 특히 국가, 정부형태, 정치문화, 선거와 선거정
치 부분을 부분적으로 보완하였다. 지난 3년 동안 국가 이름이 변경
된 경우를 포함하였고, 변경된 제도들이 확인된 경우에는 이를 반영
하며 연관 내용들을 보정하였다. 비교정치를 수강하였던 학생들과 4
판을 구입하였던 독자들로부터 질문들이 있었고, 이를 반영하여 보충
설명이나 표현 등을 보정하면서 내용을 수정하였다.

SNS시대에 세상은 급변하고 있고 수없이 많은 사건과 사고들이
난무하고 있다. 『비교정치』에서 수없이 많은 국가들에 대한 형식, 제
도, 내용 등을 공부하느니 시사 문제들을 다양하게 접하면서 자신의
생각을 정리하는 것이 급변하는 세상 속에서 정치에 대한 이해를 향
상시키는데 더 도움이 된다고 생각하는 사람들도 있다. 그러나 『비교
정치』에 소개된 내용들은 다양하고 변화무쌍하게 진행되는 정치현상
을 제대로 이해하고 해석하기 위한 출발점이자 토대이다. 비교정치학
에 대한 정확한 지식을 결여한 상태에서 정치현상에 대한 올바른 이
해나 평가가 있을 수 없다. 저자들은 『비교정치』의 내용들을 단순하
게 지식을 확장하기 위한 것으로 정리한 것이 아니라, 급변하는 시대
상황을 제대로 해석하면서 더 나은 세상을 만들어 가기 위해 현실에
활용할 수 있는 지식으로 제공한 것이다. 단순히 관념적인 정치이론
만으로는 정치현상을 정확히 해석하기 어려우며, 국가들의 개별 상황,
역사, 제도 등에 대한 복합적 지식을 갖는 것이 필요하다. 따라서 저
자들은 책을 집필함에 있어 독자들이 활용할 수 있는 지식을 제공하
여야 한다는 보다 실용적인 목적을 염두에 두었다.

비교정치 저술과정은 세계의 모든 국가들을 대상으로 하느니 만
치 방대한 작업이다. 독자들이 최대한의 실용적 효과를 거둘 수 있도
록 다양한 제도들을 선별하고 정리하여 기술하였다. 현재의 상황으로
내용을 업데이트하되, 필요한 곳에선 오히려 과거의 역사적 배경과
상황으로써 현재의 상황을 이해하는 데 도움이 되도록 노력하였다.
필자들이 선별하여 제시한 국가간 비교도표들은 응집된 정보의 반영

물이니만치, 독자들께서는 이들을 음미하면서 또 다른 상황들을 이해하는 데 충분히 활용해 주었으면 한다.

저자들은 독자들의 다양한 비판을 겸허히 수용할 것이며 지속적으로 『비교정치』를 보완할 것이다. 5판을 보완하는 과정에서 도움을 준 양규식 군에게 고마움을 표한다. 양규식 군은 두 저자의 수업을 모두 수강하였기에 『비교정치』 5판이 보다 완성도를 높일 수 있도록 조언과 도움을 주었다. 번거롭게 반복된 책 편집과정에서 수고하여 준 전채린 과장과 표지 디자인을 완성하여 준 조아라 대리에게도 감사드린다.

2019년 7월 3일
신명순, 진영재

『비교정치』 4판을 신명순과 진영재의 공저로 출간한다. 4판은 신명순이 집필했던 전정판의 내용을 집약적으로 축약하면서 진영재 교수가 국가, 정치문화, 정치경제의 3개 장을 새로 집필 추가하여 모두 9개의 장으로 구성하였다.

정치적 사실들은 과거와 현재가 인과 관계로 얽혀 발전해 나간다. 따라서 정치 현상을 이해하기 위해서는 시대의 큰 흐름을 파악하면서, 그 시대의 흐름에 따라 정치체제, 정치제도, 정치문화의 특수성과 보편성을 현재의 입장에서 이해할 필요가 있다. 역사적 사건과 유산들은 모두 이 시대의 큰 흐름에 따라서 평가되며 의미를 지니게 된다. 시대의 흐름은 지구상에 존재하는 모든 국가들에 대한 지식과 정보를 통해서 파악될 수밖에 없다는 점에서 비교정치는 정치학의 중요한 부분이다.

이 책에서는 독자들에게 보다 많은 정치쟁점들과 정치현상들을 소개하면서 그러한 내용들의 단편성을 극복하고 유기적 연관성과 체계성을 지닌 상태에서 전달할 수 있도록 노력하였다. 동시에 저자들은 한국의 정치현안들에 중요한 의미를 갖는 다양한 국가비교지수들을 망라하여 소개함으로써 한국의 정치문제들을 해결하는 데 필요한 영감을 제시할 수 있도록 하였다. 독자들이 이 책을 통해 비교정치에 대한 보다 큰 학습효과를 얻게 되기를 희망하며 보다 넓은 세상에 눈 뜨기를 바란다. 부족한 부분은 독자들의 의견을 수렴하면서 지속적으로 보완해 나가고자 한다.

4판을 집필하는 데는 2016년도 2학기 연세대학교 정치외교학과 비교정치 수강생들과의 토론이 도움이 되었다. 자료정리와 사실관계 확인에 수고한 연세대학교 대학원 정치학과 석사과정의 박상현 조교와 양규식 조교에게 고마움을 전한다. 반복적인 원고 수정과 그래프 보완 작업에서 수고한 박영사 문선미 과장과 표지 디자이너 조아라 대리에게도 감사의 말을 전한다.

2017년 3월 1일
저자 신명순, 진영재 씀

　　개정판이 2006년 3월에 출판된 후 4년이 지나는 동안 세계 각국의
정치상황에는 많은 변화가 있었다. 이 책에서 다루는 주제들인 헌법,
연방제, 정부형태, 정당정치, 선거정치, 의회정치 영역에서 약간의
변화라도 없었던 국가는 거의 없는 듯하다. 이번 전정판에는 다음의
세 가지를 보완, 수정하였다. 첫째는 지난 4년간 세계 각국에서 있었던
중요한 정치변화를 최대한 보완하였다. 둘째는 개정판에 포함되지
않았던 새로운 주제와 관련 내용들을 보완하였다. 셋째는 개정판의
문장들을 수정하고 세부 목차의 순서를 조정하여 독자들의 이해에
도움이 되도록 하였다.

　　이 책이 비교정치학을 공부하는 학생들이나 연구자들에게 기여
하고자 하는 점은 세계의 197개국이 채택하고 있는 정치제도들에 관한
지식을 가지고 이러한 정치제도들이 실제 정치에 어떻게 적용되고
있는가를 알도록 하는 것이다. 이런 점에서 2010년 2월까지 진행된
각국의 중요 정치변화를 최대한으로 보완한 것은 제도나 이론을 바탕
으로 정치현실을 이해하는 데 도움이 될 것이다.

　　전정판에는 개정판에 없거나 부족하였던 다음의 내용들을 보완
하였다. 제3장 연방국가와 단일국가 중 제3절의 연방국가들 소개에서
모든 연방국가들에 관한 핵심 내용을 보완하였다. 제6장 선거와 선거
정치에는 제1절 선거의 역사, 제3절 선거의 시기와 선거운동기간, 투표
시간에 새로운 내용들을 보완하였으며, 제7장 의회와 의회정치에도
제2절 의회의 구성, 제3절 의회의원의 수, 제13절 여성의 의회진출
부분에 새로운 내용들을 대폭 보완하였다. 또한 개정판에서는 부록으로
다루었던 〈세계 각국의 주요 정치현황〉을 삭제하고 거기에 포함되었던
내용들을 본문의 해당 주제부분에 정리하여 포함시켰다. 이에 따라
제6장과 제7장의 본문 내용들이 대폭 보완되었다. 이 외에도 개정판의
문장을 수정하고 부족한 자료들을 보완하여 도표가 66개에서 75개로
증가하였다.

　　이 책에 정리한 도표들 중 많은 수는 저자가 세계 197개국의
자료들을 한 국가씩 조사한 후 주제에 따라 재분류하여 작성한 것들
이다. 이러한 도표에 포함된 자료들은 다른 저서나 출처들에서는
일목요연하게 정리된 상태로는 찾기 어려운 자료들이다. 이 도표들은

비교정치학을 공부하는 학생들에게도 도움이 되겠지만 비교정치연구자들도 세계의 모든 국가들이 채택하고 있는 정부형태, 정당, 선거, 의회와 관련된 주제와 현황을 알고자 할 때 쉽게 이용할 수 있는 유용한 자료가 될 것이다.

전정판의 표지는 정치학자들 중에서 우표로 발행된 학자들을 수집하여 디자인하였다. 정치학 교과서나 정치학과목 교육에서 주로 언급하는 정치학자들은 우표로 발행된 학자들이 많지 않아 사회과학자들 중에서 정치학에 관련된 저술을 남긴 학자들도 일부 포함하였다. 정치학을 공부하는 사람들에게는 기억에 남는 책표지가 되기를 기대한다.

2010년 2월 25일
저　　자

책을 처음 출간한 지 6년 6개월이 지났다. 그 오랜 기간 동안 부족한 내용이 많은 책을 교과서로 사용해 온 학생들에게 항상 미안한 마음을 가져왔다. 책의 잘못된 내용들을 수정하고, 부족한 부분들을 보충하고, 변경된 내용들을 보완하는 일을 불충분하나마 일부나마 하게 된 것이 기쁘면서도 한편으로는 송구스럽다.

6년이 넘는 기간 동안 세계 197개 국가들의 현실 정치는 너무 많은 것들이 변했다. 헌법, 정부형태, 선거제도, 의회정치, 정당정치들 중에서 어느 한 가지라도 변경하지 않은 국가는 거의 없음을 개정판을 내면서 재삼 확인했다. 이 개정판에서는 세계 각국의 정치제도나 현실 정치가 바뀐 것들을 최대한 보완했으며 본문에 반영하지 못한 내용들은 새로운 부록인 〈세계 각국의 주요 정치 현황〉에 포함시켰다. 이 부록은 세계 각국의 현재 정치를 파악하는 데 큰 도움이 될 것으로 기대한다.

개정판에는 제1장부터 제7장까지 모든 장들의 내용을 수정하거나 보완하였다. 제1장은 비교방법 논의에 사례연구를 추가하였다. 제2장은 기존의 내용들을 수정하고 재정리하여 읽는 사람들이 보다 쉽게 이해할 수 있도록 보완했다. 제3장도 기존 내용들을 수정, 재정리하였으며 각 연방국가에 대한 설명을 추가했다. 가장 많이 보완한 부분은 제4장의 정부형태이다. 이 장은 제목도 권력구조에서 정부형태로 바꾸면서 군주제, 입헌군주제 국가들에 대한 설명을 보충했다. 대통령제 국가들에서 대통령의 선출방법과 임기, 부통령, 내각제 국가들에서 대통령에 관한 내용들을 대폭 보완하였으며 기존의 내용들을 일목요연하게 재정리했다. 제5장의 정당과 정당정치는 기존 내용을 수정하는데 한정했다. 제6장 선거와 선거정치에서는 대부분의 절들에 새로운 내용을 추가하였으며 특히 선거제도 부분을 대폭 수정 보완했다. 이 장에는 일부 국가들에서 사용하고 있는 독특한 형태의 투표용지들도 새로 보충했다. 제7장의 의회와 의회정치는 새로운 내용의 추가보다는 기존 내용과 문장을 수정하는데 한정했다.

이 책에서 다루고 있는 주제들에 관련된 세계 각국의 정치자료들은 국내 최초의 정치박물관인 〈아고라: AGORA〉에 전시되어 있다. 세계 60여 개국 정치지도자, 선거, 의회, 정당 등에 관련된 정치자료

1천여 점과 세계 170여 개국의 정치지도자, 헌법, 정부형태, 선거, 정당 등에 관련된 4천여 점의 정치우표들을 전시하고 있는 정치박물관 〈아고라〉 관람은 이 책의 내용을 보완하는 유익한 현장교육이 될 것이다.

이번 개정판을 내면서도 미완성에 대한 아쉬움은 그대로 남는다. 초판의 내용에 비하면 정말 많은 부분들이 보완되고 수정되었지만 애초에 계획했던 많은 내용들을 이번에도 모두 보완하지 못한 것이 아쉽다. 다음번의 재개정판은 빠른 시일 내에 충실하게 보완할 것을 재삼 다짐한다.

2006년 2월 15일
헤이리의 정치박물관 〈아고라〉에서
저 자

저자가 비교정치론을 십여 년간 강의해 오면서 '비교정치는 정치학의 다른 분야에 비해 어렵고 또 무엇이 비교정치인지를 잘 모르겠다'는 이야기를 학생들로부터 들어 왔다. 비교정치가 정치학 중에서 어려운 분야가 아님에도 불구하고 학생들이 이렇게 생각하는 것은 강의의 내용을 이론과 방법론 중심으로 가르쳤기 때문이었다. 이 점은 비교정치론을 강의하는 다른 학자들도 마찬가지가 아닌가 생각한다. 생소하고 난해한 개념과 용어들로 가득찬 비교정치 분야의 각종 이론들이나 비교방법들은 정치학에 충분한 지식을 가지고 있는 연구자들에게나 소화가 될 수 있는 것이지 정치학을 처음 접하는 학부의 저학년들에게는 어려울 것임이 당연하다. 그럼에도 불구하고 저자를 포함한 우리 학계가 비교정치론을 이론이나 방법론 중심으로 가르쳐 온 것은 학자들이 박사학위과정에서 배운 새롭고 중요한 내용들을 학부생들에게 그대로 전수하고자 하는 과잉 의욕 때문이 아니었는가 생각된다.

비교정치론 강의가 이론 중심으로 진행되어 온 것은 우리 정치학계의 풍토와도 연관되어 있다. 현실정치의 상황이나 문제들을 체계적이고 깊이 있게 논의하고 이것을 학생들에게 강의하기보다는 외국에서 개발된 다양한 이론들을 소개하는 수준을 벗어나지 못하고 있는 것이 학계의 전반적인 풍토이다. 정치학을 학문으로 연구하는 학자들이나 대학원생들에게는 이론과 방법론이 필수적이지만, 학부생들에게는 비교정치가 대상으로 삼는 세계 각국의 현실정치와 다양하게 채택하고 있는 정치제도에 관한 지식을 갖는 것이 보다 더 유용하다. 또한 이론 중심으로 가르치는 비교정치론에서는 정치학에서 논의되는 거의 모든 이론들을 거론하게 되고 그러다 보면 정치학의 어디까지가 비교정치의 영역인지가 불분명해져 무엇이 비교정치인지를 파악하기가 어렵게 된다. 이 책은 비교정치학에 대한 이러한 오해와 혼란을 해소하기 위해 세계 각국이 채택하고 있는 정치제도와 이를 바탕으로 전개되는 현실정치에 초점을 맞추어 집필했다.

근래 우리 정치에서는 내각제로의 개헌 여부와 새로운 국회의원 선거방법의 도입에 관한 논의가 장기간 진행되어 왔다. 사실 이러한 정치제도 변경의 논의는 지난 50년간 우리 정치에서 계속되어 온 주제이다. 그럼에도 불구하고 내각제나 정당명부식 비례대표제의 정확한 내용이나 다양한 유형들, 세계 각국에서 이러한 제도들이 적용되면서 대두되는 수없이 많은 문제점이나 장·단점에 관해서 제대로 된 논의가 이루어지는 일이 없다. 이 점은 이 분야를 전공하는 극소수의 정치학자들을 제외하고는 학자, 학생, 언론인, 정치인, 일반 국민들이 이에 관한 내용들을 제대로 알고 있지 못하기 때문이다. 따라서 권력구조나 선거제도, 정당제도 등 정치를 결정짓는 중요한 제도들이 무지한 정치인들의 당리당략에 의해 채택되고 폐기되면서 결과적으로는 현실정치를 파행으로 이끌었다. 이 책은 다양한 정치제도들의 실체와 유형, 그리고 이의 적용에서 나타나는 변화무쌍한 현실정치의 양상에 관해 학자, 학생, 언론인, 정치인, 일반 국민들이 보다 폭넓게 이해하는 데 도움을 주기 위해 집필했다.

아직까지도 외국학자들이 주장하는 최신 이론을 누가 먼저 소개하는가가 저명한 학자의 척도로 잘못 인식되고 있는 우리 학계의 풍토에서는 법이나 제도에 관심을 갖는 것이 1950년대의 학문경향을 벗어나지 못하는 것으로 잘못 인식될 수도 있다. 그렇다고 우리 학계의 현실이 최신 이론과 방법론들을 제대로 소화한 후에 이에 의거해서 좋은 연구결과들을 축적하고 있는 것도 아니다. 우리 학계의 비교정치연구 현황을 분석한 연구들에서 지적되고 있는 바와 같이 그 흔한 행태주의적 이론이나 계량적 방법을 제대로 적용한 연구조차 극소수에 불과한 것이 현실이다. 정치현상을 설명하고자 하는 새로운 이론이나 방법론에 못지않게 중요한 것은 현실정치를 결정짓는 정치제도들이고 이를 규정하는 법들이다. 입헌군주제, 공화제, 대통령제, 내각제, 이원집정제, 연방제, 단일국가제, 패권정당제, 양당제, 다당제, 단순다수선거제, 결선투표선거제, 정당명부식 비례대표선거제, 양원제, 단원제 등의 정치제도들은 세계의 180여 개 국가들에서 전개되고 있는 하루하루의 현실정치와 민주정치의 실현 여부를 결정짓는 핵심적인 요인들이다. 이러한 정치제도들에 관한 정확한 이해가 없다면 비교정치는 막연하고 공허한 분야로 계속 인식될 것이다. 이러한 점에서 이 책은 다양한 정치제도들이 세계 각국에서 어떻게 적용되고 있는가에 중점을 두어 집필했다.

이 책의 제1장은 비교정치학에 관한 기본적인 이해를 돕기 위해 비교정치의 본질, 역사, 발전과정, 비교방법 등을 간략하게 서술했다. 이 책이 비교정치의 이론이나 비교방법에 관한 논의를 목적으로 하는 것이 아니기 때문에 보다 깊은 논의들은 다른 관련 저서들을 참고하는 것이 바람직하다. 제2장과 제3장에서는 기존의 비교정치교과서들에서는 다루지 않고 있는 헌법과 연방제를 다루었다. 헌법이 법학의 한 분야로만 간주되고 정치학에서는 완전히 무시되는 국가는 우리나라 뿐이 아닌가 싶으며 이 점은 우리 정치에서 입헌정치적 요소가 결여되고 있는 현실과도 무관하지 않을 것이다. 정치를 규정짓는 모든 기본적 요소들이 헌법에 내포되어 있음을 인식할 때 헌법에 입각하여 정치현상을 파악하는 것은 필수적이다. 중앙집권적 단일국가인 우리 정치에서는 연방제에 관심이 없었으나 지방자치가 본격화된 시점에서 연방제를 채택하고 있는 국가들에서의 중앙·지방관계는 우리 정치에도 시사하는 바가 많을 것이다. 제4·5·6·7장에서 다루는 권력구조, 정당제도, 선거제도, 의회제도는 현실정치를 규정짓는 가장 중요한 제도들로, 세계 각국에 적용되는 다양한 유형들과 현실정치의 양상들에 관한 논의와 비교는 정치현실을 파악하는 데 필수적인 내용이라 생각한다.

이 책의 집필은 1995년에 시작하여 4년이라는 오랜 세월이 걸렸다. 그 동안 보다 더 열심히 부지런히 공부했더라면 더 빨리 마무리지을 수 있었을 터인데라는 아쉬움이 있다. 또 오래 끈 시간에 비해 부족한 부분들이 너무나 많다. 지금도 더 보충해 넣을 자료들이 쌓여 있지만 이것들은 개정판에서 꼭 보완하고자 하며 이 책을 읽을 분들이 잘못된 점과 보완할 점을 지적해 주시기를 고대한다. 이 책의 마지막 마무리 과정에서는 1999년 봄 학기에 연세대학교 대학원 정치학과에서 비교정치세미나 과목을 수강한 학생들의 의견이 크게 도움이 되었다. 특히 박사과정의 이동윤 군과 조진만 군은 새로운 자료들을 찾아내고 이것들을 정리하는 데 크게 기여하였다. 이들의 도움에 감사한다. 비교정치 교과서를 출판하면서 학부과정에서 비교정치 분야에 눈을 뜨게 해 주신 윤형섭 교수님, 대학원과정에서 비교정치 논문을 지도해 주신 구범모 교수님, 그리고 미국의 노스웨스턴대학에서 비교정치를 전공으로 삼는 데 큰 영향을 주시고 진정한 학자의 상을 보여 주신 Ted Gurr 교수님을 다시 생각하게 된다.

이 분들의 은혜에 감사하며 이 책을 바친다. 이 책의 집필은 1994년도 연세대학교 학술연구비의 지원에 의해 이루어졌다. 연구활동을 지원해 준 학교당국에 감사한다. 마지막으로 이 책의 출판을 쾌히 허락해 준 박영사에 감사하며 편집에 애쓴 여러분들에게 감사드린다.

1999년 8월 1일

저　　자

제7장 선거와 선거정치 • 315

제1장

비교정치학이란 무엇인가?

소크라테스 우표

한 사람이 소크라테스에게 "당신 부인은 어떤가요?"(How's your wife?)라고 물었을 때
소크라테스의 대답은 **"무엇과 비교해서 말인가요?"(Compared to what?)** 였다.

Ruth Lane, *The Art of Comparative Politics* (Boston: Allyn and Bacon, 1997), p. 5.

비교정치학의 범위와 내용

'비교정치학'(Comparative Politics)은 정치학의 한 분야이다.[1] 정치학의 하부 분야는 여러 가지 기준에 따라 분류할 수 있으나 한국적 기준에서 본다면 정치사상, 정치이론, 국제정치, 비교정치, 한국정치로 구분할 수 있다. 이 중에서 비교정치를 제외한 하부 분야들의 명칭은 그 분야에서 연구하는 주제를 지칭한다. 정치사상 분야는 서양 정치사상의 경우 아리스토텔레스(Aristotle) 이래의 정치학자들이 탐구하여 온 정치사상들을 연구대상으로 삼으며, 정치이론 분야는 정치학자들이 제시하여 온 다양한 이론들을 연구의 대상으로 삼는다. 국제정치 분야는 국제적인 차원에서 이루어지는 국제정치 현상을 연구대상으로 삼으며 한국정치 분야도 한국에서 발생하는 여러 가지 정치현상을 연구대상으로 삼는다.

이에 비해서 비교정치라는 명칭은 연구의 대상을 지칭하는 것이 아니라, 연구할 대상을 분석하는 '비교'(比較, comparison)라는 방법을 지칭하고 있다. 이처럼 정치학의 다른 하부 분야들과는 달리 비교정치학에서는 연구대상으로 삼는 대상뿐만 아니라 이러한 대상을 연구하기 위한 '비교'라는 방법 또한 중요하다. 종합하면, 내용과 방법이 혼재되어 이루어지는 비교정치학에서 논의되는 주된 연구분야는 크게 다섯 가지로 구분된다.[2]

---

1) Howard J. Wiarda (ed.), *Comparative Politics: Critical Concepts in Political Science* Vol. 1−6. (New York: Routledge, 2005).
2) Guy B. Peters, *Comparative Politics* (New York: New York University Press, 1998), pp. 9−25. Lee Sigelman and George H. Gadbois, Jr., "Contemporary Comparative Politics: An Inventory and Assessment," *Comparative Political*

1 ▪ 단일 국가 또는 단일 사례에 대한 연구 이것은 특정 국가의 정치사, 정치과정, 정치제도, 정치문화 등을 연구하는 것이며, 단일 국가를 확장하여 몇 개의 국가를 포함한 지역연구(regional studies, 또는 area studies)로 발전하기도 한다. 연구의 핵심은 특정 국가 또는 특정 지역을 대상으로 타 지역과 비교하여 그 국가나 지역의 특수성을 강조하는 것이다. 예를 들면, 아시아 지역 국가인 한국이나, 아랍 지역 국가인 이란의 정치체계는 서구의 정치체계와 제도적 유사성에도 불구하고 특수성을 나타낸다.3) 하지만, 단일 국가의 특수한 사례를 연구하는 것을 '비교정치'의 한 분야로 할 수 있을지에 대해선 이견과 비판이 있다. 한 국가에 대해서 분석하고 서술하는 과정에서도 '잘 한다'(못한다) '많다'(적다)라는 서술은 타국가와의 내재된 비교 속에서 가능하다. 일반적으로 비교정치 연구는 여러 비교 대상 국가들에서 공통적으로 나타나는 현상을 이론화하는 소위 '일반성'을 강조한다. 특정 국가나 특정 지역의 독특한 현상을 정리하는 소위 '특수성'을 강조하는 경우엔 이를 '지역정치연구'라고 명칭하며 '비교정치연구' 분야와 구분하기도 한다.

2 ▪ 제한된 몇 개의 국가를(경우를) 대상으로 유사한(또는 상이한) 정치과정과 정치제도에 관한 연구 이 연구는 몇 개의 국가를 비교하여 유사성(similarity) 또는 상이성(difference)을 분석하여 어떤 일반화된 명제를 도출하는 것이 가능한지를 연구하는 것이다. 해당 연구는 연구주제와 관련하여 연구자가 어떤 국가를 왜 선택하였는지 설득력 있는 근거(rationale)가 연구의 기반이 된다. 어떤 국가들을 선택하느냐에 따라서 상이성과 유사성에 따라 유추되는 일반화된 명제가 다르게 나타나기 때문이다. 이런 경우 비교 대상 국가들은 연구 주제와 연관된 몇 개 국가로 제한되게 된다.4) 연구 결과(즉, 비교대상 국가들에 대한 비교의 결

Studies, Vol. 16, No. 3 (October, 1983), pp. 280 – 285.

3) 실제로 '비교정치학' 교과서를 보면, 개별 국가별로 장을 구분하여 국가별 차이를 강조한 교과서도 있다. 개별 국가들의 정치제도와 정치문화의 특수성을 이해하는 것이 비교정치학의 기본이란 취지가 내포된 것으로 이해해 볼 수 있다. Mark Kesselman, Joel Krieger, William A. Joseph, *Introduction to Comparative Politics* 7th ed. (Belmont, Ca: Wadsworth Publishing, 2015).

4) Eric R. Wolf. *Peasant Wars of the Twentieth Century* (Oklahoma: Oklahoma

과) 어떤 일반화된 명제가 도출되었느냐가 연구의 핵심이 된다.

3 ▪ 다양한 국가들과 그들의 내부 정치체계를 단순화된 몇 개 변수들의 조합을 통하여 유형화(類型化, typologies)하거나 분류(classifications)하는 연구 특정한 정치적 현상을 단순화된 몇 개의 양식(樣式, 또는 모형: pattern)을 통해서 이해하는 것을 목적으로 한다. 예를 들면 무어(B. Moore)는 "민주주의와 독재의 기원"이란 연구에서 민주주의로의 발전경로와 전체주의로의 발전경로를 지주, 농민, 부르주아라는 세 가지 계급들 사이의 조합적 역할 여부로 유형화하여 이해하려고 시도한다.5) 레입하트(A. Lijphart)는 다양한 민주주의의 패턴을 '합의제적 민주주의(consensus democracy)'와 '다수제적 민주주의(majoritarian democracy)'로 분류하여 이해한다.6) 또 다른 예로, 국가의 권력구조를 행정부와 입법부의 관계를 중심으로 행정부의 입법부에 대한 우위, 입법부의 행정부에 대한 우위, 입법부와 행정부의 상황에 따른 우위라는 형태로 구분하는 경우엔 각각 차례대로 대통령제, 의원내각제, 이원집정부제로 분류하고 이에 소속된 국가들을 연구할 수 있다.

4 ▪ 어떤 특정 국가나 지역에서 흥미로운(또는 중요한) 역할을 하는 '이론'(theories)이나 '변수'(variables)를 다른 지역에 적용해 보는 연구 예를 들면, 오도넬(G. O'Donnell)이 주장한 1970년대 '관료적 권위주의'(bureau-cratic authoritarianism)라는 체제가 라틴 아메리카라는 지역의 정치사적 특수성 때문에 발생하였더라도 제3세계 민주주의 발전 과정에 나타나는 주요한 현상이라는 인식 하에 아시아의 정치발전과정에서도(특히 한국의 3공화국과 4공화국에서도) 관료적 권위주의가 나타났는지를 연구할 수 있다.7) 마찬가지로, 남미와 아프리카 지역을 배경으로 유행했던

University Press, 1969).

5) Barrington Moore, *Social Origins of Dictatorship and Democracy: Lord and Peasant in the Making of the Modern World* (Boston: Beacon Press, 1967).

6) Arend Lijphart, *Democracies: Patterns of Majoritarian and Consensus Government in Twenty-One Countries* (New Haven: Yale University Press, 1984).

7) Guillermo A. O'Donnell, *Modernization and Bureaucratic Authoritarianism* (Berkeley: Institute of International Studies, University of California, 1979). Im Hyug Baeg, "The Rise of Bureaucratic Authoritarianism in South Korea,"

'종속이론'(dependency theories)이 한국에서도 그대로 적용되는지 그렇지 않은지 연구함으로써 '종속이론'의 이론으로서의 일반화 수준에 대해서 생각해 볼 수 있다.

5 ■ 제한된 수의 국가가 아닌 여러 국가들을 포함하여 '교차국가분석'(交叉國家分析, cross-national analysis)을 하는 연구 논리적으로 교차국가분석은 2개 국가를 대상으로 하여도 성립하지만, 일반적으로 교차국가분석이란 용어는 해당 연구 주제와 연관된 '충분한 수'의 국가들을 포함하여 분석하는 것을 지칭한다. 여기서 '충분한 수'나 '많은 국가'에 대한 명확한 기준이 있는 것은 아니다.[8] 교차국가분석은 "충분히 많은 국가들"을 포함하는 연구를 지칭하는 경우가 일반적이지만, '많은 수'의 국가들을 포함하는 경우엔 '다(多)국가 교차분석'(multi-national cross analysis)이라고 더 명확히 표기하기도 한다. 현실적으로 연구대상으로 충분히 많은 수의 국가들이란 "연구자료가 허용되는 범위 하에서의 '많은 국가들'"일 수밖에 없다. 그래서, 연구상황에 따라 그 수는 상대적으로 적을 수도 있다. 예를 들면, 교차분석의 연구대상국을 연구의 목적상 "선거역사가 100년 이상된 모든 국가"라고 전제하면 21세기 초반을 기준으로 '세계선거사연감'(International Almanac of Electoral History)에는 대략 15개국 정도의 국가만이 존재했다.[9] 따라서 이들 15개 국가를 모두 포함한다면 이것은 전체를 대상으로 한(또는 충분히 큰 수를 포함시킨) 교차국가분석으로 분류할 수 있다. 레입하트는 그의 민주주의 유형 연구에서 다수제적 민주주의와 합의제적 민주주의 국가의 특성을 대비하는데, 그 경험적 증거는 지구상의 모든 국가들을 대상으로 한 것이 아니며, 36개국을 바탕으로 도출된 것이다.[10] 교차

World Politics, Vol. 39. No. 2 (Jan., 1987), pp. 231-257.

8) 그래서 'small N', 'middle N', 'large N'으로 나누기도 한다. 물론 작은 수, 중간 크기의 수, 큰 수에 대한 절대적 기준이 있는 것은 아니다. 상황과 경우에 따른 상대적 구분이 있을 뿐이다.

9) Thomas T. Mackie and Richard Rose, *The International Almanac of Electoral History*, Fully rev. 3rd ed. (Houndmills, Basingstoke, Hampshire: Macmillan Academic and Professional, 1991).

10) Arendt Lijphart, *The Patterns of Democracy: Government Forms and Performance in Thirty-Six Countries* (New Haven, Yale University Press, 1999). 레입하트는 연구 결과물의 이론화 가능성을 높이기 위해서 이전의 21개국 분석을 36개국으로 확장했다.

분석에 연구대상 국가로 수십 개 이상의 국가들이 포함되는 경우엔 어떤 특정 지수(index)를 통해 다국가들을 비교를 하게 되거나, 국가들의 수량화된 데이터를 사용하여 '통계분석'(statistical analysis)을 수행하는 경우가 많다.

　우리는 간혹 '지역연구가'(regionalists)를 '비교연구가'(comparativists)에 포함시키기도 하지만, 그 둘을 구분한다. 이것은 비교정치학에서 비교정치 연구의 범위가 어디까지인가에 관해서는 공통된 견해가 존재하고 있지 않은 것과 무관하지 않다. 오랫동안 받아들여져 온 비교정치 연구의 개념 규정은 "연구자 자신의 국가가 아닌 다른 국가의 정치나 정부를 연구하는 것"이었다. 비교정치학에 관한 이러한 범위설정은 과거 '미국정치론,' '영국정치론,' '프랑스정치론'과 같이 비교정부론(comparative government)에 중점을 두던 시기에 정착된 것이지만 이러한 범위설정은 현재까지도 별 논란 없이 받아들여지고 있다. 그러나 학문의 한 분야를 연구자의 국적이 어디인가에 따라 분류하는 것은 지적(知的)인 면에서 문제가 있다. 즉 미국의 학자가 영국의 정당을 연구하는 것은 비교정치연구이면서, 영국의 학자가 영국의 정당을 연구하는 것은 비교정치가 아니라 영국정치라고 분류하는 것은 학문의 범위를 규정하는 데 있어 비논리적이기 때문이다. 또한 미국의 학자가 영국의 정당을 연구한다고 해서 그것이 과연 '비교'연구인가라는 점에도 의문을 가질 수 있다. 왜냐하면 '비교'가 성립되려면 두 개 또는 그 이상의 단위가 존재하여야 하며, 이들 단위 사이에 유사성이나 상이성이 있는가를 알아보는 것이 비교의 목적이기 때문이다. 비교는 다른 것과의 관계에서 성립된다는 면에서 보면 영국의 정당만을 연구하는 것은 사실상 '비교'연구가 아니라 할 수 있다. 이런 경우, 영국정치에 대한 연구자를 '비교연구자'(comparativists)라고 하지 않고, '지역연구자'(regionalists)라고 부른다. 상대적 관점에서 보면, 후자는 현상이 갖는 특수성을 강조하고, 전자는 현상의 일반화된 이론적 측면을 강조한다.
　과거의 비교정치학이 엄밀한 의미에서 '비교'정치학이 아니었음은 1950년대까지의 미국 비교정치학을 비판한 학자들의 지적에서도 잘 나타나고 있다.11) 즉 1950년대까지의 비교정치학에서는 특정 국가를 분석단위로 삼으면서 이것을 다른 국가에 대한 비교의 준거로 삼으려는 관심이 적었다. 이런 면에서 보면 과거의 비교정치학은 엄격히 말해 '외국정치론'이었다고 할 수 있다. 이러한 점에서 비교정치학에 대한 엄밀한 개념규정은 "여러 국가들에서 나타나는 정치현상에서 유사성이나 상이성을 찾아내어 이를 일반화하려는 연구"[12]라 할 수 있으며, 이것을 다른 용어로 표현하면 (나국가)교차국가분석이리 할 수 있다. 따라서 엄밀하게 얘기하면 비교정치학은 교차국가분석 연구가 핵심이라고 할 수 있다. 교차국가분석에 의거한 연구결과들은 1960년대부터 많이 발표되기 시작하였으며, 이 중에서도 "많은 수의 국가들로부터 수집한 국가수준에서의 자료를 통계적 방법을 사용하여 분석"하는 다(多)국가(holonational) 교차분석방법[13]을 이용한 연구들이 다수 발표되었다.

그러나 비교정치의 분석단위가 국가만은 아니기 때문에 교차국가분석만이 비교정치학의 범위에 포함되는 것은 아니다. 즉, 하나의 국가에서 일어나는 정치현상을 연구의 대상으로 할 경우에도, 그 국가의 하부정치 단위(예를 들면 정당이나 이익집단)들 몇 개를 동시적(同時的: synchronic)으로 비교한다거나,[14] 또는 하나의 하부정치 단위의 기능을 몇 개의 다른 시기별로 나누어 각 시기에 나타나는 특징을 통시적(通時的: diachronic)으로 비교한다면, 이러한 종류의 연구[15]도 비교정치학에 포함되는 것이다.

이 외에도 비교정치학에 포함시킬 수 있는 연구로는, 실제로는 비교를 하고 있지 않지만, 다른 연구와 '비교 가능한'(comparable) 요소를 포함하고 있는 연구이다. 즉 어떤 연구가 명백하게 설정된 가설이나 명제(proposition)를 검증하고 있고 이러한 가설이나 명제가 다른 연구에도 그대로 적용될 수 있는 것이라면, 이러한 연구도 비교정치

11) Roy C. Macridis, *The Study of Comparative Government* (New York: Doubleday, 1955), pp. 15−22.
12) Lawrence Mayer, *Comparative Political Inquiry: A Methodological Survey* (Homewood, Ⅱ: Dorsey, 1972), pp. 3, 94.
13) Lee Sigelman, "A Holonational Bibliography," *Behavioral Science Research*, Vol. 15 (1980), pp. 89−158.
14) 예를 들면, "1960년대 미국 정당정치에서 공화당과 민주당의 기능수행 비교."
15) 예를 들면, "미국 공화당의 정당기능수행 분석: 1950년대와 1980년대의 비교."

에 포함되는 것이다. 보다 일반적으로 이야기하면 한 연구가 이론적·개념적 요소를 포함하고 있다면, 그것이 한 시점의 한 국가의 한 하부 정치 단위를 연구하는 것일지라도 다른 연구와 '비교 가능한' 성격을 가지고 있기 때문에 비교정치학에 포함된다.

비교정치학의 생성과 발전

정치학의 한 분야인 비교정치학이 언제부터 시작되었다고 단정적으로 이야기하기는 어렵다. 아리스토텔레스(BC 384-322)가 고대 그리스 도시국가(polis)의 158개 헌법을 비교 분석해서 연구했고 또 그 분석의 결과가 그의 저서인 『정치학』의 실증적 기반을 이루었다는 점 때문에 아리스토텔레스를 비교정치학의 시조로 본다거나[16] 비교정치학은 고대 그리스시대부터 시작했다고 이야기할 수는 없다. 이러한 견해는 비교정치학이

▎아리스토텔레스 우표

즉 정치학이라는 어색한 주장을 하는 듯한 인상을 줄 수 있다. 플라톤이나 키케로, 마키아벨리, 홉스, 보댕, 몽테스키외, 마르크스 등을 모두 비교정치학자로 간주해야 한다는 견해도 있으나 정치학의 한 하부 분야로 비교정치를 분류한다면 이들을 비교정치학자들이라고 보기는 어렵다. 그러나 이들이 때로는 간단한 수준이지만 비교적인 방법을 사용하여 정치현상을 연구하였던 점을 감안하면 정치학에서 비교정치적 성격은 오랜 역사를 가지고 있다고 할 수 있다.

비교정치가 언제부터 정치학의 한 분야로 분류되기 시작했는가는 분명하지 않다. 그러나 비교정치라는 분야가 정치학의 다른 분야와 구별되는 하나의 분야가 되기 이전에 이미 "비교정치"라는 용어가 사용되었을 것으로 볼 수 있다. 비교정치라는 용어가 처음 책의 제목으로 사용된 것은 에드워드 프리맨(Edward A. Freeman)이라는 학자가 쓴

---

16) Howard J. Wiarda, "Comparative Politics, Past and Present," in Howard J. Wiarda (ed.), *New Directions in Comparative Politics*, Revised ed. (Boulder: Westview Press, 1991), p. 11. 양성철(梁性喆), "비교정치현황에 관한 소고"「한국정치학회보」제20집 1호 (1986), 310쪽.

『비교정치』(*Comparative Politics*)라는 책이 출판된 1873년이었다.[17] 법학이나 철학, 역사학 등과 결합되어 있던 정치학이 하나의 독립된 학문 분야로 독립된 것이 1860년대 후반이었음을 생각하면 이것은 비교정치라는 개념이 사용되기 시작한 시기와 비슷하다고 할 수 있다.

그러나 비교정치학이 정치학 중의 한 하부 분야로 분류되기 시작한 것은 훨씬 더 많은 시간이 지난 후로, 「미국정치학회보」(*American Political Science Review*)의 서평란에 외국과 비교정부(Foreign and Comparative Government)라는 분류항목이 등장한 것은 1920년 2월이었다.[18] 이때부터 17년 후인 1937년에 칼 프리드리히(Carl J. Friedrich)가 저술한 『입헌정부와 정치』(*Constitutional Government and Politics*)[19]가 진정한 의미의 '비교'적인 성격을 띤 최초의 저서라고 평가하는 견해도 있다. 그러나 이 책 또한 여러 국가들의 의회나 행정부의 기능을 분석하고 나열한 후 여기에서 결론을 이끌어 내는 수준을 벗어나지 못하였다. 그렇지만 이 책은 비교정치 연구에 관한 여러 가지 이론적 접근법들을 제시한 점에서 비교정치의 발전에 기여하였다.[20] 비교정치학은 1940년대까지 미국이나 유럽 국가들에서 완전히 독립된 정치학의 한 분야로서의 위치를 차지하지 못하였다. 이때까지만 해도 정치학 자체가 역사학, 철학, 법학과 밀접한 연관을 가지면서 정치현상의 역사적인 면, 규범적인 면을 다루거나 법, 정치기구, 정치제도 등을 서술하는 수준을 벗어나지 못했다.

정치학은 제1차 세계대전부터 제2차 세계대전까지의 기간에 많은 발전을 이루었다. 이 기간 동안 국제연맹 창설 등의 영향을 받아 국제정치가 발전하였으며 제2차 세계대전은 비교정치학의 발전에도 큰 영향을 주었다. 제2차 세계대전의 발발로 미국은 고립주의를 벗어나 세계국가로 등장하였고 제2차 세계대전에서 연합국들을 이끌었던 미국은 동맹국가들뿐만 아니라 적대국들에 관해서도 보다 많은 것을 아는

---

17) Edward A. Freeman, *Comparative Politics* (London: Macmillan, 1873), 양성철, 위의 논문, 314쪽에서 재인용.
18) 양성철, 위의 논문, 312쪽.
19) Carl J. Friedrich, *Constitutional Government and Politics: Nature and Development* (New York and London: Harper and Brothers, 1937).
20) Richard L. Merritt, *Systematic Approaches to Comparative Politics* (Chicago: Rand Mcnally and Co., 1970), p. 5.

것이 필요했다. 또한 전쟁의 와중에서 미국이 돌보아 주어야 할 약소국들에 관한 지식도 필요했다. 이러한 현실적 필요에서 독일이나 이탈리아에 관한 연구가 증가하였고 이 국가들의 정치적 특징이었던 전체주의체제와 파시즘 등에 관한 관심과 연구도 증가하였다. 이러한 연구는 제2차 세계대전 중에 독일을 떠나 미국으로 이주해 온 칼 프리드리히, 칼 뢰벤스타인(Karl Löwenstein), 프란츠 노이만(Franz Neumann), 한나 아렌트(Hannah Arendt) 등의 학자들에 의해 더욱 촉진되었다. 이들은 연구와 강의에서 윤리적이고 도덕적인 면을 강조하면서 나치체제, 파시즘의 근원, 전체주의체제에 관한 비교연구를 수행하였으며 이것은 비교정치학의 관심 대상을 확대하는데 기여하였다.

▌한나 아렌트 우표

그러나 이 시기의 비교정치학도 연구차원에서는 후진성을 탈피하지 못하였는데 이 시기 비교정치학의 특징과 문제점은 다음의 여섯 가지로 요약되었다.[21] 첫째는 정치체제가 가지고 있는 특성들에 관해 상세하게 서술(describe)하는 수준에 머물렀다. 즉 중요한 인물이나 제도, 법문서, 헌법, 정치기구들을 열거하면서 서술하거나(configurative description) 또는 역사적 사건을 시대 순서로 서술하는 것이었다. 따라서 이 시기까지의 비교정치는 비교라는 성격이 약했고 이에 따라 분석(analysis)의 수준도 낮았다.

두 번째는 법적인 것(legalism)이나 공식적인 것(formalism)에 주된 관심을 두었다. 이것은 법학의 영향을 크게 받은 때문으로 헌법뿐만 아니라 정부의 공식적인 기구들인 내각, 의회, 법원, 관료제, 선거제도 등이 주된 연구의 대상이었다. 그러나 이러한 공식 기구들 속에서 실제로 이루어지는 행동보다는 문서에 나타난 바를 중시하였기 때문에 실제로 행사되는 권력이나 비정부기구인 이익집단 등에 관해서는 관심이 매우 낮았다.

세 번째는 연구대상으로 삼는 지역이 유럽에만 편중되는 편협성(parochialism)을 나타내었다. 독일, 러시아, 영국, 프랑스 등의 국가가 당시의 국제정세에서 중요한 국가들이기는 하였으나 이러한 국가들에

---

21) Roy C. Macridis, *op. cit.*, pp. 7-12.

대한 연구의 집중은 정치현상의 다양성을 설명하는 데는 부족하였으며 정치현상을 유럽 중심적으로 보는 특정 인종중심주의(ethnocentrism)의 문제도 내포하고 있었다.

네 번째는 연구시각 면에서의 보수성(conservatism)이었다. 이 시기의 연구자들이 가졌던 성향은 미래보다는 과거를 주로 다루었고 정치제도나 정치기구는 영속적인 것이며 발전도 진화적 과정을 통해 이루어진다는 보수적 인식이 강했다. 이에 따라 연구의 관심은 주로 전통, 선례, 질서, 안정, 진화 등에 집중되었고 정치적 동태성(dynamism)에 관한 관심이 약했다.

다섯 번째는 이론에 대한 관심이 약한(non-theoretical emphases) 점이었다. 이 시기의 연구들은 정치철학, 윤리학 등의 영향을 강하게 받아 무엇이 옳고 바람직한가를 다루는 '규범적'(normative) 성격이 강하게 나타났다. 따라서, 정치현상에 관한 객관적인 분석보다는 주관적인 해석을 중시함에 따라 '실증적'(positive) 성격이 약했다.

여섯 번째는 방법론에 관심이 적었다(methodological insensitivity). 연구과정에서 자료의 선택이나 수집, 분석 등이 체계적으로 이루어지지 않았는데 이것은 법이나 제도를 서술적으로 접근하는 단계에 머물렀기 때문이며 과학적 연구방법에 관한 인식이 부족했다.

제2차 세계대전이 끝나면서 비교정치학은 많은 면에서 발전을 이루었다. 연구대상 면에서는 냉전체제가 시작되면서 미국의 적대세력으로 등장한 소련과 동구공산권국가들에 관한 관심이 증가하였다. 또한 식민지시대가 종식되면서 새롭게 독립한 수많은 신생국들에 관한 관심이 증가하였다. 이에 따라 서유럽의 주요 국가들에 대해서만 관심을 갖던 연구관심의 지역적 편협성이 호전되었다. 연구의 주제에 관한 관심도 법이나 제도에 관한 관심에 더해 개인이나 집단의 행태(behavior)에 관심을 두기 시작했고 정치체계(political system)나 기능(function) 등 인접 사회과학 분야에서 사용하는 용어와 방법론을 받아들여 정치현상을 설명하려는 새로운 시도들이 시작되었다.

이러한 현상에 관해 가브리엘 아몬드와 빙험 포웰은 1966년에 발간된 『비교정치』(Comparative Politics)에서 "1960년대에 비교정치학에서 지적(知的) 혁명이 일어났다"고 언급한 바 있다. 즉 비교정치학은 관심대상 면에서 포괄적으로 확대되었으며, 공식적인 정부기구 등에만 관심을 집중하던 데서 벗어나 정치현실에 관한 탐구가 증대하였고 실제로 이루어지는 정책결정이나 정치과정에 관한 관심이 증가하였다. 방법론적으로는 계량적인 방법을 도입하고 자료의 분석에서 정확한 측정을 추구하는 경향이 나타났고, 단순한 서술보다는 이론을 정립하려는 경향이 나타났다.22) 이에 따라 과거에 서술적이고 나열적이며 규범적인 것을 강조하던 비교정치학은 설명적이고 예측적인 것을 중시하는 정치과학(Political Science)으로 변화했다.

비교정치학에서의 이러한 발전은 정치학의 새로운 현상이었던 행태주의(behavioralism)의 대두와 시기적으로 일치하였다. 이전의 정치학이 국가나 공식적 국가기구의 제도적인 면에 중점을 두고 연구하는 데서 나타난 한계를 지적하면서 대두된 행태주의는 정태적(static)인 법이나 기구, 제도보다는 이러한 것들을 운용하는 인간들의 동태적인 행태에 초점을 맞추어 분석하였다. 즉 정치현상을 보다 더 정확하게 이해하고 설명하기 위해서는 정치의 주체인 인간들의 행태에 관심을 두고 분석해야 한다는 인식이 확대되었다.

인간의 행태를 분석하기 위해서는 사회과학에서 정치학의 인접학문인 사회학이나 심리학, 또는 경제학에서 이미 적용되고 있는 이론이나 방법론을 정치학에 적용하는 것이 필요하였다. 특히 인간들의 행태를 정확하게 파악하고 측정하여 인간행태에 관한 예측성을 증가시키기 위해서는 이를 위한 구체적이고 정교한 방법론이 필요하였으며 이에 통계학, 경제학 및 수학모델을 포함하여 자연과학에서 개발되어 적용되고 있는 것들을 받아들이는 것이 필요했다.

이런 점에서 행태주의는, 정치학이 법이나 역사, 철학과 밀접한 관계를 맺으며 발전되어 오던 양상에서 벗어나 이제는 사회학, 심리학, 경제학 등의 사회과학이나 자연과학과 관계를 긴밀히 하면서 발전을 이루는 지적 혁명이었다.23) 이 결과 1960년대 이후의 정치학에서는 정

---

22) Gabriel A. Almond and G. Bingham Powell, Jr., *Comparative Politics: A Developmental Approach* (Boston: Little, Brown, 1966), pp. 6－8.
23) '행태주의'는 규범이나 당위론을 경시하고 실증론에 치우치게 되면서 정치학이란 사회과학의 지나친 자연과학화라는 비판에 직면하면서 '후기행태주의'(post－behavioralism)로 발전한다. 후기행태주의는 행태주의의 기조를 유지하면서도 인간 그 자체의 중요성

치사회학, 정치심리학, 정치경제학 등의 새로운 영역이 나타났고 특히 사회학자인 탈코트 파슨스의 기능주의(functionalism)나 심리학에서 영향을 받은 정치문화(political culture)와 관련된 이론이나 연구가 비교정치학의 주류를 이루었다. 방법론에서는 통계학을 정치학연구에 적용하는 계량정치분석이 비교정치와 국제정치학 분야에서 크게 확대되었다.

1960년대에 정치학에서 가장 큰 관심을 끌었던 이론인 '체계이론(system theory)'은 기능주의적 관점에서 정부를 하나의 '체계(system)'로 보고 체계를 구성하는 '구조(structure)'들인 다양한 정치제도들(institutions)이 수행하는 '기능'에 대한 분석을 통해 정치체계에 관한 보다 정확한 설명을 추구하였다.[24] 특히 체계이론은 투입, 산출, 반응이란 세 가지 개념의 긍정기능과 부정기능을 중심으로 모든 국가들의 행태를 설명하여 높은 추상성의 수준을 가진 이론이다. 체계이론은 '국가론자'(state theorists)들로부터 국가발전경로에서 국가의 역사적 특수성을 경원시하며 국가역할의 당위론이나 규범적 논의로부터 멀어졌다는 이유로 비판에 직면한다. 정치학에서, 당시 체계이론은 '기능주의'를 대표하며, (신)마르크스주의는 '구조주의'(structuralism)를 대표했다. 뽈랑차(N. Poulantzas)에 대한 이스턴(D. Easton)의 비판은 '구조주의자'에 대한 '기능주의자'의 비판, '국가론자'에 대한 '체계이론가'의 비판 등으로 묘사되기도 하지만, 궁극적으로 역사스페셜리스트(regional–historial specialists)에 대한 비교정치이론가(comparative theorist)의 비판으로도 인용된다.[25] 이 시기에는 특정 지역이나 특정 역사적 배경을 지닌 국가에만 적용되는 이론이 아니라, 모든 정치현상에 일반적으로 적용될 수 있는 일반이론(general theory) 또는 거시이론(grand theory)을 찾으려는 시도가 주를

▌마르크스 탄생
145주년 기념 우표

이나 도덕적 가치판단의 의미 등을 함께 강조한다.

24) 여기서 '구조'란 사회체계를 구성하는 '요소'(element)에 가까운 의미이며, 일반적으로 구조주의자들이 "근본적인 흐름"이라는 의미에서의 '구조'가 아님에 유의해야 한다. 기능주의적 관점에서(특히, 탈코트 파슨즈에 따르면), 사회체계는 정치구조, 경제구조, 문화구조 등의 합으로 구성되며, 여기서 정치구조, 경제구조, 문화구조는 결국 사회체계를 구성하는 요소들이다.

25) David Easton, "The Political System Besieged by the State," *Political Theory*, Vol. 9 (Aug., 1981). Nicos Poulantzas, *Political Power and Social Classes* (London: New Left Books, 1973, 초판 1968), ch. 1.

이루었다.[26] 또한 연구대상 지역면에서는 서구의 자유민주주의체제뿐만 아니라 제2차 세계대전 이후에 새롭게 등장한 공산주의체제와 제3세계국가들의 정치체제에도 적용하고 설명할 수 있는 일반이론이 필요하다고 보았다.

1960년대 비교정치학 분야에서는 제2차 세계대전의 종식 이후에 독립을 한 제3세계의 신생국들에 관한 관심과 연구가 급증하였으며 연구의 초점은 이러한 국가들의 경제발전과 정치발전에 맞추어졌다. 발전론(development theory), 종속이론(dependency theory)이라 지칭된 이러한 연구들은 제3세계의 모든 신생국들에 적용될 수 있는 일반이론을 정립하는 데 관심을 두었다. 그러나 서구의 선진국들이 이룩한 경제적·정치적 발전을 모델로 하여 개발된 이론과 이에 바탕을 둔 연구들이 기대했던 바와는 달리 제3세계국가들에서 경제발전이나 정치발전에 진척이 없게 되자 이러한 일반이론의 정립은 비현실적인 희망에 불과하다는 주장이 제기되었다. 이에 1970년대부터는 국내정치에 미치는 국제정치적 요인, 특히 국제정치경제 요인들에 관한 관심이 대두하여 종속이론(dependency theory)과 정치경제론(political economy), 관료적 권위주의론(bureaucratic authoritarianism)의 유행을 가져왔다. 그러나 제3세계의 정치현상을 경제적 면에만 초점을 맞추어 설명하고자 했던 종속이론 등의 정치경제적 주장들도 너무 일반적이거나 또는 너무 단순화된 이론이라는 비판을 받았다.

1980년대 들어서는 유럽의 좌파 정치학자들을 중심으로 국가에 초점을 맞추는 국가론(state theory)이 대두되었다. 1980년대에 제기된 국가론이 과거의 제도주의 접근법과 다른 점은 이들 정치기구나 국가를 그 자체로서만이 아니라 현실과 관련된 맥락 속에서 분석하려는

---

26) 때때로 일반성과 특수성의 대조라는 측면에서 '비교접근법'(comparative approaches)은 '역사접근법'(historical approaches)의 대조어로 스테레오타입화되기도 한다. 자료 해석에 대한 오류는 일반화과정에서만큼이나 특수화과정에서도 피할 수 없는 것이다. 비교접근법은 비교대상국들을 자료화하는 과정에서 오류를 유의하여야 한다면, 역사접근법은 실제로 보지 않은 사건들에 대한 일방적 기록에 대한 해석이기에 어떤 자료를 취하느냐에 따른 오류를 유의해야만 한다. 이에 대해서는 Adam Przeworski, "Is the Science of Comparative Politics Possible," Charles Boix and Susan C. Stokes (eds.), *The Oxford Handbook of Comparative Politics* (Oxford: Oxford University Press, 2009), pp. 147−171.

것이었다. 이러한 국가에 관한 관심은 특히 신(新)마르크스주의자(neo-Marxist)들을 중심으로 시작되었고 마르크스의 '국가는 부르주아계급의 착취를 위한 도구'에 불과하다는 주장을 둘러싸고 마르크스주의 정치경제론자들과 비(非)마르크스주의 정치경제론자들 사이에 '국가의 상대적 자율성'(relative autonomy of state)을 포함한 다양한 주제들에 관한 논쟁이 계속되었다. 이외에도 대한민국을 비롯한 아시아의 신흥공업국들(Newly Industrializing Countries: NICs)의 발전과정에서 국가가 수행한 주도적 역할을 두고 국제정치경제학에서 다양한 연구들이 진행되었다. 방법론적인 면에서는 경제학에서 도입한 '합리적 선택이론'(rational choice theory)과 '신제도주의'(new institutionalism)가 1980년대 이후 정치학 또는 비교정치학에서 주된 관심의 대상이 되었다. 여기서 '합리적 선택이론'이란 "인간은 행동함에 있어서 이익이나 효용을 극대화하려는 방향으로 행동한다"는 원칙을 연역적 논리로 사용하여 정치적 현상을 설명하는 것을 말한다. '신제도주의'란 "어떤 정치제도를 선택하느냐가 정치적 결과에 영향을 미치는지를 분석하는 것"을 말한다.

이처럼 비교정치 분야의 관심이 입헌주의, 체계분석, 발전이론, 종속이론, 국가론 등으로 변화하는 동안에도 정치집단, 정당, 정부, 의회, 관료 등과 같은 정치기구나 이와 관련된 제도에 계속 관심을 가져야 한다는 주장은 지속되었다. 이러한 주장은, 과거와는 달리 이제는 세계 여러 국가들의 정부구조나 정치기구에 관한 자료가 많이 축적되어 있기 때문에 이러한 정부기구들 사이의 상호 관계를 교차국가분석(cross-national analysis)27) 방법으로 연구하는 것이 가능하다고 보았다. 1960년대와 1970년대의 비교정치 연구경향들은 특정 지역을 넘어선 일반화(generalization)를 목표로 삼아야 한다고 주장하였지만,28) 1980년대 이후의 비교정치는 이와 동시에 개별 국가들의 사례

---

27) 교차국가분석에 관해서는 Myungsoon Shin, "Cross-National Research in Comparative Politics," 「사회과학논집」 제15집 (연세대학교 사회과학연구소, 1984), 51-70쪽을 참조할 것.
28) 예를 들면, 종속이론이 아프리카지역이나 남아메리카지역에만 적용되는 것이 아니고 아시아 지역에도 적용되는가를 보면서 종속이론의 일반화된 이론 수준을 검증하려는 노력을 말한다.

들에 관한 정확한 현실인식에 기반을 둔 일반화여야 한다는 점을 강조하였다.[29]

1980년대에 들어 세계 각 지역의 많은 국가들에서 권위주의체제나 전체주의체제가 붕괴되고 민주주의체제가 회복되면서 이러한 국가들이 과연 민주주의를 장기적으로 지속해 나갈 능력이 있는가라는 의구심이 제기되었다. 민주주의가 장기적으로 지속할 수 있는가의 여부는 민주주의에 대한 도전의 여부에 의해 결정된다. 학자들은 이러한 요인들로 경제적 문제를 중요시하였으며 경제적 불평등을 해소하고 성장을 촉진시키면 민주주의는 확립될 것이기 때문에 이를 위해 국가가 어떤 노력을 해야 하는가에 주된 관심을 보였다. 개혁을 추진하는 현실 정치인들도 민주적 통치와 민주적 절차라는 것은 모두가 다 비슷한 것이기 때문에 대의민주정치에서 제도적인 것들은 별로 중요하지 않다는 생각을 가져왔다. 이들은 다양한 형태의 사회들에서 민주적인 제도가 미치는 영향은 거의 비슷하기 때문에 그 사회가 경제적으로나 사회적으로 어떤 상황에 처해 있느냐에 관심을 가져야 한다고 생각하였다. 그러나 이러한 생각들은 잘못된 것인데 그 이유는 민주적 정부들도 공식적 정치제도나 비공식적 정치제도에서 근본적인 차이들이 있으며 이러한 제도들이 운용되는 여건 또한 다양하기 때문이다.[30]

그동안에 이루어진 비교정치 분야의 연구들에서도 유럽정치에 관한 연구들은 제도적 요인을 중요한 것으로 간주하였지만 남미지역에 관한 연구들은 제도적 요인을 경시하였다. 신마르크스주의(neo-marxism)와 구조주의에 영향을 받은 학자들은 사회계급과 사회운동 그리고 교회나 군대와 같은 정치행위자들만이 정치에 영향을 미치는 것으로 생각하여 이와 관련된 주제에만 관심의 초점을 맞추었다. 남미의 권위주의체제를 분석한 연구들은 군부정권이 성립된 근본 원인이나 권위주의정권에서 정치경제적 요인을 설명하는 데에만 주된 관심을 두었고 정치제도들이나 헌법, 그리고 정치게임을 규정하는 규칙 등은 정치를 설명하는 데 적실성이 적거나 부수적인 것으로 간주하였

---

29) Jean Blondel, *Comparative Government: An Introduction* (New York: Philip Allan, 1990), p. 16.
30) 신명순·조정관(공역), 『내각제와 대통령제』 (서울: 나남, 1995), 14쪽.

다. 국가의 사회정치적 현실에 어떤 정치제도가 잘 들어맞는지에 관한 의문은 제기조차 되지 않았다.[31] 그러나 1980년대 중반 이후 민주정치를 결정하는 요인으로 정치제도의 중요성이 새롭게 인식되기 시작하였고 과거의 '제도주의'와는 다른 '신제도주의'(new institutionalism)가 중요한 관심의 대상이 되었다.

1980년대 마치와 올슨(J. March and J. Olsen)에 의해서 정치학에 본격적으로 도입된 '신제도주의'는 21세기 시점에서도 크게 활용되고 있다.[32] '신제도주의'는 제도의 선택이라는 원인이 정치적 결과에 영향을 미친다고 보며, 특히 제도의 선택 당시에 선택자의 이익이나 효용의 극대화가 반영된 선택이라는 입장에선 일종의 경제학의 합리적 선택이론과 같이 연역적 이론체계를 갖추었으면서도, 동시에 같은 제도이더라도 그 제도가 선택된 국가의 특수성을 복합적으로 고려하여 정치적 결과가 다르게 나타난다는 이른바 개별국가 사례들의 특수성도 동시에 보여주는 접근법이다.[33] 1950년대 이전의 '제도주의'가 정치제도 그 자체의 성격만을 가지고 정치현상을 설명하려 했다. 그러나, 1980년대 이후에 제기된 신제도주의에서는 정치행위자가 특정 제도를 선택하게 된 효용 또는 이익구조, 나아가 그러한 제도의 선택이 최종 결과물에 어떻게 영향을 미치는지에 대한 설명을 추구하게 된다. 그러니까, 신도제도주의는 정치행위자의 선택과 정치과정에서 야기되는 제도의 기능성에 초점을 맞추고 있다.[34] 예를 들면, 단순히 영국은 의원내각제란 제도를 채택하며 의원내각제의 내용이 무엇이고, 미국은 대통령제란 제도를 채택하며 대통령제의 내용은 무엇인지를 논하는 것은 '제도주의'이다. 그러나, 미국이 국가건국과정에서 여러 제도 중에서 대통령제를 선택한 것(원인)이 미국의 민주주의 발전

---

31) 위의 책, 18-19쪽.
32) James March and Johan P. Olsen, "The New Institutionalism: Organizational Factors in Political Life," *American Political Science Review*, Vol. 78 No. 3 (September, 1984).
33) 이러한 입장을 '신제도주의'에서도 특히 '역사적 제도주의'라고 칭하기도 한다. 이 때 제도의 선택은 일종의 '내생변수'(endogenous variable)가 된다. 다시 말해서 제도는 역사적 상황 속에서(즉, 내부에서) 주어진 것이다.
34) 이러한 입장을 '신제도주의'에서도 특히 '합리적 제도주의'라고 칭하기도 한다. 이 때 제도의 선택은 일종의 '외생변수'(exogenous variable)가 된다. 다시 말해서 제도는 외부에서 주어진 것이다.

이란 결과물에 어떻게 영향을 미쳤는지, 실제로 정치과정에서 대통령제란 제도가 어떻게 기능하면서 정치적 결과물을 만들어 내는지, 역으로, 특정 정치적 현상은 대통령제의 선택이 원인이었기에 가능한 것인지 등등 그 제도적 기능을 설명하고 분석하는 것은 '신제도주의'가 된다. 정리하면, 신제도주의자들은 제도의 선택이 정치적 결과를 좌우한다고 주장한다.

1980년대 말과 1990년대 초에 들어서면서 비교정치 분야의 이론적 연구들은 정치행위자 개인에 초점을 맞추는 방법론적 개인주의(methodological individualism)를 상당부분 원용하게 된다. 즉, 경제적 방법론이 정치학에 영향을 미치게 된 것인데, 이른바 '공공선택이론'(public choice theories)이라는 분야이다.35) 해당 분야는 정치학의 영역(즉, 선거, 정당, 의회, 사회단체, 정부기관 등)에 경제적 공준(公準, postu-late)인 "행동자(즉, 행동 개체)는 합리적으로 행동한다"는 단순한 원리를 원용한다. 여기서 '합리적'(rational)이란 행동자가 행동을 함으로써 발생하는 이익과 손해를 계산하여 이익이 손해보다 크면 행동에 옮기고, 손해가 이익보다 크다면 행동에 옮기지 않는다는 것을 의미한다. 공공선택이론은 투표자 행태, 의회의 행태, 기관의 행태 등을 설명하되, 그러한 활동이 이루어지는 환경(즉, 행동에 영향을 미치는 제도적 요인들)을 복합적으로 고려하는 이론으로 발전된다. 행위자는 합리적으로 행동하지만, 동시에 정치제도(political institutions)는 정치행위자들의 행태를 제약하는 중요한 요소이다. 예를 들어, 쉽슬(K. Shepsle)이 지적한 바와 같이 정치적 결과를 설명하기 위해서는 정치행위자가 합리성에 기반하여 채택하는 선택이나 이들이 취하는 최선의 행동뿐만 아니라 그의 바탕이 되는 제도적인 특징도 고려해야만 한다.36) 이러한 연구들은 개인의 행태에 미치는 정치제도의 영향에 관해 새로운 관심을 갖게 만들었으며 제도들이 실제로 작동하는 양상을 설명하는 데에도 도움을 주었다.

---

35) Dennis Muëller, *Public Choice Ⅱ* (Cambridge: Cambridge University Press, 1989).
36) Kenneth A. Shepsle, "Studying Institutions: Some Lessons from the Rational Choice Approaches," *Journal of Theoretical Politics*, Vol. 1, No. 2 (1987), pp. 131-147.

의회연구의 경우를 예로 들면 신제도주의의 기본 가정은 법안을 통과시키는 절차나 규정이라는 제도적 요인이 의회가 결정하는 정책의 결과에 영향을 미친다는 것이다. 예를 들면, 의회가 법률안 제출을 적게 하기 때문에 무용지물이라는 식의 주장은 적절하지가 않다. 의회가 법률안 제출은 적게 하더라도 정부가 제출한 법률안을 심의하는 과정에서 의회가 어떤 역할을 하고 또 행정부가 제출한 법률안이 어떻게 변하였는가를 분석하는 것이 중요하다. 이러한 점은 국가마다 다르게 나타나는데 그 이유는 각 국가가 의회에 관해 채택하고 있는 제도들이 다양하기 때문이다.[37]

　　의회를 연구한 합리적 선택이론가들이 가졌던 전통적인 인식은 의회를 표가 거래되는 시장으로 간주하는 것이었다. 의원들은 계속해서 짝짓기를 하면서 자신들이 가지고 있는 표를 주고받는 거래를 한다는 것이다. 이처럼 표를 주고받는 것이 가능한 이유는 여러 가지 쟁점에 대해 개별 의원들이 생각하는 중요성의 정도가 다르기 때문이다. 어떤 쟁점이 자기 지역구민들에게 주는 영향이 적은 것일 경우에는 이 쟁점에 대해 찬성투표를 필요로 하는 의원에게 동조해 주고 반대로 쟁점이 자기 지역구민들에게 영향을 많이 미치는 것일 경우에는 다른 의원들이 자기에게 찬성해 주도록 거래를 하는 것이다. 그러나 이러한 논리에도 한계가 있는데 이 논리는 의원들이 자유롭게 판단하고 투표할 수 있는 경우에만 가능하며 정당의 통제력이 강해 의원들이 소속 정당의 지시를 일사불란하게 따라야 하는 경우에는 불가능하다.[38] 즉 정당이라는 정치제도가 어떤 특성을 갖는가가 의원 개인들의 행태에 영향을 미치는 것이다. 이처럼 어떤 국가의 정당이 의원 개인의 독립성을 보장해주는 정당제도인가 아니면 의원들이 정당에 종속되어 있는 정당제도인가와 같이 국가의 정부형태, 정당제도, 의회제도 등이 중요한 것이다.

---

37) 예를 들면 Rudy Andeweg and Lia Nijzink, "Beyond the Two—body Image: Relations Between Ministers and MPs" in Herbert Döring (ed.) *Parliaments and Majority Rule in Western Europe* (Frankfurt: Campus Verlag and New York: St. Martin's Press, 1995), pp. 152—178. 그리고 Ingvar Mattson, "Private Members' Initiatives and Amendment" in *op. cit.*, pp. 448—487.
38) Herbert Döring, "Institutions and Policies: Why We Need Cross—National Analysis?" in Herbert Döring, *op. cit.*, p. 39.

21세기를 들어서는 시점인 2000년대 초반에 현대 정치학 연구의 본고장이라는 미국에서 '미국정치학회'(American Political Science Association)는 정치학의 다양한 분야별로 앞으로 연구 방향과 미래에 대해서 논의하고 발표하였다. 먼저 '비교정치학 분야'를 보면 방법론들간의 타협과 융합을 통해 보다 긍정적이고 종합화된 연구를 주문하고 있다.39) 비교정치학 내에서의 연구자들이 자신이 채택한 접근법의 장점만을 주장할 것이 아니라, 역사적 접근법과 같은 서술적 접근법(the narratives approaches), 통계적 접근법(the statistical approaches), 수학적 접근법(the mathematical approaches) 등 여러 접근법들의 장점들을 포용할 수 있는 융합적 접근의 필요성을 주문하고 있다. 그러면 왜 융합적 접근법이 중요한가? 단순히 지역내부의 편협한 지식뿐만이 아니라, 비교시각에서 타지역으로부터의 다양한 경험을 적극적이고 유연성 있게 참고하고 적용할 수 있기 위해선 특정 접근법에만 교조적으로 매달려서는 곤란할 것이다. 이것은 보다 근본적으로 미래 '정치학'의 방향과 맞닿아 있다. 21세기에 퍼트냄(Robert D. Putnam)은 '미국정치학회'에서 회장취임연설을 통해 미래 정치학의 연구방향과 과제를 제시한 바 있다.40) 여기서 퍼트냄의 일성은 현실세계에서 '문제해결의 정치'를 강조하고 있다. 정치학이 단순히 학자들을 위한 이론이나 학문영역으로 존재하지 말고, 시민사회와 현실적으로 연계되어 시민들의 삶을 증진시킬 수 있는 교육과 연구의 중요성을 주장하고 있다. 정치학이 그 본연의 역할을 다할 수 있으려면, 국가와 지역에서 다양하게 발행하는 정치적 역경과 곤란들에 대처하기 위해서 적극적으로 정책적 대안을 제시하여 진정한 의미의 민주주의 발전에 공헌할 수 있는 학문이 되어야 한다는 것이다.

---

39) David D. Laitin, "Comparative Politics: The State of the Subdiscipline," in Ira Katznelson and Helen V. Milner (eds.), *Political Science: State of the Discipline* (New York: W. W. Norton & Washington, DC: American Political Science Association, 2002), pp. 630−659.

40) Robert D. Putnam, "APSA Presidential Address: The Public Role of Political Science," *Perspectives on Politics*, Vol. 1, No. 2 (Jun., 2003) pp. 249−255.

비교정치학의 방법론

다른 국가에서 이루어지고 있는 정치를 배우고 이해하고 또 거기에서 우리가 취해야 할 것을 선택하는 것은 중요한 일이다. 그러나 이러한 과정은 구체적인 계획 없이 무작정 행해지는 것은 아니다. 연구란 강물에 그물을 던져 놓고 그때 그곳을 지나가던 고기들이 우연히 그물에 걸리기를 바라는 식으로 행해져서는 안 된다. 즉 우연히 손에 잡히는 자료들을 끌어 모아 연구하는 방법은 초보자들이나 하는 것이다. 비교를 하기 위해서는 체계적인 계획을 수립한 후에 우리에게 필요한 것과 우리에게 도움이 되는 자료들을 선택해서 수집해야 한다. 비교정치학의 목적은 비교라는 방법을 이용하여 정치현상을 이해하고 평가하고 예측하는 것이기 때문에 비교방법에서는 정치에서 중요한 역할을 수행하거나 또는 정치에 중요한 영향을 미치는 요인들을 비교단위로 삼는 것이 필요하다. 이러한 요인들은 유럽, 아시아, 아프리카, 남미 등 어떤 지역에 있는 국가인가에 관계없이 모든 국가들의 정치현상에서 중요한 역할을 하고 영향을 미치는 것들이어야 한다. 몇 가지를 예로 든다면, 국가의 성격을 규정하는 법(특히 헌법), 제도, 입법부·사법부·행정부·관료·군 등의 국가기구, 정당이나 이익집단 등의 정치조직, 정치에 관한 국민 및 정치인의 의식·태도 등을 포괄하는 정치문화, 정치지도자들인 엘리트와 이들의 리더십, 정치이데올로기, 그리고 정치에 영향을 미치는 정치적·사회적·경제적·문화적 환경 등이다.

일반적으로 비교정치학에서 논의되는 "비교 방법의 적실성"은 세 가지 논점으로 정리해 볼 수 있다.[41] ① 왜 비교하는가?(Why?) ② "비교할 수 있다"는 것의 의미는 무엇인가?(What?) ③ 어떻게 비교를 수행하는가?(How?)

① 왜 비교하는가?　비교는 비교하기 위하여 비교하는 것이 아니며,

---

41) Giovanni Sartori, "Compare Why and How: Comparing, Miscomparing, and Comparative Method," Mattei Dogan and Ali Kazancigil (eds), *Comparing Nations: Concepts, Strategies, Substance* (Oxford: Blackwell, 1994), pp. 15−34.

현상을 "설명하고 해석하기 위해서" 비교하는 것이다. 사회과학의 경우 자연과학과 달리 "수많은 변수에도 불구하고 작은 경우의 수(many variables, but small N)"라는 근본적인 문제에 봉착하게 된다. 어떤 특정 사회현상을 설명하기 위해선 그 현상에 관련된 수 없이 많은 변수들 중에서 특정 변수만을 선정하게 되는데[또는 여타의 변수들을 '통제'(control) 하게 되는데] 이러한 이유로 우리가 관심을 갖는 변수들 이외의 모든 다른 변수들은 통제하여 '상수화'(常數化, constant)하는 것이다. 다른 변수들을 통제하지 않으면 우리가 관심을 가지고 설명하려는 둘 또는 그 이상의 변수들 사이의 관계가 진정한 관계인지 아니면 실제로는 관계가 없는데 다른 요인들의 영향을 받아 관계가 있는 것처럼 보이는 것인지를 확인할 수가 없다. 따라서 다른 변수들이 통제된 상태에서 우리가 관심을 갖는 요인들 사이의 관계만을 본다는, '다른 상황이 동일하다면'(ceteris paribus, 즉 다른 상황들을 상수화한다면)이라는 전제조건은 사회과학에서 경험적 일반화를 추구하는 데 반드시 필요하다. 모든 변수들의 영향력을 검증하는 것은 불가능하기 때문이다. 자연과학에선 '실험설계'(experimental design)를 통하여 변수를 통제하는(궁극적으로 상황을 통제하는) 것이 높은 수준에서 가능하지만, 사회과학에서 변수를 통제하기 위한(나아가 상황을 통제하기 위한) 유일한 해결책은 바로 집단끼리 비교하면서 변수통제의 역할을 진행하는 것이다.[42] 정리하자면, 사회현상을 설명하기 위해선 비교를 통해서 변수를 통제하는 역할을 효율적으로 수행하는 것이 필요한 것이다. 결론적으로, 비교라는 하나의 행위는 사회현상을 설명하기 위한 목적과 이를 위해서 변

---

42) 특정 변수의 선택과 제거에 대한 합리적 근거(rationale)는 궁극적으로 비교 행위를 통해서 마련된다. 연구에서 비교집단의 선정이 무작위(randomization)인 경우엔 '실험설계'(experimental design)이며, 무작위가 아닌 연구자의 의도나 기존의 연관된 지식을 배경으로(즉, 유사성이나 상이성을 배경으로) 필요에 의해서 비교집단이 선정되는 경우 '준실험설계'(quasi-experimental design)가 된다. Thomas D. Cook and Donald T. Campbell, *Quasi-Experimentation: design & analysis issues for field settings* (Boston: Houghton Mifflin, 1979). 일반적으로 자연과학에서는 '실험설계'가 가능하면 현실성 있는 연구방법이지만, 사회과학에서는 그렇지 않다. 예를 들면, '1980년 광주민주화운동 당시 광주시민의 민주의식'에 대한 연구를 한다고 가정하자. 당시 광주민주화운동과 관련하여 광주시민들의 시민의식에 영향을 미치는 수 없이 많은 변수의 통제는 당시에도 현재에도 가능하지 않다. 따라서, 광주와 교육수준, 경제수준, 도시규모가 비슷한 비교집단을 선정하여(즉, 의도적인 것임) 광주시민의 민주의식을 연구하게 된다.

수를 통제하기 위한 수단을 동시에 효율적으로 만족시킬 수 있는 방법이다.

② "비교할 수 있다"는 것은 무엇을 의미하는가? 이것은 결국 "어떻게 비교해야 진정한 의미에서 비교하는 것이라고 말할 수 있겠는가?"를 의미한다. 조금은 그 의미가 다르지만, 또 다른 차원으로 표현하자면, "언제 우리는 같은 것이(또는 다른 것이) 진정한 의미에서 같은 것이라고(또는 다른 것이라고) 말할 수 있겠는가?"라는 의미이다. '고유의 속성'(properties)이나 '특성'(characteristics)을 통하여 비교하는 경우에 헛된 의미가 아닌 진정한 의미의 비교가 된다는 것인데, 이것은 결국 '비교의 단위'(unit of comparison)의 중요성을 의미한다. 예를 들면, 사과와 바나나를 비교할 때, 두 개는 다른 종류의 과일이지만 '당도'(糖度)를 중심으로 비교할 때 두 개의 과일이 '객관적으로' 비교될 수 있다.

③ 어떻게 비교를 수행하는가? 앞서서 논의된 모든 비교의 내용들을 종합하면 결국 세 가지 차원이 중요한 것을 알 수 있다. ㉠ 하나의 현상에 다양한 변수들이 복합적으로 작용하고 있을 때, 복합적 작용에서 연구자의 중요한(또는 필요한) 해당 변수만을 '고립화'하여 분리시켜(이것은 상황에 따라서 결정될 것임) 어떤 특정 조건에서 해당 변수가 어떻게 역할하는지를 살펴본다.[43] ㉡ 비교과정과 이에 대한 해석과정에서 '개념적 오류'(conceptual error) 내지는 '맥락적 무지'(contextual ignorance) 상황이 발생할 수 있다. 예를 들어 개별 국가는 국가마다 타국과 구분되는 역사적·문화적 배경을 갖고 있기에 동일한 개념은 상황적 맥락에 따라서 달리 해석될 수 있다. 예를 들면, '현금교환'(money exchange)이란 예가 있다. 과거 유럽의 유적발굴가들은 이집트와 중동에서 많은 유물들을 자국으로 가져갔다. 서구권에서 택시 기사에게 잔돈을 주는 것은 팁교환(tip exchange)의 개념이어서 유적발굴가들이 이집트에 가서 어떤 경우엔 택시 기사에게 그렇게 했더니

---

43) 소위, 통계학에서 변수들간의 상호작용(interaction term)으로 설명되는 부분을 줄이고, 순수하게 하나의 변수에 의해서만 어떤 현상에 대한 설명력을 증가시키는 것을 말한다.

유물이 있는 곳을 알려달라는 '뇌물'(illicit ex-change)의 개념으로 작용했다. ⓒ 사회과학에서 비교는 특별하고 특수한 상황을 이해하기 위해서 라기보다는 일반적이고 보편화된 상황을 이해하기 위한 것이다. 따라서, 일정수준으로 "'추상화'라는 사다리"(ladder of abstraction)를 통해서 비교

| 택시 팁 문화

를 통한 일반화된 이론의 도출을 시도하게 된다. 특수한 성질만을 규명하는 작업은 단순히 비교의 단위(즉, 지역단위)를 파악하는 작업으로 한정되는 경향이 있으며, 이런 경우 '비교연구'라 기보다는 '지역연구'의 성향을 띄게 되는 것이다.

특히 ③과 관련하여 이에서 발생하는 모든 문제점들을(즉, ㉠, ㉡, ㉢에 나타난 문제점들을) 극복하기 위하여 연구자들은 '최대유사체계 (most similar system) 분석방법'과 '최대상이체계 분석방법(most different system)' 중에서 보다 적합한 방식을 선택하게 된다. 그럼에도 불구하고, 사회과학에서 비교방법론은 근본적으로 ①에서 제시된 '너무 적은 경우의 수들을 대상'으로 일반화를 시도한다는 문제에 봉착하게 된다. 따라서 '너무 많은 변수들과 너무 적은 사례들'(many variables, small number of cases)이란 사회과학 환경에서 최적화된 방식에 대한 논의가 필요하다. 이에 대해서 하나씩 살펴보기로 한다.

■¹ 최대유사체계 분석방법

이 방법은 가능한 한 여러 가지 면에서 비슷한 체계들을 모아 비교하는 방법이다. 이해를 쉽게 하기 위하여 체계를 국가로 생각할 때, 스칸디나비아 국가 4개국들을 모아서 분석하거나 또는 영국, 캐나다, 오스트레일리아, 미국, 뉴질랜드 등의 앵글로색슨 계통 국가들만을 모아서 분석하는 것이다. 그 이유는 이러한 국가들 사이에는 정치·경제·사회·문화적인 면에서 비슷한 점들이 많기 때문이다. 이 분석방법은 국가들이 가지고 있는 비슷한 특성을 극대화시키는 방법이다. 만일 많은 면에서 비슷한 성격을 가지고 있는 국가들만을 모아 놓았다면 그 국가들에서 행해지는 정치의 양상도 비슷할 것이다. 그런데

이 국가들의 정치양상 중에서 특정 정치현상만은 다른 양상을 보인다면 그 다른 양상을 야기시키는 원인은 이 국가들이 가지고 있는 비슷한 성격 때문은 아닐 것이다. 이 국가들은 많은 면에서 비슷한 국가들이지만 각 국가는 몇 가지 면에서 다른 특징들을 가지고 있을 것이며 상이한 정치현상의 원인은 바로 이러한 다른 특징들 중의 하나 때문일 것이다. 애초에 많은 면에서 비슷한 국가들만을 뽑아 놓았기 때문에 이 국가들이 가지고 있는 다른 특징들의 수는 많지가 않을 것이며 그중에서 무엇이 원인인지를 찾기는 어렵지가 않을 것이다.[44]

최대유사체계 분석방법은 국가(체계)들이 공통으로 가지고 있는 유사성에 바탕을 두면서 그러면서도 국가(체계)들이 가지고 있는 상이성에 초점을 맞추는 방법이다. 이 방법에서 국가의 수준에서 갖는 특징들은 애초에 모두가 비슷한 국가들만 뽑았기 때문에 통제(control)되어 있으며 이것들이 국가 내에서 다르게 나타나는 정치현상을 야기시킬 수는 없는 것이다. 그렇다면 원인은 각 국가들 내부에서 찾을 수 있는 다른 특성일 것이다. 이 방법의 효율성을 높이기 위해서는 각 국가들이 전체로서 가지고 있는 공통된 특성들은 극대화시키면서 각 국가들이 개별적으로 가지고 있는 상이한 특성들은 극소화시킨다. 그렇게 되면 몇 개 안되는 상이한 특성들 중에서 원인을 찾기가 쉬워진다.

예를 들어 정치·경제·사회적인 면에서 매우 비슷한 점이 많은 앵글로색슨계 국가들 중에서, A 국가에서는 계급투표(class voting)현상이 강하게 나타나고 B 국가에서는 계급투표현상이 약하게 나타나고 C 국가에서는 계급투표현상이 전혀 나타나지 않는 상이성을 보였다면 그 원인은 각 국가들이 가지고 있는 공통된 특성들 때문이 아닐 것이다. 만일 이 국가들에서 노동조합이 노동자들에게 행하는 계급의식교육에서 차이가 있다면 그것이 계급투표현상을 초래하는 원인이 될 것이다. 즉 A 국가에서는 노동조합이 활성화되어 있고 계급의식교육도 활발하게 이루어지고 있지만 B 국가에서는 노동조합은 활발하

---

44) Adam Przeworski and Henry Teune, *The Logic of Comparative Social Inquiry* (New York: Wiley—Interscience, 1970), p. 32. "비교분석의 디자인" 김웅진·박찬욱·신윤환(편역), 『비교정치론 강의 I』 (서울: 한울아카데미, 1992), 94쪽.

지만 계급의식을 고취시키는 교육을 거의 하지 않으며 C 국가에서는 노동조합이 아주 약하고 계급의식 교육도 전혀 없을 수가 있다. 이런 경우에 각 국가들 내의 노동조합의 활성화와 계급의식교육이라는 변수의 차이가 상이한 계급투표현상을 야기시키는 원인이 되는 것이다.

요약하면, 최대유사체계 분석방법을 사용했는데 체계들 사이에서 상이성이 나타난다면 다음과 같은 결론을 내릴 수 있다. 첫째, 국가들이 공통적으로 가지고 있는 특성들은 상이한 현상을 초래한 원인이 될 수 없다. 둘째, 국가들 사이에 나타나는 상이한 현상과 일치되는 일련의 변수들이 있다면 그 변수들을 상이한 현상을 야기시킨 원인으로 간주할 수 있다. 결론적으로, 최대유사체계 비교방법론은 연구의 목적상 비교 대상들 간의 '상이점'이 강조되는 경우에 이용된다.

그러나 최대유사체계 분석방법에는 한계가 있다. 이 방법은 가능한 한 많은 변수들이 공통적인 국가들만을 뽑으려고 노력하지만 거의 모든 면에서 공통점을 갖는 국가들이란 있을 수가 없다. 따라서 이러한 점을 최대한으로 고려해서 뽑은 국가들일지라도 이 국가들 내에서는 서로 다른 점이 너무나 많다. 연구자는 그 많은 다른 점들 중에서 어떤 것이 영향을 미쳐서 우리가 관심을 갖는 다른 현상(위의 예에서는 계급투표)이 나타났는지를 정확하게 알 수가 없다. 따라서 연구자는 많은 다른 점들 중에서 자신이 생각하기에 가장 그럴듯한 것을 선택해서 "바로 이것이 원인이다"라고 과장된 주장을 할 수가 있다. 물론 '바로 그것이 영향을 미쳤다'는 점은 연구를 통해 증명되었지만 나머지 다른 것들도 영향을 미쳤는지 미치지 않았는지는 연구하지 못한 것이다. 다른 변수들도 모두 같은 식으로 분석을 해 본다면 '바로 이 원인'(위의 예에서는 노동조합의 계급의식교육)은 다른 변수들보다도 훨씬 덜 중요한 것으로 판명될 수도 있다. 따라서 이 분석방법을 통해 얻은 결론을 일반화하는 데에는 상당한 한계가 있다.

■² 최대상이체계 분석방법

최대상이체계 분석방법에서는 분석의 시작점이 체계수준이 아니라 체계 아래에 있는 수준이 된다. 구체적으로는 국가 내의 개인이나 집단, 지역, 사회계급 등이다. 이 방법은 체계가 가지고 있는 특징들

▌최대유사체계 및 최대상이체계
: 날짐승 vs 뭇짐승

은 애초에 어떤 정치현상을 일으키는 원인이 되지가 않는다는 점을 바탕에 깔고 있다. 대학생들의 학생운동에 관한 인식 연구를 예로 들 수 있다. 이 연구를 위해 학생들을 대한민국, 미국, 러시아, 싱가포르, 이란 등의 매우 상이한 특성을 갖는 국가들에서 선발하였는데 이 학생들 모두가 학생운동에 대해 비판적인 인식을 갖는 것으로 나타났다면 이 학생들의 인식에 대한민국, 미국, 러시아, 나이지리아, 이란 등의 상이한 국가적 특성이나 배경은 아무런 영향을 미치지 않았으며 전혀

고려요인이 되지 않는다. 이들이 학생운동에 관해 비판적인 인식을 갖게 된 것은 어떤 국가의 학생인가를 불문하고 학생 각자가 자신들의 대학생활에서 보고 경험한 학생운동에 대해 좋은 인상을 가지고 있지 않을 수 있기 때문이다. 이때 학생운동에 대한 비판적 인식이라는 현상의 원인은 학생들 개인의 수준에서 찾을 수 있다.

그러나 대한민국과 이란, 러시아에서 선발한 학생들은 학생운동에 대해 긍정적인 반응을 보였는데 미국과 나이지리아에서 선발한 학생들은 부정적인 반응을 보였다면 이때 원인은 학생 개인 수준에 있는 것이 아니고 대한민국과 이란, 러시아의 세 국가가 공통적으로 갖는 특징이나 미국과 나이지리아가 갖는 공통적인 특징에서 찾아야 한다. 만일 위의 다섯 개 국가들에서 학생들이 학생운동에 대해 갖는 인식들이 모두가 차이가 난다면 그 원인은 각 국가들이 갖는 특징에 기인하는 것일 것이다. 이러한 점에서 최대상이체계 분석방법은 개인, 집단, 지역, 국가 등의 여러 수준에서 연구를 할 수 있다. 결론적으로, 최대상이체계 비교방법론은 연구의 목적상 비교 대상들 간의 '공통점(유사성)'이 강조되는 경우에 이용된다.

최대상이체계 분석방법은 최대한으로 다른 체계들로부터 표본을 뽑는 방법이기 때문에 무작위 표본추출(random sampling)과 같은 성격을 가지며 이 방법을 통해 얻은 명제는 일반화를 하는데 타당성이 높

다. 즉 특정한 특성을 공유하는 체계들에만 적용이 되는 것이 아니라, 모든 것이 다른 체계들에서 추출된 표본에서 검증이 된 것이기 때문에 모든 경우에 적용된다는 점이다.[45]

■3 '너무 많은 변수들과 너무 적은 사례들'의 문제와 대안

비교방법이 안고 있는 '너무 많은 변수들과 너무 적은 사례들'의 한계를 극복하기 위하여 레입하트는 다음과 같은 네 가지 방법을 제안하였다.[46] ① 가능한 한 사례의 수를 늘린다, ② 변수의 특성들이 차지하는 특성 공간(property space)을 축소시킨다, ③ '비교 가능한' 사례에 비교분석의 초점을 맞춘다, ④ 중요한 변수에 비교분석의 초점을 맞춘다.

첫째 방법인 가능한 한 사례의 수를 증가시키기 위해서는 비교분석의 범위를 지역적으로 확대하거나 시간적으로는 역사적 사례를 분석대상에 포함시켜 통시적으로 확대할 수 있다. 두 번째 방법인 변수들의 특성 공간을 축소하는 것은 우선 비슷한 성질을 갖는 변수들은 하나로 통합하여 변수의 수를 줄이면서 동시에 변수가 갖는 성질들의 수를 줄이는 것이다. 이것은 변수의 각 성질들이 갖던 사례의 수를 증가시키는 효과도 갖는다. 예를 들어 연구대상들의 교육수준이 갖는 성질을 ㉮ 초등학교 졸업 ㉯ 중등학교 졸업 ㉰ 고등학교 졸업 ㉱ 대학교 졸업 ㉲ 대학원 이상 졸업의 다섯 가지 성질공간으로 분류하던 것을 ㉮ 대학교 졸업 미만 ㉯ 대학교 졸업 이상의 두 가지로 줄여서 분류한다면 이 두 가지 분류에 포함되는 연구대상의 수는 늘어날 것이다.

위에서 언급한 두 가지 방법은 '너무 적은 사례들'의 문제를 해결하기 위한 것이며, 세 번째 해결책인 '비교 가능한' 사례에 초점을 맞추는 방법은 '너무 많은 변수들'의 문제를 해소하기 위한 것이다. 변수의 전체 숫자는 줄일 수 없다 하더라도 가능한 한 많은 독립변수들

---

45) 레입하트는 최대상이체계 분석방법은 비교방법의 일종이 아니라 통계방법의 일종이라고 본다. 그 이유는 최대상이체계 분석방법에서는 분석이 개인, 집단, 지역, 국가 등의 여러 수준에서 될 수 있기 때문에 '너무 적은 사례'의 문제가 없으며 사례가 많기 때문에 통계방법을 사용할 수 있다는 것이다. Arend Lijphart, *op. cit.*, p. 59.

46) *Ibid.*, pp. 30−39.

을 상수(常數)로 만들어 우리가 관심을 가지고 있는 종속변수에 영향을 미치는 독립변수들의 숫자를 줄이는 것이다. 구체적으로 이 방법은 "어떤 현상이 나타나는 상황들을, 다른 많은 점에서는 비슷하면서도 그런 현상이 나타나지 않는 상황들과 비교하는" 방법이다. 이 방법은 '여러 가지 면에서 많은 점이 비슷한' 사례들만을 대상으로 하는 것이기 때문에 앞서 논의한 최대유사체계 분석방법과 같은 것이며 동일한 성격을 많이 공유하고 있는 지역 내의 국가들을 대상으로 분석하는 지역연구(area study)가 여기에 포함된다.

네 번째 해결책인 중요한 변수에 초점을 맞추는 방법도 '너무 많은 변수들'의 문제를 해결하기 위한 것이다. 이 해결책은 우리가 관심을 갖는 종속변수에 영향을 미치는 변수들 중에서 중요하지 않은 것은 배제하고 중요한 변수들만을 선별적으로 사용하는 것이다. 이것은 중요성이 낮은 많은 요인들은 무시를 하면서 중요한 몇 가지 변수들로서 우리가 관심을 갖는 대상의 많은 것을 설명하고자 하는 이론적 간결성(theoretical parsimony)과도 일치하는 것이다.

위의 네 가지 해결책 중에서 첫째인 '가능한 한 사례의 수를 늘리는' 것이 성공한다면 이것은 곧 통계방법을 사용하는 것이 된다. 따라서 비교연구와 관련된 해결책은 두 번째부터 네 번째까지의 세 가지라 할 수 있다. 이들 세 가지 중에서 성질공간을 줄이고 중요한 변수들에만 초점을 맞추는 방법은 비교방법의 근본적 해결책이라 할 수 없다. 따라서 비교방법의 핵심은 세 번째 해결책인 '비교 가능한' 사례들을 중심으로 분석을 하는 것이다. 이러한 점에서 레입하트는 "비교방법이란, 통계방법과 같은 논리에서 변수들 사이의 관계에 대한 가설을 검증하는 방법이다. 이때 분석대상의 선정은 통제변수들(control variables) 안에서 나타나는 다양성은 극소화시키면서 독립변수들 사이에서 나타나는 다양성은 극대화하는 방법"[47]이라고 정의한다.

너무 적은 사례들(즉, 경우의 수)을 해결하기 위한 가장 직접적이고 원초적인 대안은 '사례연구'(case study)를 활용하는 것이다. 사례연구는 하나의 사례가 나타내는 변화 양상을 분석하는 연구이다. 즉 특정

---

47) *Ibid.*, p. 59.

정치체계나 그 체계 내의 각종 집단 또는 개인의 행태나 태도를 개별적 연구대상으로 분석한다. 이러한 사례연구는 이론화과정에서 차지하는 역할이 상대적으로 적다.[48] 왜냐하면 사례연구는 특정한 정치적 사건에 대해 많은 정보를 제공해 주기는 하지만 사례연구에서는 통칙을 도출하기 위한 상황의 설정이 어렵다. 우리가 관심을 갖는 정치현상인 종속변수와 이에 영향을 미치는 독립변수들 상호간에 일어나는 공통의 변화를 찾아내어야 이를 바탕으로 일반화를 시도할 수 있지만 사례연구는 특정 사례 내지는 특정 시점에 고정된 독립변수와 종속변수 사이의 관계에 관한 제한된 정보만을 제공하기 때문에 인과관계가 존재한다는 근거를 제시할 수가 없다.[49] 그러나 레입하트는 사례연구는 필연적으로 비교분석과 연관되게 마련이라고 주장하면서 사례연구의 다섯 가지 유형을 제시하였다. 첫째는 단순사례분석으로 정치현상의 존재양식이나 변화양태를 서술적으로 설명하는 사례연구이다. 둘째는 가설추출용 사례연구로 추후의 비교분석에서 사용할 가설을 만들기 위해 우선 하나의 사례를 연구하는 것이다. 셋째는 이론검증용 사례연구로, 이미 구축된 분석모형이나 통칙의 적용타당성과 설명능력을 확인하기 위해 실행하는 사례연구이다. 넷째는 해석적 사례연구로 분석방식에 있어 이론적 틀을 적용하는 사례연구이다. 다섯째는 일탈(deviant)적 사례연구로서 기존 이론의 내용과 부합되지 않거나 혹은 기존 이론의 설명범주를 넘어서는 색다른 사례의 분석을 뜻한다.[50] 이 다섯 가지 중에서 첫 번째 것은 비교연구가 아니지만 나머지 네 개는 비교적일 수가 있다. 다른 곳에서 개발된 개념들의 유용성을 사용하는 사례연구는 비교적이라고 할 수 있다. 또한 사례연구가 일반이론이나 가설들을 검증하는 것이거나 또는 다른 연구에서 사용될 수 있는 개념들을 사용한다거나 다른 연구에서 검증될 수 있는 가설들을 사용한다면 이러한 사례연구들은 비교적이 될 수 있다는 것이다.[51]

---

48) 김웅진·김지희, 『비교사회연구방법론: 비교정치·비교행정·지역연구의 전략』(서울: 한울아카데미, 2000), 69-70쪽.

49) 위의 책, 70쪽.

50) 위의 책, 73-76쪽.

51) Tom Mackie and David Marsh, "The Comparative Method," in David Marsh and Gerry Stoker (eds.), *Theory and Methods in Political Science* (New York, NY: St. Martin's Press, 1995), p. 177.

제1장을 마치며

비교정치학의 범위에 관한 지금까지의 논의를 요약하면 다음과 같다. 첫째, 교차국가분석연구는 비교정치의 핵심이다. 둘째, 교차국가분석이 아니고 하나의 국가를 대상으로 하는 연구라 할지라도 그 국가 내의 여러 하부정치 단위들을 상호 비교하는 것은 비교정치이다. 셋째, 하나의 국가를 대상으로 하면서 하나의 하부정치 단위를 분석대상으로 할지라도 이것을 여러 시점으로 나누어 서로 다른 시기에 나타나는 유사성이나 상이성을 비교하는 것도 비교연구이다. 넷째, 비교의 대상이 없이 하나의 단위를 다룬다 할지라도 그 연구가 이론적·개념적 준거기준을 포함하고 있고 그것이 다른 연구에 적용될 수 있는 것이라면 이것은 비교정치연구에 포함된다.

앞에서 인용한 소크라테스의 대답에서와 같이 어떤 사물이나 현상에 관해 이야기 할 때, '무엇과 비교'를 하지 않고 이야기 하거나 혹은 비교의 기준이 무엇인지를 명확하게 제시하지 않는다면 그러한 논의의 내용은 매우 부정확한 것일 수가 있다. '대한민국의 정치는 형편없어'라든가 '대한민국의 정치인들은 정말로 한심해'라고 이야기할 때 '무엇과 비교'해서 형편없다거나 '누구와 비교'해 한심하다는 것인지를 밝히지 않는다면 이러한 이야기는 의미 없는 것이 될 수 있다. 한국의 정치나 정치인들이 미국의 정치나 정치인들보다 그렇다는 것인지 아니면 아프리카 어느 국가의 정치나 정치인들에 비해 그렇다는 것인지, 아니면 정치학 교과서에 기술되어 있는 이론과 비교해서 그렇다는 것인지가 명확하지 않다. 이럴 경우 이러한 주장들이 과연 맞는 것인지 또는 그런 주장들에 수긍할 수 있는지를 의심해야 한다.

이처럼 '무엇과 비교'해서라는 논리는 학문적인 면에서뿐만 아니라 실질 정치에서도 매우 중요하다. 이처럼 비교라는 방법은 모든 학문적 영역에서 중요한 것이지만 특히 '비교'를 본질로 하는 비교정치학에서는 정치현상을 이해하고 설명하며 또 예측하기 위해서 비교는 필수적인 것이다. 요약하면 비교정치학은 '비교'라는 방법을 사용하여 정치현상을 보다 더 체계적으로 이해하고 설명하며 또 예측하고자 하는 학문이다.

그러면 비교정치학에서는 비교라는 방법을 이용하여 정치현상의 무엇을 찾아내고자 하는가? 비교의 목적은 연구의 대상들이 가지고 있는 유사성(similarity)이나 상이성(difference)을 밝히려는 것이다. 비교는 우리가 관심을 갖는 대상들 사이에 유사성이나 상이성이 있을 것이라는 것을 가정한다. 사회현상이나 정치현상에서 모든 것이 똑같다거나 또는 모든 것이 전부 다르다는 일은 있을 수가 없다. 시간적인 면이나 공간적인 면에서 동일한 정치현상들이 나타나는 경우도 있을 것이고 또 상이한 정치현상이 나타나는 경우도 있을 것이다. 또 동일한 정치현상이 일어난 경우에도 그러한 현상을 야기한 원인은 같을 수도 있지만 다를 수도 있다. 예를 들어 1980년에 기니비사우와 대한민국에서 군부쿠데타라는 동일한 정치현상이 일어났으나 기니비사우와 대한민국의 정치·경제·사회·문화적 상황은 매우 다르다. 그렇지만 모든 것이 다른 것처럼 보이는 상황 속에서도 군부지도자들의 권력욕이라든가 민간정치인들의 부패와 무능과 같은 유사성이 있을 수가 있으며 그 이외에도 군부의 정치개입을 촉발시키는 다른 요인들이 두 국가에 공통적으로 존재할 수도 있다.

　　비교정치에서 비교의 목적은 동일한 정치현상을 야기시키는 요인들 중에 공통된 것(유사한 것)이 있는가를 밝혀내는 것이며 이러한 과정을 통해 정치현상에서 나타나는 규칙성(regularity)을 찾아내는 것이다. 정치현상의 발생에 어떤 규칙성이 있다면 우리는 그것을 바탕으로 하여 동일한 상황이나 여건에서는 그러한 정치현상이 다시 발생할 것이라는 예측을 할 수 있다. 사회과학에서의 규칙성이나 예측이 자연과학에서의 규칙성이나 예측과 같은 수준은 아니지만 사회현상이나 정치현상이 완전히 우연하게 발생했다는 식으로 이야기를 한다면 사회과학은 학문으로 존재할 수가 없다. 따라서 비교정치학이 추구하는 것은 정치현상에서 나타나는 유사성과 상이성을 비교라는 방법을 통해 밝혀내고 이러한 정치현상에 영향을 미치는 요인들의 규칙성을 찾아내어 이를 바탕으로 정치현상을 야기시키는 원인과 결과 사이의 관계에 관한 일반화(generalization)를 제공하려는 것이다. 궁극적으로, 비교의 대상과 방법은 연구자의 목적에 크게 의존하지만, 비교연구로 일반화된 연구결과는 일정 수준 이상의 '타당성'(validity)과 '신뢰성'(reliability)을 지니고

있어야 바람직할 것이다.[52]

정치학의 하부 분야는 어느 분야를 막론하고 모두가 중요하다. 정치사상가의 심오한 이론 속에는 정치학에서 관심을 갖고 중요하게 다루는 모든 요인들이 포함되어 있다. 국제정치를 모른다면 정치학이 포괄하는 정치현상의 상당한 부분이 공백으로 남을 것이다. 그러나 비교정치학은 정치학의 다른 하부 분야와는 또 다른 중요성이 있다. 정치학의 어느 분야에 관심을 갖더라도 정치학을 공부하는 사람들의 궁극적인 관심은, 자신들이 살고 있는 국가의 정치와 관련 있는 문제들일 것이다. 대한민국에서 정치학을 공부하는 사람들은 정치학의 어느 하부 분야에 관심을 갖더라도 그들의 궁극적인 관심은 대한민국과 관련된 정치현상일 것이며 다른 국가의 정치현상에 관한 관심보다 당연히 클 것이다. 대한민국에서 이루어지는 정치에는 관심이 없고 제대로 이해하지 못하면서 미국이나 브라질 또는 모잠비크에서 일어나는 정치에 관해서는 관심이 크다는 이야기는 이러한 국가들을 전공하는 지역전문가들에게만 해당되는 이야기일 것이다. 대한민국의 정치에 관해 관심을 갖는다는 것은 정치현상을 있는 그대로 알고 이해하는 데에서 끝나는 것은 아니다. 단편적인 이해의 단계를 넘어서서 그것을 나름대로 평가하여 그것이 제대로 된 것인지 또 바람직한 것인지 아닌지를 판단하는 것이 필요하다. 또 그것이 잘못된 것이거나 문제가 있는 것일 때에는 이를 개선하기 위한 해답을 찾는 것이 정치학을 공부하는 사람들이 추구하는 것이다.

비교정치학은 바로 이러한 대안이나 해답을 찾는 데 도움을 주는 학문이다. 우리의 정치에 문제가 있다면, 이를 해결하기 위한 해답을 찾아야 하는데 그러한 해답은 다른 국가들에서 이루어지고 있는 정치를 참고하고 적실성있게 비교하는 작업에서 찾을 수 있다. 우리나라 정치의 문제를 개선하거나 해결하기 위한 해답은 미국이나 영국, 독일, 캐나다와 같이 민주정치를 실천하고 있는 국가들에서 이루어지고 있는 현실 정치에서 찾을 수 있을 것이며 또 이 국가들의 정치를 우리

---

52) 여기서 '타당성'이란 연구목적에 적합한 연구수단들이 사용되는 것을 말하며, '신뢰성'이란 유사한 주제를 다른 연구자들이 수행하였을 때도 유사한 결과가 나오는 정도를 의미한다.

의 정치와 비교함으로써 우리 정치의 개선방안도 찾을 수 있다. 이런
점에서 보면 비교정치는 한국정치라는 정치학의 하부 분야와 분리해
서는 생각하기 어려우며 비교정치의 기반 없이 한국정치를 제대로 연
구한다는 것은 불가능한 일이라 할 것이다. 결국 우리 정치에 관한 관
심과 우리 정치의 발전방향에 대한 모색은 다른 국가들의 정치에 관한
이해를 바탕으로 하며 이것을 우리의 것과 비교하는 데에서 출발해야
한다. 현실정치의 문제점을 해결하기 위해서 비교정치학의 방법과 내
용이 긴요한 것이다. 이런 점에서 다른 국가의 정치를 연구대상으로
하는 비교정치학은 정치학의 다른 분야와는 다른 중요성을 갖는다.

제2장

국가

우리가 현재 사용하는 정치적 용어로서 '국가'(國家, the State)라는 개념은 16세기부터 18세기까지 이르는 유럽정치사에서 소위 '근대국가'의 발달과정에서 비롯된다. 혹자는 근대국가의 발달을 알파벳 문자의 발명과 견주며, 근대국가의 발생이 인간의 행태와 삶을 변화시켰다고 주장했다.[1] 국가라는 기관의 형성에 가장 큰 영향을 준 계기는 '베스트팔렌(Westfalen) 조약'(1648)이다. 베스트팔렌 조약은 종교전쟁인 '30년 전쟁'을 종결시킨 조약이다. 해당 조약은 통치자가 자신의 영토에서 공적으로 종교행위를 규제할 수 있도록 했는데, 그 의미는 국경 없는 교황의 종교적 칙령보다 국경단위로 이루

▍베스트팔렌 조약 우표

어지는 통치자의 세속적 권위가 우위에 설 수 있게 한 것이다. 이것은 소위 '근대국가의 발생'의 직접적이고 명시적인 계기가 된다. '국가'라는 기구가 명시적으로 형성된 이후 인간의 행태와 삶이 현실적으로 바뀌게 된 것이다.

그런데, 실제 정치과정을 보면, 단순히 국가라는 기구의 존재만으로 그렇다기보다는 인간의 행태와 삶에 국가와 함께 혼재되어 영향을 미치는(아니면, 국가보다 더 큰 영향을 미칠 수도 있는) 또 다른 주요 변수들이 존재한다. 인간의 행태와 삶이 현실적으로 바뀌었음을 이야기할 때, 그렇게 바뀌게 된 실제 정치과정에서 작동하는 현실적 기구로서 국가라는 개념은 그렇게 단순하지 않다는 뜻인데, 가장 큰 이유는 '민

---

1) Gregory Melleuish, "The State in World History: Perspectives and Problems," *Australian Journal of Politics and History*, Vol. 48 (2002) pp. 322−335; K. Dyson, *The State Tradition in Western Europe: A Study of an Idea and Institution* (Oxford: Martin Robertson, 1980).

족'(nation), '인종'(ethnicity), '사회'(society)라는 세 가지 개념이 '국가'
와 혼재되어 정치과정을 형성하기 때문이다. 예를 들어, 20세기에 이
르러 '전면전'(全面戰, total war)이란 개념도 광범위한 지역에서 국가
리더십에 의해서 모든 국가내의 인구가 동원되는 경우를 말하는데,
이것은 '국가'라는 존재가 인간의 행태와 삶에 영향을 미치는 대표적
예이다.[2] 전면전의 경우엔 군대에 동원된 사람들뿐만이 아니라 모든
국민들이 '민족' 또는 '인종'의 이름으로(즉, '민족주의'를 표방하여) 전쟁
을 치르게 된다. 그런데, 인간의 행태와 삶에 영향을 가장 직접적으로
미치는 것은 '국가', '민족', '인종'이 아닐 수도 있다. 오히려 일생 생
활에서 사람들은 평소에 자신이 속한 학교, 직장, 동아리 모임과 같이
자신이 속한 사회집단(society)을 가장 많이 생각하며 살고, 국가에 대
해서 그다지 많은 생각을 하지 않는다. 그럼에도 불구하고, 지구촌에
서 개인들은 예외 없이 국가에 소속되어 국가 '헌법'(憲法, constitution)
이란 거시적인 체계 속에서 생활하며, 한 국가의 헌법체계는 개인의
생활을 규정하는 가장 근본적인 힘으로 작용한다. 다시 말해서, 국가
조직은 인간의 삶을 규정하는 가장 근본적 기구로 작용함을 누구도
부인하기 어렵다.

　　제2장에서는 정치과정에서 가장 크고 영향력 있는 '국가'라는 것
의 내용과 형식에 대해서 살펴본다. 마지막으로 '국가' 개념과 혼재되
거나 대비되어 인간의 삶과 행태에 영향을 미치는 민족, 인종, 사회에
대해서 살펴본다.

국가의 정의

　　'국가'는 몇 가지 차원들의 조합으로 정의된다.[3] 국가라는 개념

---

2) '전면전쟁'이 국가를 행위자로 하는 것과는 대조적으로 '테러'(terror)는 '비국가 행위
자'(non-state actor)가 민간인(civillian)을 대상으로 한 공격을 말한다. Patrick H.
O'Neil, *Essentials of Comparative Politics* (New York: W.W. Norton & Company,
2013).
3) '기능주의자들'은 줄곧 '국가주의자들'을 공격할 때, 국가라는 주어의 불명확성과
주어가 불명확한 경우 그에 따른 동사 사용의 부정확성 등을 거론한다. 국가라는
것은 국가라는 영토내의 구성체 모든 것들의 합이기에 "국가가 …를 한다"라고 하

의 가장 중요한 차원은 국가가 영토 안에서 독점적인 '주권'(또는 통치권, sovereignty)을 지니고 있다는 것이다. 이것은 국가가 영토 외부의 행위자에 대해서(국제적으로) 독립되어 있으며, 영토 내부의 경쟁적 존재들에 대해서는(국내적으로) 국가가 원하는 정책을 실행할 수 있음을 의미한다. 국가는 영토 안에서 제1의 권위(authority)를 지니고 있으며, 영토 내 국민들에게 강제력을 지닌 법을 집행하고, 권리를 보호해주고 치안을 통해 시민의 안전을 보장해 주는 유일한 '독점 기구'이다. 국가가 '통치권'을 갖기 위해선 '물리적 힘'(physical power)이 필요한데 대외적 독립을 위해서 군대가 존재하며, 대내적 치안유지를 위해서 경찰이 존재한다.

그러니까, 형식적 차원에서 국가는 매우 높은 수준으로 제도화되어 있다. 국가조직은 군대, 경찰, 그리고 통치권을 행사하기 위한 정치조직의 제도화가 필요하다. 정치과정에서 국가 형성의 기본 형식은 권력을 분산하는 것과 연관된 것이며 이것은 '중앙집권 – 지방분권'의 문제를 말한다. 추상적으로 표현하자면, 국가의 내용은 국민들이 체감하는 '국가존재감'과 연관된 어떤 것인데, 국가존재감이란 국가가 특정 집단에 휘둘리지 않고 국가가 원하는 모든 일을 수행한다거나[즉, '국가자율성'(state autonomy)], 국민의 복리를 위해서 행동할 수 있는 능력[즉, '국가역량'(state capacity)] 등을 통해서 구현될 것이다. 국가는 국가자율성과 국가역량의 부재여부에 따라서 소위 '실패한 국가'[failed state; 또는 '취약국가'(fragile state)]가 되기도 한다. 결론적으로 국가를 이해한다는 것은 국가의 내용과 형식을 이해하는 것인데, 이에 대해서 차례대로 살펴본다.

는 것에 대한 문제제기인 셈이다. 예를 들면, 이스턴(D. Easton)은 "국가가 복지정책을 시행한다"는 표현은 "노동당이 복지정책을 시행한다"고 표현해야 맞다고 본다. "국민의 뜻이 반대하는 것에 있다"라는 표현도 "반대론자의 뜻이 …이다"라고 표현해야 맞다는 것이다. 즉, 모든 기관이나 사람들은 국가의 일부이기에 국가가 주어가 되는 순간에 정치과정에 대한 묘사가 사실로부터 오도(誤導)된다는 주장이다. 반면에, 뿔랑차(N. Poulantzas)와 같은 네오맑시스트(neo – marxists)들은 "국가는 국민의 삶을 규정하는 가장 영향력 있는 실체이며 실제로 존재한다(애국가, 국기, 영토, 정책 등)"는 입장에 서 있기에 국가는 정치과정에서 구조적으로 실재하며 영향력을 지닌 주어가 된다고 본다.

국가의 내용

국가에 대한 정의를 반추해 볼 때, 국가 내용의 핵심은 '국가의 힘'(state power)을 의미한다. '국가의 힘'은 결국 국가 구성원들의 입장에서 국가의 존재감이다. 국가존재감은 두 가지 차원으로 구성된다. 하나는 '국가자율성'(state autonomy)이며, 또 다른 하나는 '국가역량'(state capacity)이다.[4]

국가역량이란 "국민들의 안전, 자유, 평등과 같은 기본적 권리를 누릴 수 있도록 국가가 자신의 권력을 행사할 수 있는 능력"을 의미한다. 높은 수준의 국가역량을 지닌 국가는 국민들이 기본적 권리를 향유할 수 있도록 이와 연계된 국가정책을 공식화하고 법을 효율적으로 제정하고 이를 집행할 수 있는 능력을 지니고 있다. 일반적으로 정치과정에서 높은 국가역량은 국가의 효율적 조직, 든든한 국가정당성, 그리고 효과적인 정치리더십에 영향을 받는다. 단적으로, 낮은 국가역량을 지닌 국가는 구성원들이 법을 어겨도 처벌하지 못하며, 높은 국가에선 처벌받게 된다.

국가자율성이란 "국가가 자신의 권력을 국가 외부 및 내부의 행위자에 대하여 독립적으로 행사할 수 있는 능력"을 말한다. 여기서 '자율성'(autonomy)의 개념은 '주권'(또는 통치권, sovereignty)의 개념과 밀접히 연관되어 있는데, 두 개념은 그 내용이 비슷하면서도 구분된다. 일반적으로 '국가주권'의 개념이 "국가의 공식적이고 법적인 독립성"(formal and legal independence)을 의미하는 데 반하여, 상대적으로 '국가자율성'이란 "국가가 독립적으로 행동함에 있어서 비공식적이고 현실적인 능력"(informal and practical ability to act on that independence)까지도 포괄한다.[5] 국가가 높은 수준의 국가자율성을 지닌 경우, 국가는 공식적으로 규정되어 있는 법적 규범을 어떤 어려움도 극복하며 실천할 수 있으며, 국가의 결정이나 정책에 반대하는 대내외의 세력들과 관계없이 그리고 공식적으로 국가가 원래 의도한 결정이나 정책

---

4) Patrick H. O'Neil, *op. cit.*, pp. 49–51.
5) Patrick H. O'Neil, *op. cit.*, p. 48.

을 비공식적 수단까지도 포함하여 그대로 수행할 수 있다.[6] 정리하자면, 국가가 높은 수준의 국가자율성을 지닌 경우, 국가정책을 걱정하거나 반대하는 여론에 상관없이 국가는 국가의 이익이라고 생각하는 것을 그대로 추구한다. 반면에 낮은 수준의 국가자율성을 지닌 국가는 국가 이외의 대내외적 개인이나 특정집단(특히, 잘 조직된 집단)의 이익을 위해서 다수의 시민들에게 불복종하거나, 역으로 다수의 횡포에 대하여 국가의 공권력이 제대로 집행되지 못하는 경향이 있다.

일반적으로 높은 수준의 국가자율성을 지닌 국가는 높은 수준의 국가역량을 지닐 개연성이 있다. 그럼에도 불구하고, 현실정치에서 두 개념이 반드시 일치하는 것은 아니다. 개념적으로 2×2 도표를 통해서 4가지 경우의 수와 상대적인 비교관점에서 이에 해당하는 국가들의 예를 다음과 같이 생각해 볼 수 있다.

	높은 자율성	낮은 자율성
높은 역량	I	II
낮은 역량	III	IV

경우 I은 고도로 중앙집권화된 국가이며 전형적으로 '강한 국가'(strong state)이다. 하지만, 중앙집권화의 수준이 높은 국가에선 반대급부로 국민 개인의 권한을 기본으로 형성된 민주주의가 제약될 가능성이 공존한다. 현존하는 중국을 해당 예로 볼 수 있을 것이다. 중국은 국가정책으로 결정된 대규모 공사(예를 들면, 댐 공사)를 위해서 인력동원을 효율적으로 할 수 있으며, 단일정당체제(공산당)에 의한 높은 중앙집권체제로 신속한 정책결정과 집행을 한다.[7]

경우 II는 국가가 국민들의 기본적 권리를 향유할 수 있도록 지켜줄 수 있지만, 현상유지적인 성격이 강해 국가가 변화하는 도전들

---

6) 프랑스가 인도양에서 자국민들에게 상해를 입힌 해적선을 공격하기 위해서 해상군사작전을 펴고, 심지어 타 국가의 해상을 침범하기도 한 일이 있었다. 해적선을 공격하기 위해서 공식적 절차를 통해서 해양에 대한 경유권을 협의한 것이 아니고, 비공식적으로 기습작전을 감행하여 자국의 선박을 공격한 해적선을 우선 징치한 것이다.

7) 중국의 이러한 국가능력은 '공직자 부패'에 의해서 빛이 바랜다. 이른바 액커맨(S. R. Ackermann)이 언급하는 '부패'(corruption) 변수가 중국사회의 가장 큰 문제이다.

에 직면하여 국민들 다수의 이익을 위해 기동성 있게 새로운 정책을 시행하고 집행하는 능력은 부족하다. 국가의 민주주의 수준이 높으며, 개인의 자율성과 지방분권화의 높은 수준은 중앙집권적 정책집행에 대한 권위와 상충될 수 있다. 지방분권화의 수준이 높은 선진 민주주의 국가들에선 정치적 결과 이상으로 정치적 과정이 중시되기에 어떤 정책이 집행되기까지 기동성이 낮은 수준에 있다. 중국과의 비교 관점에서 미국과 캐나다를 해당 예로 볼 수 있을 것이다.

경우 III에서 국가는 중앙집권화되어 있지만, 국가의 의도와 정책을 효율적으로 수행하는 데 한계를 지닌 국가이다. 미국이나 캐나다와 비교 관점에서에서 러시아가 이에 해당된다.[8] 러시아는 표트르 대제 이후 중앙집권화의 전통이 이어지며 그 수준이 매우 높다. 국가차원에서 인구의 특정지역으로의 강제이주를 통한 분산배치를 시행한 역사를 갖고 있다. 하지만, 국가정책을 효율적으로 실현하는 능력은 상대적으로 낮게 평가된다.

경우 IV는 경우 I과 가장 대비되는 경우로 '약한 국가'(weak state)인데, 국가권력이 분산화 내지는 파편화되어 있는 경우를 나타내며, 국가라는 존재감은 최소화되며 자칫 '국가실패'(state failure)의 상태로 떨어질 가능성이 높다. 그 대표적인 예로 파키스탄이 자주 언급된다. 파키스탄은 영국으로부터 인도가 독립하는 과정에서 인도로부터 분리된 국가이다. 파키스탄은 교육과 보건에서 매우 열악한 수준에 있으며 대중을 위한 사법제도가 작동하지 않는다. 공무원은 대중들의 요구에 반응하지 않으며 부패수준 역시 심각하다. 1947년에 인도와 파키스탄이 분리되던 당시 인도와 파키스탄의 국가의 처지는 비슷했는데, 현재 인도는 발전이 예약된 국가로 언급되는 반면에 파키스탄은 실패한 국가로 지적되는 이유는 무엇일까? 국가독립과정에서 인도는 제한된 혼란이 있었으나, 파키스탄은 혼란이 크고 장기적이었다. 가장 큰 정당인 '무슬림 동맹'(Muslim League)은 두 나라의 분리를 주장하며

---

8) 중앙집권적 권위의 전통이 강한 러시아에서도 '부패'의 문제는 중요하다. '부패'에 관해서 많은 연구자들은 부패가 중앙집권화와 함수관계가 있음을 지적하곤 한다. Paul M. Heywood (ed.), *Routledge Handbook of Political Corruption* (New York: Routledge, 2015).

그 뜻을 이루었으나 분리 이후엔 당 내부가 분열하며 새로운 리더십을 창출하고 국가제도를 마련하여 체제를 정비하는 데 실패하였다. 이런 이유로 파키스탄에서는 '군부'(軍部, the military)의 힘이 강하게 유지되어 오고 있으며, 그 힘은 정치과정에서 중앙정부의 힘을 넘어서는 것으로 나타난다. 파키스탄과 국경을 접하고 있는 아프가니스탄 역시 '실패한 국가'로 종종 언급된다. 아프가니스탄은 종교적으로 '제정일치'(祭政一致)의 국가이며, 지정학적으로 미국과 러시아의 장기적인 분쟁지역으로 국가 내부의 실질적 통제기능을 상실한 상태이다.

국가의 형식: 중앙정부 – 지방정부

앞서 국가자율성과 국가역량의 높고 낮은 수준에 따라서 분류되는 4가지 경우의 수에서 발생하는 주요 변수가 있다. 바로 중앙집권화–지방분권화의 문제이다. 정치가 작동하기 위해서 국가는 권력 정당성을 지니고 있어야 한다. 그러한 국가권력 정당성은 중앙정부와 지역(regional) 내지 지방(local)정부 사이의 관계를 규정하는 형식에서 출발한다. 이것은 국가라는 존재가 중앙집권을 대변하고, 봉건영주라는 존재는 지방분권을 대변했던 근대국가 태동의 역사적 배경을 반영하는 것이다.9) 세계의 여러 국가들은 중앙정부와 지역정부 사이의 권력분산을 위해 다양한 정부형태를 채택하고 있는데 단일국가(unitary state) 내에서 지방자치를 실시하고 있는 국가들과 연방제를 통해 중앙정부와 지역정부에 권력을 분산하는 유형으로 대별할 수 있다.

2014년 현재 세계의 197개 국가들 중에서 연방국가는 27개국이며 나머지 167개국은 단일국가이다.10) 연방국가들은 숫자 면에서는 적어 전 세계 국가들의 13.2%에 불과하지만 이 국가들의 인구는 전세계의 36%를 차지하며 면적은 전 세계의 41%를 차지한다.11) 연방

---

9) 정치에서 권력의 분산은 행정부, 입법부, 사법부 사이의 기능적 분리만이 아니라 지역적인 면에서도 이루어짐을 알 수 있다.
10) 본 단행본은 국가의 수를 197개로 보는데 그 이유는 다음과 같다.
   UN 국가 수(193) + 팔레스타인 + 바티칸시국 + 대만 + 코소보
11) W. Phillips Shively, *Power and Choice: An Introduction to Political Science*,

제를 채택하고 있는 국가들을 연방이 형성된 연도 순서로 보면 미국 (1776년), 멕시코(1821년), 스위스(1848년), 아르헨티나(1853년), 베네수엘라(1863년), 캐나다(1867년), 브라질(1889년), 오스트레일리아(1901년), 오스트리아(1920년), 독일(1949년), 인도(1950년), 수단(1956년), 파키스탄(1956년), 나이지리아(1963년), 말레이시아(1963년), 탄자니아(1964년), 벨기에(1970년), 아랍에미레이트(1971년), 코모로(1975년), 마이크로네시아(1979년), 세인트키츠네비스(1983년), 러시아(1992년), 보스니아헤르체고비나(1995년), 에티오피아(1995년), 이라크(2005년), 네팔(2008년), 남수단(2011년), 소말리아(2012년)이다. 이처럼 연방국가는 1776년에 미국에서 처음 나타난 이후 1800년대에는 중남미에서 연방국가들이 형성되었고 1900년대에는 물론 이라크, 네팔, 남수단, 소말리아 등 2000년대에 들어와서도 연방국가들이 새롭게 등장하고 있다.

단일국가, 연방국가, 국가연합

■¹ 단일국가

단일국가제에서는 중앙정부가 최고의 권력을 가지며 지역정부나 지방정부(local government)12)들의 권력은 중앙정부에 의해 부여된다. 연방국가에서는 법의 규정을 통해 중앙정부와 지역정부 사이에 권력을 배분하는 데 비해 단일국가의 지방정부들은 중앙정부로부터 부여받은 권한만을 행사한다.

대한민국, 프랑스, 일본, 영국은 단일국가의 대표적 예들이다.13) 단일국가에서는 중앙정부가 지방정부들의 다양성을 허용하면서도 통합되고 일관된 행정과 정책을 집행해 나간다는 장점이 있다. 단일국

5th ed (New York: The McGraw-Hill co., 1997), pp. 169-170.

12) 지역정부는 주(州)나 도(道) 단위의 정부를 의미하며 지방정부는 시나 읍 단위의 행정단위를 의미한다.

13) 영국은 독특한 예에 해당한다. 영국은 53개 회원국의 연합국가의 형태인 '영연방'을 구성하기도 한다. 또한 영국은 브리튼 섬(Great Britain: England+Wales+Scotland)과 아일랜드 섬 일부(Northern Ireland)를 포함한 연합왕국이기에(즉, United Kingdom), 영국의 런던에 편지를 보내는 경우, GB로 표기하느냐, UK로 표기하느냐에 따라 미묘한 차이가 존재한다.

가에서는 중앙정부만이 정책을 만들고 통제할 수 있는 권한을 가지며 다른 정부기구는 이를 갖지 못한다. 단일국가에서 중앙정부는 지방이나 지역의 정치기구들이 만든 어떠한 정치적 결정도 거부할 수 있다.

단일국가를 연방국가로 바꾼 가장 대표적인 경우는 나치독일이 제2차 세계대전에서 패한 후 독일연방으로 바꾼 것을 들 수 있다. 히틀러의 치하에서 독일은 모든 정치권력이 중앙에 집중된 단일국가였다. 제2차 세계대전이 끝난 후 1949년에 미국, 영국, 프랑스가 점령한 지역에서 민주정부를 설립할 때 이들 3국은 서독정부의 권력을 분산하는 방법으로 연방제를 선호하였으며 이 결과로 서독은 연방제를 채택하였다. 독일연방공화국(Federal Republic of Germany)을 구성한 11개의 주들 중에서 바이에른 주 같은 경우는 오랫동안 독립적인 전통을 가지고 있었다. 동서독이 통일된 이후에는 5개의 주가 더해져 현재 독일에는 16개의 주가 연방을 구성하고 있다. 독일의 연방정부에는 연방 상원(Bundesrat)이 있으며 각 주들은 여기에 대표를 보낸다. 독일에서는 주와 관련된 사항에 영향을 미치는 모든 연방법들은 상원에서 통과되어야 하지만 정치적인 면에서는 독일의 주들은 미국의 주들보다 강력하지가 못하다.

■ ² 연방국가

연방제(federalism)라는 용어에서 federal의 어원은 라틴어의 foedus로서 결속 또는 응집이라는 의미이다. 연방제를 채택하는 국가는, 중앙정부에 모든 권력이 집중되는 단일국가와 독립된 국가들이 느슨하게 결합하여 국가를 형성하는 '국가연합'(confederation) 사이의 중간적 국가형태라 할 수 있다.[14] 연방제 국가에는 여러 개의 독립적인 단위들이 국가라는 테두리 안에 함께 결합되어 있다. 연방제 국가에서는 연방을 구성하는 단위들의 다양성이 제도적으로 보장되어 있으며 이러한 다양성이 국가의 안정과 정통성을 뒷받침한다. "연방은 정부의 여러 수준들 사이의 상호 독립과 상호 의존 사이의 균형을 유지하는 데 기여하는 헌법적·법적·정치적·행정적·재정적 수단을 모두 합한 것이다."[15]

---

14) 때로는 연방제를 두 가지로 분류하여, '강한 연방제'를 'federation'으로, '약한 연방제'를 'confederation'으로 표기하기도 한다.

연방제를 채택하는 연방국가가 다른 형태의 국가와 구별되는 특징은, 성문헌법에 의해 중앙정부와 지역정부(regional government)들 사이의 권력분산이 보장되어 있는 점이다. 연방국가에서는 중앙정부와 지역정부가 각기 헌법에 보장된 자율성을 가지고 있으며 연방을 구성하는 단위들이 정치적·경제적·문화적으로 독자성을 유지해 나갈 수 있는 핵심적 이유는 이러한 것들이 헌법에 의해 보장되고 있기 때문이다. 연방제에서 중앙정부와 지역정부는 각기 독자적인 법과 공무원을 가지며 이를 통해 국민들과 직접 접촉한다. 두 정부들은 각자의 권위를 행사하는 영역 내에서는 최고의 권한을 갖는다.[16] 연방국가에서는 주정부에서 정권을 구성하는 정당이 연방정부를 구성하는 정당과 다른 정당인 경우가 많다.

연방국가에서, 지역정부들은 지역적 전통에 의거한 독자적 권한을 보유하면서 중앙정부에게는 국가적으로 중요한 문제를 담당하게 하는 장점이 있다. 미국의 경우에는 50개의 독립적인 주들이 결합하여 미합중국이라는 연방국가를 구성하고 있다. 연방을 구성하는 개별 단위들은 단순히 중앙정부의 지역 행정단위가 아니라 헌법상으로 보장된 독립적 권한을 가지고 있는 단위들이다. 따라서 연방국가에는 하나의 중앙정부와 여러 개의 지역정부들 사이에 정부의 권한이 어떤 영역에서는 분리되어 있으며 나머지 영역에서는 공유되어 있다.[17]

연방국가는 중앙정부와 지역정부들 사이의 권한분산이 헌법에 어떻게 규정되어 있는가에 따라 여러 유형이 있다. 미국의 연방제에서 중앙정부는 헌법에 규정되어 있는 권한들만을 행사하며 나머지 모든 권한들은 주정부에게 부여되어 있다. 이와 반대로 캐나다의 연방제에서는 지역정부[18]들은 법에 규정된 권한만을 행사하며 나머지 모든 권

---

15) M. J. C. Vile, "Federal Theory and the 'New Federalism," in D. Jaensch(ed.), *The Politics of "New Federalism"* (Adelaide: Australian Political Studies Association, 1977), p. 3. Michael Burgess and Alain－G. Gagnon(eds.), *Comparative Federalism and Federation: Competing Traditions and Future Directions* (Toronto: University of Toronto Press, 1993), p. 5.

16) Michael Burgess and Alain－G. Gagnon(eds.), *op. cit.,* p. 38.

17) Jürg Steiner, *European Democracies*, 3rd ed. (White Plains, New York: Longman, 1995), p. 123.

18) 같은 연방제국가이지만 미국에서는 지역정부를 주(state)라 부르며 캐나다에서는 도(province)라 지칭한다. 이 책에서는 용어의 통일을 위해 모두 주로 표시한다.

한은 중앙정부에게 부여되어 있다. 독일연방제에서 중앙정부는 안보, 외교, 통화정책, 우편, 철도, 항공수송, 지적재산권 등의 분야에 대해 독점적 권한을 가지며 랜더(Länder)라 부르는 지역정부들은 교육, 텔레비전과 라디오에 대해 독점적 통제권한을 갖는다. 나머지 분야에서는 중앙정부와 랜더가 책임을 공유한다.[19]

일부 국가들이 연방제를 채택하는 이유는 여러 개의 독립된 국가들이 하나의 국가로 합칠 것을 흔쾌히 원하지 않을 때에 이 독립 국가들을 하나의 국가형성에 참여하도록 유인하는 과정에서 타협이 이루어졌기 때문이다. 미국의 연방제는 이러한 이유로 형성되었다. 또 다른 이유로는 국가의 영토가 너무 넓거나 국민들의 구성이 문화적으로나 언어적으로 너무 다양해서 이들을 하나로 묶기가 어려울 때 형성된다. 이런 점에서 규모가 작은 국가들에서는 여러 개의 섬들로 이루어진 경우를 제외하면 연방국가가 별로 없다.

연방국가에서는 중앙정부와 지역정부 사이의 관계도 중요하지만 연방을 구성하는 단위인 지역정부들 사이의 관계도 중요하다. 개별 지역정부들은 상당한 독자적 권한을 가지고 있지만 지역단위들 사이의 협력을 보장하기 위해 상호간에 신뢰하고 존중할 의무가 있다. 지역정부들 사이의 관계를 헌법에 규정하거나 또는 각 지역정부들이 자발적으로 수용하는 관계를 수평적 연방주의(horizontal federalism)라 한다. 수평적 연방주의의 규정들에는 개별 지역정부들이 다른 지역정부들의 공공행위와 공공기록 그리고 법적 절차를 최대한으로 믿고 존중해야 하며 다른 지역정부의 시민들에 대해서도 자기 지역정부의 시민들에게 부여하는 것과 똑같은 특권과 면책권을 부여해야 하고 범법자는 해당 지역정부에 돌려보내야 한다고 규정하고 있다. 또한 지역정부들 사이의 협약을 준수하고 상호간 호혜적 합의를 준수하고 협의를 통해 협조해야 한다.[20]

미국의 경우 두 개 또는 그 이상의 주들 사이에 맺는 협정(interstate compact)은 연방의회의 비준을 받도록 헌법에 규정하고 있다. 중요성

---

19) W. Phillips Shively, *op. cit.*, p. 168.
20) *Ibid.*, p. 40.

이 작은 대부분의 협정들은 연방의회의 동의 없이 결정되지만 다른 주나 중앙정부보다 더 강한 권한을 부여하는 것일 때에는 연방의회의 동의를 얻어야 한다. 뉴욕항구와 부대시설에 관한 통제를 목적으로 1921년에 뉴욕 주와 뉴저지 주가 합의하여 뉴욕항만청을 만든 것이 대표적인 예이다.[21]

　연방국가에는 동일한 영토 안에 독립적인 연방정부와 연방을 구성하는 단위들이 공존하고 있으며 헌법은 각 연방단위가 자체적으로 정책을 입안하고 집행할 영역을 보장하고 있다. 이에 비해 단일국가에서는 중앙정부만이 모든 정책을 입안하고 집행할 권한을 가지고 있다. 따라서 단일국가에는 연방국가보다 정치권력이 중앙정부에 더 집중되어 있다. 그러나 실제 정치를 보면 이러한 차이가 제대로 나타나지 않는 경우도 있다. 첫째로 단일국가와 연방국가에서 중앙정부와 '지역정부'(regional based) 또는 보다 소단위의 '지방정부'(local based)가 세금의 어느 정도를 징수하는가를 비교하여 보면 [표 2−1]과 같다.

　[표 2−1]에서 보는 바와 같이 연방국가 또는 단일국가를 불문하고 모든 국가들에서는 중앙정부가 지역정부 또는 지방정부보다 더 많은 세금을 징수한다. 일반적으로는 단일국가의 경우 중앙정부가 징수하는 세금이 지역정부 또는 지방정부가 징수하는 세금에 비해 훨씬 많다. 일부 연방국가에서는 지역정부와 지방정부가 징수하는 세금을 합하면 중앙정부가 징수하는 세금보다 많은 경우도 있다. 그러나 단일국가인 일본에서는 중앙정부가 징수하는 세금은 전체의 44%에 불과한 반면에 연방국가인 오스트레일리아에서는 중앙정부가 71%의 세금을 징수하고 있다. 따라서 단일국가에서는 연방국가보다 중앙정부가 지역정부나 지방정부보다 더 많은 세금을 징수하는 것이 일반적인 현상이기는 하지만 모든 국가들에서 이러한 현상이 나타나는 것은 아니며 개별 국가들의 경우를 보면 헌법에 규정된 내용과 실제 현실 사이에 상당한 차이가 있을 수 있음을 [표 2−1]이 보여주고 있다.

　또 다른 측면에서, 실제로 각 국가들이 얼마나 중앙집권화된 국가인가를 보면 다음과 같다. [표 2−1]에서 세금의 징수비율을 보면,

---

21) *Ibid.*, p. 43.

┃ 표 2-1 ┃ 연방국가와 단일국가에서 다른 수준의 정부들이 징수하는 세금의
백분율

	중앙정부	지역정부	지방정부
연방국가			
오스트레일리아	71	24	4
미국	56	24	19
캐나다	46	41	12
독일	42	35	23
스위스(2000년)	47	31	22
단일국가			
네덜란드	95	1	3
이스라엘	92	1	8
영국	81	–	19
프랑스	78	10	12
스웨덴	60	–	40
일본	44	28	28

자료출처: W. Phillips Shively, *Power and Choice: An Introduction to Political Science,* 5th ed. (New York: The McGraw-Hill, Co, 1997), p. 171. 스위스의 2000년 자료 출처는 장준호, "스위스연방의 직접민주주의: 2008년 6월 1일 국민투표를 중심으로," 「국제정치논총」 제48집 4호(2008), 258쪽. 여기서 '지방(local)정부'는 행정 단위이며, 이에 비해서 '지역(regional)정부'는 지리적으로 더 넓은 영역이 포함된다.

영국과 프랑스는 비슷한 양상을 나타낸다. 두 국가 모두 단일국가로서 프랑스는 중앙정부가 78%의 세금을 거두어들이고 영국은 중앙정부가 81%를 거두어들인다. 그러나 이러한 예산이 어떻게 사용되는가를 보면 큰 차이가 나타난다. 영국에서는 전통적으로 중앙정부는 지방정부들의 행정이나 예산에 대해 느슨한 통제를 하여 왔다. 예를 들어 교육체제를 보면 현대적인 종합고등학교 형태로 변경하는 것은 완전히 지방정부의 관할사항이다. 예산 면에서는 중앙정부가 지방정부들에 대해 예산을 지급하면서도 지방공무원들의 봉급이 얼마나 인상되는지에 관해서는 전혀 알지도 못할 정도로 예산계획은 지방정부 관할이었다. 이에 비해 프랑스는 여러 세기 동안 중앙정부에 권한이 집중되었다. 지금도 지역에 학교를 지으려면 중앙정부의 허가를 얻어야 한다. 1981년 이래 중앙정부의 기능 중 많은 부분을 지역의회나 지방의회에 이양하는 지방분권화개혁을 실시하였으나 아직도 중앙정부는 많은 권한을 보유하고 있다. 결론적으로 보면 정치에 있어서 중앙집

권화의 정도는 연방정부와 단일정부에 따라 큰 차이가 있지만 비공식적인 면에 의해서도 상당한 영향을 받는다.

그러면 중앙정부와 지역정부가 어느 정도로 권력을 나누어 갖는 것이 가장 좋은가? 극단적으로 보면 중앙정부의 권한을 완전히 지역에 분산시켜 버린다면 국가는 존재할 수가 없게 된다. 또한 권력이 지역정부에 너무 많이 분산된다 해도 정책들 사이에 협조를 이루기가 곤란하고 혼란이 야기될 가능성이 크다. 반대로 규모가 크고 지역적으로 다양성이 큰 국가에서 중앙집중화가 과도하게 되면 융통성이 없고 지역이나 지방의 다양성에 대해 신경을 쓰지 않는 정부가 될 것이다.

일반적으로 보면 산업화된 국가들에서는 지난 수십 년간 중앙집권화의 정도가 중간으로 수렴되는 경향을 보였다. 프랑스와 같이 중앙집권화가 심했던 국가에서는 그 정도가 약해지는 양상을 보이고 반대로 미국과 같이 지방분권화가 강했던 국가에서는 중앙정부의 권한이 과거에 비해 강화되는 양상을 보였다. 이러한 점은 중앙정부가 지역정부나 지방정부에 예산을 지원하는 경향이 증가하는 데서 나타난다. 또 다른 예로는 중앙정부가 지방의 교육구청에 대해 신체부자유 학생을 위한 시설을 갖추도록 명령하는 권한을 가지고 있는데 이러한 것은 과거에는 생각할 수 없는 일이었다. 지방분권화의 정도는 일률적으로 기준을 정할 수는 없으며 각 국가들이 어느 정도의 지방분권화를 유지하면서 이러한 수준이 양 정부 모두로부터 편안하다고 받아들여진다면 그것이 적절한 수준이라 할 수 있다.

■³ 국가연합

연방과 비슷하지만 차이가 있는 국가형태로는 국가연합(confederation)이 있다. 국가연합은 독립된 국가들이나 지역단위들이 연합체(league)인 중앙정부를 구성하는 것으로서 중앙정부는 국가연합을 구성하는 단위들에게 공유되는 일을 처리할 권한을 위임받아 실행한다. 중앙정부는 국가연합 구성단위들의 동의 없이는 구성단위에 직접적으로 영향을 미치는 법을 만들 수가 없다. 국가연합에서는 구성단위들이 자신들의 자율성을 잃지 않으면서 상호 관련된 일들을 해결하기 위해 협력한다.[22]

현재 형성되어 있는 국가연합의 대표적인 경우로는 유럽연합

(European Union: EU), 영연방(The Commonwealth of Nations)과 독립국
가연합(Commonwealth of Independent States: CIS)이 있다.

1 ■ 유럽연합23)

┃유럽연합 깃발

제2차 세계대전이 끝난 후 유럽에서는 극단적인 형
태의 민족주의로 야기된 전쟁을 피하기 위해 유럽국가
들을 통합하자는 움직임이 시작하였다. 이러한 유럽통
합운동은 1951년 5월 네덜란드, 룩셈부르크, 벨기에,
서독, 이탈리아, 프랑스의 6개국이 파리조약에 합의하
고 유럽석탄철강공동체(European Coal and Steel Community)라는 국제조
직을 만들면서 구체화되었다. 이들 6개국은 1957년 3월에는 로마조약을
통해 유럽경제공동체(European Economic Community)와 원자력 에너지
개발 협력을 위한 유럽원자력공동체(European Atomic Energy Community)
를 설립하였다. 10년 후인 1967년에는 이 국제기구들이 유럽공동체
(European Community)로 발전하였으며 1973년에는 덴마크, 아일랜드,
영국이 가입하였고 1979년에는 유럽의회를 구성하기 위한 첫 번째 유
럽의회선거가 회원국들에서 직접선거로 실시되었다. 1981년에는 그리
스, 1986년에는 스페인과 포르투갈이 회원국이 되었으며 1985년부터
는 회원국들 간에는 입국수속 없이 국경을 왕래할 수 있게 되었다.
1986년부터는 유럽 깃발과 유럽헌장이 채택되었다.

1992년 2월에 유럽공동체를 유럽연합(European Union)으로 개편
하는 마스트리히트조약이 체결되면서 1993년 11월부터의 유럽연합이
공식적으로 출범하였다. 1995년에는 오스트리아, 핀란드, 스웨덴이
회원국으로 가입하였고 2002년부터는 12개 회원국가에서 유로를 공

22) Jack C. Plano and Milton Greenberg, *The American Political Dictionary*,
    7th ed. (New York: Holt, Rinehart and Winston, 1985), p. 32. 결론적으로,
    federation은 연합의 정도가 강한 것이며, 상대적으로 confederation은 연합의 정도
    가 약한 것을 의미하는 용어로 이해하면 된다. Confederation은 '연합국가'라고 번역
    하지만, 때로는 연방국가 내에서도 상대적으로 연합의 정도가 약하면 confederation
    이라고도 한다는 의미이다. 스위스는 Swiss Confederation이라고 하는데, 연방국가
    로 분류하지 연합국가로 분류하지는 않는다. 이것은 단일국가, 연방국가, 연합국가
    라는 개념이 상호 '연속선'(continuum)상에 존재하는 것이며, 상호 분절(discrete)
    된 개념으로 존재하는 것이 아니기 때문이다.
23) http://en.wikipedia.org/wiki/European Union. 2014년 1월 30일 검색.

마스트리히트 조약 10주년 기념 우표

용화폐로 사용하기 시작한 후 2014년 현재는 18개국에서 공용화폐로 사용하고 있다.[24] 2004년에는 라트비아, 리투아니아, 몰타, 슬로바키아, 슬로베니아, 에스토니아, 체코, 키프로스, 폴란드, 헝가리의 10개국이 회원으로 가입하였다. 2007년에는 루마니아와 불가리아가 회원국이 되었고 슬로베니아는 유로를 공식화폐로 채택하였으며 2008년에는 키프로스와 몰타, 2009년에는 슬로바키아, 2011년에는 에스토니아, 2014년에는 라트비아가 유로를 공식 화폐로 채택했다. 2013년 7월 1일에는 크로아티아가 28번째 회원국이 되었으며 2014년 1월 현재 마케도니아, 몬테네그로, 세르비아, 아이슬란드, 터키가 회원국이 되기 위한 후보국가 상태이다. 유럽연합의 회원국이 되기 위한 국가는 인권 보장과 법에 의한 통치를 바탕으로 하는 안정된 민주정치를 실천하면서 시장경제를 보장해야 하며 유럽연합의 여러 법들을 지켜야 한다.

정치적인 면에서 보면 유럽연합은 국제기구이면서 국가연합(con-federation)의 성격을 가지고 있으면서도 어떤 면에서는 연방(federation)의 성격도 가지고 있다.[25] 그러나 연방이란 용어는 주권을 가진 하나의 국가를 지칭할 때 사용하기 때문에 유럽연합은 연방국가나 연방은 아니며 주권국가들의 연합체이다. 유럽연합내의 조직으로는 유럽의회(European Parliament), 유럽연합정상회의(European Council), 유럽연합이사회(Council of the EU: EU각료회의), 유럽중앙은행, 유럽사법재판소 등 7개 주요 기구가 있다.

2016년 현재 28개 회원국은 그리스, 네덜란드, 덴마크, 독일, 라트비아, 루마니아, 룩셈부르크, 리투아니아, 몰타, 벨기에, 불가리아, 스웨덴, 스페인, 슬로바키아, 슬로베니아, 아일랜드, 에스토니아, 오스트리아, 이탈리아, 체코, 키프로스, 포르투갈, 폴란드, 프랑스, 핀란드, 헝가리, 크로아티아이다. 현재 28개 회원국을 하나의 국가연합으로

---

24) 덴마크, 루마니아, 리투아니아, 불가리아, 스웨덴, 영국, 체코, 크로아티아, 폴란드, 헝가리에서는 유로가 아닌 자기 국가의 화폐를 가지고 있다. 이와 반대로 유럽연합 회원국이 아닌 모나코, 바티칸, 산마리노, 안도라에서는 유로가 공식화폐이다.
25) 번역을 어떻게 하건, 상대적 의미에서 federation은 confederation보다 강력한 중앙집권 형태의 연방을 의미한다.

인식하는 경우 인구는 5억명이며 전 세계 국내총생산의 약 1/4을 차지한다. 유럽연합은 국가의 표어로 '다양성 속의 통일'(In varietate concordia)을 내걸고 있는데, 2012년에 노벨평화상을 수상하였다.

2016년에는 영국이 국민투표를 통해서 EU로부터 탈퇴를 결정하였다. 과거 1985년에도 그린란드가 공동체를 떠난 바 있다. 영국의 탈퇴로 추가 탈퇴국들이 발생할 것이라고 우려하는 목소리도 나오고 있으나 실질적으로 EU를 주도하던 국가는 재정적으로 독일, 정치적으로는 프랑스였으므로 단기적인 소란에 그칠 것이란 견해가 대비되고 있다.

2 ■ 영연방26)

영연방은 53개 회원국가들로 이루어진 국제기구이다. 영연방은 과거에 영국의 식민지나 보호령, 신탁통치령으로 있었던 국가들이 독립 후 영국과 대등한 지위에서 참여한 주권국가들의 연합체이다. 이 기구는 1949년 영국선언에 의해 공식적으로 구성되었고 영국, 오스트

| 영연방 깃발

레일리아, 뉴질랜드, 남아프리카공화국, 캐나다 5개국으로 시작하였다. 영연방에는 1947년에 인도와 파키스탄이 가입하고 1948년에 스리랑카가 가입하여 경제적으로 공동의 이익을 추구하는 비정치적 협력체로 발전했다. 제2차 세계대전 후 영국의 식민지들은 요르단을 시작으로 1990년 나미비아까지 모두 57개국이 독립하였고 이들 중의 다수가 영연방에 가입하였다. 1995년에는 영연방을 탈퇴했던 남아프리카공화국이, 2004년에는 파키스탄이 재가입하고, 카메룬과 포르투갈의 식민지였던 모잠비크가 새로 가입하며 회원국이 53개국으로 늘었다. 영연방은 헌장이나 조약에 의거하지 않은 회원국들의 자발적인 친목기구로서 상호간이 이해가 관련된 문제들을 협의하기 위해 2년마다 회원국 정상회담을 개최한다.

2004년 현재 53개 회원국으로 되어 있다. 53개의 회원국들 중에서 ㉠ 16개국은 아직까지도 영국의 국왕을 자기 나라의 국가원수로

---

26) http://en.wikipedia.org/wiki/commonwealth_of_nations. 2014년 1월 30일 검색.

삼고 있으며(영국, 앤티구아 바부다, 바하마, 바베이도스, 벨리즈, 캐나다, 그레나다, 자메이카, 세인트 루시아, 세인트 키츠 네비스, 세인트 빈센트 그레나딘, 호주, 뉴질랜드, 파푸아뉴기니, 솔로몬제도, 투발루), 나머지 37개국 중에서 ⓛ 32개국은 공화국이고(키프로스, 말타, 보츠와나, 카메룬, 가나, 케냐, 말라위, 모리셔스, 모잠비크, 나미비아, 나이지리아, 르완다, 세이셸, 시에라리온, 남아프리카 공화국, 우간다, 탄자니아, 잠비아, 방글라데시, 인도, 몰디브, 파키스탄, 싱가포르, 스리랑카, 도미니카, 가이아나, 트리니다드 토바고, 피지, 키리바시, 나우루, 사모아, 바누아투), ⓒ 5개국은 입헌군주국이다(레소토, 스와질랜드, 말레이시아, 브루나이, 통가).[27] 영국은 2016년에 브렉시트(Brexit)로 유럽연합에서 탈퇴를 시도하였는데, 영국은 이미 영연방이란 배경이 있기에 자신들은 유럽연합의 제 국가들과는 다른 배경을 갖고 있다는 인식이 작용했을 것이다.

3 ■ 독립국가연합[28]

독립국가연합은 소련에서 공산주의체제가 종식된 후 소련으로부터 독립한 15개 공화국들 중에서 우크라이나와 벨라루스가 1991년 12월 러시아와 구성한 지역

┃독립국가연합 깃발

기구이다. 이후 아르메니아, 아제르바이잔, 우즈베키스탄, 몰도바, 카자흐스탄, 키르기스스탄, 타지키스탄, 투르크메니스탄이 회원국이 되어 회원국은 11개국이 되었으나 우크라이나와 투르크메니스탄은 연합 협약을 추인하지 않아 정식 회원국은 아니다.[29] 그루지아는 1993년에 회원국이 되었다가 2009년에는 탈퇴하여 정식 회원국은 9개국이다.[30]

---

27) 브루나이는 왕정으로 분류하기도 한다.
28) http://en.wikipedia.org/wiki/commonwealth_of_independent_states. 2014년 1월 30일 검색.
29) 우크라이나가 국가연합을 시도하였으면서도 정식 회원이 아닌 이유는 '우크라이나 사태'에 있으며, 보다 근본적으로는 우크라이나에 대한 러시아의 입장 때문이다. 강대국 러시아는 지중해로 진출하기 위해서 우크라이나의 영토인 크림반도를 넘어서서 흑해로 진입해야만 한다. 상대적 약소국인 우크라이나는 러시아를 견제하면서도 러시아와 잘 지내기 위해서 독립국가연합을 출범시켰지만, 이후 푸틴의 우크라이나 공격과 크림반도의 점령이란 사태를 경험하면서 정식회원국이 될 수는 없었다.
30) [러시아(1)] + [우크라이나, 벨라루스(2)] + [아르메니아, 아제르바이잔, 우즈베키스탄, 몰도바, 카자흐스탄, 키르기스스탄, 타지키스탄, 투르크메니스탄(8)] = 11개국인데, 여기서, 그루지아(1)가 가입하여 12개국이 되었으나, 다시 그루지아 탈퇴(−1), 우크라이나와 투르크메니스탄(−2)이 협약을 정식 추인하지 않아서 총 9개국이다. 그루지아도 우크라이나와 유사하게 러시아와 '그루지아 사태'를 경험하

┃ 독립국가연합 지도
  * 회원국은 ■■■색, 준회원국은 ■■■색으로 표시되어 있다.

세계의 연방국가들

앞에서 지적한 바와 같이 2014년 현재 세계에는 27개의 연
방국가들이 있다. 여기에서는 각 국가들이 연방국가가 된 배경과
특징을 알아본다. 특히 연방국가에서는 연방을 구성하는 단위(주
또는 도)가 연방 차원에서 불이익을 받지 않는 것을 보장하기 위
해 국회의 구성에서 이를 반영한다. 특히 모든 연방국가들에서는
상원의 구성을 통해 연방단위들에게 공평성을 보장하기 때문에
각 연방국가의 상원구성이 어떻게 되어 있는가를 알아본다.

┃ 말라야 연방 우표

아시아에는 3개의 연방국가가 있다. 제2차 세계대전 후 영국은
식민지로 가지고 있던 말레이반도의 영토들을 하나의 통합된 국가로
독립시키려는 의도로 1948년 말라야 연방(Malaya Federation)을 설립했

였다. 그루지아의 과격대원들은 그루지아에서 러시아 군대가 전면 철수할 것을 요
구하며 극장에서 관중들을 인질로 잡았으며, 푸틴은 이때, 관중들의 희생을 무릅쓰
고 독가스를 극장안으로 뿌려서 사태를 진압하였다.

으며 1957년에는 독립국이 되었다. 1963년에는 말라야연방에 영국의 식민지였던 싱가포르와 보르네오섬의 북쪽에 있는 지역인 사바와 사라와크가 참여하여 말레이시아연방이 수립되었으나 1965년에는 싱가포르가 말레이시아연방을 탈퇴하고 독립하였다.

말레이시아연방은 말레이반도에 있는 11개 주와 보르네오 북부의 사바와 사라와크 2개 주, 그리고 3개의 연방직할지역인 쿠알라룸푸르, 라부안 및 푸트라자야로 구성되어 있다. 각 주는 자체의 헌법과 정부, 의회를 가지며 주정부의 통제 하에 있는 주요 분야는 토지, 수자원, 종교(이슬람) 등이다. 연방의회는 양원제로 상원의 70석 중에서 26석은 13개의 주의회가 2명씩 선출하며 나머지 44석은 총리의 추천에 따라 국왕이 임명한다. 각 주에는 술탄이 상징적 지도자로 있으며, 실질적 정치지도자는 주지사이다. 주지사는 주 의회 선거에서 가장 많은 당선자를 낸 정당의 대표를 술탄이 임명한다.

인도(Republic of India)는 16세기부터 18세기까지 무굴제국이 통치하였으나 1857년에 전국이 영국의 직할 식민지가 되었다. 제2차 세계대전이 끝나고 1947년 8월 15일 영연방(British Commonwealth) 내의 자치령으로 독립하였으며 1950년 새 헌법을 공포하면서 연방공화국이 되었다. 인도는 연방국가이면서도 연방정부의 권한이 강하고 주정부의 권한들은 약해 '유사 연방'(quasi federal)국가라는 평가도 받았으나 1990년대 후반부터 정치, 경제, 사회 환경의 변화에 따라 주정부의 권한이 확대되면서 연방국가의 성격이 강화되고 있다.[31] 인도연방은 2000년도에 3개주가 신설되면서 28개 주와 6개의 연방직할지역, 그리고 1개의 수도특별지역으로 구성되어 있다. 28개 주와 수도인 델리, 그리고 연방직할지역 푸두체리(Puducherry)는 독자적인 정부와 의회를 가지고 있으며 나머지 5개 연방직할지역은 연방정부가 파견한 대표가 행정권을 갖고 있다. 인도헌법은 연방국가가 입법권을 갖는 영역으로 국가안보, 외교, 금융, 커뮤니케이션, 통화 등을 명시하고 있고 주나 연방직할지역이 입법권을 갖는 영역으로 경찰, 무역, 상업, 농업, 관개시설 등을 명시하고 있다. 교육, 산림, 노동조합, 결혼 등의

---

31) http://en.wikipedia.org/wiki/india#Government. 2014년 1월 30일 검색.

영역에서는 연방정부와 주정부 모두가 입법권을 갖는다. 이때 연방정부법과 주정부법이 상이할 때에는 연방정부법이 우선한다.[32]

인도에서도 연방정부의 특성을 반영하여 연방 상원의원 245명 중 대통령이 임명하는 12명을 제외한 233명은 주와 연방직할지역 의회의 의원들에 의해 간접선거로 선출되지만 이때 각 주와 연방지역 그리고 수도특별지역에서 선출하는 상원의원 수는 이들 지역의 인구비례에 따라 결정되기 때문에, 모든 연방구성 단위들이 동일한 수의 상원의원을 갖는 미국을 비롯한 다른 연방국가들에 비하면 연방국가의 성격이 약하다.

파키스탄(Islamic Republic of Pakistan)은 연방을 구성하는 4개 주와 4개의 연방지역으로 구성되어 있다. 100명으로 구성된 상원의원은 주의회의원들에 의해 선출되며 각 주에는 동일한 수의 상원의원이 배정되어 있다.

중동에 있는 연방국가로는 아랍에미리트연합(United Arab Emirates)이 유일하다. 영국의 식민통치 하에 있던 6개의 토후국들은 1971년 영국이 이 지역에서의 철수를 결정하자 소규모 토후국으로의 독립 보다는 연합체를 형성하는 것이 국가의 유지와 안보에 도움이 된다는 판단 하에 아부다비와 두바이의 주도로 연방을 결성하여 독립하였다. 1972년 라스 알 하이마가 연방에 가입하였으며 현재 연방은 아부다비, 두바이, 샤르자, 라스 알 하이마, 푸자이라, 아즈만, 움알 카이웨인으로 구성되어 있다. 연방 산하의 7개 토후국은 각기 국왕(Emir)을 원수로 하는 세습군주제를 채택하고 있다. 입법기관인 연방평의회의 의원은 국왕들이 임명하며 임기는 2년이다. 7명의 국왕으로 구성되는 연방최고평의회가 최고 의사결정기관으로 대통령과 총리를 선출하는데 실제로는 대통령과 총리는 세습제이다. 대통령은 언제나 아부다비의 국왕이 선출되며 총리는 언제나 두바이의 국왕이 선출된다. 대통령임기는 5년이지만 1971년 연합이 성립될 때 초대 대통령으로 선출된 아부다비의 국왕은 2004년 사망할 때까지 재임하였으며 제2대 대통령은 그의 아들인 쉐이크 칼리파 빈 자예드 알 나얀이 선출되어 10년째 재

---

32) http://en.wikipedia.org/wiki/Federalism#India. 2014년 1월 30일 검색.

임하고 있다.[33]

아프리카에는 3개의 연방국가가 있다. 19세기 후반에 영국의 식민지가 되었던 나이지리아(Federal Republic of Nigeria)는 1960년 10월 영국에서 독립할 당시에는 단일국가였으나 1963년 10월 북부, 동부, 서부, 중서부의 4개 주로 나뉜 연방공화국을 선언하였다. 1967년에는 12개주로 분리되었으며 현재는 36개의 주와 연방수도인 아부자가 연방을 구성하고 있다. 나이지리아는 2013년의 인구가 174,507,539명인[34] 아프리카 최대의 인구보유국으로 250여 부족으로 이루어져 있다. 이 중 북부의 하우사족과 풀베족(1,640만 명), 서부의 요르바족(1,130만 명), 동부의 이보족(920만 명)이 주축을 이루며 각 지역별로는 이들 3대 부족의 전횡에 대하여 소규모 부족들이 반대하는 대립적 구도를 가지고 있다. 종교적으로는 하우사-풀베족이 이슬람교, 요르바족과 이보족은 그리스도교를 주로 믿어 종교도 부족대립을 악화시키고 있다. 공용어는 영어이지만 부족 수 만큼의 언어가 있다. 나이지리아의 인종, 언어, 문화, 종교의 다양성은 단일국가로서의 통합을 어렵게 하고 있으며 연방제 필요성의 바탕이 되고 있다. 연방제도는 주별로 자체 법률을 제정할 수 있도록 했기 때문에 이슬람교도가 지배적인 북부의 12개 주는 엄격한 이슬람 율법을 채택하고 있다. 또한 각 주의 자치권을 인정하여 행정·조세권을 갖지만, 외교·군사권은 연방정부가 가지고 있다. 특히 원유 등 천연자원의 수익을 분배하는 구조가 연방정부에게 유리하게 되어 있으며 주 경찰청장 및 판사 임명권, 천연자원 소유권 등 연방정부의 권한을 지나치게 강조하고 국민적 일체감이 약하기 때문에 연방제 운영에 어려움을 겪고 있다. 109석으로 구성된 상원은 각 주마다 3석씩 국민들의 직선으로 선출하며 1석은 수도인 아부자에서 선출한다.

코모로(Union of the Comoros)는 인구가 752,288명에 불과하며 3개의 섬들로 이루어진 연방국가이다. 3개의 섬들은 각기 강력한 자치권을 가져 각 섬들은 독자적인 헌법과 대통령 및 의회를 가지고 있으며

---

33) http://en.wikipedia.org/wiki/united_arab_emirates. 2014년 1월 30일 검색.
34) http://www.electionguide.org/countries/id/158/. 2014년 1월 30일.

연방대통령은 3개 섬의 대통령들이 돌아가면서 역임한다.[35]

탄자니아(United Republic of Tanzania)는 제1차 세계대전 후 영국의 위임통치와 신탁통치를 거쳐 1961년 12월에 독립한 탕가니카와 잔지바르섬이 통합하여 이루어진 연방국가이다. 오만의 술탄 지배 하에 있다가 1890년에 영국의 보호령이 되었던 인도양의 잔지바르섬과 펨바섬은 1963년 12월에 독립한 후 1964년 4월 26일에 탕가니카와의 통합에 합의했다. 탄자니아는 30개의 주로 이루어져 있으며 25개의 주는 본토에 그리고 5개의 주는 잔지바르섬에 있다. 357석으로 구성된 탄자니아

▌ 1964년 탄자니아
연방 창설 기념 우표

국회는 연방과 본토에 관련된 의제에 대해 입법권을 가지며 잔지바르 의회의원들 중에서 잔지바르의회가 선출한 5명이 연방국회의원이 된다. 한편 잔지바르섬은 자체의 대통령과 2명의 부통령, 그리고 의회를 갖는다.[36] 잔지바르정부는 군사, 외교, 통화발행을 제외한 분야에서 광범위한 권한을 갖는다.

유럽에는 다섯 개의 연방국가가 있다. 독일(Federal Republic of Germany)에서 연방제의 시발점은 1867년 북독일동맹이 결성된 이후였다.[37] 그 이전의 연합국가 형태로는 1806년 7월 16개의 소국가들로 구성되고 1811년에 확장된 라인동맹이 있었다. 1813년 라인동맹이 해체된 후 1815년 빈회의를 통해 38개의 주권 영주국으로 구성된 느슨한 형태의 독일연합(confederation)이 출범하였으나, 1867년 오스트리아에 승리를

▌ 독일 연방 사진
(라인란트-팔츠 우표)

거둔 프러시아가 17개 소국가들과 함께 건립한 북독일동맹이 독일지역 최초의 연방국가였다. 1871년 독일연방제국이 건립되고 제1차 세계대전 이후 성립된 바이마르공화국도 연방국가였으나 1933년 히틀러가 집권한 이후 연방제는 일시적으로 폐지되었다. 1945년 제2차 세

---

35) 이러한 방식을 '순번제'(順番制) 방식이라고도 한다. '순번제'는 구성원들 간의 평등성이 가장 최대로 반영된 제도이다. 평등성을 추구하는 방식으로는 '추첨제'(lottery system)도 존재한다. 이에 대해서는 이지문, 『추첨민주주의 강의: 미래의 정치』(서울: 삶창, 2015)를 참고. 이와 대비하여 '호선제'(互選制) 방식이 존재하는데, '호선제'는 상대적으로 구성원들 사이에서 가장 영향력이 있는 개체가 선임될 가능성이 높다.

36) http://en.wikipedia.org/wiki/Tanzania. 2014년 1월 30일 검색.

37) 양현모, 『독일정부론』(서울: 대영문화사, 2006), 21쪽.

계대전에서 승리한 서방 연합국들은 나치의 중앙집권적 독일이 초래한 비극을 막기 위해 권력이 지역에 분산되는 연방제를 선호하였다. 이에 따라 구서독은 노르트라인-베스트팔렌, 니더작센, 라인란트-팔츠, 바덴-뷔르템베르크, 바이에른, 베를린, 브레멘, 슐레스비히-홀슈타인, 자를란트, 함부르크, 헤센의 11개 주로 구성된 연방국가로 시작하였고[38] 1990년 10월 3일에 동독이 서독에 흡수 통일됨에 따라 동독의 5개주(메클렌부르크-포르포메른, 브란덴부르크, 작센, 작센-안할트, 튀링겐)가 합쳐져 현재는 16개의 주와 연방수도 베를린으로 이루어진 연방국가가 되었다.

독일에서 연방국가 원칙은 절대 불변의 원칙으로 어느 정권 또는 정당도 이 규정을 폐지할 수 없다. 기본법 제79조에는 연방국가의 원칙은 기본법의 개정 대상이 아니라는 점을 특별히 명시하고 있다.[39] 연방과 주의 권한은 기본법에 규정되어 있다. 연방은 독일의 주권을 대내외적으로 대표하는 정치와 행정의 주체로서 고유의 입법, 사법, 행정권을 갖는다. 각 주들도 단순한 행정 단위가 아니라 고유의 국가 권력을 갖는 일종의 국가라 할 수 있다. 각 주는 고유의 헌법을 가지며 독자적인 의회와 행정부를 구성한다. 입법 영역을 보면 연방과 주가 각각 독자적으로 입법할 수 있는 분야가 있는가 하면 연방과 주가 각각 입법할 수 없는 분야가 있다. 연방이 입법할 수 있는 분야는 외교, 안보, 여권, 화폐, 관세 등에 관한 사항이며 주가 독자적으로 입법할 수 있는 분야는 교육, 경찰, 치안, 환경, 신문, 방송에 관한 사항이다. 연방과 주가 경쟁적으로 입법할 수 있는 분야는 원자력 발전소, 핵폐기장, 위생, 의약품, 토지, 주택, 사회복지 등이다.[40]

행정권의 경우 연방은 외교, 국방, 재정, 국경수비, 테러방지, 통계 및 특허, 공정거래 등의 분야에서 행사하며 그 이외의 분야는 모두 주에 귀속되어 있다. 독일 기본법은 연방의 행정권이라고 특별히 규정한 분야 이외의 모든 분야는 주의 행정권에 속한다고 명시하고 있다. 입법권과 행정권 이외에 연방과 주는 각각 독자적으로 조세를 징

---

38) 동독은 1952년 연방제를 폐지하여 독일통일 이전까지 중앙집권제였다. 위의 책, 21쪽.
39) 위의 책, 20쪽.
40) 위의 책, 22쪽.

수하고 있는데, 연방은 석유세, 담배세, 커피세, 차세 등을 징수하며, 주는 상속세, 자동차세, 맥주세 등을 징수하고 있다.[41] 각 주는 선거 일정이 각기 다르며 직접선거에 의하여 의회를 구성한다.

벨기에(Kingdom of Belgium)는 1831년 네덜란드로부터 독립할 당시에는 중앙집권식 단일국가였으나 1993년 헌법 개정을 통해 연방국가가 되었다. 연방형성을 향한 과정은 1970년 헌법 개정 때부터 시작되어, 전국을 언어 지역(linguistic regions), 문화 공동체(cultural community) 그리고 지리적 지역(geographical regions)의 세 가지 형식으로 구분했다. 이때 프랑스어를 사용하는 벨기에 국민들에게도 동등한 헌법상의 평등이 보장되어야 한다는 것이 헌법에 명시되었고, 의회는 네덜란드계의 플랑드르와 프랑스계의 왈롱으로 구분되었다. 프랑스어와 네덜란드어를 사용하는 국민들 간에 갈등이 심해지자 1980년에는 지방분권법을 도입하여 네덜란드어, 프랑스어, 독일어의 3개 언어공동체와 네덜란드어를 사용하는 플랑드르 지역, 프랑스어를 사용하는 왈롱지역, 수도인 브뤼셀지역의 3개 지역에 자치권을 부여했다. 3개 언어공동체와, 플랑드르 지역과 왈롱지역의 2개 지역은 각각의 언어권 혹은 지역에서 선출된 대표들로 구성된 의회와 정부를 갖게 되었다.

연방국가를 향한 벨기에의 국가개혁 작업은 1993년 4월 헌법 개정을 통해 완료되었는데, 벨기에 특유의 고질적인 언어권 사이의 갈등을 감안하여 지방자치제도는 지역별 자치단체와 언어권별 자치단체로 이원적으로 조직화되었다. 자치지역(Region)은 네덜란드어·프랑스어·독일어의 단일 언어지역 3개와 프랑스어·네덜란드어 공용지역 1개 등 총 4개의 지역으로 구분되었다. 벨기에의 수도인 브뤼셀은 1988년에 직선 의회 및 독자정부의 구성권을 갖게 되었다. 이에 따라 연방정부는 중앙권력의 대부분을 상원과 하원 및 행정부를 갖춘 지역 및 언어권에 분할·이양하였고, 독자정부에 상응하는 권한을 가진 각 자치체는 다시 하나의 연방국가로 합쳐서 출범하게 되었다.

스위스(Swiss Confederation)에서 현대적 의미의 연방국가가 성립된 것은 1848년이다. 현재 26개 칸톤은 스위스연방을 형성한 주체인데,

---

41) 위의 책, 22－23쪽.

┃ 스위스 연방 최초의
우표

그러나 그 이전에도 연방의 성격을 띤 정치체로는 1291년 8월 우리(Uri), 스위츠(Schwyz), 운터발덴(Unterwalden)의 세 지역이 외세의 침략에 맞서 권리와 재산을 보호하기 위해 연방의 형태를 띤 연합체를 결성하였다. 1353년에는 8개 칸톤(Canton; Konton)으로 확대되었으며 1499년 신성로마제국으로부터 독립한 후 1789년 프랑스의 나폴레옹에게 점령당하기도 했다. 1847년 구교지역과 신교지역간의 내전 이후에 구교지역이 항복함에 따라 1848년 현대적 의미의 연방국가가 수립되었다. 따라서 연방의 형성 면에서는 가장 역사가 길지만 현대적 의미의 연방국가면에서는 미국과 멕시코 다음으로 역사가 길다. 1874년에는 스위스연방이 23개 칸톤으로 확대되었고 국민투표권이 시행되었으며 1891년에는 국민발안제가 채택되었다. 현재는 스위스연방을 구성하는 자치주인 26개의 칸톤과 2,715개의 게마인데[42](Gemeinde: 스위스 자치단체 중에서 가장 작은 정치단위)로 구성되어 있다.

스위스연방정부는 주로 외교 및 안보정책, 관세와 화폐, 스위스 전역에 효력을 지닌 법의 집행, 국방 등의 사안을 다루며 주정부인 칸톤은 건강보험제도, 교육제도, 문화정책 등에 관련된 권한을 갖는다. 명확하게 연방의 사안이 아닌 경우에는 일반적으로 칸톤의 사안으로 간주된다. 연방탈퇴나 칸톤들 사이의 정치동맹은 금지되어 있으며 개헌 등 중대 사안은 국민투표로 결정한다. 스위스연방에서는 인구의 63.7%가 독일어를 사용하고 20.4%는 프랑스어, 6.4%는 이탈리아어, 레토로망어는 0.5%, 기타 언어는 인구의 9.0%가 사용하지만[43] 4개를 제외한 모든 칸톤들은 동일한 언어를 사용하기 때문에 동일언어 사용 집단이 아니라 칸톤이 스위스연방 결속의 바탕이다.

스위스연방에는 주도적인 수도가 없는 것도 연방제가 잘 지속되는 데 기여한다. 스위스연방의 의회와 행정부는 수도인 베른(Bern)에

---

42) 2,715개의 게마인데 중에서 543개의 게마인데에서는 선거를 통하여 선출된 의원들로 구성된 주민의회를 가지고 있지만 2,172개의 게마인데에서는 18세 이상의 성인인 시민들이 직접 참석하는 게마인데집회(communal assembly)에서 직접민주주의 형식으로 의사결정을 한다. 장준호, "스위스 연방의 직접민주주의: 2008년 6월 1일 국민투표를 중심으로," 「국제정치논총」 제48집 4호 (2008), 240쪽.
43) 위의 논문, 239쪽.

있지만 대법원은 프랑스어 사용지역인 로잔느(Lausanne)에 있다. 수도인 베른은 크기 면에서 스위스의 4번째 도시에 불과하며 경제나 문화의 중심지도 아니다. 스위스연방의 20개 칸톤에서는 2석씩의 상원의원을 선출하며 예전에 하나의 칸톤이었다가 분리되어 새롭게 독립한 6개의 칸톤은 1명의 상원의원만을 선출한다. 연방 상원에 보낼 의원을 선출하는 연방 상원선거는 개별 칸톤에서 실시하며 다수대표제에 의해 가장 많은 표를 얻은 후보자가 선출된다. 이들 6개의 칸톤은 연방헌법의 개정에도 1표가 아니라 반표(0.5)의 투표권만 행사한다.[44] 또 헌법 개정을 위한 국민투표에서는 전체 국민들의 다수 지지뿐만 아니라 다수의 칸톤에서 다수의 지지를 받아야 한다. 스위스연방에서 또 한 가지 중요한 점은 연방법을 입법할 때에는 반드시 칸톤과 협의해야 하는 점이다.[45]

오스트리아(Republic of Austria)는 헌법상 연방국가를 표명함에도 불구하고 정치적으로 중요한 대다수의 결정권이 실질적으로 연방정부에게 이양되어 있기 때문에, 연방국가와 단일국가의 중간형태, 즉 상징적 연방국가 또는 준연방국가의 성격을 갖는다.[46] 오스트리아는 제2차 세계대전 이후에 연방국가가 되었다. 전쟁승리국으로 오스트리아를 점령했던 미국, 영국, 프랑스, 소련은 1955년 5월 15일 오스트리아의 영세중립을 조건으로 독립을 결정했다. 오스트리아는 1955년 10월 영구중립에 관한 연방헌법을 채택하여 연방국가가 되었으며 연방은 비엔나, 짤스부르그 등 9개의 주로 구성되어 있다. 연방의회 중의 상원(Bundesrat)은 연방을 구성하는 주들을 대표하기 위한 의회로서 상원의원 64명 전원은 9개 주에서 파견하는 대표들로 구성된다. 오스트리아헌법에 따르면 정책결정권은 연방정부의 독자영역, 지역정부의 독자영역, 연방정부가 입법기능을 수행하고 지역정부는 행정기능을 분리 수행하는 영역, 연방정부는 기본틀을 확정하고 그 범위 내에서 지역정부가 입법과 행정기능을 담당하는 네 가지 방식으로 책임소재가 결정된다.[47]

---

44) 위의 논문, 242쪽.
45) Jürg Steiner, op. cit., pp. 128-129.
46) 이옥연, 『통합과 분권의 연방주의 거버넌스』 (서울: 오름, 2008), 84쪽.

■ 러시아 연방 우표

러시아연방(Russian Federation)은 소련시대에는 법적으로는 연방국가였으나 실제로는 강력한 중앙집권적 국가였기 때문에 연방제는 명목에 불과했다. 그러나 소련이 붕괴되고 국가 명칭을 러시아로 바꾸면서 진정한 연방국가가 되었다. 러시아연방은 공화국 21개, 주(oblast) 49개, 변강(okrug) 6개, 연방적 지위를 갖는 도시인 모스크바와 상트 페테르부르그, 자치주 1개, 자치관구 10개 등 총 89개의 연방구성단위로 이루어져 있다. 이들 중 공화국, 자치주, 자치관구는 민족원리에 따른 연방구성단위이며, 주·변강·시는 지역원리에 따른 연방 구성단위이다.[48] 러시아연방에서 연방과 연방구성단위간의 권한관계나 연방구성단위들 상호간의 권한관계를 규정하고 있는 것은 연방조약, 헌법, 권한분할조약의 3가지이다. 연방조약과 헌법은 일반 원칙을 규정한 것이고 권한분할조약은 일반 원칙을 연방구성단위별로 구체화한 것이다.

1992년 3월 31일에 체결된 연방조약은 ① 러시아연방의 국가권력기관과 주권공화국 사이, ② 주·변강·모스크바시 및 상트 페테르부르그시 사이, ③ 자치주 및 자치관구 사이의 권력기관들 간의 관할 사항 및 권한 구분에 관한 조약 등 3가지를 합해서 부르는 것으로 공화국, 주·변강·시, 자치주·자치관구 등 각 수준별로 체결되었다. 연방조약은 연방관할 사항으로 러시아헌법 및 연방법의 채택과 개정, 외교정책, 통화발행과 가격정책의 원칙, 국방, 에너지, 운수, 통신, 우주개발 등을 포함하였다. 연방과 연방구성주체의 공동관할 사항에는 행정, 토지, 수자원, 지하자원 등의 입법, 사회보장, 자연재해대책 등을 포함하였다. 그리고 연방관할 및 공동관할에 포함되지 않는 사항은 연방구성주체의 관할사항으로 규정하였다. 그러나 연방조약은 공화국과 주·변강 사이에 정치적·경제적 권한에 차별을 두었는데 공화국에는 주권공화국이라는 표현을 명기하여 주권을 인정하였으나 주·변강의 주권은 인정하지 않았다. 또한 공화국에는 행정제도와 의회제도의 선택권을 주고, 토지, 지하자원, 천연자원은 당해 공화국의

---

47) 위의 책, 84쪽.
48) 강원식, "러시아 연방체제의 구조와 문제점," 「중소연구」 23권 4호, 통권 84호 (1999/2000), 179쪽.

영역에 거주하는 민족자산으로 명기하였으며, 연방과의 교섭에 따라 독자적으로 조세제도를 채택할 수 있는 권한 등을 부여하였으나 주·변강에는 이러한 권한을 부여하지 않았다.[49]

　1993년 12월 12일 국민투표에서 55.2%의 지지를 얻어 통과된 헌법은 제3장에서 연방제를 규정하고, 연방조약에 의해 생긴 공화국과 주·변강 사이의 권한상의 불평등을 시정하였다. 그러나 평등을 강조한 결과 '국가'로서의 공화국과 여타 연방구성단위와의 차이가 불분명하게 되었다. 즉 연방과의 관계에서 모든 연방구성단위는 평등하다고 규정하고, 연방구성단위의 의회제도와 행정제도의 제정은 연방 관할사항으로 하였다. 토지, 지하자원, 천연자원의 관리와 이용문제는 연방과 연방구성단위의 공동관할 사항으로 하였다. 또한 세금 및 과징금에 관한 원칙의 제정도 공동관할 사항으로 하고 연방조약과 헌법 간의 불일치가 있을 경우 헌법이 우선하는 것으로 하였다. 이로 인해 연방조약은 사실상 사문화되었다.

　이러한 헌법내용에 대해 공화국들은 반발하였고 국민투표에서 20개 공화국 중 8개 공화국의 지지율이 50% 이하였다. 이러한 공화국들의 반발에 직면하자 연방정부는 개별 연방구성단위와 권한분할조약을 체결하여 공화국의 반발을 무마하였다. 즉 연방정부는 헌법에는 연방구성단위의 평등이라는 연방제도의 원칙을 표방하면서 구체적인 사항에 대해서는 각 공화국과 개별 교섭을 하고 공화국 이외의 연방구성단위들인 주·변강 등에는 지방자치제도를 성립시키는 전략을 취했다.

　이에 1994년 2월 15일 연방정부는 연방조약 조인을 거부하고 새로운 헌법도 사실상 부정한 타타르스탄공화국과 권력분할조약을 체결하여, 공화국세의 제정권 부여, 토지·지하자원·천연자원의 이용처분권 부여, 외국과의 협정체결권 부여 등 신 헌법에 공동관할 사항으로 규정되어 있던 권한들을 공화국의 독자 권한으로 인정하였다. 이것은 새로운 헌법을 뛰어넘는 권한을 타타르스탄에게 부여한 것으로 그 이후 다른 연방구성주체와의 권한분할조약 체결 시에도 적용되었으며 공화국 수준뿐만 아니라 주·변강 수준 이하와도 권한분할조약을 통

---

49) 위의 논문, 184-185쪽.

해 각 연방 구성단위의 독자성을 보장해주지 않으면 안 되었다. 이처럼 러시아의 연방제는 연방조약, 헌법, 권한분할조약이라는 세 가지 단계를 거치면서 구체화되었고 이 과정에서 당시의 정치상황에 따라 임기응변식으로 연방과 연방구성단위 사이의 관계를 정립하였다.[50]

이러한 결과로 러시아의 연방제는 다음과 같은 문제를 내포하고 있다. 첫째, 권한분할조약의 내용에는 헌법에 위배되는 규정들이 있는데 이것은 헌법의 권위를 훼손하는 것으로 연방정부의 권위와 연방의 정체성을 훼손하고 있다. 실제로 공화국헌법이 연방헌법에 위배될 경우에 연방헌법이 우선시 되어야 함에도 불구하고 체치냐, 타타르스탄, 카렐리아, 바쉬코르토스탄, 사하, 부랴티야 공화국 등의 헌법은 자국의 헌법이 연방법보다 우위에 있다고 규정하고 있다. 둘째, 권한분할조약으로 인해 연방재정에 대한 담세율이 감소되고 연방구성단위들의 세수가 증가하였다. 셋째, 연방구성단위들 간의 불평등문제로 권한분할조약의 권한이양 정도는 각 연방구성주체의 정치적 발언권에 의해 결정된다. 예컨대 대규모 민족공화국이나 러시아 최대의 중공업지대를 형성하고 있는 스베르들롭스크 주처럼 강력한 영향력을 가진 연방구성주체는 연방정부로부터 많은 부분에서 양보를 받을 수 있었다.[51]

북미에는 미국(The United States of America)과 캐나다가 연방국가이다. 미국은 50개 주와 연방수도인 컬럼비아특별구(Washington, D.C.; District of Columbia)로 구성되어 있다. 미국은 1776년 7월 4일 13개 영국의 식민지들이 독립선언을 한 후 1783년까지 계속된 독립전쟁에서 패배한 영국이 미국의 독립을 승인하면서 성립되었다. 1777년부터 1789년까지는 '국가연방'(federation)보다 느슨한 연합체인 '국가연합(confederation)의 국가형태를 거쳤다.

영국의 식민지였던 캐나다(Canada)는 영국의회가 1867년에 영국령북미법(British North America Act)을 통과시키면서 영국령 캐나다자치연방이 되었다. 1931년에는 영국이 자치령들에 대해 전면적 자치권을 부여함에 따라 영연방(British Commonwealth)중의 한 국가로 독립하였

---

50) 위의 논문, 189-190쪽.
51) 위의 논문, 192쪽.

다. 캐나다연방은 노바스코시아, 뉴부른스위크, 뉴펀드랜드, 마니토바, 브리티쉬컬럼비아, 사스카치완, 알버타, 온타리오, 프린스에드워드아일랜드, 퀘벡의 10개주와 노스웨스트테리토리, 유콘테리토리, 그리고 1999년에 노스웨스트테리토리에서 분리된 누나부트테리토리의 3개 준주(準州: territory)로 구성되어 있다. 캐나다는 원래 프랑스의 식민지인 퀘벡과 영국의 식민지인 지역으로 나눠져 있었으나 영국과 프랑스의 전쟁에서 프랑스가 패해 퀘벡지역이 영국령이 되었다. 이러한 역사적 배경에 따라 퀘벡에서는 다른 주와는 달리 프랑스계 후손들이 프랑스어를 사용하고 프랑스의 시민법체계를 적용하고 있다. 이에 캐나다는 1969년에 공용어법을 통과시켜 영어와 프랑스어를 국가공용어로 채택하였다. 퀘벡에서는 1960년대부터 캐나다에서 독립을 하려는 운동이 일어났고 분리 독립의 찬반을 묻는 퀘벡 주 내의 주민투표가 2번 실시되었으나 50%를 넘지 못해 분리 독립은 좌절되었다.

캐나다의 연방정부와 주정부간의 관계를 보면, 연방정부는 국방, 외교, 투자, 무역, 화폐, 금융, 운송, 통신, 특허 등에 대한 권한을 가지고 있고 주정부는 주세, 의료, 교육, 노동, 사회보장 등의 영역에서 권한을 가지고 있다. 주 의회는 주의 이익을 위하여 연방헌법상의 의무를 거부할 수 있는 권한을 허용받고 있으며, 석유 등의 자원개발에서는 주정부의 우선적 권한을 인정하고 있다. 따라서 캐나다는 주정부의 권한이 상당히 강한 지방분권적 연방제라 할 수 있다. 또한 연방법원의 관할권은 주 정부들 간의 분쟁사항, 연방정부와 주정부의 분쟁사항, 지적재산권 등을 포함한다.

중·남미에는 여섯 개의 연방국가가 있다. 멕시코의 정식 명칭은 United Mexican States이다. 1521년부터 스페인의 식민 지배를 받았던 멕시코는 코르도바협정에 의해 1822년 독립했다. 초기에는 중앙집권제였으나 1824년에 연방공화국이 되었다. 1835년에는 연방제를 폐지하고 중앙집권적 헌법을 제정하였으나 1846년 다시 연방제를 도입하였다. 연방은 31개의 주와 연방직할지역인 수도 멕시코시로 이루어져 있다. 각 주는 독자적인 헌법을 가지며 입법, 행정, 사법권을 행사하는 독립된 주권을 가지고 있다.

1853년에 연방제헌법을 제정한 아르헨티나(Argentine Republic)는

23개 주와 자치도시인 부에노스 아이레스 연방수도로 구성되어 있다. 연방정부는 강력한 권한을 가진 대통령이 통치하며 주정부는 연방정부에 위임된 권한 이외의 권한을 행사한다. 헌법은 각 주의 자치권을 대폭적으로 인정하고 있다. 각 주는 스스로의 헌법을 제정하고 연방헌법에 의해 연방에 위임되지 않은 모든 권한을 부여받고 있다. 각 주는 연방정부의 간섭을 받지 않고 주지사, 주의원, 주공무원을 선임할 수 있다. 주정부는 연방의회에 대한 보고를 조건으로 사법, 경제, 공익사업 등의 분야에 관한 조약을 체결할 수 있으며, 산업, 이민, 철도, 운하건설, 외자도입, 하천개발 등을 위한 입법을 할 수 있다. 그러나 각 주는 세관의 설치, 화폐의 주조, 시민권, 귀화, 통화 등에 관한 것은 할 수 없으며 군대의 편성, 외교관의 임명 등도 할 수 없다. 각 주는 다른 주에 대하여 선전포고를 하거나 전쟁을 수행할 수 없다. 또한 연방에 대한 적대행위는 소요 또는 반란으로 보고 법률에 따라 연방정부가 진압한다. 주정부에 대한 연방의 간섭은 공화정체제를 유지하기 위해, 외국의 침략을 격퇴하기 위해, 그리고 반란이나 다른 주의 침략이 있을 경우에 주정부기관의 요청에 의해 인정된다. 그러나 주정부에 대한 간섭은 연방법이나 연방의회의 결정에 의해 가능하고 행정부 단독으로는 할 수 없다.

브라질(Federative Republic of Brazil)은 1822년 포르투갈에서 독립한 이후부터 주정부의 권한을 강화하였다. 1834년에는 지방의회를 설치하여 지역의 입법사항을 관장케 하였다. 브라질은 26개 주와 연방자치구이며 수도인 브라질리아로 구성되어 있다. 연방정부는 외교, 국방, 전쟁선포, 국제교역, 국경 획정, 국제기구 참여, 이민정책, 화폐발행, 각 주간의 통상관계 조정 등을 관장하는 권한을 가지고 있다. 주정부는 연방헌법을 침해하지 않는 한도 내에서 자체의 주헌법을 제정하며 연방정부와 주정부가 공동으로 다루어야 할 노사관계, 환경, 조세문제 등은 연방법과 주법이 공동으로 규정한다. 브라질은 연방국가이지만 실제로는 대통령과 연방정부가 강력한 권한을 가지고 있는 연방제이다. 연방의회는 양원제이며 상원은 연방의 구성단위인 주를 대표한다. 따라서 상원의원 81명은 26개 주와 1개 연방자치구에서 각 3명씩 선출한 의원으로 구성된다.

이 외에 섬나라 국가들인 도미니카연방(Commonwealth of Dominica), 바하마(Commonwealth of the Bahamas), 세인트키츠네비스(Federation of Saint Kits and Nevis)가 연방국가이다. 세인트키츠네비스는 세인트키츠섬과 네비스섬의 2개 섬으로 이루어져 있으며 1623년부터 영국이 통치하였다. 1967년 영연방 내의 자치령이 되었으며 1983년에 독립하였다. 1998년에는 네비스가 연방으로부터 분리 독립하기 위해 국민투표를 실시하였으나 찬성이 3분의 2를 넘지 못하여 연방에 머물러 있으며 계속해서 분리 독립을 추진하고 있다.52)

오세아니아대륙에는 오스트레일리아(Commonwealth of Australia)가 1901년에 연방제를 채택하였다. 영국이 1788년 1월 26일 영국인 정착지를 세운 이후 영국의 식민지였던 오스트레일리아는 1855년에 뉴사우스웨일즈, 타스마니아, 빅토리아, 사우스오스트레일리아가 독립하였고 1890년에는 웨스턴오스트레일리아가 독립하였다. 영국과 이들 독립국가들의 지도자들은 1900년 7월 31일 연방제에 관한 국민투표를 실시하였고 이의 찬성에 따라 1901년에 영국의 자치령으로서 연방국가가 성립되었다.

▌오스트레일리아
연방 100주년
기념 우표

연방의 수도는 처음에는 멜버른이었으나 1911년에 캔버라로 수도를 이전하였다. 오스트레일리아연방은 위의 다섯 개 주와 퀸즈랜드 주, 그리고 2개의 연방특별지역(수도인 캔버라와 북부 준주)으로 구성되어 있다. 연방정부와 주정부는 헌법에 명시된 권한을 가지고 있으며 동일한 문제에 관해 연방법과 주법이 상충될 때에는 연방법이 우선한다. 연방정부는 외교, 국방, 조세, 우정, 통신, 이민 등의 영역에서 권한을 가지며 주정부는 보건, 교육, 철도, 도로, 경찰, 산림, 소방 등의 영역에서 관할권을 갖는다.

또 다른 연방제국가인 마이크로네시아연방(Federated States of Micronesia)은 607개의 섬으로 구성되어 있다. 1982년 10월 미국과 자유연합(Free Association)협정을 조인하여 내정 및 외교는 마이크로네시아가 맡고 안보와 치안은 미국에 위임하고 있다. 이 협정은 1983년에 국민투표에서 승인되었고 1986년 10월에 발효되었다. 북마리아나군

---

52) 모든 연방국가들이 연방의회에서 양원제를 채택하고 있으나 도미니카연방과 베네수엘라, 마이크로네시아, 세인트키츠네비스, 코모로에서는 단원제를 채택하고 있다.

도(Commonwealth of the Northern Mariana Islands)는 사이판 섬을 비롯한 16개 섬으로 구성되어 있다.

제2장을 마치며

지금까지 국가의 내용(국가자율성, 국가역량, 국가정당성)과 형식(중앙집권 – 지방분권)에 대해서 살펴보았다. 그리고, 단일국가, 연방국가, 국가연합이란 세 가지의 국가형식과 내용에 대해서 살펴보았다. 마지막으로 염두에 두어야 할 점은, 현실정치과정에서 국가의 작동은 국가의 내용과 형식만으로 이루어지는 것이 아니고, 여기에 민족과 인종의 개념들이 혼재하면서 기능하기에 복잡다기하게 나타난다는 점이다.

국가는 존재하면 저절로 기능하는 것이 아니다. 유구한 역사 속에서 도시국가, 고대국가, 중세국가 등과 같이 과거에도 근대국가와 비슷한 존재가 있었다. 근대국가를 그 이전의 국가와 구분하기 위해서 '국민국가'(또는 '민족국가', nation – state)란 개념을 사용한다. 국가의 작동은 "국가의 통치하는 능력"과 "영토 내 구성원들의 충성심"의 조합된 결과물로 이루어진다. 'State'와 'Nation' 모두 국가라고 번역한다. 국가가 주어로서 통치하는 능력을 강조할 때 'State'란 개념을 사용하며, 국가 구성원들인 국민이 주어로서 그들의 통치기구에 대한 충성심을 강조할 때 'Nation'이란 개념을 사용한다. 이 두 가지가 조합된 것이 바로 'Nation – State'이다. 대의민주정치의 한계와 위기에 대한 논의가 활발한 현대사회에서는 오히려 그렇기 때문에, 실제정치과정에서 '민족 정체성'(national identity), '인종 정체성'(ethnic identity), 나아가 '사회집단 정체성'(societal identity) 등이 현실 정치과정에 많은 영향을 미친다. '인종'(人種)은 크게 백인종(Caucasoid), 황인종(Mongoloid), 흑인종(Negroid), 갈색인종(Brown Race) 등으로 나뉜다. '민족'(民族)이란 '인종'에서 분화한 것으로 이해되고 있다. 대체로 신석기 시대부터 금속기 시대에 걸쳐 '언어의 사용' 및 '생산용구의 분화·발달'과 연관되면서 '인종'과 '민족'이 분화된 것으로 알려지고 있다. 대체로 혈연, 지연, 역사운명공동체 및 이로 인한 문화공동체의 범주에 드는 집단

을 '민족'이라고 하는데, '언어'에 의하여 민족의 분류를 시도한 것이 소위 어족(語族)이다.53)

인종정체성이란 주로 생물학적인 영역의 것이지만,54) 매우 복합적인 것이다. 유구한 인류의 역사로 볼 때 순수혈통, 순수인종이란 것의 분류는 쉽지 않다. 현실에서 인종정체성은 생물학적이고 유전적인 특질과 더불어, 언어, 종교, 문화, 풍습, 지리적으로 근접한 위치 등이 복합적으로 작용하면서 만들어진다. 대한민국도 단일 인종의 사회로 표방되어 왔지만, 만주벌판의 북방계뿐만이 아니라 해양의 남방계도 우리의 인종정체성을 함께 형성해 온 것이 사실이다. 그럼에도 대한민국이 단일 인종으로 구성된 사회라는 것이 전혀 어색하지 않은 것은 같은 언어인 한글을 사용하며, 동일한 제사풍습이나 길흉행사의 문화를 지니며, 지리적으로 같이 모여 살고 있기 때문이다. 이상을 조금 추상적으로 표현하자면, 어떤 인종 집단이란 결국 비슷한 규범과 행태를 구현하는 일련의 제도들에 의해서 특성화된 집단이다.

'민족'이나 '인종'이란 개념이 현재 사회체계에서 얼마나 영향력 있게 작용하는 가에 대해서는 논쟁이 있을 수 있다. 베네딕트 앤더슨 (Benedict Anderson)은 단적으로 '인종', '민족', '부족'(tribe)과 같은 개념으로 형성된 사회를 소위 '상상되어진 공동체'(imagined community) 라고 간주한다. 하지만, 앤더슨의 연구의 설득력을 인정하더라도 일부에 국한될 수밖에 없다. SNS시대에 지구촌 영향력에 있어서 더욱 막

---

53) 어족은 '인도 – 유럽어족'(Indo – Europeans: 인도 · 이란어족, 라틴어족, 게르만어족, 슬라브어족, 그리이스어족 등), '셈 · 함어족'(Semitics, Hamitics: 셈족, 함족), '알타이어족'(Altaics: 퉁구스어족, 몽고어족, 터어키어족), '차이나 · 티벳어족' (Sino – Tibetians: 차이나어족, 코친차이나어족, 티벳어족), '오스트로 – 아시아어족' (Austro – Asians: 인도네시아어족, 멜라네시아어족, 폴리네시아어족 등)으로 구분된다. 한국은 알타이어족 퉁구스어파이며, 한국어, 만주어, 일본어가 해당된다.

54) 백인종(Caucasoid)은 '북방계'(Nordic: 하얀 피부, 금발, 푸른 눈; 스칸디나비아, 북부독일, 북부프랑스, 네덜란드, 벨기에, 영국 등), '지중해계'(Mediterraneans: 덜 하얀 피부, 흑발, 검은 눈; 이탈리아, 그리스, 에스파니아 등), '알프스계'(Alpines: 북방계와 지중해계의 중간 특성: 서러시아, 남부독일, 중부프랑스 등)로 대별된다. 황인종(Mongoloid)은 '몽고계'(Mongol: 몽고, 한국, 중국, 일본, 터키 등), 말레이야계(Malayans: 말레이야, 인도네시아, 버마 등), 아메리칸 인디언계(America Indians: 에스키모, 인디언스 등)이다. 흑인종(Negroid)은 아프리카 중부 이남을 중심으로 거주하며 두터운 입술과 고수머리 흑발이 특색이다. 갈색인종은 오스트레일리아와 부근 도서지역에 분포하며 황인종과 흑인종의 중간 피부색과 고수머리 흑발이 특색이다.

▌ 영화 Black Panther 中
"Wakanda Forever"

강해진 헐리우드에서 2018년 개봉한 '블랙팬서'(Black Panter)는 흑표범 가면을 쓴 흑인 주인공이 팔을 X자로 교차하면서 "와칸다 포에버(Wakanda Forever)"라고 외친다. 흑인들에게 그리고 이에 동조하는 유명 인기인들이 영화 속의 상상지인 '와칸다' 제국을 동경하게끔 하면서 팔을 X자로 교차하며 감정을 드러낸다. 스포츠 영웅들이나 사회 유명인들이 이를 따라하면서 많은 사람들에게 영향을 미치고 있다는 점이다. 유행의 성격이 있지만 그런 의식이 있다는 것은 지적되어야 할 것이다. 물론, 이 정도로 국가체계가 불안정해지거나 무너지지는 않는다. 지구촌은 개별 국가를 단위로 형성되어 있으며, 개별 국가체계란 외적으론 '국제법 체계', 내적으론 '헌법 체계'에 의해서 존재하는 매우 단단한 체계이다.

▌ Paul Pogba and Jesse Lingard
"Wakanda Forever"

혹자는 '세계화'시대에 '민족'이란 개념이 지구촌에서 환생된 것은 특히 '신자유주의' 및 '자본주의'에 설자리가 좁아진 '사회주의'가 변형되어 나타난 것이라는 거대담론적 주장을 하기도 한다. 하지만, 일상생활에서 보다 직접적으로 체감할 수 있는 예는 얼마든지 있다. 2019년 3월 17일 성패트릭데이(St. Patrick's Day)에 미국 전역이 초록색 물결로 넘쳐났다. 초록색은 아일랜드계의 상징이며, 미국 인구의 1/10에 해당하는 약 3,300만명을 구성한다. 아일랜드계는 워싱턴 정가에서 막강한 영향력이 있으며, 마찬가지로 유대계가 학계, 언론, 경제계에 막강한 영향력이 있음은 잘 알려져 있다. 2019년 3월 22일에 미국의 트럼프 대통령은 시리아와 이라크 전역이

▌ IS(Islamic State)

이슬람국가(IS: Islamic State)의 손에서 해방되었음을 선언하였다. IS는 국제법상 인정받지 못한 대략 남북한을 합한 크기 정도에 해당하는 영역을 점유하고 있었다. 이는 2014년에 미국이 IS를 공습한지 5년만의 성명인데, IS의 문제가 완전히 해결되었다고 보기 어렵다. 최근 쿠르드족 민병대를 중심으로

▌ SDF(Syrian Democratic Forces;
시리아 민주군)

한 SDF(Syrian Democratic Forces; 시리아 민주군)의 존재도 IS 와 마찬가지로 기존의 국가체계에 대한 개념을 복잡다기하게 만드는 현상이다.

인종정체성과 달리 민족정체성이란 근본적으로 '정치적 차원'의 것을 의미한다. 소위 '정치적 공동운명체'라는 것인데, 구성원들이 국가에 소속되는 소속감과 내지는 국가 아래에서 갖는 공통의 정치적 열망에 대한 신념을 나타낸다. 민족정체성이 고유하게 정치적 속성을 갖고 있다는 것은 집단에 대한 주인의식으로 '자치'(self-government)의 감정과 연관되기 때문이다. 민족정체성은 집단 구성원을 하나로 묶어내는 힘을 지니고 있으며, 소위 국가에 대한 자부심이나 '민족주의'(nationalism)로 나타나기도 한다.

❙ Benedict Anderson의 Imagined Communities (1991)

❙ **중동에서 쿠르드족의 세력을 나타내는 지도** U.S. Central Intelligence Agency. "Kurdish Areas in the Middle East and the Soviet Union" (1986)
* 지도에서 짙은 부분이 쿠르드족의 분포영역.

쿠르드족(Kurdish)은 현재 터키, 시리아, 이라크, 이란 4개국의 국경 한가운데 살고 있는 인종정체성을 지닌 집단이다. 이들은 쿠르드 분리독립운동을 벌이고 있다. 쿠르드족은 4개국 어떤 나라에도 인종정체성은 물론 민족정체성을 갖고 있지 않다. 국제법상 독립된 국가가 아니며 국내적으로 정비된 제도를 갖고 있지 않더라도 쿠르드인종집단(Kurdish Ethnic Group)은 현실정치과정에서 그들만의 구분된 민족정체성을 주장하고 있다. 동시에 쿠르드족의 활동이 인접한 4개 국가의 정치과정에도 영향을 미치고 있다. 지구촌에서 분쟁지역은 국가라는 존재에 여전히 민족, 인종, 종교 등이 작용하고 있음을 알 수 있다. 1948년 인도로부터 파키스탄 분리운동, 2008년 코소보(Kosovo)의 세르비아로부터의 분리독립운동은 모두 '민족정체성' 단위로 '자치정부'를 수립하겠다는 정치적 활동이다.55) 특히 파키스탄 분리운동은 힌두교 세력으로부터 이슬람 세력의 분리를 의미하기에 종교적 차원이 국가 분리독립에 작용한 대표적 사례이다.

스페인의 북동쪽지방인 카탈루니아는 바르셀로나를 중심으로 한 지역인데 공식적으로 스페인으로부터의 독립을 원하고 있다. 카탈루니아는 스페인 인구의 16%, 면적의 6.5% 정도를 차지하는 주인데 국내총생산(GDP) 비중은 20%에 달한다. 이 지역은 1714년 스페인의 '왕위계승전쟁'때 스페인에 편입된 지역으로 지금도 카탈루니아 언어를 스페인어와 함께 공식적으로 사용하며 역사적, 문화적 독립성이 강한 곳이다. 결론적으로, 엄밀한 의미에서 스페인은 'state'이지 'nation-state'라고 하기에는 미약한 측면이 있는 것이다.

▎스페인의 카탈루니아 지방과 카탈루니아 독립운동

---

55) 민족정체성이 인종정체성과 연관되어 있는 경우도 있다. 1960년대에 시작되어 현재도 진행 중인 퀘벡(Québec)의 캐나다로부터 분리독립운동은 퀘벡지역의 다수가 프랑스 인종정체성을 지닌 것과 무관하지 않다. 지속적으로 업데이트되는 현재의 분리운동들에 대해서는 다음의 사이트를 참고.
https://en.wikipedia.org/wiki/Lists_of_active_separatist_movements

이탈리아의 '북부연합'(Lega Lord) 역시 '파다니아'라는 명칭으로 14개 'nations'(롬바르디, 베네토, 피에드몬트, 투스카니, 에밀리아, 리구리아, 마르체, 로마그냐, 움브리아, 후리울리, 트렌티노, 남 티롤, 베네치아 기울리아, 아오스타 밸리)가 남부 이탈리아 'state'로부터 독립하려는 움직임을 말한다. 북부지역은 남부지역에 비해서 경제적 수준이 높다. 북부연합이 독립하게 되면 이탈리아는 사실상 크기가 비슷한 남부와 북부로 나뉘게 된다.

| 이탈리아의 북부 연합 지역(파다니아)과 독립운동

우리는 본 장의 서두에서 국가의 자율성과 국가의 역량을 통해서 그 국가의 성공과 실패에 대해서 논의한 바 있다. 워싱턴에 본부를 둔 싱크탱크 세계기관인 '평화기금'(FFP: the Fund for Peace; www. fund-forpeace.org)은 2005년부터 전 세계 국가들을 대상으로 '실패한 국가'(failed states)의 순위를 발표해 왔으며, 2014년 이후에는 '실패 국가'라는 명칭을 '취약 국가'(fragile states)로 하여 매년 그 순위를 발표하고 있다. 현재 지구촌의 단위는 국가이다. 하지만 모든 국가들은 국가로서의 조직 견고성에서 차이가 있다. 세부 12개의 항목을 평가하여 이를 토대로 산출된 '취약지수'에 대한 순위를 발표하는 것이다. 취약지수 산출에 이용되는 세부 항목들은 인구, 난민, 불균형 개발, 집단 불만, 인권, 빈곤과 경제 곤란, 국가정당성, 공공서비스, 법치주의, 안보, 엘리트 파편화, 외부 간섭으로 구성된다.56) 이상의 항목들

---

56) 해당 12개의 변수는 다시 구체적인 항목들을 포함하고 있는데, 이에 대해서는 www. fundforpeace.org 또는 해당 기관의 저널 사이트인 www.foreignpolicy.com을 참조하면 된다(2016.1.28. 검색).

을 종합해서 국가를 '매우 지속 가능'부터 '매우 취약' 까지 11개 등급으로 구분한다. 이 책의 앞 부분에 자료를 제시하였으니 앞서 논의된 국가 관련 많은 변수들을 종합적으로 적용해 보면서 음미해 본다면 국가를 현실적으로 이해하는 데 많은 도움이 될 것이다.

제3장

헌법

'민주정치체제'(democratic regime)는 정치권력자의 절대적 지배를 '법'(law)으로 제한하는 체제이다.[1] 단적으로, 자유민주주의체제는 '법치주의'(法治主義, rule of law)를 통해서 최고 권력자의 권력 남용과 횡포를 법적으로 제한하는 데 성공한 체제이다.[2] 그렇게 할 수 있는 것은 국가에 '헌법'(憲法, constitution)이

| 대한민국 헌법 공포 기념 우표

존재하기 때문이다. 하지만, 헌법이 자기집행적이지는 않다. 현실적으로 헌법의 집행은 정치엘리트와 국민의 지원에 의존하게 되는데, 국가가 정치를 구현함에 있어서 헌법을 통하여 구현하는 상황을 '입헌주의'(立憲主義, constitutionalism)라고 한다. 단순히 헌법의 존재만으로 입헌주의가 제대로 구현된다고 할 수는 없으며, 법치주의가 구현될 때 비로소 '입헌주의'가 성립한다. '법치주의'는 헌법에 규정된 바에 따라서 정부가 구성되고 또 민주정치가 행해지는 것을 의미한다. 드문 경우이긴 하지만, 헌법의 정신과 취지를 포함하여 규정된 조항들이 정치

---

1) 린쯔(J. Linz)는 민주주의체제(democratic regimes)와 비교하여 비민주주의체제(non-democratic regimes)에는 전체주의체제(totalitarian regimes)와 권위주의체제(authoritarian regimes)가 있으며 다음과 같은 특색을 지니고 있다고 본다. 전체주의는 하나의 통합된 국가이데올로기가 존재하고, 정치권이 단일정당체계인 특색이 있다. 권위주의는 비록 형식적으로는 민주적 법률체계를 지니고 있어도, 현실적인 운용 면에선 '정신적으로'(mentally) 권력자들의 권위적 행태가 작동하는 정치체계를 갖고 있다. Juan Linz, "Totalitarian and Authoritarian Regimes," in Fred Greenstein and Nelson Polsby, eds., *Handbook of Political Science*, Vol. 3 (Reading, MA: Addison-Wesley Pub. Co., 1975), pp. 187-196, 264-306, 336-350.

2) '법치주의'의 내용은 3가지 원칙으로 정리된다. ① 모든 사람에게 동일하게 적용되어야 함, ② 법을 적용할 때 일관성을 지녀야 함, ③ 정당한 법적 절차(due process)가 있어야 함. Rachel Kleinfeld Belton, *Competing Definitions of the Rule of Law: Implications for Practitioners* (Carnegie Endowment: Democracy and Rule of Law Project, Paper 55 2005).

엘리트의 행위나 그 집단의 가치 및 습속으로 인해서 제대로 지켜지지 않으며 헌법이 단순히 쇼윈도(show window) 조항으로 전락한다.[3]

입헌정부는 정부가 헌법에 의거하여 구성된 경우를 말하며 입헌정치는 헌법에 의거하여 정치가 이루어지는 것을 의미한다. 이것은 모든 국가의 정치에서 헌법이 잘 준수되어야 함을 뜻한다. 그러면 국가의 지도자들은 헌법의 규칙을 얼마나 준수하는가? 이것은 권력을 가진 사람들이 자기 마음대로 정치적 결정을 내리는 것으로부터 국민들이 얼마나 잘 보호되는가의 문제이다. 법치주의의 또 다른 의미는 헌법 자체가 특정한 집단에게 부당한 이익을 주는 것이 아닌 공평한 것이어야 한다는 의미도 있다.

헌법은 그 안에 규정되어 있는 내용들이 무엇인가도 중요하지만 그것들이 제대로 지켜지는가 그렇지 않은가, 또 지켜진다면 어느 정도로 지켜지고 있는가, 헌법이 제대로 지켜지지 않는다면 그 이유는 무엇인가 등이 보다 더 중요하다. 1988년에 개정된 브라질헌법은 주 40시간 노동제, 의료보험과 퇴직보험, 최저임금제, 대출이자 12% 상한제, 노동자의 파업권, 인디언의 권리, 환경보호 등 모든 종류의 사회·경제적 권리들을 헌법에 보장하고 있다. 그러나 헌법의 이러한 규정들은 국민들의 기대와 요구를 증가시키기만 할 뿐 실제로 이러한 것들은 제대로 충족되지 않고 있다.[4]

법치주의의 전통은 미국, 영국, 캐나다, 오스트레일리아, 뉴질랜드 등의 국가에서는 잘 정립되어 있다. 미국에서는 정치적 압력으로부터 독립되어 있는 대법원이 어떤 법률을 위헌이라고 판단하면 이를 무효화할 수 있는 권한을 가지고 있다. 영국, 오스트레일리아, 캐나다, 뉴질랜드에서는 대법원이 이러한 권한을 갖도록 헌법에 규정되어 있지는 않으나 이 국가들에서는 국가가 정한 법칙에 누구나 복종해야

---

3) '입헌주의'를 단순히 헌법을 소유하는 형식적 충족을 넘어서 소유한 헌법을 지켜야만 한다는 헌법정신까지도 포괄하는 경우엔, 쇼윈도적인 헌법을 갖춘 국가는 '입헌주의' 국가로 분류되지 않을 수도 있다. '입헌주의'는 헌법의 존재라는 단순 형식을 넘어서서 헌법정신과 헌법취지의 구현을 의미하는 용어로 사용되기 때문이다. 입헌주의란 헌법이 '법치주의'에 의거한 정치가 실질적으로 행해지는 것으로, 헌법의 존재라는 형식을 넘어서 법치주의가 실질적으로 구현되는 상황을 말한다.

4) Michael G. Roskin, *Countries and Concepts: An Introduction to Comparative Politics* 5th ed., (Upper Saddle River, NJ: Prentice-Hall, 1995), pp. 384-385.

하며 자의적(恣意的)인 권력의 남용으로부터 개인을 보호해야 한다는 오랜 전통이 수립되어 있다.[5] 그러나 이 5개국들에서도 법치주의의 전통이 상대적으로 강하다는 의미이지 절대적인 것은 아니다. 영국에서는 제2차 세계대전 중인 1940년에 선거를 실시해야 함에도 불구하고 이를 실시하지 않았다. 당시 처칠 총리와 야당의 지도자들은 전쟁 중에 선거를 실시하는 것은 국력을 낭비하는 불필요한 것이라는 데 의견을 같이 했다. 미국의 경우에도 제2차 세계대전 당시 루스벨트 대통령이 안보상 위협이 있다는 판단하에 일본계 미국인들을 모두 수용소에 감금하도록 명령한 적이 있다. 위의 5개국들에 비해 프랑스에서는 법치주의의 전통이 보다 약하다.

세계의 많은 국가들에서는 권력을 가진 사람들의 자의적인 권력행사로부터 국민들을 보호하는 장치가 제대로 되어 있지 않다. 중국에서는 1966년부터 1976년까지의 문화혁명기간 동안 백만 명 이상이 사망했다. 소련에서는 스탈린 치하에서 수백만 명의 국민들이 재판 없이 집단수용소에 수감되었다. 1970년대 후반 아르헨티나의 군부정권 하에서는 수천 명의 국민들이 실종되었다. 이들은 재판도 받지 않고 군부정권에 의해 처형되었다. 이러한 점에서 보면 어떤 국가에 헌법이 있다는 것과 그 국가가 법치주의에 입각한 정부인가 아닌가는 별개의 문제이다.

'헌법'의 존재는 민주정치체제로 가기 위한 필요불가결의 조건이라고 할 수 있는데, 정치체계에서 크게 두 가지의 역할을 한다. 첫째, 민주주의 헌법은 필연적으로 시민들 개인의 인권이나 자유에 대한 조항들을 포함하고 있어야만 한다. 달리 표현하자면, 민주주의 헌법은 개인 인권에 영향을 미치는 국가의 공권력을 제한하는 역할을 하게 된다. 시민 개인의 '인권'(人權, human right)이란 입장에서 보면, 헌법이란 '정부'(입법자와 집행자)의 권력을 제한하는 도구의 역할을 수행하고 있는 것이다.[6] 둘째, 위정자 및 국가 공기관들이 정치권력을 획득하는 방식과 경로를 규정하며, 나아가 국가정책결정과정에서 이에 참여하는

---

5) W. Philips Shively, *Power and Choice: An Introduction to Political Science*, 5th ed. (New York: The McGraw−Hill Co., 1977), p. 172.

6) Carl J. Friedrich, *Constitutional Government and Politics: Nature and Development* (New York: Harper, 1937).

정치권력기구들 상호간에 권한의 범위를 규정하게 된다. 행정부 수반이 되기 위해서는 단순다수대표제에서 승리해야 된다든지, 입법부는 단원제로 하는지, 양원제로 하는지, 입법부의 구성원이 되기 위한 자격, 법률안 제출권, 법률안 의결권 등에 관한 조항들을 규정한다.

헌법의 형식과 내용은 국가들 마다 상이하다. 이는 단적으로 국가들마다 헌법 태동의 역사적 배경이 상이하기 때문이다. 이제 실제적인 헌법 운용에 대해서 살펴보고자 한다.

헌법의 역사적 배경

| 대헌장 기념 우표

국가의 권력관계에 관한 기본 지침으로서의 헌법은 그리스나 로마의 공화국시대부터 존재해왔다. 아리스토텔레스의 정치에 관한 연구에도 헌법의 비교에 초점을 맞춘 것들이 있다.[7] 이러한 점 때문에 현대 헌법의 기원을 그리스나 로마시대로 보는 견해가 있으나 이러한 견해는 부적절하다. 오늘날 우리가 의미하는 헌법이라는 용어를 지칭하는 그리스어는 politeia였으며 이것은 동시에 공화국(republic)이라고도 번역된다. 또한 라틴어의 constitutio는 지금 우리가 헌법(constitution)이라고 부르는 의미와는 아무런 관련이 없는 것이었다. 영국에서 올리버 크롬웰과 그의 아들인 리처드 크롬웰이 통치하던 기간(1653~1659년)은 오늘날 우리가 지칭하는 근대적인 헌법이 제정되던 시기이다. 그러나 이때에도 이러한 문서들은 법적 구속력이 있는 계약(covenants), 법률상의 공식 문서(instruments), 합의서(agreements) 그리고 기본법(fundamental law) 등으로 불리었으며 헌법(constitution)이라 불리지 않았다. 헌법이라는 용어와 법치주의라는 의미가 자리를 잡기 시작한 것은 18세기이며 오늘날 사용되는 의미로 일반화된 것은 1787년에 미국에서 헌법을 만들면서 부터였다.[8] 따라서 18세기 후반과 19세기 초반까지는 근대적 헌

7) Gregory Mahler, *Comparative Politics: An Institutional and Cross-National Approach* (Cambridge, MA.: Schenkman, 1983), p. 23.
8) Giovanni Sartori, *Comparative Constitutional Engineering: An Inquiry into*

법이 제대로 발전되지 않았으며 이 시기에 나타난 정치권력의 성격, 정치권력을 구성하는 조직들, 정치권력과 개인들 사이의 관계 등에 관련된 개념들은 근대 헌법의 기반이 되었다.9)

오늘날의 헌법 중에서 가장 오래된 것 중의 하나는 영국의 헌법이다. 영국의 헌법은 헌법이라는 이름을 가진 하나의 문서가 존재하지는 않는 불문헌법으로 1215년에 만들어진 대헌장(Magna Carta)이 헌법적 기초를 이루었으며 전통과 관습, 1911년과 1949년의 의회법, 1948년의 국민대표법 등의 중요 법안들, 그리고 법원의 판결 등이 헌법의 기능을 하고 있다.10) 근대에 만들어진 최초의 성문헌법은 1776년에 만들어진 버지니아, 메릴랜드, 펜실베이니아의 헌법들이다. 이 헌법들은 인권조항도 포함하고 있었으나 주로 정부의 구성에 관련된 조항으로 이루어졌다.11) 1787년에 만들어진 미국 헌법도 오래된 헌법 중의 하나이다.

프랑스헌법은 프랑스혁명을 거치면서 제정되었다. 루이 16세는 재정악화를 타개하고자 1614년 이후 열지 않았던 삼부회를 1789년

Structures, Incentives and Outcomes (New York: New York University Press, 1994), p. 197.

9) Dell Gillette Hitchner and Carol Levine, *Comparative Government and Politics* (New York: Dodd, Mead and Co. Inc., 1967), p. 36.

10) 영국의 불문헌법에서 헌법으로 간주되는 주요 법안과 채택연도는 다음과 같다. Magna Carta(1215), Laws in Wales Acts 1535－1542(1535－1542), Petition of Right(1628), Habeas Corpus Act(1679), Bill of Rights for England and Wales(1689), Claim of Right for Scotland(1689), Act of Settlement(1701), Acts of Union—union of the Kingdom of England & the Kingdom of Scotland to form the Kingdom of Great Britain(1707), Act of Union—union of Great Britain & Ireland to for the United Kingdom of Great Britain and Ireland(1800), Reform Acts(1832, 1867, 1884), Parliament Acts(1911), Representation of the People Act(1918), Government of Ireland Act(1920), Irish Free State(Agreement)Act · Irish Free State Constitution Act · Irish Free State(Consequential provisions) Act(1922), Royal and Parliamentary Titles Act(1927), Representation of the People Act(1928), Statute of Westminster(1931), Representation of the People Act(1949), Life Peerages Act(1958), Representation of the People Act(1969), European Communities Act(1972), Northern Ireland Constitution Act(1973), Human Rights Act(1998), Scotland Act(1998), Government of Wales Act(1998), Northern Ireland Act(1998), House of Lords Act(1999), Freedom of Information Act(2000), Constitutional Reform Act(2005), Government of Wales Act(2006). http://en.wikipedia.org/wiki/Constitution_of_the_United_Kingdom 2010년 5월 5일 검색.

11) Giovanni Sartori, *op. cit.*, p. 197.

제3장 헌법 85

소집하였다. 그러나 표결방식을 둘러싸고 귀족, 성직자 대표와 평민 대표 사이에 갈등이 생겼고 평민 대표들은 인원수에 의한 표결방식이 채택되지 않자 요구가 받아들여질 때까지 국민의회를 해산하지 않겠다고 선언하였다. 그 후 성직자들과 자유주의 성향의 귀족들이 합류하여 헌법제정회의를 구성하고 헌법 제정에 착수하였다. 왕당파가 무력으로 헌법제정회의를 탄압하려 하자 군대와의 충돌이 벌어졌고 7월 14일 파리 시민들이 무기를 탈취하기 위해 바스티유감옥을 습격하면서 혁명이 시작되었다. 8월 4일 국민의회는 봉건적 특권이 폐지되었음을 선언하고 26일에는 프랑스 인권선언을 채택하였다. 1791년에는 제한선거와 입헌군주제를 골자로 하는 새로운 헌법이 제정되었다.

그리스는 1827년 5월 1일 트로이제나(Troizenna)헌법을 만들었으며 이것은 당대 최고의 민주적 헌법 중의 하나였다. 이 헌법은 150개의 조항으로 이루어졌고 민주정치의 핵심인 "주권은 국민에게 있다"는 점을 처음으로 천명하였다. 러시아에서는 1906년 니콜라스 2세가 제국의 자유화를 선언하고 러시아제국 기본법을 공포하였는데 이 기본법이 러시아 최초의 헌법에 해당한다.

헌법은 그 내용에 무엇을 포함하는가에 따라 네 단계를 거쳐 발전하였다. 첫 번째 단계는 1787년에 만들어진 미국 헌법과 19세기 초반의 중부 유럽 국가들의 헌법에 포함된 것으로 이 시기의 헌법들은 순수한 입헌적인 면을 중요시하였다. 이 당시 헌법에서 강조된 것은 행정부와 입법부의 권력의 상대성에 대한 것이었다.[12] 전통적으로 헌법 또는 법치라는 용어들은 주로 왕권(또는 행정부)에 대하여 제약을 가할 수 있는 정부형태를 지칭하는 것이었다. 그 이유는 18세기 말부터 19세기 초반에 걸쳐 헌법은 폭군에게 대항하고 자유를 도입하는 주된

---

12) 미국의 경우엔 특이하게 입법부의 전횡으로부터 자유로운 행정부를 구성하기 위하여 (또는 행정부에 종속되지 않는 입법부를 구성하기 위한 목적도 포함하여) 입법부와 행정부를 독립적으로 구성하려고 하였다. 그것이 바로 '대통령제'(presidentialism) 의 역사적 원형(proto type)이 되었다. 이것은 미국이 왕조체제를 경험하지 않고, 당시 영국의 정치현실을 참조하면서 행정부와 입법부의 통치구조를 구상하였기 때문이다. 미국의 경우엔, 입법부의 전통이 강한 영국의 예(즉, 의회주권제)를 참조하면서도, 강력한 의회로부터 독립성을 지닌 행정부를 상정한 것(즉, 대통령제)이어서 복합적 성격을 지닌다. 참고로, 미국 헌법에서 행정부 강화라는 측면을 강조하는 학자들은 미국의 연방제 국가 형성이란 역사적 변수를 동시에 강조한다.

방법으로 간주되었기 때문이다.

두 번째 단계인 19세기 후반에 이르러서는 국민들의 정치에 관한 관심이 증가하면서 투표권의 확대와 선거에서의 평등에 관한 조항들이 헌법에 추가되었다. 헌법이 인권에 의한 인간평등사상을 구현하는 한 '1인1표제'로의 방향성은 필연적인 것이었다.

세 번째 단계는 서유럽에서는 제1차 세계대전이 끝난 이후이며 다른 지역의 국가들에서는 제2차 세계대전이 끝난 후로서, 헌법을 초안한 사람들은 민주주의의 기반에 보다 큰 관심을 가졌고 과거부터 중요시되어 오던 개인의 권리들에 덧붙여 교육, 고용, 진료 등의 물질적 권리를 포함하는 사회적 권리, 경제적 권리 등의 적극적(positive) 권리에 관한 조항들을 포함시키기 시작했다. 이들은 사회적·경제적 권리들을 그 이전의 헌법에 포함되었던 자유를 보장하기 위한 것으로 간주하였다. 제2차 세계대전이 끝난 이후에 채택된 1946년과 1958년의 프랑스헌법, 1946년의 이탈리아헌법, 1949년의 서독기본법, 1948년의 유엔인권헌장, 1955년의 유럽인권헌장 등에는 전통적인 개인적 권리 외에 '새로운 권리'(new rights)라는 개념이 새롭게 추가되었다. 이러한 새로운 권리들로는 교육을 받을 권리, 노동권, 파업권, 사회보장을 받을 권리, 독점에 대해 국유화를 하는 것과 같은 사유재산에 대한 규제 등이 포함된다.[13] 과거의 권리가 법에 의해 보장되는 것임에 반해 새로운 권리는 이를 실현하기 위해 국가가 적극적인 기능을 할 것을 규정하고 있다. 이러한 새로운 권리의 실현은 돈이 많이 드는 서비스를 국민들에게 제공할 것을 규정하고 있기 때문에 이를 실천하는 데에는 한계가 있다. 따라서 헌법은 이러한 권리를 언급하면서도 다음 규정에서는 이러한 권리가 집행되기 위한 조건에 관해 유보조항을 두거나 이러한 규정을 헌법의 전문(前文)에 포함시키는 수준에서 끝나는 경우가 많다. 사실 이러한 한계는 전통적인 권리의 경우에도 적용된다.[14]

---

13) Jean Blondel, *Comparative Government: An Introduction* (New York: Philip Allan, 1990). p. 217.

14) 인권조항이 갖는 이러한 한계, 즉 인권의 보호가 쉽게 성취되는 것이 아니기 때문에 이것을 헌법에서 언급하지 않을 것인가 아니면 이상과 현실 사이에 괴리가 있음을 인정하면서 헌법에 포함시킬 것인가를 해결하기 위한 가장 적절한 방법은 헌법의 전문에 이것을 포함시키는 것이다.

네 번째 단계는 사회주의국가들과 일부 제3세계 국가들의 헌법에서 나타난 것으로 자유주의적 원리들보다는 평등주의적 목적을 우선시 하였다. 정치적 상부구조보다는 경제적 하부구조를 우선적으로 강조하는 마르크스－레닌주의 이데올로기에 기반을 둔 이러한 헌법들은 전통적인 자유들이 실현될 수 있는 조건을 규정하고 공산당과 같은 유일 정당이 이러한 목표를 달성하기 위해 국가를 인도해 나가는 것이 필요하다고 강조했다.15)

오늘날 거의 모든 국가들은 헌법을 가지고 있으며 아라비아반도에 있는 사우디아라비아, 오만 등 일부 군주국들만이 헌법을 가지고 있지 않다.16) 어떤 국가들에서는 군부가 정권을 장악한 후 일시적으로 헌법을 정지시키는 경우가 있으나 이러한 국가들에서도 얼마간의 시간이 지난 후에는 새 헌법을 만들거나 또는 정지시켰던 헌법의 기능이 회복되기 때문에 원래부터 헌법이 없는 국가들과는 다르다. 세계의 각 국가들이 헌법을 제정한 연도는 [표 3-1]과 같다.

┃표 3-1┃ 세계 각국의 헌법제정 연도

1. 아시아

1900년 이전	일본(1890), 필리핀(1898)
1920년대	아프가니스탄(1923), 몽골(1924)
1930년대	태국(1932)
1940년대	인도네시아(1945), 베트남(1946), 대만·미얀마·캄보디아 (1947), 대한민국·북한(1948), 라오스(1949)
1950년대	인도(1950), 중국(1954), 말레이시아·파키스탄(1957), 네팔·브루나이· 싱가포르(1959)
1960년대	몰디브(1965)
1970년대	방글라데시·스리랑카(1972)
1990년대	우즈베키스탄·투르크메니스탄(1992), 키르기스스탄(1993), 타지키스탄 (1994), 카자흐스탄(1993)
2000년대	동티모르(2002), 부탄(2008)

15) Jean Blondel, *op. cit.*, pp. 212-213.
16) 오만은 1996년 11월 6일 헌법으로 간주되는 기본법을 선포했다. 여기에는 총리제, 양원제 의회 구성, 국민의 기본권 조항 등이 포함되어 있다. 사우디아라비아에는 성문헌법이 없으며 1992년 걸프전쟁 이후 국내정치개혁에 대한 요구가 증가하자 파드국왕은 1993년 정부의 권리와 책임을 규정한 기본법을 채택하였다. 아프가니스탄과 같은 일부 이슬람국가에서는 '코란'이 사실상 헌법의 기능을 한다. 코란이 헌법인 국가에서 여타 종교의 포교 행위는 종교적 행위로 한정될 수 없으며, '반(反)국가적 행위'이며 '반(反)헌법적 행위'가 될 것이다.

2. 중동[17]

1900년 이전	터키(1876), 이집트(1879)
1900년대	이란(1906)
1910년대	아르메니아(1915)
1920년대	그루지야(1921), 이라크(1925), 레바논(1926)
1940년대	시리아(1946), 요르단(1947), 이스라엘(기본법, 1948)
1960년대	키프로스(1960), 쿠웨이트(1962)
1970년대	카타르(1970), 아랍에미리트(1971), 바레인(1973), 아제르바이잔(1978)
1990년대	예멘(1970), 사우디아라비아(기본법, 1992), 오만(기본법, 1996)

3. 아프리카

1900년 이전	라이베리아(1847)
1900년대	남아프리카공화국(1909)
1930년대	에티오피아(1931)
1950년대	리비아(1951), 가나(1957), 기니(1958), 세네갈(1959), 차드(1959), 튀니지(1959)
1960년대	나이지리아 · 니제르 · 마다가스카르 · 말리 · 모리타니 · 보츠와나 · 카메룬 · 코트디부아르 · 콩고공화국 · 콩고민주공화국 · 토고(1960), 가봉 · 소말리아 · 시에라리온 · 탄자니아(1961), 르완다 · 모로코 · 우간다(1962), 알제리 · 케냐(1963), 레소토 · 말라위(1966), 모리셔스 · 스와질란드(2018년 에스와티니로 개명) · 적도기니(1968)
1970년대	감비아 · 잠비아(1970), 수단(1973), 모잠비크 · 상투메 프린시페 · 앙골라 · 카보베르데(1975), 셰이셸(1976), 지부티(1977), 코모로(1978), 짐바브웨(1979)
1980년대	기니비사우(1984)
1990년대	나미비아 · 베냉(1990), 부르키나파소(1991), 부룬디(1992), 에르트레아(1993), 중앙아프리카공화국(1994)

4. 유럽

1200년대	영국(1215년 대헌장: 불문헌법)
1500년대	네덜란드(1597)
1600년대	산마리노(1600), 덴마크(1665)
1700년대	스웨덴(1720), 프랑스(1789), 폴란드(1791)
1800년대	스페인(1812), 노르웨이(1814), 그리스 · 포르투갈(1822), 벨기에(1831), 룩셈부르크(1842), 스위스 · 이탈리아(1848), 독일(1851), 리히텐슈타인(1862), 러시아 · 루마니아(1866), 아이슬란드(1874), 마케도니아(1878), 불가리아(1879)

---

17) 세계를 동양(East)과 서양(West)으로 나눈 구분은 고대 그리스 · 로마에서 시작했다는 주장이 우세하다. 그리스 · 로마를 중심에 놓고 서쪽 지역을 옥시던트(Occident), 동쪽 지역을 오리엔트(Orient)라고 한 것이 기원이다. 이 기준에 따라 터키 등 가까운 동쪽을 근동(Near East), 중국이나 일본 등 먼 동쪽을 극동(Far East)이라 칭하게 되었다. 중동(Middle East)이라는 표현은 19세기 후반 영국에서 시작되었다. 근동과 극동의 중간이라는 뜻이다. 원정한 기자, "서방 중동 등은 어디를 중심으로 한 표기법인가?"「조선일보」, 2009년 4월 23일, A33쪽.

1900년대	핀란드(1906), 모나코(1911), 오스트리아·체코(1920), 라트비아·리투아니아(1922), 아일랜드(1937), 몰도바(1941), 크로아티아(1947), 헝가리(1949), 몰타(1964), 슬로베니아(1991), 슬로바키아(1992), 안도라(1993), 벨라루스(1994), 보스니아헤르체고비나(1995), 우크라이나(1996)
2000년대	세르비아(2006), 몬테네그로(2007), 코소보(2008)

5. 중남북미

1700년대	미국(1787)
1800년대	아이티(1801), 파라과이(1811), 멕시코·브라질(1824), 코스타리카(1825), 볼리비아·페루(1826), 에콰도르·우루과이(1830), 칠레(1833), 과테말라·니카라과(1838), 온두라스(1839), 엘살바도르(1841), 도미니카공화국(1844), 아르헨티나(1853), 베네수엘라(1864), 캐나다(1867), 콜롬비아(1886)
1900년대	쿠바(1901), 파나마(1904)
1950년대	엘살바도르(1950)
1960년대	자메이카·트리니다드토바고(1962), 바베이도스(1966), 그레나다(1967)
1970년대	가이아나(1970), 바하마(1973), 수리남(1975), 도미니카연방(1978), 세인트루시아·세인트빈센트그레나딘(1979)
1980년대	벨리즈·엔티가바부다(1981), 세인트키츠네비스(1983)

6. 오세아니아

1800년대	뉴질랜드(1840), 통가(1875)
1900년대	오스트레일리아(1901)
1960년대	사모아(1962), 나우루(1968)
1970년대	피지(1970), 파푸아뉴기니(1975), 솔로몬제도·투발루(1978), 마샬제도·마이크로네시아·키리바시(1979)
1980년대	바누아투(1980), 팔라우(1981)

* 이 책에서 대상으로 한 국가들은 2016년 1월 현재 유엔에 가입되어 있는 192개국들에 대만을 포함한 193개국이다. 국가들이 위치한 대륙의 분류는 미국 CIA의 The World Factbook의 분류를 따랐다.

자료출처: https://www.cia.gov/library/publications/the-world-factbook/index.html, http://www.constitution.org/cons, http://www.servat.unibe.ch/law/icl, http://www.nationmaster.com/graph/gov_con-government-constitution, http://en.wikipedia.org와 세계 각국 헌법의 2016년 1월 검색자료들을 조사하여 저자가 작성하였다.

헌법의 기능, 형식과 내용

■¹ 헌법의 기능

헌법은 국가운영의 근본적인 원칙들과 구조들을 규정한 일련의 규칙들이다. 헌법은 국가의 기본 목표를 천명하며 국가의 기본 목표들을 실행하는 항목들을 포함한다. 예를 들면 미국 헌법에는 "모든 국민들은 언론의 자유를 보장받는다"고 규정하고 있으며 중국 헌법은 "국가가 사회주의를 추구한다"는 규정을 두고 있다. 헌법은 또한 국가의 주요 기능을 수행하는 데 필요한 국가권력의 근원, 목적, 사용 그리고 이에 대한 제한 등에 관련된 원칙과 규정들을 기록한 집합적 문서이다. 헌법은 국가의 주요 기능을 누가 수행하며 국민들은 이러한 기능을 수행하도록 선택된 사람들을 어떻게 통제하는가, 권력은 누가 가지며 권력의 행사에 대해서는 어떤 제한이 가해지는가, 그리고 위기 시에는 누가 국정을 관장하며, 헌법은 어떤 절차를 거쳐 개정하는가 등을 주요 내용으로 하고 있다.

대부분의 헌법은 아래의 내용을 포함하고 있다.

① **전문(前文)** 이 부분은 헌법에서 비법률적 부분으로 선언적인 성격을 띤다. 여기에는 합리적이고 법적인 면보다는 국기(國旗),[18] 국가(國歌), 수도(首都) 등 국가의 상징물들과 조국수호의 의무 등 감정적인 면을 국민들에게 호소하는 내용을 담고 있다. 또한 선언적인 면에서는 국가를 세운 사람들의 세계관, 이들의 역사관과 미래관 등을 포함하며 국가가 지향하고 추구하는 가치들, 예를 들면 민주주의, 사회주의, 복지국가, 권력의 연방제적 분리 등을 포함한다.[19]

② **정부의 구성** 이 부분에서는 국가나 국민이 추구하는 다양한 목

---

18) 국기를 헌법에 명문화하고 있는 국가는 약 90개국이다. 그 외의 국가에서는 국기를 일반 법률에서 규정하고 있다. 그러나 국기의 제작, 게양방법 등 상세한 내용은 헌법의 규정이 아닌 관계법령으로 정하는 것이 일반적이다.
   http://100.naver.com/100.nhn?docid=731471 (2009년 4월 1일 검색).
19) 예외적인 경우로 파키스탄의 헌법과 프랑스의 제4공화국 헌법에는 헌법전문에 기본권 조항을 포함하고 있다.

표들을 법에 의거하여 추진해 나가는 데 따라야 할 구체적인 절차와 이를 위한 다양한 구조와 조직과 기구들에 관한 규정을 포함한다. 거의 모든 헌법들은 민주주의, 공산주의, 파시즘 등 어느 이념을 추구하는가에 관계없이 권력을 입법부, 행정부, 사법부로 나누는 조항들을 두고 있고 또 중앙정부와 지역정부 사이에 권력을 분산하는 규정을 포함하고 있다.

③ 인권조항 오늘날 모든 헌법들은 민주적 헌법인가 독재정권 하의 헌법인가에 관계없이 개인의 기본적 권리를 보호하는 조항들을 두고 있다. 기본권 조항들은 개인적 자유의 확대뿐만 아니라 사회·경제적 정책에 관한 규정들도 포함하고 있기 때문에 실천하는 데에는 많은 어려움이 있다. 초기 헌법들은 주로 개인의 권리에 관해서만 규정을 하였으며 이러한 예로는 1791년의 미국헌법 개정을 통한 인권조항의 도입을 들 수 있다. 현행 헌법인 프랑스 제5공화국헌법은 기본권에 관한 조항이 포함되어 있지 않다. 그 이유는 전문에 "프랑스 국민은 1789년의 인권선언에서 정의되고 1946년 헌법의 전문에서 확인되고 보완된 인권과 국민주권의 원리를 엄숙히 선언한다"라고 언급하고 있기 때문이다.

④ 헌법 개정의 절차 모든 헌법은 헌법 개정의 절차에 관한 조항들을 포함한다. 헌법 개정의 절차에 관한 자세한 논의는 제6절에서 다룬다.

⑤ 이 외에 특정 국가에게만 적용되는 특별한 내용 각 국가의 헌법은 위의 일반적인 내용에 더해 개별 국가들의 특수 상황에 따른 내용을 포함하고 있다. 인도네시아의 헌법전문에는 판차실라(pancasilla)라는 국가의 건국 5원칙이 명시되어 있다. 이 원칙들은 신앙의 존엄성, 인간의 존엄성, 통일 인도네시아, 대의정치, 사회정의 구현이다. 터키의 1982년 헌법은, 과거에 경험했던 치안부재 상황을 반영하여, 국가안보의 유지 및 헌정질서의 회복을 위하여 "필요한 때에는 언론의 자유 및 국민의 기본권을 일부 제한할 수 있다"고 규정하고 있다.

■² 헌법의 형식

앞에서 본 [표 3-1]에서 나타나는 바와 같이 오늘날 세계 각국에 존재하는 170여 개 이상의 성문헌법들 중에서 절반 이상이 1974년 이후에 만들어졌다. 이러한 헌법들이 신생 국에서 만들어진 새로운 헌법이든 또는 기존의 헌법을 개정한 것이든 모든 헌법들은 오래 전에 만들어진 헌법들보다 더 많은 내용을 포함하고 있으며 따라서 분량도 길다. 1787년에 만들어진 미국의 원래 헌법은 7장 24조로 이루어져 있어 4,300단어에 불과한 짧은 문서였으나 헌법 개정으로 26개 조항 2,900단어가 더해져 현재는 50개 조항 7,200 단어로 이루어져 있다.[20]

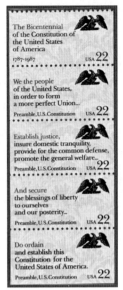

미국헌법은 전문과 의회, 행정부, 사법부, 주, 헌법개정, 총강, 헌법의 선택 등의 7장으로 구성되어 있어 220여 년 전 헌법이 제정될 당시의 상황을 반영하고 있다. 1989 년에 개정된 헝가리헌법도 78개 조항으로 이루어져 있어 짧은 헌법 중의 하나이다.

❙ 미국헌법 200주년 기념 우표

근래에 만들어진 헌법들은 길이가 길어지는데 그 이유는 현대 국가의 규모가 커지고 복잡해짐에 따라 이러한 복잡성을 가능한 한 명확하게 규정하여 헌법에 포함시키려 하기 때문이다. 1949년에 만들어진 독일의 기본법은 9장 107조에 19,700단어로 이루어져 미국헌법에 비해 훨씬 더 길다. 이 헌법은 1990년에 개정되어 11장 146조로 늘어났다. 1958년에 만들어진 프랑스 제5공화국헌법은 9,100단어로 이루어져 있다.[21] 아홉 번째 개정되어 1987년 10월 29일에 공포된 현재의 대한민국헌법은 10장 130조로 되어 있으며 전문 외에 총강, 국민의 권리와 의무, 국회, 정부(대통령과 행정부), 법원, 헌법재판소, 선거관리, 지방자치, 경제, 헌법 개정의 10장으로 이루어져 있다.

세계에서 가장 긴 헌법 중의 하나인 인도헌법은 1950년에 만들어졌는데 22장 395개조와 부속조항으로 이루어져 있다. 헌법 분량에서의 기록은 1988년에 개정된 브라질헌법으로 244개 확정조항과 200개의 잠정조항으로 이루어져 있어 그 분량이 전화번호부 정도에 달한

---

20) W. Phillips Shively, *Power and Choice: An Introduction to Political Science* 5th ed. (New York: The McGraw-Hill Co., 1997), p. 162.
21) *Ibid.*, p. 162.

다. 이 헌법은 사소한 규정까지 세세하게 기술하고 있고 실현되기도 힘든 약속들을 포함하고 있다. 1979년에 개정된 페루헌법도 206개의 조항으로 이루어졌으며 각 조항은 다시 세세한 규정들로 이루어져 있다.[22] 이처럼 근래에 만들어진 헌법의 특징들 중의 하나는 규정이 매우 구체적이면서도 동시에 복잡하다는 점이다.

■³ 헌법의 내용: 정부조직

헌법의 내용 중에서 대부분을 차지하는 부분은 정부의 조직에 관한 규정들로서 3가지 영역에 관해 규정한다.[23]

첫 번째는 국가의 정부형태가 어떻게 조직되어 있는가를 명시한다. 즉 한 명이 통치하는 피라미드형으로 정부를 조직할 것인지 아니면 집단이 책임을 공유하는 형태로 조직할 것인지를 규정한다. 이에 대한 판단과 결정은 합리적이고 신속한 행동을 하는 데 가장 최선의 정부형태가 어떤 것인가와 연관되어 있다. 이러한 견해들에는 원칙 면이나 현실 면에서 현저한 차이가 있다. 군주제는 정부가 한 명의 지도자에 의해 운영되는 원칙에 기반을 두고 있으며 일부 국가의 헌법들은 이러한 전통을 이어 받았다. '대통령제'는 이러한 원칙에 근거한다. 다른 원칙은 행정부가 집단적이어야 한다고 주장한다. 이 원칙에서 다양한 형태의 정부형태가 나왔으며 그중에서 가장 대표적인 정부형태가 '의원내각제'이다. 대통령제와 의원내각제에 관해서는 제4장의 정부형태에서 자세하게 다루기로 한다.

둘째로 헌법이 규정하는 정부조직과 관련하여 현실적으로 가장 중요한 것은 행정부와 의회 사이의 관계이다. 헌법은 행정부의 권력을 제한하기 위한 도구로 발전해 왔기 때문에 정치에서 국민들을 보호하려 한다. 이런 면에서 국민의 대의기구인 의회의 역할과 권한은 헌법의 중요 부분이 되어 왔다. 행정부를 견제하고 의회의 권한을 증진시키기 위해 헌법에는 '권력분산제도'와 '의회중심제도'를 규정한다. '권력분산제도'에서는 의회와 행정부가 각기 독립적으로 선출되며

---

22) Giovanni Sartori, *op. cit.*, p. 199.
23) Jean Blondel, *op. cit.*, pp. 219-220.

'의회중심제도'에서는 행정부가 유지되기 위해서 의회의 신임을 필요로 한다.[24] 의회중심제도에서 행정부는 의회를 해산하는 것을 통해 국민들의 신임을 직접 확인할 수 있다. 그러나 현실정치에서는 민주국가나 권위주의국가를 막론하고 행정부와 의회 사이의 관계가 헌법에 규정되어 있는 대로만 되지는 않는다. 이것은 의회나 행정부의 권력은 '정당'(political parties)을 기반으로 하여 형성되기에, 입법부 내의 서로 다른 정당은 갈등하기 때문이며, 입법부와 행정부의 권력을 장악한 정당이 일치하느냐 일치하지 않느냐에 따라서 현실정치상황이 복잡해지기 때문이다.[25]

정부조직과 관련하여 헌법에 규정하는 세 번째 중요한 요소는 중앙정부와 지역정부 또는 지방정부 사이의 관계를 어떻게 설정할 것인가의 문제이다. 헌법을 만든 사람들은 이를 위해 분권화(decentralization)라는 개념을 헌법에 포함시켰다.[26] 이것은 중앙정부에서 정책결정을 하는 사람들의 부담을 덜어준다. 그러나 서유럽 국가들의 오래된 헌법들에서는 이 문제를 헌법에 포함시키지 않고 일반 법률이나 관례에 따라 대처해 온 경우가 많다. 반대로 미국에서는 연방제도에 바탕을 두고 중앙정부와 지역정부 사이의 관계를 헌법에 명시하고 있다. 여기에서는 지역정부들이 최대한의 권한을 갖기 위해 중앙정부와 지역정부는 분리되어야 함을 명시하고 있다.

헌법의 종류 : 성문헌법과 불문헌법

헌법은 성문헌법과 불문헌법의 두 가지 형식으로 나눌 수 있다. 성문헌법은 법률 중에서 최고의 법으로 스위스헌법이나 대한민국헌법처럼 하나의 문서로 되어 있다. 세계의 대부분 국가들이 가지고 있는 성문헌법의 법체계는 '시민법(civil law)체계'로 시민법은 유럽대륙의

---

24) 정치과정에서 나타난 특성을 볼 때, '대통령제'는 권력분산제도의 스테레오타입이며, '의원내각제'는 의회중심제도의 스테레오타입인 것을 알 수 있다.
25) 이러한 형태를 '정당민주주의'로 분류하며, 구체적인 민주주의의 분류체계 및 의미와 내용에 관해서는 제6장의 '정당과 정당정치'를 참조하면 된다.
26) 제2장 국가의 '국가의 형식: 중앙정부－지방정부' 부분에서 논한 바 있다.

로마법에 그 근원을 두고 있다.[27]

불문헌법을 가진 국가로는 뉴질랜드, 영국, 이스라엘을 들 수 있다. 영국에서는 근본적인 정치규범들에 관해 강한 합의가 있기 때문에 이를 성문화하지 않고 있다. 뉴질랜드에는 영국국회와 뉴질랜드국회가 제정한 여러 개의 법들이 헌법을 구성한다. 이 중에서 가장 중요한 성문부분은 1987년 1월 1일에 통과된 헌법(Constitution Act)이다. 이스라엘은 건국 당시에 제헌의회에서 성문헌법을 채택하려 했으나 종교정당들이 강력히 반대했다. 이들은 성경 상의 모세5경인 토라(Torah)만이 이스라엘의 헌법이 될 수 있다고 주장했다.[28] 또한 건국 초에는 이스라엘에 정착한 유태인들의 수가 적어 유태인 모두의 의지에 기초할 수 없다는 점도 지적되었다. 결국 제헌의회는 헌법채택에 대한 결정을 연기하였고 기본법들로 헌법을 대신하고 있다.[29]

영국의 불문헌법은 헌법이라고 이름 붙인 하나의 문서로 이루어져 있지는 않지만 헌법과 똑같은 역할을 하는 여러 차원의 법률들로 이루어져 있다. 그 내용을 보면, 첫째, 의회가 통과시킨 중요한 법들이다. 두 번째는 법치주의 면에서 중요성이 높은 사건들에 대해 법원의 판사가 내린 결정들이다. 셋째는 정부를 매일 운용하는 과정에서 행해진 관례들이다. 이러한 관례는 어디에도 기록되어 있지 않다. 영국의 헌법과 관련해서 가장 중요한 것은 의회이다. 왜냐하면 법원의 판결이나 정치관행은 의회에서 법을 통과시켜 이를 무효화할 수가 있기 때문

---

27) 관습법 국가인 미국의 루이지애나주는 '시민법체계'를 가지고 있고 캐나다의 퀘벡주도 시민법체계를 가지고 있다. '시민법체계'란 다양한 의미가 있는데, ① 고대 로마에서 로마시민에게만 적용되는 법체계, ② 근대에는 '형사법'에 대한 '민사법'의 총칭, ③ '근대개인주의'(인격평등, 소유권의 절대성, 계약자유원칙 등)에 입각한 법체계, ④ '영미법'(英美法)의 '관습법체계'(common law: 또는 '보통법체계')에 대비되는 '대륙법(大陸法)체계'를 말한다. '관습법'이란 '제정법'과 대비되는 의미로서 '판례법'을 말하며, 관습법체계의 특성은 역사적 계속성, 배심제(陪審制: jury system), 선례주의(先例主義) 등이다.

28) 마찬가지로, 헌법이 체계화되어 있지 않은 이슬람국가들에서도 현실정치과정에서 '코란'(Coran)이 헌법으로 기능한다. 앞에서 지적하였듯이, 아프가니스탄에서의 기독교 선교활동은 해당 국가입장에선 종교활동이 아니고 '반(反)헌법적 행위'로 국기문란행위가 될 수 있다는 의미이다.

29) Leonard J. Fein, *Politics in Israel* (Boston: Little Brown, 1967), pp. 165－166, Arend Lijphart, *Democracies: Patterns of Majoritarian and Consensus Government in Twenty－One Countries* (New Haven and London: Yale University Press, 1984), p.188에서 재인용.

이다. 반대로 의회가 법원의 결정이나 정치관행에 반대되는 법을 통과시키지 않으면 그것들은 자연적으로 헌법의 기능을 하게 된다.

영국헌법을 구성하는 것 중에서 가장 오래된 것은 1215년에 만들어진 대헌장(Magna Carta)이다. 절대군주였던 존 왕이 귀족들의 압력에 의해 국왕의 권한 일부를 귀족들에게 이양하는 문서였던 대헌장은 1295년에 법적 지위를 얻었다. 다른 중요한 법들로는 1689년의 권리장전(The Bill of Rights), 1701년의 왕위계승법(The Act of Settlement of 1701), 그리고 상원과 하원의 권한을 규정한 1911년과 1949년의 의회법(Parliament Act)을 들 수 있다. 국민들의 인권에 관한 규정들은 수세기에 걸친 법원의 판결에 의해 정립되었다.

이러한 것들 외에도 영국헌법을 구성하는 것은 관례이다. 관례는 어디에도 문서로 기록되어 있지 않지만 헌법이 된다는 점에 관해 영국인이 아닌 사람들은 이해를 하지 못한다. 예를 들어 영국 정치에서 총리와 내각은 가장 중요한 권한을 가진 정치주체들이다. 군주가 하원의 다수당 지도자를 총리로 지명하는 것과 같은 것은 역사적 관행 속에서 정착된 것으로 이에 관한 규정은 어떤 문서에도 존재하지 않는다. 또 의회에서 심의된 거의 모든 법들은 내각이 제출한 것인데, 영국 의회가 만든 어느 법률에도 또 법원이 내린 어떤 판결에도 내각의 구성에 관한 규정이 없다. 내각에 관해 언급하고 있는 법률로는 각료들의 월급을 규정하고 있는 것뿐이다.[30] 내각의 권한을 규정하고 내각의 형태를 규정하는 모든 규칙들은 실제 정치를 해오는 과정에서 관례로 정착된 것이며 문서화되어 있지 않다.

이 외에도 '관습법'(common law) 전통에 따라 법원의 일부 판결들도 헌법을 구성한다. 관습법 전통은 영국과 과거에 영국의 식민지였던 영어사용 국가들에 한정되어 있어 뉴질랜드, 몰타, 미국, 아일랜드, 오스트레일리아, 캐나다 등이 관습법국가이다. 관습법체계에서는 법원에서 판사가 내리는 판결이나 해석 등의 선례가 모여서 법체계를 이룬다. 또한 관습법에 따라 군주의 특권에 관련된 사항뿐만 아니라 국민들의 기본적인 권리 등도 규정된다. 영국의 불문헌법은 과거로부

---

30) "Monsters of the Crown Act 1937," in S. B. Chrines, *English Constitutional History* (London: Oxford University Press, 1947), p. 21.

터 내려오는 것이기 때문에 어떤 국가도 의식적으로 영국의 불문헌법 전통을 흉내낼 수는 없다.

그러면 영국인들은 왜 성문헌법이 필요하다고 생각하지 않는가? 첫째, 헌법이란 새로 성립된 국가들이 그 국가를 어떻게 운용해 나갈 것인가를 규정하기 위해 필요한 것인데 영국은 이미 그러한 전통과 관례가 확립되어 있으니 성문헌법이 필요하지 않다. 여기서 그러한 전통과 관례의 핵심은 '의회통치'(parliamentary sovereignty)의 전통을 말한다. 이것은 의회 자체가 헌법과 같은 역할을 하고 있다는 것인데, 그래서 영국에서 '위헌법률심사'는 의회에서 하게 된다. 둘째, 국가는 인종, 종교, 언어 면에서 서로 다른 사람들을 포함할 수가 있으며 이때 각 집단들에게 독자성을 보장해 주기 위한 헌법이 필요하지만 영국에서는 그럴 필요가 없다.[31] 셋째, 규모가 큰 국가에서는 여러 지역에 사는 사람들이 각기 지역 특유의 이해관계 속에서 지리적으로 멀리 떨어져 있는 수도에 있는 정부가 제공하는 이해관계를 적절하지 않다고 생각할 수가 있다. 이런 경우에는 연방주의가 필요하며 연방 정부의 권한을 규정하기 위한 헌법이 필요하지만 영국은 국가의 규모가 크지 않기 때문에 이러한 필요가 없다.[32]

∥ 캐나다 1982년 헌법 기념 우표

캐나다의 헌법은 성문헌법과 불문헌법의 두 가지로 구성되어 있다. 성문헌법 부분은 다시 두 가지로 이루어져 있는데 첫째는 1867년 3월 29일에 영국의 국회가 만든 영국령북아메리카법(British North American Act)으로 이 법에 의해 4개의 주로 이루어진 연방이 구성되었다. 두 번째는 1982년 4월 17일에 제정된 헌법(Constitution Act)으로 이 법에 따라 헌법의 통제에 관한 권한이 영국으로부터 캐나다에 이양되었다. 또한

---

31) (아마도 미국과 같은 연방국가와의 비교시각에서) 영국인들은 일반적으로 이렇게 이야기하지만, 이 문제는 조금 복잡한 사안이다. 영국은 Great Britain(GB: 대 브리튼 섬)이라고도 표기하고, United Kingdom(UK: 연합왕국)이라고도 표기한다. 전자의 경우엔 별 상관이 없지만, 후자의 경우엔 잉글랜드, 웨일즈, 스코틀랜드, 북아일랜드가 합쳐진 연방적 성격을 내포한 국가이다. 이들 네 지역의 특성을 중시하여 지역 자치성을 중시한 정치를 실제적으로 행하는 경우엔 헌법이란 하나의 통합된 문서를 만들어서 지역적 독자성을 보장해줄 필요는 없다. 물론, 전자의 경우에도 북아일랜드는 아일랜드 섬에 존재하며 브리튼 섬에 존재하지 않는다.

32) J. Harvey and L. Bather, *The British Constitution*, 3rd ed. (London: Macmillan, 1974), p. 510.

이 해에 캐나다인의 권리와 자유에 관한 선언이 헌법에 부가되었으며 헌법 개정에 관한 절차도 명시되었다. 불문헌법 부분으로는 관습법, 법원의 판결, 전통 등을 들 수 있다.

위헌심사권과 헌법재판소

헌법은 국가가 운용되는 기본 원칙을 규정하고 있는 법이기 때문에 다른 모든 법들에 우선하는 최고의 법이다. 따라서 의회가 만드는 일반 법률은 헌법과 상충되어서는 안 된다. 만일 헌법과 일반법이 상충할 때 어떤 법이 적용되어야 하는가에 대한 판정은 누가 하는가? 만일 의회가 이것을 판단한다면 의회는 자기들이 만든 법이 옳다는 결정을 내리기가 쉽다. 이러한 것을 예방하기 위해 일부 국가들에서는 이를 결정하는 권한인 위헌심사권(Judicial Review)을 사법부에 부여하여 여기에서 결정을 내리게 만든다.

미국에서는 1803년의 '마베리 대 메디슨(Marbury vs. Madison) 사건'에 대한 판결을 통해 위헌심사권이 확립되었다.33) 제퍼슨

❚ 존 마샬 대법원장 우표

---

33) 미국헌법은 성문법 체계인데, '합헌성'(合憲性)에 대한 판단 여부는 대법원의 한 판례의 부산물로 '사법심사'(judical review)의 원칙이 만들어지게 된다. 그 판례가 바로 '마베리 대 매디슨' 사건에 대한 판결이며, 이를 계기로 대법원은 모든 입법행위에 대한 합헌성을 판단하는 기구가 된다. 즉 '마베리 대 매디슨' 사건을 계기로 대법원은 모든 입법내용이 국가 헌법의 테두리에서 이루어져야만 함을 판결한 것이다. 1800년 3대 대통령선거에서 2대 대통령인 애덤스(연방당)가 제퍼슨(민주공화당)에게 패한다. 애덤스는 제퍼슨의 취임으로 연방주의자들의 세력이 약화될 것을 우려하여 임기가 끝나기 불과 몇 시간 전에 연방주의자인 판사 59명을 임명하였다. 해당 임명장은 애덤스 대통령시절의 국무장관인 마샬을 포함한 임명자들에게 전달되었지만, 촉박한 시간 속에서 그중 17명에게 전달되지 못한 임명장을 책상위에 둔 채로 사무 인계가 이루어졌다. 새 정부에서 국무장관인 매디슨의 보고를 받은 제퍼슨 대통령은 분노하였으며, 매디슨은 임명장을 전달하지 않았다. 이에 임명장을 전달받지 못한 마베리(William Marbury)는 매디슨을 상대로 대법원에 임명장 발급 청구 소송을 냈다. 물론, 마샬은 애덤스 시절에 국무장관이었으며, 애덤스가 물러나면서 대법원장에 임명한 인물이다. 마베리측 변호인들은 대법원이 해당 사건을 시심적 관할(始審的 管轄, original jurisdiction)로 다룰 수 있다고 하면서, 매디슨에게 직무집행영장(writ of mandamus)을 발급하여 임명장을 전달하는 직무 수행을 하도록 해야한다고 주장했다. 그러나 대법원장인 마샬의 입장에서는 마베리측 변호인의 주장을 받아들이는 판결을 한다고 해도 제퍼슨과 매디슨이 이에 불복하는 경우엔 이를 강제 집행할 수 있는 근거는 없었기에 대법원의 권위가 추락할 수도 있었다. 이에 마샬은 지혜를 발휘하였는데 그 판결의 내용은 다음과 같다. 우선, 매디슨 장관이 임명장을 전달하지 않는 행위는 잘못된 것이라고 지적하였다. 그렇다고 해서, 대법원이 직무집행영장을 발송하여 직무집행을 명령할 권한도 없다는 것이다. 그리고, 마베리 변호인 측이 주

정부하에서 대법원장이던 존 마샬(John Marshall)은 성문헌법과 독립된 사법부가 있다는 것은 사법부의 최고기관인 대법원이 위헌심사권을 갖는 것을 의미한다고 주장한 후 헌법과 일반법의 내용이 상충될 때에는 헌법이 일반법보다 우선권을 갖는다는 판결을 내렸으며 이때부터 대법원이 위헌심사권을 행사하고 있다.34) 이처럼 대법원이 위헌심사권을 갖는 국가들로는 [표 3-2]에서 보는 바와 같이 노르웨이, 대만, 덴마크, 도미니카연방, 동티모르, 말레이시아, 멕시코, 미국, 브라질, 스웨덴, 싱가포르, 아이슬란드, 아일랜드, 오스트레일리아, 인도, 일본, 캐나다, 케냐를 들 수 있다.

이에 비해 대법원이 위헌심사권을 갖지 않는 국가들로는 뉴질랜드, 영국, 이스라엘과 같이 불문헌법을 가진 국가들과 성문헌법을 가지고 있는 국가들 중에서는 네덜란드, 룩셈부르크, 베트남, 벨기에, 스위스, 핀란드35) 등을 들 수 있다. 이 국가들에서는 의회가 위헌심사권을 가지고 있어 헌법을 수호하는 최종기관의 역할을 한다.36) 이러한 국가들에서는 헌법과 관련된 중요한 결정은 국민들이 직접 선출한 의회에서 최종결정권을 가져야지 임명직이면서 국민들을 대변하는 것과는 거리가 먼 사법부가 최종결정권을 가져서는 안 된다는 논리에 근거하고 있다.

일부 국가들에서는 이러한 두 가지 입장에 대한 대안으로 정규 사법기관과는 별도의 독립된 기관인 '헌법재판소'나 '헌법위원회'를 설치하여 위헌심사권을 부여하고 있다. 이 제도는 오스트리아 제1공화국에서 처음 사용되었으며 현재는 남아프리카공화국, 대한민국, 독일, 러시아, 스페인, 오스트리아, 이집트, 이탈리아, 터키, 페루, 헝가리 등 46개 국가들이 헌법재판소를 두고 있다([표 3-2] 참조). 헌법재

장하듯이 '연방법원조직법 제13조'에 의거하여 대법원이 해당 사건에 대하여 시심적 권한이 있다고 한 것을 받아들이지 않았다. 왜냐하면, 대법원의 시심관할범위는 '헌법'에 명시되어 있으며, 원심관할의 확대는 헌법의 수정을 통해서만 가능하기에, 의회의 입법(즉, 연방법원조직법)과 연계하여 대법원의 시심관할범위를 확대 해석한 것은 '위헌'(違憲)이란 것이다. 마샬은 대법원의 시심관할권을 스스로 축소해석하면서도, 오히려 입법부와 행정부의 행위에 대하여 위헌판결을 할 수 있는 근거를 남기는 절묘한 판결을 하게 된 것이다. 그렇다고 해서 사법부의 위헌심사권 자체가 '사법우월주의'(judical supremacy)와 동일시되는 것은 아니다. Gary Wills, *Explaining America: The Federalist*(Garden City: Double-day, 1981), pp.127-136.

34) Arend Lijphart, *op. cit.* p. 192.
35) 핀란드에서는 의회가 단순다수로 위헌여부를 결정한다.
36) Arend Lijphart, *op. cit.*, pp. 192-193.

판소가 있는 국가에서는 일반 국민 누구나 헌법소원을 낼 수가 있다.

헌법재판소와는 내용이 조금 다른 헌법위원회를 둔 국가로는 프랑스가 있다. 프랑스의 헌법위원회에서 위헌심사소청은 대통령, 총리, 상원과 하원의 의장들만이 할 수 있었다. 1974년에 개정된 헌법에서는 의회의원 6명이 합의하면 위헌심사소청을 할 수 있도록 허용하여 의회 내의 소수세력에게도 위헌심사소청을 허용하였다. 그러나 아직까지도 프랑스의 사법부는 위헌심사소청을 할 수 없다.

위헌심사권을 허용하는 국가들 중에서 미국은 이 권한의 사용이 사법부에 의해 활발하게 이루어지고 있는 대표적인 국가이며 반대로 스칸디나비아 국가들과 아이슬란드는 이 권한의 사용을 극도로 자제하는 국가들이다. 스웨덴에 위헌심사권이 도입된 것은 1963년이었다.[40] 결론적으로 위헌심사권을 갖고 있는 기관은 국가들마다 다르고, 명칭에도 다소의 차이가 존재한지만, ① 정규 사법기관의 최상급 기관인 대법원, ② 국민의 대표기관인 의회, ③ 별도의 사법기관인

▍표 3-2 ▍ 위헌심사권을 가지고 있는 기관(괄호 안은 헌법재판관 수)

대륙	대법원	의회	헌법재판소
아시아	대만, 동티모르, 말레이시아, 싱가포르, 인도, 일본	베트남	네팔(5), 대한민국(9), 몽골(9), 스리랑카, 인도네시아, 캄보디아(9)[37]
중동		이스라엘	바레인(7), 시리아(5), 아제르바이잔(9), 이집트, 쿠웨이트, 터키
아프리카	케냐		남아프리카공화국(11), 르완다, 마다가스카르(9), 모로코(9), 앙골라(7), 중앙아프리카공화국, 카메룬, 콩고공화국(9)
중·남·북미	도미니카연방, 멕시코, 미국, 브라질, 캐나다		과테말라, 볼리비아, 에콰도르(7), 콜롬비아, 페루
유럽	노르웨이, 덴마크, 스웨덴, 아이슬란드, 아일랜드 (영국)*	네덜란드, 룩셈부르크, 벨기에, 스위스, 핀란드, 영국	독일, 러시아(19), 루마니아(9), 리투아니아(9), 마케도니아(9), 몰타(3), 벨라루스(11), 스페인(12), 세르비아, 슬로바키아(10), 슬로베니아(9), 오스트리아(12), 이탈리아(15), 체코(15), 크로아티아(11), 키르기스스탄, 키프로스, 포르투갈(13), 프랑스(9), 헝가리(11) 불가리아(12),[38] 우크라이나[39]
오세아니아	호주		

*영국은 2009년에 대법원(Supreme Court of the United Kingdom)을 설치하여 사안에 따라 위헌심사를 대법원에서 맡는다. 이전에는 의회주의 전통하에서 종신 상원의원 13명이 3심 재판을 맡았다.
자료출처: https://www.cia.gov/library/publications/the-world-factbook/index.html(2015년 12월 30일); http://www.constitution.org/cons(2015년 12월 20일) 자료를 중심으로 재정리한 것임.

---

37) 국왕, 총리, 의회의장, 의회의원 1/10, 법원이 위헌심사소청권을 갖는다.

헌법재판소로 대별되며, 이를 정리하면 [표 3-2]와 같다.

헌법의 개정

헌법은 이를 제정할 당시의 정치·경제·사회적 상황이 바뀌게 되면 이를 개정하는 것이 필요하며 이를 위해 헌법에는 개정에 관한 절차가 명시되어 있다. 많은 국가들은 이러한 절차에 따라 헌법을 개정하여 왔으나 일부 제3세계의 국가들에서는 군부쿠데타가 발생할 경우 불법적으로 헌법을 폐지하고 집권자의 개인적 권력 욕구를 달성하기 위해 헌법을 제정 또는 개정한 경우가 흔하다. 제3세계 국가들에서는 헌법 개정이 많은 경우 불법적인 정치변동의 결과로 이루어졌지만, 선진국들에서는 헌법에 규정된 절차에 따라 개정된다.

| 프랑스 제5공화국헌법
40주년 기념 우표

태국에서는 1932년의 군부쿠데타로 절대군주제가 종식되고 입헌군주제로 바뀐 때부터 1999년까지 17번이나 헌법이 제정 또는 개정되었다. 이 기간 동안 군부쿠데타는 열아홉 번이나 발생했기 때문에 대부분의 헌법제정이나 개정은 군부정권이 헌법을 폐지한 이후에 이루어졌다. 에콰도르는 1830년에 독립한 이래 170여 년간 끊임없는 폭동과 혁명을 경험하면서 17차례나 헌법을 개정했다. 헌법 개정은 선진국인 프랑스에서도 자주 행해져 1958년에 개정된 제5공화국 헌법은 15번째 헌법이었다. 대한민국에서는 1948년 헌법을 제정한 이래 9차례에 걸친 개정이 있었다.[41] 브라질은 오랜 기간의 군부정치가 끝난 후 1988년에 새로운 민주헌법을 채택하였으며 이것은 독립 이후 7번째의 헌법이었다.[42]

---

38) 위헌심사권소청권은 대통령, 의회의원 1/5, 각료회의, 대법원, 최고행정법원이 갖는다.
39) 위헌심사소청권은 대통령, 의회의원 4/5, 대법원, 인권위원회 위원장, 우크라이나 공화국내 크리미아자치공화국 의장이 갖는다.
40) Arend Lijphart, *op. cit.*, p. 194.
41) 대한민국임시정부체제하에서도 5차례의 헌법개정이 있었다. 14차례의 헌법개정 사유와 과정 및 결과에 대한 구체적인 논의는 진영재, 『한국정치론: 통치구조·정당·선거』(서울: 법문사, 2015), pp. 11-165.
42) Michael G. Roskin, *op. cit.*, p. 384.

■¹ 헌법 개정의 내용⁴³⁾

헌법의 개정은 헌법에 포함된 내용에 변화가 필요할 경우에 이루어지지만 대부분의 경우에는 그 국가의 정치제도를 변경하고자 하는 경우에 많이 이루어진다. 헌법 개정은 대부분 아래의 내용들을 변경하기 위해 이루어진다.

1 ■ 국가명칭이나 국가이념의 변경

국가의 명칭을 변경할 때에는 헌법을 개정한다. 국가의 명칭 변경은 여러 가지 이유에서 행해진다. 첫 번째는 역사적으로 존재하던 왕조나 시대의 명칭을 빌려와 국가의 중흥을 위한 계기로 삼기 위해 국명을 바꾸는 경우이다. 1970년 군부쿠데타로 정권을 장악한 캄보디아의 론놀은 입헌군주제를 폐지하고 공화제로 바꾸면서 국명을 '크메르'로 바꾸었으나 그 이후에 다시 헌법을 개정하여 현재는 다시 '캄보디아'라는 국명을 사용하고 있다. 1988년에 군부쿠데타로 정권을 장악한 '버마'의 군부도 '미얀마'로 국명을 바꾸었다. 콩고공화국에서는 1965년에 군부쿠데타로 정권을 장악한 모부투 세세 세코가 1971년 국명을 '자이르'로 바꾸었다. 그러나 1997년 무력으로 모부투 세세 세코 대통령을 축출하고 정권을 장악한 로랑 카빌라는 국명을 다시 '콩고민주공화국'으로 바꾸었다. '실론'은 1972년 '스리랑카'로 국명을 바꾸었다.

국가의 명칭은 그 국가가 추구하는 정치적 성격을 표명하기 때문에 이러한 것이 변경될 경우에도 국가명칭을 바꾸며 이때 헌법을 개정한다. 예를 들어 국가가 군주국이나 입헌군주국에서 공화국으로 바뀔 때에는 헌법을 개정한다. '몰타'는 1974년 입헌군주국에서 공화국으로 전환하면서 국가원수를 영국 국왕에서 간선제 대통령으로 바꾸는 개헌을 실시했다. '모리셔스'도 1991년 2월 영국 국왕을 국가원수로 하고 총독을 두는 입헌군주제에서 대통령중심의 공화제로 변경하는 헌법 개정을 의회에서 4분의 3 이상의 찬성으로 통과시켰다. '중앙아프리카공화국'에서는 1965년에 군부쿠데타로 정권을 잡아 대통령

---

43) 이 부분의 내용은 연합통신, 『연합연감 1997』(서울: 연합통신, 1997)의 815-1012쪽에 있는 각국 현황을 참조하여 저자가 정리하였다.

에 오른 보카사가 1976년에 정부형태를 '중앙아프리카제국'으로 변경하고 황제에 즉위했으나 1979년에 발생한 군부쿠데타로 축출되었고 국가명칭은 다시 중앙아프리카공화국으로 바뀌었다.

국가의 기본 바탕을 이루는 이데올로기에 변화가 있을 때에도 국가명칭은 바뀌며 헌법 개정이 이루어진다. 소련의 영향력 하에서 사회주의나 마르크스·레닌주의를 국가의 기본 이데올로기로 삼았던 동유럽 국가들과 소련, 그리고 일부 아프리카 국가들은 소련의 사회주의체제가 붕괴되면서 사회주의이데올로기를 폐지하였고 '인민공화국'을 국명에 표시했던 국가들이 '공화국'으로 국가명칭을 바꾸면서 헌법을 개정하였다. 이러한 예로는 1989년의 헝가리와 폴란드에서의 개헌, 1990년의 모잠비크와 베냉, 1991년의 그루지야 개헌, 1992년의 몽골과 마다가스카르, 1994년의 벨라루스 개헌 등을 들 수 있다. 코모로는 1978년 새로운 헌법을 채택하여 정치체제를 이슬람연방공화국으로 바꾸었다.

2 ■ 정부형태의 변경

국가의 정부형태를 변경할 때에도 헌법 개정이 이루어진다. 정부형태를 대통령제로 할 것인가 아니면 의원내각제로 할 것인가를 결정하거나 대통령제를 의원내각제로 바꿀 때 또는 의원내각제를 대통령제로 바꿀 때 헌법 개정이 이루어진다. 남미의 가이아나가 1980년 10월 대통령제를 규정한 헌법을 채택했다.[44] 의원내각제를 채택하고 있다가 대통령제로 변경하는 헌법 개정을 한 예들로는 1966년의 말라위, 1987년의 짐바브웨를 들 수 있다.

3 ■ 대통령과 관련된 사항들의 변경

헌법 개정은 대통령을 선출하는 방법이나 대통령의 임기를 변경할

---

44) 가이아나는 대통령제인지, 의원내각제인지, 아니면 이원집정부제인지 논란이 있는 매우 독특한 제도이다. 이 책에서 대통령제로 구분한 이유는 다음과 같다. 대통령은 행정부의 수반이자 국가의 원수이다. 대통령은 총선 결과 의회의 다수당의 리더가 차지함에도 불구하고, 의회는 대통령에 대한 불신임권이 존재하지 않는다. 동시에 대통령은 의회해산권이 있다. 다시 말해서, 의원내각제의 가장 기본적인 내용인 행정부 수반과 내각에 대한 의회의 신임 및 불신임권이 존재하지 않기에 의원내각제가 될 수 없다. 따라서, 내각에 대한 불신임권이 없기에 이원집정부제도 아니다.

때에도 이루어진다. 대통령을 선출하는 방법의 경우에 간선제이던 대통령선출방식을 직선제로 바꾸면서 헌법을 개정한 예로는 1987년의 대한민국, 1990년의 가나, 모잠비크와 부르키나파소, 1991년의 기니와 싱가포르, 1992년의 몽골, 1993년의 핀란드, 1994년의 대만과 아르헨티나가 있다. 이러한 국가들과는 반대로 대통령직선제에서 간선제로 바꾼 개헌으로는 1972년의 대한민국과 1990년의 헝가리를 들 수 있다.

대통령의 임기를 늘이거나 줄일 때에도 헌법을 개정하며 또 대통령의 연임을 허용하거나 또는 단임만을 허용하는 것으로 변경할 때에도 헌법을 개정한다. 대통령의 임기를 늘이기 위한 헌법 개정의 예는 코스타리카로서 1995년 대통령의 임기를 4년에서 5년으로 연장하였다. 대통령의 중임을 금지한 헌법 개정을 보면 대한민국에서는 1987년에 대통령의 임기를 5년 단임으로 하는 헌법 개정을 했고 파라과이는 1992년에, 니카라과는 1995년에 5년 단임제로 개정했다. 필리핀은 1987년 대통령의 임기를 6년 단임제로 하는 헌법 개정을 했다.

반대로 단임제 대통령을 중임이나 그 이상의 횟수까지 근무하도록 한 헌법 개정도 있다. 세네갈에서는 1991년 헌법을 개정하여 대통령의 임기를 5년에서 7년으로 늘이고 중임까지 허용하였다. 페루도 1992년의 제헌의회에서 대통령의 중임까지 허용하는 헌법을 채택했다. 러시아는 1993년에 대통령의 임기를 5년에서 4년으로 줄이면서 중임을 가능하게 하는 헌법 개정을 했다. 아르헨티나는 1994년 헌법을 개정하여 대통령의 선출을 간선에서 직선으로 바꾸고 임기는 6년에서 4년으로 줄이면서 중임을 허용하였다.

볼리비아는 1994년 헌법을 개정하여 대통령의 임기를 4년에서 5년으로 변경하고 대통령의 선출도 직선제 선거에서 50% 이상을 득표한 후보가 없을 경우 상위 득표자 3명을 대상으로 의회에서 선출하던 것을 상위 득표자 2명을 대상으로 의회가 선출하도록 변경하였다.[45] 브라질은 1988년 헌법 개정에서 대통령의 권력남용을 막기 위

---

45) Eduardo A. Gamarra, "Hybrid Presidentialism in Bolivia", Kurt von Mettenheim (ed.) *Presidential Institutions and Democratic Politics: Comparing Regional and National Contexts* (Baltimore: The Johns Hopkins University Press, 1997), p. 132.

해 대통령의 중임을 금지하였으나 1997년에는 다시 헌법을 개정하여 대통령의 중임을 허용하였다.

'중임'(重任: 2번까지 가능)제[46] 대통령의 임기를 세 번까지 가능하도록 헌법을 개정한 경우로는 1969년 대한민국의 헌법 개정이 있다. 대통령이 선거에서 당선되기만 하면 제한 없이 '연임'(連任: 무한정 가능)을 할 수 있도록 한 헌법 개정의 예들은 다음과 같다. 대한민국에서는 대통령의 중임까지만 허용하던 것을 변경하여 초대 대통령에 한해 당선만 되면 제한 없이 대통령이 될 수 있도록 1954년에 헌법을 개정하였다. 1963년에는 대통령의 중임만을 허용하는 것으로 개정하였지만 1972년에는 다시 헌법을 개정하여 당선만 되면 횟수에 제한 없이 대통령이 될 수 있도록 개헌하였다가 1987년에는 단임만 허용하는 것으로 개정되었다. 이집트에서도 1980년 국민투표를 통해 대통령의 무제한 연임을 허용하는 헌법 개정이 승인되었으며 말라위에서는 1971년에 대통령의 임기를 종신으로 하는 개헌이 있었다.

4 ■ 의회와 관련된 사항의 변경

헌법 개정은 의회와 관련된 사항을 변경할 때에도 이루어진다. 의회를 신설하거나 단원제를 양원제로 바꾸거나 또는 양원제를 단원제로 바꿀 때, 그리고 의원의 수를 조정하거나 의회의 권한을 강화 또는 축소할 때도 헌법 개정이 이루어진다. 의회 신설을 위해 헌법을 개정한 예는 1978년 2월의 스와질란드와 1995년 11월의 아제르바이잔을 들 수 있다. 양원제를 단원제로 바꾼 헌법 개정으로는 1992년 몽골이 신 헌법을 제정하면서 양원제를 폐지하고 단원제로 바꾸었다. 헌법 개정을 통해 단원제 의회를 양원제 의회로 바꾼 국가들로는 우크라이나가 1996년 3월 총선 때까지는 단원제였으나 그 이후 양원제를 도입하는 헌법개정안을 1996년 6월에 통과시켰고 벨라루스에서도 1996년 단원제를 양원제로 바꾸었다. 키르기스스탄에서는 소련 시절의 최고회의를 해산하고 새로 양원제 의회구성을 골자로 하는 개헌이

---

46) '중임제'의 경우에도 그 해석에 두 가지 경우가 존재한다. 2번만 할 수 있다는 입장과, 세 번 연속이 안된다는 의미로 해석하여 두 번 연속한 후에 한 번 쉬고 다시 출마하여 또다시 할 수도 있다는 입장이 있다. 중임제 규정시 분명히 할 필요가 있다.

1994년에 이루어졌고 같은 해 카자흐스탄에서도 의회를 양원제로 하는 새 헌법이 승인되었다.

의회의원의 수를 조정하거나 의회의 권한을 축소 또는 강화하기 위한 헌법 개정의 예들은 다음과 같다. 포르투갈은 1989년에 의원수를 250명에서 230명으로 줄이는 헌법 개정을 하였고 과테말라도 1993년 국민투표에서 의석 수 축소 및 특권을 배제하여 정치권의 부패구조를 일신하려는 개헌안이 채택되었다. 태국도 1995년 헌법을 개정하여 하원의석은 인구 15만 명이 늘어날 때마다 1개 의석을 늘리고 상원은 하원의 3분의 1로 정하였다. 의회의 권한을 강화한 헌법 개정으로는 모나코를 들 수 있으며 1962년에 도입된 헌법에서 의회의 권한이 강화되어 대공(大公)과 의회가 공동으로 입법권을 행사할 수 있게 되었다. 반대로 의회의 권한을 축소한 경우는 벨기에로 1993년의 개헌에 의해 연방의회는 종전보다 규모가 축소되고 연방정부의 권한도 외교, 국방, 사법, 보안, 예산, 사회 안정 등에 국한되었다. 코스타리카에서는 1995년 의원의 임기를 4년에서 5년으로 연장한 헌법 개정을 하였다.

5 ■ 정당과 관련된 사항의 변경

민주주의 체제는 정당들간의 자유로운 경쟁을 보장하는 '복수(複數)정당제'를 근간으로 한다. 과거에 일당제를 헌법에 규정하였던 국가들이 복수정당제를 도입하면서 이를 헌법으로 보장한 경우 헌법 개정이 이루어진다. 아프리카 국가들의 대부분은 1990년부터 일당제를 포기하고 복수정당제를 도입하였고 이를 헌법에 규정하였다. 이러한 예로는 1990년에 가봉, 모잠비크, 베냉, 잠비아, 카보베르데, 1991년에 기니, 기니비사우, 부르키나파소, 시에라리온, 적도기니, 케냐, 1992년에 가나, 니제르, 마다가스카르, 지부티, 탄자니아, 1993년에 세이셸을 들 수 있다. 소련의 붕괴 이후 소련의 영향력 하에서 벗어난 구 공산권국가들도 복수정당제를 도입하면서 이를 헌법에 규정하였다. 이러한 국가들로는 1989년의 폴란드, 리투아니아, 헝가리, 1990년의 라트비아, 마케도니아, 1991년의 루마니아, 알바니아, 1992년의 몽골을 들 수 있다.

이와 반대로 일당독재를 규정한 헌법을 채택한 경우도 있다. 시에라리온에서는 1978년 전인민회의당의 일당독재를 규정한 헌법을 공포하였다. 세이셸에서는 1979년 3월 헌법을 공포하면서 세이셸인민진보전선의 일당지배를 확립하였다. 케냐에서는 1982년 모이 대통령이 케냐아프리카민족동맹의 일당독재를 구축하는 개헌을 하였다. 차드에서는 1989년 12월 국민투표로 일당독재를 유지하는 헌법이 승인된 바 있으나 1996년 이를 변경하는 개헌이 있었다. 라오스에서는 1991년 라오스인민혁명당의 일당독재와 사회주의를 고수하는 헌법을 채택하였고 2010년 현재까지 일당독재가 계속되고 있다.

▌아파르트헤이트 완화에 노력한 넬슨 만델라 우표

　　　이외에 헌법 개정이 이루어지는 내용을 보면 다음과 같다. 피지는 1990년 추장회의에서 피지인의 정치적 우위를 보장하는 헌법을 공포하였다. 남아프리카공화국에서는 1983년 인종차별정책인 아파르트헤이트를 완화하여 유색인종에게 투표권을 주는 개헌안이 국민투표에서 통과되었다. 룩셈부르크에서는 1948년 헌법 개정을 통해 중립을 포기한 후 베네룩스동맹을 체결하고 나토와 유럽연합에 가입하였다. 모로코에서는 1972년 국민투표를 통해 헌법을 개정하였는데 그 내용은 국왕이 총리와 내각을 임명하고 각의를 주재하고 의회 해산권과 비상사태 선포권을 갖고 최고 군사령관을 겸직하도록 하는 것이었다. 또한 헌법 개정 발의권도 국왕이 갖도록 하여 국왕의 권한을 크게 강화하였다.

　　헌법 개정에 부분적인 제한을 두는 국가들도 있어 특정한 내용은 개정을 못하도록 규정하고 있다. 독일기본법에서 개인의 자유에 관한 조항들, 프랑스헌법에서는 공화제에 관한 조항은 개정할 수 없다.[47]

■² 헌법 개정의 방법

　　헌법을 개정하는 방법은 ① 의회에서 개정하는 방법, ② 국민투표로 개정하는 방법, ③ 연방제국가에서와 같이 연방을 구성하는 단위들의 찬성을 통해 개정하는 방법으로 대별된다. 일부 국가들에서는 이 중의 한 가지 방법으로 헌법을 개정하지만 많은 국가들에서는 ④ 이들 세 가지를 혼합하여 사용하고 있다.[48]

47) Roy C. Macridis and Steven L. Burg, *Introduction to Comparative Politics: Regime and Change*, 2nd ed. (New York: Harper Collins Publishers, 1991), pp. 47−48.

헌법은 개정하기가 쉬운가 아니면 어려운가에 따라 '경직성 헌법'(또는 '경성헌법')과 '유연성 헌법'(또는 '연성헌법')으로 나눌 수 있다. 유연성 헌법은 헌법을 개정하기가 쉬운 헌법으로 의회에서 단순다수의 찬성만으로 헌법 개정이 이루어진다.[49] 이러한 국가들의 예로는 불문헌법 국가인 뉴질랜드, 영국, 이스라엘과 성문헌법 국가인 모리셔스를 들 수 있다.

경직성 헌법은 헌법을 개정하기가 어려운 헌법으로 의회에서 특별한 다수가 찬성할 때에만 헌법 개정이 가능하도록 규정한 헌법이다. 대부분의 국가들에서는 의회의원의 3분의 2 이상이 찬성해야 개헌이 된다. 이러한 국가의 예로는 베트남, 싱가포르를 들 수 있다. 일부 양원제국가들에서는 상·하 양원 모두에서 다수가 찬성해야만 헌법이 개정되도록 규정하는 경직성 헌법을 가지고 있다. 이러한 국가들로는 네덜란드, 노르웨이, 독일, 룩셈부르크, 벨기에, 오스트레일리아, 오스트리아, 캄보디아, 캐나다, 핀란드를 들 수 있으며 인도에서는 상하원 합동회의에서 3분의 2 이상이 찬성해야 한다. 터키에서는 헌법 개정을 할 때 2차에 걸친 의회심의 및 5분의 3 이상의 찬성을 얻어야 한다.

아이슬란드와 스웨덴은 두 개의 연속의회에서 단순다수의 찬성이 있으면 헌법이 개정된다.[50] 즉 현재의 의회에서 헌법개정안이 단순다수로 통과된 후 다음 선거를 통해 구성된 새 의회에서 지난 의회에서 통과된 헌법개정안이 한 번 더 통과되면 헌법 개정이 확정되는 것이다. 이 경우에는 중간에 실시되는 선거가 헌법 개정에 큰 영향을 미친다. 만일 국민들이 헌법 개정을 원하지 않는다면 지난 의회에서 헌법 개정에 반대했던 정당에게 표를 많이 주어 이들이 새로 성립되는 의회에서 개헌안을 저지하도록 만들 수 있기 때문이다. 이러한 유형의 국가에서는 국민들이 선거를 통해 헌법 개정에 대한 거부권을 갖는 것으로 볼 수 있다. 대한민국에서 헌법개정안은 먼저 국회에서 3분의 2 이상의 찬성으로 통과되어야 하며 그 이후에 다시 국민투표에서 과

---

48) Jean Blondel, *op. cit.*, p. 215.
49) 그렇지만, 헌법개정은 일반 법률과의 중요성에서 차이가 나기 때문에, '의결(議決)정족수'를 단순과반수로 하더라도, '의사(議事)정족수'만큼은 '출석의원'을 기준으로 하는 것이 아니고 '재적의원'을 기준으로 하게 된다.
50) Arend Lijphart, *op. cit.*, p. 191.

반수를 획득해야 개헌이 이루어진다.

양원제 국가에서는 개헌안이 상원과 하원 모두에서 통과된 후 국민투표에서 과반수를 얻어야 하는데 이탈리아에서는 상원과 하원에서 과반수 찬성 후 그리고 일본에서는 중의원과 참의원 모두에서 3분의 2 이상의 찬성 후 국민투표에서 과반수를 얻어야 한다. 브라질에서는 상원과 하원 모두에서 5분의 3 이상의 찬성을 얻은 후에 국민투표에서 과반수를 얻어야 한다. 프랑스에서 헌법개정안은 상원과 하원 중의 한 의회에서 통과된 후 국민투표에서 승인되거나 또는 상원과 하원 합동회의에서 5분의 3 이상의 찬성을 얻으면 통과된다. 그러나 1962년 드골 대통령은 헌법개정안을 의회에서의 표결 없이 직접 국민투표에 붙인 경우가 있어 이것도 하나의 방법으로 간주되고 있다.[51]

헌법개정안이 국민들의 국민투표에서 통과되어야 하는 국가들로는 아시아에서는 대한민국, 우즈베키스탄, 카자흐스탄, 키르기스스탄, 타지키스탄, 투르크메니스탄이 있다. 아프리카에서는 가나, 기니, 남아프리카공화국, 니제르, 마다가스카르, 말라위, 말리, 모로코, 베냉, 부룬디, 부르키나파소, 상투메 프린시페, 세이셸, 시에라리온, 알제리, 이집트, 적도기니, 지부티, 차드, 카메룬, 콩고공화국 등이 있다. 유럽 국가들로는 덴마크, 러시아, 루마니아, 마케도니아, 벨라루스, 스위스, 스페인, 아일랜드, 알바니아, 에스토니아, 안도라, 우크라이나, 이탈리아, 프랑스가 있다. 중·남미에서는 과테말라, 아이티, 칠레가 있으며, 오세아니아에서는 뉴질랜드, 마이크로네시아가 있다.

연방제 국가들에서는 헌법을 개정하는 것이 단일국가의 경우보다 훨씬 더 어렵다. 그 이유는 연방제 국가들에서는 연방의회에서의 다수 찬성에 더해 연방을 구성하는 단위들의 다수가 찬성해야 개헌이 가능하도록 규정하고 있기 때문이다. 예를 들어 스위스에서는 과반수의 캔턴이 찬성해야 헌법을 개정할 수 있다. 이것은 인구가 많은 캔턴들에게 유리한 개헌을 하려 할 때 인구가 적은 캔턴들이 저지할 수 있도록 헌법 개정의 거부권을 부여한 것이라 할 수 있다.

연방제 국가인 미국헌법도 개정하기가 어려운 경직성 헌법이다.

---

51) *Ibid.*, p. 191.

미국에서 헌법을 개정하기 위해서는 하원과 상원 모두에서 3분의 2 이상의 찬성을 얻어야 하며 동시에 50개 주 중에서 4분의 3 이상의 주들이 찬성해야 한다. 각 주에서의 찬성여부는 주 의회에서 의원들의 표결로 결정한다. 이 때 13개의 작은 주들이 반대한다면 전체 인구의 5%에 불과한 인구를 가진 주들이 헌법 개정에서 거부권을 갖는 것이 된다.[52] 이러한 경직성 때문에 미국헌법은 220년 이상이 지나는 동안 1791년에 10개의 인권조항들이 헌법에 추가된 이후 16번밖에 개정되지 않았다. 이러한 점은 지난 220년간 사회가 급속한 변화를 겪었음에 비해 이에 상응하는 헌법의 개정은 제대로 이루어지지 못했음을 나타내는 것으로 볼 수 있다. 그러나 미국에서는 대법원의 판결로 이러한 미

▎수정헌법 13조
75주년 기념 우표

비점을 보완해왔다. 예를 들어 1954년 대법원은 백인과 흑인을 분리시켜 교육시키더라도 동등한 교육을 실천하는 데는 문제가 없다는 '분리해도 평등' (separate but equal)이라는 주장이 헌법에 위배된다는 판결을 내려 백인과 흑인의 분리를 금지했다.[53]

연방제 국가인 오스트레일리아의 헌법도 개정하기가 매우 어려운 경직성 헌법이다. 헌법개정안은 먼저 상·하 양원에서 통과되어야 하며 다음으로 국민투표에서 통과되어야 한다. 국민투표에서는 전국적으로 과반수의 찬성이 있어야 하며 동시에 6개의 주 중에서 최소한 4개 주에서 과반수의 찬성을 얻어야 한다. 이러한 조건 때문에 오스트레일리아에서는 1901년 연방을 결성한 이후 42개의 헌법개정안이 국민투표에 부쳐졌으나 8개밖에 통과되지 않았다.[54] 만일 상·하 양원 중의 하나가 헌법개정안을 부결시키거나 또는 양원 중의 하나가 다른 의회가 원하지 않는 헌법개정안을 통과시킬 때에는 그 개정안의 통과 여부를 총독이 국민투표에 부칠 수 있다.[55]

---

52) *Ibid.*, p. 190.
53) W. Philips Shively, *op. cit.*, p. 164.
54) Department of Foreign Affairs and Trade, Government of Australia, "The Australian Federal Ministry," Fact Sheet No. 1 (February, 1999), p. 1.
55) Department of Foreign Affairs and Trade, Government of Australia, "Australia's System of Government," Fact Sheet No. 11 (January, 1995), p. 1. 주정부의 헌법을 개정할 때에는 주민들의 투표가 없이 주의회에서의 표결만으로 개정된다.

말레이시아에서는 상원과 하원의 한쪽에서 과반수의 발의 후 상원과 하원에서 각각 3분의 2 이상의 찬성을 얻은 후, 9개 주에서 구성하는 술탄회의와 사바와 사라와크 주 총독의 동의를 얻어야 한다.

　　대한민국의 경우 1987년 이후 '제6공화국' 헌법체계에 '헌법개정'을 제10장에 별도의 독립된 장으로 구분하여 규정하여, 헌법개정절차는 '경성헌법'의 예에 해당한다. 그 내용을 보면, 먼저, 헌법개정 발의는 국회재적의원 과반수 또는 대통령의 발의로 제안된다.[56] 제안된 헌법개정안은 대통령이 20일 이상의 기간 이를 공고하여야 한다. 그리고 국회는 헌법개정안이 공고된 날로부터 60일 이내에 개정안을 의결하여야 한다(재적의원 2/3이상의 찬성필요). 국회의 의결을 통과한 헌법개정안은 다시 30일 이내에 국민투표에 붙여 국회의원선거권자 과반수의 투표와 투표자 과반수의 찬성으로 최종 의결된다. 국민투표를 통과한 헌법개정안에 대해서 대통령은 즉시 이를 공포하여야 한다. 대한민국의 헌법개정은 국회통과와 국민투표통과의 혼합적 형태를 취하고 있음을 알 수 있다.

헌법운용의 실제

　　오늘날 거의 모든 국가들에서는 헌법에 근거하여 정치가 이루어진다. 그러나 어느 국가의 헌법도 정치나 권력에 관한 모든 내용을 전부 포함하는 경우는 없다. 정치나 권력의 분배에 관한 규정들의 상당수는 다른 법률들에 포함되어 있거나 또는 비공식적인 방법으로 실시된다. 예를 들어 미국의 대법원은 의회가 통과시킨 법의 위헌 여부를 판단할 수 있는데 이러한 점은 헌법에 규정되어 있는 것은 아니고 미국 건국 초기의 대법원장이었던 존 마샬(John Marshall)에 의해 나중에 정립된 것이다. 또한 대통령은 외교정책 결정에서 주도적 역할을 한다는 점도 헌법에 규정되어 있지 않다. 이처럼 헌법에 포함되어 있지는 않으나 헌법의 조항들과 똑같은 중요성을 갖는 것들이 있다.[57]

---

56) 하지만 대통령의 임기연장 또는 중임변경을 위한 헌법개정은 그 헌법개정 제안당시의 대통령에 대하여는 효력이 없음을 규정하고 있다(제128조 2항).

또한 헌법에 규정되어 있는 공식적인 내용과 실제로 행해지는 정치가 항상 일치하는 것은 아니다. 미국헌법에는 선거인단(electoral college)이 대통령의 선출에 결정적인 역할을 하는 것으로 되어 있지만 실제로 이들은 자신의 주의 주민들이 투표한 결과를 그대로 따라서 대통령 선출투표를 하고 있기 때문에 이들은 아무런 권한을 가지고 있지 않다. 이들이 자신의 의견대로 투표하지 않고 선거결과에 따라 투표를 하는 것은 지금까지의 관례가 그래왔기 때문이다. 또 다른 예를 든다면 언론이 실제 정치나 정책결정에서 지대한 영향을 미치는 권한을 갖는다는 규정은 어떤 헌법에서도 볼 수 없으나 실제로는 언론이 지대한 영향을 미치고 있다. 헌법은 국가운영의 바탕을 제공하고 정치의 틀을 규정하는 것이기는 하지만 국가의 모든 운영이 헌법에 규정되어 있는 대로 이루어지는 것은 아니다.

현대 헌법의 존재 의의는 피치자인 국민들이 그 헌법의 기본 원리를 인정할 때 찾을 수 있다. 초기의 헌법들은 군주에 의해 선포되었으며 현대에도 일부 헌법들은 이러한 전통에 따라 선포되고 있다. 그러나 오늘날의 헌법들은 미국헌법에서와 같이 "우리 국민들은······ 이를 승인하며 또 만든다"는 형식을 띠고 있다. 따라서 헌법은 사회 구성원들의 승인에 바탕을 두며 이에 의거하여 권력의 범위가 정해지고 또 이에 대한 통제가 이루어진다. 이런 점에서 헌법은 국가권력의 범위를 한정하여 사회에서 필요한 가치가 균형을 이루게 만드는 역할을 한다.

헌법은 몇 개의 원칙에 기반을 두어 정부가 어떻게 작용하는가를 규정한다. 대부분의 경우에 헌법은 그 사회에서 수용되고 있는 관습이나 관례에 바탕을 두고 만들어진다. 그러나 일부 국가에서는 그 사회에 일반화되어 있는 규범들이 헌법이라는 문서에 용해되어 있지 않은 경우가 있는가 하면 반대로 헌법상에 명시된 규범들이 실제로 적용되지 않는 경우도 있다. 헌법은 그 안에 담겨 있는 내용이 그 사회에 오랫동안 내려오는 전통과 괴리된 것이어서는 안 된다. 만일 헌법의 내용이 그 국가에 사는 대부분의 사람들이 생각하거나 또는 생활

---

57) W. Phillips Shively, *op. cit.*, p. 162.

하는 방식과 크게 다른 것이라면 그 헌법은 제대로 작동될 수가 없다. 미국은 1919년 헌법을 개정하여 술을 만들지도 못하고 소유하거나 마시지도 못하게 하는 금주법을 만들었다. 많은 사람들이 이 법을 찬성하기는 했지만 이에 반대하는 사람들도 많았다. 이 법을 공공연하게 어기는 사람들이 많아지고 불법으로 술을 거래하는 조직들이 번성하게 되자, 미국은 1933년에 헌법을 개정하여 다시 음주를 허가하였다.

또 하나의 예로 제1차 세계대전이 끝난 후 독일은 군주정을 완전히 폐지하고 공화정을 도입하는 헌법을 채택하였다. 1919년의 바이마르헌법은 민주적 헌법이기는 하였지만 이 헌법에 의해 당선된 대통령은 과거에 국민들이 군주에 대해 갖던 심정적 일체감을 전혀 확보할 수가 없었다. 말안장을 만드는 아버지를 둔 하층계급 출신의 대통령이 국민적 추앙이나 존경을 받지 못함에 따라 국민들의 애국심을 하나로 결합시킬 상징적 존재가 없었다. 이러한 국민들의 심리적, 감정적 공황상태는 히틀러가 이를 이용해 나치독일을 이룩하는 기반이 되었다. 만일 1919년의 독일 헌법이 군주제를 완전히 폐지하기 보다 입헌군주제를 채택하였더라면 독일 헌법은 더 잘 작동할 수 있었을 것이다.[58]

제3장을 마치며

헌법이란 존재만으로도 민주주의를 구현할 수 있는 상징성을 지닌다. 하지만, 앞부분의 '헌법운용의 실제'라는 부분에서도 보았듯이 헌법은 그 자신이 자기실현적이지 못하며, 헌법 규정의 실현은 정치엘리트와 국민들을 통해서 이루어진다. 따라서, 정치엘리트와 국민들에게 입헌주의가 부재한 경우, 헌법은 유명무실할 수 있는 것이다.

민주주의 구현의 최고 형식인 헌법이 규정하는 내용은 국가의 주인인 국민들의 인권을 보장하는 조항들과 국가운영을 위한 정부 구성의 조항들로 구성된다. 전자는 국가권력에 대하여 시민 개인의 권리

---

58) *Ibid.*, p. 164.

를 보장하는 조항들로 구성되고, 후자는 정부를 구성하는 기관들의 권력의 획득경로 및 기관들 간의 상호연관성에 대한 조항들로 구성된다. 사르토리(G. Sartori)는 헌법의 특질을 언급하면서 이상의 두 가지 중에서 후자의 중요성을 강조했다.[59] 왜냐하면 민주주의를 위한 개인 인권보장이란 인류보편의 가치로서 심지어 헌법에 규정되어 있지 않더라도 '자연법'에 의해서 당연히 보장받을 수 있기 때문이다. 반면에 국가운용을 위한 정부형태, 정부기관들 간의 권력상호관계의 문제는 필연적으로 포함되어야 하며, 그 방식도 다양하기 때문이다. 따라서 국가운용을 성공적으로 하기 위한 수단으로서의 정부형태는 이를 규정하는 국가들의 역사적 배경, 습속, 가치, 제도 등이 혼합되어 매우 다양하고 복잡다기한 양상을 보인다. 제4장에선 헌법에서 '정부형태'를 따로 분리하여 구체적으로 살펴본다.

---

59) Giovanni Sartori, "*Constitutionalism: A Preliminary Discussion*," *The American Political Science Review*, Vol. 56 No. 4(1962), pp. 853–864.

제4장

정부형태

세계의 모든 국가들은 정부형태로 군주제와 공화제의 두 가지 중
의 한 가지를 채택하고 있거나 또는 이 두 가지를 혼합한 입헌군주제
를 채택하고 있다. 군주제는 세습 국왕에 의해 통치되는 정부형태로
국가의 모든 권력이 국왕 개인에게 집중되어 있다. 공화제는 민주적인
헌법에 의거한 정치형태로서 국민들이 선출한 대표들에 의해 통치되
는 형태이다. 영어로 공화제를 뜻하는 'Republic'이란 단어는 라틴어
의 'res publicus'(레스 푸블리쿠스)에서 유래한다. 'Publicus'란 공중(公
衆)을 뜻하며, 'Republic'이란 용어는 사적(私的)으로 하는 것(즉, 군주
개인)이 아니라 공적으로 함께 모인 집단(즉, 공중)이 한다는 것으로 "여
러 명이 공동으로 함께 화합하여 하는 것(共和)"을 의미한다. 공화제에
는 군주제와는 달리 국왕이 존재하지 않는다. 공화제를 채택하고 있는
국가들이 실제 정치에서 모두 민주주의 국가들인 것은 아니며 공화국
들 중에도 독재국가나 전체주의 국가들도 있다. 북한(North Korea)은
소위 '조선민주주의인민공화국'(DPRK)이란 국가명 아래 공화국헌법을
갖고 있지만 왕조체제에서만 볼 수 있는 세습체제로 운영되는 국가이
며 최고권력자가 모든 정책결정권을 갖고 있는 전체주의 국가이다.

입헌군주제 국가는 형식상으로는 국왕을 국가원수로 삼고 있지만
실제 정치는 국왕에 의해서가 아니라 헌법에 의거해서 민주적으로 이
루어지고 있기 때문에 오늘날의 정부형태에서 입헌군주제와 공화제는
실질적인 정치에서는 큰 차이가 없다. 입헌군주제 국가에서 국왕은
국가원수이지만 상징적 존재에 불과하며 헌법에 의거하여 선출된 총
리가 실질적 정치권력을 행사한다. 공화제 국가들이 채택하는 정부형
태로는 대통령제와 의원내각제, 그리고 이원집정제가 있다. 이원집정
제는 대통령제와 의원내각제가 혼합된 정부형태이다. 공화제를 채택

하는 국가들에서 국가원수는 대통령이다. 입헌군주제 국가들에는 대통령이 있을 수 없기 때문에 입헌군주제 국가들이 채택할 수 있는 정부형태는 의원내각제이다.

오늘날의 정부형태에서 군주제 국가와 입헌군주제 국가를 헌법의 존재만으로 구분할 수는 없다. 왜냐하면 오늘날의 거의 모든 군주제 국가들은 입헌군주제를 채택하고 있으며 절대군주제로 존재하기가 어렵기 때문이다. 그러나 아직까지도 중동의 일부 국가들에서는 국왕이 상당히 강한 권한을 행사하고 있고 헌법이 없거나 정당정치나 의회정치가 제대로 실현되지 않는 국가들도 있다. 이 책에서는 국가가 헌법이나 이에 상응하는 기본법을 가지고 있고 또한 국민들이 직접 선출하는 의회가 실질적인 의회 기능을 수행할 경우에는 입헌군주국으로 분류한다. 반면에 국왕이 국가원수이면서 헌법이 없거나 국민들이 직접 선출하는 의회가 없는 국가는 군주제 국가로 분류한다.

군주제

▌사우디아라비아 왕국
우표

세계 198개 국가들 중에서 군주제 국가로 분류할 수 있는 국가들은 중동의 사우디아라비아와 오만의 2개국이 있다. 사우디아라비아(Kingdom of Saudi Arabia)는 이슬람법 샤리아(Sharia)에 의해 통치되는 군주국으로 1992년에 정부의 권한과 책임을 규정한 기본법을 채택하였다. 압달라(Abdallah bin Abd al−Aziz Al Saud) 국왕은 총리를 겸직하면서 각료를 임명하는데 각료의 대부분은 왕족들이다. 의회격인 자문의회(Consultative Council)는 4년 임기로 국왕이 임명하는 150명의 자문의원들로 구성되며 이들은 국왕의 필요에 의해 자문하는 역할을 한다. 2003년 10월에는, 주 의회(provincial assemblies) 및 지방의회(local assemblies) 의원들의 50%와 자문의회 의원들의 3분의 1을 국민들이 직접 선출하는 제도를 4~5년의 시간을 두고 실시하겠다는 계획을 발표하였다. 이의 후속 조치로 2004년 11월에는 2005년 2월부터 4월에 걸쳐 실시될 시의회선거를 위한 유권자등록을 접수하였으나 2010년 초까지 국민직선의 조치는

실현되지 않고 있다.[1]

오만(Sultanate of Oman)은 1970년 7월 23일에 자신의 아버지인 국왕을 쿠데타로 축출하고 왕권을 장악한 카부스(Qaboos bin Said al-Said) 국왕이 총리를 겸직했다. 1996년 11월 6일에는 헌법으로 간주되는 기본법을 국왕 칙령으로 공포하였는데 여기에는 총리제, 양원제, 시민의 기본권을 보호하는 규정들과 왕위승계에 관한 규정들이 포함되어 있다. 71명의 상원의원은 국왕이 임명하며 국왕에게 자문할 수 있는 권한만을 가지고 있다. 4년 임기로 국민들에 의해 직선되는 84명의 하원의원들도 마찬가지로 국왕에게 자문할 수 있는 권한만을 가지고 있다. 오만에는 정당이나 이익집단이 존재하지 않고 의회도 입법기능이나 행정부 견제기능을 제대로 하지 못하기 때문에 절대군주제의 성격이 강하다.[2]

사우디아라비아, 오만의 예에서 보는 바와 같이 군주국들도 1990년대 이후에는 헌법에 상응한 기본법이나 헌법의 채택을 계획하고 있고 국민들의 대의기구인 의회도 설치하는 등의 변화를 보이고 있으나 명실상부한 입헌군주제로 전환하는 데는 상당한 기간이 소요될 것이다.

위와 같은 군주제 국가들과는 달리 형식적으로는 입헌군주제의 모양을 보이고 있으나 실제 정치는 군주제의 성격을 강하게 나타내는 국가도 있다. 대표적인 예는 브루나이(Brunei Darussalam)로서 1959년 9월 29일에 헌법을 제정하였으나 1962년 12월에 국왕이 국가비상사태를 선포하면서 일부 조항들이 정지되어 있다. 1967년 10월 5일에 즉위한 하사날(Hassanal Bolkiah) 국왕은 총리를 겸직하며 자신이 임명한 각료들의 회의를 직접 주재했다. 국왕이 임명하는 25명으로 구성된 의회는 20년 만에 처음으로 2004년 9월에 개원하여 45명의 의원들 중 15명을 국민이 직접 선출하도록 규정한 헌법개정안을 통과시켰다. 그러나 하사날 국왕은 2005년 9월 1일 의회를 해산한 후 자신이 임명한 29명으로 새 의회를 개원하였는데 회의는 매년 3월에 한 번씩만 열리

---

1) https://www.cia.gov/library/publications/the-world-factbook/geos/sa.html
   2010년 1월 13일 검색.
2) https://www.cia.gov/library/publications/the-world-factbook/geos/mu.html
   2010년 1월 13일 검색.

고 있다. 이에 따라 브루나이에서는 1962년 3월 이후 44년 동안 아무런 선거도 행해지지 않고 있다.3) 따라서 브루나이는 형식은 입헌군주제이지만 오히려 군주국과 비슷한 정치를 하고 있다.

중동의 카타르(State of Quatar)에서는 2003년 4월 29일 헌법초안이 국민투표에서 통과되고 2004년 6월 8일에 서명된 후 1년 후인 2005년 6월 9일부터 발효되었다. 국왕인 하마드(Hamad bin Khalifa al-Thani)는 국방장관과 군참모총장을 겸직하고 있고 총리에는 다른 사람이 임명되었다. 헌법에 의하면 45명의 의회의원들 중에서 3분의 2인 30명은 국민들이 직접 선출하도록 되어 있으나 헌법이 공포된 지 5년이 지난 2010년까지도 국민들에 의한 의원선출은 이루어지지 않고 있어 완전한 입헌군주제로의 전환이 지연되고 있다.4)

아프리카의 스와질란드(Kingdom of Swaziland; 2018년 이후 에스와티니(eSwatini)로 개명))에서도 입헌군주제로의 전환은 제대로 이루어지지 않고 있다. 2005년 7월에 국왕이 헌법안에 서명한 후 2006년 2월 8일에 발효되어 형식적으로는 입헌군주제라 할 수 있다. 의회는 양원제로 임기가 5년인 하원의원 65명들 중에서 55명은 국민들이 직선하지만 10명은 국왕이 임명한다. 30명의 상원의원들도 10명은 하원에서 지명하고 20명은 국왕이 임명하기 때문에 국왕의 정치적 영향력이 상당히 강하다. 2008년 9월 19일에 최초의 하원의원 선거가 직선으로 실시되었으나 투표에는 정당이 참여를 하지 못하고 또 의회 의원 후보들은 각 선거구별로 지역의회에서 지명한 후 국민들이 1차 투표에서 3명을 선출한 후 2차 투표에서 1명을 선출하도록 하여 진정한 민주선거와는 거리가 있다.5)

브루나이, 카타르, 에스와티니와 같은 국가들은 헌법의 존재란 형식을 중시하면 '입헌군주국'으로 분류될 수도 있으나, 단순히 헌법의 존재가 아닌 '입헌주의' 정신을 강조하면 '군주국'으로 분류될 수도

---

3) https://www.cia.gov/library/publications/the-world-factbook/geos/bx.html
2010년 1월 13일 검색.

4) https://www.cia.gov/library/publications/the-world-factbook/geos/qa.html
2010년 1월 13일 검색.

5) https://www.cia.gov/library/publications/the-world-factbook/geos/wz.html
2010년 1월 13일 검색.

있다. 이 두 가지 체제 사이에서 애매한 형태를 취하거나 과도기적 형태를 취할 수 있다는 의미이다. 따라서 이런 형태의 국가들을 어느 곳에 분류할 것인지는 지극히 형식적인 문제에 국한된다. 인류 보편가치의 측면에서 '북한'을 본다면, 북한이 자신들의 정식 명칭을 '조선민주주의인민공화국'이라고 하며 나름대로의 헌법을 지니고 있으나, 전체주의의 극단적 형태로서 '세습체제'인 북한을 '공화국'으로 분류하기 어렵다.

입헌군주제

입헌군주제(constitutional monarchy)를 채택하고 있는 국가들은 40개국이다. 입헌군주국에서 국왕은 국가를 대표하는 상징적 국가원수이지만 실제 정치에는 관여하지 않는다. 과거에는 일부 입헌군주제 국가에서 국왕이 정치에 개입하여 특정 정당의 편을 들려다가 정치권의 반발을 산 적이 있다. 이러한 기도들은 그리스와 이탈리아에서 군주제 철폐에 대한 국민투표를 야기시켰으며 국민투표에서 가결되어 군주제를 폐지하고 공화제로 전환하였다.[6] 그러나 정치에 초연한 국왕들은 국민들의 존경을 받으며 정치인들보다도 더 많은 존경을 받고 있다.

▌일본 아키히토 황태자의 결혼 기념우표(1959)

아시아에 있는 6개의 입헌군주국들은 말레이시아, 부탄, 브루나이, 일본, 캄보디아, 태국이다. 모든 군주제와 입헌군주제에서 국왕은 세습제이지만 말레이시아연방의 국왕은 세습제가 아니다. 말레이시아의 국왕은 연방을 구성하는 13개의 주들 중에서 페낭, 말라카, 사바, 사라와크를 제외한 9개 주의 술탄(sultanate: 회교국 군주) 중의 한 명이 5년에 한 번씩 국왕으로 선출된다.[7] 세습군주인 일본의 국왕은 정치

---

6) 1950년 벨기에에서 실시한 국민투표에서는 왈론지방의 42%, 플란더스지방의 72%가 군주제를 지지하여 군주제가 유지되었다.
7) Philip Laundy, *Parliaments in the Modern World* (Aldershot: Dartmouth, 1989), p. 37.

적 권한이 전혀 없다. 태국의 국왕은 국민통합의 기능을 적절히 수행하고 있으며 국민들의 많은 존경을 받고 있다. 의회는 국왕의 승계에 대해 승인 권한을 갖는다. 중동에서는 바레인, 요르단, 카타르, 쿠웨이트(State of Kuwait)가 입헌군주제 국가이며 바레인과 쿠웨이트에서는 의회의원들을 직선으로 뽑고 있다. 그러나 이 두 국가에는 정당이 없고 정치단체들만 있기 때문에 유럽의 입헌군주제국가들과는 민주정치라는 면에서 상당한 차이가 있다.

아프리카에서는 레소토, 모로코, 스와질란드의 3개국이 입헌군주국이며, 북미에는 캐나다가 입헌군주국이다. 캐나다는 영연방국가로서 국가원수는 영국의 국왕이다. 중미의 입헌군주제 국가들로는 그레나다, 바베이도스, 바하마, 벨리즈, 세인트루시아, 세인트빈센트그레나딘, 세인트키츠네비스, 엔티가바부다, 자메이카의 9개국이 있다. 이들 모두는 영연방국가들이다. 영연방국가들의 공식적인 국가원수는 영국의 국왕이다. 이들 영연방국가들은 영국의 식민지로 있다가 독립한 국가들로서 인구가 매우 적은 국가들이다. 남미에는 입헌군주국이 하나도 없다.

유럽의 입헌군주제 국가들로는 네덜란드, 노르웨이, 덴마크, 룩셈부르크, 리히텐슈타인, 모나코, 벨기에, 스웨덴, 스페인, 안도라, 영국의 11개국이 있다. 영국에서는 1649년 찰스 왕이 처형될 때까지 국왕의 권한이 매우 강한 군주제였다. 그러나 1649년부터 1660년까지의 공화정을 거쳐 왕정이 복고된 때에는 이미 의회의 권한이 국왕의 권한을 훨씬 더 넘어서게 되어 입헌군주제의 성격이 강화되었다.[8]

오세아니아에는 뉴질랜드, 솔로몬제도, 오스트레일리아, 투발루, 파푸아뉴기니, 통가의 6개국이 입헌군주국이다. 이들 중에서 통가를 제외한 5개국들은 모두 영연방국가들로 자기 국가의 국왕을 가지고 있지 않고 영국의 국왕을 국가원수로 삼고 있다.

캐나다, 오스트레일리아, 뉴질랜드 등의 영연방국가에서는 총독이 영국 국왕의 역할을 대신한다. 이 국가들에서 과거에는 총독에 영국인을 임명하였으나 현재는 그 국가 출신을 총리가 추천하면 영국

---

8) Michael G. Roskin, *Countries and Concepts: Introduction to Comparative Politics* (Upper Saddle River, NJ: Prentice Hall, 1995), p. 26.

국왕이 총독으로 임명한다. 헌법에 의하면 총독은 의회를 소집하고 정회시키며 해산할 수 있는 권한을 가지고 있다. 또한 법안에 서명하고 각료를 임명하며 군 지휘관과 법관을 임명한다. 그러나 현재의 총독은 실제 정치에서 이러한 모든 권한들을 총리나 각료의 의견을 따라 집행하는 상징적 존재에 불과하다.[9]

오스트레일리아는 영국의 국왕을 자기 나라의 국가원수로 삼고 있는 입헌군주제를 폐지하고 대통령을 국가원수로 하는 공화제를 채택하기 위해 헌법개정안을 만들고 국민투표를 실시한 바 있다. 그러나 1999년 11월 6일에 실시한 국민투표에서 투표자의 54.2%가 반대하고 44.8%가 찬성하여 공화제의 채택이 무산되었다. 헌법개정안의 핵심 내용은 "의회에서 3분의 2의 찬성으로 대통령을 간선으로 선출해 국가원수로 삼는 공화제를 도입"하자는 것이었다.[10] 그러나 헌법개정안이 부결된 것은 오스트레일리아인들이 영연방에 남아 영국의 국왕을 국가원수로 삼는 것을 찬성하였기 때문이 아니라 공화제로의 개헌은 원하면서도 대통령을 어떻게 선출할 것인가에 대한 의견이 갈렸기 때문이었다. 따라서 오스트레일리아는 몇 년 내에 공화제로 정부형태를 바꿀 가능성이 높다.

입헌군주제 국가에서 국왕은 상징적인 국가원수의 역할만을 수행하고 정치에는 관여하지 않고 있다. 네덜란드의 국왕은 상징적 존재로 총리 및 지방정부의 장의 임명권만을 보유하고 있다. 스웨덴의 국왕은 권한이 거의 없으며 1974년에 헌법을 개정한 이후에는 총리를 지명하는 권한과 의회를 개회하는 권한도 박탈되었다. 스웨덴 군주의 주요 임무는 행사에 참여하여 개관식 테이프를 끊거나 국가원수로서 다른 국가를 방문하는 정도이다. 영국의 국왕은 의회소집 및 해산을 명령하고 법률의 발효와 각료취임을 승인하며 전쟁의 개시와 종료의 권한을 갖지만 모두가 형식적인 권한에 불과하다. 영국의 국왕은 의회가 통과시킨 법안에 대한 거부권을 가지고 있으나 1707년 이래 한

---

9) Department of Foreign Affairs and Trade, Government of Australia, "Australia's System of Government," Fact Sheet, No. 1 (January, 1995), p. 2. 그러나 예외적인 경우가 없지는 않아 오스트레일리아에서는 1975년에 노동당 정권이 지명했던 총독이 노동당 총리를 해임시킨 경우가 있었다.

10) 「조선일보」, 1999년 12월 8일, 8쪽.

┃ 표 4-1 ┃ 세계 각국의 정부형태: 군주제, 입헌군주제, 공화제

대륙	국가
군주국	
중동	사우디아라비아, 오만
유럽	바티칸시국
입헌군주국	
아시아	말레이시아, 부탄, 일본, 캄보디아, 태국, 브루나이
중동	바레인, 요르단, 카타르, 쿠웨이트
아프리카	레소토, 모로코, 에스와티니
유럽	네덜란드, 노르웨이, 덴마크, 룩셈부르크, 리히텐슈타인, 모나코, 벨기에, 스웨덴, 스페인, 안도라, 영국
중·남·북미	*그레나다, *바베이도스, *바하마, *벨리즈, *세인트루시아, *세인트빈센트그레나딘, *세인트키스네비스, *엔티가바부다, *자메이카, *캐나다
오세아니아	*뉴질랜드, *솔로몬제도, *오스트레일리아, 통가, *투발루, *파푸아뉴기니
공화국	
아시아	네팔, 대만, 대한민국, 동티모르, 라오스, 몰디브, 몽골, 미얀마, 방글라데시, 베트남, 조선민주주의인민공화국, 스리랑카, 싱가포르, 아르메니아, 아프가니스탄, 우즈베키스탄, 인도, 인도네시아, 중국, 카자흐스탄, 키르기스스탄, 타지키스탄, 투르크메니스탄, 파키스탄, 필리핀
중동	그루지야, 레바논, 시리아, 아랍에미리트, 아제르바이잔, 예멘, 이라크, 이란, 이스라엘, 이집트, 키프로스, 터키, 팔레스타인
아프리카	가나, 가봉, 감비아, 기니, 기니비사우, 나미비아, 나이지리아, 남수단, 남아프리카공화국, 니제르, 라이베리아, 르완다, 리비아, 마다가스카르, 말라위, 말리, 모리셔스, 모리타니, 모잠비크, 베냉, 보츠와나, 부룬디, 부르키나파소, 상투메프린시페, 세네갈, 세이셸, 소말리아, 수단, 시에라리온, 알제리, 앙골라, 에리트레아, 에티오피아, 우간다, 잠비아, 적도기니, 중앙아프리카공화국, 지부티, 짐바브웨, 차드, 카메룬, 카보베르데, 케냐, 코모로, 코트디부아르, 콩고공화국, 콩고민주공화국(구 자이르), 탄자니아, 토고, 튀니지
유럽	그리스, 독일, 라트비아, 러시아, 루마니아, 리투아니아, 마케도니아, 몬테네그로, 몰도바, 몰타, 벨라루스, 보스니아헤르체고비나, 불가리아, 산마리노, 세르비아, 스위스, 슬로바키아, 슬로베니아, 아이슬란드, 아일랜드, 알바니아, 에스토니아, 오스트리아, 우크라이나, 이탈리아, 체코, 코소보, 크로아티아, 포르투갈, 폴란드, 프랑스, 핀란드, 헝가리
중·남·북미	가이아나, 과테말라, 니카라과, 도미니카, 도미니카공화국, 멕시코, 미국, 베네수엘라, 볼리비아, 브라질, 수리남, 아르헨티나, 아이티, 에콰도르, 엘살바도르, 온두라스, 우루과이, 칠레, 코스타리카, 콜롬비아, 쿠바, 트리니다드토바고, 파나마, 파라과이, 페루
오세아니아	나우루, 마셜제도, 마이크로네시아, 바누아투, 사모아, 키리바시, 팔라우, 피지

*로 표시한 국가들의 국가원수는 영국국왕이다.
자료출처: https://www.cia.gov/library/publications/the-world-factbook 2016년 1월 13일 검색자료를 참조하여 저자가 작성하였다.

번도 이 권한을 행사한 적이 없다.

벨기에에서는 네덜란드어를 사용하는 플란더스 지방과 프랑스어를 사용하는 왈론 지방 사이의 갈등을 중재하기 위해 국왕이 불편부당

한 노력을 계속하였다. 1990년에는 보드앵(Baudouin) 국왕이 의회가 통과시킨 낙태허용법안에 대해 천주교인의 양심 때문에 서명할 수 없다고 선언한 적이 있다. 예상하지 못했던 난관에 직면한 벨기에 내각은 국왕의 권한을 일시적으로 정지시키는 의결을 한 후 내각의 직권으로 법안의 확정을 선언하였다. 그리고 난 후에 특별위원회를 소집하여 정지시켰던 국왕의 권한을 다시 회복시켰다.[11]

스페인에서는 1975년에 독재자 프랑코가 사망한 이후 국왕이 중요한 정치적 역할을 하였다. 후앙 카를로스 국왕은 민주적 질서를 회복하는 데 주도적 역할을 하였으며 1981년에 발생한 쿠데타가 불발로 끝나게 만드는 데에도 기여를 하였다.

정부형태로 군주제, 입헌군주제, 공화제를 채택하고 있는 국가들은 위 [표 4-1]과 같다.

❙ 스페인 후앙 카를로스 국왕 우표

공화제

앞서 지적하였듯이, 공화제 국가들이 채택하는 정부형태는 대통령제와 의원내각제, 그리고 이원집정제라는 세 가지 형식으로 분류가 가능하다. 군주국, 국왕이 존재하지만 헌법을 통해서 실질적으로 공화제를 실현하려는 입헌군주제 국가, 공화제를 채택하고 있는 국가들은 197개국이다.[12] 분류의 기준은 학자들 간에 다소 차이가 있지만, '대통령제'(presidentialism)를 채택하고 있는 국가들은 101개국이고 '의원내각제'(parliamentarism)를 채택하고 있는 국가들은 75개국이다. 이외에 14개 국가가 '이원집정제'(semi-presidentialism)를 채택하고 있으며, 보스니아헤르체고비나와 스위스는 '집단지도체제'(collegial system)로 분류해 보았다.

일반적으로 의원내각제, 대통령제, 이원집정부제의 '제도 이념형'

---

11) Jürg Steiner, *European Democracies*, 3rd ed. (White Plains, NY: Longman, 1995), p. 117.
12) 대통령제(101) + 의원내각제(75) + 이원집정제(14) + 집단지도체제(2) = 192개 국가가 된다. 197개 국가들 중에서 나머지 5개 국가는 군주제에 유사한 국가들로 사우디아라비아, 오만, 브루나이, 카타르, 에스와티니이다.

(ideal type)으로서의 분류와 '제도 전형'(proto type)에 대한 분류는 구분된다. 제도 전형에 대한 분류란 의원내각제는 원래 영국의 정치사 속에서 만들어진 제도이며, 대통령제란 원래 미국의 정치사 속에서 만들어진 제도이고, 이원집정부제란 프랑스 정치사 속에서 만들어진 제도라는 것이다. 그렇지만, 세계 각국에서 채택되어 운영되고 있는 의원내각제, 대통령제, 이원집정부제를 보면 매우 다양하며 영국, 미국, 프랑스의 제도적 전형과는 차이가 있다. 그래서 '이념형'이 존재한다. 이념형적인 분류란 최소한의 형식화된 차별적 특성에 따른 분류를 말한다.13) 이념형의 분류는 일종의 "권력구조유형에 대한 분류이론"인데 의외로 간단명료하며 따라서 일반화되어 있다. 물론 실제의 정부형태는 이들 이념형이 혼합되어 있는 경우도 많다.

① **의원내각제(parliamentarism)** 국민들이 입법부 선거를 통해서 의회를 형성하면, 형성된 의회에서 행정부의 수반을 선택하는 제도이다. 행정부의 수반은 '총리'(또는 '수상', prime minister)라고 칭한다. 이런 경우, 행정부는 입법부의 '신임이나 불신임'(confidence or non-confidence)의 대상이 된다. 형식적으로 입법부가 행정부를 구성

▌웨스트민스터 영국의사당 우표

하므로 국민들은 입법부 선거만을 하면 되기에 '한 번의 선거인단 구성'(one agent of electorate)이라는 형식적 특성으로 의원내각제를 지칭하기도 한다. 그러한 형식 때문에 의원내각제의 정치과정은 입법부와 행정부가 융합된 특성이 강하다. 동시에 입법부가 행정부를 구성하였기에 상대적으로 정치과정의 중심이 행정부보다는 입법부를 중심으로 기능하게 되는 경향이 강하다. 소위 '웨스트민스터 모델'이란 영국의 의원내각제를 지칭하며, 특히 행정부에 대한 입법부의 권한이 강한 것을 지칭하여 '의회주권체계'(또는 의회통치체계, parliamentary sovereign system)라고도 한다. 영국의 경우, 군주의 권한을 제한하기 위한 회의체(처음에는 귀족원, 후에 평민원도 가세)가 구성되고,

---

13) 그래서, 이념형적인 분류를 '교과서적인 분류'라고 빗대어 말하기도 한다. 공유할 수 있는 공통된 분류법이란 의미이다. Matthew S. Shugart and John M. Carey, *Presidents and Assemblies* (Cambridge: Cambridge University Press, 1992).

그 회의체 내부에서 대표자를 선출한 것이 의원내각제의 배경이 된
다. 국민들이 입법부만 구성하고 마침표를 찍게 되는 형식 때문에, 입
법부와 행정부는 한통속이자 융합된 정치과정을 보이게 된다. 입법부
의 다수당이 알아서 행정부를 구성하기 때문에, 입법부와 행정부 사
이의 갈등이 낮은 수준에서 나타날 수 있는 체제이지만, 입법부의 행
정부에 대한 견제기능은 상대적으로 약화될 수밖에 없다.14)

② **대통령제(presidentialism)**   국민들이 입법부 선거와는 별
도로 행정부 수반을 선택하는 선거를 구분해서 시행하는 제도이
다. 행정부의 수반은 '대통령'(president)이라고 칭한다. 이런 경
우, 의원내각제와 비교하여 입법부 의원 선출을 위한 선거인단
과 행정부 수반의 선출을 위한 선거인단이 두 번 구성되기에 '두
번의 선거인단 구성'(two agents of electorates)이라고도 표현한다.

∥ 백악관 우표

이런 경우엔, 의원내각제와 비교하여 상대적으로 행정부와 입법부의 권
력분립의 특성이 강조된다. 정치과정의 중심이 상대적으로 입법부보다
는 행정부를 중심으로 기능하게 된다. 입법부 구성원들은 지역적으로
구분하여 다수를 선출하지만, 행정부의 수반인 대통령은 전국 수준에서
한 명을 선출하게 되기에 정치적 조명 집중도는 큰 차이가 난다. 미국
의 건국과정에서 행정부가 입법부에 종속될 경우 허약한 행정부가 될
수도 있다는 우려가 작용하면서 행정부의 수반을 분리하여 직접 선출
하게 된 것이 배경이다. 국민들이 행정부와 입법부를 따로 구성하는 형
식 때문에 일부 학자들은 대통령제를 태생적으로 '이원적 정통성'(dual
legitimacy)을 지니고 있다고 비판하기도 한다. 즉, 행정부와 입법부가
극한 대립으로 치닫는 경우 이를 해결하기 어렵다는 것이다.

③ **이원집정부제(semi-presidentialism)**   국민들이 입법부 선거와 별
도로 행정부 수반을 선택하는 선거를 구분해서 시행하면서, 동시에

---

14) 부패연구에서 과거 18세기말에 있었던 영국 의회의 부패는 의원내각제 하의 입법부
　　-행정부 융합적 형식때문임을 지적하기도 한다. Susan Rose-Ackerman, *Corruption
　　and Government: Causes, Consequences, and Reform* (Cambridge: Cambridge
　　University Press, 1999).

｜ 엘리제궁 우표

대통령이 임명한 총리와 내각이 의회의 신임이나 불신임의 대상이 되는 경우이다.[15] 전자는 대통령제의 특성이고, 후자는 의원내각제의 특성이다. 프랑스의 경우 의원내각제를 시행하면서 정치적 혼란이 반복되자 제5공화국 이후 행정부 수반의 직선과 권한강화를 통해서 현재 프랑스 이원집정부제의 원형이 탄생하게 되었다.

권력구조를 논함에 있어서 혼동되기 쉬운 사안은 '국가원수로의 직위'와 '행정부의 수반으로서의 직위'를 구분하지 않는 것이다. 전자는 상징적 지위이고, 후자는 실질적인 정치권한을 지닌 지위이며, 헌법에 의해서 이 두 가지 직위는 겸할 수도 있고, 분리할 수도 있다. 일반적으로, 의원내각제는 왕(또는 여왕)이 국가 원수로 존재하는 상황에서 총리(또는 수상)는 행정부의 수반일 뿐이다. 왕이 존재하지 않는 국가에서 대통령은 행정부의 수반이자 국가 원수인 경우가 대부분이다. 왕이 존재하여도 입헌주의에 의거한 실질적인 정치적 권한을 지닌 총리가 존재하는 경우는 공화제로 분류함은 앞서 지적한 바와 같다.

공화제를 채택하고 있는 국가들 중에서 대통령제, 의원내각제, 이원집정제, 집단지도체제를 채택하고 있는 국가들의 명단은 [표 4-2], [표 4-3], [표 4-4]와 같다.[16] 의원내각제, 대통령제, 의원내각제 구분에 있어 학자들에 따라서 일부 시각 차이가 있을 수도 있다.[17]

---

15) '신임이나 불신임'의 정치적 무게와 기능은 단순히 '입법부의 행정부에 대한 인준이나 동의'와는 그 의미에 있어서 구분된다. 전자는 입법부의 행정부에 대한 '선제권'(initiative power)의 의미가 있으며, 후자는 단순히 '반응권'(reactionary power)의 차원에 머무른다. 행정부에 대한 견제를 위한 힘의 크기에 있어서 전자가 후자보다 클 수밖에 없다. 대통령이 임명하는 총리와 내각에 대한 '신임과 불신임'이 있는 곳에선 대통령이 입법부의 신임이나 불신임이 되지 않을 사람을 총리와 내각으로 임명할 개연성이 더 크게 작용한다는 의미이다. 이원집정부제 하에서 대통령의 정당이 입법부에서 소수당인 경우 대통령은 야당의 대표를 총리로 임명하게 된다.

16) 이 표들은 https://www.cia.gov/library/publications/the-world-factbook, http://www.electionguide.org/elections와 http://en.wikipedia.org/wiki 등 여러 가지 자료를 참고하여 저자가 작성한 것이다. 동유럽 국가들과 소련의 붕괴이후에 독립한 국가들의 권력구조 유형분류는 Valerie Bunce, "Presidents and the Transition in Eastern Europe," Kurt von Mettenheim(ed.) *Presidential Institutions and Democratic Politics: Comparing Regional and National Contexts* (Baltimore: The Johns Hopkins University Press, 1997), pp. 166-167을 참고하였다.

17) 오스트리아를 의원내각제로 분류하기도 하고 이원집정부제로 분류하기도 한다. 오스트리아의 권력구조는 의원내각제적인 전통과 기능의 색채가 강하지만, 근본적으

예를 들어 소련이 붕괴하면서 독립한 중동의 아제르바이잔의 대통령
은 국민들이 직선하며 총리는 대통령이 지명한 후 국회의 인준을 받
기 때문에 이원집정제로 해석될 수도 있다. 그러나 2013년 10월 9일
에 실시된 대통령선거에서 독립 이후 대통령을 맡고 있는 A. 알리예
프(Aliyev)는 84.54%의 지지로 당선되고 차점자인 C. 하산리(Hasanli)
는 5.53%를 얻었다. 또한 2010년 11월 7일에 실시된 국회의원선거에
서는 집권당인 신아제르바이잔당 125석 중 56.8%인 71석을 차지하고

┃표 4-2┃ 대통령제 국가들(101개국)

대륙	국가
아시아(17)	대만(총통제), 대한민국, 라오스, 몰디브, 미얀마, 베트남, 조선민주주의인민공화국(국방위원장제), 스리랑카, 아프가니스탄, 우즈베키스탄, 인도네시아, 중국(주석제), 카자흐스탄, 키르기스스탄, 타지키스탄, 투르크메니스탄, 필리핀
중동(8)	그루지야, 시리아, 아랍에미리트, 아제르바이잔, 예멘, 이란, 이집트, 키프로스
아프리카(45)	가나, 가봉, 감비아, 기니, 기니비사우, 나미비아, 나이지리아, 남수단, 남아프리카공화국, 니제르, 라이베리아, 르완다, 리비아,18) 마다가스카르, 말라위, 말리, 모리타니, 모잠비크, 베냉, 보츠와나, 부룬디, 세네갈, 세이셸, 수단, 시에라리온, 알제리, 앙골라, 에리트레아, 우간다, 잠비아, 적도기니, 중앙아프리카공화국, 지부티, 짐바브웨, 차드, 카메룬, 카보베르데, 케냐, 코모로, 코트디부아르, 콩고공화국, 콩고민주공화국(구 자이르), 탄자니아, 토고, 튀니지
유럽(3)	러시아, 몬테네그로, 벨라루스
중·남·북미(23)	가이아나, 과테말라, 니카라과, 도미니카공화국, 멕시코, 미국, 베네수엘라, 볼리비아, 브라질, 수리남, 아르헨티나, 아이티, 에콰도르, 엘살바도르, 온두라스, 우루과이, 칠레, 코스타리카, 콜롬비아, 쿠바, 파나마, 파라과이, 페루
오세아니아(5)	나우루, 마셜제도, 마이크로네시아, 키리바시, 팔라우

자료출처: https://www.cia.gov/library/publications/the−world−factbook. 2010년 1월
13일 검색자료와 http://en.wikipedia.org. 2009년 11월 28일 검색자료 등을
참조하여 저자가 작성하였다.

로 국민이 대통령을 직선제로 선출한다. 이런 경우, 단순히 의원내각제로 분류하는
것에는 한계가 있을 것이다. 오스트리아의 권력구조를 프랑스와 비교하면, 강한 행
정부 수반의 전통(드골대통령의 영향)을 지닌 프랑스식 이원집정부제와 약한 행정부
수반의 특색을 지닌 오스트리아식 이원집정부제로 구분될 것이다. 실제 한국에서
개헌논의가 있을 때 오스트리아식 이원집정부제가 참조되기도 하였다. 이에 대해서
는 안병영, 『왜 오스트리아 모델인가: 합의와 상생, 융합과 재창조의 국가모델』
(서울: 문학과지성사, 2013) 참조.
18) 리비아는 2012년의 민주화혁명이후 2014년 4월 현재 과도정부에서 헌법 제정을

| 표 4-3 | 의원내각제 국가들(75개국)

대륙	국가
아시아(12)	네팔, 동티모르, 말레이시아, 몽골, 방글라데시, 부탄, 싱가포르, 인도, 일본, 캄보디아, 태국, 파키스탄
중동(7)	레바논, 바레인, 요르단, 이라크, 이스라엘, 쿠웨이트, 터키
아프리카(7)	레소토, 모로코, 모리셔스, 소말리아, 스와질란드, 에티오피아, 카보베르데
유럽(28)	그리스, 네덜란드, 노르웨이, 덴마크, 독일, 라트비아, 룩셈부르크, 리히텐슈타인, 마케도니아, 모나코, 몰도바, 몰타, 벨기에, 산마리노, 스웨덴, 스페인,21) 슬로바키아, 슬로베니아, 안도라, 알바니아, 에스토니아, 영국, 이탈리아, 체코, 코소보, 포르투갈, 헝가리
중·남·북미(12)	그레나다, 도미니카, 바베이도스, 바하마, 벨리즈, 세인트루시아, 세인트빈센트그레나딘, 세인트키츠네비스, 앤티가바부다, 자메이카, 캐나다, 트리니다드토바고
오세아니아(9)	뉴질랜드, 바누아투, 사모아, 솔로몬제도, 오스트레일리아, 통가, 투발루, 파푸아뉴기니, 피지

자료출처: https://www.cia.gov/library/publications/the−world−factbook. 2010년 1월 13일 검색자료와 http://en.wikipedia.org. 2009년 11월 28일 검색자료 등을 참조하여 저자가 작성하였다.

| 표 4-4 | 이원집정제와 집단지도제 국가들(16개국)

유형	국가
이원집정제19) (14)	루마니아, 리투아니아, 부르키나파소, 불가리아, 상투메프린시페, 세르비아, 아르메니아, 아이슬란드, 아일랜드, 오스트리아, 우크라이나,20) 크로아티아, 폴란드, 프랑스, 핀란드[1]
집단지도제(2)	보스니아헤르체고비나, 스위스

자료출처: https://www.cia.gov/library/publications/the−world−factbook. 2016년 1월 13일 검색자료와 http://en.wikipedia.org. 2016년 1월 28일 검색자료 등을 참조하여 저자가 작성하였다.
1. 핀란드는 2000년 헌법개정을 하기 전까지는 이원집정제 정부형태를 가지고 있었으나 2000년과 2012년의 헌법개정을 통해 국회의 권한을 확대하면서 의원내각제 정부형태를 강하게 나타내고 있다. 핀란드의 정부형태에 관해서는 '이원집정제 국가들의 예'에서 논의한다.

제2당은 3석, 제3당은 2석을 차지하였으며 무소속이 41석을 차지하였기 때문에 실제 정치는 강력한 대통령제로 행해지고 있다.

준비하는 단계이기 때문에 앞으로 대통령제를 채택할 것인지 의원내각제를 채택할 것인지는 확실하지 않다.
19) 이원집정제의 기준은 ① 대통령은 직선, ② 대통령이 총리를 지명하지만 의회의 신임을 얻어야 하고, ③ 각료는 총리가 지명하며 의회의 신임을 얻거나 총리의 지명에 따라 대통령이 임명하는 세 가지이다.
20) 우크라이나에서 내각의 모든 각료는 총리가 임명하지만, 외무장관과 국방장관은 대통령이 임명한다.

    각 국의 정치사를 볼 때, 오랫동안 동일한 정부형태가 유지되는 곳도 있고, 변화된 곳도 있다. 동시에 헌법규정이나 이념형적인 정부형태 분류로서 대통령제, 의원내각제, 이원집정부제로의 분류가 가능하더라도 실제 정치운영은 더 혼합적인 경우가 존재한다. 미국, 영국, 프랑스, 일본, 캐나다, 오스트레일리아 등과 대부분의 서유럽 국가들의 정부형태는 오랫동안 동일한 정부형태를 유지하고 있기 때문에 명확하다. 그러나 소련이 붕괴되면서 유럽과 중앙아시아나 중동에 새롭게 생긴 국가들과 소련의 통제를 벗어나 민주화된 동유럽 국가들이 채택한 정부형태들은 대통령제, 의원내각제, 이원집정제라는 단순한 이념형보다 더 복합적으로 작용한다. 왜냐하면 이러한 국가들이 헌법에 규정한 규정들을 보면 이원집정제 국가들의 특징을 그대로 보여주고 있으나 실제로 정치가 운용되는 것을 보면 대통령제인 국가들이 많기 때문이다. 또한 소련에서 독립한 15개 국가들 중에서 많은 국가들은 정치혼란의 결과 수차례에 걸친 헌법개정을 통해 대통령과 국회와의 관계를 수정해왔기 때문에 그것이 엄밀한 의미에서 이념형으로서의 대통령제인지 의원내각제인지 이원집정제인지의 분류는 복합적 측면을 띠고 있다.

    집단지도체제를 채택하고 있는 스위스는 다른 국가들과는 달리 독특한 정부형태를 가지고 있다. 스위스연방의 내각은 연방 상원의원과 연방 하원의원 246명이 선출하는 임기 4년의 7명으로 구성된다. 이 7명이 내각을 구성하며 국가지도자인 대통령은 이들 중에서 1년 임기로 선출되며 연임될 수 없다. 연방정부의 내각은 1주일에 한 번 정기 회의를 갖는다. 스위스의 4개 주요 정당은 좌파 정당인 스위스 사회민주당(SP), 중도 좌파인 기독교 민주국민당(CVP), 중도 우파인 자유민주당(FDP), 우파인 스위스 국민당(SVP)인데 2007년 연방선거이후 연방정부의 각료는 SP, FDP, SVP에서 각 2명씩, 그리고 CVP에서 1명을 선정하여 구성하고 있다.22)

---

21) 의원내각제 국가인 스페인에서는 총리를 대통령이라고 부른다. 군주제 국가인 스페인에서 국가원수는 군주이며 행정부의 지도자는 총리로서 국회에서 선출된다. 따라서 스페인에서 총리를 지칭하는 대통령이란 용어는 대통령제 국가의 대통령과는 전혀 다르다.
22) 장준호, "스위스 연방의 직접민주주의: 2008년 6월 1일 국민투표를 중심으로,"

■¹ 대통령제

1 ■ 대통령제의 특성

▌몽테스키외 우표

대통령제는 권력분립을 핵심으로 하는 정부형태이다. 17세기 말 영국의 정치사상가인 존 로크는 영국 국왕과 의회 사이의 오랜 갈등은 국왕을 의회로부터 분리시킴으로써 해결 가능하다고 보았다. 18세기 중반에 프랑스의 몽테스키외는 프랑스는 입법·행정·사법권을 분리하는 것이 좋다고 보았으며 국왕이 행정부를 관장하고, 의회는 입법부를 관장하는 제도를 제시하였다.23)

대통령제는 미국에서 처음 시작하였으며 그 이후에 많은 국가들이 미국 대통령제에서 변형된 형태의 대통령제를 채택하였다. 따라서 대통령제를 제대로 이해하기 위해서는 대통령제의 원형인 미국식 대통령제의 특징이 무엇인가를 아는 것이 중요하다.

미국 대통령제의 첫 번째 특징은 행정부와 의회 사이에 권력이 분리되어 있는 점이다. 의회는 행정부로부터 독립되어 있으며 행정부도 의회로부터 독립되어 있다. 둘째, 국가원수인 대통령은 국민들에 의해 선출되며, 임기가 보장되어 있다. 셋째, 대통령은 국가원수인 동시에 행정부의 수반이다.24) 넷째, 대통령은 장관을 임명하며 장관은 그에게 복종한다. 그러나 대통령이 내정한 장관들은 의회의 승인을 얻어야 한다. 다섯째, 행정부의 장관은 입법부 의원직을 겸직할 수 없다. 행정부와 입법부의 권력분립이 대통령제의 특성이기 때문이다. 여섯째, 대통령은 의회에 책임을 지는 것이 아니라 헌법에 책임을 진다. 대통령이 헌법에 책임을 지는 것은 '탄핵제도'를 통해서 이루어진다.25) 일곱째, 대통령은 의회를 해산할 수 없다. 의회는 탄핵 외에는

「국제정치논총」제48집 4호(2008), 242쪽.

23) Douglas V. Verney, "Parliamentary Government and Presidential Government," in Arend Lijphart(ed.), *Parliamentary Versus Presidential Government* (Oxford: Oxford University Press, 1994), p. 38.

24) '행정부의 수반'이란 '국가수반'과는 구분되는 것이다. 국가수반이란, 행정부 및 입법부를 총괄하여 대외적으로 국가를 대표하는 자를 말한다. 일반적으로 대통령제 하에서 대통령은 '행정부의 수반'이자 '국가수반'이 되지만, 행정부의 수반을 '총리'가 맡을 수도 있다.

대통령을 면직시킬 수 없으며 대통령도 의회를 해산할 수 없다. 따라서 의회와 행정부 사이에는 견제와 균형이 이루어진다. 여덟째, 의회와 행정부 사이에 갈등이 있을 때 결정을 내리는 것은 사법부이다. 이것은 헌법이 최고의 권력을 갖는다는 것을 의미한다. 아홉째, 대통령제는 권력의 집중이 아니라 권력의 분리를 특징으로 하기 때문에 권력을 독점하는 핵심적 기구는 없다.[26]

위와 같은 미국 대통령제의 특징들은 대통령제를 채택한 대부분의 국가들에서 공통적으로 나타나지만 일부 대통령제 국가들에서는 위와 같은 특징의 일부가 없거나 변형된 경우가 있다. 일반적으로 대통령제 국가들이 갖는 특징들 중에서 핵심적인 특징은 다음의 두 가지이다. 첫째는 국민들에 의해 선출되어 행정부를 장악하는 대통령과 역시 국민들에 의해 선출된 입법부가 각각 민주적 정통성을 갖는다는 점이다. 따라서 대통령제는 민주적 정통성이 이원적으로 존재하는 정부형태이다. 둘째는 대통령과 의회의 양자 모두가 각각 일정한 임기를 보장받고 선출된다는 점이다. 대통령의 재임기간은 입법부로부터 독립되어 있으며 입법부의 존속 또한 대통령으로부터 독립되어 있다.[27]

대통령제는 한 사람이 최고의 권력을 갖고 통치하는 정부형태이지만 예외적으로 대통령이 두 명 이상인 국가도 있었다. 직선대통령이 동시에 두 명이었던 경우는 1952년부터 1967년까지 존재했던 우

---

25) 여기서 "책임을 진다"는 의미는 '탄핵의 사유'(reason of impeachment)에 의존한다. 미국의 경우, 연방헌법 2편 4조는 "대통령, 부통령 및 합중국의 모든 공무원은 반역죄, 수뢰죄, 기타의 중대한 범죄 또는 경죄에 의하여 탄핵되어 유죄판결을 받는 경우 면직된다"고 규정한다. 영국의 경우, 탄핵은 "평민원(하원)에 의하여 소추되고, 귀족원(상원)에 의하여 심리된다"는 원칙이 형성되어 왔으며, 반역죄, 중죄(felony), 직무태만, 경죄(misdemeanor), 직권남용, 수뢰죄, 기타 사기, 폭력, 살인 등으로 유형이 다양하지만, 핵심적 요소는 "국가에 대한 위해"(injury to the state)이다. 프랑스 헌법은 "대통령은 대역죄(haute trahison)을 제외하고는 그 직무중에 행한 행위에 대하여 책임지지 아니한다," 독일에서 독일기본법은 "연방대통령이 기본법 또는 기타의 연방 법률을 고의로 침해한 책임이 있다고 확인하면 연방헌법재판소는 대통령직의 상실을 선고할 수 있다"고 규정하고 있다. 이에 대해서는 박종보, "국회의 대정부 통제권: 대통령 탄핵을 중심으로,"「공법연구」제32집 5호(2004), 79–111쪽.

26) *Ibid.*, 40–46쪽.

27) Juan Linz and Arturo Valenzuela, *The Failure of Presidential Democracy: Comparative Perspective* (Baltimore: The Johns Hopkins University Press, 1994), 신명순·조정관(공역), 『의원내각제와 대통령제』(서울: 나남, 1995), 41쪽.

루과이의 합의 대통령제(Colegiado)였다.[28] 보스니아 · 헤르체고비나에서는 3인이 대통령단을 구성한다. 이들은 외교와 무역, 관세, 통화, 금융, 교통 등 국정전반을 공동으로 관장하나 국방과 치안, 사법 등 물리적 권력을 행사할 수 있는 권한들은 각각 독자적으로 행사한다.

2 ■ 의원내각제와 비교하여 대통령제의 장점으로 거론되는 점들

대통령제의 장점으로는 여러 가지가 제시되고 있다. 첫 번째는 대통령제가 행정부의 안정을 보장한다는 주장이다. 다당제와 의원내각제를 특징으로 하는 유럽의 여러 민주국가들에서 총리가 빈번하게 교체되어 정치위기에 직면하는 의원내각제에 비해 대통령제는 대통령의 임기가 보장되는 안정된 제도라는 것이다. 프랑스의 제3 · 4공화국, 제2차 세계대전 후의 이탈리아, 민주화 이후의 포르투갈에서 나타났던 정부불안정의 사례들은 의원내각제에 대해 부정적 인식을 갖고 대통령제를 선호하게 만든 원인이 되었다. 예를 들어 이탈리아는 제2차 세계대전 이후 의원내각제를 채택하였는데 2008년까지 내각이 59회나 바뀌고 내각의 평균 집권기간도 10개월 정도밖에 되지 않았다.[29]

그러나 의원내각제 민주주의국가들이 안정된 행정부를 유지하는 데 성공적인 사례들도 많음에 유의해야 한다. 표면적으로는 불안정한 것처럼 보이지만, 실제로는 집권당이 지속적으로 정권을 장악하면서 내각을 개편하고 동일한 총리 하에서 연립정부가 지속되며, 잦은 내각의 위기에도 불구하고 핵심적인 부서의 장관들은 계속 자리를 유지하는 일이 흔하다.[30] 이런 점에서 보면, 대통령제만이 행정부의 안정을 보장하는 것은 아니다.

대통령제의 장점으로 거론되는 두 번째는 인지성(identifiability)이다. 인지성이란 유권자가 자신이 찍은 후보가 당선된다면 그가 집권

---

28) 신명순 · 조정관(공역), 위의 책, 42쪽. 대통령은 아니지만 국가원수가 두 명인 경우를 보면 산마리노의 국가원수는 의회인 대평의회가 선출하는 집정관이며 임기는 6개월씩 나누어 맡는다.

29) 1994년부터 2008년까지만을 보더라도 1994년 우파연합내각, 1995년 과도내각, 1996년 좌파연합내각, 1998년 좌파와 중도우파연립내각, 2000년 과도내각, 2001년 중도우파연합내각, 2006년 중도좌파연합내각, 2008년 우파연합내각 등으로 정권이 바뀌었다.

30) 신명순 · 조정관(공역), 앞의 책, 50쪽.

할 것이라는 것을 알면서 투표한다는 의미이다. 이에 비해 의원내각제 국가에서 유권자는 정당이 공천한 의회의원후보에게 투표하거나 정당에게 투표하며 총리후보에게 직접 투표하는 것이 아니다. 또한 의원내각제 국가들 중에는 다당제국가들이 많기 때문에, 유권자들은 최종적으로 어떤 정당들이 참여하는 연립정부가 구성될지를 모르면서 투표하는 경우가 많다. 따라서 의원내각제 국가에서는 누가 국가를 이끌어 나갈 지도자인 총리가 될 것인가에 대한 인지성이 낮다.

셋째, '책임성'(accountability)의 측면에서 대통령제 국가에서는 정책의 결과에 대한 책임을 대통령 개인이 직접 지기 때문에 유권자들에 대한 대통령의 책임성이 높다고 할 수 있다. 즉 정책에 대한 책임이 내각이나 정당연합과 같이 집단에게 돌아가는 것이 아니라 오직 대통령 1인에게만 집중된다는 것이다. 대통령제는 책임의 소재가 대통령 1인에게 귀결된다는 의미이다.31) 대통령제하에서 '책임성'이 장점으로 논의될 때, 책임성의 의미는 '책임소재의 명확성'이란 개념으로 한정되는 것에 유의할 필요가 있다. 일반적 의미에서 의원내각제가 '책임성'이 없는 정치는 아니기 때문이다. 따라서, '책임성'을 대통령제의 장점이라기보다 특성에 불과하다고 보는 시각도 많다. 전체 임기를 통하여 국가를 통치하는 사람은 오직 대통령 한 사람으로 명확히 인식되기 때문에 대통령제에선 책임에 대한 혼동이나 책임의 공유 등은 존재하지 않는다는 주장이다.

그러나 이러한 주장에 대한 반박들도 있다. 첫째로 단임제 대통령제에서는 대통령의 업무에 대한 책임을 물을 길이 전혀 없다는 주장이다. 단임 대통령은 임기 중에 업무상 잘못한 것에 대해 다음 선거에서 유권자의 심판이나 응징을 받지 않으며 또 업무상 잘했다고 해서 특별한 보상이 주어지는 것도 아니다. 즉 단임제 국가에서 대통령은 책임으로부터 면제되는 것으로 해석될 여지가 있다. 이러한 국가들에서는 임기를 끝내고 물러나는 대통령에게 그의 집권기간 동안의

---

31) 책임성에는 'accountability'와 'responsibility'가 있는데, 전자는 '대통령 1인의 책임의 소재'를 말하는 것이며, 후자는 '국민들의 요구에 반응성'을 통해서 보여지는 책임성을 말하는 것이다. 후자는 특히 '반응성'(responsiveness)이라는 용어를 사용하는 경우도 있다.

실정에 대해 책임을 물을 수가 없다. 대통령제를 채택하고 있는 국가들 가운데 대통령의 단임제를 채택하고 있는 국가들은 과테말라, 니카라과, 대한민국, 멕시코, 아이티, 온두라스, 코스타리카, 콜롬비아, 파나마, 파라과이, 필리핀의 11개국이다([표 4−7] 참조). 또 연임이 아닌 2회까지의 재임을 허용하는 국가들은 도미니카공화국, 볼리비아, 에콰도르, 엘살바도르, 우루과이, 칠레의 6개국이 있다.

단임제 국가에서 대통령에게는 정책의 실패에 대한 책임을 물을 수 없지만, 그 대통령이 소속했던 집권당에게는 책임을 물을 수 있다고 생각할 수도 있다. 그러나 대통령제하에서 대통령선거는 인물중심적 성향이 강하기에 유권자의 심판을 받는 것은 정당보다는 정당이 공천한 새로운 대통령후보라 할 수 있다. 새로운 후보는 전임 대통령이 성공적인 통치를 했을 때에는 자신을 그와 동일시하려고 할 것이지만 그렇지 않다면 전임 대통령과 거리를 두어 차별화하려 한다. 1987년 대한민국 대통령선거에서 노태우 후보가 전두환 대통령과 차별화한 것이나 1992년 대통령선거에서 김영삼 후보가 자신을 노태우 대통령과 차별화하는 전략을 쓴 것들이 이에 해당하는 예들이다. 이에 덧붙여 대통령제에서의 대통령은 당선되기만 하면 그때부터는 자기가 소속한 정당과 긴밀한 관계 없이도 통치할 수가 있다.

재선이 가능한 대통령제 하에서 통치결과에 대해 부정적인 평가를 받고 있는 대통령은 자기에 대한 비난의 화살을 의회에게 돌리려 할 수 있다. 야당이 의회를 장악하고 있을 때는 말할 것도 없고 여당이 의회의 다수당일 경우에도 마찬가지이다. 대통령은 선거 직전에 의회가 반대하는 법안을 발의하여 의회가 거부하도록 유도한 후에 의회의 반대 때문에 정책수행에 차질이 생겨 실패했다고 책임을 의회에 떠넘기려 할 수 있다. 다수당의 지지여부에 계속적인 집권 여부가 달려 있는 의원내각제의 총리는 이러한 모험을 할 수 없는 반면에 대통령제에서는 권력분립을 이용하여 정책실패에 대한 책임을 떠넘기려는 책략을 쓸 수가 있다.[32] 결론적으로 대통령제와 같은 권력분립제도 하에서는 정책수행의 책임을 묻는 일이 쉽지 않다.

---

32) 신명순·조정관(공역), 앞의 책, 59쪽.

이상의 특성들을 종합하여 대통령제를 비판하는 사람들은 대통령
제가 행정부와 입법부간의 '정치적 교착상태'(political stalemate; cul de
sac)를 발생시키기 쉬우며, 그런 경우 이를 풀어나갈 해결 방식을 찾
기 어렵다고 지적한다.

3 ▪ 의원내각제와 비교하여 대통령제의 문제로 거론되는 점들

대통령제에서 첫 번째 문제는, 당선된 대통령이 자신은 전체 국
민들에 의해 민주적으로 선출되었기 때문에 자신만이 정통성을 가지
며 정권을 이끌어 나가는 유일한 존재라고 주장할 수 있다는 점이다.
그러나 이런 독점적 정통성을 주장하는 대통령들이 실제로는 소수 내
각을 이끄는 총리보다도 더 낮은 지지율로 선출되는 경우들이 많다.
예를 들면 2004년 3월 20일에 실시된 대만의 총통선거에서 천수이볜
(陳水扁) 후보는 차점자를 0.02%p의 차이로 누르고 당선되었다. 1992년
의 필리핀 대통령선거에서 피델 라모스후보는 23.6%의 지지를 얻어
당선되었고, 대한민국의 노태우 후보는 1987년의 대통령선거에서
36.6%의 득표율로 당선되었다. 이렇게 상대적으로 낮은 지지밖에 받
지 못했음에도 이들은 대통령으로서 독점적인 정통성을 주장하였다.
같은 비율의 득표를 하더라도 대통령제의 대통령은 국가수반인 동시
에 행정부수반으로서의 독특한 위상이 있기 때문에 의원내각제의 총
리와는 매우 다른 강한 후광과 이미지가 창조되며 국민들이 갖는 기
대도 사뭇 달라진다.

대통령제에서 두 번째 문제는 유권자들에 의해 직접 선출되는 의
회의원들 또한 대통령과 똑같은 민주적 정통성을 갖는다는 점이다.
대통령제 국가는 근본적으로 대통령과 의회라는 이원적인 국민적 정
통성을 가진 두 국가기구 위에 서 있으며 대통령 또는 의회의 어느
편이 더 국민을 대표하는가를 결정할 수 있는 어떠한 민주주의 원리
도 없다.[33] 그래서 린쯔(J. Linz)는 대통령제의 '이원적 정통성'(dual
legitimacy)을 제도적 단점으로 지적한 바 있다. 특히, 이원적 정통성
은 의회의 다수당이 대통령이 소속된 정당이 아닌 분점정부(divided

---

33) 위의 책, 45쪽.

government)34) 상황에서 정국의 교착상태를 초래할 가능성이 높다는 것이다.

대통령제의 세 번째 문제는 대통령의 정국운영 능력에 상관없이 정해진 임기 동안 집권하도록 보장된다는 점이다. 이러한 대통령제의 특징 때문에 나타나는 문제는 임기의 고정화에 따른 경직성이다. 대통령제에서는 정부가 위기에 빠지더라도 행정부의 수반을 바꿀 수 있는 방법이 없다. 이러한 제도상의 경직성은 변화하는 정치상황에 대처하는 능력을 약화시킨다. 대통령을 지지하던 다수당이나 정당연합이 대통령에 대한 지지를 철회하더라도 대통령을 교체할 수는 없다. 헌법상으로는 탄핵제도가 보장되어 있지만 의원내각제에서의 불신임투표에 비하면 대통령제에서의 탄핵은 적용이 매우 어렵다. 만일 대통령이 스스로 사임할 의사가 없을 경우에는 헌법을 어기지 않고 대통령을 면직시킬 방법이 없다. 대통령이 갖는 강력한 권력과 예측가능성이 대통령제의 장점으로 주장되고 있으나 현직 대통령의 갑작스러운 사망에서부터 정책판단의 오류에서 야기될 수 있는 심각한 잘못에 이르기까지 예측할 수 없는 상황이 전개될 때 대통령제는 더 어려운 상황을 야기할 수 있다. 이에 비해 의원내각제의 경우에는 정부의 잘못으로 국가가 어려운 상황에 처하게 되면 총리가 의회에서 신임투표를 요구할 수 있고 그 신임을 토대로 내각의 권위와 민주적 정통성을 강화할 수 있다. 특히 권위주의체제로부터 민주주의체제로 이행하는 과정처럼 불확실성이 강한 시기에는 변화된 상황에 유연하게 대응할 수 있는 의원내각제보다 경직된 대통령제가 문제를 야기할 가능성이 더 크다.

대통령제의 네 번째 문제는 대통령의 직책이 양면적인 성격을 갖는 점이다. 대통령은 전체 국가의 구성원을 대표하는 국가원수이면서 동시에 선거에서 자신을 지지해준 일부 유권자들만을 대변해야 하는 한 정당의 지도자이다. 대통령은 한 정당이나 정파의 대표로서 소속원들이 추구하는 정책을 수행하기 위해 다른 정당이나 정파와 경쟁하고 대립한다. 대다수 유권자들은 정당에 기반을 둔 대통령의 정파적 역할

---

34) 분점정부는 프랑스에서는 동거정부(cohabitation)라 부르고 대한민국에서는 언론들이 여소야대(與小野大)라는 용어를 주로 쓴다.

수행을 국가원수로서의 역할을 위배하는 것으로 보기 쉽다. 총리와 국가원수를 따로 두고 있는 입헌군주제나 의원내각제에서는 국가원수는 전 국민을 대표하는 역할을, 총리는 자신의 정당을 대변하는 역할을 할 수 있지만 대통령제에서는 이러한 역할 분담이 불가능하다.

대통령제의 다섯 번째 문제는, 대부분의 대통령제 국가들에서 대통령이 의회의 의견과는 관계없이 각료를 임명하고 해임하는 권한을 행사한다는 점이다. 대통령이 자신의 보좌진으로서의 각료들을 마음대로 선택하는 점, 이들이 마음에 안 들면 언제든지 해임할 수 있는 점, 그리고 의원내각제에서와는 달리 대통령제에서는 한번 각료를 그만두게 되면 정치생명이 끝나는 점 등의 이유 때문에 대통령제에서는 강력한 의지를 지닌 독립적인 정치인들이 내각에 참여해서 소신을 피력할 수 있는 가능성이 줄어든다.

4 ▪ 대통령제 국가에서 대통령의 선출방법

대통령제 국가에서 대통령을 선출하는 방법은 국민들이 직접 선출하는 방법과 의회나 선거인단이 간접적으로 선출하는 두 가지 방법이 있다. 대부분의 대통령제 국가에서는 대통령을 직선으로 선출하지만 일부 국가에서는 간선으로 선출한다.[35]

▪1) 대통령의 직접 선출

대통령을 직선으로 선출하는 방법에는 단순다수제로 선출하는 방법과 절대다수제로 선출하는 두 가지 방법이 있다.

① 대통령 직선제에서 단순다수제 선출방법

단순다수제 선출방법은 선거에 입후보한 후보들 중에서 가장 많은 득표를 한 후보가 당선되는 제도로서 득표율이 투표자의 50%를 넘지 않더라도 당선되는 방법이다. 이 제도는 영어로는 First－Past－the－Post(FPTP) 제도라 불린다. [표 4－5]에서 보는 바와 같이 대통령을 단순다수제로 선출하는 국가들로는 아시아에서 대만, 대한민국,

---

35) 여기에서는 대통령제 국가들에서 대통령을 선출하는 방법을 다루며 의원내각제 국가에서 대통령을 선출하는 방법은 '의원내각제 국가의 대통령'에서 다룬다.

몽골, 필리핀과 우즈베키스탄, 카자흐스탄, 키르기스스탄, 투르크메니스탄 등 소련이 붕괴하면서 독립된 국가들을 들 수 있다. 대만에서는 2000년 3월 18일에 실시된 두 번째 총통 직접 선거에서 야당인 민주진보당의 천수이볜 후보가 39.3%를 얻어 당선되었고 여당인 국민당의 롄잔(連戰)후보는 23.1%, 국민당의 후보지명에 실패하여 무소속으로 출마한 쑹추위(宋楚瑜)후보는 36.8%를 얻어 낙선하였다.36) 필리핀에서는 1992년 5월의 대통령선거에서 피델 라모스가 집권당인 필리핀민주투쟁당의 후보로 나와 8명 후보 중 23.6%의 지지를 얻어 19.7%를 얻은 미리암 산티아고를 누르고 당선되었다. 1998년에는 야당후보인 조지프 에스트라다가 40%의 지지로 당선되었으며 2004년 5월 10일에 실시된 선거에서는 글로리아 마가파갈 아로요 대통령이 45%의 지지로 당선되었다.37)

　　이와는 반대로 대통령제 국가들에서 대통령후보가 90% 이상의 지지를 획득하고 당선되는 경우들도 많이 있다. 그루지야에서는 2004년 1월 4일에 실시된 대통령선거에서 미케일 사카쉬비리가 96.3%의 지지로 대통령에 당선되었다. 우즈베키스탄에서는 2000년 1월 9일에 실시된 대통령선거에서 이스롬 카리모프가 91.9%를 득표하여 대통령에 재선되었다. 카자흐스탄에서는 1999년 1월 10일에 실시된 임기 7년의 대통령선거에서 누르술탄 나자르바예프 현 대통령이 81.7%의 득표율로 재선된 후 2005년 12월 4일에 실시된 선거에서 91.9%의 지지를 얻어 세 번째 당선되었다. 키르기스스탄에서는 2005년 7월 10일에 실시된 대통령선거에서는 크르만베크 바키예프가 88.6%의 득표율로 대통령에 당선되었다. 투르크메니스탄에서는 1990년 처음으로 대통령 직선제를 채택했다. 1992년 6월 21일에 실시된 대통령선거에는 사팔무라트 니야조프가 단일후보로 나와 99.5%의 지지로 5년 임기의 대통령에 당선되었다. 의회는 1999년 12월 28일 니야조프를 70세까지 종신대통령으로 추대하기로 결정하였다.

---

36) 「조선일보」, 2000년 3월 20일, 9쪽.
37) 에스트라다 대통령은 2001년 부정부패혐의로 탄핵위기에 처했으며 국민들이 탄핵을 요구하는 시위를 계속하자 대통령을 사임하고 부통령이던 아로요가 대통령을 승계했다.

중동에서는 그루지야, 북키프로스터키공화국, 시리아, 아
제르바이잔, 예멘, 이란, 이집트 그리고 키프로스가 단순다수
로 대통령을 선출한다. 이란의 국가원수는 회교 최고의 성직자
인 이맘 알리 하메네이(Ali Khamenei)로 성직자회의에서 선출된
다. 그러나 행정상의 국가원수로서 실제 정치를 담당하는 대통
령은 국민의 직접선거에서 단순다수로 선출되며 임기 4년에
재선까지 허용된다.

이집트 호스니 무바락
대통령 우표

아프리카의 대통령제 국가들에서는 많은 국가들에서 직선
으로 대통령을 선출하며 단순다수로 대통령을 선출하는 국가들로는
가나, 나이지리아를 비롯한 23개국이 있다. 나이지리아의 대통령은
단순다수로 선출되지만 연방수도인 아부자와 연방의 모든 주들에서
유권자들의 3분의 2가 투표에 참여해야 하며 최소한 4분의 1 이상을
득표해야 한다. 짐바브웨도 단순다수로 대통령을 선출하는데 과거에
는 의회에서 간선으로 선출하였다.[38] 유럽에는 단순다수로 대통령을
선출하는 국가는 드물다.

중·남미에서는 멕시코, 베네수엘라, 온두라스, 우루과이, 파나마,
파라과이가 단순다수로 대통령을 선출한다. 멕시코에서는 2000년 7월
에 실시된 선거에서 야당인 국가행동당(National Action Party: PAN)의
빈센테 폭스(Vincente Fox Quesada)가 42.5% 득표율로 당선되었다. 폭
스 후보의 대통령 당선은 1910년의 멕시코혁명 이래 집권해온 제도혁
명당(Institutional Revolutionary Party)으로부터 84년 만에 야당으로 정권
이 넘어간 최초의 정권교체였다.

온두라스는 1981년에 군부정부에서 민간정부로 정권이 이양된
후 여·야당 사이에 정권교체가 계속 이루어지고 있다. 1981년 선거
에서 자유당의 로베르토 수아소가 당선되었고, 1985년에 자유당의 호
세 아스코나, 1989년에 국민당의 카예하스, 1993년에 자유당의 카를
로스 모베르토 레이나가 당선되었다. 파라과이에서는 안드레스 로드
리게스가 1989년 5월 선거에서 군부의 지원을 받은 콜로라도당의 대
통령후보로 나와 당선되었다. 로드리게스는 1993년 임기를 마치고 은

---

38) 신명순·조정관(공역), 앞의 책, 38쪽.

표 4-5 | 대통령제 또는 이원집정제 국가들에서 대통령의 선출방법

대륙	직선			간선		
	단순다수제	결선투표제	기타	국회	선거인단	기타
아시아	대만, 대한민국, 카자흐스탄, 타지키스탄, 필리핀	몰디브, 스리랑카,39) 아프가니스탄, 우즈베키스탄, 인도네시아, 키르기스스탄, 투르크메니스탄		라오스, 미얀마, 베트남, 북한, 중국		
중동		그루지야, 북키프로스터키공화국, 시리아, 아제르바이잔, 예멘, 이란, 이집트, 키프로스				아랍에미리트40)
아프리카	감비아, 나미비아, 남수단, 르완다, 말라위, 잠비아, 적도기니, 차드, 카메룬, 코모로, 코트디부아르, 콩고민주공화국, 탄자니아, 토고, 튀니지	가나, 가봉, 기니, 기니비사우, 나이지리아, 니제르, 라이베리아, 마다가스카르, 말리, 모리타니, 모잠비크, 베냉, 부룬디, 부르키나파소, 상투메프린시페, 세네갈, 세이셸, 수단, 시에라리온, 알제리, 앙골라, 우간다, 중앙아프리카공화국, 지부티, 짐바브웨, 카보베르데, 케냐, 콩고공화국		남아프리카공화국, 리비아, 보츠와나, 에리트레아		
유럽	리투아니아, 몬테네그로, 아이슬란드	러시아, 루마니아, 벨라루스, 불가리아, 세르비아, 아르메니아, 아일랜드, 우크라이나, 크로아티아, 폴란드, 프랑스, 핀란드	보스니아헤르체고비나41)			
중·남·북미	가이아나, 멕시코, 베네수엘라, 온두라스, 파나마, 파라과이	과테말라, 니카라과,42) 도미니카공화국, 브라질, 아르헨티나,43) 아이티, 에콰도르, 엘살바도르, 우루과이, 칠레, 코스타리카,44) 콜롬비아, 페루	볼리비아45)	수리남,46) 쿠바	미국	
오세아니아	키리바시	팔라우		나우루, 마샬제도, 마이크로네시아		

자료출처: http://www.electionguide.org/elections와 https://www.cia.gov/library/publications/the-world-factbook 2016년 1월 19일 검색자료를 기반으로 저자가 작성하였다.

---

39) 스리랑카의 대통령을 선출하는 결선투표제는 독특하다. 유권자들은 대통령선거 후보자들을 대상으로 3명까지 1, 2, 3위의 순서를 써서 투표할 수 있다. 이를 계산하여 어느 후보도 과반수를 얻지 못하면 두 번째 계산을 한다. 이때 탈락된 후보에게 투표했던 투표지들은 2위 순서를 받았던 후보에게 더해져 계산한다. 두 번째 계산에서는 가장 많은 득표를 한 후보가 당선된다. http://www.electionguide.org/elections/id/2140. 2014년 4월 1일 검색.

40) 중동의 아랍에미리트에서는 7개 에미리트의 군주들로 구성되는 연방최고회의에서 대통령과 부통령을 5년 임기로 선출한다.

41) 보스니아헤르체고비나의 대통령단은 보스니아인, 세르비아인, 크로아티아인의 3명으로 구성되어 있으며 이들은 8개월씩 순환하여 대통령직을 맡는다.

42) 니카라과의 대통령은 1차투표에서 40% 이상을 득표하거나 또는 35% 이상을 득표하고 차점자보다 5% 이상을 득표해야 당선된다. 그렇지 않으면 결선투표를 실시한다.

43) 아르헨티나의 대통령은 1차투표에서 45% 이상을 득표해야 당선되지만 40% 이상을 득표한 경우에는 2위 후보보다 10%를 더 득표하면 당선된다.

44) 코스타리카의 대통령은 1차투표에서 40% 이상을 득표해야 당선된다.

45) 볼리비아의 대통령은 1차투표에서 50% 이상을 득표한 후보가 없으면 상위득표자 2명을 대상으로 상원에서 선출한다.

46) 대통령제 국가인 수리남에서 대통령은 국회에서 선출된다. 국회의원들의 3분의 2 이상의 지지를 얻어야 당선되는데, 2차 투표까지도 당선자가 없으면 국회의원, 지방의원들 893명으로 구성된 선거인단에서 단순다수로 대통령을 선출한다. http://www.electionguide.org/elections/id/2158. 2016년 1월 1일 검색.

퇴하여 독립 182년 만에 처음으로 평화적 정권교체를 실현한 후 후안 카를로스 와스모시가 당선되어 1954년의 군부쿠데타 이후 39년 만에 첫 민간대통령이 되었다.

② 대통령 직선제에서 결선투표제 선출방법

대통령을 국민들이 직접 선출하는 국가들 중에서 일부 국가들은 결선투표제를 채택하고 있다. 결선투표제는 1차 투표에서 50% 이상 (일부 국가에서는 40% 또는 45% 이상)을 득표한 후보가 없을 경우에 2차 또는 3차의 투표[47])를 하여 과반수의 득표를 한 후보를 대통령으로 선출하는 제도이다.

대통령제 국가들 중에서 결선투표제를 실시하고 있는 국가들은 36개국에 달한다. 아시아에서는 인도네시아가 2004년 헌법을 개정하여 대통령 직선제와 결선투표제를 도입하였다. 아프리카에서는 가봉을 비롯한 19개국이 결선투표제를 실시하고 있다. 아프리카에서 많은 국가들이 결선투표제를 실시하고 있는 것은 과거에 프랑스의 식민지였던 국가들이 프랑스가 실시하는 결선투표제를 그대로 받아들였기 때문이다. 케냐에서는 1차 투표에서 50% 이상을 득표해야 함과 동시에 7개의 주 중에서 최소 5개주와 수도인 나이로비에서 25% 이상을 득표해야 당선된다. 이러한 조건을 충족시킨 후보가 없으면 결선투표를 실시한다.

유럽에서는 러시아, 벨라루스, 우크라이나에서 결선투표를 실시하는데 결선투표제를 채택하고 있는 국가들의 대부분에서 1차 투표보다는 결선투표에서 당선자가 결정된다. 예외적으로 러시아에서는 2000년 3월 25일에 실시된 대통령선거에서 블라디미르 푸틴 대통령 권한대행이 1차 투표에서 60%를 얻어 당선되었으며 2004년 3월 14일에 실시된 대통령선거에서도 1차 투표에서 71.2%를 얻어 재선되었다. 2008년 3월 2일에 실시된 대통령선거에서는 푸틴정부에서 총리를 역임

---

47) 일부 국가들에서는 결선투표에서 투표율이 50%가 되지 않을 경우 또다시 선거를 실시한다. 2002년 10월 13일 세르비아공화국의 대통령선거 결선투표에서는 투표율이 45.5%밖에 되지 않아 3차 결선투표를 실시하였다. 세르비아 선거법은 투표율이 50%를 넘어야 결과를 인정받도록 규정하고 있다. 「중앙일보」, 2002년 10월 15일, 8쪽.

한 드미트리 메드베데프가 1차 투표에서 70.24%를 얻어 당선되었다.

우크라이나에서는 1994년 7월의 대통령선거에서 쿠즈마 총리가 결선투표 끝에 승리하여 2대 대통령에 당선되었다. 2004년 11월 21일에 실시된 대통령선거에서는 구 공산당의 후보인 빅토르 야누코비치가 당선되었으나 우크라이나 대법원이 부정선거를 이유로 무효화하였고 2004년 12월 26일에 결선투표를 실시하였다. 이 결선투표에서 야당의 빅토르 유셴코가 51.9%를 얻어 대통령에 당선되어 친서방 후보가 당선되었다. 2010년 2월 7일에 실시된 결선투표에서는 친러시아 후보인 빅토르 야누코비치가 친서방 후보인 율리아 티모셴코를 물리치고 대통령에 당선되었다.[48]

중남미에서는 과테말라, 니카라과, 도미니카공화국, 브라질, 아르헨티나, 아이티, 에콰도르, 엘살바도르, 칠레, 코스타리카, 콜롬비아, 페루가 결선투표제를 채택하고 있다. 브라질[49]에서는 1994년 대통령선거에서는 종속이론으로 유명한 경제학자인 사회민주당의 페르난도 엔리케 카르도수가 1차 투표에서 과반수를 얻어 당선되었으며 1998년 대통령선거에서도 1차 투표에서 재선되었다. 그러나 2002년 10월 6일의 대통령선거에서는 1차 투표에서 과반수를 획득한 후보가 없어 10월 27일에 실시된 결선투표에서 노동당 후보인 루이즈 이나시오 룰라 후보가 61.3%의 득표율로 당선되었다. 엘살바도르에서는 1994년 3월의 1차 투표에서 과반수 득표자가 없었고 4월의 결선투표에서 아르만도 칼데론 솔 후보가 당선되었으나 2004년 3월에 실시된 대통령선거에서는 엘리아스 안토니오 사카 후보가 57.7%의 득표율로 당선되었다.

칠레에서는 1999년 12월 12일에 실시된 대통령선거에서 집권 중도좌파 연합후보인 사회주의자 리카르도 라고스가 47.9%, 보수우파 후보인 호아키 라빈이 47.5%를 얻었으며 2000년 1월 16일에 실시된 결선투표에서 라고스가 51.3%를 얻어 48.7%를 얻은 라빈을 누르고 대통령으로 당선되었다. 라고스는 1973년 아우구스토 피노체트의 군

---

48) 「조선일보」, 2010년 2월 9일, A16쪽.
49) 브라질은 1889년부터 대통령제를 채택하고 있으며 1993년에는 대통령제를 지속할 것인지에 관한 국민투표를 실시한 결과 대통령제를 지속하는 것이 통과되었다. Michael G. Roskin, *op. cit.*, p. 385.

부쿠데타로 살바도르 아옌데 정권이 붕괴된 이후의 첫 좌파정권이었다.[50] 콜롬비아에서는 1994년 5월의 대통령선거에서 과반수 득표자가 없어 6월에 실시된 결선투표에서 자유당의 에르네스토 삼페르가 당선되었으며 2002년 5월 26일에 실시된 선거에서는 알바로 우리베 후보가 53%를 획득하여 1차 투표에서 당선되었다.

페루에서는 1990년 6월 대통령선거에서 캄비오(개혁)90이라는 정당을 급조해 출마한 일본계 이민의 후손 알베르토 후지모리가 결선투표에서 당선되었다. 후지모리는 취임 후 연 3천%의 인플레와 좌익게릴라의 조직적인 무장반란, 마약밀매 등의 문제들을 해결하면서 내정개혁을 추진하였다. 1992년 4월에는 군부의 지지 하에 부패추방과 게릴라 공격에 대한 대처를 명분으로 헌법정지와 의회해산을 단행하였고 뇌물을 받은 판사를 추방하는 비상조치를 단행했다. 1992년 11월에는 제헌의회에서 대통령의 연임을 1차에 한해 허용하는 새로운 헌법을 채택했으며 1995년 4월의 대통령선거에서는 전 유엔사무총장인 페레스 데 케야르를 물리치고 재선되었다. 후지모리는 2000년 5월의 대통령선거에 3번째로 출마하여 당선되었으나 부정선거 시비와 국제적인 압력과 야당의 사임 압력을 받았다. 2000년 12월 의회의 사임 압력에 대통령직을 사임한 후지모리는 2001년 일본으로 망명하였다. 2001년 4월 8일에 실시된 대통령선거에서는 과반수를 득표한 후보가 없어 6월 3일에 결선투표가 실시되었고 원주민 출신인 알레한드로 톨레도 후보가 전 대통령인 알란 가르시아 후보를 53.1% 대 46.9%로 물리치고 당선되었다.

니카라과에서는 1차 투표에서 45% 이상의 득표자가 없을 때 상위 득표자 2명을 대상으로 결선투표를 실시한다. 아르헨티나에서는 1차 투표에서 45% 이상의 득표자가 없을 때, 또는 최다득표자가 40% 이상의 득표를 하였으나 2위와의 차이가 10%p가 안 되면 3주 후에 1위와 2위 득표자를 대상으로 결선투표를 실시한다. 코스타리카에서는 1차 투표에서 40% 이상의 득표자가 없을 때 상위 득표자 2명을 대상으로 결선투표를 실시한다.

---

50) 「조선일보」, 2000년 1월 18일, 9쪽.

③ 기타 선출방법

일부 국가에서는 대통령을 국민들이 직선하거나 의회가 간접적으로 선출하는 방법을 혼합한 방법을 사용하고 있다. 먼저 의회에서 대통령후보를 결정한 후 이 후보에 대해 국민들이 투표하는 국가로는 몰디브, 시리아, 키리바시가 있다. 아시아의 몰디브에서는 대통령후보를 의회에서 결정한 후 국민투표로 최종 확정한다. 오세아니아의 키리바시에서는 의회가 2명을 대통령 후보로 선정하며 이들은 국민들에 의해 단순다수제 직접선거로 선출된다.

이에 비해 먼저 국민들이 직선으로 대통령선거를 한 후 당선자가 없으면 다음 단계에서는 의회가 선출하는 국가들이 있다. 남미의 볼리비아는 1994년 헌법을 개정하여 직선 대통령선거에서 과반수 득표자가 없을 경우 의회가 2명의 상위 득표자 중에서 대통령을 선출하도록 바꾸었다.

▪2) 대통령의 간접 선출

대통령제 국가들에서 대통령을 간접으로 선출하는 방법에는 두 가지가 있다. 첫째는 의회에서 선출하는 방법이고 두 번째는 대통령선거인단이 선출하는 방법이다.

① 의회에서 선출하는 방법

의회에서 대통령을 선출하는 국가들로는 아시아에서는 공산주의 국가들인 라오스, 베트남, 북한, 중국이 있다. 라오스에서는 의회에서 출석의원 3분의 2 이상의 찬성으로 대통령을 선출하며 베트남에서는 의회가 의원들 중에서 대통령(국가주석)을 선출한다.

아프리카에서는 남아프리카공화국, 리비아, 보츠와나, 에리트레아의 4개국에서 의회가 대통령을 선출한다. 남아프리카공화국에서는 2004년 4월 24일 하원이 타보 음베키를 만장일치로 대통령으로 선출했다. 보츠와나에서는 2004년 10월 20일 의회에서 52%의 지지를 얻은 페스투스 모개가 대통령에 당선되었다.

유럽에서는 몰도바가 의회에서 대통령을 선출한다. 중·남미에서는 수리남과 쿠바가 의회에서 대통령을 선출한다. 수리남에서는 의회에서의 1차 투표와 2차 투표에서 3분의 2 이상의 찬성표를 얻어야 대통령에 당선된다. 2차 투표에서도 당선자가 없으면 의회의원과 주의회의원, 지방의회의원으로 구성된 869명의 국민연합의회(People's United Assembly)가 단순다수로 대통령을 선출한다. 쿠바에서는 의회가 국가원수인 국가평의회 의장을 선출한다. 피델 카스트로(Fidel Castro Ruz)는 1959년부터 45년 이상을 국가원수로 집권하였으며 1976년에 국가평의회가 만들어진 이후 계속 당선되었다. 피델 카스트로가 2008년에 건강이 나빠 사임한 후에는 그의 동생인 라울 카스트로가 2008년 2월 24일의 선거에서 100%의 지지를 얻어 당선되어 2016년 현재까지 집권하고 있다.

오세아니아에서는 나우루, 마샬군도, 마이크로네시아에서 의회가 대통령을 선출한다. 마샬군도의 대통령은 의회의원들 중에서 의회가 선출한다. 마이크로네시아연방에서는 대통령을 4명의 4년제 의원들(4개 주에서 1명씩 선출) 중에서 선출한다.

중동의 시리아에서는 의회가 선출한 대통령 후보를 국민들이 국민투표로 최종 확정을 하지만 국민투표에서 부결되는 일이 없기 때문에 사실상은 의회에서 선출하는 것으로 볼 수 있다.

② 선거인단이 선출하는 방법

의회의원들로 대통령선출 선거인단을 구성하는 국가들 외에 별도의 선거인단이 대통령을 선출하는 국가로는 미국이 있다. 미국의 선거에서 다른 모든 선출직들은 국민들의 직선으로 선출하지만 대통령과 부통령만은 2단계를 거쳐 선출하며 두 번째 단계인 대통령 선거인단(electoral college) 투표에서 538명 중 270명 이상의 지지를 얻는 후보가 당선된다.[51] 대통령선거의 제1단계는 짝수 해 11월의 첫 번째 월요일이 지난 첫 화요일에 실시되는 전국 선거로서 유권자들은 각 정당이 주별로 선정해 놓은 선거인단을 결정하는 투표를 한다. 제2단계 선거는 1단계 선거에서 선출된 선거인단들이 12월(2008년에는 12월 15일)에 각 주의 수도에 모여 주별로 대통령후보에게 투표한다. 선거

---

51) 미국의 대통령후보와 부통령후보는 하나의 팀(ticket)을 이루어 출마하기 때문에 대통령후보가 당선되면 그와 팀을 이룬 부통령후보는 자동적으로 같이 당선된다.

인단이 투표한 투표함은 다음 해 1월(2009년에는 1월 6일) 상원과 하원의 합동회의에서 개표되며 270표 이상을 얻은 후보가 대통령으로 당선된다.

제1단계 선거에서 유권자들이 사용하는 투표용지에는 선거인단을 구성하는 사람들의 명단만이 아니라 대통령과 부통령후보의 이름이 적혀 있다.52) 각 주의 선거인단 수는 그 주의 상원의원과 하원의원의 수를 합한 수와 같다. 50개의 주 외에 수도인 워싱턴 컬럼비아 특별구(Washington, D.C. (District of Columbia))에는 23차 헌법개정 이후 3명의 선거인단이 배정된다. 유권자들은 투표용지에서 자기가 지지하는 대통령과 부통령후보 이름의 옆에 있는 공란에 기표를 하기 때문에 자신들이 후보들에게 직접 투표한 것으로 착각할 수도 있으나 사실은 선거인단에게 투표한 것으로 계산된다. 이 신거인단의 구성원들은 각 정당들이 선정한 사람들로서 자신이 선거인단으로 선정되면 자기 정당이 공천한 후보에게 투표를 하겠다고 서약한 사람들이다. 선거인단의 선출은 승자독식(winner take all)의 원칙에 따라 결정되기 때문에 11월의 전국선거 때 각 주에서 한 표라도 더 많은 득표를 한 후보가 소속한 정당에서 선정한 선거인단이 전원 당선된다.53)

예를 들어 캘리포니아 주의 선거인단의 수는 각 주에 배당된 선거인단 수 중에서 가장 많은 55명인데 대통령후보를 낸 정당들은 자기 정당이 결정한 선거인단 명단 55명을 미리 선정하여 유권자에게 알려준다. 이 선거에서 캘리포니아 주 투표자들 중에서 공화당 대통령후보에게 투표한 수가 민주당 대통령후보에게 투표한 수보다 1표라도 더 많으면 캘리포니아 주에 배당된 55명의 선거인단은 공화당에서 추천한 선거인단이 선정된다. 이처럼 일반 유권자들이 투표한 선거의

---

52) 미국은 연방국가이기 때문에 각 주마다 투표를 하는 방식이 다르며 투표용지도 다르다. 따라서 어떤 주에서는 투표용지에 각 정당이 공천한 대통령후보와 부통령후보의 이름과 함께 각 정당이 선정한 선거인단의 명단을 함께 게재한다. 그러나 어떤 주에서는 각 정당의 대통령과 부통령 후보의 이름만을 투표용지에 게재하고 선거인단의 명단은 게재하지 않는 등의 차이가 있다.

53) 예외는 네브라스카주와 메인주이다. 메인주는 4명의 선거인단 구성원 중 2명은 주 전체에서 표를 많이 얻은 후보가 차지하게 된다. 나머지 2명의 선거인단 표는 메인주에 있는 두 개의 하원의원선거구별로 후보가 얻은 득표를 계산하여 각 선거구에서 가장 많은 득표를 한 후보에게 1명씩을 배정한다.

개표가 완료되면 각 주마다 공화당 또는 민주당이 추천한 선거인단의 수가 결정되기 때문에 11월 첫 번째 화요일의 선거가 끝나면 곧 어떤 후보가 대통령으로 당선될 것인지를 알 수 있다.

그러나 각 주에서 선정된 선거인단 구성원들은 자기를 추천한 정당의 대통령후보에게 투표할 의무는 없다. 이러한 일은 1988년에 실제로 있었는데 웨스트버지니아의 민주당 선거인단 구성원이었던 마가렛 리치(Margaret Leach)는 민주당 대통령후보였던 듀카키스(Dukakis)가 아니라 그의 러닝메이트였던 부통령후보 로이드 벤슨(Lloyd Bentsen) 상원의원의 이름을 써넣었다.[54] 그렇지만 이 경우는 예외적인 것으로 거의 모든 경우에 선거인단의 구성원들은 자신을 추천한 정당이 공천한 대통령후보에게 투표한다.

만일 선거인단 투표에서 어떤 대통령후보도 270표 이상을 얻지 못할 경우에는 하원에서 대통령을 선출한다. 하원은 유권자들에 의한 11월의 투표에서 가장 많은 득표를 한 3명의 후보들을 대상으로 투표를 하며 투표권은 각 주에 1표씩만 주어진다. 하원의 선거에서 가장 많은 득표를 한 대통령후보가 최종적으로 대통령으로 선출된다. 부통령은 상원에서 선출한다.[55]

이와 같이 선거인단을 통해 대통령을 간선으로 뽑는 미국에서 특이한 점은 국민들의 투표에서는 다수 또는 절대다수를 얻은 후보가 선거인단의 수에서는 다수가 되지 않아 낙선할 수 있다는 점이다. 이러한 경우는 역사상 5번 있었는데 6대 존 퀸시 아담스, 19대 러더포드 헤이스, 23대 벤자민 해리슨, 43대 조지 부시, 45대 도널드 트럼프 대통령이 국민들의 투표에서는 표가 적었으나 선거인단의 수가 270을 넘어 당선되었다. 세 번째인 1888년 대통령선거에서 그로버 클리브랜드(Grover Cleveland)

▌ 미국 벤자민 해리슨 대통령 우표

후보는 국민들의 투표에서 48.6%를 얻고 벤자민 해리슨은 47.9%를 얻었다. 그러나 선거인단 수에서는 클리브랜드는 168표, 해리슨은

54) Kenneth Janda, Jeffrey M. Berry and Jerry Goldman, *The Challenge of Democracy: Government in America*, 3rd ed. (Boston: Houghton Mifflin Co., 1992), p. 320.
55) *Ibid.*, p. 320.

233표를 얻어 해리슨이 대통령에 당선되었다.56) 2000년에 실시된 대통령선거에서도 공화당의 조지 부시(George W. Bush) 후보는 국민들의 투표에서 47.88%인 50,462,412표를 얻고 민주당의 알 고어(Al Gore) 후보는 48.39%인 51,009,810표를 얻어 고어가 부시보다 547,398표를 더 얻었다. 그러나 부시는 선거인단표를 271표 얻고 고어는 선거인단표를 266표를 얻어 부시가 대통령으로 당선되었다. 2016년 대통령선거에서는 공화당의 도널드 트럼프(Donald Trump) 후보가 국민들의 투표에서 46%인 62,985,106표를 얻고 민주당인 힐러리 클린턴(Hillary Clinton)은 48%인 65,853,625표를 얻었다. 그러나 트럼프는 선거인단표를 304표 얻고 힐러리는 227표를 얻어 트럼프가 대통령으로 당선되었다.

중동의 아랍에미리트에서는 연방을 구성하는 7개 주의 지도자인 7명의 에미르들로 구성되는 연방최고위원회(Federal Supreme Council)에서 대통령과 부통령을 간선으로 선출한다.

5 ■ 대통령의 임기와 임기제한

대통령제 국가들에서 대통령의 임기는 국가에 따라 3년, 4년, 5년, 6년, 7년 등으로 다양하다.57) 아래 [표 4-6]에서 보는 바와 같이 임기가 3년인 국가는 나우루뿐이며 4년인 국가는 대만, 러시아, 미국, 브라질, 아르헨티나, 칠레 등 21개국이다. 5년제 임기를 채택하고 있는 국가들은 대한민국, 중국, 페루 등 49개국으로 가장 많다. 임기가 6년인 국가는 멕시코, 이집트, 필리핀 등 9개국이며 7년인 국가는 아프리카의 가봉 등 9개국이다.

대통령제 국가들에서는 대통령으로 재임할 수 있는 임기를 한번으로 제한하는 국가, 두 번까지만 허용하는 국가, 당선만 되면 제한 없이 대통령으로 중임할 수 있는 국가 등 다양하다. 대통령의 임기를

---

56) *Ibid.*, pp. 321-322.
57) 집단지도체제 국가인 스위스에서 대통령과 부통령의 임기는 1년이며 임기가 4년인 정부각료 7명이 윤번제로 맡는다. 상원과 하원의 합동회의에서 선출되는 대통령은 사실상 수석 각료로서 대외적인 외교 및 의전위주의 활동만 한다. 1998년 12월 9일에는 사회민주당소속의 루트 드라이푸스 내무장관이 상원과 하원의 합동회의에서 237표 중 158표를 얻어 스위스 최초의 여성 대통령이 되었다. 「동아일보」, 1998년 12월 11일, A9쪽.

단임으로 제한하고 있는 국가들로는 아래 [표 4-7]에서 보는 바와 같이 아시아에서 대한민국, 필리핀의 2개국이 있다. 중동, 아프리카, 유럽, 오세아니아에는 단임제 국가는 없다. 중남미에서는 과테말라, 니카라과, 멕시코, 아이티, 온두라스, 코스타리카, 콜롬비아, 파나마, 파라과이의 9개국이 단임제 국가들이다.

이러한 국가들이 대통령의 단임제를 채택하고 있는 이유는 중임을 허용할 경우에 장기독재로 변모할 가능성이 많기 때문이다.58) 단임제에서는 4년이나 5년의 단기간 동안에 장기독재를 추구할 수 있는 권력의 기반을 마련하기가 쉽지 않으나 8년이나 10년의 긴 기간 동안 대통령을 하게 되면 권력의 기반도 강화되고 오랫동안 권력의 맛을 보아 쉽게 이를 놓으려 하지 않는다. 이에 따라 불법적 방법을 동원하여 헌법을 개정하고 장기독재를 획책할 가능성이 있다. 이러한 예는 아시아, 아프리카, 라틴 아메리카, 중동지역의 국가들에서 자주 발생하였으며 이러한 사태의 재발을 사전에 방지하기 위하여 권위주의 정권들이 퇴진하고 민주정치가 회복된 국가들에서 대통령의 단임제를 채택하였다.

대통령의 단임제에 반대하는 주장들로는 첫째, 단임제 대통령은 임기중반이 지나면 권력의 누수현상(lame-duck)59)이 나타나 효율적으로 통치를 할 수 없다는 점과 둘째, 유능한 대통령이 한 번밖에 대통령을 할 수 없게 만드는 것은 국가적인 손해라는 점이 지적되고 있다.60) 그러나 중임을 허용하는 경우에도 두 번째 임기의 중반이 지나

---

58) 대통령의 임기를 단임으로 제한하더라도 대통령이 이를 무시하고 헌법을 고쳐 장기집권하는 경우가 많다. 이러한 경우의 역사적 예로는 1848년에 프랑스 제2공화국의 대통령이 된 루이 나폴레옹 보나파르트(Louis Napoleon Bonaparte)가 법에 의해 재임을 할 수 없게 되자 1851년에 공화국을 제국(Empire)으로 바꾸고 황제가 된 것을 들 수 있다. Roy C. Macridis and Steven L. Burg, *Introduction to Comparative Politics: Regimes and Change*, 2nd ed. (New York: Harper & Collins Publishers, 1991), p. 47.

59) lame-duck의 원래 의미는 다리를 저는 오리이며 공직자의 임기말 권력누수 현상을 의미한다. 이 용어는 미국의 남북전쟁 시기(1861-1865)때부터 사용되었으며 주로 대통령선거 시점부터 새 대통령 취임시까지 기간 동안의 대통령을 의미했다. 1933년 이전까지 미국의 새 대통령은 3월 5일에 취임하여 그 기간이 4개월에 달했다. 1933년부터는 대통령 취임일이 1월 20일로 당겨져 퇴임하는 대통령의 lame-duck 기간이 2개월로 줄어들었다.

60) Giovanni Sartori, *Comparative Constitutional Engineering: An Inquiry into Structures, Incentives and Outcomes* (Washington Square, NY: New York

면 권력의 누수현상은 똑같이 나타날 수 있다.

대통령제를 채택하는 국가들 중에서 대부분은 두 번까지만 대통령을 역임할 수 있도록 제한을 두고 있다. 이러한 국가들로는 아시아에서 대만, 인도네시아, 파키스탄 등 5개국이 있고 중동에서는 이란과 키프로스가 있다. 아프리카에서는 나이지리아, 남아프리카공화국 등 11개국에서 두 번까지 허용한다. 북미에서는 미국, 남미에서는 베네수엘라, 브라질, 아르헨티나, 페루가 있다. 유럽에서는 러시아가 대통령의 연속 중임까지 허용하고 있다.

브라질에서는 1992년 군부정권이 종식되고 민주화가 되면서 단임제를 채택하였으나 1993년에 중임까지 가능하도록 헌법을 개정하였으며 베네수엘라에서는 1999년 5년 단임 대통령제를 6년 중임제로 개헌하였으며 2009년 2월 15일에는 대통령을 비롯한 선출직 공무원들에 대한 중임제한을 철폐하는 개헌안을 국민투표에 부쳤고 이 개헌안이 통과되게 됨에 따라 대통령의 중임제한이 폐지되었다.[61] 아르헨티나와 페루에서도 군부정권에서 민간정부로 이양하면서 처음에는 단임제를 채택하였으나 헌법을 개정하여 중임까지 가능하게 만들었다.

중남미의 일부 국가들에서는 대통령에 2번 당선되는 것은 허용하지만 현직 대통령이 연속해서 당선되는 것은 금지하는 국가들이 있다. 이러한 국가들로는 도미니카공화국, 볼리비아, 에콰도르, 엘살바도르, 우루과이, 칠레가 있는데 이 국가들에서는 대통령을 역임한 후 다른 사람이 한 임기를 지낸 후에만 다시 대통령에 출마할 수 있다.

위와 같이 대부분의 대통령제국가들에서는 대통령이 두 번까지만 재임하도록 제한을 두고 있으나 아시아와 아프리카의 일부 국가들은 대통령선거에서 당선되기만 하면 몇 번이라도 중임할 수 있도록 규정하고 있다. 이러한 국가들로는 아시아에서 라오스, 몰디브, 북한, 베트남, 중국 등 9개국이 있다. 이러한 국가들은 공산국가들이거나 또는 과거에 소련의 일부로 있다가 소련이 붕괴된 후에 독립을 한 국가들이다.

중동에서는 그루지야, 시리아, 아랍에미리트, 예멘과 이집트가 대

University Press, 1994), p. 175.
61) 「중앙일보」, 2009년 2월 16일, 18쪽.

┃ 표 4-6 ┃ 대통령제 또는 이원집정제 국가들에서 대통령의 임기

임기	대륙	국가
3년	오세아니아	나우루
4년 (21)	아시아	대만
	중동	이란, 이집트
	아프리카	가나, 나미비아, 나이지리아, 남수단, 니제르, 코모로62)
	유럽	보스니아헤르체고비나
	중·남·북미	과테말라, 도미니카공화국, 미국, 브라질, 아르헨티나, 에콰도르, 온두라스, 칠레, 코스타리카, 콜롬비아
	오세아니아	마셜제도, 마이크로네시아, 키리바시, 팔라우
5년 (49)	아시아	대한민국, 라오스, 몰디브, 미얀마, 베트남, 북한, 아제르바이잔, 아프가니스탄, 우즈베키스탄, 인도네시아, 중국, 카자흐스탄, 투르크메니스탄
	중동	그루지야, 아랍에미리트, 아르메니아, 아제르바이잔, 키프로스
	아프리카	감비아, 기니, 기니비사우, 나미비아, 남아프리카공화국, 니제르, 마다가스카르, 말라위, 말리, 모리타니, 모잠비크, 베냉, 보츠와나, 부룬디, 부르키나파소, 상투메프린시페, 세이셸, 수단, 시에라리온, 알제리, 앙골라, 에리트레아, 우간다, 잠비아, 중앙아프리카공화국, 지부티, 짐바브웨, 차드, 케냐, 코트디부아르, 콩고민주공화국, 탄자니아, 토고, 튀니지
	유럽	루마니아, 리투아니아, 몬테네그로, 벨라루스, 불가리아, 세르비아, 아르메니아, 우크라이나, 크로아티아, 프랑스
	중·남·북미	가이아나, 니카라과, 볼리비아, 수리남, 아이티, 엘살바도르, 우루과이, 쿠바, 트리니다드토바고, 파나마, 파라과이, 페루
6년 (9)	아시아	스리랑카, 키르기스스탄, 필리핀
	아프리카	라이베리아, 중앙아프리카공화국
	유럽	러시아, 핀란드
	중·남·북미	멕시코, 베네수엘라
7년 (9)	아시아	타지키스탄
	중동	시리아, 예멘
	아프리카	가봉, 르완다, 세네갈, 적도기니, 카메룬, 콩고공화국

자료출처: http://www.electionguide.org/elections와 https://www.cia.gov/library/publications/the-world-factbook 2016년 1월 19일 검색자료를 기반으로 저자가 작성하였다.

통령의 무제한 중임을 허용한다. 아랍에미리트의 대통령은 아부다비의 국왕인 자이드 빈 술탄 알 나하얀으로 1991년 1월에 임기 5년의 초대 대통령에 선출된 후 2004년에 사망할 때까지 13년간 재임했다. 그의 사망으로 공석이 된 대통령에는 2004년 11월 3일 아부다비의 국왕인 쉐이크 칼리파자이드 알 누하얀이 연방최고회의에서 선출되었다.

---

62) 연방국가인 코모로의 대통령은 연방을 구성하는 세 개의 큰 섬에서 선출된 대통령이 임기 4년씩 돌아가면서 대통령직을 맡는다.

아프리카에서는 가봉, 감비아 등 11개국에서 대통령의 중임에 제한을 두지 않고 있다. 유럽에서는 벨라루스, 중미에서는 쿠바, 오세아니아에서는 나우루와 마샬군도에서 대통령의 중임제한이 없다. 대통령의 중임제한을 단임제, 연속 재선 불가, 재선까지 허용, 제한을 두지 않는 국가별로 분류하면 [표 4-7]과 같다.

┃표 4-7┃ 대통령제 국가와 이원집정제 국가들에서 대통령의 중임제한과 허용

대륙	단임만 허용	연속해서 두 번 당선 불가능	두 번까지만 당선 가능	중임 제한 없음	기타
아시아	대한민국, 키르기스스탄, 타지키스탄,63) 필리핀		대만, 몰디브, 스리랑카, 아프가니스탄, 우즈베키스탄, 인도네시아, 중국, 카자흐스탄, 투르크메니스탄	라오스, 미얀마, 북한, 베트남	
중동			그루지야, 시리아, 키프로스	아랍에미리트, 아제르바이잔, 예멘	이란64)
아프리카			가나, 기니, 나미비아, 나이지리아, 남아프리카공화국, 라이베리아, 르완다, 마다가스카르, 말라위, 말리, 베냉, 보츠와나, 부룬디, 부르키나파소, 상투메프린시페, 세네갈, 세이셸, 시에라리온, 앙골라, 에리트레아, 에티오피아, 잠비아, 적도기니, 중앙아프리카공화국, 카보베르데, 케냐, 콩고공화국, 콩고민주공화국, 탄자니아	가봉, 감비아, 기니비사우, 알제리, 짐바브웨, 카메룬, 코트디부아르, 토고	모잠비크65) 지부티,66) 리비아 · 이집트 · 튀니지67)

---

63) 타지키스탄에서 대통령은 7년 임기의 단임제이지만 2003년에 개정된 헌법에서 당시의 대통령인 라흐몬(Emomali Rahmon)에 한해서는 두 번까지 대통령에 연속 출마가 가능하도록 하였다. 타지키스탄에는 대통령후보가 되기 위해서는 유권자의 5퍼센트인 210,000명의 추천 서명을 받아야 한다. 이런 선거법 하에서 라흐몬은 2013년 11월 6일에 실시된 선거에서 83.07퍼센트의 지지를 얻어 새 헌법에 의해 두 번째 대통령에 당선되어 2020년까지 재임할 수 있다.
http://www.electionguide.org/elections/id/2288. 2014년 4월 1일 검색.
64) 이란의 대통령은 국가원수는 아니며 행정부의 수반이다. 대통령은 연속해서 두 번까지 당선될 수 있으며 4년이 지난 후에는 다시 한 번 더 당선 가능하다.
https://www.cia.gov/library/publications/the-world-factbook/geos/ir.html. 2014년 4월 1일 검색.
65) 모잠비크에서 대통령은 연속해서 3번까지 당선 가능하다.
https://www.cia.gov/library/publications/the-world-factbook/geos/mz.html. 2014년 4월 1일 검색.
66) 직선으로 선출하는 5년 임기의 지부티 대통령은 선거에서 당선되면 75세까지 집권할 수 있다. https://www.cia.gov/library/publications/the-world-factbook/geos/dj.html. 2014년 4월 1일 검색.
67) 리비아, 이집트, 튀니지에서는 민주혁명으로 독재정권들이 붕괴된 후 헌법이 확정되지 않은 과도기에 있어 2014년 4월까지 대통령의 선출방법이나 임기와 임기제한 등이 불확실한 상태이다.

대륙	단임만 허용	연속해서 두 번 당선 불가능	두 번까지만 당선 가능	중임 제한 없음	기타
유럽			몬테네그로, 프랑스	벨라루스	러시아[68]
중남 북미	멕시코, 브라질, 엘 살바도르, 온두라 스, 코스타리카, 파 라과이	과테말라, 도미니카 공화국, 아이티, 우루 과이, 칠레, 페루(한 임기 지난 후 가능)	니카라과, 미국, 볼리비아, 아르 헨티나, 에콰도르, 콜롬비아	가이아나, 베네수엘 라, 수리남, 쿠바	파나마[69]
오세 아니아			마이크로네시아, 팔라우		키리바시[70]

자료출처: http://www.electionguide.org/elections와 https://www.cia.gov/library/
publications/the－world－factbook, http://en.wikipedia.org 2016년 1월 11일 검색자료 등
을 참조하여 저자가 작성하였다.

6 ▪ 대통령의 권한

대통령제 국가에서, 국가원수이면서 행정부의 수반인 대통령은 정
치과정에서 많은 주요 권한을 갖는다. 대통령이 갖는 중요한 권한은
① 국가원수(head of state)로서의 권한, ② 의회와의 관계에서 갖는 권
한, ③ 총리나 내각의 각료를 임명할 수 있는 권한으로 대별된다.

① 공화제를 채택하고 있는 국가들에서 국가원수는 대통령이다.
미국과 같은 대통령제 국가에서는 대통령이 국가원수이면서 동시에 행
정수반(chief executive)이지만 의원내각제 국가에서는 국가원수와 행정
수반이 동일인이 아니다. 대통령제 국가들에서 직선으로 선출되는 대통
령은 실질적 권력을 갖는 행정수반이다. 이러한 국가들로는 아시아에서
는 대한민국, 필리핀, 아프리카에서는 남아프리카공화국, 세네갈을 들

---

68) 러시아의 대통령은 연속해서 세 번 대통령에 당선될 수는 없지만, 두 번 대통령
을 역임한 후 다른 사람이 다음 대통령을 역임한 후에는 세 번째로 대통령선거에
출마하여 당선되는 것이 가능하다. 2014년 현재 러시아의 대통령인 푸틴은 2000년
3월 26일에 53.44%의 득표로 처음 대통령에 당선된 후 4년 후인 2004년 3월 14
일 선거에서 71.91%로 두 번째 당선되었다. 연속해서 세 번 대통령에 출마할 수
없게 된 푸틴은 2008년 3월 2일 선거에서는 자신의 정부에서 총리를 하던 메드베
데프를 대통령후보로 내세워 당선되자 푸틴은 메드베데프정부에서 총리직을 4년간
맡았다. 4년 후인 2012년 3월 4일의 대통령선거에 다시 출마한 푸틴은 64.35%의
지지로 세 번째로 대통령에 당선되었다.
69) 대통령 임기가 5년인 파나마에서는 자신의 대통령 임기를 끝내고 10년이 지난 후
즉 다른 대통령의 두 번 임기가 끝난 후에 입후보가 가능하다.
70) 키리바시의 대통령은 국회의원선거가 끝난 후 국회의원들 중에서 대통령 후보를
결정한 후 국민들의 직선 투표에서 4년 임기로 선출된다.
https://www.cia.gov/library/publications/the－world－factbook/geos/kr.html.
2014년 4월 1일 검색.

수 있다. 유럽에서는 키프로스, 남미에서는 과테말라, 니카라과, 멕시코, 브라질, 코스타리카, 북미에서는 미국이 이러한 국가들의 예이다.

② 대통령이 갖는 중요한 권한의 두 번째는 의회와의 관계에서 대통령이 갖는 권한들이다. 이러한 권한들 중에서 ⓐ 의회가 통과시킨 법을 거부할 수 있는 권한, ⓑ 법안을 제안할 수 있는 권한, ⓒ 의회를 해산할 수 있는 권한,71) ⓓ 국민투표를 실시할 수 있는 권한의 네 가지는 특히 중요하다. 대통령은 의회가 발의해서 통과시킨 법이나 행정부가 발의한 법안을 의회가 수정시켜 통과시킨 법에 대해 거부권을 행사할 수 있다. 대통령이 사용할 수 있는 거부권에는 포켓거부권(pocket veto: 주머니에 넣어 놓고 신경 쓰지 않는다는 의미)과 일괄거부권(package veto)의 두 가지가 있다. 포켓거부권은 의회가 통과시킨 법안에 대해 대통령이 서명을 하지 않고 회기가 끝나면 자동폐기된다는 점을 노려서 늑장 부리는 것이다. 이런 경우에는 의회가 아무런 조치를 취할 수가 없기 때문에 사실상 그 법안이 폐기된 것과 같은 효과를 볼 수 있다. 일괄거부권은 의회가 안건들 중에서 마음에 들지 않는 개별안건이나 개별 조항에 대해서 거부하지 않고, 통과시킨 모든 내용에 대해서 거부권을 행사하는 것으로 의회는 이 경우 거부된 법안을 다시 통과시킬 수 있다. 의회가 거부된 법안을 다시 통과시키기 위해서는 3분의 2의 찬성이 있어야 한다.72)

의회와의 관계에서 대통령이 갖는 두 번째 권한은 입법권이다. 미국을 제외한 대통령제 국가들에서 대통령 또는 행정부는 법률안을 발의하여 의회에 제출할 수 있다. 대통령이 소속한 정당이 의회에서 다수를 차지할 때에는 대통령이나 행정부가 발의한 법률안이 의회에서 통과되는 것이 어렵지 않다. 그러나 대통령이 소속한 정당과 의회에서

---

71) 이러한 권한은 그 시행 조건이 까다롭게 제한된다(예를 들면, 국가비상시). 해당 권한은 소위 순수 이념형으로서의 '대통령제'에서는 가능하지 않은 권한이다. 왜냐하면, 대통령제는 행정부와 입법부의 '권력분립'을 기본으로 성립된 권력구조이기 때문이다. 국민으로부터 '이원적 정당성'(dual legitimacy)을 기반으로 하는 제도하에서 행정부와 입법부는 일방이 다른 일방의 권한을 해체할 수는 없다. 하지만, '권력분립'을 '권력공유'라고 본다면 반대의 논리도 가능하다. 대통령제를 '권력분립'이라고 보지 않고 국가에 존재하는 하나의 국가권력을 나누어 갖는 '권력공유'라고 보는 시각도 있다. Richard Neustadt, *Presidential Power* (New York: Wiley, 1960).

72) 베네수엘라에서는 의회의 단순과반수로 법안을 재통과시킬 수 있다. Giovanni Sartori, *op. cit.,* pp. 162−163.

다수를 차지한 정당이 다른 분점정부(divided government)에서는 대통령이 발의한 법률안이 의회에서 통과되기가 쉽지 않다. 이 경우 대통령은 법과 동등한 효과를 갖는 법령(decree)을 공포하는 권한을 갖는다. 남미의 일부 국가들에서는 대통령들이 법령공포권을 남용한 경우가 있다. 브라질의 사르네이(Sarney) 대통령은 1988년의 헌법 하에서 집권기간 동안 142개의 긴급 법령을 공포하여 평균 4일에 한 건의 긴급 법령을 공포하는 식으로 대통령의 권한을 남용했다. 1990년에 취임한 콜로르 대통령도 150개의 긴급 법령을 발효하여 평균 2일에 한 건씩으로 법령 공포권을 남용했다. 페루의 후지모리 대통령도 긴급 법령을 남발했고 의회가 이들 긴급 법령을 무효화시키려 하자 불법적으로 의회를 해산했다.73)

▌브라질의 사르네이
대통령 우표

　의회와의 관계에서 대통령이 갖는 세 번째 권한은 의회해산권이다. 의회와 행정부의 권력분립을 원칙으로 하는 대통령제에서 대통령의 의회해산권은 권력분립의 기본 전제를 위배하는 것이며 대통령이 향유하는 권력의 절대성을 강화시킨다. 왜냐하면 의회는 정해진 임기 이전에 대통령에 의해 해산될 수 있지만 반대로 대통령은 의회에 의해 해임될 수가 없고 정해진 임기 동안 재임하는 것이 보장되기 때문이다. 대통령의 의회해산권은 미국과 같은 순수 대통령제 국가에서는 존재하지 않는다. 대통령이 의회해산권을 갖는 국가들로는 나이지리아, 니제르, 러시아, 벨라루스, 시리아, 예멘을 들 수 있다. 벨라루스의 루카셴코 대통령은 1996년 11월 의회를 해산하고 198명의 선출의원 가운데 110명을 선택해 하원을 구성하였다. 니제르의 마마두 탄자 대통령은 2009년 5월 26일 의회를 해산했는데 이유는 탄자 대통령의 3선 도전을 가능하게 하는 헌법개정을 위한 국민투표를 의회가 지지하지 않았기 때문이다. 대한민국에서는 제5공화국 헌법에서 대통령에게 의회해산권을 부여하였지만 제6공화국 헌법에서는 이를 삭제했다.

　대통령은 의회가 야당에 의해 통제되는 상황일 때 의회를 해산한다. 대통령제에서 분점정부 상황은 정국의 교착상태를 가져와 대통령의 정책수행을 어렵게 만든다. 이때 대통령은 의회를 해산하고 선거

---

73) *Ibid.,* p. 164.

를 실시하여 새로 구성되는 의회에서 자신이 속한 정당이 과반수를 차지하기를 기대한다. 그러나 의회해산 후에 실시한 선거에서 유권자들의 선택이 해산 전 의회와 똑같은 상황을 만든다면 의회해산을 단행했던 대통령의 정치력은 심각히 약화되고 대통령과 의회 사이의 갈등은 더욱 심화된다.

■ 미국 리처드 닉슨
대통령 우표

대통령에게 의회를 해산할 수 있는 권한이 있지만 대통령도 의회에 의해 면직될 수가 있다. 의회에 의한 대통령의 면직은 탄핵에 의해서만 이루어질 수 있지만 탄핵 위기에 직면한 대통령들은 스스로 사임하는 경우도 있다. 1974년 미국의 닉슨(Richard Nixon) 대통령은 상원의 탄핵표결을 앞두고 사임하였다. 1992년 9월 29일 브라질 하원은 부정부패를 이유로 콜로르(Fernando Collor de Mello)대통령의 권한을 중지시키고 탄핵재판을 행하는 안을 441 대 38로 통과시켰으며 상원은 12월 30일의 투표에서 76 대 6으로 탄핵안을 통과시켰다. 당시 의회에서 콜로르가 소속한 정당은 5%의 의석만을 차지하고 있었다.[74]

의회와의 관계에서 대통령이 갖는 네 번째 권한은 국민투표를 실시할 수 있는 권한이다. 대통령은 많은 경우에 의회를 상대로 정치를 해 나가야 하는데 의회에서 야당이 다수를 차지하거나 대통령에게 우호적이지 않은 의원들이 다수를 차지할 때에는 대통령은 자신이 추구하려는 정책을 입안하거나 법안을 제정하기가 어렵다. 이런 경우에 의회를 거치지 않고 국민들에게 직접 호소하여 자신이 추진하려고 하는 정책에 대한 지지를 확보할 수 있는 방법이 국민투표의 실시이다. 미국대통령에게는 국민투표를 실시할 권한이 없으나 칠레 등 남미를 비롯한 대부분의 대통령제 국가들과 앙골라에서는 이를 인정하고 있다.

③ 대통령이 갖는 중요한 권한의 세 번째는 총리나 내각의 각료를 임명할 수 있는 권한이다. 대통령제 국가에서 대통령은 자신의 선호에 따라 총리와 각료를 임명할 수 있다. 대통령이 선택한 총리와 각료는 일부 국가에서는 의회의 승인을 받아야 한다. 대한민국에서 대

---

74) Kurt von Mettenheim, "Brazilian Presidentialism: Shifting Comparative Perspectives from Europe to the Americas," Kurt von Mettenheim(ed.) *op. cit.,* p. 153.

통령의 총리임명은 국회의 승인을 받아야 한다. 라오스에서 대통령은 의회의 승인을 받아 각료를 임명한다. 미국에서 장관 임명 예정자들은 상원의 인사청문회를 거친다.

7 ▪ 대통령제에서 부통령과 총리

대통령제 국가들 중에는 부통령을 두고 있는 국가들이 있는가 하면, 부통령은 없이 총리를 두는 국가들이 있다. 또한 일부 국가들에서는 부통령과 총리를 모두 두고 있으며 멕시코에서는 부통령과 총리가 모두 없다.

▪1) 부통령

대통령제를 채택하고 있는 국가들 중에서 부통령을 두고 있는 국가들은 [표 4-8]과 같이 50개국이다. 부통령은 대통령이 사망, 사직, 탄핵 등에 의해 면직될 때 대통령을 승계하여 잔여 임기를 채운다. 대통령이 공석이 되었을 때 이를 승계하는 순위는 국가에 따라 다르다. 미국에서 대통령의 승계순위는 부통령 다음으로 하원의장, 상원 임시의장, 국무장관의 순서이다. 미국에서 부통령이 대통령을 승계한 근래의 경우는 1963년에 존 F. 케네디 대통령이 암살당해 린든 B. 존슨 부통령이 대통령을 승계한 경우와 1974년 의회에서 탄핵을 당할 상황에 처한 리처드 닉슨 대통령이 자진 사임한 이후에 제럴드 포드 부통령이 승계한 경우가 있다.

브라질에서는 1989년 선거에서 당선된 콜로르 대통령이 마약복용과 부정축재 및 독직혐의로 1992년 12월 의회로부터 탄핵을 당하자 프랑코 부통령이 대통령을 승계하여 잔여임기 2년을 마쳤다. 그러나 대통령이 공석이 되었을 때 누가 대통령을 승계하느냐가 명확하지 않은 국가들이 많아 혼란을 일으키는 경우도 있다. 앞에서 언급한 에콰도르의 경우, 1997년 2월 의회가 부카람 대통령을 정신이상으로 파면한 이후에 누가 대통령을 대행하는가를 두고 부통령과 의회의장 사이에 갈등이 빚어진 경우가 있다.

부통령을 선출하는 제도는 국민들이 직접선거로 선출하는 방법과 대통령이 임명하는 방법, 그리고 국회 등이 선출하는 방법이 있다. 국

민들이 직접선거로 선출하는 경우에는 첫째, 대통령후보와 부통령후보
가 러닝메이트로 한 팀이 되어 선출하는 방법과 둘째, 대통령과 부통
령을 분리하여 선출하는 두 가지 방법이 있다. 대통령후보와 부통령후
보가 러닝메이트로 한 팀이 되어 선출하는 국가들로는, 아시아에서는
대만, 인도네시아, 아프리카에서는 가나, 탄자니아, 중남북미에서는 과
테말라, 니카라과, 도미니카공화국, 미국, 베네수엘라, 볼리비아, 브라
질, 아르헨티나, 에콰도르, 엘살바도르, 우루과이, 코스타리카, 파나마,
파라과이가 있으며 대통령이 당선되면 부통령도 함께 당선된다.[75]

　　이에 비해 필리핀과 팔라우에서는 대통령후보와 부통령후보가 독
립적으로 선거에 입후보한다. 이에 따라 대통령에는 A당의 후보가 당
선되고 부통령에는 B당의 후보가 당선되는 경우가 있다.[76] 1998년
필리핀의 대통령과 부통령선거에서 대통령에는 필리핀 민중민족투쟁
당(LAMMP)의 조지프 에스트라다 후보가 39.8%의 득표로 당선되고 부
통령에는 민중투쟁당(Lakas – NUCD)의 글로리아 마가파갈 아로요 후보
가 47%의 득표로 당선되었다.[77] 이러한 경우는 대한민국에서 부통령
제를 채택했던 1950년대의 선거에서도 나타났다. 1956년의 대통령
및 부통령선거에서 여당인 자유당의 이승만 후보가 대통령에 당선되

┃표 4-8┃ 대통령제 국가들 중에서 부통령이 있는 국가(50개국)

아시아(9)	중동(4)	아프리카(15)	중·남·북미(19)	오세아니아(3)
대만, 라오스, 몰디브, 미얀마 (2명), 베트남, 아프가니스탄 (2명), 인도네시아, 중국, 필리핀	시리아(2명), 아랍에미리트, 예멘, 이란	가나, 감비아, 남아프리카공화국, 라이베리아, 말라위, 보츠와나, 부룬디(2명), 세이셸, 수단 (2명), 앙골라, 우간다, 잠비아, 짐바브웨(2명), 케냐, 탄자니아	과테말라, 니카라과, 도미니카공화국, 미국, 베네수엘라, 볼리비아, 브라질, 수리남, 아르헨티나, 에콰도르, 엘살바도르, 온두라스(2명), 우루과이, 코스타리카(2명), 콜롬비아, 쿠바, 파나마, 파라과이, 페루(2명)	마이크로네시아, 키리바시, 팔라우

자료출처: https://www.cia.gov/library/publications/the – world – factbook과 http://en.wikipedia.org
　　　　 2014년 4월 3일 검색자료 등을 참조하여 저자가 작성하였다.

---

75) 이원집정제 국가인 불가리아에서도 대통령과 부통령은 한 팀이 되어 선거에 입후
　　보하며 국민들의 직선으로 선출된다.
76) 필리핀에서 부통령은 1차 중임만 허용되며 두 번 이상의 중임은 허용되지 않는다.
77) 아로요 부통령은, 2000년 에스트라다 대통령의 부정부패에 대한 국민들의 시위와
　　항거로 에스트라다 대통령이 사임하자 대통령을 승계하였으며 2004년에는 대통령
　　선거에서 재선되었다.

었고 야당인 민주당의 장면 후보가 부통령에 당선되었다.

■ 이승만 우표

부통령을 국민들이 직선으로 선출하는 것이 아니라 대통령이 임명하는 국가들도 있다. 이러한 국가들의 예로는 중동의 시리아, 예멘이 있으며 아프리카의 보츠와나, 잠비아, 짐바브웨, 케냐, 오세아니아의 키리바시가 있다.

의회에서 부통령을 선출하는 국가로는 아시아의 라오스, 미얀마, 중국이 있으며, 아프리카의 앙골라에서도 의회가 대통령과 부통령을 선출한다. 오세아니아의 마이크로네시아에서도 의회가 대통령과 부통령을 선출한다. 중동의 아랍에미리트에서는 7개 에미리트의 군주들로 구성되는 연방최고회의에서 대통령과 부통령을 5년 임기로 선출한다.

■2) 총리

총리는 의원내각제 국가에서 실질적인 권력을 행사하는 행정부의 수반이기 때문에 대통령제 국가에서는 총리가 없을 것으로 생각할 수 있으나 상당히 많은 대통령제 국가들에서는 총리를 두고 있다. 대통령제에서 총리를 두는 것은 의원내각제의 요소를 일부 도입한 것으로 이러한 총리들은 내각회의를 주재하고 행정부를 지휘하지만 대통령에 의해 임면되고 의회의 신임 여부와는 관계가 없는 것이 보통이다. 따라서 대통령제 국가에서 총리는 실질적인 정치권력을 갖지 못하며 단지 대통령의 권한을 일부 위임받아 행사하는 것에 불과하다. 대통령제 국가에서 총리를 둘 경우 대통령은 총리에게 행정적 실무를 수행하게 함으로써 행정적 업무의 부담을 덜 수가 있으며 또한 행정적으로 문제가 생길 경우에는 대통령에 대한 국민들의 비난을 총리에게 전가시킬 수 있다. 정부의 정책이나 정책수행에 잘못이 있어 대통령에 대한 국민들의 비판이 강할 때 대통령은 총리를 바꿈으로써 정치국면을 전환시키는 경우가 있다.

대통령제에서 총리를 두고 있는 국가들은 [표 4-9]에서 보는 바와 같이 48개국이며, [표 4-10]에서 보는 바와 같이 부통령과 총리를 모두 두고 있는 국가들은 아시아에서 대만, 라오스, 베트남, 중국의 4개국과 중동의 시리아, 아랍에미리트, 예멘의 3개국이 있다.

▌표 4-9 ▌ 대통령제 국가들 중에서 총리가 있는 국가(48개국)

아시아(11)	중동(6)	아프리카(25)	유럽(4)	중남북미(2)
대만, 대한민국, 라오스, 베트남, 스리랑카, 우즈베키스탄, 조선민주주의인민공화국, 중국, 카자흐스탄, 키르기스스탄, 타지키스탄	그루지야, 시리아, 아랍에미리트, 아제르바이잔, 예멘, 이집트	가봉, 기니, 기니비사우, 나미비아, 니제르, 르완다, 마다가스카르, 말리, 모리타니, 모잠비크, 베냉, 부르키나파소, 상투메프린시페, 세네갈, 알제리, 우간다, 적도기니, 중앙아프리카공화국, 지부티, 차드, 카메룬, 코트디부아르, 콩고민주공화국, 토고, 튀니지	러시아, 몬테네그로, 벨라루스, 보스니아헤르체고비나	가이아나, 아이티

자료출처: https://www.cia.gov/library/publications/the−world−factbook와 http://en.wikipedia.org 2014년 4월 28일 검색자료 등을 참조하여 저자가 작성하였다.

▌표 4-10 ▌ 대통령제 국가와 의원내각제 국가들 중에서 부통령과 총리가 모두 있는 국가

아시아	중동
대만, 라오스, 베트남, 중국	시리아, 아랍에미리트, 예멘

자료출처: https://www.cia.gov/library/publications/the−world−factbook 2010년 1월 13일 검색자료와 http://en.wikipedia.org 2009년 11월 28일 검색자료 등을 참조하여 저자가 작성하였다.

[표 4−8], [표 4−9]에서 보는 바와 같이 부통령을 두고 있는 대통령제 국가들의 숫자는 총리를 두고 있는 대통령제 국가들과 거의 비슷하다. 또한 미얀마, 아프가니스탄, 시리아, 부룬디, 수단, 짐바브웨, 온두라스, 코스타리카, 페루는 두 명의 부통령을 두고 있다. 이에 비해 나우루, 마샬제도, 멕시코, 시에라리온, 에리트레아, 칠레, 코모로, 콩고공화국, 투르크메니스탄의 9개국은 대통령제 국가이지만 대통령만 있고 부통령과 총리는 없다.

대통령제의 총리는 의원내각제의 총리와는 크게 다르며 대통령제에서 총리의 권한은 매우 제한되어 있다. 중요한 정책에 관한 결정은 대통령이 최종적으로 책임을 지며 총리는 내각 내에서 제한된 역할만을 수행한다. 총리의 임명이나 해임도 대통령의 의사에 따라 결정된다. 대통령제에서 총리는 대부분의 경우 의회의원이 아니지만 의회의원이 총리로 임명되는 경우도 있다.

■² 의원내각제

1 ■ 의원내각제의 역사

의원내각제의 역사는 의회발전의 역사와 같이한다. 의원내각제는 혁명의 결과가 아니라 점진적인 개혁의 결과로서 이 과정은 국왕과 의회의 관계에서 다음과 같은 3단계를 거쳐서 이루어졌다. 첫 번째 단계는 강력한 군주제 아래서 초기 단계의 의회가 국왕의 명령 하에 자문을 하던 단계이며 두 번째 단계는 국왕의 주도권에 도전하는 사람들의 집합체(assembly)인 의회가 입법권(legislative power)을 갖게 된 단계이고 세 번째 단계는 입법권만을 가지고 있었던 의회가 행정부까지 책임지는 의회(parliament)가 되고 국왕은 전통적으로 행해오던 권력의 대부분을 상실하게 된 단계이다.

첫 번째 단계인 17세기 말까지만 해도 영국의 국왕인 제임스 1세는 "군주의 권한은 신이 부여한 것"이라며 모든 권한을 독점하고 있었다. 그러나 의회의 구성원들은 국가의 경제권을 확보하면서 자신들의 권한을 확대해 나갔다.

두 번째 단계는 국왕이 행정권을 행사하고 있었지만 의회가 국왕으로부터 입법권을 부여받아 헌정의 발전이 일어난 단계이다. 이 시기에 이르러 의회는 단순한 국민대표들의 집합체(assembly of the rep-resentatives of the people)라는 성격을 벗어나 국가를 운영해 나가는 법을 만드는 권한을 갖는 입법부(legislature)가 되었다.

세 번째 단계는 권력의 분립에 관한 이론들과 민주주의 이론들이 현실화된 단계이다. 18세기에 들어 국왕은 행정권을 상실하기 시작하였고 대신들은 국왕이 아닌 의회가 자신들이 책임을 져야 할 기관으로 간주하기 시작하였다. 이 단계에서 대신들은 점차로 의회의원들 중에서 선정되었고 의회가 이들에 대한 신임을 철회하면 사퇴하였다. 이러한 결과로 영국, 벨기에, 스웨덴과 같은 입헌군주국들에서 국왕은 행정권을 행사하는 일이 없어졌으며 행정권은 의회에 책임을 지는 대신들과 이들의 집합체인 내각에게 넘어갔다. 이에 따라 의회가 행정부 기능과 입법부의 기능을 모두 행사하는 의원내각제(parliamentarism)의 형태가 나타나게 되었다.[78]

---

78) Doulas V. Verney, *op. cit.*, p. 32.

대한민국에서 의원내각제라고 지칭하는 용어의 영어는 parlia-mentarism이다. parliamentarism 또는 parliamentary system이라는 용어에서 parliament는 의회를 지칭하는 것이기는 하지만 단순한 입법부로서 의회라는 의미보다는 의회와 행정부가 융합(fusion)된 의회를 지칭한다. 따라서 내각을 제외하고 의회만을 지칭할 때에는 assembly라는 용어가 주로 사용되며 parliament라는 단어는 의원내각제국가들의 의회를 지칭하는 용어라 할 수 있다.79) 이런 면에서 의원내각제는 의회를 중심으로 해서 정치가 행해지는 정부형태이다.

2 ▪ 의원내각제의 특징

의원내각제의 역사에서 보는 바와 같이 의원내각제는 민주주의가 발전해오는 과정의 산물인 정부형태이다. 즉 국왕이 독점하고 있었던 권한이 점차 귀족이나 일반 국민들의 대표기관인 의회로 넘어가는 과정에서 초기에는 의회가 입법권만을 가졌지만 국왕이 장악하던 행정권도 점차로 의회의원들의 집합체인 내각에게 넘어가면서 입법권과 행정권 모두를 의회의원들이 중심이 되어 행사하는 체제로 발전한 것이다.

이러한 점에서 의원내각제의 첫 번째 특징은 의회가 정통성을 지닌 유일한 정치기구라는 점이다. 또한 정부의 핵심기구인 내각은 의회에 의해 구성되고 지속되며 또 해체되기 때문에 내각은 의회의 신임여부에 의존한다. 따라서 의원내각제에서는 의회의 다수파가 내각을 구성하거나 소수파 내각을 의회가 허용하는 상황에서 행정부의 권위가 보장된다. 내각은 고정된 임기 동안 행정부를 이끄는 것이 아니며 의회에 의한 불신임투표나 또는 정부가 제안한 중요한 법안이 의회에서 부결될 때 사퇴해야 한다.

의원내각제의 두 번째 특징은 행정부의 우두머리가 국가원수인 군주 또는 대통령과 내각의 우두머리인 총리(또는 수상, prime minister)80)의 두 부분으로 나누어져 있는 점이다. 일반적으로 군주는 세습제이며81)

---

79) *Ibid.*, p. 33.
80) 독일과 오스트리아에서는 Chancellor라는 용어를 사용한다.
81) 예외적으로 말레이시아의 국왕은 선출된다.

의원내각제에서의 대통령은 실권이 없다.

세 번째 특징으로 국가원수(국왕 또는 대통령)는 총리를 지명하며 총리는 각료를 임명한다. 국가원수는 총리의 지명에서 자유재량권이 없으나(상징적 권한), 총리는 각료임명에서 매우 큰 재량권을 갖는다(실질적 권한).

네 번째 특징으로 내각은 집단적인 집합체의 성격을 띤다. 절대군주제에서는 국왕이 모든 권력을 독점하고 있었기 때문에 국왕만이 책임을 지지만 행정권이 내각으로 이양되면서 권력은 내각의 우두머리인 총리가 아닌 집단으로서의 내각에 이양되었다. 따라서 내각의 구성원인 각료들은 내각의 결정에 대해 집단적인 책임을 진다. 또한 총리는 '동등한 사람들 중에서 제1인자'(first among equals)에 불과하다. 그러나 국가에 따라서는 총리가 이보다 더 많은 권한을 보유하는 경우도 있다.

다섯째 특징은 내각의 각료는 대부분이 의회의 의원이라는 점이다. 따라서 의원내각제에서 각료들은 의회의 의원으로서 자신이 대변하는 지역주민들의 결정에도 종속된다. 그러나 모든 의원내각제 국가들에서 각료가 의회의원일 것을 요구하지는 않는다. 스웨덴에서는 각료 15명 중 3분의 1이 의원이 아닌 적이 있었다. 네덜란드, 노르웨이, 룩셈부르크에서는 의원이 각료에 임명되면 의원직을 사퇴해야 한다. 이것은 각료가 국왕에게 충성하던 전통이 그대로 남아 있기 때문이다.

여섯째 특징으로 행정부는 의회에 정치적 책임을 진다. 의회는 공식적인 신임투표를 통해서나 또는 중요한 정부법안을 부결시킴으로써 정부를 사퇴하게 만들 수 있다. 이런 점에서 의원내각제는 의회가 최고의 권력을 갖는 정부형태이다. 그러나 실제적으로 의회의 우월성은 국가마다 다르다. 영국과 스칸디나비아 국가들에서는 의회 내에서 내각의 권한이 강하기 때문에 영국에서는 내각정부(cabinet government)라 불린다. 반대로 의원내각제였던 프랑스의 제3공화국과 제4공화국에서는 의회의 권한이 강했다.

일곱째 특징으로 총리는 국가원수에게 의회를 해산하도록 요청할 수 있다. 유럽에서 입헌군주제가 성립되기 전 군주들은 의회가 만족스럽지 않으면 자신에게 순응하는 의원들이 새로운 선거에서 당선될

지도 모른다는 기대에서 의회를 해산하였다.[82]

여덟째 특징으로 행정부는 의회에 대해 책임을 지기 때문에 유권자들에게는 간접적으로만 책임을 진다. 행정부는 유권자들의 직선을 통해 구성되는 것이 아니고 유권자들이 뽑은 대표들에 의해 간접적으로 구성된다. 내각의 각료들은 다음 선거 때 유권자들의 심판을 받아야 하지만 이들은 내각의 각료로 선거에 출마하는 것이 아니라 의회 의원 후보로 출마한다.[83]

3 ■ 의원내각제의 유형

의원내각제를 채택하는 국가들의 정치는 정부가 안정적인가와 효율적인가의 두 가지 기준에 따라 달라진다. 정부가 안정적이라는 것은 한번 구성된 내각이나 정부가 오랜 기간 변동 없이 지속되는 것을 의미한다. 정부가 효율적이라는 것은 정부를 운용함에 있어 효과적으로 통치하는 것을 의미한다. 정부가 안정되지 못하고 불안정한데 정부가 효율적으로 운용될 수는 없기 때문에 두 가지는 밀접하게 연관되어 있다. 이 두 기준을 적용할 때 의원내각제 국가들은 첫째 효율적이면서 안정된 의원내각제, 둘째 비효율적이면서 불안정한 의원내각제, 셋째 효율성과 안정성을 기대할 수 있는 의원내각제의 세 가지 유형으로 나눌 수 있다.

첫 번째 유형의 의원내각제는 총리중심형 의원내각제로서 영국형 의원내각제로도 불린다. 이 유형의 의원내각제에서는 행정부의 핵심인 내각이 의회보다 더 강력한 권한을 행사한다.[84] 두 번째 유형의 의원내각제는 의회중심형 의원내각제로 이 유형의 의원내각제에서는

---

82) 일부 국가에서는 행정부가 의회를 해산하는 권한을 제한하고 있다. 노르웨이에서 국가원수는 단지 의회의 특별회기만을 해산할 수 있도록 허가하고 있다.

83) Douglas V. Verney, *op. cit.*, pp. 36–37.

84) 영국은 소위 의회가 전능한 권력을 지닌 '의회주권제'(parliamentary sovereignty) 국가이다. 그럼에도 행정부 내각이 입법부보다 강하다는 의미는 의회 다수당을 차지한 정당의 정치지도자들이 내각을 형성하기 때문이다. 입법부 다수당의 정치지도자가 총리가 되고 다수당의 의원을 중심으로 단일 정당에 의한 내각을 형성하는 경우 의회주권제의 기반 하에서도 실질적 정치과정은 총리와 내각이 입법부를 압도할 상황이 조성된다. '다당체계'(multi-party system)는 '연립(연합)내각'이 형성될 개연성이 크며, 양당체계(two-party system)적 기능하에서는 '단일내각'이 형성될 개연성이 높다.

의회가 강력하고 행정부는 권한이 약하다. 이 유형의 예로는 프랑스의 제3공화국과 제4공화국을 들 수 있다. 세 번째 유형의 의원내각제는 위의 두 유형의 중간형으로 내각이나 의회가 아니라 정당이 강한 권한을 갖는 유형이다. 의원내각제가 실제로 운용되는 데에는 이처럼 여러 유형이 있기 때문에 의원내각제가 좋으냐 나쁘냐를 이야기 할 때에는 어떤 유형의 의원내각제인가를 명확히 해야 한다.[85]

▪1) 총리중심형 의원내각제

효율적이면서 안정적인 총리중심형 의원내각제(cabinet system)의 전형적인 예는 영국이다. 영국의 의원내각제에서는 단일 정당에 의해 정권이 구성된다. 선거제도는 1선거구 1인선출제이며 이러한 선거제도의 결과로 정당체계는 양당제이다. 이 유형의 의원내각제에서는 의회에서 다른 정당이 주장하는 대로 투표를 하게 되면 정권을 다른 정당에게 넘겨 줄 수 있기 때문에 정당의 규율이 강하다. 따라서 영국의 정치과정을 중심으로 총리중심형 의원내각제가 성립되는 환경을 규정해 본다면 ① 선거제도는 단순다수 선거제이고, ② 정당제도는 양당제이며, ③ 정당의 기율(紀律: party discipline)이 강해야 한다. 물론 단순다수 선거제를 채택한다고 해서 언제나 양당제가 되는 것은 아니며 이러한 선거제도를 채택했다고 해서 자동적으로 총리중심형 의원내각제가 되는 것은 아니다. 또 다양한 문화를 가지고 있는 사회에서는 승자만이 모든 것을 독점하는 선거제도가 꼭 바람직한 것만은 아닐 수도 있다.

| 영국 마가렛 대처
총리 우표

영국의 경우와는 약간 차이가 있지만 독일도 총리중심형 의원내각제의 대표적인 예이다. 제2차 세계대전 종식 이후의 독일은 양당제가 이루어진 적이 없으며 단일 정당만으로 정부가 수립된 기간도 단기간에 불과하다. 독일은 대부분의 기간 동안 3당제(일부 학자는 2.5정당제라 부름)였으며 언제나 두 개 정당의 연립정부였다. 그러나 독일의 의원내각제에서는 총리가 정치의 중심이 되기 때문에 총리중심형 의원내각제로 분류할 수 있다.

---

85) Giovanni Sartori, *op. cit.*, p. 102.

독일에서 총리중심형 의원내각제가 가능하게 된 것은 다음의 세 가지에 근거한다. 첫째는 1953년 연방 헌법재판소가 신나치당을 불법화시킨 것처럼 반체제정당을 허용하지 않기 때문이다. 둘째는 선거에서 전국적으로 5% 이상의 득표를 하지 못하거나 지역구 선거에서 3석 이상을 얻지 못하는 정당에게는 비례대표 의석을 배분하지 않는 봉쇄조항 때문이다. 셋째는 의회가 총리에 대한 불신임투표를 실시하기 전에 다음 총리를 미리 결정하여 놓는 건설적 불신임투표제를 채택하고 있기 때문이다. 건설적 불신임투표제에서는 전체 내각의 구성원들을 미리 결정해 놓는 것이 아니라 총리만을 미리 결정해 놓는데 이것은 총리를, '동등하지 않은 사람들 중에서 제1인자'(first among un-equals)로 만드는 제도이다. 독일의 3당제가 영국의 양당제와는 다르면서도 실제로 정치가 행해지는 데는 총리가 중심이 되는 의원내각제가되는 것은 이러한 법적·제도적 장치들을 통해 군소정당이 난립하는 다당제를 막으면서 총리의 위상을 강화하는 제도적 장치 때문이다.86)

• 2) 의회중심형 의원내각제

불안정하고 효율적이지도 않은 의원내각제는 의회중심형 의원내각제이다. 의회중심형 의원내각제의 특징들은 다음과 같다. ① 내각이 의회를 주도하지 못하고, ② 권력이 통합되어 있는 것이 아니라 분열되어 원자화되어 있으며, ③ 정치인들 사이에 책임감이 전혀 없고, ④ 정당규율은 아주 약하거나 전혀 없고, ⑤ 총리와 각료들은 단호하고 신속하게 행동하지 못하며, ⑥ 연립정부는 자체의 상충된 의견을 해결하는 일이 거의 없어 의회에서의 지지가 불확실하며, ⑦ 정부는 하나의 명백한 행동이나 목소리를 내는 경우가 거의 없다.87)

이러한 특성들을 가졌던 프랑스 제3공화국에서는 하나의 연립정부가 붕괴되면 다른 정당들로 구성되는 연립정부가 등장하는 것이 아니라 붕괴된 연립정부에 참여했던 정당들의 다른 사람들이 내각을 구성하였다. 이것은 정권이 교체되는 것이 아니라 내각에 참여하지 못

---

86) *Ibid.*, pp. 106–107.
87) *Ibid.*, p. 111.

한 정치인들이 다음 내각에서 각료직을 얻기 위해 자기가 소속한 정당이 참여한 연립내각을 붕괴시킨 것으로 내각의 효율성과 안정성은 전혀 없었다고 할 수 있다.

▪3) 효율성과 안정성을 기대할 수 있는 의원내각제

영국이나 독일의 총리중심형 의원내각제와는 다르지만 안정적이고 효율적인 정치를 기대할 수 있는 의원내각제의 예로는 스웨덴과 노르웨이, 1954년부터 1993년까지의 일본 등의 패권정당제[88] 국가들을 들 수 있다. 이러한 국가들은 정당체계가 양당제도 아니고 또 총리가 강력한 리더십을 가지고 권한을 행사하는 국가도 아니다. 이 국가들은 다당제이면서도 하나의 정당이 10년에서 40년간을 의회에서 과반수를 차지하면서 효율적이고 안정적인 의원내각제를 계속한 국가들이다. 이러한 국가들에서 의원내각제가 잘 운용되는 이유는 정당체계가 안정되어 있기 때문이다. 다당체계하에서 정당들은 의석수를 다수 점한 거대 정당이 되어 여타의 정당을 압도하려는 소위 '쓸데없는' 욕심이 없는데, 이것은 해당 국가들의 정치문화와도 밀접한 연관성이 있다.

위의 세 가지 의원내각제 유형들에서 알 수 있는 바와 같이, 의원내각제가 효율적이면서 안정적인가를 결정하는 중요한 요인은 정당체계이다. 정당체계가 양당제일 경우에는 한 정당이 의회에서 다수 의석을 차지하기 때문에 의회에서 안정된 지지기반을 가진 정당이 효율적으로 정부를 이끌어 갈 수 있다. 여러 개의 정당들이 의회에 진출하는 경우에도 패권정당제의 구도에서는 하나의 정당이 정국을 주도하기 때문에 내각의 효율성을 높일 수 있다. 정당체계가 다당제인 의회중심형 의원내각제에서는 혼란과 불안정이 야기될 가능성이 매우 높기 때문에, 의원내각제를 정부형태로 채택할 때에는 총리중심형 의원내각제가 될 수 있는 제도적 장치를 선거제도와 정당제도에서 갖추는 것이 필요하다.

---

88) 패권정당제에 관해서는 '제6장 정당과 정당정치'에 설명되어 있다.

4 ■ 의원내각제의 장점과 단점

▪1) 의원내각제의 장점으로 거론되는 점들

대통령제와 비교할 때 의원내각제의 첫 번째 장점은 정치과정에서의 유연성이다. 의원내각제에서는 총리가 정치를 잘못할 때에는 의회에서의 불신임투표나 정당 내에서의 지도자의 경질을 통해 총리를 바꿀 수가 있다. 총리의 경질은 세 가지로 이루어질 수 있다. 첫째는 집권당의 내부 결정으로 경질하는 것인데 총리가 정책의 실패로 인기가 없을 때는 집권당이 전당대회를 열어 정당지도자를 교체한 후 새 지도자를 총리로 선정한다. 1990년 11월 영국 보수당의 지도자이던 마가렛 대처 총리가 경질되고 존 메이저가 총리가 된 것이 대표적인 예이다. 둘째는 정부가 연립정부일 경우에 연립에 참여하고 있는 소수 정당들이 내각에 대한 지지를 철회함으로써 총리를 경질하고 새로운 연립정부를 구성하는 것이다. 세 번째는 야당에 의한 불신임투표를 통해서 총리의 경질이 이루어질 수 있다.

의원내각제의 두 번째 장점은 비합법적인 방법에 의한 장기집권이 일어나지 않는다는 점이다. 의원내각제에는 총리의 재선이나 연임을 금지하는 규정이 없기 때문에 집권당이 선거에서 승리하기만 하면 총리는 몇 년이라도 통치할 수 있다. 의원내각제 국가들에서는 스칸디나비아국가들, 영국, 인도, 일본에서와 같이 한 정당이 선거 때마다 계속 승리하여 장기간 정권을 지속하는 경우가 흔하다. 그러나 이런 국가들에서 총리의 임기에 제한을 두는 제도를 만들자거나 또는 장기집권을 반대한다는 주장이나 시위가 있었던 적이 없다. 의원내각제에서는 뛰어난 국정능력을 갖춘 지도자가 국민들의 지지를 받는 한 임기의 제한 없이 국정을 맡을 수 있다.

▌독일 헬무트 콜 총리 우표

의원내각제 국가인 독일에서 콜(Helmut Kohl) 총리가 이끈 기독교민주당 연립정부는 1982년에 콜이 총리가 된 후 1983년, 1987년, 1990년, 1994년의 선거에서 연속해서 승리하였으며 콜 총리는 1998년 9월에 실시된 총선에서 사회민주당에게 패배할 때까지 16년간을 장기 집권하였다. 영국의 마가렛 대처 총리도 1979년부터 1990년까지 11년간을 장기집권한 바 있다.

이러한 장기집권에도 불구하고 이 의원내각제 국가들에서는 지도자의 장기집권이 아무런 정치쟁점이 되지가 않는다. 이에 비해 대부분의 대통령제 국가들에서는 대통령에게 권력이 집중되는 폐해를 우려하여 대통령의 임기를 1회 또는 2회로 제한하고 있다. 이러한 제도는 지도자가 훌륭하고 국민들의 지지를 강하게 받는 경우라도 국정을 계속 담당할 수 없게 만드는 단점이 있다.[89]

모든 정부는 자신들이 추진하는 정책을 실현할 수 있는 시간적 여유를 원한다. 그러나 임기의 제한으로 인해 정책을 수행할 시간이 제한된다는 것을 대통령이 의식하게 되면 정책단절에 대한 우려와 후임자에 대한 불신과 같은 강박관념을 갖게 된다. 이로 인해, 정책상에 오류가 생기거나, 정책의 집행을 서두르거나, 반대의견에 대해 적대적으로 대처하거나, 과다한 비용의 지출 등을 조장하게 된다. 이러한 상황 하에서 일부 국가들의 대통령은 집권연장을 획책하게 되고 이를 합법적 또는 비합법적으로 추진하는 과정에서 정치적 무리나 위기를 초래하게 된다.

그러나 의원내각제 국가에서는 현 정권이 차기 선거에서 승리할 가능성이 높으면 현직 총리는 이러한 종류의 시간적 압박을 느낄 필요가 없다. 왜냐하면 의원내각제에서는 총리를 합법적 절차에 따라 언제든지 퇴임시킬 수가 있기 때문에, 총리의 독재에 대한 우려가 낮으며, 이에 따라 총리는 여러 차례의 총선을 거치면서 장기간 재임할 수 있다. 또한 의원내각제에서는 퇴임하는 총리는 언제든지 다시 총리에 복귀할 수 있음을 알기 때문에 대통령제에서와 같은 제한된 임기에 대한 강박관념을 가질 필요가 없다.

의원내각제의 또 하나의 장점은 총리가 되기를 원하는 정치지도자들이 의회 내의 위원회나 원내 활동을 통해 다양한 정치 경험을 쌓을 기회를 갖는다는 점이다. 오늘날에는 입법활동이나 예산심의와 같은 정

---

89) 대통령제 국가 중에서 대통령의 재선을 금지하는 국가는 8개국이며 연임이 금지된 국가는 4개국, 그리고 연임은 금지하나 2회까지는 대통령을 역임하는 것을 허용하는 국가는 베네수엘라의 1개국이다. 연임을 허용하는 국가 중에서 5개국은 임기를 2회까지로 제한하며 횟수에 제한 없이 대통령에 선출될 수 있는 국가는 6개국이다. Matthew Shugart and John M. Carey, *Presidents and Assemblies: Constitutional Design and Electoral Dynamics* (Cambridge: Cambridge University Press, 1992), pp. 87-91, pp. 167-171.

치활동에서 정부와 대립하거나, 야당과 대립하는 활동 등의 경험이 없이 국가를 통치하는 것은 불가능하다. 의원내각제에서는 이런 과정을 통해 정당 내의 지도자가 부각되고 '예비내각'(shadow cabinet)이 발전하며 국민대중은 선거 전부터 야당지도자에 대해 잘 알 수 있는 기회를 갖게 된다. 직업정치인들이 혐오의 대상이 되는 점도 있으나 현대정치는 너무 복잡해서 비전문가가 통치하기 어렵게 되었다. 의원들은 의회 내에서의 경험과 인간관계와 정당연고를 공유하고 있기 때문에 정권교체가 되더라도 서로 간에 협상과 합의 및 조정이 용이하다.90)

▪2) 의원내각제의 단점으로 거론되는 점들

의원내각제 국가에서는 과반수를 차지하는 단일 정당이 출현할 가능성이 낮기 때문에 연립정부가 구성되는 경우가 많으며 이것이 정치의 불안정을 초래한다는 지적이 있다. 그러나 유럽의 경우를 보면 연립정부가 꼭 불안정한 정부라고 말할 수는 없다. 만일 정당들이 강력한 당내 규율을 가지고 있다면 일당 지배의 정부보다는 연립정부가 더욱 민주적인 대변과 토론을 허용할 수 있다. 또 독일의 사회민주당과 기독교민주당과 같이 유권자들의 지지를 광범위하게 받는 안정된 두 개의 주요 정당들이 존재한다면, 이 사이에서 자유민주당(Free Democratic Party)과 같은 세 번째 정당이 일종의 균형세력으로 역할하면서 어떤 때는 사회민주당과 연립정부를 구성하고 다른 때는 기독교민주당과 연립정부를 구성함으로써 정권교체를 촉진할 수 있기 때문에 연립정부가 보다 바람직할 수도 있다.

의원내각제의 단점으로 지적되는 것 중의 또 하나는 정치적 불안정으로 내각이 자주 바뀔 경우 정치의 연속성을 기대할 수가 없다는 점이다. 이러한 경우의 대표적인 예로는 제2차 세계대전 이후의 이탈리아를 들 수 있다. 이탈리아에서는 1948년부터 1987년까지 모두 46번에 걸친 내각 교체가 있었으며 내각의 평균 수명은 10개월이었다. 또한 프랑스 제3공화국과 제4공화국도 의회가 불신임투표를 남발하면서 무책임하게 정권을 붕괴시킨 대표적인 경우로 지적된다. 그러나 이러

---

90) 신명순·조정관(공역), 앞의 책, 178쪽.

한 상황은 모든 의원내각제 국가들에서 일반적으로 나타나는 현상이라기보다는 앞에서 본 바와 같이 의원내각제가 실시되는 유형들 중의 하나인 의회중심형 의원내각제에서 주로 나타나는 독특한 현상이라고 할 수 있다.

또한 의원내각제에서의 내각 불안정 현상은 실제보다 과장되어 거론되고 있다. 의원내각제를 채택한 스페인에서는 1977년부터 1997년까지의 20년 동안 단 3명의 총리밖에 없었다. 내각이 붕괴되는 경우에도 동일한 인물이 총리에 거듭 중용되기도 하고 내각이 바뀔 때에도 다수의 현직 각료들은 바뀌지 않는 경우도 많다. 또한 프랑스의 제3공화국 및 제4공화국[91]이나 독일의 바이마르공화국에서 보았던 내각의 불안정은 제2차 세계대전 이후 독일이 채택한 건설적 불신임투표제에 의해 소멸되었다. 제2차 세계대전 이후 독일 통일 때까지 서독에는 6개의 정부만 존재하였으며 정부의 평균 재임기간은 7년이었다. 의원내각제 국가에서 정부불안정 현상을 해소하기 위해서는 극단적인 비례대표제를 완화하는 봉쇄조항(threshold clause)을 두는 선거제도를 채택하는 것이 도움이 된다.[92]

5 ■ 의원내각제정부의 성립과 종결

■1) 의원내각제정부의 성립

의원내각제 국가들에서 정부의 성립은 선거제도와 연관되어 있다. 의회의원 선거제도로 단순다수 선거제나 절대다수 선거제를 채택하고 있는 국가들에서는 한 정당이 의회에서 다수 의석을 획득할 가능성이 높기 때문에 정부를 구성하는 것이 상대적으로 용이하며 그 절차도 간단하다. 이러한 국가들에서 누가 정부를 구성할 것인가는 유권자들이 결정한다고 할 수 있다. 왜냐하면 의회에서 다수의석을 획득한 정당의 지도자가 새로운 정권의 지도자가 되며 또 그 정당은 정권을 획득하였을 경우에 추진하고자 하는 정책방향이 이미 정해져 있기 때문에 누구

---

91) 프랑스의 제3공화국 기간인 1919년부터 1940년까지의 21년 동안 42개의 정부가 있었으며 한 정부의 평균 통치기간은 6개월이었다.
92) 신명순·조정관(공역), 앞의 책, 176－177쪽.

를 총리 또는 각료로 임명할 것인가를 결정하는 데 시간이 오래 걸리지 않는다. 이러한 예에 속하는 국가로는 영국을 들 수 있다.

　그러나 의회의원의 선거제도로 비례대표제를 채택하고 있는 의원내각제 국가들에서는 정부의 구성절차가 복잡하고 시간도 오래 걸린다. 비례대표제를 채택하는 국가들에서도 가끔은 한 정당이 의석의 과반수를 차지하는 경우가 있다. 이러한 예로는 노르웨이, 독일, 아일랜드, 오스트리아를 들 수 있다. 그러나 의회의원 선거제도로 비례대표제를 채택하는 대부분의 국가들에서는 한 정당에 의한 단독정부가 아니라 여러 정당들이 연립하는 연립정부가 성립된다. 또한 한 정당이 의석의 50% 이상을 차지할 경우에도 단독정부보다는 연립정부를 구성하는 경우가 빈번하다.[93] 이러한 이유로 대부분의 의원내각제 국가들에서는 연립정부를 구성하는 경우가 많다.

　선거의 결과로 하나의 정당이 의석의 과반수를 차지하는 것이 어려운 국가들에서는 정부의 구성이 투표결과에 따라 결정되는 것이 아니라 의회에 진출한 많은 정당들 사이의 협상과 거래의 결과로 구성되기 때문에 의원내각제 국가들에서 정부를 구성하는 것은 상당히 복잡한 과정을 거친다. 대부분의 경우 이 과정은 한 달 이상이 걸리며 벨기에의 경우에는 2010년 6월 총선을 치른 뒤 230여일이 지났지만 정부를 구성하지 못한 적이 있다. 이 당시 벨기에에서 정부구성이 어려움을 겪은 이유는 네덜란드어를 사용하는 부유한 북부 플랑드르 중심의 연합정부구성에 프랑스어를 사용하는 가난한 남부 왈롱지역의 정당들이 반대하였기 때문이다.[94]

　정부를 구성하는 데 영향을 미치는 중요한 요소들은 ① 어떤 정당 또는 정당들로 정부를 구성할 것인가? ② 누가 총리를 맡을 것인가? ③ 정부의 정책방향을 어떻게 정할 것인가? ④ 연립정부에 참여하는 어떤 정당에게 어떤 각료 자리를 배분할 것인가? 또는 한 정당 내에서 어떤 파벌에게 어떤 각료 자리를 줄 것인가? ⑤ 누구를 각료

---

93) 독일에서는 기독교민주당이 의석의 과반수를 차지했으나 다른 정당들과 함께 '잉여다수'(surplus majority) 연립정부를 구성한 경우가 있다. 오스트리아에서는 연립정부가 오랜 전통으로 이어져 왔기 때문에 한 정당이 의석의 과반수를 획득한 경우에도 연립정부를 구성하는 경우가 많다.
94) 「매일경제」, 2011년 2월 2일, A5면.

로 임명할 것인가? 이다. 이 외에도 내각의 규모, 각료들의 서열, 연립정부의 지속기간, 연립정부를 구성하는 정당들 사이의 협력방법, 정당들 사이의 권력의 분배, 연방수준과 지방수준의 모든 수준에서의 연립정부 구성 여부, 의석의 50%를 확보하지 못한 상태에서 정부가 출범하는 소수정부(minority government)의 경우에 야당들로부터의 지지확보 여부95) 등을 고려해야 한다.

의원내각제 국가에서 정부가 구성되면 의회가 새로 구성된 정부에 대해 신임투표를 하는 국가들이 있다. 의원내각제 국가의 핵심적 특징은 정부가 항상 의회의 지지를 받아야 하는 점이다. 만일 정부가 의회에서 다수의 지지를 받지 못하게 되면 정부는 불신임투표에 의해 붕괴될 수 있다. 의원내각제를 채택하고 있는 국가들 중에는 총리후보가 정부를 구성하였을 때, 이 정부에 대해 의회가 신임투표를 하도록 규정하고 있는 국가가 있는가 하면 신임투표를 규정하지 않은 국가들도 있다. 새로 구성된 정부에 대한 신임투표 규정이 없는 국가들에서는, 연립정부를 구성한 정당들의 의석이 의회의 50% 이상이 되지 않더라도 소수정부(minority government)로 출범할 수 있으나 그런 정부는 장기간 존속하기가 어렵다.

새로 구성된 정부에 대해 의회가 신임투표를 하도록 규정하고 있는 국가들로는 그리스, 벨기에, 스웨덴, 스위스, 스페인, 아일랜드, 이탈리아, 인도, 포르투갈이 있다. 이에 비해 네덜란드, 노르웨이, 덴마크, 독일, 룩셈부르크, 몰타, 아이슬란드, 영국, 오스트리아 등의 국가에서는 새로 성립된 정부에 대한 신임투표가 법으로 규정되어 있지 않다.96) 신임투표를 실시하는 국가들 중에서 벨기에, 아일랜드, 이탈리아에서는 참석의원의 과반수가 찬성하면 새 정부가 승인을 받지만 스페인에서는 재적의원의 과반수가 찬성해야 하는 절대다수의 지지가 있어야 한다.97) 소수정부는 의회에서 다수를 확보하지는 못했지만 정

---

95) 덴마크, 스페인, 영국, 오스트리아, 포르투갈에서 소수정권을 구성할 때에는 총리로 지명될 사람은 사전에 야당의 지도자들과 공식·비공식 접촉을 하여 야당들로부터 지지를 받을 정책을 계획한다.

96) 그러나 네덜란드에서는 새로 구성된 정부에 관한 토의 후에 불신임투표를 실시하며 룩셈부르크는 새 정권의 정책에 관한 토의 후에 투표를 하여 신임을 결정한다.

97) Lieven De Winter, "The Role of Parliament in Government Formation and Resignation," in Herbert Döring(ed.), *Parliaments and Majority Rule in Western*

책이나 법안에 따라 사안별로 야당들의 지지를 확보함으로써 정권을 유지해 나갈 수가 있다.

▪2) 정부의 종결: 내각에 대한 불신임투표

정부가 성립된 이후에도 내각은 계속해서 의회의 신임을 확보해야 한다. 왜냐하면 의회는 내각에 대한 불신임투표를 통해 정부를 붕괴시킬 수 있기 때문이다. 야당은 내각에 대해 불신임 결의안을 제출할 수 있고 이것이 통과되면 내각은 사퇴해야 한다.[98] 그러나 영국과 핀란드에서는 불신임투표가 통과되면 내각은 사퇴해야 한다는 규정이 헌법에 명문화되어 있지는 않다. 따라서 영국에서는 집권당이 하원의 표결에서 패배하더라도 반드시 사퇴해야 하는 것은 아니다. 내각에 대한 불신임투표는 총리에 대해 행해지는데 내각은 집단책임을 지기 때문에 불신임안이 통과되면 총리와 모든 각료들은 사임하게 된다. 따라서 불신임투표는 개별 각료들에 대해서는 행해지지 않는다. 스위스에서는 일단 정부가 구성되면 불신임투표를 할 수가 없으며 이런 점에서 스위스는 의원내각제 국가가 아니다.[99]

내각에 대한 의회의 불신임투표 중에서도 독일과 스페인 그리고 헝가리에서 실시하고 있는 건설적 불신임투표(constructive vote of no-confidence)는 일반 불신임투표와는 다른 점이 있다. 건설적 불신임투표제에서는 만일 불신임투표가 통과된다면 다음 총리가 누가 될 것인가를 미리 결정해 놓은 후에만 불신임 결의안을 제출할 수 있다. 따라서 내각에 대한 불신임투표가 통과되면 미리 정해 놓은 총리후보가 자동적으로 총리가 되어 정부를 구성한다. 건설적 불신임투표는 독일에서 최초로 채택하였는데, 독일은 제1차 세계대전 이후 바이마

Europe (Frankfurt: Campus Verlag and New York: St Martin's Press, 1995), p. 134.

98) 내각에 대한 불신임투표의 가능성이 있을 때는 내각은 미리 신임투표를 요구할 수 있다. 불신임투표는 내각에 대해 행해지지만 신임투표는 법안에 대해 행해진다. 예를 들면 내각은 예산안에 대해 신임투표를 요구할 수 있고 예산안이 부결되면 내각이 사임하지만 예산안이 통과되면 내각이 신임을 받은 것으로 간주하여 불신임투표를 실시하지 않는다.

99) Michael Gallagher, Michael Laver and Peter Mair, *Representative Government in Modern Europe* (New York: McGraw-Hill, 1995), p. 29.

르공화국에서 나타났던 정치적 불안정을 예방하기 위해 제
2차 세계대전 이후 이 제도를 채택했다. 바이마르공화국에
서는 소수의 의석을 가진 여러 정당들이 의회 내에서 내각
에 대한 불신임을 쉽게 결의하면서도 다음 정부를 구성할
총리는 누가 될 것인가에는 합의하지 못해 내각이 붕괴된

▌바이마르공화국의 첫
항공 우표

후 오랫동안 국정의 공백상태가 생겨 정치가 불안정했었다. 독일에서
는 제2차 세계대전 이후 1972년과 1982년에 2번 건설적 불신임투표
가 실시되었다. 1972년에는 불신임투표가 부결되었으나 1982년에는
가결되어 사회민주당의 헬무트 슈미트 총리가 물러나고 기독교민주당
의 헬무트 콜이 총리에 취임했다.

　의회가 내각을 불신임할 때 총리는 두 가지 선택을 할 수 있다.
첫째는 내각이 사퇴하고 의회가 새로운 정부를 구성하게 만드는 것이
다. 이때에는 야당이 내각을 구성한다. 위에 예로 든 독일의 경우가
이러한 경우이다. 두 번째는 총리의 요청에 의해 국가원수가 의회를
해산하고 새로 의회의원선거를 실시하여 이 선거에서 다수를 획득한
정당이나 정당연합이 정부를 구성하는 것이다. 대부분의 의원내각제
국가들에서는 이 방법을 채택하고 있지만, 노르웨이에서는 의회의 임
기가 법으로 4년간 보장되어 있어 총리가 의회를 해산할 수 없다. 의
회의 내각 불신임권과 총리의 의회 해산권은 상호간에 견제와 균형을
가능하게 하며 의원내각제에서 정부의 안정을 보장해 주기도 한다.

　의회가 갖는 내각불신임 권한이 의원내각제의 중요한 특성이기는
하지만 이 권한이 실제로 행사되는 경우는 많지 않으며 특히 안정된
민주정치를 계속하고 있는 유럽의 의원내각제 국가들에서는 불신임투
표로 내각이 붕괴되는 경우가 많지 않다. 앞에서 언급한 바와 같이 독
일에서는 제2차 세계대전이 종식된 이후 불신임투표로 내각이 붕괴된
경우는 한 번뿐이며 핀란드에서 내각에 대한 불신임투표 때문에 정부
가 붕괴된 경우는 1918년 이후 4번뿐이다. 그러나 1990년대 초에
민주정치를 시작한 구 사회주의국가들과 일부 제3세계국가들에서는
불신임투표가 자주 행해진다. 의원내각제에서는 내각이 불신임투표로
인해 몇 번이나 붕괴되었는가도 중요하지만 의회가 정부를 붕괴시킬
수 있는 권한을 가지고 있다는 사실 자체가 정부에게 부담을 주고 의

회의 권한을 강화시킨다.

의원내각제 국가들에서는 의회의 불신임투표에 의하지 않고도 정부가 붕괴되고 정권이 바뀌는 경우가 발생한다. 이러한 경우는 여러 정당들이 참여하는 연립정부에 참여했던 정당이 탈퇴하게 되면 정부는 의회의 과반수 의석을 확보하지 못해 붕괴된다. 이러한 예는 이탈리아와 핀란드에서 자주 볼 수 있으며 이 결과로 국민들의 선택과는 관계없이 의회 내에서 벌어지는 정치에 의해 정권교체가 발생하게 된다.

6 ▪ 의원내각제의 총리

총리는 의원내각제 국가에서 실질적 권한을 갖는 행정수반이다. 총리를 지칭하는 용어는 국가에 따라 다르지만 영어로 지칭할 때에는 Prime Minister라는 용어를 사용한다. 의원내각제에서 총리는 행정부의 수반일 뿐만 아니라 동시에 의회에 진출한 정당들 중에서 가장 의석을 많이 가진 정당의 지도자이기도 하다.[100] 이처럼 의원내각제에서는 총리가 행정부의 수반이면서 동시에 집권정당의 지도자이기 때문에 단일 정당이 정부를 구성하는 그리스나 영국 같은 국가에서는 총리의 권한이 매우 강하다.

총리의 공식적 권한은 헌법에 규정되어 있지만 총리의 실질적 권한은 법적인 규정만이 아니라 현실 정치의 상황에 따라 결정된다. 즉 선거의 결과로 나타난 의회에서의 의석 분포가 어떠하냐에 따라 총리가 갖는 권한은 크게 차이가 난다. 대통령제에서 대통령이 각료를 마음대로 임명하고 해임할 수 있는 것과는 달리, 의원내각제에서는 선거결과에 따라 총리가 각료들보다 더 강한 권한을 가질 수도 있고 반대로 각료와 동등한 수준의 권한밖에 갖지 못할 수도 있다. 의원내각제의 특징들 중의 하나는 권력을 나누어 갖는다는 점인데 여기서 권력의 공유는 의회와 행정부 사이에서뿐만 아니라 내각 내에서도 이루어진다. 즉 권력은 내각의 지도자인 총리와 내각의 구성원인 각료들 사이에도 공유된다.

---

100) 연립정부가 구성될 때에는 총리가 가장 의석이 많은 정당이 아니라 제2 또는 제3의 정당의 지도자일 경우도 있다.

■ 1) 의원내각제에서 총리의 유형

총리와 각료들 사이의 권력공유 정도에 따라 총리의 유형은 세 가지로 분류할 수 있다. 첫째는 총리가 '동등하지 않은 사람들 위에 있는 제1인자'(a first above unequals)인 유형이다. 이 유형의 예는 영국의 총리와 싱가포르 집권당인 인민행동당101)의 지도자인 사무총장을 겸임하는 싱가포르 총리를 들 수 있다. 이들은 내각의 각료들보다 높은 지위에서 권한을 행사하며 각료들을 마음대로 임명하고 면직시킬 수 있다. 둘째는 총리가 '동등하지 않은 사람들 중에서 제1인자'(a first among unequals)인 유형이다. 이 총리 유형의 예는 독일 총리이다. 독일의 총리는 영국의 총리보다는 권한이 약하지만 자신보다는 낮은 위치에 있는 각료들을 이끌어 나가는 제1인자이다. 세 번째는 '동등한 사람들 중에서 제1인자'(a first among equals)인 유형이다. 이 총리 유형은 대부분의 연립정부들에서 볼 수 있는 것으로 총리는 다른 각료들과 동등한 위치에 있으며 더 많은 권한을 갖는 것도 아니어서 각료를 마음대로 임명하거나 면직시킬 수가 없다. 총리는 내각에서 각료들을 대표하는 권한밖에 없다.

첫 번째 '동등하지 않은 사람들 위에 있는 제1인자'형 총리는 단일 정당이 의회의 과반수를 차지하는 국가에서 나타나는 총리 유형으로 그는 집권당의 지도자도 겸하고 있다. 이 경우 총리가 지도자로 있는 정당이 의회에서 다수를 차지하고 있기 때문에 총리가 의회에서 불신임을 당할 위험이 없다. 또한 총리는 자기 정당에서 가장 높은 지도자이기 때문에 정당의 간섭 없이 각료를 임명하거나 해임할 수 있어 각료들 위에서 권한을 행사할 수 있다. 두 번째 '동등하지 않은 사람들 중에서 제1인자'형 총리는 공식적으로는 정당의 지도자가 아닌 경우이다. 이 유형의 총리도 의회의 불신임투표에 의해 해임되는 경우는 없으며 각료들이 바뀌더라도 총리는 계속 직책을 유지하며 각료들을 해임할 수가 있다. 세 번째 '동등한 사람들 중에서 제1인자'형 총리는 각료들을 마음대로 임명하거나 해임할 수가 없으며 각료의 임명이나 해임은 그 각료가 소속된 연립정부에 참여한 정당들의 지도자

---

101) 싱가포르의 인민행동당은 2010년 3월 당시 총의석 84석 중에서 82석을 차지하였다.

에 의해 결정된다. 따라서 총리는 자기 정당에 소속한 각료 외에는 다른 각료들을 통제할 권한이 크지 않다.

이러한 총리의 세 가지의 유형들은 의원내각제를 채택한다고 해서 모든 총리가 똑같은 권한을 갖는 것이 아니고 또 실제 정치의 양상도 다르게 나타날 수 있음을 보여준다. 이런 점에서 의원내각제에서의 정치는 대통령제 못지않게 선거결과 정당들 사이의 의석 분포가 어떻게 나타나는가에 따라 결정적으로 변할 수 있음을 보여준다. 선거결과가 기존의 집권당이 정권을 그대로 유지할 수 있을 정도의 의석을 확보한 경우에는 설사 의석수가 감소했다 하더라도 선거에서 승리한 것이다. 그러나 총리가 소속한 정당이나 연립정부를 구성했던 정당들의 의석수를 합해도 다수를 차지하지 못하게 되면 총리는 물러나고 새로운 총리를 선출한다. 단일 정당이 의석의 50% 이상을 차지하는 경우에는 총리의 권한이 막강하지만 몇 개의 정당들이 연립정부를 구성하는 경우에는 야당들의 도전에 직면하는 것 외에도 연립정부에 참여한 정당들의 눈치도 보아야 하기 때문에 총리의 권한이 그만큼 약화된다. 따라서 총리의 권한은 선거결과로 집권당이 어느 정도의 의석을 차지하는가에 따라 결정된다.

▪2) 의원내각제에서 총리의 권한

의원내각제에서 총리는 국내정치와 국제관계 모두에서 실질적인 권한을 행사하며 상징적인 국가원수인 국왕이나 대통령은 실질적인 권한을 갖지 못한다. 총리의 세 가지 유형에서 본 바와 같이 총리의 권한은 정치적 상황에 따라 달라지지만, 총리가 각료를 임명하거나 해임할 권한을 갖는 경우 총리는 정당에 소속한 정치인들의 정치경력을 좌우할 수 있는 권한을 갖는다. 이러한 총리의 권한은 정당소속 의원들로 하여금 그에게 충성을 다하게 만드는 기반이 된다. 그러나 연립정부의 경우에는 총리가 연립정부에 참여한 다른 정당 소속의 각료를 마음대로 해임할 수가 없기 때문에 그 정당의 지도자와 협의해야한다. 이러한 경우 내각에서 총리의 역할은 개별 각료들에게 부여된 구체적 업무들을 총체적으로 통합하고 조정하며 어떤 제안을 어떻게 정부에서 논의할 것인가를 결정하고 추진하는 것이다. 따라서 총리는 각 부서에 관한 전반적인 정보를 가지고 있으며 이것이 총리의 권한을 보완하는 역할을 한다.

의원내각제에서 총리는 막강한 권한을 가지고 있을 경우에도 그가 독재자가 되는 일은 없다. 왜냐하면 총리가 정치를 잘못할 경우에는 다음의 세 가지 방법에 의해 총리에서 면직될 수 있기 때문이다. 첫 번째 방법은 선거로, 총리가 국민들의 뜻을 어기고 독재를 하게 되면 다음 선거에서 그의 정당에 대한 국민의 지지가 감소하여 더 이상 집권이 어려워진다.

두 번째 방법은 의회에서 불신임투표를 통해 총리를 해임하는 방법이다. 이 방법은 연립정부의 경우 연립정부에 참여했던 정당이 기존 정권에 대한 지지를 철회하고 탈퇴할 때 가능해진다. 세 번째 방법은 정당 내에서 당원들이 인기가 없거나 정치를 잘못하는 총리를 바꾸는 것이다. 이것은 전당대회에서 정당의 지도자를 다른 사람으로 바꿈으로써 가능하다. 이것은 아무리 막강한 권한을 갖는 총리도 소속 정당 내의 반대자들에 의해 그 직책을 박탈당할 수 있음을 나타낸다. 예를 들어 영국의 총리들 중에서 제2차 세계대전 이후 가장 오랜 기간인 12년간 총리를 역임하면서 가장 강력한 권한을 행사했던 마가렛 대처는 1990년에 6천만의 영국 국민들이 아니라 영국 보수당 소속의 수백 명 의원들에 의해 총리에서 물러나면서 존 메이저에게 총리직을 넘겨주었다. 이처럼 의원내각제에서 총리는 막강한 권한을 가질 수가 있지만 동시에 짧은 기간 내에 그 직책에서 물러나는 것도 가능하다.[102]

7 ■ 의원내각제 국가의 대통령

의원내각제를 채택하는 국가들에서 입헌군주제에서는 국왕이 국가원수이며 공화국인 경우에는 대통령이 국가원수이다. 유럽의 국가들 중에서 대통령이 국가원수인 국가로는 그리스, 독일, 몰타, 아이슬란드, 아일랜드, 오스트리아, 이탈리아, 포르투갈, 핀란드를 들 수 있다.[103]

의원내각제 국가이면서 대통령이 존재하는 경우, 그 대통령을 국

---

102) Michael Gallagher, Michael Laver and Peter Mair, *op. cit.*, p. 26.
103) *Ibid.*, p. 18.

민들이 직접 선출하느냐, 의회에서 선출하느냐는, 앞서 권력구조에 대한 이념적 정의에서도 살펴보았듯이, '이원집정부제'인지, '내각제'인지를 판단하는 근본적인 기준이 될 수 있다. 예를 들면, 독일과 같은 경우 대통령이 존재해도 연방의원들이 대통령을 선출하기에 의원내각제로 분류하는 것이 자연스럽다. 반대로 오스트리아와 같은 경우엔 대통령을 국민이 직선으로 선출하기에 단순히 의원내각제로 분류하기 어려우며, 이원집정부제로 분류하는 것이 자연스럽다.104) 어떤 이유에서이건, 직선으로 선출한 대통령은 비록 행정부의 수반을 총리(또는 수상)에게 내주었어도, 국민직선의 국가의 원수로서 차지하는 지위는 철저히 정치적인 것이기 때문이다.

앞부분에서 언급된 정부형태에 대한 이념적 정의에 따르면, 행정부의 수반을 입법부 다수당의 총리가 맡게 되는 의원내각제의 형태를 띠더라도, 대통령을 국민직선에 의해서 형성하는 경우엔, 대통령제의 기본 특성을 혼합한 형식이 되는 것이다. 결론적으로, 대통령을 국민이 직선으로 선출하는 경우, 이념형에서 고유명사로서의 '의원내각제'란 용어로 단순화하기 어렵다는 것이다. 단순히 의원내각제로 분류하는 것보다는 '이원집정부제'적 특성을 염두에 두는 것이 더 현실 정치에 가까울 것이다. 물론, 이원집정부제 내에서도 '프랑스식 이원집정부제'와 '오스트리아식 이원집정부제' 등 대통령의 헌법적 권한과 실제로 이러한 권한을 행사하느냐는 국가의 정치적 전통과 관례에 따라서 차이가 존재한다.105)

▪1) 의원내각제 국가에서 대통령의 권한과 기능

의원내각제에서 대통령은 상징적인 국가원수의 역할만을 하는 경우가 대부분이며 이들이 갖는 권한도 의례적인 것에 불과하다. 대통

---

104) 안병영, 『왜 오스트리아 모델인가』 (서울: 문학과 지성사, 2013), pp. 113-137. 안병영 교수는 오스트리아 정치체계의 복합적 성격을 묘사하는 부분에선 '준(準)대통령제적 의회민주주의'라는 용어도 사용한다.

105) 안병영 교수는 대통령이 헌법에 명시된 권한을 충분히 자제하면서 사용하는 오스트리아식 모델을 '오스트리아식 이원집정부제'라고 하여 '프랑스식 이원집정부제'와 비교하며, 오스트리아식 이원집정부제 모델이 프랑스식 이원집정부제 모델보다 한국에 더 적합할 수 있음을 주장한다. 상세한 내용은 위의 책의 12-20쪽, 123-125쪽을 함께 참조하면 된다.

령은 국가를 대표하는 상징적 역할을 하며 의회가 개원할 때 개회연설을 하거나 의회가 통과시킨 법을 최종적으로 승인하는 기능을 한다. 또한 외교적 기능으로 외국의 국가원수나 국빈이 방문할 때 이들을 접견한다. 이러한 국가들의 예로는 그리스, 독일, 이스라엘, 인도 등을 들 수 있다.

이처럼 의원내각제의 대통령은 대부분의 국가에서 실질적인 정치적 권한이 없지만 국가에 따라서 약간의 권한을 행사한 경우가 있다. 아일랜드 대통령은 의회가 통과시켰으나 논란이 많은 법들에 대해 헌법에 어긋나는 것인지를 확인하기 위해 이를 대법원에 회부한 경우가 있다. 대통령은 의회가 내각을 불신임해 총리가 의회를 해산하려 할 때 이를 거부할 수가 있고 또 대통령이 독자적으로 총선을 소집할 수도 있다. 그러나 몇 가지 예외적 경우를 제외하고는 대통령은 어떠한 권한도 정부의 자문 하에서만 행사할 수 있기 때문에 대통령이 일상 정치에 개입하여 권한을 행사하는 일은 거의 없다.

헝가리의 대통령은 의원내각제 국가들 중에서는 권한이 어느 정도 부여된 경우이다. 대통령은 의회가 통과시킨 법에 대해 거부권을 행사할 수 있으며 대통령은 일정 기간 내에 법률안을 재심의할 것을 의회에 요구할 수 있다. 대통령은 의회를 해산하고 새로운 선거일을 정할 수 있으며 의회에 참석하여 연설을 할 수가 있다. 대통령은 군의 통수권자이며 외교 분야에도 권한을 갖는다.[106] 싱가포르의 대통령도 과거에는 명목상의 지위에 불과하였으나 1991년 개헌 이후에는 예산, 치안, 정부기관장의 임명에 대한 거부권 행사 등의 권한을 갖고 있다.

터키의 대통령은 의회소집권, 법령 재심의 요구권, 헌법개정 제안권, 의회에서 결정된 헌법 개정안의 국민투표 회부권, 각료회의 및 국가안보회의 주재권, 국가의 질서파괴·경제위기·천재지변과 같은 위기상황에서 비상사태 선포권, 헌법재판소 판사 및 대법원 판사의 4분의 1 임명권과 검찰총장 임명권 등의 실질적인 권한을 갖는다. 또한 일부 의원내각제 국가에서는 대통령이 총리를 해임할 수 있는 권한을 가지고 있다. 파키스탄의 굴람 이샤크칸 대통령은 1990년 8월 베나지

---

106) Éva Molnár (ed.), *Hungary: Essential Facts, Figures and Pictures* (Budapest: MTI Corporation, 1997), p. 100.

르 부토 총리를 친인척의 권력남용과 부정부패혐의로 해임했다. 베나지르 부토는 1993년 총선에서 승리하여 다시 총리가 되었으나 1996년 11월 5일 부정부패와 통치무능의 이유로 다시 레가리(Farooq Leghari) 대통령에 의해 해임되었다.

▪2) 의원내각제 국가에서 대통령의 선출 방법

의원내각제 국가에서 대통령의 선출은 직선과 간선의 두 가지 방법이 있다. 대부분의 의원내각제 국가에서는 대통령을 의회에서 간선으로 선출하지만 일부 국가에서는 국민들의 직선으로 선출한다. 앞서 논의되었듯이, 국민들의 직선으로 대통령을 선출하는 경우엔, 이념형으로서의 '의원내각제'와는 일정 수준 차별화될 수 있다는 것을 염두에 둘 필요가 있다. 결론적으로 대통령이 행정부의 수반은 아니어도 국민들의 직선으로 선출되는 국가는 제도의 형식적 측면을 강조하는 경우엔 '이원집정부제'로 분류할 수도 있음에 유의할 필요가 있다.

대통령을 직선으로 선출하면서 단순다수제를 적용하는 국가들로는 싱가포르, 아이슬란드, 아일랜드, 오스트리아, 포르투갈을 들 수 있다. 의원내각제국가이면서 대통령을 직선으로 선출하면서 결선투표제를 적용하는 국가들로는 마케도니아, 슬로바키아, 슬로베니아가 있다. 의원내각제 국가에서는 대통령을 직선으로 선출한다고 해서 간선으로 선출하는 경우보다 더 많은 권력을 갖는 것은 아니다. 그럼에도 불구하고 정치적 실권과 정치적 상징성은 구분되어야 하며, 대통령은 국가를 대표하는 국가원수이기 때문에 국가원수로서의 직위는 단순히 행정적인 것이 아니며, 정치적인 것이어서 국가운영 및 정치과정에 미치는 정치적 영향력을 배제할 수 없다.

의원내각제 국가에서 대통령을 간선으로 선출하는 경우는 의회에서 선출하는 경우와 선거인단이 선출하는 경우가 있다. 의회에서 선출하는 국가로는 아시아에서는 방글라데시가 있다. 중동의 레바논, 이스라엘과 터키에서도 의회가 대통령을 선출한다. 아프리카의 에티오피아에서도 의회가 대통령을 선출한다. 유럽의 그리스, 라트비아, 몰타, 알바니아, 에스토니아, 체코, 헝가리도 의회에서 대통령을 선출한다. 중미의 도미니카연방에서도 의회가 대통령을 선출한다.

의원내각제 국가에서 대통령이 선거인단에 의해 간접 선출되는
경우를 보면 인도에서는 상원과 하원 및 주의회의 하원의원들로 구성
되는 선거인단이 단기이양식 투표[107]로 대통령을 선출한다. 파키스탄
의 대통령도 상원의원, 하원의원, 주의회 의원들로 구성되는 선거인단
이 선출한다. 독일의 대통령은 613명의 연방하원의원과 69명의 연방
상원의원, 그리고 각 주의회가 뽑은 이와 동일한 수의 16개 주 대의
원들 수를 합친 1,364명의 선거인단에 의해 선출된다.[108] 만일 1차
투표에서 절대다수를 얻는 후보가 없으면 2차 투표에서 1표라도 많은
후보가 선출된다. 이탈리아에서도 대통령은 상·하 양원의원들과 20개
주에서 각 주별로 3인씩 뽑은 60인의 지역대표들로 구성된 선거인단
에 의해 선출된다. 중미의 트리니다드토바고에서는 상원의원과 하원
의원이 대통령선거의 선거인단을 구성한다. 남태평양의 섬나라인 바
누아투에서도 52명의 의회의원들과 6명의 지방의회 의장으로 구성된
선거인단이 대통령을 선출한다.

이 외에 색다른 방법으로 대통령을 선출하는 의원내각제 국가들
을 보면, 몽골에서는 의회에 진출한 정당들이 추천한 대통령 후보를
국민들이 직선한다. 집단지도체제 국가인 스위스의 경우에는 내각의
각료들이 연방 상원과 하원의 합동회의에서 선출된 7명으로 구성되는
데 의회는 이들 7명의 각료들 중의 한 명을 1년 임기의 대통령으로
선출한다. 체코에서는 대통령을 국민직선 결선투표제로 선출한다. 그
러나 결선투표에서도 과반수의 지지를 얻은 후보가 없을 때에는 상원
과 하원의 양원 합동회의에서 의회의원들이 선출한다.

▪3) 의원내각제 국가에서 대통령의 임기와 임기제한

의원내각제 국가들에서 대통령의 임기는 4년, 5년, 6년, 7년으로 다
양하다. [표 4-11]에서 보는 바와 같이, 대통령의 임기가 4년인 국가로
는 라트비아와 아이슬란드가 있으며 5년인 국가들로는 인도, 도미니카

---

107) 단기이양식 투표는 제7장 선거와 선거정치에서 자세히 설명한다.
108) 독일은 선거제도상 잉여의석을 인정하기에 의석수는 약간의 가변성이 있다. 잉여
    의석을 인정하는 경우는 지역구선거에서 당선된 후보자는 정당의 비례구득표에 배
    당된 의석수를 넘더라도 보장받기 때문이다.

연방, 트리니다드토바고, 그리스, 독일, 몰타, 포르투갈, 헝가리, 바누아
투가 있다. 임기가 6년인 국가들로는 싱가포르, 오스트리아, 에티오피아
가 있으며, 이스라엘, 터키, 아일랜드, 이탈리아는 임기가 7년이다.

| 표 4-11 | 의원내각제 국가들에서 대통령의 임기

임기	대륙	국가
4년	아시아	몽골
	중동	이라크
	유럽	라트비아, 몰도바
5년	아시아	동티모르, 방글라데시, 인도, 파키스탄
	중동	터키
	아프리카	모리셔스, 카보베르데
	유럽	그리스, 독일, 마케도니아, 몰타, 슬로바키아, 슬로베니아, 알바니아, 에스토니아, 체코, 코소보, 포르투갈, 헝가리
	중남북미	도미니카공화국, 트리니다드토바고
	오세아니아	바누아투, 사모아, 피지
6년	아시아	싱가포르
	중동	레바논
	아프리카	에티오피아
	유럽	오스트리아
7년	중동	이스라엘
	유럽	이탈리아

자료출처: https://www.cia.gov/library/publications/the-world-factbook과
http://en.wikipedia.org 2014년 4월 28일 검색자료 등을 참조하여 저자가 작
성하였다.
아이슬란드와 아일랜드는 대통령 직선제란 형식의 무거움 때문에 이원집정부제
로 분류하기도 한다.

대통령제 국가에서와 마찬가지로 의원내각제 국가에서도 레바논,
이스라엘과 같이 대통령의 단임제를 채택하고 있는 국가들이 있는가
하면 독일, 몽골, 오스트리아, 체코, 포르투갈, 헝가리 등 24개국에서
는 두 번까지의 중임만을 허용한다([표 4-12] 참조). 그러나 아이슬란
드, 이탈리아, 사모아, 인도에서는 대통령의 연임이나 중임에 제한을
두지 않는다.

┃표 4-12┃ 의원내각제 국가들에서 대통령의 임기제한과 허용

대륙	단임만 허용	연속해서 두 번까지만 당선 가능	중임제한 없음
아시아		동티모르, 몽골, 방글라데시	인도
중동	레바논, 이스라엘	이라크, 터키	
아프리카		모리셔스,109) 에티오피아, 카보베르데	
유럽		그리스, 독일, 라트비아, 마케도니아, 몰도바, 슬로바키아, 슬로베니아, 알바니아, 에스토니아, 오스트리아, 체코, 포르투갈, 헝가리	이탈리아, 아이슬란드
중남북미		트리니다드토바고	
오세아니아		피지	사모아

8 ▪ 의원내각제 국가에서 장관의 의회의원 겸직 여부

의원내각제 국가에서 장관으로 임명되는 사람들의 의회의원 겸직 여부는 국가마다 다르며 세 가지 유형으로 분류할 수 있다.

첫째 유형은 법이나 관례에 따라 상원의원 또는 하원의원만이 장관이 될 수 있는 국가들로서 영국과 영국식 정치제도를 채택하고 있는 아시아의 말레이시아, 싱가포르, 인도, 유럽의 몰타, 아일랜드, 이탈리아, 중남북미의 도미니카연방, 캐나다와 트리니다드토바고, 오세아니아의 뉴질랜드와 솔로몬군도, 오스트레일리아, 피지를 들 수 있다.110) 이 국가들 중에서 양원제 국가인 경우에는 상원의원과 하원의원 모두가 장관을 겸직할 수 있으나 도미니카연방에서는 장관 중 상원의원은 3명 이하여야 한다.111)

둘째 유형은 장관이 의회의원을 겸직할 수 없다고 규정하고 있는 국가들이다. 이러한 국가들로는 유럽의 네덜란드, 노르웨이, 룩셈부르크, 키프로스, 포르투갈이 있다.112) 이 국가들에서는 의회의원이 장관

---

109) 일반적으로 대통령제 국가에서는 부통령을 두는 국가들이 많이 있으나 의원내각제 국가에서는 부통령이 있는 경우가 없다. 그러나 예외적으로 아시아의 네팔과 아프리카의 모리셔스는 의원내각제 국가이면서도 대통령과 부통령을 두고 있다. 이들은 모두 국회에서 선출된다.
   https://www.cia.gov/library/publications/the-world-factbook/geos/mp.html 2014년 4월 1일 검색.
110) 대통령제 국가인 잠비아, 케냐, 탄자니아에서도 각료들은 의회의원이어야 한다.
111) http://en.wikipedia.org/wiki/House_of_Assembly_of_Dominica. 2009년 11월 15일 검색.
112) 대통령제 국가들인 나이지리아, 멕시코, 미국, 브라질, 아르헨티나, 앙골라 등과

에 임명되면 의원직을 사퇴해야 한다.

세 번째 유형은 의회의원만이 장관이 될 수 있다든지 또는 의회의원은 장관이 될 수 없다든지 등의 규정이 존재하지 않는 국가들이다.[113] 그리스, 덴마크, 독일, 몽골, 방글라데시, 벨기에, 부탄, 북키프로스터키공화국, 브루나이, 스웨덴, 스페인, 싱가포르, 오스트리아, 헝가리 등이 이 유형에 속한다.[114] 이러한 국가들에서도 장관은 의회의원들 중에서 많이 충원되며 스웨덴, 오스트리아 같은 국가에서는 장관들 중 의회의원의 비율이 2분의 1에서 3분의 2를 차지한다.[115] 과테말라에서 대통령은 각료를 의회의원들 중에서 임명하기도 하고 의회의원이 아닌 사람 중에서도 임명하는데, 의회의원이 임명되는 경우에는 그가 각료를 역임하는 동안에는 대리자를 의회의원에 임명하여 의원역할을 하게 한다. 이 국가들에서는 의회의원 다음으로 장관에 많이 충원되는 사람들은 관료들이다. 네덜란드, 노르웨이, 스웨덴에서 장관의 4분의 1은 관료출신이다.[116]

■³ 이원집정제

1 ■ 이원집정제의 의미

대통령제와 의원내각제 이외에 중요한 정부형태 중의 하나는 이원집정제(bipolar executive)이다. 이 제도는 학자들에 따라 분할집정제(divided executive), 중간형 대통령제(semi-presidentialism), 의원내각제적 대통령제(parliamentary presidentialism), 의사 의원내각제(quasi-parliamentarism), 또는 총리형 대통령제(premier-presidentialism) 등으로 다양하게 지칭된다.

한국에서는, '이원집정부제'란 용어를 사용함에 있어서, 정치권력을 독점하는 '제왕적 대통령제'에 대비하여 대통령과 국무총리가 권

이원집정제 국가인 프랑스, 그리고 집단지도체제국가인 스위스에서도 의회의원은 각료를 겸직할 수 없다.
113) 이스라엘에서는 장관들 중 50%는 의회의원이어야 한다. 일본에서도 총리를 포함한 50% 이상의 각료들은 의회의원들이어야 한다고 규정되어 있다.
114) Philip Laundy, *op. cit.*, p. 32.
115) 이원집정제국가인 핀란드에서도 장관은 의회의원이 아니어도 된다.
116) Michael Gallagher, Michael Laver and Peter Mair, *op. cit.*, pp. 34-35.

한을 나누어 갖게 됨으로써 상대적으로 민주적인 상황을 지칭하는 경우도 있다[분권형(分權型) 대통령제]. 하지만, 이념형(ideal-type)적 '이원집정부제'란 프랑스 제5공화국의 정치적 경험을 제도의 역사적 원형(proto-type)으로 하는 것을 말한다. 즉, 행정부 수반을 선출하는 선거와 입법부를 구성하는 선출기반을 분리하여(two agents of electorates) 권력분립의 측면을 강조하면서도, 행정부의 수반인 대통령이 임명한 총리와 내각이 입법부의 신임이나 불신임의 대상이 된다는 점이다. 전자는 대통령제의 특성이고, 후자는 의원내각제의 특성인 것이며, 이것은 프랑스식 이원집정부제의 특성이다.

일반적으로 이원집정제가 이처럼 여러 가지 용어로 지칭되는 이유는 이 제도를 채택하고 있는 국가에 따라 약간씩의 차이가 있기 때문이다. 이원집정부제는 프랑스의 경우처럼, 의원내각제를 시행하면서 정치가 혼란스럽다는 명분하에 제5공화국에서 대통령의 권한을 강화한 것이 현행 프랑스식 이원집정부제의 원류이다. 반대의 경우도 생각할 수 있다. 한국의 경우, 제6공화국 헌법이 '제왕적 대통령제'의 성격이 강하다고 비판하는 사람들은 입법부의 권한을 강화시키기 위해서 총리를 대통령이 임명하지 않고, 입법부가 임명하는 형식으로 개헌을 주장하기도 한다. 이런 경우엔, 대통령제를 시행하면서 대통령의 권력독점을 완화하기 위해서 이원집정부제가 시행되는 것이다.

어떤 상황을 통해서 이원집정부제로 정착되느냐에 상관없이, 정부형태가 이원집정제로 분류되기 위해서는 다음과 같은 다섯 가지 특징들이 헌법에 명시되어 있어야 한다.

첫째는 국가원수인 대통령이 일정한 임기 동안 국민들에 의해 직접 선출되는 점이다. 따라서 대통령이 직선되지 않는 국가의 정부형태는 이원집정제라 할 수 없으며 이 점은 대통령제의 가장 핵심적인 특징이다.

둘째로 대통령은 총리를 임명하고 또 해임할 수 있으나 임명된 총리는 반드시 의회의 신임을 받아야 한다. 대통령은 '의회의 신임이나 불신임의 대상이 되는 총리'를 임명함에 있어서 자신의 동지가 아닌 의회 다수당의 사람을 임명할 수밖에 없다. 이런 점에서 대통령이 총리를 임명하는 것은 형식적인 절차이고 핵심적인 것은 의회의 신임을 받지 못하면 총리가 될 수 없거나 총리직을 계속할 수 없다는 점이다. 이와 함께 장관들은 총리의 추천에 따라 대통령이 임명한다. 따라서 장관 임명의 실질적 권한은 대통령에 있는 것이 아니라 총리에게 있다. 이 점은 의원내각제의 핵심적인 특징이다.

셋째로는 정부를 운영하는 권한을 대통령 한 사람이 독점하는 것이 아니라 총리와 공유한다는 점이다. 물론 대통령이나 총리가 갖는 권한은 헌법에 명시된 것을 따르는 것이기에 국가마다 다양한 차이가 있다. 이 점은 대통령이 행정부의 권한을 독점하는 대통령제와 차이가 있다. 권력을 대통령과 총리가 나누어서 행사하는 것은 같은 시점에서 행사할 수도 있고 아니면 여건에 따라 한 때는 대통령이 행사하고 정치적 상황이 바뀌면 총리가 행사하는 것일 수도 있다. 같은 시점에서 대통령과 총리가 권력을 나누어 행사하는 것은 핀란드나 우크라이나에서와 같이 대통령은 외교와 안보 분야에서 권력을 행사하고 총리는 국내정치 분야에서 권력을 행사하도록 규정하고 있는 경우이다. 정치적 상황에 따라 한때는 대통령이 모든 권력을 행사하고 정치적 상황이 바뀌면 대통령이 행사하던 권력의 일부(외교와 국방을 제외한 국내정치)를 총리가 행사하는 경우는 프랑스의 동거정부(cohabitation)를 예로 들 수 있다.

앞에서 논의한 대통령제나 의원내각제가 채택한 국가들에 따라 부분적인 차이가 있듯이 이원집정제를 채택하는 국가들에서도 제도적인 면에서뿐만 아니라 실제로 정치를 운용하는 면에서도 차이가 있다. 그러나 이원집정제의 세 가지 특징들 중 앞의 두 가지에서는 차이가 없고 세 번째 특징인 권력의 공유 면에서 차이가 난다. 학자들 사이에는 이원집정제의 실제 상황이 ① 대통령과 총리가 동시에 공동으로 정부를 통치하는 방식인 절반 대통령제 또는 절반 의원내각제로 운영되는가, ② 아니면 정치상황에 따라 어떤 때는 대통령제로 운영되고 어떤 때는 의원내각제로 운영되는 제도인가에 관해 의견의 차이가 있다. 이 문제는 대통령이 소속한 정당과 의회에서 과반수를 차지하는 정당이 같을 때에는 논란의 여지가 없다. 즉 이러한 경우에는 대통령이 같은 정당의 사람을 총리나 장관으로 임명할 것이기 때문에 총리는 대통령이 위임하는 한도 내에서만 권력을 행사하며 이러한 상황은 대통령제와 차이가 없다. 문제는 대통령이 소속한 정당과 의회의 다수당이 다른 분점정부(divided government) 상황에서 이원집정제가 대통령제나 의원내각제와 어떤 차이를 보이는가이다.

이에 대한 상황은 두 가지로 가정할 수 있다. 첫째는 이 상황에서 대통령제와 이원집정제가 차이가 없는 경우이다. 대통령제에서 분점정부가 되면 대통령과 의회에서 다수를 차지하는 야당 사이에 대립과 갈등이 계속되어 교착상태에 빠지는 것과 똑같은 상황이 이원집정제에서도 나타난다. 두 번째는 양자 사이에 차이가 있어 대통령은 의회에서 다수를 차지하는 야당의 지도자를 총리로 임명하고 총리는 자기가 소속한 정당의 사람들을 장관으로 임명하여 내각의 구성과 권한이 야당으로 이양되는 것이다. 이러한 상황은 의원내각제와 같은 상황이 되며 이원집정제 국가의 대표적 예인 프랑스의 동거정부에서 나타난 현상이다.

프랑스의 정치학자인 레이몽 아롱은 1981년에 "대통령은 의회에서 과반수 지지를 받고 있는 한에는 공화국 최고의 권력이다. 그러나 만일 야당이 의회의 과반수 의석을 차지하게 되면 실질 권력은 반드시 총리 손으로 넘어간다"[117]라고 지적한 바 있다. 스페인 출신의 미국학자인 후앙 린쯔도 "1986년의 프랑스, 1982년 이후의 포르투갈, 그리고 핀란드에서의 상당한 기간 동안 총리가 실권을 장악하였으며, 어떤 사례에서도 대통

┃ 레이몽 아롱 우표

령과 총리가 동시에 공동으로 정부를 통치하는 방식인 절반 대통령제, 절반 의원내각제로 운영된 적은 없다. 프랑스 제5공화국은 중간형 대통령제로서 운영된 것이 아니고 대부분의 기간 동안 대통령제로 운영되었고 가끔씩만 의원내각제로 운영되었다"고 지적했다.[118] 프랑스 학자인 모리스 뒤베르제도 프랑스 제5공화국은 대통령제와 의원내각제의 합성제도가 아니고 정치적 상황에 따라 대통령제적 국면과 의원내각제적 국면 사이의 순환이 나타나는 제도라고 보았다.[119]

---

117) Raymond Aron, "Alternation in Government in the Industrial Countries," *Government and Opposition* Vol. 17 No. 1 (1981), pp. 3–21. 신명순·조정관(공역), 앞의 책, 145쪽에서 재인용.
118) 신명순·조정관(공역), 위의 책, 145쪽.
119) Maurice Duverger, "A New Political System Model: Semi-Presidential

이러한 학자들의 주장에서 보는 바와 같이, 이원집정제는 대통령이 소속된 정당이 의회에서 다수를 차지하는 단점정부(unitary government)에서는 대통령제와 거의 동일한 형태로 정치가 행해진다. "총리는 정부의 활동을 지도하는 것"으로 헌법에 규정되어 있지만 대통령이 원하면 언제든지 총리를 해임할 수 있기 때문에 실제 정치는 대통령의 주도 하에 실행된다. 그러나 대통령이 소속한 정당이 의회에서 다수를 차지하지 못하는 분점정부에서는 정부의 실질적인 권력은 의회의 신임을 받는 총리에게 넘어가게 된다. 이 경우 프랑스의 동거정부에서 보는 바와 같이 의회에서 다수를 차지한 야당의 신임을 받는 야당 출신 총리가 권력을 장악하며 실제 정치는 총리 중심의 의원내각제 형태로 행해진다. 따라서 이원집정제는 선거의 결과로 의회의 다수를 차지한 정당이 대통령이 소속한 정당과 같은 정당인가 아닌가에 따라 어떤 경우에는 대통령제와 같은 형태로 정치가 행해지고 또다른 경우에는 의원내각제와 같은 형태로 정치가 행해지는 정부형태이다.

　　그러나 이에 대해 약간 다른 의견을 가진 학자도 있다. 이탈리아 출신의 미국학자인 사르토리(G. Sartori)는, 이원집정제에서는 대통령이 소속한 정당이 의회의 다수당일 경우에도 대통령은 헌법상 총리가 주도하는 정부를 통해 통치해야 하기 때문에 대통령이 혼자서 통치하는 대통령제와 같을 수가 없다고 지적한다. 또한 대통령의 소속 정당과 의회의 다수당이 다른 경우에도 이원집정제의 대통령은 의원내각제의 대통령과 똑같지는 않다고 지적한다. 이러한 경우에 대통령이 강한 권한을 행사할 수는 없는 것은 맞지만 그렇다고 해서 그가 실권이 없이 상징적인 존재에 불과한 의원내각제의 대통령과 같은 것은 아니라는 것이다. 이원집정제의 대통령은 이 경우에도 여전히 의원내각제의 대통령은 갖지 못하는 헌법상의 특권을 가지고 있어 권위를 가지고 일정한 역할을 할 수 있다는 것이다. 이러한 점에서 사르토리는 "프랑스의 이원집정제는 유연성이 높은 이원적 권위구조에 바탕을 둔 혼합제도로서 의회의 다수당이 누가 되느냐에 따라 국가의 제1의 지도자가 대

Government," *European Journal of Political Research* Vol. 8 No. 2 (1980), p. 186.

통령일 때도 있고 총리일 때도 있는 것이지 한때는 의원내각제가 되었다가 또 다른 한때에는 대통령제가 되는 것은 아니"라고 주장한다. 즉 이것은 혼합제도 안에서 대통령이 제1의 지도자가 되느냐 아니면 총리가 제1의 지도자가 되느냐의 문제이지, 대통령제에서 의원내각제로 또는 그 반대로 제도가 변하는 것이 아니라는 것이다.[120]

이러한 학자들의 주장은 양쪽이 모두 타당성이 있는 것들이며 이원집정제를 채택하는 국가들의 정치문화와 정치상황에 따라 실제 정치가 차이가 나는 것이기 때문에 위의 두 가지 견해들은 모두가 개별 이원집정제 국가들의 정치를 설명하는 데 타당하다고 볼 수 있다.

2 ■ 이원집정제에서 대통령의 선출방법과 임기

이원집정제 국가들에서 대통령은 직선으로 선출하지만 크로아티아와 같이 단순다수제로 선출하는 국가가 있는가 하면 리투아니아, 불가리아, 아르메니아, 폴란드, 프랑스, 핀란드에서와 같이 결선투표제로 선출하기도 한다([표 4-13] 참조). 결선투표제를 실시하는 리투아니아에서는 1차 투표에서 투표율이 50%를 넘을 경우 투표자의 50% 이상을 득표한 후보가 당선된다. 투표율이 50%가 되지 않을 경우에는 투표자의 3분의 1 이상을 넘은 후보들 중에서 가장 많은 득표자가 당선된다. 아무도 이러한 조건을 만족시키지 못하면 2주 내에 최다 득표자 2명을 대상으로 결선투표를 실시한다.[121]

프랑스는 1958년 제5공화국 헌법을 채택하여 이원집정제로 전환하면서 결선투표제로 바꾸었다. 1차 투표에서 50% 이상을 득표하는 후보가 없으면 1차 투표에서의 상위 후보 2명을 대상으로 2주일 후에 결선투표를 실시한다. 두 선거는 모두 일요일에 실시하며 현재까지 어느 대통령도 1차 투표에서 당선된 적이 없다. 또한 샤를르 드골과 자크 시락 대통령을 제외한 모든 대통령들은 1차 투표에서는 2위를 하였다가 결선투표에서 승리하여 대통령에 당선되었다. 1995년 4월의 1차 투표에서는 사회당의 리오넬 조스팽이 1위를 하였으나 5월에 실

---

120) Giovanni Sartori, *op. cit.*, pp. 124-125.
121) http://en.wikipedia.org/wiki/Constitution_of_Lithuania. 2009년 12월 31일 검색.

시된 결선투표에서는 우파의 시락 후보가 52.6%를 얻어 당선되었다.

오스트리아의 경우에도 연방대통령은 임기 6년이며 국민직선제로 선출된다. 프랑스와 마찬가지로, 1차 투표에서 어느 한 후보가 절대다수 득표자가 되지 않으면, 최다 득표자 두 사람을 대상으로 2차 투표를 진행한다. 재선은 한 번만 가능하다.

▎표 4-13 ▎이원집정제 국가들에서 대통령의 선출방법

직선	
단순다수제	결선투표제
리투아니아, 부르키나파소, 아이슬란드, 크로아티아	루마니아, 불가리아, 세르비아, 아르메니아, 오스트리아, 아일랜드, 우크라이나, 폴란드, 프랑스, 핀란드

자료출처: https://www.cia.gov/library/publications/the-world-factbook 2010년 1월 13일 검색자료를 참조하여 저자가 작성하였다.

대통령선거와 의회의원선거를 동시에 실시하는 국가에서는 단점정부가 탄생할 확률이 높으며 대통령선거를 실시한 후 몇 년 후에 의회의원선거를 실시하면 중간평가의 성격을 띠게 되어 분점정부가 탄생할 확률이 높아진다. 이원집정제의 핵심적 특징은 선거의 결과로 분점정부가 탄생한 경우에 과연 의원내각제 정부형태와 같이 국내정치의 실권이 야당의 총리에게 이양되는가이다. 이러한 점을 보기 위해 제도적으로 이원집정제를 채택하고 있는 11개의 국가들의 대통령 임기와 의회의원 임기를 보면 [표 4-14]와 같다. [표 4-14]에서 보는 바와 대통령의 임기와 의회의원의 임기가 5년씩으로 같은 국가는 부르키나파소, 우크라이나, 프랑스의 3개국뿐이다. 나머지 루마니아, 리투아니아, 불가리아, 상투메프린시페, 세르비아, 아르메니아, 크로아티아, 폴란드의 8개국은 의회 임기는 4년인데 대통령 임기는 5년으로 상이하다. 핀란드는 의회 임기는 4년인 데 비해 대통령 임기는 6년이다. 오스트리아는 상징적인 상원(연방의회)보다 하원(국민의회)이 훨씬 강력한 양원제인데, 국민의회 의원의 임기는 5년이고 대통령의 임기는 6년이다. 따라서, 이론상으로는, 대다수의 이원집정제 국가들에서는 분점정부가 탄생할 가능성이 높다.

┃표 4-14┃ 이원집정제 국가들에서 대통령의 임기와 의회의 임기

	4년	5년	6년	7년
대통령 임기		루마니아, 리투아니아, 부르키나파소, 불가리아, 상투메프린시페, 세르비아, 아르메니아, 우크라이나, 크로아티아, 폴란드, 프랑스	오스트리아, 핀란드	아일랜드
의회(단원제) 또는 하원(양원제) 임기	루마니아, 리투아니아, 불가리아, 상투메프린시페, 세르비아, 아르메니아, 크로아티아, 폴란드, 핀란드	부르키나파소, 오스트리아, 우크라이나, 프랑스, 아일랜드		

자료출처: https://www.cia.gov/library/publications/the-world-factbook 2010년 1월
13일 검색자료를 참조하여 저자가 작성하였다.

3 ■ 이원집정제에서 대통령의 권한

이원집정제가 대통령제와 다른 가장 중요한 특징은 이원집정제 국가에서는 의회가 내각을 불신임할 수 있다는 점이다. 이원집정제가 의원내각제와 다른 점은 이원집정제의 대통령은 의원내각제의 대통령에 비해 강한 권한을 갖는다는 점이다. 하지만, 국가의 역사적 배경에 따라서 헌법에 명시된 대통령의 권한을 어디까지로 할 것이며, 실제로 그렇게 명시된 권한을 대통령이 관행적으로 실시해 왔는가에 따라서 현실 정치과정은 좀 더 복잡한 양상을 띠게 된다.

이원집정제 국가인 프랑스에서는 대통령이 의회 해산권을 갖는다. 대통령은 분점정부일 경우에 의회를 해산한 후 총선을 실시하여 단점정부를 만들 기회를 가질 수 있다. 만일 이것이 성공하여 대통령이 소속한 정당이 의회에서 다수를 차지하는 단점정부가 탄생하면 대통령은 막강한 권한을 가지고 대통령제에서와 같이 통치할 수 있다. 프랑스의 대통령은 임기 중 1년에 한 번씩 의회를 해산할 수 있다. 대통령이 갖는 또 하나의 권한은 국민투표를 실시할 수 있는 권한이다. 이 권한은 분점정부 상황에서 야당이 다수를 차지하고 있는 의회를 거치지 않고 대통령이 추진하려는 정책을 국민들이 직접 결정하게 할 수 있으며 이것은 대통령에게 좋은 기회가 될 수 있다.

오스트리아 대통령의 권한은 작다고 할 수 없다. 국가원수로서

연방군의 통수권은 물론이고, 연방정부 구성원의 임명과 더불어 '해임'에 관여하며, 국민의회의 해산에도 관여한다.122) 임명권과 더불어 해임권과 해산권에 관여한다는 것은 상징적 권력에 머무른다고 할 수 없다.123) 그럼에도 오스트리아의 이원집정부제는 의원내각제적인 성격이 존재하는데, 이것은 오스트리아의 대통령이 자신의 권한을 사용함에 있어서 관행적으로 '역할포기'(Rollenverzicht)가 두드러지기 때문이다.124) 예를 들면, 대통령은 연방정부를 퇴진시킬 수 있는 권한이 있는데 한 번도 사용하지 않았을 뿐이다. 대통령이 연방수상 및 연방정부의 구성원의 일부를 임명함에 있어서, 오스트리아 헌법의 문구대로라면 국민의회의 다수관계를 고려하지 않아도 되지만, 의회를 존중한다. 즉, 오스트리아의 경우 대통령은 수상 후보가 짠 내각의 진용에 대해서 특정 장관의 임명을 거부할 수 있거나 해임에 관여할 수 있지만, 그러한 권한을 거의 사용하지 않는다. 이러한 이유로 오스트리아 정치는 의회 다수당 중심의 정치(즉, 의원내각제)를 존중하는 전통을 깨지 않으면서도 제법 강력한 헌법적 권한을 지닌 국민 절대다수제하의 직선 대통령이 있는 이원집정부제로 묘사될 수 있다. 의회의 전통을 존중하면서도 필요에 따라서 국민 절대다수의 지지로 선출된 대통령이 권한을 행사할 수도 있게 한 것은 오스트리아가 주변 강대국들에 휩싸인 영세중립국이라는 역사적 배경과도 무관치 않을 것이다.

4 ▪ 이원집정제에서 총리의 선출방법

이원집정제의 총리는 위상이나 권한 또는 선출방법이 대통령제의 총리와는 매우 다르다. 이원집정제에서 대통령이 소속한 정당과 의회의 다수당이 같은 정당인 단점정부에서는 대통령과 총리 사이의 관계

122) Wolfgang C. Müller, "Towards a Liberal Market Economy? Political Economy and Political Forces of Change in Austria," Proto－Paper prepared for the conference, "Austria as a Mirror for Small States in the European Union" (April, 2006), Minda de Gunzburg Center for European Studies, Harvard University. 이것을 슈가트와 캐리는 '위임의 정치'(the Politics of delegation)라고도 불렀다.

123) Matthe S. Shugart and John M. Carey. *Presidents and Assemblies* (Cambridge: Cambridge University Press, 1992) pp. 121－126.

124) Anton Pelinka and Sieglinde Rosenberger, *Österreichische Politik: Grundlagen, Strukturen, Trends* (Wien: WUV, 2007).

가 대통령제와 같다. 대통령은 자기가 속한 정당의 인물을 총리로 임명하며 원하는 경우에는 총리를 해임할 수 있다. 또한 총리는 대통령이 위임한 권한만을 행사한다.

그러나 대통령이 소속한 정당이 의회에서 다수당이 되지 못하는 분점정부에서는 대통령과 총리 사이의 관계는 의원내각제와 비슷하게 된다. 즉 대통령은 의회의 다수를 차지하고 있는 야당의원 중에서 총리를 임명해야 하며 외교와 국방을 제외한 국내정치의 모든 권한을 야당 출신의 총리에게 이양해야 한다. 따라서 총리는 대통령의 지시나 통제를 받지 않고 국내문제에 있어 전권을 행사한다. 총리가 소속한 정당이 의회에서 과반수의 지지를 확보하는 한 대통령은 총리를 해임할 수 없다. 설사 야당 총리를 해임하고 대통령이 소속한 정당의 인물을 총리로 임명한다 할지라도 그는 의회에서 다수의 지지를 받을 수 없기 때문에 총리로 선출될 수가 없다. 이러한 경우는 프랑스에서 세 차례 나타났었다.

이원집정제 국가들에서 총리를 선출하는 방법은 대통령이 총리를 지명한 후에 의회에서 승인을 받는 것이다([표 4-15] 참조). 이 방법은 의원내각제에서와 같다. 앞의 의원내각제 논의에서 본 바와 같이 많은 수의 의원내각제 국가들에서는 국왕이나 대통령이 총리를 임명한 후 총리는 전체 내각에 대해 의회에서 신임투표를 거쳐야 한다. 또한 총리와 내각은 계속해서 의회의 신임을 받아야 하며 의회로부터 불신임을 받으면 사퇴해야 한다. 이 점은 이원집정제에서도 마찬가지이다. 프랑스에서는 총리가 의회에서 선출된 후에 대통령이 임명하는 것으로 되어 있으나 다른 이원집정제 국가들에서 총리는 대통령이 임명하지만 의회의 신임을 받지 않으면 안 된다는 점에서 차이가 없다.

▮ 표 4-15 ▮ 이원집정제 국가들에서 총리의 선출 방법

의회에서 선출 후 대통령이 임명	대통령이 지명 후 의회에서 승인 (의회에 책임짐)
아일랜드, 오스트리아, 프랑스	불가리아, 스리랑카, 아르메니아, 아이슬란드, 크로아티아, 폴란드, 핀란드

자료출처: https://www.cia.gov/library/publications/the-world-factbook 2010년 1월 13일 검색자료를 참조하여 저자가 작성하였다.

5 ■ 이원집정제 국가들의 예

이원집정제의 대표적인 국가는 프랑스로 1958년 제5공화국헌법을 채택하면서 이전의 의원내각제를 폐지하고 이원집정제를 도입했다.125) 프랑스의 대통령은 임기가 5년이며 직선으로 선출된다. 대통령은 총리를 임명하거나 해임할 권한을 가지며 각료회의를 주재한다. 또 의회를 해산할 수도 있다. 프랑스에서 1958년부터 1986년까지의 28년간은 대통령이 소속한 정당이 하원에서 항상 다수 의석을 차지하였다. 이에 대통령은 행정부와 의회를 동시에 통제할 수 있었기 때문에 전권을 행사할 수 있었으며 이 기간 동안 프랑스는 대통령제 국가와 똑같이 운영되었다.

그러나 1986년 선거에서 대통령이 소속한 정당이 의회에서 과반수를 획득하지 못하는 분점정부가 탄생하면서 이원집정제의 특성이 나타나기 시작했다. 프랑스에서는 대통령이 소속한 정당이 의회에서 과반수를 차지하지 못하고 반대로 야당이 과반수를 차지한 경우가 2006년까지 세 번 발생했다. 첫 번째는 1986년부터 1988년까지였으며 두 번째는 1993년부터 1995년까지였고, 세 번째는 1997년부터 2002년까지였다. 첫 번째 분점정부에서 대통령은 사회당의 프랑수아 미테랑(Francois Mitterrand)이었는데 의회에서는 야당인 공화국연합(RPR)이 다수 의석을 차지했다. 이에 미테랑 대통령은 야당인 우파의 지도자 시락을 총리로 임명하였다. 그 이유는 만일 의회의 다수 의석을 확보하고 있는 야당인 우파 정당연합이 반대하는 사람을 총리로 지명할 경우 의회에서 인준을 받을 수 없었기 때문이었다. 이에 따라 이 기간 동안 대통령은 국가원수로 있었지만 실제 국내정치는 야당 총리와 그가 임명한 야당 장관들이 국가를 이끌어 나갔기 때문에 사실상 정권이 야당에게 넘어간 것이었다. 이처럼 좌파 대통령 미테랑과 우파 총리 시락은 2년 동안 불편한 동거정부(cohabitation)의 기간을 보내야 했다. 1988년

---

125) 이원집정제 유형의 국가로 뒤베르제는 오스트리아, 아이슬란드, 아일랜드를 포함시키고 있으나 린쯔와 사르토리는 이들 국가를 의원내각제 국가로 분류하고 있다. 뒤베르제는 오스트리아, 아이슬란드에서 대통령이 국민들의 직선으로 선출되는 점과 이들 국가에서 헌법상 대통령의 권한이 강한 것으로 규정되어 있음을 들어 이원집정제로 분류하고 있으나 실제 정치에서 대통령의 권한이 제한되어 있다는 이유로 의원내각제로 분류하기도 한다. Giovanni Sartori, *op. cit.*, pp. 126–127.

대통령선거에서 미테랑 대통령이 시락 후보를 물리치고 재선되자 미테랑은 곧 의회를 해산하고 의회의원선거를 실시하였으며 이 선거에서 좌파가 의회의 다수의석을 차지함에 따라 제1차 동거정부는 종식되었다.

두 번째 동거정부는 1993년에 실시된 의회의원선거의 결과로 나타났는데 다시 우파가 다수 의석을 차지함에 따라 미테랑 대통령은 우파정당이 추천한 에두아르 발라뒤르(Edouard Balladur)를 총리로 임명하였다. 이에 따라 실질적 정치권력은 다시 야당에게 넘어갔으며 두 번째 동거정부는 1995년 대통령선거에서 우파의 시락 후보가 당선될 때까지 계속되었다. 두 번째 동거정부에서는 미테랑 대통령이 고령과 건강문제로 다음 대통령선거에 출마할 수 없었기 때문에 발라뒤르 총리를 정치적 경쟁자로 보지 않았으며 대통령과 총리의 갈등은 크지 않았다.126)

프랑스에서 세 번째 동거정부는, 우파 정당의 시락이 대통령에 당선되고 우파가 의회의 다수 의석을 차지한 상황에서 실시된 1997년 6월 의회의원선거의 결과로 나타났다. 이 선거에서 다시 좌파가 승리하면서 우파의 시락 대통령은 좌파의 리오넬 조스팽 사회당 당수를 총리로 임명하면서 다시 동거정부가 시작되었다. 그러나 2002년 대통령선거와 의회의원선거에서 우파가 모두 승리하여 세 번째 동거정부가 끝을 맺었다. 이처럼 이원집정제에서는 의회가 야당에 의해 주도되는 상황이 되면 의회의 지지를 받는 총리의 권한이 크게 강화되어 의원내각제와 비슷한 형태의 정치가 이루어진다. 반대로 대통령이 소속한 정당이 의회의 다수를 차지할 때에는 대통령의 권한이 극대화되어 대통령제와 유사한 정치가 실시된다. 이런 점에서 프랑스 대통령의 권한은 공식적인 헌법에 규정된 권한뿐만 아니라 현실 정치에서 나타나는 선거결과에 큰 영향을 받는다.

이원집정제를 채택하고 있는 또 하나의 대표적 국가는 폴란드이다. 폴란드에서 대통령은 직선으로 선출되며 총리는 대통령이 임명한다. 폴란드에는 1989년에 민주주의체제가 수립된 후 두 차례 동거정부가

---

126) Michael Gallagher, Michael Laver and Peter Mair, *op. cit.*, p. 19.

폴란드 레흐 바웬사
대통령과 자유노조
운동 우표

있었다. 첫 번째 동거정부는 1990년 대통령선거에서 당선된 자유노조운동(Solidarity) 출신의 레흐 바웬사 대통령 정부 때 실시된 1993년 선거에서 구 공산당의 후계 정당인 민주좌파동맹과 폴란드농민당이 승리하면서 시작되었다. 바웬사 대통령은 의회의 다수 의석을 확보한 좌파의 발데마르 파블리크를 총리로 임명하였고 총리는 야당의 좌파 의회의원들을 각료로 임명하여 좌파내각을 출범함에 따라 좌우동거정부가 성립되었다.

두 번째 동거정부는 1995년 11월에 실시된 대통령선거에서 좌파인 민주좌파동맹의 알렉산드르 크바스니에프스키가 바웬사를 물리치고 결선투표에서 당선된 이후에 나타났다. 좌파 대통령의 정권에서 1997년 9월 21에 실시된 총선거에서 자유노조를 중심으로 하는 20여 개의 정당연합체인 우파의 솔리대리티선거행동이 의회의 다수 의석을 확보함에 따라 좌파의 크바스니에프스키 대통령은 우파 총리를 임명하였고 두 번째 좌우 동거정부가 시작되다. 두 번째 동거정부는 2001년 의회선거에서 민주좌파동맹이 제1당이 되면서 종식되었다.

우크라이나도 이원집정제 국가이다. 2004년 12월에 실시된 선거에서 친서구노선을 따르는 우리우크라이나당의 빅토르 유셴코가 친러시아 정당인 공산당의 빅토르 야누코비치를 물리치고 대통령에 당선되었다. 그러나 1년 3개월 후인 2006년 3월에 실시된 의회의원 선거에서 야누코비치가 이끄는 공산당이 승리하면서 동거정부가 되었다. 또한 이전에는 대통령이 모든 각료를 임명하는 권한을 가졌으나 2006년에 헌법을 개정하여 대통령은 외교와 국방관련 장관만을 임명하고 나머지 모든 각료는 총리가 임명하도록 바꾸었다.

리투아니아는 1990년 3월 소련으로부터 독립한 후 1992년 새 헌법을 국민투표를 통해 채택하였으며 정부형태로는 이원집정제를 채택하였다. 대통령은 국민 직선으로 선출하고 임기는 5년이고 연속해서 2번까지 재임할 수 있다. 대통령은 의례적인 국가원수이지만 외교와 국방 분야는 대통령이 권한을 갖는다. 대통령은 의회의 승인 하에 총리와 내각의 장관들을 임명한다. 대통령선거에서는 투표율이 50%를 넘어야 하며 후보가 투표자들의 50% 이상을 득표 해야만 당선된다. 만일 1차 투표에서 위와 같은 득표를 한 당선자가 없으면 1차 투표에서 최다 득표를 한 후보 2명을 대상으로 2주일 이내에 결선투표를 실시한다.

스리랑카는 1978년 헌법을 개정하여 의원내각제에서 이원집정제로 정부행태를 바꾸었다. 스리랑카의 헌법은 프랑스 제5공화국 헌법의 영향을 크게 받았다. 스리랑카에서 대통령은 국가원수이면서 동시에 행정부의 수반이다. 대통령은 총리뿐만 아니라 장관들도 자신의 마음대로 선택할 수 있으며 법률안의 대부분도 대통령에 의해 발의된다. 또한 의회가 부결시킨 어떤 법안도 국민투표에 회부할 수 있다. 이러한 점 때문에 스리랑카는 이원집정제가 아니라 대통령제라는 지적도 있고 또 스리랑카는 이원집정제라기보다는 대통령제와 이원집정제 사이에 위치하는 제도라는 주장도 있다.127) 그러나 스리랑카에서는 의회가 내각을 불신임할 수 있기 때문에 야당이 의회에서 다수 의석을 차지할 때에는 대통령은 의회가 지지하는 사람을 총리로 임명해야 하며 이 점에서 이원집정제의 특징을 가지고 있다.

실제로 2001년 12월에 실시된 의회선거에서 제1야당인 통일국민당이 승리하여 총리와 일부 각료는 집권당인 인민연합이 아닌 통일국민당 출신이 맡는 동거정부가 들어섰다. 그러나 스리랑카에서는 이것이 처음 경험하는 동거정부였고 또 위에서 지적한 바와 같은 권한들을 대통령이 가지고 있기 때문에 대통령이 모든 국내정치의 권한을 총리에게 일임하는 프랑스와 같은 양상으로 정치가 행해지지는 않았다. 즉 인민연합 출신인 대통령과 야당인 통일국민당 소속의 라닐 위크레마싱헤 총리 및 장관들 사이에 빈번한 마찰이 빚어졌다.128)

역사적으로 보면 최초로 이원집정제를 채택한 국가는 핀란드로 1919년부터 이원집정제를 채택하였다. 핀란드가 이원집정제를 채택한 이유는 당시의 정치상황 때문이었다. 1919년에 우파 정치세력들은 입헌군주제를 채택하고자 하였으나 이것이 불가능해지고 오히려 정치권에서 불신 받는 좌파가 집권할 가능성이 생기자 이를 막기 위해 이원집정제라는 타협안을 채택하였다. 따라서 핀란드가 이원집정제를 채택한 것은 정당에 대한 불신 때문이었으며 이 점은 1958년의 프랑스

---

127) Giovanni Sartori, *op. cit.*, p. 130.
128) 「동아일보」, 2002년 8월 16일, A12쪽.

에서도 마찬가지였다.

핀란드헌법에는 대통령에게 부여된 권한의 영역이 명시되어 있다. 헌법 33조는 "대통령은 외국과 핀란드와의 국가 간 관계를 결정한다"라고 규정하고 있으며, 대통령은 외교문제와 관련된 각료회의를 주재한다. 그러나 국내문제와 행정적 문제에 관련된 사항에 관해서는 총리가 내각회의를 주재한다. 따라서 핀란드는 외교권은 대통령이 행사하며 국내정치는 총리가 관장하는 것이 명확히 구분되어 있는 체제이다. 핀란드의 대통령이 갖는 외교권은 제2차 세계대전 이후 소련과의 관계를 결정하는 데 중요한 역할을 하였다. 대통령은 정치위기 상황이나 여러 정당들이 참여하는 연립정부를 구성할 때에는 조정자로서의 역할을 한다. 총리와 내각은 처음 정부를 구성할 때 의회의 신임을 받아야 하며 또 불신임투표로 물러날 수 있기 때문에 대통령의 외교권을 제외하면 핀란드의 일상 정치는 의원내각제로 운용된다고 할 수 있다.[129]

과거에 이원집정제를 채택했던 국가로는 독일의 바이마르공화국(1919~1933년)이 있다. 당시에는 이원집정제라는 용어가 존재하지 않았기 때문에 강력한 대통령에 의해 견제를 받는 의원내각제로 인식되었다. 바이마르공화국에 이 제도를 도입할 것을 주장한 학자는 막스 베버였으며 실제로 바이마르헌법을 초안했던 프로이스(Hugo Freuss)는 베버의 주장을 따랐다.[130] 바이마르공화국에서 이원집정제가 채택된 것도 당시 독일이 처한 특수한 역사적 상황의 산물이었다. 1918년 당시에 유럽의 민주국가들은 스위스와 프랑스를 제외하고는 모두 입헌군주제였다. 그러나 당시 프랑스의 의회중심형 의원내각제에서는 불안정하고 혼란한 정치가 계속되었기 때문에 다른 국가들이 의원내각제를 채택하는 데 우려를 갖게 만들었다. 독일에서는 제1차 세계대전에서 패전하면서 군주제가 붕괴되었으며 또한 당시의 독일 정당체계의 특성, 독일의 연방국가 성격, 독일의 어려웠던 국제적 위상에서 필요한 지도자에 대한 고려 등을 감안하여 이미 확립되어 있던 의원내각제적 전통을 수용하면서 직선제 대통령을 두는 제도를 채택하였다.

---

129) Giovanni Sartori, *op. cit.*, p. 131.
130) 신명순·조정관(공역), 앞의 책, 137쪽.

바이마르헌법은 소유권의 의무성이나 인간다운 생존권 등을 규정한 당시 가장 민주화된 헌법이었다.

    1919년의 바이마르공화국 헌법에 의하면 대통령은 7년 임기로 국민이 선출했고 재선이 가능하였다.[131] 대통령의 권한은 ① 총리의 동의를 얻어 비상시에는 법률과 같은 효력을 갖는 법령(decree)을 제정할 수 있었으며 ② 총리를 임명하고 해임할 수 있었으며 개별 장관을 해임할 수 있었다. 또 정부를 구성할 때 의회의 신임을 받지 않아도 되었다. 또한 ③ 제국의회(Reichstag)를 해산할 수 있었으며 ④ 제국의회가 부결시킨 어떤 법률도 국민투표에 회부할 수가 있었다. 이에 비해 제국의회는 정부에 대해 불신임투표를 할 수 있었고 개별 장관에 대해서도 불신임투표를 할 수 있었다. 같은 이원집정제 국가들인 바이마르공화국의 헌법과 프랑스 제5공화국 헌법의 차이는 바이마르 공화국에서는 정부를 처음 구성할 때 의회의 신임투표를 거치지 않아도 되었으나 프랑스에서는 정부구성에 대해 의회의 신임이 필요하다.[132] 바이마르 이원집정부제와 비교할 때, 프랑스 이원집정부제는 내각구성 및 의회해산에 있어서 행정부와 입법부가 서로 상호 합의하게 되

▌에베르트 대통령 우표

▌힌덴부르크 대통령 우표

---

131) 초대 대통령은 에베르트(Herbert)였다. 1925년 선거와 1932년 선거에서 힌덴부르크(Hindenburg)가 연임했다. 히틀러는 불안한 사회상 속에서 1930년 나찌 정당이 득세하고 1932년 대통령선거에서 힌덴부르크에게 패배하였음에도, 힌덴부르크의 내각들(뮐러, 브뤼닝, 파펜, 슐라이어)이 실패하면서 1932년 결국 총리로 임명된다. 힌덴부르크의 내각이 실패한 요인으로 의회의 신임과 격리되어 존재하는 내각(즉, 바이마르헌법체제의 근본적인 문제) 때문이라는 주장이 있다.

132) Giovanni Sartori, *op. cit.*, p. 128.
수상임명 및 내각구성에 관하여 의회의 신임절차를 거쳐야 한다는 것의 내용은 단순하지 않다. 이원집정부제(또는 의원내각제) 하에서, 의회 선거에서 승리하여 다수의석을 차지한(또는 제1당을 중심으로 연립정부를 구성할) 정당의 대표가 수상으로 임명될 때(또는 내각을 구성할 때), 형식 차원에서 다시 한 번 더 의회의 신임절차를 거쳐야만 하는지 아니면 그런 절차 없이 자동적으로 신임되는지는 정치과정에 미치는 영향에서 차이가 발생할 것이다. 수상 임명의 경우에는 정부구성에서 선거에서 승리한 제1당의 대표가 수상으로 임명되어 신임되지 않는다면 이것은 이원집정부제(또는 의원내각제)가 제도적으로 성립할 수 없는 모순 상황이거나 아니면 재선거 상황으로 갈 수밖에 없을 것이다. 수상의 임명과 별도로 내각 구성에 관하여는, 수상이 신임을 받은 것으로 수상이 구성하는 내각의 신임을 포괄할 수도 있고, 별도의 절차로서 내각 구성에 관하여 의회의 신임을 묻는 투표를 진행할 수도 있다. 프랑스에서 1993년에 베델보고서(Vedel Report)는 수상 임명직후 15일 내에 신임을 묻도록 하는 조항을 "헌법에 명시하도록"하는 헌법개정안을 제안하였지만, 해당 헌법개정안은 채택되지 않았다. 정재황, "프랑스 혼합정부제의 원리와 실제에 대한 고찰,"『공법연구』제27집 제3호(1999), pp. 49-97.

어 있다. 프랑스 대통령은 주요 각료 임명시 양원위원회와 공개협의하고 양원위원회의 3/5가 반대하면 임명하지 못한다(헌법13조: 헌법개정 이후 도입). 프랑스 대통령은 수상과 의회의장과 협의 후에 의회를 해산할 수 있다(헌법12조). 반면에 프랑스의 대통령은 내각회의를 '주재'(preside)하지만(헌법9조), 바이마르 공화국에선 '내각회의'가 수상과 장관으로 구성되어(헌법52조), 대통령은 포함되지 않는다. 이런 이유로 바이마르 공화국의 경우 내각에 대한 대통령의 내각임명권이 의회(즉, 의회 내의 정당들)와 유리되어 행사될 때, 행정부의 국정 운영 효율성은 급격히 낮아진다.

이원집정제를 채택했던 바이마르공화국이 정국의 혼란으로 붕괴한 원인에 대해 사르토리는 그것은 바이마르헌법 자체의 문제가 아니라 당시의 선거제도와 정당체제가 문제의 근원이었다고 지적한다. 선거제도가 전국을 하나의 선거구로 하는 비례대표제였기 때문에 이념적으로 분열된 소규모 정당들이 의회에 난립하는 것이 가능하였으며 그것이 정치의 혼란을 초래하였다는 것이다. 또 하나의 문제는 대통령선거의 1차 투표에서 과반수 득표자가 없을 경우 3명의 다수득표자가 결선투표에 진출하게 만들어 대통령이 단순다수에 의해 선출되는 것이 가능하게 되었다는 것이다. 대통령이 갖는 긴급명령권, 의회해산권, 국민투표권 등이 남용되어 정치혼란을 초래했다는 지적에 대해 사르토리는 이러한 조항들은 다른 국가들의 헌법에도 대부분 포함되어 있는 것들이며 바이마르공화국에서의 이러한 헌법의 적용도 필요할 경우에만 적절하게 이루어졌다고 지적하면서 만일 바이마르공화국이 순수 의원내각제 헌법을 채택했더라면 정권의 붕괴는 더 일찍 왔을 것이라고 지적한다.[133]

마지막으로, 오스트리아의 경우는 학자들마다 이견이 존재하지만, 정치제도의 형식상 분명히 이원집정부제의 형식을 취한다. 오스트리아는 프랑스와 마찬가지로 대통령을 국민이 직선하는데, 프랑스와 달리 정치적 스포트라이트를 국무총리가 더 받는다. 이것은 오스트리아가 영세중립국을 선언한 이후 한 사람의 생각보다는 여러 사람들의

---

133) *Ibid.*, p. 129.

생각을 대변하는 것에 더 비중을 두는 전통이 중시되기 때문인데, 대부분의 정치적 일정과 결정을 총리에게 맡기면서 대통령은 헌법에 명시된 상당한 권한을 실행하지 않아 왔다. 이것은 관행적 전통인데, 이를 '위임의 정치'(politics of delegation)라고 부를 수도 있다. 오스트리아식 이원집정부제란 대통령의 위임의 정치가 강조되는 형식이고, 프랑스식 이원집정부제는 대통령의 '관여의 정치'(politics of commitment)가 강조되는 형식이라고 정리할 수 있을 것이다. 원래, 프랑스의 이원집정부제는 의원내각제의 바탕 위에서 강력한 대통령의 존재가 덧붙여진 제도이며, 유럽지역에서 황제와 왕가가 존재하던 국가들에서는 의원내각제의 형식이 기본 정치형식이었다. 마찬가지로, 오스트리아도 의원내각제의 모습을 기본으로 하여 헌법적 권한을 지닌 직선 대통령이 함께 존재하게 된 것이다. 문제는 프랑스와 달리 오스트리아에선 총리를 하던 정치인이 다시 대통령직을 시도하는 경우는 없다. 반대로 프랑스에선 총리를 하더라도 정치인의 최종 목표는 대통령이다. 이런 점은 오스트리아의 이원집정부제가 의원내각제에 가깝다고 지적하는 이유가 되기도 한다.

6 ▪ 이원집정제의 장점과 한계

대통령제와 비교할 때 이원집정제의 장점은 분점정부의 경우에도 '정국의 교착상태'(political cul de sac)가 심화되지 않는다는 점이다. 프랑스의 경우에서 보는 바와 같이 분점정부가 되면 국내정치에 관한 권한은 야당에게 넘어가서 사실상 의원내각제와 유사한 형태로 정치가 행해지는 동거정부에 의한 정치가 이루어지기 때문이다. 따라서 대통령제의 대통령과 같이 자신은 국민들이 뽑아준 국가원수인데 야당이 다수를 차지한 의회가 자신이 추진하는 정책에 협조를 하지 않기 때문에 국정을 운영하지 못한다고 불평만 하는 일은 일어나지 않는다. 그러나 이원집정제를 채택한 국가들 중에서 프랑스와 폴란드를 제외한 다른 국가들에서 프랑스식의 동거정부가 행해지는 경우는 보기 어렵다.134) 분점정부가 되었음에도 대통령은 야당의 지도자를 총

---

134) 간혹 프랑스의 이원집정부제를 프랑스 축구의 별칭인 아트사커(Art Soccer)에 비유해 예술정치(Art Politics)라고 부르는 사람들도 있다. 동거정부란 행정부의 권

리로 지명하지 않으면서 계속 야당과 갈등을 빚을 경우 이원집정제는 대통령제에서의 분점정부와 다를 바가 없다.

또 하나 유의해야 할 점은 이원집정제가 성공하기 위해서는 제도만이 아니라 그 국가의 정치문화가 민주정치를 실천할 수 있는 것이어야 하며 정당정치가 제대로 확립되어 있어야만 한다는 것이다. 정당이 이념을 바탕으로 구성된 정당들이 아닐 경우 정당의 당원들인 정치인들은 개인의 사리사욕을 위해 정당의 소속을 변경하는 일이 흔히 일어난다. 이처럼 정당정치가 확립되지 않은 국가에서는 분점정부가 될 경우, 대통령이 소속한 정당은 야당 소속의 의원들을 회유하거나 위협하여 야당을 탈당하고 여당에 입당하도록 만든다. 이러한 일들은 민주정치가 확립되어 있지 않고 의원들이 민주정치에 대한 확고한 정치문화를 갖지 못한 국가들에서 흔히 일어나고 있다. 여당은 이러한 방법을 통해 여당의원의 수를 늘려 분점정부의 정국을 단점정부의 정국으로 바꿀 수 있다. 이러한 국가들에서는 프랑스의 동거정부와 같은 양상이 나타날 수가 없기 때문에 이원집정제의 장점이 나타날 수가 없다.

의원내각제와 비교할 때 이원집정제의 장점은 단점정부 하에서 대통령이 총리를 바꾸거나 정책을 바꾸도록 할 수 있기 때문에 의원내각제에서 나타날 수 있는 정치의 위기나 정권의 위기를 겪지 않고 정책변화를 할 수 있는 점이다. 또한 이원집정제에서는 정책실패의 책임이 총리에게 돌아가 대통령은 이에 영향을 받지 않을 수 있다. 또 대통령이 만일 자기 역할을 제대로 못할 때에는 총리가 더 강력한 역할을 수행하여 대통령의 약점을 보완하는 것이 가능하다.

7 ■ 이원집정제의 평가

이원집정제를 평가할 때에는 헌법이 규정하고 있는 형식적인 면과 실제로 진행되는 정치에서 나타나는 면을 동시에 고려해야 한다. 이원집정제에서 대통령 대 의회와 총리의 헌법적 역할에 관해서는 헌

력이 이원화된 것인데, 그만큼 운영의 묘가 어려운 상황이 존재할 수 있으며 그것을 운영하려면 고도의 정치력이 필요하다는 의미이다. 대개 행정부의 권력이 이원화된 경우 권력자간의 갈등이 우려된다. 최고 권력의 오른 사람들의 행태가 무골호인(無骨好人)은 아니기 때문이다.

법학자들 사이에 서로 다른 해석이 존재한다. 이원집정제로 분류되는 국가들의 헌법에서 규정하는 대통령의 권한 내용은 큰 차이가 있다. 또 헌법상의 대통령의 권한이 실제로 대통령이 행사하는 권한의 정도와 같은 것도 아니다. 듀베르제가 이원집정제 국가들로 분류한 일곱 개의 국가들 중에서 프랑스, 핀란드, 독일의 바이마르공화국의 세 개 국가에서는 대통령이 실제로 행사하는 권한이 법에 규정되어 있는 권한보다 더 많았고, 아이슬란드, 아일랜드, 오스트리아의 세 국가에서는 헌법상에 규정된 대통령의 권한보다 실제로 행사되는 권한의 정도가 훨씬 더 약했다. 포르투갈에서는 헌법상의 권한과 실제 권한의 정도가 비슷하였다.[135)]

　　모든 정치제도가 그러하듯이 이원집정제의 성공과 실패 여부는 그 국가의 정당체계와 역사적 상황에 밀접하게 연관되어 있다. 프랑스 제5공화국의 안정된 정치가 단순히 이원집정제의 덕분이라고만 말할 수는 없다. 제5공화국에서는 선거제도에서 과거의 비례대표제를 폐지하고 결선투표제를 겸비한 다수득표제를 도입하는 중대한 변화가 있었다. 이러한 선거제도의 도입은 정당체계에도 영향을 주어 분열된 군소 정당들의 다당제로부터 좌파와 우파의 두 개 세력으로 분리되는 안정된 정당체계를 초래하였다. 프랑스의 경우는 헌법의 변화가 가져온 영향과 선거제도의 변화 및 이로 인한 정당체계의 변화가 가져온 영향을 분리해서 논의하는 것은 잘못된 것이다. 이러한 점에서 보면 그 사회의 정당체계는 이원집정제의 성공 여부를 결정한다. 최적의 조건은 대통령이 정당의 지도자이면서 그 정당이 의회에서 과반수의 의석을 점유하는 경우이다. 프랑스의 드골이나 퐁피두 대통령은 이러한 경우였다. 이와 반대로 정당체계가 구조적으로 불안정하거나 양극화된 다당제이거나 분열의 정도가 심할 때에는 상황이 달라진다. 이 경우에도 바이마르공화국의 첫 번째 대통령(1919~1925)이던 에베르트(Friedrich Ebert)의 첫 번째 임기나 핀란드 대통령(1956~1982)이던 케코넨(Urho Kekkonen)처럼 대통령이 중요 정당의 지도자인 경우에는 그 지위를 이용하여 자기 정당과 다른 정당 사이에 협조를 이루어 어느

---

135) Maurice Duverger, *op. cit..* Arend Lijphart, *op. cit.,* p. 147에서 재인용.

정도의 정부안정을 가져올 수 있다. 대통령이 자신이 소속한 정당에 대해 어느 정도의 영향력을 행사할 수 있는 경우에는 대통령이 총리와 공동으로 정부를 지배할 수 있다. 이원집정부제의 성공적 운영은 대통령과 총리가 공존하느냐 반목하느냐에 상당히 의존하게 된다.

만약 대통령이 자신이 소속한 정당이나 다른 정당에 영향력을 행사할 수 없고 자신이 동의할 수 없는 정책을 지지해야 할 경우에는 권한이 극도로 제한된다. 정당들이 분열되어 정당체계가 약한 상황에서 대통령이 이러한 위치에 놓이게 되면 대통령이 야당들과 일치된 견해를 표명하기만 해도 정부는 심각한 위기에 빠지게 된다. 이 경우 대통령은 헌법에 의거하여 의회를 해산하고 자신이 소속한 정당이 선거에서 이겨 의회를 통제하도록 시도할 수 있다. 그러나 총선의 결과 자신이 소속한 정당이 의회의 과반수를 확보하지 못할 경우에는 대통령은 사임하거나 권력을 총리에게 이양해야만 위기를 극복할 수 있다. 만일 대통령이 여전히 어느 정도의 권력을 보유하려 한다면 야당이나 야당연합이 과반수 의석을 점한 의회와 갈등을 겪게 되고 정치는 위기를 맞게 된다.136)

정당의 분열상황과 정치의 교착상태가 심각하여 의회에서 총리선출을 위한 과반수지지 획득조차 어려운 상황에서는, 이원집정제에서 대통령에게 부여하고 있는 비상대권을 사용하여 국면을 전환시킬 수가 있으나 이렇게 되면 비상대권에 의존하여 집권하는 합헌적 독재체제에 불과한 것이 된다. 바이마르공화국의 두 번째 대통령인 힌덴부르크(Paul von Hindenburg) 대통령의 2차 임기가 이런 경우로서 이때에는 권력의 분립이란 없었다.

바이마르공화국이 붕괴한 이유는 이원집정제가 대통령의 비정상적 권력에 의존하여 운영될 수 있는 제도적 가능성이 있었기 때문이다. 이런 제도적 가능성 때문에 정당들은 의회와 연관되어 내치(內治)를 담당할 내각의 구성에 대한 자신들의 의무를 포기하고 정부구성의 책임을 대통령에게 떠넘겼다. 이에 힌덴부르크 대통령에 의한 내각이 계속되었고 대통령에 의해 지명된 총리들은 과반수 의석을 확보하기

---

136) 신명순·조정관(공역), 앞의 책, 148-149쪽.

위해 의회 해산과 선거를 계속하였다. 정치·경제적 위기가 심화된 상황에서 빈번하게 선거가 실시되어서 나치정당이 원내에서 최다 의석을 차지하게 되었고 대통령은 히틀러를 총리에 임명하게 되었다.[137]

이원집정제는 제도 자체가 갖는 특징들과는 별개인 다른 상황들, 예를 들면 프랑스 제5공화국에서와 같이 선거제도의 변화, 프랑스공산당의 쇠퇴, 드골이라는 특별한 정치지도자 등이 함께 하지 않는다면 양극적이거나 분열된 정치체제의 문제점을 극복하는 데 효율성을 발휘할 수가 없다. 이런 점에서 이원집정제가 성공하는 데 필요한 조건들은 안정된 의원내각제를 위한 조건들과 일치한다. 즉 원내 정당들이 총리에 대한 안정적 지지를 구축할 수 있는 의회의 존재가 중요한 것이다.

제4장을 마치며

지금까지 대통령제, 의원내각제, 이원집정제 정부형태가 갖는 특성들과 이러한 제도들이 시행되는 방식, 각 제도의 장점과 단점 등을 논의하였다. 이러한 정부형태의 논의에서 가장 일반적인 물음은 그러면 어떤 제도가 가장 좋은 제도인가라는 것이다. 많은 학자들은 남미에는 대통령제가 아니라 의원내각제가 더 좋다고 지적한다. 또 다른 학자들은 의원내각제에 문제가 있기 때문에 다른 형태로 바꾸든가 또는 대통령제에 문제가 있어 다른 형태로 바꾸든가에 관계없이, 바람직한 것은 그 중간 형태인 이원집정제로 바꾸는 것이지 대통령제에서 의원내각제로 또는 의원내각제에서 대통령제로 정부형태를 변경하는 것은 바람직하지 않다고 지적한다. 사르토리는 분점정부 시에는 대통령제보다 이원집정제가 더 잘 운용되는 장점이 있다고 강조한다. 의원내각제의 경우에도 의회중심형 의원내각제는 가장 좋지 않으며 의원내각제의 문제는 이원집정제에서 많이 완화될 수 있다고 강조한다.

많은 경우에 사람들은 자신이 경험하고 있는 제도의 약점은 잘

---

137) 위의 책, 149-150쪽.

알고 있기 때문에 이에 대한 비판은 신랄히 하면서도 다른 제도의 약점은 제대로 모르기 때문에 다른 것은 좋을 것이라는 가정을 하는 경우가 많다. 그러나 모든 정치체제의 운명은 최종적으로 정치지도자의 통치능력, 국민들의 신뢰를 이끌어낼 수 있는 능력, 자신의 권력의 한계에 대한 인식능력, 그리고 최소한의 국민합의를 달성할 수 있는 능력에 따라 결정된다. 대통령제에서는 특히 지도자의 자질이 그 체제의 운명에 더욱 중요한데 역설적으로 대통령제에서는 그런 좋은 지도자가 대통령이 되는 것은 별개의 문제다. 대통령선거에 승리한다는 것은 단순히 개인 인물에 의한 것이라기보다는 '세력'에 의한 것이기 때문이다. 국가를 이끌 영웅적 인물이 그렇게 많이 존재할 것인가에 대해서도 회의하는 사람들도 많다. 정치지도자의 개인적 자질에 체제의 안정을 의존하는 것은 때로는 그 체제 내부에 그런 지도자가 없을 수 있기 때문에 위험성이 높다. 의원내각제의 안정적인 운영을 위한 정당정치의 조건은 당내 규율이 강한 정당, 유권자들의 정당에 대한 일정 수준 이상의 충성도, 정당들 사이의 공조 능력, 반체제정당의 부재가 필수적이라고 할 수 있다.[138]

대부분의 남미국가에서는 당내 규율이 강한 정당이 없고 정당 및 의원들이 전국적인 관심보다는 협소한 지역적 이해관계를 대변하고, 정당에 대한 유권자들의 충성심이 약하기 때문에 의원내각제의 도입이 어렵다는 주장이 있다. 그러나 이러한 주장에 대해, 정당들은 정부 안정 및 개혁을 대통령의 임무라고 인식하면서 이에 대해 반대하고 비판하고 응징하는 데에만 관심을 갖고 자신들이 이러한 점에 책임을 지려 하지 않게 되었다는 주장도 있다. 의회의 의원들은 대통령선거가 끝남과 동시에 의원선거로 관심을 돌리고 설사 대통령선거 때에는 선출된 대통령을 지지했던 선거연합에 참여했던 정당이라 할지라도 다른 정당 출신인 대통령이 성공적인 대통령이 되는 것을 원하기보다는 그를 비판함으로써 자신들의 독자성을 부각시키려 한다. 이들에게는 대통령이 추진하는 인기 없는 정책을 지지할 이유도 없는 것이, 그렇게 한다고 해서 어떤 보답이 있는 것도 아니고 오히려 곤경에 빠질

---

138) 신명순·조정관(공역), 앞의 책, 168쪽.

가능성이 높기 때문이다. 이런 상황에서는 정당이 책임성을 갖는다거나 정당 내의 규율이 확립될 동기유인이 없는 것이다.

이러한 점에서 볼 때 남미나 다른 지역의 국가들에서 나타나는 정당들의 문제는 대통령제라는 제도에 의해 초래된 점이 없지 않다. 따라서 정당 및 정당지도자들이 통치에 대해 책임감을 더 많이 느끼게 되고 책임소재가 더 분명해지며 동시에 정당들이 협조하고 타협해야 한다는 필요를 갖게 하는 의원내각제가 정당제의 발전을 가져올 것으로 기대할 수도 있다. 그러나 새로운 제도를 도입했다고 해서 이에 맞추어 정당지도자들의 정치행태도 변화하는 것은 아니다.

한국은 1948년 제1공화국이 들어선 이후 모두 9차례의 헌법 개정을 통해서 정부형태를 변화시켜 왔다.[139] 하지만, 지금도 권력구조 개편 논의는 진행형이다. 어떤 경우에도 특정 문제점을 해결하기 위해 선택된 특정 제도가 '전지전능한 해'(absolute solution)가 되기 어려우며, 단지 선택된 제도는 "어떤 조건이 주어진 경우 그 조건을 가장 잘 만족시키는 논리"(If…, then…)로써 기능할 가능성이 높다. 어떤 정부형태 유형이 특정 조건(즉, 정치문화)하에서는 최적의 기능을 가져올 수 있지만, 또 다른 조건에서는 그렇지 못한 경우가 대부분이다. 따라서 정치문화적 측면을 동시에 고려한 제도공학을 논하는 것이 필요할 수도 있다. 특정 정치문화 하에선 특정 제도의 도입이 의도한 '공급효과'(supply-side effect)만을 갖는 것이 아닐 수도 있다. 제도 도입시의 의도와는 또 다른 효과들이 복합적으로 나타날 수도 있다. 좋은 제도를 채택하여도 제도를 채택한 문화권에 따라서, 도입 시기와 도입주체에 따라서 다르게 나타날 수밖에 없다. 제도 논쟁시 운영의 묘가 상존하는 현실을 감안할 필요가 있을 것이다. 서구 선진자본국가이자 선진민주주의 국가들이 과거의 제도를 상당기간 고수하는 것은 제도 도입이란 형식만큼 제도 운영의 과정이나 그러한 과정이 가능하게 하는 또 다른 사회환경이 종합적으로 중요함을 대변한다고 볼 수 있다. 한국의 경우도 개헌 논의에서 회자되는 제도 자체의 장단점들은 제도 자체의 문제라기보다 제도를 둘러싸고 있는 사회문화적 변수와 밀접

---

139) 각 헌법 개정에서의 구체적인 내용은 진영재, 『한국정치』(서울: 법문사, 2014)를 참조할 것.

하게 연관되어 있을 수 있음에도 동시에 유의할 필요가 있다.[140] 그래서, 권력구조의 채택과 변화의 문제에 '토의(討議)민주의'[deliberative democracy: 또는 심의(深意)민주의, 숙고(熟考)민주의]가 강조되기도 한다.[141]

정부형태의 변경에 대해서 반복되는 논쟁은 결국 권력구조에 대한 사상적 이해가 결여됨으로서 생기는 현상일 수도 있고, 그렇지 않을 수도 있다. 권력구조에 대한 철학적 이해가 없이 단순히 생기는 피상적 정치현상 하나 하나에서 장단점을 찾는다면 이는 바람직한 권력구조 논쟁이 아닐 것이다.[142] 단적으로 권력구조란 실증적인 개념이 아니라 '규범적인 개념일 수밖에 없다'고 설파하는 셈이다. 정치적 다원주의가 정치행위자들의 선호서열(preference order)을 외생적(exogenous) 요인으로 간주하여 선험적으로 받아들이지만, 사실은 선호서열을 내생적(endogenous) 요인으로 놓고 어떤 방향으로 주어진 선호서열을 규제하고 변화할 것인가 하는 문제가 현실이라고 보기 때문이다. 이는 어떤 특정 권력구조의 현실적 성공과 실패를 실증적으로 논하기 이전에 권력구조에 대한 규범적 방향성에 대한 논의가 필요함을 의미할 수 있다. 거의 모든 권력구조 변경의 경험적 증거들을 보더라도, 현재 우리가 채택하고 있는 권력구조에 대한 논쟁이 단순히 제도논쟁이 아닌 것은 (즉, 제도적 적합성에 대한 실증적 논쟁을 넘어서는 것은) 우리들 모두가 동의해서 현재의 권력구조를 택한 것이 아니라, 당시 정치지도자들의 상황적 타협의 산물일 수 있음으로 인해 규범적 논의의 범위에 있음을

---

140) 조정관, "대통령제 민주주의의 원형과 변형: '한국형' 대통령제의 특징과 제도운영의 문제," 『한국권력구조의 이해』 진영재(편) (서울: 나남, 2004), pp. 71-122.

141) 즉, 단순히 다수의 뜻으로 기능하는 민주주의가 아니고 다수의견자와 소수의견자 사이에 토론이 있고, 심의하고 숙고하면서 다수와 소수의 의견차이를 조정하고 이해하면서 기능하는 민주주의를 말한다. 헌법개정의 문제가 법률개정의 문제와는 달리 매우 종합적이고 복합적인 국가 최고 통치 차원의 문제여서 절차상의 '포괄성'과 '시간성'을 필요로 하기 때문이란 것이다. 임성호는 1990년대 남아프리카(South Africa) 사례를 모범적인 예로 든다. 남아프리카의 경우 1989년 시작된 헌법제정의 여정은 '임시헌법'의 제정 절차까지 거치면서 1996년 완성되고, 1997년부터 효력을 발휘한다. 또한 헌법 개정의 '포괄성'은 1994년부터 1996년 헌법의회의 국민홍보과정에서 200만 건이 넘는 제안이 전문가 집단, 이익집단, 개인들로부터 접수되고 의사소통되었음을 주장한다. 임성호 "헌법개정 논의과정과 토의민주주의: 이상과 현실," 서울대학교 한국정치연구소, 「한국정치연구」 15권 2호 (2006), 147-166쪽.

142) 김성호, "권력구조와 민주주의," 『한국권력구조의 이해』 진영재(편) (서울: 나남, 2004), 35-69쪽.

부정할 수 없기 때문이다.143) 또한 역설적으로 改憲이 이루어진다고 해도 또 다른 부정적 파급효과의 반복일 가능성도 도외시할 수 없는 것이다. 지금의 장점이 미래에는 단점일 수도 있는 것임을 항상 염두에 두어야만 한다.

---

143) *Constitutional Politics: Essays on Constitution Making, Maintenance, and Change.* Edited by Sotirios Barber and Robert George (Princeton, NJ: Princeton University Press, 2001).

'정치문화'(political culture)란 용어는 추상성이 매우 높은 용어이다. '문화'라는 용어의 사전적 정의를 한마디로 정리하면 '어떤 집단이 타 집단과 구분되게 갖는 행동 정향(定向, orientation)'이다. 역으로, 어떤 집단의 특성에 관련된 그리고 그 집단이 갖는 특성이 발현되게 하는 근본적인 신념체계(belief system)를 포괄하여 '문화'라고 할 수 있을 것이다. 그래서, 혹자는 '문화'를 정체성을 지닌 것으로 분류할 수 있는 어떤 집단의 '전통'(tradition)과 유사한 것으로 간주하기도 한다. 어의적으로 전통은 연속성을 기반으로 하지만, 상대적 관점에서 문화는 변동성이 더 강한 듯하다. 21세기 초반의 유네스코 보고서에 의한 '문화'의 정의는 "특정 사회 또는 집단이 갖고 있는 독특한 정신적(지적, 감정적 특성) 총체"이다.[1]

'정치문화'에 대한 이해가 중요한 이유는 정치제도만으로는 현실의 정치작동 과정과 결과를 이해하는 데 한계가 있기 때문이다. 단적으로 문화론자들은 사람들의 일상생활을 규정하는 것은 '습속'(習俗)이 1차변수이며, 제도는 2차변수라고 주장하는데, 바로 이 습속은 문화변수를 말한다. 1945년 이후 다수의 신생국가들이 탄생하면서 의원내각제와 대통령제를 채택하였다. 1970년대와 1980년대 민주화 열기가 다수의 국가들에서 현실화 되었을 때, 유사한 의원내각제를 시행하여도 영국과 아프리카 여러 나라들에서의 정치적 결과는 성공과 실패로 다르게 나타났다. 유사한 대통령제를 시행하여도 미국과 남미, 아시아 여러 나라들에서의 정치적 결과는 다르게 나타났다. 달리 표

---

1) UNESCO, *Universal Declaration on Cultural Diversity* (2002).
   http://www.unesco.org/education/imld_2002/unversal_decla.shtml#2. 2016년 7월 1일 검색.

현하자면, 정치문화라는 변수야말로 집단 내의 대부분의 사람들이 정치제도를 실제로 운용함에 있어서 어떻게 생각하고 행동하는가를 이해하는 데 기본이 된다. 어떤 집단의 정치문화란 그 집단의 역사적 경험, 가치, 습속, 관습, 심지어는 과거의 제도적 경험에 대한 느낌까지도 포괄한다. 제도의 성공적인 운용을 위해서 긴요한 요소인 '합의와 타협의 정신', '젠틀맨십', '규칙의 존중' 등은 문화변수이지 제도변수는 아니다.2)

정치문화 연구의 시조라고 할 수 있는 아몬드(G. Almond)에 따르면, 개인들이 지니고 있는 감정, 사고방식, 느낌, 신념 등과 같은 정치적 가치는 그들의 정치적 만족이나 정치적 불만족에 영향을 미치는 것이다.3) 인간들의 정치행태는 그들이 소속된 집단의 정치문화에 영향을 받는다. 심지어 정치제도가 국가마다 다양한 것은 그 제도를 만드는 국가의 정치문화가 다르기 때문이라는 시각도 가능하다. 정치제도란 것도 알고 보면 정치문화를 반영하고 있다는 의미이다. 다른 측면에서 어떤 집단에 소속된 대부분의 인간들이 보여주는 정치행태는 이미 그 집단의 정치문화를 반영하고 있다고 표현할 수도 있다. 정치문화는 정체되어 있지 않고 변화한다. 정치문화가 변한다는 것은 개인의 정치행태가 변화하며 그러한 행태변화들이 누적되는 경우 정치문화에도 영향을 미치게 된다는 것을 의미한다. 문제는 다른 정치변수들과 비교하여 상대적으로 정치문화의 변화 속도가 느리고, 원래의 가치를 유지한다는 것이다. 결론적으로 제도의 변동은 신속히 이루어지는 경우가 많지만, 문화의 변동은 장시간에 걸쳐 이루어진다.

그렇다면, 어떤 국가의 정치문화가 어떤 내용으로 어떻게 유지되

---

2) 그래서 문화론자들은 문화변수를 기존에 존재하는 상황 그대로 두고(즉, 상수로 취급하고) 제도를 변경하는 것에 대해서 반대한다. 제도를 변경하더라도 문화변수를 고려하지 않은 제도변경은 원래 제도도입이 의도하는 바를 수행하지 못뿐더러 혼란만 초래한다고 본다. 반면에 제도론자들은 문화적 상황을 그리 큰 변수로 보지 않거나, 또는 기존에 존재하는 문화상황도 제도 도입에 따라서 변화할 수 있을 것으로(즉, 변수로 취급하고) 낙관하는 경향이 있다.

3) 아몬드는 시민들이나 정치인들의 마음 속에서의 생각이 단기적으로 변화하는 것이 아니라 훨씬 더 장기간 지속되는 것이고, 보다 독립적인 것이라고 주장했다. Gabriel A. Almond, "The Study of Political Culture," in *Political Culture in Germany,* ed. D. Berg-Schlosser and R. Rytlewski (New York: St. Martin's Press, 1993) pp. 13-26.

고 어떻게 변화하는지 알 수 있을까? 정치문화란 국민들의 행태에 나타난 특정한 정향을 말한다. 따라서, 그러한 정향에 대한 국민들의 '인식'(cognition)을 측정함으로써 정치문화의 내용을 추정하게 된다.[4] 여기서 인식이란 어떤 대상물에 대한 감정, 느낌, 판단, 평가를 포괄적으로 지칭하는 용어이다. 국민들의 정향은 몇 개의 차원에 연관되어 다차원의 개념으로 구성되기에 거시적 차원에서 다음과 같은 개념도를 구성해 볼 수 있다.[5]

▐ 표 5-1 ▐ 인식수준과 인식지표

인식의 수준(level)	국민들의 정치에 대한 인식 지표(index)
체계수준(systemic level)에 관련된 인식 [장기적인 것에 대한 인식]	• 국가에 대한 자부심(pride in nation) • 국가정체성(national identity)에 대한 신념 • 국가권력 정당성(legitimacy)에 대한 평가
과정수준(process level)에 관련된 인식 [중기적인 것에 대한 인식]	• 민주주의 수행과 연관하여 '국가체제(regimes)의 민주성'에 대한 인식 • '정치체계'(political system)의 민주성에 대한 인식 • '공기관들'(public institutions)에 대한 전반적 인식
특정 정부의 정책수준(policy level)에 관련된 인식 [단기적인 것에 대한 인식]	• 정부의 정책우선순위(policy priorities of government)에 대한 인식

이상은 한 국가의 정치문화를 판단하기 위하여 국민들의 인식을 3가지 수준으로 나누고, 각각의 수준에서의 대표적인 지표들을 정리한 것이다. 3가지 종류의 인식수준은 명시적으로 구분되는 것이기도 하지만, 개념적 배타성이 완전한 것은 아니기에 상호작용하는 개념들이다. 예를 들어, 국민들의 인식체계 속에서 당시의 정부에 대해 비판의식과 국가에 대한 자부심은 서로 연결된 인식이라는 의미이다. 따라서, 국가의 자부심 지수는 국가별로 일정한 경향성을 지니기도 하지만, 인식조사가 이루어지는 시점에 어떤 정부가 현존하고 있느냐에 따라서 변화하기도 한다. 또한, 한 국가의 정치문화를 판단하기 위해서 해당 국가 국민들의 '사회신뢰수준'에 대한 인식조사를 하는 경우

---

4) Gabriel Almond and Sidney Verba, *The Civic Culture: Political Attitudes and Democracy in Five Nations* (Princeton, NJ: Princeton University Press, 1963).
5) Powell, jr., G. Bingham, Russell J. Dalton, Kaare Strøm (ed), "Political Culture and Political Socialization," *Comparative Politics Today: A theoretical Framework* (Boston: Longman, 2012), pp. 57–80.

도 있는데, 이것 역시 체계수준과 과정수준이 복합적으로 작용된 인식이며, 심지어 인식조사가 시행되는 시점에서의 정부의 정책수준까지도 영향력을 미칠 수 있다는 것을 유의해야 할 것이다. 이러한 현상은 정치문화라는 개념 자체의 높은 포괄성과 이에 따른 추상성에서 발생하는 문제이다. 정치문화의 성격을 파악하기 위하여 수준들의 '개념적 배타성'(conceptual exclusiveness)과 '개념적 상호성'(conceptual interaction)을 염두에 두면서, 도표에서 제시된 3가지 인식수준에 대해서 하나씩 구체적으로 살펴보기로 한다.

정치체계와 정치문화

"그 국가에 정치가 제대로 작동한다"라는 말은 종종 "그 국가에 정치안정이 실현되고 있다"라는 말과 동의어로 쓰인다. 많은 연구들은 '정치안정'(political stability)이 그 사회가 지닌 정치문화와 높은 함수관계를 갖는 것으로 주장한다. 정치적 안정이 정치문화에 영향을 받아서 실현된다고 할 때 그 경우를 크게 세 가지로 나누어서 생각해 볼 수 있다.

첫째, 국가정치체계가 시민들의 높은 '정치적 지지'(political sup-port)로 이루어지는 경우이다. 정치체계의 유지라는 것은 궁극적으로 시민들의 정치적 지지를 배경으로 성립된다. 시민들의 지지가 없다면 정치체계가 지속되기 어렵다. 시민들의 국가정치체계에 대한 높은 지지가 있는 곳에서 그 국가의 정치안정을 기대할 수 있다. 시민들의 국가정치체계에 대한 높은 지지 여부를 평가하는 지표들 중에서 대표적인 것이 '국가자부심'(national pride)지수이다. 가능한 논리는, 국가 구성원들의 '국가자부심' 인식지수가 높게 나타나는 사회에선(즉, 그런 정치문화를 지닌 사회에선), 높은 수준의 정치안정을 기대할 수 있다는 것이다. '국가자부심' 지수가 '정치안정'과 연관성을 지닌 변수인 이유는, 국가자부심의 수준이 높은 곳에선 '국가통합'의 수준이 높기 때문이다. 국가별 국가자부심 지표를 측정했는데, 다음과 같이 나타났다.

| 표 5-2 | 2003/2004년의 국가자부심 지표[6]

	General national pride	Domain-specific national pride	Average ranking
United States	17.7	4.0	1(tied)
Venezuela	18.4	3.6	1(tied)
Australia	17.5	2.9	3
Austria	17.4	2.4	4
South Africa	17.0	2.7	5
Canada	17.0	2.4	6
Chile	17.1	2.3	7
New Zealand	16.6	2.6	8
The Philippines	16.7	2.3	9
Israel	16.2	2.3	10
Denmark	16.6	1.7	11(tied)
Hungary	17.0	1.6	11(tied)
Ireland	15.3	2.9	11(tied)
Uruguay	16.1	2.0	14
Portugal	16.2	1.6	15
Finland	16.1	1.8	16
Spain	16.5	1.6	17
Japan	15.9	1.8	18
Great Britain	15.1	2.2	19
Slovenia	16.1	1.1	20
Russia	16.7	1.3	21
Norway	14.9	1.3	22(tied)
South Korea	16.0	1.0	22(tied)
Czech Republic	15.1	1.3	24(tied)
Switzerland	14.3	1.6	24(tied)
France	14.4	1.5	26
Taiwan	15.6	0.9	27
Germany—West	14.5	1.0	28(tied)
Poland	15.3	0.9	28(tied)
Slovakia	14.5	1.1	28(tied)
Sweden	14.0	1.2	31
Latvia	13.4	1.0	32
Germany—East	14.2	0.7	33
Bulgaria	NA	1.6	NA
Total	15.9	1.8	

6) Tom W. Smith and Seokho Kim, "National Pride in Comparative Perspective: 1995/96 and 2003/04," *International Journal of Public Opinion Research* Vol. 18 No. 1, p. 129.

국가자부심은 포괄적 차원에서 국민들의 국가에 대한 충성심으로 측정될 수도 있고, 특정 사안별로 국민들이 자신의 국가가 타국보다 더 우월하다는 느낌으로 측정될 수도 있다. 전자의 국가에 대한 충성심은 전반적으로 '애국심'(patriotism)이나 '민족의식'(nationalism)과 연관된 것이다. 후자의 자신의 국가를 자랑스럽게 여기는 감정은 현재 자신이 소속된 국가의 다양한 이슈나 현황과 연관된 것이다. 여기서, 이들 두 가지 차원의 것이 서로 일치할 수도 있고, 그렇지 않을 수도 있다는 점에 유의해야 한다. 예를 들면, 어떤 국가의 국민들의 대다수가 국가에 대한 애국심을 지니고 있지만 그들 국가의 과학기술 수준을 다른 나라와 비교할 때 자랑스러워하지 않을 수도 있다는 것이다. 이런 상황 때문에 위의 도표는 '국가자부심'을 두 가지 차원으로 나누어서 전자는 '일반적 국가 자부심'(general national pride)로 하고, 후자를 '영역별 국가 자부심'(domain-specific national pride)으로 구분하여 측정하였으며, 그들 두 차원의 연관계수를 통하여 국가자부심에 대한 등위를 구한 것이다.[7]

국가자부심 등위를 보면, 전반적으로 일반인들이 기대하는 것과 큰 차이는 없을 듯하나, 문제는 미국과 더불어 최상위 국가에 위치한 베네수엘라의 경우이다. 미국과 더불어 베네수엘라가 국가자부심 지수에서 최상위에 있는데, 두 가지 예는 극단적 대조성을 띠는 것으로 해석할 수 있다. 일반적으로, 많은 사람들은 국가자부심 측면에서 미국은 최상위 국가로 기대하지만, 베네수엘라에 대해서는 그렇게 높은 등위를 기대하지 않을 것이다. 그렇지만, 왜 이런 국가별 지표순위가 나왔는지에 대해서 살펴볼 필요가 있다. 이러한 지수는 2003년에 조

---

7) Tom W. Smith and Seokho Kim, *op. cit.*, pp. 127-136. 참고로 '일반적 국가 자부심'은 다음과 같은 5개의 질문에 찬성-중립-반대로 답하는 것을 통해 측정되었다. "나는 다른 나라보다 우리 나라의 시민이고 싶다," "우리나라의 국민이란 것이 부끄러운 어떤 것들이 있다," "다른 나라 사람들이 우리 나라 민족성과 유사하다면 세상은 보다 좋은 곳이 될 것이다," "일반적으로, 우리나라는 다른 나라보다 좋은 곳이다," "국가가 잘 못하더라도 국민들은 국가를 지원해야 한다". "영역별 국가자부심"에서 "당신은 다음의 영역별로 국가에 대해서 얼마나 자부심을 느낍니까?"라는 질문에 10개의 영역에서 응답을 구했다. 민주주의 작동방식, 세계에 대한 정치적 영향력, 경제적 성취, 사회안전망, 과학기술수준, 스포츠 업적, 예술과 문학, 국방력, 역사, 공정성과 평등성. 이들 두 차원의 연관성은 '스피어만 순위상관계수'(Spearman rank-order correlation)로 계산하였다. 스피어만 순위상관계수는 99% 신뢰수준에서 .736으로 나타났다.

사된 것인데, 특히 국가자부심 지수는 그것이 조사되기 이전 대략 5년 전부터 당시까지의 상황이 중요하기 때문에, 미국은 부시 대통령과 더불어 빌 클린턴 대통령 후반기의 미국 상황이 반영되어 있다. 베네수엘라는 그 기간 동안 지속해서 소위 파퓰리스트(populist)인 유고 차베스의 치하에 있었다. 미국은 빌 클린턴 대통령 치하에서, 물가와 실업률을 동시에 잡았다는 소위 '신경제'(New Economics)로 높은 국가부채율에도 경제 호황기를 구가하고 있었다. 실리콘 밸리의 고도의 산업기술력과 함께 나름대로 성공적인 앨런 그린스펀 연방준비은행의장의 수완도 함께 작용하였다. 2003년에는 부시의 이라크 사태와 이라크 파병이 있으면서 미국에 단합된 국가의식이 존재했다. 미국이 세계의 헌병국가라는 국민적 자부심에 덧붙여서 이러한 시의적인 상황이 복합적으로 작용했을 것이다. 미국은 국민 개개인의 극단의 자율성에 의한 결과로 나타난 국가자부심 인식인 반면에, 베네수엘라는 당시 유고 차베스 대통령의 경제정책에 있어서 과도한 복지비 지출을 통한 '대중인기영합주의'(populism)의 극단과, 특히, 영역별 자부심 지수에서도 높은 국가자부심 지수를 보인 것을 볼 때, '동원정치'나 '허위의식'의 결과로 나타난 인식조사 결과의 가능성을 배제하기 어렵다.8) 실제로 차베스 대통령 사후 10년 정도가 경과한 2016년 현재의 시점에서 본다면 베네수엘라는 경제적 상황의 악화와 빈곤으로 곤란의 정도가 극심하여 이런 상태에서 국가자부심 지수는 다시 낮게 나타나고 있어 그 편차가 크다.9)

국가자부심 지수는 단순히 '자유민주주의 체제'의 성공적 수행여부만으로 결정되는 것이 아닐 수 있음을 알 수 있다. '국가'는 '정부' (government)와 구분되는데, 정부는 단순히 일정 임기를 지닌 권력 엘리트 집단 세력을 의미하는 데 반해, 상대적으로 국가는 구성원들에

---

8) 베네수엘라 국민들의 인식을 반드시 동원된 것으로만 해석하는 것에는 유의할 필요가 있다. 인식조사에서 제3자의 해석은 두 번째이며, 첫 번째의 것은 각 개인이 실제로 생각하는 바이다. 유고 차베스의 과도한 경제복지정책이 장기적으로 긍정적인 평가를 얻기는 어려울 것이나, 베네수엘라 국민들이 당시 국가에 대하여 자부심을 갖는 상황이었던 인식 그 자체를 거부할 수는 없다는 것이다. 인식조사결과를 해석함에 있어서 주의를 요한다.

9) ISSP(International Social Survey Programme)는 2006까지 국가자부심 지수를 발표하였으나, 그 이후에는 어떤 이유에서인지 발표하지 않고 있다.

게 영원한 공동체라는 느낌을 준다는 점에서 구분된다. 정부는 일정한 임기를 지니고 계속 바뀌지만, 국가라는 것은 그렇게 임기를 갖고 바뀌는 것이 아니다. 국가자부심 지수란 국가의 역사적 배경, 국민들의 국가에 대한 충성도, 친밀도 등이 복합적으로 작용된 결과물이다. 민족과 인종의 문제도 포함하여 국가정체성이 작용하는 것이다.10) 필연적이지는 않아도, 국가자부심이 높은 국가는 정치적 안정의 개연성이 높다고 할 수 있다.

국가자부심 변수는 자국을 기준으로 한 것이고 타국에 대한 인식을 기준으로 한 '상대 국민(민족)에 대한 인식' 변수도 있다. 참고할 필요가 있다.

▮그림 5-1▮ 국가에 대한 긍정, 부정의 인식

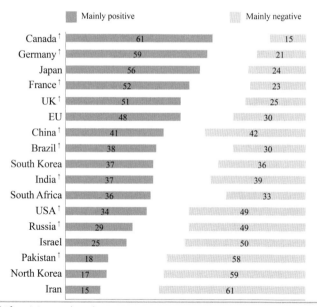

Views of Different Countries' Influence
Averge of 18 Tracking Countres, * 2014-2017

자료출처: GlobeScan(2017)

---

10) 'State'와 'Nation' 모두 '국가'라고 번역할 수 있지만, '국가정체성'은 'state identity'라고 하지 않고, 'national identity'라고 한다. 그 이유는 국가정체성이란 개념에 민족이란 개념이 현실적으로 중요한 영향력을 미치기 때문이다. 이에 대해서는 '제2장을 마치며' 부분에서 국가라는 개념에 민족(국민), 인종 등의 개념을 부가하여 설명한 곳을 참조할 것.

정치체계의 정당성에 대한 인식도 정치안정성에 영향을 미치는 변수이다. 국민들이 정치체계의 정당성에 영향을 미치는 변수들로는 전통, 역사, 종교, 이념, 선거 등으로 다양하다. 정치체계에서 정권의 정당성이란 국민들이 법의 권위를 인정하고 복종하는 '법치주의'를 통해서 구현되는데, 정권이 소위 '정부의 의무'(obligations of government)를 다하지 못하면 이러한 '법치주의'가 무너지게 된다. 결론적으로, 정치 정당성이란 국민에 대한 '정부의 의무'를 충족할 때 존재하는 것이란 의미가 된다. 낮은 정당성을 지닌 정치체계에서 정치적 불일치로 인한 갈등과 논란을 해소하는 방편으로 폭력이나 제도적 규약을 벗어난 소위 '거리의 정치'(street politics)를 행하게 된다. 정치체계의 정당성이 결여된 정도가 심해지면 반란과 폭동으로 연결되고, 더 심하면 국가체계의 붕괴로 이어진다. 1990년 초반에 소비에트연방(USSR, 소련)이 무너질 때, 정부는 국민에 대한 의무를 다하지 못했으며, 이는 곧 정치체계 정당성의 몰락을 의미했다. 당시 소련 국민들은 음식과 소비재 부족에 고통받고 있었으며, 따라서 정치권력조직인 공산당에 대해 신뢰 정도가 최악의 수준이었다. 나아가 국가이데올로기로 언어와 인종 면에서 다양한 구성체를 하나로 묶어냈던 공산주의 이데올로기는 국민들의 생활고통과 공산당에 대한 극한의 불신으로 국가통치 이데올로기로의 역할을 더 이상 할 수 없게 된 것이다.

둘째, 다양한 분파세력들로 나뉘어져 갈등하는 경우에도 해당 분파들을 대표하는 엘리트 집단들 사이에 타협이 이루어지는 경우엔 정치적 안정이 이루어질 수 있다. 버바(S. Verba)는 현실 정치과정에서 정치권력을 지닌 엘리트들의 신념과 태도에 대한 가치는 일반 국민들의 신념과 태도보다 더 중요할 수밖에 없으며, 일반국민들의 혼재되고 불명확한 신념과 가치보다 더 명확하고 체계적으로 나타난다고 주장했다.[11] 여기서 중요한 것은 정치적 엘리트들끼리의 타협은 정치제도뿐만이 아니라 그 이상으로 정치문화의 영향을 받아서 이루어진다는 것이다.[12] 분파들을 대표하는 정치적 지도자들 사이에 타협의 정치문화

11) Sidney Verba, *Participation and Political Equality: a seven-nation comparison* (Chicago: University of Chicago Press, 1987).
12) Arend Lijphart, *Patterns of Democracy: government forms and performance*

가 존재하는 곳에선 정치적 타협을 통한 정치안정이 가능하며, 타협의 정치문화가 존재하지 않는 곳에선 정치불안정의 개연성이 높아진다.

셋째, 정치지배집단의 자기확신에 의한 통치에 의해서도 정치안정은 이루어질 수 있는데, '권위주의체제'는 그 사례이다. 파이(L. Pye)는 아시아의 정치사회문화를 언급하면서 집단중심적인 가치체계 하에서 '권위에 대한 복종'이란 문화양태를 갖고 있기에 지도자의 역할이 형성된다고 주장했다.13) 스콧(J. Scott)은 동남아시아의 농민사회를 연구하면서 이러한 지도자의 역할을 '후원자 – 부하 관계'(patron – client leadership)로 묘사하였는데, 이는 아시아의 사회 – 정치적 문화요인 하에서 두드러진다고 보았다.14) 총체적으로 이러한 사회문화적 양태는 '제도중심의 정치'보다는 '인물중심의 정치'란 정치문화를 형성하는 데 일조한다.15) 정치지도자는 무력에 의해서 지배할 수도 있지만, 지배체제를 정당화하기 위해 국민들에 대해 미래비전을 제시하며 체제를 유지하게 된다. 단순히 무력만으로 체제를 지배하기는 어려우며 국민들을 위한 미래비전이 결여된 경우의 정치체계는 유지되기 어렵다. 인물중심의 정치문화가 있는 곳에서 지도자는 자기확신을 갖게 될 개연성이 높다. 민주주의 발전의 관점에서 볼 때 인물중심의 정치보다 제도중심의 정치가 더 높은 수준의 민주주의 발전을 촉진한다.

전반적으로 인물중심의 정치체계는 민주주의 발전의 관점에서는 바람직하지 않지만, '정치안정'이라는 변수 한 가지만 분리해서 볼 때는 상황이 복잡해질 수도 있다. 예를 들면, 인물중심의 정치문화가 존재하는 곳에서, 정도의 문제이겠지만, 양심과 능력을 겸비한 인물이 나타나서 국민들의 자발적이고 절대적인 지지를 받는 소위 '영웅정치'(politics of hero)가 긍정적으로 행해지는 경우엔 정치안정이 나타날

---

in thirty – six countries (New Haven: Yale University Press, 1999).

13) Lucian W. Pye and Mary W. Pye, *Asian power and politics: the cultural dimensions of authority* (Cambridge, Mass.: Belknap Press, 1985).

14) 남아메리카도 문화적으로 아시아와 비슷한 성향이 있다고 보는 견해도 있다. James C. Scott, "Revolution in the Revolution: Peasants and Commissars," *Theory and Society,* Vol. 7. No. 1/2, Special Double Issue on State and Revolution (Jan. – Mar., 1979) pp. 97 – 134. T. Hilgers, *Clientelism in Everyday Latin American Politics* (Berlin: Springer, 2012).

15) Patrick Chabal and Jean – Pascal Daloz, *Culture Troubles: Politics and the Interpretation of Meaning* (Chicago: University of Chicago Press, 2006).

수도 있기 때문이다.

정치과정과 정치문화

정치문화의 두 번째 차원은 '정치과정'과 연관된 것인데, 이 차원
의 내용은 시민들이 국가체제나 국가 기관들에 대해 갖는 인식과
관련이 있다. ① 자신이 속한 정치체계를 어떻게 생각하고 있는지의
문제이다. 시민들은 자신이 속한 정치체계가 민주정치를 행해야 한다
고 생각할 수도 있고, 독재정치도 가능한 곳이라고 생각할 수도 있다.
② 정치과정에서 기능하는 공무 기관들에 대해서 시민들이 어떻게 생
각하고 있는지를 보는 것이다. 다시 말해서, 국가 공무담임기관들(행
정부, 입법부, 사법부, 검찰, 경찰, 군대, 교육기관, 공무원 등)의 공무수행능력
과 관련된 시민들의 평가를 말하는데, 많은 경우 이들 공적 기관들에
대한 신뢰도를 평가하게 된다. 최종적으로 국가 공기관들의 민주주의
수행 정치과정에 대한 국민들의 평가는 '사회신뢰수준'으로 현시화
되면서 그 사회의 정치문화를 형성하게 된다.

정치과정에서 민주적 열망이 높은 곳에선 낮은 곳과 비교하여 상
대적으로 정치참여의 수준이 높고, 정치 인내심이 높고, 의사결정과정

Ⅰ그림 5-2Ⅰ '민주정치'에 대한 지지수준

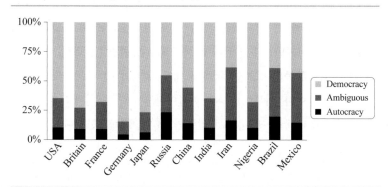

자료출처: Bingham G. Powell, Russell J. Dalton, Kaare Strøm (eds.) *Comparative
politics today: a world view* 11th edition (New York: Pearson, 2015),
p. 44. 도표에서 '모호함'(ambiguous)이란 응답은 두 체제를 모두 동시에
지지할 수 있다고 대답한 비율이다.

에서 다수법칙(절대다수 또는 단순다수)이 존중되며, 소수자들의 권리와 처리 문제가 동시에 배려된다. 높은 수준의 민주적 열망을 지닌 곳에선 시민들이 민주정치에 대해서만 정치적 지지를 보낼 가능성이 높다. 다음의 도표는 국가별로 시민들에게 '민주정치체계'(democratic system)를 지지하는지, 아니면 '권위(독재)정치체계'(authoritarian system; or au-tocratic system)를 지지하는지를 물어본 결과이다.

예상대로, 성숙된 민주주의를 보이는 국가들은 그렇지 않은 국가들보다 상대적으로 민주주의 정치체계에 대해서 지지를 보이는 시민들의 분포가 다수로 나타난다. 흥미로운 곳은 독일과 일본인데, 이곳은 독재체제에 대한 반감이 미국, 영국, 프랑스보다 높게 나타난다. 역사적으로 히틀러 나치 정권이나 히데키 군부 정권의 정치사에 대해 사회적으로 형성된 높은 반감과 무관하지 않은 것으로 해석이 가능할 것이다.16) 국가 기관들에 국민들의 신뢰도는, 그 대상 기관들이 국회, 법원, 검찰, 각급 행정부서, 경찰, 군대 등으로 다양할 것이다. 이들 중에서 정치권에 대한 국민들의 인식의 상당 부분은 결국 국회에 대한 인식으로 환원될 것이다.

[그림 5-3]에서 소위 유럽의 선진민주주의 국가들은 국회에 대한 국민들의 신뢰수준이 높은 것으로 나타난다. 한국과 일본은 국회에 대한 국민신뢰도가 낮다. 국민들의 정치권에 대한 혐오감이나 신뢰감 형성에 가장 중심이 되는 정치인이나 기관은 의회(입법부)이다. 영국의 이코노미스트지가 격년으로 평가하는 세계민주주의 평가지수에서 2016년 기준으로 한국과 일본은 최근 10년간 전 세계 20위권에 나란히 이름을 올리면서 선진민주주의 국가로 분류되고 있지만,17) 특히 국가운영을 위한 입법활동의 보루인 국회에 대한 국민의 신뢰도가 낮게 나타나는 한 한국이나 일본이 정치선진국이라고 하기엔 한계가 있다. 다시 말해서, 평가결과에 대한 국민들의 실제 체감온도는 다르게 느껴

---

16) 2차세계대전 패전국으로서 독일과 일본은 전후처리에서 문화적 차이를 보인다. 독일에서는 나치정권에 대한 언급이 사회적으로 '금기'(禁忌, taboo)에 가까운 반면에, 일본에서는 '2차대전 전범정권'에 대하여 사회적으로 '향수'(鄕愁, nostalgia)가 존재한다는 점도 유의해야한다.

17) 민주주의 수행 평가지수에서 그 국가의 규모는 중요한 변수이다. 한국과 일본은 인구 5천만 이상의 국가들만을 대상으로는 10위권이다. 베네룩스 3국 등 유럽의 인구 소국들이 민주주의 평가지수에서 상위권을 차지하고 있다.

|그림 5-3| 국회에 대한 신뢰도 국가별 비교

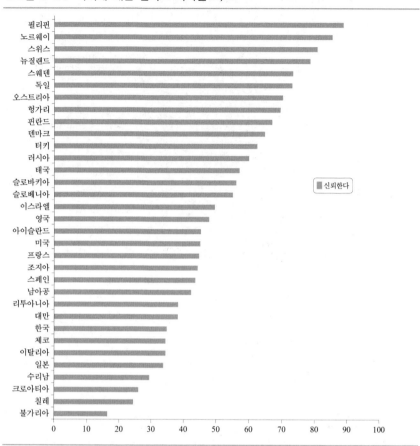

국회에 대한 신뢰도 국가별 비교

필리핀
노르웨이
스위스
뉴질랜드
스웨덴
독일
오스트리아
헝가리
핀란드
덴마크
터키
러시아
태국
슬로바키아
슬로베니아
이스라엘
영국
아이슬란드
미국
프랑스
조지아
스페인
남아공
리투아니아
대만
한국
체코
이탈리아
일본
수리남
크로아티아
칠레
불가리아

■ 신뢰한다

0   10   20   30   40   50   60   70   80   90   100

자료출처: ISSP(International Social Survey Programme) 2018년도 자료를 한국사회과학자료원이
재정리한 것이다.

질 가능성이 크다는 것이다. 국가기관에 대한 국민신뢰도가 낮은 이
유는 특히 국회가 국민의 요구에 제대로 응답하지 못하기 때문인데,
이것은 한국의 경우 국민들의 눈높이와는 동떨어진 낙후된 정당정치
가 근본적인 문제이며, 국민들의 높은 교육수준과 비판의식, 다양화된
미디어 채널 접촉 등과도 연관이 있다.[18]

   '공적인 것들에 대한 국민신뢰수준'이란 것에 어떤 '문화적 형태'
와의 연결 고리가 존재하는지에 관해선 거시적인 형태의 답이 존재할

18) Ronald Inglehard and Christian Welzel, "Modernity, Cultural Change, and
   Democracy", Russell Dalton and Doh Chul Shin (eds.) *Citizens, Democracy,
   and Markets around the Pacific Rim* (Oxford: Oxford University Press, 2006).

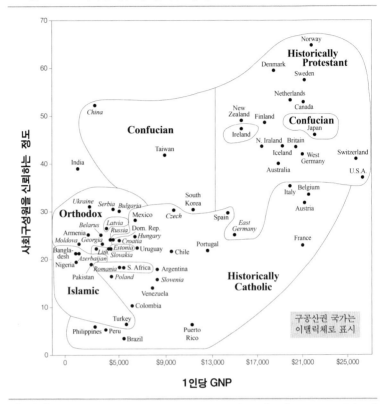

자료출처: Ronald Inglehart and Wayne E. Baker, "Modernization, Cultural Change, and the Persistence of Traditional Values," *American Sociological Review* Vol. 65, No. 1. (Feb., 2000), pp. 19-51.

뿐이다. 이에 대해선 그 사회의 경제수준이나 종교적 특성과 연관하여 어떤 경향성을 찾는 선행연구들이 존재한다. 앞서, 국가에 대한 자부심을 살펴보면서 국가에 대한 자부심과 당시의 경제적 상황이 깊은 연관성을 맺고 있음을 논의한 바 있다. 문제는 그 이유인데, 그 논리적 연결고리를 찾아본다면 이는 경제적 상황이 당시 국민들의 '사회에 대한 신뢰수준'에 영향을 미치기 때문일 것이다.[19] [그림 5-4]는 앞서 제시된 연구와 비슷한 시기에 여러 국가들에 나타난 국민들의 사

---

19) 김재한, "국가별 신뢰수준 측정에 관한 연구노트,"「국제·지역연구」13권 4호 2004 (겨울), 93-116쪽. 해당 연구에서 김재한 교수는 World Value Survey(WVS)에 개념의 조작적 정의를 기반으로 하고, 부패지수, 경제자유지수 등을 고려하여 WVS의 지수를 다시 계산한 국가별 사회신뢰체감비율을 제시한다. 참고로 그 결과는 다음과 같다.

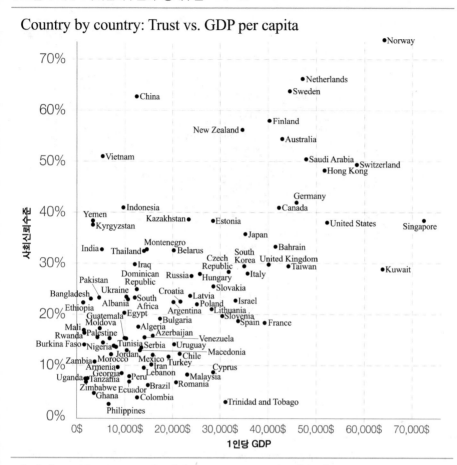

Country by country: Trust vs. GDP per capita

자료출처: World Value survey(2016)와 Penn World Table(2016)을 참조.
OurWorldinData.org에서 추가 자료 검색 가능.

신뢰수준	국가목록
고(高)신뢰국	노르웨이, 덴마크, 버뮤다, 스웨덴, 싱가포르, 중국, 핀란드
고(高)－중(中) 신뢰국	네덜란드, 레소토, 미국, 북아일랜드, 아이슬란드, 아일랜드, 오스트레일리아, 일본, 캐나다, 타이완
중(中)신뢰국	뉴질랜드, 독일, 러시아, 벨기에, 불가리아, 스위스, 스페인, 엘살바도르, 영국, 오스트리아, 우크라이나, 이탈리아, 자메이카, 체코, 피지, 한국, 헝가리
중(中)－저(低) 신뢰국	가나, 나이지리아, 남아프리카, 도미니카, 라트비아, 리투아니아, 말리, 멕시코, 방글라데시, 벨라루스, 볼리비아, 부탄, 세네갈, 스와질랜드, 아르메니아, 아르헨티나, 아제르바이잔, 에스토니아, 우루과이, 우즈베키스탄, 중앙아프리카, 칠레, 카자흐스탄, 카타르, 코트디브와르, 파키스탄, 포르투갈, 폴란드, 프랑스
저(低)신뢰국	루마니아, 르완다, 마우레타니아, 모잠비크, 브라질, 베네수엘라, 세이셸, 수리남, 슬로베니아, 앙골라, 코스타리카, 콜롬비아, 터키, 토고, 페루, 필리핀

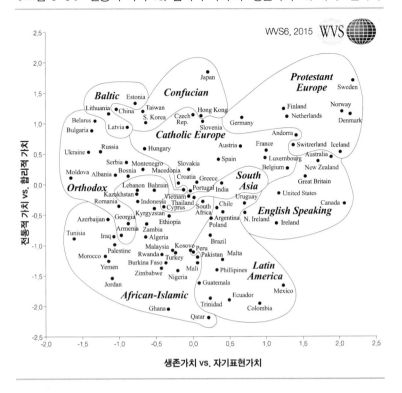

회신뢰수준과 경제 및 종교와의 연관성에 관한 조사연구를 정리한 도 표이다.

종교는 개인의 일상적인 삶 속에서 신념과 행동 정향을 결정하는 데 가장 근원적 요소로 작용할 수 있다. 적어도 해당 도표를 근거로 한다면, 베버의 이론처럼 경제적 발전수준과 프로테스탄트 윤리는 상 관성을 지니고 있음이 경험적으로 입증된다. 상대적으로 이슬람교의 국가들은 상대적으로 낮은 사회신뢰수준과 낮은 경제발전수준을 보여 주고 있다. 경제적 발전수준과 사회신뢰성의 정비례 관계에 더불어, 신교국가들은 다른 종교 국가들보다 높은 사회신뢰성을 지니고 있어 서 사회신뢰성과 특정 종교가 정비례하는 모습으로 나타난다. 조사된 도표에 따르면, 역사적 구교 국가들은 신교 국가들과 비교하여 상대 적으로 사회신뢰수준과 경제수준이 낮은 것으로 나타나고 있다. 한국 과 일본은 유교국가로 분류되어 있지만, 그것은 역사적 배경이 그런 것이고, 현 상황을 볼 때, 한국은 개신교 국가로 분류되어도 큰 오류가 없다는 의견제시도 가능할 것이다.

[그림 5-5]는 사회신뢰수준과 경제수준의 관계인데 [그림 5-4]보다 15년 정도 이후의 자료이다. 국가별 위치에 커다란 변화가 없다고 볼 수 있으며, 이는 문화변수(즉, 종교변수)가 단기적으로 변하는 성질의 것이 아님을 알 수 있다.

[그림 5-6]은 자기표현의 가치와 합리적 가치의 상관관계를 나타낸 그림인데 역시 종교적 특성으로 군(群)이 형성됨을 알 수 있다.

[그림 5-6]은 한 개의 축이 두 개의 가치를 나타낸다. 즉, 한 개의 축의 중간점을 0으로 하여 (-)방향과 (+)으로 대조하여 두 개의 가치를 나타내고 있다. 먼저 X축을 보면, '생존가치'는 경쟁을 통해 물질을 획득하고 이를 중시하는 '물질적 성향'을 의미하고, '자기표현가치'는 집단의 가치속에서도 '개인'의 개성을 중시하는 '정신적 성향'을 의미한다. Y축을 보면, '전통적 가치'란 과거로부터 이어지는 특정 집단이 갖고 있는 가치와 관행을 유지하려는 일종의 감성적이고 편협된(parochial) 조직 유대감의 성향을 의미한다. 변화보다는 기존 관행을 중시한다. 반면에, 도표에서 '합리적 가치'란 불합리하다고 판단되는 관행보다는 이성적 '변화'를 추구하는 성향을 의미한다. [그림 5-6]은 지역, 종교, 언어라는 변수로 국가들이 그룹핑(grouping)되고 있음을 보여준다.

앞서 '전통'과 '문화'를 언급하면서 문화의 변동성을 지적한 바 있다. 이것은 단적으로 전 세계가 인터넷 연결망, SNS, 뉴미디어 시대에 지구촌이 하나로 급격히 연결되면서 발생한 변화라고 볼 수 있다. 인간의 삶과 보편가치를 중심으로 유용성과 편리성이 지역을 넘어 전이되면서 문화가치도 고정된 것은 아니다. 특정 종교는 특정가치만으로 고정된 것이 아니란 의미이다. 이것은 서로 다른 종교일지라도 인류보편적 가치를 수용하고 있기에 서로 상통하는 부분이 많기 때문일 것이다. 물론, 가변성의 이유에는 또 다른 다양한 이유들이 논의될 수 있을 것이다.

정책과 정치문화

세 번째로 정책과 정치문화의 연관에서 '정책'이란 '정부의 정책'을 말하며, 궁극적으로 정부에 대한 국민들의 신뢰도를 말한다. 정부에 대한 신뢰도란 많은 부분 정부의 정책에 대하여 시민들이 갖는 감정, 느낌, 판단, 평가 등을 말한다. 정부의 정책에 대한 평가는 앞서 정치과 정상의 국가체제에 대한 평가나 국가기관에 대한 평가보다 상대적으로 단기적인 성격을 지닌 평가이다. 임기를 지닌 정권(즉, 정부)의 해당 임

I 그림 5-7 I 정부에 대한 신뢰수준(%)

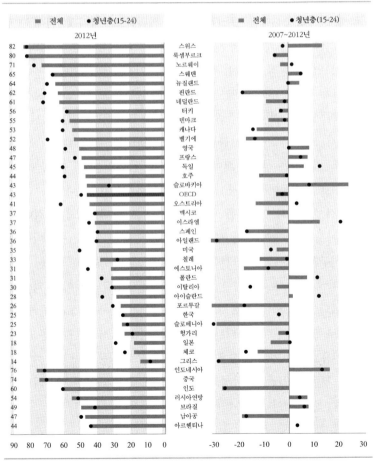

자료출처: 한준, "정부신뢰에 대한 OECD 국가들의 비교 및 정책방향", KIPA조사포럼, Vol. 15 (2015), 29쪽.

기동안의 실행능력이나 업적에 대한 평가를 의미하기 때문이다. 퍼트넘은 정부에 대한 신뢰의 하락은 정치문화의 쇠퇴를 조장하며, 공동목표를 달성하는 정치체계의 능력을 약화시키게 된다고 주장한다.[20]

[그림 5-7]은 한 시점에서 조사된 정부에 대한 신뢰도를 몇 년 후에 다시 조사한 것인데, 그 변화가 (+) 방향과 (-) 방향으로 다양하게 나타난다. 이것은 어떤 특정 시점에 어떤 정부가 어떤 정책을 시행하고 있느냐에 대한 국민 개인들의 인식이어서, 결국 자신이 지지하는 정부인지 그렇지 않은 정부인지에 따라서 그 편차가 크게 나타나는 경향이 있음을 알 수 있다.

이상에서 한 국가의 정치문화를 평가하기 위해서 체계수준에 대한 국민들의 인식, 과정수준에서의 국민들의 인식, 정책수준에서의 국민들의 인식을 각각 살펴보았다. 문화는 고정된 것이 아니며 변화한다. 국민들의 국가에 대한 자부심이나 충성심, 국가기관에 대한 신뢰도, 정부정책에 대한 지지성향은 시점에 따라서 변화한다. 이러한 정치문화는 정치제도의 변경과 비교하여 거시적이고 장기적인 성향을 띠게 되는데, 이어지는 내용에서는 문화변동이 어떻게 일어나는지와 문화변동이 가져오는 정치과정에 대한 영향력에 대해서 살펴보기로 한다.

문화변동과 정치발전

'문화변동'(cultural change)을 알기 위한 가장 직접적인 방법은 집단 구성원들의 '가치변화'(value change)의 유무를 파악하는 일이다. 사람들의 세상을 바라보는 '가치'(value)나 '정향'(orientation)은 고정되어 있는 것은 아니다. 구성원들의 가치변화는 곧 사회문화의 변화를 의미하며, 그렇게 변화된 사회문화는 정치과정에 영향을 미치게 된다. 예를 들면, 자본주의의 흐름이 더 강력히 받아들여지는 문화적 환경이 존재한다면, 이는 사람들의 생활이 개인화되고 파편화된 자유주의 사회의 가치를 중심으로 한 문화적 환경 하에서 그럴 개연성이 높을

---

20) Robert D. Putnam, *Bowling Alone: The Collapse and Revival of American Community* 1st Touchstone edition, (New York: Touchstone, 2001).

것이다. 반면에 어떤 사회에서 사회주의적 흐름이 상대적으로 추구될 가치가 있는 것으로 받아들여지는 문화가 있을 수도 있다. 소위 집단주의 문화, 공동체 문화, 평등 문화가 강조된 문화를 지닌 사회에서 그럴 것이다.

집단 구성원들의 삶의 가치가 변화한다면 세상은 변화할 것이다. 사회 구성원들의 가치변화야말로 사회변동을 이끄는 거대한 힘으로 작용한다. 잉글하트는 여러 나라들에서 가치변화의 현상이 보편적으로 나타나고 있는지, 그리고 가치변화가 나타난다면 어떤 과정을 통해서 어떻게 바뀌고 있는지에 대하여 연구했다. 잉글하트는 세상이 변화한다는 것을 사회구성원들의 가치변화라는 입장에서 접근하며 '물질주의적 가치'(materialistic value)를 지닌 사회에서 '탈물질주의적 가치'(post-materialistic value)를 지닌 사회로 변화한다고 주장한다. 물론 여기서 가치변동이란 결국 문화변동을 의미한다. 20세기 말 유럽을 시작으로 전 세계는 "탈물질주의(또는 후기물질주의; post-materialism)의 방향으로 이동하는 변화의 과정을 겪고 있다"는 것이다.[21] 결국 전 세계에는 문화변동이란 힘이 현실적으로 존재하며 그런 경우엔 정치과정에도 변화가 있을 수밖에 없음을 지적한다.

잉글하트(R. Inglehart)는 그의 최초 연구에서 분석 대상국가로 유럽의 주요 6개국을 선정하여 이들 국가들에서 1970에서 부터 1988년 사이에 이루어졌던 시민 인식 조사 결과를 분석 활용한다. ⓐ 사회의 가치가 변화한다는 것은 사회 구성원들의 가치가 변화한다는 것이며, 구성원들의 가치 변동은 구성원들이 속한 사회체계나 사회문화의 영향력에서 자유로울 수 없다. ⓑ 한 사회는 여러 '세대들'(generations)로 이루어지는데, 나이든 세대의 변화 속성이 연속되는 새로운 세대에서도 지속적으로 나타날 것이다.[22] ⓒ 한 사회 속에서 여러 세대들은 서로 다른 기간효과를 경험하지만, 세대별로 다른 기간효과에도 불구하고 가치가 종합되어 표현되는 경우 일정한 방향으로의 가치 변

---

21) Ronald Inglehart, *Culture Shift in Advanced Industrial Society* (Princeton, NJ: Princeton University Press, 1990).
22) 젊은 세대의 가치는 변화하는데, 그러한 젊은 세대가 나이가 들 경우 다시 가치 변화를 일으켜 변화에 대한 상쇄효과를 갖는다면 변화가 실질적으로 발생하지 않을 수 있다는 것을 뜻한다.

화가 감지될 것이다. ⓓ 어떤 가치 변화의 방향성과 지속성에 (+)의 효과를 주는 요인이 (−)의 효과를 주는 요인보다 강하게 나타난다.

잉글하트는 가설을 입증하는 과정에서 5가지의 지표들을 사용한다. 3가지 효과[동년배 효과(cohort effect), 기간효과(period effects), 나이효과(aging effec)]와 2개의 기존 가설[사회화 가설(socialization hypothesis), 희소성 가설 (scarcity hypothesis)]을 구체적 지표로 사용하여 서구 선진국 약 20개 국가들에 대한 과거 50년 이상의 가치 인식조사에 대한 자료를 바탕으로 "세상에서 '탈물질주의적' 방향으로 꾸준히 가치변화가 일어나고 있음" 을 경험적으로 입증한다. ⓐ 가치 변화량의 측정을 두 가지 수준에서 하였는데, ㉠ 사람들은 나이가 들면서 '물질주의적' 성향이 증가하는 '나이효과'(aging effect)를 보인다. 하지만, '동년배'(cohort)를 중심으로 세대별(generational) 가치 수준을 측정한 결과 젊은 시절 소유한 '탈물질 주의적' 가치가 '나이효과'에 상쇄되어 사라지지 않고 일정 수준에서(비록 젊은 시절과 같은 수준은 아니지만) 유지되는 성향을 보인다. ㉡ 세대간 (intergenerational) 가치수준을 비교한 결과, 새로운 세대들은 지속해서 더 '탈물질주의적' 경향을 보이는 것으로 나타나고 있다. ⓑ 같은 세대 내에서 가치를 일관되게 유지해 주는 것은 '동년배 효과'인데, 동년배 효과는 '기간효과'에 영향을 받아서 일시적으로 변화하기도 하지만, '사회화 가설'과 더 밀접히 연관되어 젊은 시절의 가치가 나이가 들어서도 사라지지 않고 지속적으로 일정수준으로 유지되는 것으로 나타난다. 궁극적으로 '기간효과'도 '동년배 효과'보다 크게 나타나지 않는다.

사람들은 젊은 시절엔 나이든 때보다 상대적으로 '탈물질적인' 성향을 갖게 되며, 그들이 사회 정책 결정구조에서 중요한 역할을 하는 40대말 50대까지에도 일정 수준의 '탈물질주의적' 가치가(즉, '탈물질 의적' 성향의 정책의 분위기 형성, 입안(立案) 결정에 호의적인 상태가) 유지된다고 본다. 잉글하트는 '희소성 가설'과 '사회화 가설'을 자신의 이론을 입증하는 데 논리적 수단으로 이용한다.23) '희소성 가설'이란 사람들

---

23) 잉글하트의 연구 목적은 사회의 가치가 어느 방향으로 변하는가를 입증하는 데 있기 때문에 2개의 가설은 가설로서만 받아들여서 자신의 논리를 발전시키는 수단으로만 이용한다. 따라서, 가설이라는 말을 붙여서 사용한다. 연구에서 잉글하트는 희소성 가설이나 사회화 가설 그 자체를 입증하지는 않는다.

의 가치는 그 사회에서 희소한 가치를 지닌 것에 대해서 더 선호를 나타낸다는 것이다. '사회화 가설'은 사람들이 평생 다양한 경험을 하고 살지만, 상대적으로 청소년기에 선호했던 가치들을 더 기억하고 소중하게 간직하여 나이가 들어가는 사회화 과정 속에서도 젊은 시절의 가치를 유지하려고 한다는 것이다. 사람들은 나이가 들면서 물질주의적 가치를 받아들여도, 청소년기 사회화 과정에서의 경험은 그 사람의 행태에 소중하게 남아있기에, 국가에서 중요한 일을 맡을 나이인 40대 중반에서 50대 중반 사이에도 청소년기의 가치를 반영하는 정책 결정들을 하게 된다는 것이다. 사람들의 가치는 그들이 속한 정치체계나 사회문화의 영향력에서 자유로울 수 없다. 국가 정책의 방향에서 '복지주의' 내지는 '자유주의'의 흐름을 규정하는 데 큰 역할을 맡는 40대, 50대 사람들의 행태가 청소년기의 가치를 반영하여 나타나기에 탈물질주의적 가치는 사회체계 수준에서도 유지된다. 그리고 사회체계 수준의 영향을 받는 개인들도 나이가 들어감에 따라 물질주의적 가치뿐만 아니라 탈물질주의적 가치를 유지할 수 있는 것이다. 더욱이, 시간이 흐름에 따라 새로 나타나는 신세대들은 그 이전 세대보다 더욱 더 '탈물질주의적' 가치를 갖고 있으며, 이러한 성향은 '물질주의적' 가치로의 변화를 부추기는 '기간효과'가 있다하더라도 '사회화 가설'에 영향을 받는 '동년배 효과'로서 유지되어 나타나게 된다.

잉글하트는 가치변화와 같은 문화변동의 힘을 '조용한 혁명'(silent revolution)이라고 칭했으며, 1970년대 이후 유럽을 필두로 하여 20세기 말에는 지구촌 곳곳에서 상당 수준 이루어졌음을 주장했다. 물질주의적인 가치의 사회와 비교하여, 탈물질주의적 가치변화를 겪은 사회에서 정치과정은 '개인의 삶의 질'이 강조된다. 탈물질주의 사회에선 교육수준이 높아지고 미디어 접촉이 다양화되고 비판의식이 강해져 정치불만족 수준이 높아진다. 탈물질주의로의 변화에서 가장 두드러지는 가치변화는 사회에 대한 자기중심적 사고와 행동인데, 바로 '자기표현'(self-expressive)의 가치가 중시된다는 점이다. 시민들의 자기표현의 가치 수준이 높은 사회에서는 민주주의가 효율적으로 기능할 개연성이 크다.

다음은 교차국가분석을 위해서 마련된 '자기표현력'과 '효율적 민주주의 성취수준' 사이의 관계를 그래프로 표시한 것이다. 해당 도표에 따르면, '자기표현 가치'가 높은 수준에 있는 국가는 '민주주의를 효율적으로 성취할 가능성'도 높은 것으로 나타나, 두 변수의 관계는 높은 수준의 정비례 상관관계인 것으로 나타났다.[24] 여기서 '자기 표현가치'란 철저히 개인적 수준(individual level)의 현상이지만, 민주주의 성취수준은 집합적 수준(aggregate level)의 현상이다. 정치문화란 집합 수준의 변수를 개인적 수준의 현상이 아닌 '집단신념'(mass belief)과 같은 집합적 수준의 현상과 연관시켜서 살펴볼 수도 있다.[25] 문화라는 것이 집단이 갖고 있는 가치체계나 정향이기에, 정치문화는 국가 (또는 정부)의 목적이기도 한 국민통합을 이끌어낼 수 있는 기제가 될

┃그림 5-8┃ 자기표현가치와 효율적 민주주의 성취 수준

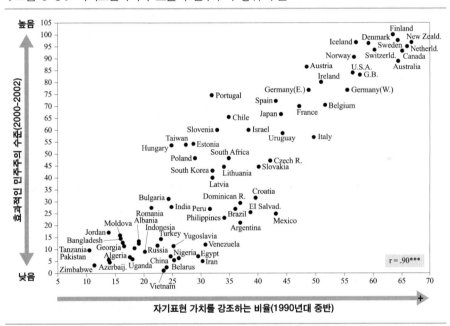

자료출처: Ronald Inglehart and Christian Welzel, *Modernization, Cultural Change, and Democracy* (New York: Cambridge University Press, 2005), p. 155.

24) 도표에 따르면, 두 변수 사이의 상관계수는 99%의 신뢰수준에서 0.9(=90%)의 상관성을 보인다.
25) Welzel and Inglehart, "Mass Beliefs and Democratic Institution," *Oxford Handbook of Comparative Politics* (Oxford: Oxford University Press, 2009), pp. 297-316.

수 있다. 학자들은 '문화양식'(cultural pattern)과 '민주발전'(democratic development) 사이에 합동의 상관관계가 존재함을 경험적으로 증명하며, 이렇게 두 변수 사이의 일치를 '합동이론'[合同理論, 또는 '일치이론'(一致理論); congruence theory)]이라고 지칭한다.26)

궁극적으로 어떤 사회 집단 내에 "법과 같이 규정된 '제도'로 존재하지는 않지만, 집단 내 구성원들이 갖는 속박되지 않은 자유로운 생각이나 행동 정향(emancipated mass orientation)"이 '집단신념'(mass belief)으로 존재한다면, 이것 역시 민주주의가 효율적으로 기능하는 데 영향을 미칠 것이다. 논리적으로, 어떤 사회에 속박되지 않은 자유로운 사고나 행동 정향은 그 사회의 '사회자본'(social capital: 어떤 사회가 갖고 있는 자원, 기술, 네트워크를 총칭)에 영향을 받게 될 것이며, 궁극적으로 효율적인 민주주의의 기능으로 이어질 것이 예측된다. 먼저, 집단 내 구성원들이 속박되지 않는 자유로운 생각을 집단의 신념으로 갖는 경우와 '사회자본'과의 관계에 대한 교차국가분석을 보면 [그림 5-9]와 같다.

[그림 5-9]는 1990년대 10년 동안의 자료를 토대로 사회간접자본의 수준과 집단신념으로 속박되지 않는 자유로움의 수준의 관계의 경향성을 도표화한 것이다.27) 결론적으로, 집단신념이 민주주의 효율성이나 정치체계 내의 자원 및 네트워크와 강한 양의 상관관계가 존재함을 알 수 있다. 그 의미는 집단신념이란 것이 홀로 자생적인 것이라기보다는 사회적 자원, 기술, 네트워크의 수준이 높은 곳에서 더 발현될 수 있음을 뜻한다. 해당 도표에서 두 변수 모두 최상의 수준에 있는 국가들을 보면, 경제력이 최상은 아니어도 '사회문화적으로 강력한 국가'(culturally abundant states)인 스페인, 이탈리아, 프랑스, 오스트리아가 있는 것을 알 수 있다. 이와 더불어 일본이 두 변수에서 모두 높은 수준에 있는 것은 일본의 사회적·경제적 자본력과 무관하지 않음을 보여준다. 경험적 다국교차분석을 참조하면, 사회문화, 정치문화라는 것은 사회발전 수준과 상호작용하는 것으로 예측해 볼 수 있다. 최종적으로, 속박되지 않는 자유로운 집단신념을 지닌 곳에서 효과적인 민주

---

26) Powell, jr., G. Bingham, Russell J. Dalton, Kaare StrØm (ed), *op. cit.,* p. 66.
27) 참고로, 해당 연구는 통제변수로 '신교도 전통'을 통제변수로 하였다. 이것은 사회의 종교적 배경이 집단신념의 차별성에 영향을 미칠 수 있다는 전제를 채택한 것이다.

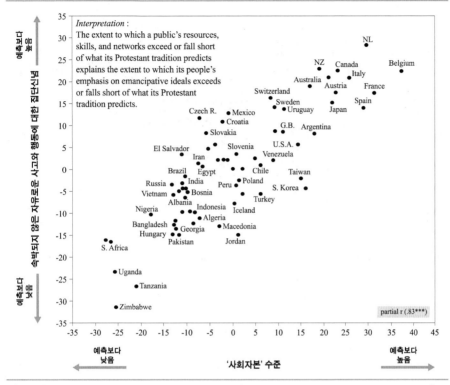

자료출처: Christian Welzel and Ronald Inglehart, "Mass Beliefs and Democartic Institutions" in
Carles Boix and Susan C. Stokes (Eds.) *The Oxford Handbook of Comparative Politics*
(New York: Oxford University Press, 2007), pp. 297-316, p. 308.

주의의 기능은 어떤 상관관계를 갖는지를 살펴보면 다음 [그림 5-10]
과 같다.

해당 도표를 보면, 앞에서 속박되지 않은 자유로운 사고와 행동
에 대한 집단신념을 기준으로 사회자본과의 연관성을 볼 때와, 효율
적인 민주주의 성취 수준을 볼 때는 차이가 있음을 알 수 있다. 위의
도표에선 핀란드, 스웨덴을 포함하여 발트해 연안 3국(에스토니아, 라트
비아, 리투아니아) 등이 눈에 띈다. 현실 정치과정에서 효율적인 민주주
의 성취수준은 단순히 문화적인 것은 아니고, 법·제도와 더불어 법집
행력도 함께 작용하는 것이어서 사회자본이 높은 수준을 보이는 곳과
효율적인 민주주의 기능에서 높은 수준을 보이는 곳은 현실적 차이가

∥ 그림 5-10 ∥ 속박되지 않는 자유로운 사고와 행동에 대한 집단신념과 효과적 민주주의의 연관성

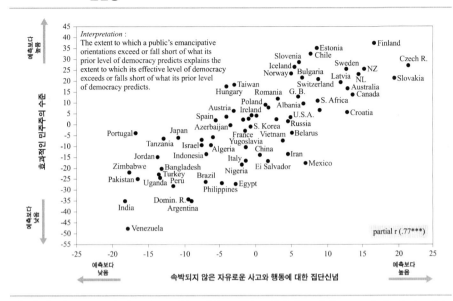

자료출처: Christian Welzel and Ronald Inglehart, "Mass Beliefs and Democartic Institutions" in Carles Boix and Susan C. Stokes (Eds.) *The Oxford Handbook of Comparative Politics* (New York: Oxford University Press, 2007), p. 310.

존재할 것이다. 참고로, 20세기 말을 기준으로 할 때, 한국의 위상은 이 모든 관계에서 중간 수준에 있는 국가로 나타난다.

제5장을 마치며

문화란 '어떤 집단에 나타나는 가치와 행동 정향적 특성'을 의미한다. '문화변동'이란 결국 '가치변동'을 통해서 일어난다. 그리고 가치변동은 사회변동을 초래하게 된다. 집단과 개인에 대한 상대적 가치변화, 일과 노동에 대한 가치변화, 여성의 사회진출에 대한 가치변화, 가족관계에 대한 가치변화, 성개방에 대한 가치변화 등은 사회적 논쟁거리이자 입법과정, 행정과정, 사법과정 전반에 영향을 미치고 있다.

UN은 21세기에 들어서 지구촌에서 해결해야 할 주요한 문제들로서 '사회부패'(social corruption)와 '성차별'의 문제를 거명한 바 있다.

민주화 이후의 가장 큰 사회문제는 '부패문제'와 '성차별문제'의 해결인 것이다. 이들 두 가지 문제는 근본적으로 '문화'적 측면과 결부된 문제들이어서 이들 두 가지 사안에 대해서 논의하면서 본 장을 마무리하고자 한다.

본 장의 앞부분에서 논의된 정치문화 차원의 세 가지 수준(체계, 과정, 정책)을 보면, 세 변수 모두 '사회신뢰성'이란 개념이 밑바탕에 공유되고 있음을 알 수 있다. 그 사회의 정치문화에서 '사회신뢰성'이란 중요한 변수들 중의 하나인데, 다음은 World Value Survey(WVS)에 나타난 '사회부패를 용인하는 정도'와 '그 사회에 나타난 상호신뢰성'에 대한 다국교차자료이다. 해당 도표는, 선진민주주의를 실현하는 노르웨이, 핀란드, 스웨덴과 같은 국가들은 높은 수준의 상호신뢰성을 갖고 있으며, 부패를 용인하지 않는 경향이 있음을 보여준다. 역으로,

┃그림 5-11┃ '사회부패를 용인하는 정도'와 '그 사회에 나타난 상호신뢰성'

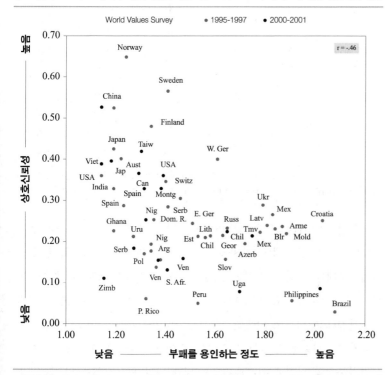

자료출처: Alejandro Moreno, "Corruption and Democracy: A Cultural Assessment," *Comparative Sociology* (August, 2002), pp. 495-507.

낮은 수준의 상호신뢰성을 갖고 있는 필리핀, 브라질, 짐바브웨, 베네수엘라와 같은 국가들에서는 부패를 용인하는 정도가 높은 수준으로 나타난다. 이것은 '사회부패'라는 변수가 민주주의 순기능과 연관성을 맺고 있음을 보여준다.

어떤 사회의 부패문제는 제도와의 연관성 이상으로 해당 사회의 습속이나 문화와 근본적으로 관련되어 있다. 사회부패는 국민들 자신이 속한 집단에 대한 불신으로 이어지며 결국 국가 및 사회체제의 정당성을 위협하는 요소가 되기에 이를 극복하는 것이 요긴한 문제인데, 제도적으로 치유할 수도 있지만, 문화적인 현상의 변동을 유도하는 것이 제도개선만으로는 어려운 경우도 많다. 다음은 국가별 부패지수 순위이다.

▌표 5-3▌ 부패지수(2015) (1=가장 덜 부패)

국가	순위	국가	순위	국가	순위
덴마크	1	미국	16	멕시코	95
핀란드	2	일본	18	필리핀	95
스웨덴	3	프랑스	23	파키스탄	117
노르웨이	5	한국	37	러시아	119
스위스	7	코스타리카	40	이란	130
캐나다	9	브라질	76	나이지리아	136
영국	10	인도	76	짐바브웨	150
독일	10	중국	83	베네수엘라	158
오스트리아	16	인도네시아	88	아프가니스탄	166

자료출처: Tranceparancy International, *Corruption Perceptions Index 2015* (2015)
http://www.transparency.org/cpi2015#results-table, 2016년 8월 24일 검색.

앞서 '부패를 용인하는 정도'에 대해서 낮게 나타났던 사회인 노르웨이, 핀란드, 스웨덴, 덴마크 등에서 부패지수도 낮게 나타났다. 동시에, 부패를 용인하는 정도가 높게 나타났던 짐바브웨, 베네수엘라, 필리핀은 부패지수도 높게 나타났다. 부패를 용인하는 사회는 그만큼 부패사건에 대해서도 방관할 것이며, 이러한 상황이 이어지게 되면서 부패가 그 사회에 만연하고 정착할 것이 당연할 것이다. 전반적으로 선진민주주의 사회에서 부패지수는 낮게 나타나는 경향을 알 수 있다. 한국과 일본은 이코노미스트지 민주주의 성취도 평가에서 서로 동등한 위치에 있지만, 부패지수에 가중치를 높게 두어 민주주의 성취도를 평가할 경우에는 차이가 있을 것이다. 한국사회와 일본사회의 부패정도에서의 차이를 설명하는 변수들은 다양할 수 있지만 궁극적으로 두 나라의 사회적, 정치적 문화의 차이로 환원될 것이다.

성평등의 문제도 특정 사회가 갖는 문화적 특성과 연관된 측면이 강하다. 어떤 특정 사회에서는, 성평등의 제도가 존재해도 사회 전반에 흐르는 분위기에서는 여전히 성차별적인 생활이 이어진다는 것은 결국 문화적 요소가 강하게 영향을 미친다는 의미이다. 특히 성차별은 직업과 관련된 경우가 많은데, 남녀 유권자의 숫자가 유사함에도 불구하고 선출직 공직자들의 남녀 비율은 큰 차이가 나는 것이 현실이다.

| 표 5-4 | 성불평등 지수(Gender Inequality Index; 2015) (1=가장 평등)

국가	순위	국가	순위	국가	순위
노르웨이	1	한국	17	이란	69
오스트레일리아	2	이스라엘	18	베네수엘라	71
스위스	3	룩셈부르크	19	스리랑카	73
덴마크	4	일본	20	멕시코	74
네덜란드	5	벨기에	21	브라질	75
독일	6	프랑스	22	…	…
아일랜드	6	오스트리아	23	필리핀	115
미국	8	핀란드	24	엘살바도르	116
캐나다	9	슬로바니아	25	남아프리카공화국	116
뉴질랜드	9	스페인	26	베트남	116
싱가포르	11	이탈리아	27	볼리비아	119
홍콩	12	체코	28	…	…
리히텐슈타인	13	그리스	29	나이지리아	152
스웨덴	14	에스토니아	30	짐바브웨	155
영국	14	…	…		
아이슬란드	16	코스타리카	69		

자료출처: United Nations Development Program, *Human Development Report 2015: Work for Human Development.* http://hdr.undp.org/en/data. 2016년 8월 24일 검색.

위의 도표는 유엔개발계획(UNDP; United Nations Development Programme)에서 2015년에 180개국으로 대상으로 조사한 성불평등지수 순위인데, 1위에서 30위까지의 국가는 '매우 높은 수준의 인간발전'

(very high human development)을 달성한 국가들로 분류하고 있다.28) 한국과 일본은 이에 포함되어 있다. 전세계적으로 앞서 논의된 부패지수와 마찬가지로, 성불평등지수 역시 민주주의 발전과 일정 수준에서 연관성이 파악된다.

입법부에서 여성의원의 진출이 두드러진 곳은 코스타리카와 남아프리카공화국인데, 이 두 가지 사례를 비교하면 문화와 제도의 복합적 영향력에 대해서 이해하는 데 도움이 될 것이다. 2015년 기준으로, 성불평등지수에서 코스타리카는 중위, 남아프리카 공화국은 하위에 위치하고 있다. 그럼에도 불구하고 코스타리카와 남아프리카공화국은 의회의 여성의원 진출비율이 매우 높은 국가들이어서 흥미롭다. 2010년에 들어서 코스타리카는 의회 여성의원의 비율이 39%이고, 남아프리카공화국은 45%에 이른다.29) 흥미로운 것은 모두 '할당제'(quota system)란 제도적 요인이 작용한 것임에는 틀림없지만,30) 더 강압적이고 구조적인 제도가 작용한 코스타리카보다도 당시에 처한 환경을 중시한 상황에서 제도를 자율적인 영역에 방치한 남아프리카공화국의 여성의원 비율이 더 높게 나타났다는 점이다. 이것은 결코 어떤 상황을 개선하기 위해선 제도개선만으로 되는 것이 아니고 그러한 제도를 도입하는 환경이나 그들이 처한 상황적 측면을 중시해야 함을 의미한다. 두 나라의 문화적 요인(역사적 배경이나 당시의 사회환경)이나 제도적 요인은 대비가 된다. 우선 코스타리카의 경우엔 독립국가로서 역사가 길다. 1800년대 초반에 독립하였으며, 1996년에 모든 공무직 후보자의 40%를 여성으로 한다는 법을 통과시켰다. 그러나, 선출직의 경우 여성들이 선거에 당선되지 못함으로 인해서 2011년 대법원의 결정에 의해서

---

28) '인간발전지수'(Human Development Index)의 한 종류인 '성불평등지수'의 산출은 3가지 차원으로 구성된다. 그 사회에서 여성이 갖는 '생식건강'(reproductive health), 그 사회에서 여성들의 의회진출이나 고등교육을 받는 '권한'(empowerment) 여부, 여성들의 '노동시장'(the labor market) 진출 등이다. 여기서 생식건강이란 1994년 9월 국제연합 국제인구 개발회의(카이로문서)에서 채택된 것으로 '모성사망률'(maternal mortality ratio), '미성년출산율'(adolescent birth rate)로 구성된다.
29) 2010년을 기준으로, 전 세계 입법부 여성의원 비율은 19% 정도이다.
30) 문화변동은 습속과 관습에 연관된 것이기에 제도변화와 비교하여 볼 때, 상대적으로 더 장기적인 시간을 요구한다. 문화변동을 기대하는 장기적인 인내보다 제도변화를 통한 문화변동의 유인이란 측면에서 논의되는 대표적인 예의 하나가 의회에서의 여성진출 사례이다.

모든 정당은 '당선될 수 있는'(electable) 직위의 40%를 여성들로 구성하도록 규정을 바꾸었다. 이로써 코스타리카 의회의 39%가 여성의원으로 채워졌다. 제도의 영향을 톡톡히 본 것이다. 그렇지만 장기적인 시각에서 보면 간단치 않다. 남아프리카공화국은 1948년에 독립했지만, 1994년까지 사실상 인종차별의 구조적 상황이 개선되지 못하고 있었다. 남아프리카공화국은 넬슨 만델라가 이끄는 ANC가 인종차별을 위해서 투쟁하는 과정에서 '여성연맹'(Women's League)의 요구를 참조하며 ANC "정당 내부의 '자발적' 할당"('voluntary' internal quota)을 시행한다. 그 결과는 놀랍게도 의회 의원의 사실상 절반에 해당하는 여성진출이었다. 여성의원할당제는 남아프리카공화국이 인종차별을 철폐한다는 제1의 목표 하에서 제도적으로 강요된 것이 아니고, 당시 사회환경과 문화적 요인을 유연성 있게 고려하면서 '당내부의 자발성'을 촉구한 할당제였을 뿐이다. 그 결과 여성의원의 진출이 세계 최고의 수준에 이른 것이다. 물론 여기에는 주위의 거부감을 최소화시키면서 자발적 결정으로 여성을 존중한 만델라의 리더십이 또 다른 중요한 요소였을 것이다.

양분론적으로 이야기하자면, 만델라의 리더십은 정치문화적 측면의 것으로 설명되는 것이며, 정치제도의 측면이 아님은 명확하다. 결론적으로, 코스타리카와 남아프리카공화국 모두 의회에 여성진출 비율이 높은데, 이는 단순히 제도적인 것의 영향력이 아니라, 그 국가의 당시 상황에 적합한 '할당제도'였다는 것이다. 독립역사가 길며 이미 할당제의 경험이 있었고 더 효과를 높이기 원했던 곳에서는 보다 강압적인 할당제 채택이 효과를 보았고, 실질적인 독립과정이 급박한 상황에서는 자발적인 할당제 채택이 효과를 본 것이다. 이런 경우, 문화론자들은 이들 두 가지 상이한 제도가 채택되어 효과를 본 것도 근본적으로 그 국가의 문화요인(역사적 배경과 당시 사회적 환경)의 영향을 받아서 이루어졌다고 주장할 것이다.

제6장

정당과 정당정치

　　현대적 의미의 '정당'(political parties)은 1820년대에 처음 나타났
으며 많은 사람들이 새롭게 투표권을 부여받아 선거에 참여하기 시작
하면서 급격히 발전했다.1) 사회의 구성원들은 자신의 입장을 대변할
수 있는 집단을 형성하게 되고, 그 집단에서 대표자들을 선정하여 자
신들의 이익을 반영해 주기를 바라게 된다. 사회에 존재하는 여러 집
단들의 이익을 정치적으로 반영하는(즉, 입법화하고 집행하는) 역할을 하
는 기구가 '정당'이다. 이런 기원적 의미에서 볼 때, 정당은 공직자들
이나 공직자가 되고자하는 사람들이 시민들과의 관계 속에서 하나의
집단을 구성한 단체이다. 이 단체의 주된 목적은 정치인 자신들이 권
력을 획득하거나 또는 획득한 권력을 유지하는 것이다. 정당이 그 사
회에서 권력을 지닌다는 것은 정당이 사회집단들의 요구를 반영하기
위해서 '입법과정과 집행과정'에 관여한다는 것을 의미한다.2) 물론,
입법과정과 집행과정에 관여하기 위해선 정당들 간에 선거를 통해서
이에 승리한 자가 입법기관이나 행정기관에 진출하는 형식을 띠게 된
다. 결론적으로, 사회에 다양한 이익들이 존재하는 경우에, 그 사회에
는 그러한 이익들을 기반으로 '사회균열'(social cleavages)이 형성되며,
결국 '정당'이란 '사회균열'이 '정치균열'(political cleavage)화한 것을
의미한다.3) 정당(political party)을 지칭하는 영어인 party의 어원은 라

1) Thomas T. Mackie and Richard Rose, *The International Almanac of Electoral History*, Fully rev. 3rd ed. (Houndmills, Basingstoke, Hampshire: Macmillan Academic and Professional, 1991).
2) 입법과정에 관여하는 기구가 '의회'(the Legislative)이며, 집행과정에 관여하는 기구가 '행정부'(the Executive; 또는 the Administrative)이다.
3) Seymour M. Lipset and Stein Rokkan, "Cleavage structures, party systems, and voter alignments: an introduction" in Seymour M. Lipset and Stein Rokkan eds., *Party systems and voter alignments: cross-national perspectives*

턴어인 patire로서 '분할하다'는 의미이다. 여기에서 영어의 part(부분)가 유래하였으며 이에 정당이라는 용어는 부분이라는 의미에서 유래한다. 이처럼 정당은 전체 중의 한 부분을 의미한다.

선거를 기반으로 한 민주주의가 실현되기 오래 전부터 국가들은 여러 형태로 공직자들을 충원하였다. 민주주의가 시작되기 전에는 출생신분에 의해 공직을 맡거나, 돈으로 사거나, 뇌물을 주고 얻거나, 또는 임명에 의해 공직을 얻었다. 그러나 민주주의가 시작된 이후에는 공직의 대다수가 선거를 통해 채워졌다. 과거에는 공직자가 되려는 사람들은 한 명의 군주나 또는 뇌물을 받는 소수의 사람들만 접촉하면 되었지만 민주주의에서는 공직을 얻기 위해 수많은 유권자들의 지지를 획득하는 것이 기본이 되었다.

민주주의를 새롭게 시작한 국가들에서 정치인들은 자신들이 공직을 획득하는 데 도움을 줄 수 있는 사람들을 함께 묶는 조직을 만들 필요성을 인식하게 되었다. 또한 규모가 큰 전국적 조직들은 일단의 공직후보들과 유권자를 한 지역이 아닌 전국적 차원에서 조직할 필요를 느꼈다. 전국조직을 구성한 정당들은 이 지역 저 지역을 방문하면서 자기 정당의 후보들을 지지해 줄 것을 유권자들에게 호소하였다. 또한 많은 유권자들을 조직화할 전문역할을 하는 사람들을 고용하는 데 많은 돈이 필요하게 되어 정당을 구성하게 되었다.

최초의 현대 정당은 미국에서 나타났다.[4] 1820년대에 미국에는 상당히 잘 조직화된 정당들이 있었으며 오늘날의 민주당은 그때부터 시작된 가장 오래된 정당이다.[5] 영국에서는 1867년에 선거권이 확대

(New York: Free Press, 1967), pp. 1–64. 립셋과 로칸은 유럽의 역사적 배경을 참고하여 '교회 대 국가' '산업 대 농업' '노동 대 자본' '도시와 지역'이란 4가지 종류의 사회균열을 제시했다. 역으로, 어떤 사회의 정치균열은 그 사회의 사회균열을 반영하여 형성된다. 하지만, 역은 필연적으로 참인 것은 아니다. 사회균열이 존재하더라도, 그러한 사회균열집단의 이익을 반영하기 위한 정당을 만드는 데 (즉, 정치균열화 하는 데) 실패하거나, 정당을 형성했어도 보잘 것 없는 정당이 된 경우가 있다. 어떤 사회의 정치균열이 반드시 그 사회의 사회균열 양상을 정확히 반영하고 있다고 할 수 없다는 것이다. 해당 주제의 한국사회에 대한 적용은 김수진, "한국정치 균열구조의 전개," 『한국 민주주의와 정당정치』 (서울: 백산서당, 2008), 99–122쪽을 참조할 수 있다.
4) 특히, 정당의 존재를 시민들이 참여하는 선거와 연계시켜 그 민주성과 근대성을 파악하는 경우, '세계선거사연감'(International Almanac of Electoral History)에 따른 정당 연원은 미국은 1828년이고, 영국은 1830년으로 기록되어 있다.
5) W. Philips Shively, *Power and Choice: An Introduction to Political Science*,

되었는데 이 시기에는 인구의 10%만이 투표권을 가지고 있었다. 이러한 유권자의 확대로 영국의 버밍햄에서는 영국 최초의 근대 정당조직이 설립되었다. 버밍햄에서는 3만 명이 새로 투표권을 얻었으며 정당은 선거에 이기기 위해서 이 모든 유권자들과 접촉해야 한다고 생각했다.6)

현재 세계의 거의 모든 국가에는 정당이 존재하지만 일부 국가들에는 아직도 정당이 존재하지 않는다. 중동의 군주국인 바레인은 정당설립을 금지하고 있지만 정치적 성향의 사회단체는 허용하고 있다. 이에 따라 직선으로 선출하는 40명의 하원의원들 중 21명은 무소속이며 9명은 수니파 단체, 그리고 나머지 10명은 다른 사회단체 소속이다. 사우디아라비아, 아랍에미리트, 오만, 카타르도 정당을 금지하고 있다. 이 국가들에는 정치적 성향을 갖는 단체나 이익집단들도 허용되지 않는다. 그러나 쿠웨이트는 정당은 허용하지 않으나 정치집단들은 허용하고 있다. 1992년 10월에 실시된 선거에서는 국왕의 권한 축소, 복수정당제 도입, 여성참정권 보장 등 정치개혁을 내세운 야당세력이 비공식 정치단체를 구성해 선거에 참여하여 50석 중 31석을 차지하였다. 1996년 10월의 선거에도 무소속의원들만이 출마해 친정부 후보들이 30석을 차지하였고 회교원리주의단체 16석, 진보파가 4석을 차지하였다. 2003년 7월 6일에 실시된 정원 50석의 의회의원 선거에서는 회교원리주의단체에서 21석, 자유주의단체가 3석, 무소속이 12석을 차지하였고 정부지지자들도 14석이 당선되었다. 오세아니아의 마이크로네시아, 통가, 투발루, 팔라우에도 정당이 존재하지 않는다.

이론적으로 보자면, 사회균열을 반영한 기구로서 정당은 정치과정에서 핵심적 역할을 수행하는 기구이지만 제3세계의 일부 국가들에서는 정당이 인물을 중심으로 성립되어 그 인물이 없어지면 정당도 사라진다. 이러한 국가들에서 정당은 정치의 핵심이 아니라 주변적인 존재에 불과하다. 또한 미국과 같이 후보 중심으로 선거가 전개되는 국가에서는 정당이 부수적 역할밖에 하지 못한다. 그러나 정당이 오

5th ed. (New York: McGraw–Hill, 1970), p. 200.

6) M. Ostrgorski, *Democracy and the Organization of Political Parties,* Vol. 1 (Garden City, NY: Doubleday, 1964), p. 80.

랜 역사를 가지고 있는 유럽에서는 정당이 정치에서 핵심 역할을 하는 경우가 많다. 유럽에서는 선거에서 투표할 때 유권자들은 후보가 아니라 정당을 보고 투표하는 성향이 강하다. 이것은 근본적으로, '의회민주주의'라는 형식이 '정당'을 중심으로 하는 것이지, 의원 개개인을 중심으로 한 것이 아니란 것을 의미한다.

정당정치는 '의회'(議會: 즉, '입법부')를 중심으로 구현된다. 선거를 통해 선출된 의원들은 의회 내에서 개인으로 의정활동을 하기보다는 의회에 진출한 정당이 중심이 되어 구성된 원내(院內) 교섭단체의 일원으로 의정활동을 한다.7) 여기에서 관심의 대상이 되는 것이 의원들과 정당 사이의 관계로서 의원들이 입법활동이나 의정활동에서 독자성을 가지고 행동하는가 아니면 자신이 소속한 정당이 결정하는 것을 그대로 따르는가이다. 정당이 소속 의원들을 통제할 수 있고 또 정당이 결정한 것을 소속 의원들이 일사불란하게 따르게 할 수 있는가는 정당의 당내 기율(紀律, discipline) 문제로 요약할 수 있다. 정당의 당내 기율이 의회정치에서 문제가 되는 것은 표결의 경우이다. 대통령제에서는 대통령의 임기가 보장되어 있어 의회의 신임과 관계가 없기 때문에 의원들이 어떻게 표결하느냐가 정권의 사활과는 관련이 없다. 그러나 의회의 신임 여부에 의해 정권이 붕괴될 가능성이 있는 내각제 국가에서는 의회에서 의원들이 어떻게 표결하느냐가 매우 중요하며 이를 통제할 수 있는 정당의 기율이 매우 중요한 요소이다.

정당의 기율은 강압에 의해서만 적용되는 것이 아니며 정당소속 의원들이 자발적으로 정당의 결정을 지지함에 따라 이루어지는 경우가 더 많다. 종교나 이념을 기반으로 하는 정당들은 결속력이 강하며 기율이 엄격히 지켜진다. 의원들이 정당의 결정과 같은 투표를 할 때 그 이유는 네 가지가 있다. 첫째는 정당지도부의 지시 때문에 할 수 없이 정당의 결정과 일치되는 투표를 하는 경우이다. 둘째는 정당의 당내 결속력이 원래 강하기 때문에 소속 의원들은 정당지도부의 지시

---

7) '원내'(院內)란 의회에 진출한 정당 구성원을 말하며, '원외'(院外)란 의회에 진출하지 않은 정당 구성원들을 말한다. 이러한 이유에서 일반적으로 정당 지도부는 '당대표'와 '원내대표'를 구분한다. 당대표는 원내와 원외를 모두 아우르는 당의 대표이며, 원내대표는 의회에 진출한 정당원들(즉 의원들)의 대표이다.

가 없더라도 정당의 결정과 일치되게 투표하는 경우이다. 세 번째는 자기가 소속한 정당이 정권을 계속 유지해야 자신에게 이익이 된다는 합리적 계산 때문에 정당의 결정과 일치되게 투표하는 경우이다. 네 번째는 다른 정당들이 일치단결해서 지도부의 지시를 따르기 때문에 이에 대응해서 자기 정당의 지시를 따르는 경우이다.[8] 실제 투표에서는 이러한 네 가지가 복합적으로 작용하여 당내 규율이 이루어진다.

정당의 소속 의원들이 두 번째부터 네 번째의 이유로 정당의 결정과 같이 투표하는 경우에는 문제가 없으며 첫 번째의 경우는 논의의 대상이 된다. 개인적으로는 정당이 결정한 것과 다른 생각을 가지고 있으면서도 이를 따르는 경우는 다음 선거에서 정당의 공천이나 지원을 받거나 아니면 최소한 그 정당의 이름이라도 사용해야 선거에 유리하기 때문이다. 이러한 것이 가능하기 위해서는 최소한 정당은 다음의 두 가지를 충족시켜야 한다. 첫째는 정당이 선거구의 말단 수준까지 개인조직이 아닌 정당조직을 가지고 있어야 하며, 둘째는 정치자금을 개인이 직접 모금할 수 있는 것이 아니라 중앙당이 지원하는 체제여야 한다. 반대로 말해 정치인이 개인적인 조직을 가지고 있고 정치자금도 자신이 해결할 수 있을 때에는 정당의 기율이 제대로 적용되지 않는다.

정당 자체로 보면 정당기율이 제대로 적용되기 위해서는 정당이 선거 때마다 의회에 비슷한 수의 의원들을 진출시키는 안정된 정당이어야 한다. 이것은 소속 의원들이 다른 정당으로 소속을 바꾼다거나 또는 정당들이 분열하여 이합집산을 하는 것이 일반화되지 않은 상태를 의미한다. 1993년 일본에서는 자유민주당의 분열로 여러 정당들이 만들어졌고 인도에서는 의원들이 정당을 탈당하고 소속을 바꾸는 것이 일반화되어 있다. 이러한 관행을 막기 위해 인도 하원에서는 의원들이 개별적으로 소속 정당을 탈당하면 의원직을 상실하는 법을 만들었다. 그러나 개별 의원이 아니라 정당이 분당을 할 때에는 의원직을 상실하지 않는데 분당의 경우에 소속 정당의원의 3분의 1 이상이 함

---

8) Giovanni Sartori, *Comparative Constitutional Engineering: An Inquiry into Structures, Incentives and Outcomes* (Washington Square, NY: New York University Press, 1994), p. 191.

께 탈당하면 의원직을 유지한다. 또 정당이 소속 의원을 제명할 경우에도 그는 의원직을 상실하지 않는다. 앙골라에서도 의원으로 당선될 당시의 정당이 아닌 다른 정당에 가입하면 그는 의원직을 상실한다. 태국의 상원의원은 정당의 동의 없이 당적을 옮길 수 없으며 정당에서 제명되면 의원직을 상실한다. 의원들이 소속 정당을 탈당하고 이합집산을 계속하는 것을 막기 위해서는 탈당할 경우 의원직을 박탈하지는 않는다 하더라도 다음 선거 때까지는 다른 정당에는 가입할 수 없도록 하여 무소속으로만 남아 있게 규제를 하는 것이 필요하다.9)

의회 내의 정당기율과 관련하여 의원들은 자율성을 갖고 투표해야 하며 교차투표(cross-voting)가 좋은 것이라는 주장도 있다. 그러나 모든 의원들이 독자성을 갖고 각자 행동한다면 의회정치는 제대로 작동할 수가 없다. 또한 정당의 노선이 결정되기 전에 정당소속 의원들이 모여 사전에 충분한 논의를 통해 당론이나 노선을 결정한다면 당내 소수의견은 전체 의견을 따라야 한다. 이러한 과정을 거친다면 당내 민주주의가 침해되는 것은 아니다. 특히 내각제 정부형태는 의회를 중심으로 정치가 이루어지며 이때 의회정치는 정당을 기반으로 하기 때문에 의회 표결에서 정당의 결정과 일치되게 투표하는 것이 자연스러운 것이다.

정당의 당원

정당제도가 제대로 확립되고 민주주의가 잘 실천되는 국가에서도 정당의 당원이라는 개념이 명확하지는 않다. 미국에서 공화당 당원이라 할 때 그것이 구체적으로 어떤 사람을 지칭하는 것인지가 불명확하다. 이들이 의회에 진출한 공화당 소속 의원들만을 지칭하는 것인지, 공화당의 당직을 얻기 위해 출마한 사람들인지, 선거운동에서 공화당후보를 위해 운동하는 사람들인지, 공화당원으로서 등록을 한 사람들인지(실제로 이들의 상당수는 선거 때에 민주당후보에게 투표한다), 아니면

---

9) *Ibid.*, p. 192.

공화당에 대해 호감을 갖는 사람들인지가 불분명하다. 이에 비해 유럽 국가들에서는 정당은 보다 공식적인 조직으로 구성되어 있다. 이 국가들에서는 정당에 입당원서를 내어 당원으로 가입한 후 정기적으로 당비를 내면서 정당 활동에 주기적으로 참여하는 사람들을 당원으로 규정한다. 이러한 정당들은 잘 조직화된 정당조직을 가지고 있다.

■¹ 정당 당원의 수

정당의 당원이 되기 위해서는 당비를 납부하여야 하며 또 정당의 기본 원칙을 준수한다는 입당원서에 서명을 해야 한다. 당원은 또한 지구당의 회의에 정기적으로 참석해야 한다. 그러나 선거 때 특정 정당에 표를 찍는 사람들의 대부분은, 정당에 가입해서 돈을 내고 또 시간을 내서 정당모임에 참석하는 것을 귀찮아하므로 정당에 가입하지 않는다. 각 정당은 자기 정당의 당원이 얼마나 되는가를 잘 파악하고 있을 것으로 생각되지만 일부 정당에서는 자기 정당의 당원수가 얼마인지를 아는 사람이 아무도 없을 정도로 중앙당이 제대로 조직되어 있지 못한 경우가 많다. 예를 들면 스위스정당의 중앙당은 각 칸톤에 있는 지구당의 사정을 제대로 알지 못하고 있다. 1980년대부터 등장한 녹색당들은 기존 정당들의 공식적 조직구조를 부정하기 때문에 정당 당원의 수에는 아예 관심을 두지 않는다. 어떤 정당들은 당원의 수를 대략 파악하고 있으나 이를 공개적으로 밝히려 하지 않는 경우도 있다.

정당이 밝히는 당원의 수에 대해서는 그것을 그대로 믿을 수가 없는데 왜냐하면 정당들은 자기 정당의 당원수를 실제보다 부풀려서 밝히기를 좋아하기 때문이다. 예를 들면 1980년대 중반에 프랑스의 공산당은 당원수가 70만 명이라고 주장했으나 분석가들은 실제 당원의 수는 이의 3분의 1에 불과하다고 분석했다.[10] 이와 비슷하게 프랑스의 우파 정당인 공화국을 위한 연대(Rally for the Party in the Republic)는 같은 시기에 90만 당원을 주장하였으나 학자들은 31만 명 정도일 것이라고 예측했으며 실제로 당원명부를 확인한 결과 당원은 9만 8천

---

10) Byron Criddle, "France: Parties in a Presidential System," in Alan Ware(ed.) *Political Parties: Electoral Change and Structural Response* (Oxford: Basil Blackwell, 1987), p. 154.

명에 불과했다.11) 지구당에서 중앙당에 보고하는 당원의 수도 믿을 것이 못된다. 매년 열리는 전당대회에 보내는 지구당 대의원의 수는 지구당의 당원 수에 비례하기 때문에 지구당의 간부는 대의원을 더 많이 보내기 위해 유령당원을 만들어 놓고 그들의 당비를 대신 납부하는 경우도 있다.

또 다른 점에서는 누구를 당원이라고 정의해야 하는가에 문제가 있다. 왜냐하면 선거 때 열심히 정당의 후보를 위해 활동하지만 공식적으로는 당원가입을 하지 않는 사람들이 있다. 반대로 당원으로 가입은 해 놓고 정당 활동에는 전혀 참여하지 않으며 선거 때에도 정당을 위해 아무런 활동도 하지 않는 사람도 있다. 대부분의 정당들에서 정당가입자 중 지구당 회의에 참석하거나 정당의 당내 행사에 참여하는 실제 당원은 극히 적어 등록당원의 10% 정도에 불과하다.12)

당원의 수와 관련해서 또 한 가지 고려해야 할 점은 정당과 연계를 맺은 단체의 구성원들이 자연적으로 당원이 되는 경우이다. 가장 대표적인 경우는 영국의 노동당으로 이 정당에는 30만 명 정도의 직접당원13)외에도 약 500만 명에 달하는 노동조합원인 간접당원들이 있다. 문제는 이 간접당원들의 상당수는 선거 때 노동당을 찍지 않는다는 점이다. 이러한 간접당원은 노르웨이, 덴마크의 주요 좌파 정당들과 스웨덴의 사회민주당, 오스트리아의 국민당에서도 볼 수 있다.14) 이런 여러 가지 점 때문에 진정한 당원의 수를 알기는 쉽지 않다.

---

11) Andrew Knapp, "Un Parti Comme les Autres: Jacques Chirac and the Rally for the Republic," in Alistair Cole(ed.) *French Political Parties in Transition* (Aldershot: Dartmouth, 1990), p. 162. Michael Gallagher, Michael Laver, Peter Mair, *Representative Government in Modern Europe*, 2nd ed. (New York: McGraw-Hill, 1995), p. 244에서 재인용.

12) Per Selle and Lars Svasand, "Membership in Party Organizations and the Problem of Decline of Parties," *Comparative Political Studies* Vol. 16, No. 4 (1991), p. 462.

13) 직접당원은 개인이 직접 정당에 가입한 당원이며 간접당원은 노동조합이 정당에 가입함에 따라 노동조합원이 자동적으로 당원이 된 경우이다. 영국의 노동당은 1950년대에는 직접당원이 100만 명 정도였으나 1990년대에는 25만 명 정도로 감소하였다. 당원확보운동으로 1995년에는 35만 명 정도가 되었으나 이 숫자는 왕립조류보호협회 회원수의 3분의 1도 안 되는 숫자이다. 장원석 옮김, 『영국정치론』 (제주: 제주대학교 출판부, 2002), 86쪽.

14) Michael Gallagher, Michael Laver and Peter Mair, *Representative Government in Modern Europe*, 2nd ed. (New York: McGraw-Hill, 1995), pp. 244-245.

대부분의 국가들에서 특정 정당에 투표하는 사람들 중의 10% 정도만이 그 정당에 당원으로 가입하며 이 가입당원들 중에서 활동적인 당원은 10~20% 정도에 불과하다. 유럽의 국가들에서 정당 가입비율의 평균은 13%였다. 이들 국가 중에서도 정당가입비율이 20%가 넘는 국가들로는 몰타, 스위스, 아이슬란드, 오스트리아, 그리고 핀란드의 5개국에 불과하다.

■² 당원의 역할과 성격

정당의 당원들은 어떤 일을 하는가? 당원들의 활동은 선거기간에 가장 활발하다. 그러나 이들의 활동도 자신의 정당에 적대적인 사람들의 마음을 돌려 자신의 정당을 지지하게끔 만드는 것은 쉽지 않다. 이들의 역할은 중립적인 사람들이 자신의 정당을 지지하게 만들거나 아니면 자신의 정당의 지지자들이 기권하지 않도록 만드는 것이다. 당원들은 선거가 없는 때에는 지구당 회의에 참석하거나 다음 전당대회 때 제기될 쟁점에 대한 자신들의 입장을 정리하는 일을 한다. 그러나 많은 당원들은 아무런 활동도 하지 않는다.

1980년대 중반에 영국의 한 조사가 밝힌 바에 의하면 1년에 지구당회의에 한 번이라도 참석한 당원의 비율은 50%가 되지 않았고 5번 이상 회의에 참석한 당원은 25%에 불과했다. 영국의 노동당 당원을 대상으로 한 조사에서도 1년에 지구당회의에 한 번도 참석하지 않은 비율이 36%였다. 이와 비슷한 양상은 노르웨이에서도 볼 수 있어 1991년 조사에 의하면 1년에 정당회의에 참석하지 않은 당원이 대부분이며 1989년 선거에서 선거운동에 참여한 당원도 30%에 불과했다.[15]

당원의 성격은 정당이 어떤 조직으로 이루어져 있는가에 따라 차이가 난다. 듀베르제는 정당의 유형을 간부정당(cadre party)과 대중정당(mass party)으로 구분하였다. 간부정당은 간부들만으로 이루어진 정당이며 이 정당의 기본적 역할은 선거에서 경쟁하기 위하여 명망 있는 사람들을 찾아내고 또 지역의 추종자들을 효과적으로 동원하는 것이다. 이러한 유형의 정당들에서는 당원이라는 것이 비공식적인 성격

---

15) *Ibid.*, p. 248.

이 강하고 또 융통성도 크다. 즉 개인들은 후보 개인을 지원하기 위하여 정당에 가입하고 선거운동에도 참여하지만 선거가 끝나게 되면 다음 선거 때까지 당원으로서의 역할을 거의 하지 않으며 정당과 정규적인 관계를 맺는 일도 극히 드물다. 이에 비해 대중정당은 능동적으로 참여하는 당원들이 민주정당의 핵심요소라는 원칙에 근거하고 있으며, 당원들은 단순히 선거 때에만 활동하는 것이 아니라 정당 활동을 계속하며 능동적으로 참여한다.

간부정당과 대중정당은 본질적인 면에서 중요한 차이가 있기 때문에 당원들의 양상에도 큰 차이가 있다. 간부정당에서는 선거주기에 따라 당원들이 증가하거나 감소하기 때문에 당원의 수가 일정하지 않고 변동도 심하다. 당원의 규모는 선거 때 필요에 따라 늘어나기도 하고 줄어들기도 한다. 그러나 대중정당은 선거주기에 별 영향을 받지 않기 때문에 당원의 수에 큰 변동이 없으며 훨씬 더 안정된 양상을 보인다. 제대로 된 대중정당들의 대부분은 많은 수의 당원을 보유하고 있는데 당원은 대중정당의 존재를 결정짓는 정치적 자원이다.

정당조직과 당원의 성격을 캐나다 정당들의 예로 보면 다음과 같다. 캐나다의 자유당(Liberal Party)은 보통선거제도가 실시되기 이전부터 존재해 온 민주정당으로 간부정당의 전형적인 유형이라 할 수 있다. 노동조합운동과 밀접한 연관을 맺고 있는 사회민주주의 성격의 신민주당(New Democratic Party)은 대중정당의 조직적 특징을 모두 갖고 있다. 캐나다는 연방제 국가이기 때문에 정당조직과 정치생활도 이를 반영한다. 정당들은 연방정치 수준과 주(州)정치 수준 모두에서 정당을 운용할 것인가 아니면 연방과 주 두 가지 중의 한 수준에서만 정당을 운용할 것인가를 결정해야 하고 자신들의 필요를 충족시킬 수 있는 형태의 정당조직을 구성하고 유지해야 한다.

단일국가(unitary state)에서와는 달리 연방제 국가에서는 정당조직에서 독특한 형태를 가지고 있는 국가들이 있다. 예를 들어 캐나다의 정당은 연방형 정당(confederal party)과 통합형 정당(integrated party)의 두 가지가 있다.16) 연방형 정당에서는 같은 이름을 가진 연방정당과

---

16) Rand Dyck, "Links between Federal and Provincial Parties and Party System," in Herman Bakvis (ed.) *Representation, Integration and Political Parties in*

주 정당이 완전히 별개의 조직이며 둘 사이에는 공식적으로 아무런 연관이 없다. 연방정당과 주 정당은 완전히 분리되어 있어 선거에 임할 때에도 완전히 독자적으로 선거운동을 한다. 통합형 정당에서는 같은 이름을 가진 연방정당과 주 정당의 조직과 활동이 동전의 양면과 같아 조직들은 상호간에 지원을 해주는 밀접한 관계를 맺고 있다. 일반적으로 대중정당은 당원들의 완전한 참여가 이루어지는 것을 원칙으로 삼고 있기 때문에 통합형 구조를 채택하는 경우가 많다.

역사적으로 보면 캐나다 정당들은 통합형 구조였으나 근래에는 연방형 구조로 전환하는 경향이 있다. 그러나 신민주당은 통합형 대중정당의 조직구조를 가지고 있다. 신민주당의 경우에는 주 정당에 가입하거나 또는 주 정당과 연계를 맺고 있는 노동조합에 가입하면 연방정당의 당원이 된다. 또한 당원들은 연방정당과 주 정당 모두에서 당원의 역할을 하며 다른 정당에 가입한 사람은 신민주당 당원으로 받아들이지 않는다. 자유당은 온타리오, 퀘벡, 브리티시 콜럼비아, 알버타의 4개 주에서 연방형 구조를 가지고 있으며 이 주들에서 연방자유당과 주자유당들은 조직상으로 분리되어 있다. 그러나 나머지 6개 주에서는 자유당은 통합형 구조를 가지고 있으며 당원들은 한 번의 입당절차로 연방자유당과 주자유당에 동시에 가입한다. 자유당은 다른 연방정당의 당원인 사람은 당원이 될 수 없다고 규정하고 있다.17)

일반 당원들이 정당에 가입할 때 연방정당의 당원으로만 가입하는가 아니면 연방정당과 주 정당에 모두 가입하는가는 정당에 따라 다르다. 자유당 지구당 중에서 48%는 당원들이 연방정당에만 가입하는 연방형이고 50%는 연방정당과 주 정당 모두에 공동으로 가입하는 통합형이었다. 신민주당의 경우 25%의 지구당은 당원들이 연방정당에만 가입하고 73%는 연방정당과 주 정당 모두에 가입하였다.18)

Canada, Vol. 14 of the research studies of the Royal Commission on Electoral Reform and Party Financing (Ottawa: RCERPF, 1991). 신명순·박경산(편역), 『캐나다의 정치과정』(서울: 서울프레스, 1995), 239-240쪽에서 재인용.
17) 위의 책, 241-242쪽.
18) 위의 책, 250쪽.

정당의 조직

각 정당들은 여러 면에서 많은 차이가 있으나 정당의 기본 조직을 보면 매우 유사하다. 정당의 당원은 일반적으로 '지구당'(地區黨, branch)이라고 부르는 정당의 지역단위에 당원으로 가입한다. 정당의 지구당은 공직선거에 출마할 후보를 선출하며 매년 열리는 정당의 전당대회에 대의원을 파견한다. 연례 전당대회에 참석하는 대의원들은 정당의 중앙당을 이끌어갈 임원들을 선출한다. 정당조직에 있어 또한 가지는 의회의원들로 구성된 원내집단이다.

이러한 기본 조직 외에도 정당에 따라서는 당내에 파벌이 조직을 형성하고 있다. 대표적인 예로는 일본의 자유민주당으로 총리의 선출도 파벌들간의 경합과 타협에 의해 좌우되어왔다. 또 영국의 노동당이나 노르웨이의 노동당(Norwegian Labour Party)은 이익집단들과 연계되어 있는 조직양상을 보인다. 오스트리아 국민당(Austrian People's Party)은 농민연합, 노동자연합, 기업가연합 등의 단체들과 관련을 맺고 있다.19) 정당의 당헌을 보면 모든 중요한 결정은 민주적 과정을 거쳐 이루어지는 것처럼 보이지만 현실은 매우 다르다. 일부 정당들은 상당히 민주적으로 활동 하지만 많은 정당들은 계속되는 당내갈등으로 홍역을 치른다. 당내갈등은 정책적인 면에서 이념을 둘러싸고 야기된다. 정당의 이념 때문에 가입한 당원들은 정당이 내세우는 이념을 수호하기를 원하지만 선거에 나서는 후보들은 득표를 위해 이념적 경직성을 완화시키려 하기 때문에 이들 사이에서 갈등이 야기된다. 이러한 경우는 1980년대에 영국의 노동당에서 강하게 나타났다.

■¹ 미국 정당의 중앙당과 지구당조직

미국에는 정당의 중앙당은 분명한 형식을 지닌 채 상설기구로 존재하지 않으며, 정당조직은 일련의 위원회(committee)로 구성되어 있다. 이들 위원회는 구(區, precinct)수준으로부터 전국위원회(National Committee)까지 선거구수준에 맞추어 조직되어 있다. 최상부에는 전국위원회가

---

19) Michael Gallagher, Michael Laver and Peter Mair, *op. cit.*, p. 243.

있으며 가장 아래에는 구위원회가 있다. 그 중간에는 차례대로 주(州, state)위원회, 군(郡, county)위원회, 시(市, city)위원회 등이 있다. 그러나 가장 위에 있는 전국위원회가 모든 권한을 가지고 있거나 전국위원회가 하위 조직에 지시를 내리는 것은 아니다. 각급 단위의 정당위원회들은 자율성을 가지고 있으며, 공직에 출마할 후보의 선출, 선거자금의 모금과 사용, 선거운동의 실시 등을 독자적으로 수행한다.

전국위원회의 위원들은 주 정치에서 대표적인 정치지도자들이다. 전국위원회의 의장은 형식적으로는 전국위원회 위원들에 의해 선출되지만, 실제로는 정당의 대통령후보가 전당대회가 끝난 직후에 지명한다. 전국위원회에는 위원들 외에 사무직원들이 있다.

전국위원회가 하는 역할 중의 하나는 선거자금을 모금하는 것이며 또한 4년마다 열리는 전당대회를 준비한다. 전국위원회는 전당대회 장소의 선정, 전당대회 대의원의 명부 확정, 전당대회에서 연설할 사람들의 결정, 임시의장 선정 등을 결정한다. 전국위원회는 대통령선거운동 기간에 가장 활발한데 그 이유는 전국위원회의 가장 중요한 목적이 자신의 정당 후보를 대통령으로 당선시키는 것이기 때문이다. 이 외에도 전국위원회는 주와 그 이하 수준에서 정당조직을 재건하고 활성화시키기 위해 다양한 역할을 한다. 미국의 정당들은 기본적으로 선거를 위한 기구이기 때문에 이들은 선거에 주안점을 두며 서유럽의 정당들과 비교하면 정책을 변화시키는 데 신경을 덜 쓴다. 미국의 정당들은 전국 차원에서 전보다 더 강력해지고, 안정적이 되었으며 주정당위원회와 지역정당위원회, 후보들에 대해서도 이전보다 더 큰 영향력을 행사하게 되었다.

미국의 지구당조직은 1920년대까지 큰 권한을 보유하고 있었다. 구식정치의 특징이었던 '정치 사조직'(political machine)은 지방정부와 주정부의 입법부와 행정부를 좌우할 정도의 힘을 가지고 있었다.[20) 정치 사조직은 19세기 후반과 20세기 초 미국의 대도시인 뉴욕, 보스턴, 필라델피아, 시카고, 캔사스시티 등에서 대표적으로 나타났던 정치조직이다. 조직 면에서 견고하고, 내부결속이 강한 사조직을 중심으로 하여 정당지도자들은 유권자들과 개인적 관계를 유지하였다. 조직

---

20) James Q. Wilson, *The Amateur Democrat: Club Politics tn Three Cities* (Chicago: University of Chicago, 1970).

은 상급자가 스위치를 누르면 하부 조직원이나 연계된 사람들이 일사불란하게 움직여서 마치 기계를 작동하는 것과 같았다. 정치 사조직은 유권자들에게 직장을 알선해 주거나, 법률적으로 어려운 처지에 있는 사람들에게 도움을 주거나, 사회보장 등의 복지혜택을 알선해 주거나, 정부의 여러 가지 지원을 지역주민들에게 알선해 주고, 외국에서 이민 온 사람들의 정착을 돕고, 또 정부와 계약을 맺거나 인·허가를 얻는 데 도움을 주면서 유권자들을 개인 정치지도자와 그 산하정당조직에 충성하는 강력한 조직으로 포섭하였다. 정치사조직이 이러한 권한을 가질 수 있었던 이유는 이들이 선거에서 승리할 수 있는 도구들을 독점하고 있었기 때문이다. 지역수준의 정당지도자(boss)들은 자기 정당의 후보들을 지명하고 있었고 지역의 정당위원회는 유권자를 동원하거나 유권자들과 의사소통을 할 수단을 보유하고 있었다. 지역의 개별 정당조직은 주로 자신의 지역에 출마한 후보를 당선시키는 데 신경을 썼지만 당지도자들은 전국정당조직과의 협조에도 관심을 기울였다.

정당이 중심이 되어 선거를 치르던 유형은 1930년대에 들어와 정치권과 정당에서 개혁이 이루어짐에 따라 후보를 중심으로 선거를 치르는 형태로 바뀌었다. 정치개혁의 결과로 1930년대에 당원들이 소속 정당의 후보를 결정하는 예비선거(primary election)와 직업공무원제도가 도입되었는데 이것은 지역의 정당지도자들이 공직후보를 지명하거나 선거운동원들에 대한 보답으로 공직에 취직을 시켜 주거나 정부와 관련된 특혜를 주던 폐단을 없어지게 만들었다.

이러한 개혁은 지역의 정당지도자들이 후보를 통제하던 것을 약화시켰고 후보 자신들이 자신의 선거운동조직을 결성하게 만들었다. 이와 더불어 교육의 확대, 사회적 이동의 증가, 이민의 감소, 국가의식의 성장 등은 과거에 인종적 배경을 같이하는 같은 마을 사람들이 유권자의 핵심을 이루면서 그 바탕에서 재래식의 정치 사조직이 작동하던 것을 불가능하게 만들었다. 유권자들은 정치정보를 얻기 위해 지역의 정당위원회에 의존하던 것에서 탈피하여 전국적인 문제를 보도하는 대중매체에 눈을 돌리게 되었다.[21] 또한 영화, 라디오, 텔레비

21) Wilson Carey McWilliams, "Parties as Civic Associations," in Gerald M. Pomper (ed.), *Party Renewal in America* (New York: Praeger Publishers, 1981).

전 등의 대중매체가 발달함에 따라 개인들이 직접 만나서 의사소통을 하던 과거의 정치 사조직 방식은 소용이 없게 되었다. 여론조사와 컴퓨터를 이용한 자료처리, 대중매체를 통한 광고 등은 후보가 당의 조직에만 매달리지 않아도 되게 만들었다. 즉, 선거과정에서 정치이슈를 선전하고 그 효과를 회신받는 일 등을 사실상 매스미디어가 대신해 주게 된 것이다. 후보들은 또한 새롭게 등장한 정치자문회사들로부터 선거에 관한 자문을 얻을 수 있게 되어 정당에만 매달릴 필요가 없어졌다.[22] 1971년에 통과된 '연방선거운동법'(Federal Election Campaign Act)과 그 이후의 개정안들도 선거에서 정당조직의 주도적 역할을 약화시켰고 후보중심 선거로의 변화를 강화시켰다. 대통령후보는 개인적인 모금비율에 따라서 정부로부터 직접 보조금을 받게 되며, 이러한 정치자금의 유용성은 정당에 대한 의존성을 약화시키는 효과가 있었다. 미국정치에서는 선거자금을 통한 금권정치와 앞서 언급한 '머신 폴리틱스'(machine politics)하의 표의 매수 현상과 같은 선거부패를 극복하기 위해서 선거자금에 대한 규제가 있었는데, 1971년 의회에서 통과된 '연방선거운동법'을 계기로 입후보자는 선거자금의 규모와 출처 및 경비를 상세하게 공개하여야만 한다.[23]

　　미국 정당의 전국정당조직과 지역정당조직 사이에는 주정당위원회가 존재하며, 이것은 주중앙위원회(State Central Committee)라고 불린다. 주중앙위원회의 규모, 기능, 위원의 선정 등은 주마다 큰 차이가 있다. 주정당위원회의 전문 직원을 보면 1950년대와 1960년대에는 주정당본부에는 최소의 직원밖에 없었다. 대개는 한 명의 사무원 또는 한 명의 사무장과 자원봉사자뿐이었다. 모든 주 정당들이 전임사무원을 두고 있다. 주중앙위원회 의장 중에서 30%는 전임이며 모든 주 정당들은 전임 주정당위원회 의장이나 사무장을 두고 있다. 주 정당위원회의 직원규모는 선거 때와 선거가 없을 때, 그리고 재정상태

22) 1960년 미국 대통령선거에서 케네디(J. F. Kennedy) 후보는 '케네디를 위한 시민 모임'에 상당 부분 의존했으며, 당선후 정당에 부담이 없었다.
23) 미국정치에서 선거자금과 표의 매수 현상에 대한 규제법안에 대한 의회통과는 몇 차례 시도에도 불구하고 실패했으나, 1971년에야 비로소 연방선거운동법을 통과시키게 된다. 1973년 '워터게이트(Watergate) 사건'을 계기로 1974, 1976, 1979년에 걸쳐 보완되면서 해당 법을 수정·보완하게 되며, 미국의 선거자금법은 1970년대 말에 실질적으로 정착된 것이다.

등에 따라 다르다. 재정상태가 좋은 주정당위원회는 사무장 외에 회계, 총무, 선전담당 사무직원을 둔다. 주중앙위원회 활동으로는 모금활동의 정례화, 선거인명부 작성과 관리, 정당 신문 발행, 지역정당조직 지원, 정책개발 협조, 여론조사 이용, 후보 지원 등이 있다.

　미국 정당에서 중앙당과 지구당 사이의 관계는 1960년대 초까지만 해도 정당조직들이 단층을 이루고 있었으며 이들 사이에는 유기적인 관계가 적은 것으로 분석되었다. 특히 공화당전국위원회나 민주당전국위원회는 정당 재정을 주 정당에 의존하여 왔기 때문에 중앙당의 권한은 전혀 없었으며 이러한 상황은 "권한 없는 정치(politics without power)"라고 표현되었다.24) 그러나 1970년대를 지나 1980년대에 와서 전국위원회는 주정당조직에 상당한 영향력을 행사할 수 있도록 강화되었다. 이러한 현상에 대해선 1971년 연방선거운동법이 갖는 '법의 양면성'을 지적하기도 한다. 선거과정에서 후보자는 필연적으로 조직의 도움을 받아야 하는데, 사조직의 폐해를 제거한 후에 후보자를 도와줄 수 있는 조직은 공조직인 정당이 유일할 수밖에 없었던 것이다.

　전국정당위원회의 권한이 강화됨에 따라 정당의 전국조직과 주의 정당조직 사이의 관계가 긴밀하게 되었다. 중앙당이 자원을 지역정당에 지원함에 따라 주 정당은 강해졌고 중앙당은 주의 정당을 통해 전국정당의 목표를 달성하려고 하였다. 민주당은 1968년부터 대통령후보나 연방의회후보에 대해 주 정당들이 충성을 바쳐 선거운동을 하게끔 만들었다. 그 방법은 전당대회에 참석하기 위한 대의원을 주 정당이 뽑지만, 그 구체적 방법은 전국위원회가 규정하는 것이다. 예를 들면, 1972년에 시카고민주당 정치 사조직의 대부인 리처드 데일리(Richard J. Daley) 시장이 선정해서 보낸 대의원들을 민주당전국위원회가 규정한 대의원 선정방법을 따르지 않았다고 하여 대의원으로 인정하지 않았다. 이와 반대로 공화당은 지역정당의 조직이나 대의원 선정방법에 상당한 자율권을 주었다.

　공화당전국위원회나 민주당전국위원회는 주 정당이나 후보를 지원할 때 조건을 내세웠는데 이 과정에서 전국정당은 주 정당에 대한

---

24) Cornelius Cotter and Bernard C. Hennessy, *Politics without Power: The National Party Committees* (New York: Atherton Press, 1964).

영향력을 증대시켰다. 1970년대 이전에는 주 정당들이 전국위원회에 자금을 지원하여 전국위원회의 활동에 주 정당들이 영향을 미쳤다. 그러나 그 이후부터 양상이 역전되어 전국위원회가 자금 면에서나 선거기술적인 면에서 주 정당을 지원하여 왔다. 현재는 전국위원회가 전례 없이 많은 자금을 보유할 수 있어 각 주의 지역정당에 이 자금의 일부를 배분하고 있다. 이를 통해 공화당전국위원회나 민주당전국위원회는 상당한 자율성을 얻고 주 정당에 대한 영향력도 확보하고 있다. 따라서 "1960년 이전에 전국적인 정당조직은 없었으며 주나 지역의 정당들이 그때그때 연합해서 대처했다"[25]는 키(V. O. Key Jr.)의 얘기는 더 이상 적절하지 않게 되었다.

■² 영국 정당의 조직

영국의 정당조직은 정당에 따라 약간씩의 차이가 있으나 원내정당과 원외정당으로 나눌 수 있다. 영국은 내각제 국가이기 때문에 선거가 끝난 이후의 정당 활동은 원내정당을 중심으로 이루어진다. 따라서 원외정당은 선거가 있을 때에만 중요한 활동을 하고 선거가 끝나게 되면 원외정당 활동은 대폭 축소된다.

보수당의 조직은 크게 세 가지로 나눌 수 있다. 첫째는 보수당지구당과 산하단체들로 구성된 전국연합체이며 둘째는 중앙당으로 이 두 가지는 원외정당조직이다. 셋째는 의회의원들로 이루어지는 원내정당(Parliamentary Caucus)이다. 이 세 가지 조직 중에서 핵심적 조직은 의회 내의 원내정당이다. 기본적으로 전국연합체는 선거조직이며 중앙당은 사무조직이다.[26]

정당의 조직 면에서 노동당은 보수당과 상당한 차이가 있다. 노동당은 원외정당으로 시작하였고 사회주의를 표방하고 노동조합을 기반으로 하여 노동자를 대변하는 정당이다. 노동당의 중앙당은 29명의 위원으로 구성되었으며 위원들의 구성은 노동조합대표, 사회주의단체

---

25) V. O. Key Jr., *Politics, Parties and Pressure Groups* (New York: Crowell, 1964), p. 315.
26) Stephen Ingle, *The British Party System*, Second Edition (Oxford: Basil Blackwell, 1989), p. 58.

대표, 지구당대표, 여성대표 등으로 전당대회에서 선출한다. 중앙당의 하부조직으로는 군 단위 정당조직이 있으며 이 조직의 밑에 지구당조직이 있다.

영국의 보수당, 노동당, 자유당은 상설지구당을 운영하고 있다. 영국 정당의 지구당들은 대체로 매우 적은 예산으로 운영되어 보수당의 경우 각 지구당의 연간 평균예산은 사무당원들의 인건비를 포함하여 약 6만 파운드(약 1억1천1백만 원: 1파운드=1,867원; 2010년 1월) 정도이다. 사무당원들은 주로 여론과 선전 등을 담당하며 상근 사무직원을 둘 수 없는 지구당에서는 자원봉사자들이 이를 담당한다. 지구당에서 가장 핵심적 역할을 담당하는 지구당사무장도 자원봉사자들이 담당하는 경우가 많다. 통상적으로 영국의 지구당에 상근하는 직원은 1~2명 정도이고 비상근인 경우가 많다.

자원봉사자들에게 의존하는 정도는 보수당보다 노동당의 경우가 더욱 크다. 노동당의 경우 재정의 상당부분을 노동조합에 의존하고 있으며 전반적으로 기금 모금의 대상이나 규모면에서 보수당보다 재정적으로 어려운 상황이다. 각 지구당들은 당비 외에 각종 행사를 통해 기금을 조성하는 데 많은 노력을 기울인다. 보수당의 경우에는 기업체에서 그리고 노동당의 경우에는 노동조합에서 공식·비공식적으로 자금을 지원받으며 선거를 전후해서 이러한 경향이 두드러진다. 그러나 지구당별로 자발적 기금조성 노력을 많이 하며 기부되는 금액이 거액인 경우는 매우 드물다.

보수당의 지구당 운영에서 하원의원들의 역할은 매우 제한적이다. 하원의원으로 선출되면 지구당의 상임위원으로 활동을 하며 해당 선거구의 일반 당원으로는 더 이상 활동하지 못하는 것이 관례이다. 이는 하원의원들이 자신의 지위를 이용하여 개별적으로 차기 선거에 유리한 활동을 할 우려가 있기 때문이다. 영국 보수당의 자체 선거관행에 따르면 일단 지구당의 의원 경선 후보가 되면 선거에 필요한 경비를 선거구사무소가 부담하도록 하여 공정한 경선을 치르는 데 기여하고 있다. 그리고 의원의 지역구 사무실이 지구당 사무실의 역할을 대행하는 일은 거의 없다. 양자는 행정적 협조를 하지만 재정은 분리되어 있다.

노동당의 경우에는 보수당과는 달리 하원의원들이 자신의 지구당 운영에 깊이 관여하는 것이 보통이다. 경제적으로 여유가 있거나 노동조합의 지지가 확고한 의원은 지구당 재정에까지 개입하는 경우가 흔하다. 또한 후보 선출도 선거에 필요한 행정절차는 지구당에서 담당하지만 선거에 필요한 재정은 후보들이 해결하는 방식을 취하고 있어 대조적이다.

■³ 캐나다 정당의 중앙당과 지구당 조직

우리는 보통 영국의 정치형태의 특성을 '웨스트민스터형'(Westminster Model)이라는 용어를 사용하면서 여타의 의원내각제 국가들과 구분한다. 이렇게 동일한 의원내각제를 채택하면서도 영국의 의원내각제가 다른 국가들의 의원내각제와 달리 기능하게 되는 가장 큰 이유들 중의 하나는 정당조직의 차별성이다. 같은 의원내각제이면서 영연방 국가의 하나인 캐나다의 정당조직을 영국이나 미국과 비교해 보기로 한다.

캐나다의 정당조직은 미국은 물론 영국 정당의 정당조직에 비해 독특한 점이 있다. 캐나다에서는 연방 수준에서 활동하는 정당과 주[27] 수준에서 활동하는 정당이 이름은 같으나 정당 활동은 완전히 독립적이다. 이들 정당은 말단지역에서는 사무실이나 인력을 공유하는 경우도 있으나 연방정당과 주 정당 사이의 관계는 매우 약하다. 어떤 주에는 연방정당은 존재하면서 주 정당은 존재하지 않는가 하면 또 어떤 주에는 연방정당은 존재하지 않고 주 정당만 존재하는 경우도 있다. 상대적으로 영국의 정당조직은 중앙당의 권한이 강력한 전통을 지니고 있다.[28]

캐나다 정당조직에서 특징적인 점은, 전국 수준이나 주 수준 정당 이하에서도 선거가 없는 기간에는 정당 활동이 사실상 중지된다는 점이다. 선거가 끝나면 선거 때 활발한 활동을 하던 정당의 전략가들이나 정당 활동에 참여하였던 사람들은 각자의 생업으로 돌아간다. 하원의원들과 소규모의 중앙당·지구당사무실, 그리고 극소수의 열성

---

27) 캐나다에서는 연방정부의 하위 단위를 도(province)라 부른다. 그러나 여기에서는 다른 국가들과의 혼선을 피하기 위해 주(州)로 통일하여 쓴다.
28) 현재 영국의 정당조직은 과거에 비해서 중앙당의 권한이 약화되는 경향이 있다.

당원들을 제외하면 선거가 끝나면서 정당은 사라져 버린다. 이러한 현상은 선거에서 이긴 정당에서도 똑같이 나타난다.

따라서 캐나다의 경우 선거가 없는 기간 동안에는 중앙당, 주 지부, 그리고 연방하원의원이나 주 의회의원을 통하지 않고는 정당과 접촉하기가 매우 어렵다. 1973년 이래 연방하원의원은 지역구에 사무실을 운용할 비용을 소액 지급받으며, 가능하면 많은 시간을 지역구에 상주하려 한다. 그러나 선거에서 패배한 정당은 선거가 끝나면 지역구에 사무실을 유지하지 않는다. 따라서 보수당후보가 당선된 지역구에 사는 일반유권자가 지역의 자유당을 찾아가 접촉을 하는 것은 매우 어렵다.

캐나다 정당이나 미국 정당을 유럽 국가들의 정당들과 비교할 때, 유럽의 정당들은 시민과 국가 사이에서 이들을 연계하는 역할을 보다 더 잘하고 있다. 그렇다고 해서 국민들의 의견을 국가에 반영하는 점에서 캐나다나 미국의 정치가 유럽 국가들에 비해 뒤떨어진다고 할 수는 없다. 왜냐하면 이러한 역할은 정당만 하는 것은 아니며, 정당 이외에도 이익집단, 관료, 대중매체, 정당지도자, 의회의원 등이 이러한 역할을 보다 잘 수행하고 있기 때문이다.

캐나다 정당의 첫 번째 중앙당 조직인 전국집행위원회는 원외 정당의 최고 조직이다. 이 집행위원회는 소수의 집행위원으로 구성되며 이들은 전체 정당을 대표하여 정당의 일상적인 업무를 집행한다. 캐나다 정당에서 중앙당조직의 두 번째는 중앙당사무국으로 각 정당은 매우 적은 규모의 사무국을 두고 있다. 중앙당사무국에는 정당지도자와 원외정당조직의 집행부를 보좌하는 소수의 사무직원들과 사무국장이 있다. 중앙당사무국의 기능은 주 수준의 정당조직과 의회의원들 사이의 연락과 협조업무이다. 캐나다 정당들의 중앙당조직의 세 번째는 전당대회이다. 중앙당은 2년마다 전당대회를 개최하며 여기에서 정당간부들을 선출하고 정책에 관해 토론한다. 대의원들은 정당지도층에게 정책에 관해 자신들의 의견을 발표할 기회를 갖기 때문에 의미가 있다. 전당대회에 참여하는 대의원들은 지역의 선거구에서 공개회의를 통해 선출되며 그 숫자는 수천 명에 이른다. 전당대회 대의원들은 특별한 경우에 지역의 집행위원이나 하원의원에 의해 임명되기도 하지만 대부분의 경우에는 경쟁률이 높은 경선을 통해 선출된다.

캐나다 원외정당에서 중앙당 밑에 있는 조직은 주 정당조직으로 지역선거구 수준에서 추진할 전략과 활동을 계획하고 조정한다. 주 정당집행부는 해당 주 내에 있는 모든 연방선거구를 책임진다. 어떤 주에서는 주 정당구조 내에 또 하나의 지역조직을 두는 수도 있다. 주 수준의 정당조직에서 특이한 점은 연방정당의 주 지부와 주 수준에만 있는 주 정당의 조직이 양립해서 존재하는 점이다. 이들 양 조직은 서로 독립적으로 존재한다. 캐나다에서 주에만 있는 정당은 매우 독립적이며 같은 이름의 연방정당과는 상당한 거리를 둔다. 특히 온타리오 주와 퀘벡 주, 그리고 알버타 주에서는 연방자유당은 주자유당과는 독립적으로 연방자유당의 지부를 두고 있으며 이 지부는 연방의 정치활동과 관련된 정당업무만을 관장한다.[29]

캐나다 정당에서 연방정당의 가장 밑에 있는 조직은 선거구지구당으로 여기에서 연방하원에 출마할 후보를 지명하고 정당원을 충원하며 또 선거운동을 위한 모금을 한다. 이 선거구지구당에 소속된 당원들의 열성과 활동이 정당의 집권 여부를 결정하지만 선거구지구당은 정당 내에서 상당히 약한 조직이다.

지구당에서 활동적인 당원은 극소수이며 지구당의 당원들이 만나는 것은 집행부를 선출하거나, 전당대회에 파견할 대의원을 선출하거나, 또는 선거가 임박하였을 때 등이다. 지역수준에서 이처럼 정당 활동이 약한 것은 지구당이 포괄하는 범위가 매우 넓고 당원들이 지리적으로 산재되어 있기 때문이다. 요약하면 캐나다 지구당은 활동이 별로 없으며 정당조직도 상당히 허술한 편이다. 연방하원선거에 입후보할 후보의 결정은 지구당이 관장하는 후보결정대회에서 이루어진다. 이 과정에서 중앙당사무국이나 정당지도자가 영향을 미치는 일은 거의 없다. 1974년에 지구당에서 선출한 후보를 연방정당의 지도자가 거부한 것이 유일한 예외였다.[30]

---

29) Joseph Wearing, *The L Shaped Party: The Liberal Party of Canada: 1958-1980* (Toronto: McGraw-Hill Ryerson, 1981), p. 138.

30) Robert J. Jackson, Doreen Jackson and Nicolas Baxer-Moore, *Politics in Canada: Culture, Institutions, Behavior and Public Policy* (Scarborugh, Ontario: Prentice-Hall Canada Inc., 1986) p. 498.

정치이념에 따른 정당의 종류

■¹ 사회당

서유럽 민주국가들에서 사회주의정당(Socialist Party)들은 민주주의 및 자신의 이념을 구현하기 위한 수단으로 '혁명'이 아닌 '선거'에 대한 확고한 신념을 가지고 있다. 이 정당들은 소련을 중심으로 한 사회주의 체제가 붕괴된 뒤 사회주의라는 정당명에 대해서 국민들이 가질 수 있는 거부감을 없애기 위해 정당명을 바꾸기도 하는데 그 예로 오스트리아 사회당은 1991년에 당명을 사회민주당(Social Democratic Party)으로 변경했다. 사회당과 사회민주당에는 본질적인 차이는 없다. 국가에 따라 똑같은 성격의 정당들이 사회당이라는 이름을 갖기도 하고 사회민주당이라는 이름을 갖기도 한다. 프랑스에서는 사회당이라 부르며 독일에서는 사회민주당이라 부른다. 이 경우에 프랑스 사회당의 민주주의에 대한 신념이 독일의 사회민주당보다 더 약한 것은 아니다. 또한 영국과 네덜란드에서는 사회당 성격의 정당이 노동당이라는 이름을 가지고 있다.

사회주의정당은 사회주의 이데올로기를 바탕으로 한다. 이들은 부유한 사람들과 가난한 사람들 사이의 사회경제적 격차가 너무 크다고 주장하며 경제적으로 안정되고 충족한 생활을 하는 사람들에게만 민주주의가 보장되고 있다고 주장한다. 사회주의자들은 사회에서 보다 많은 평등이 실현되기 위해서는 국가가 경제에 개입해야 된다고 생각하며 만일 시장이 자유화되면 빈부간의 격차가 늘어나게 된다고 생각한다. 또 부자와 빈자 사이의 소득을 재분배할 수 있는 권한은 국가만이 갖는다고 본다. 사회주의자들에 있어 경제에 대한 국가의 개입은 걸림돌이 아니라 효율적인 민주주의를 위한 전제조건이다.

자유시장론자들의 입장에서는 주어진 기회를 이용하여 이득을 얻는 자유를 모든 사람에게 주는 것이 민주주의라고 보는 반면에 사회주의자들의 입장에서는 시장이 기능한 결과로 나타나는 부의 분배를 국가가 개입해서 재분배할 때 그것이 민주주의라고 본다. 사회주의자들은 국가가 소득을 재분배하는 방법으로 개인 기업을 국유화할 것을 생각한다. 만일 기업이 국가소유가 되게 되면 그 이익이 구성원 전체에게 돌아가기 때문에 부자가 이익을 착복하여 더 부유하게 되는 일이 없다는 것이다. 1981년 프랑스에서 사회당의 프랑수아 미테랑 정부가 들어서자 거의 모든 은행과 대규모 제약회사들이 국유화되었다. 그러나 미테랑의 이러한 조치 이전에 이미 상당수의 은행들은 국유화되어 있었다. 또한 미테랑 정부 하에서도 소규모 기업들은 정부가 국유화를 하지 않았다. 국유화의 논리는 기업의 규모가 커지면 세계시장에서 더 효과적으로 경쟁할 수 있다는 것이었다.

그러나 다른 국가들의 사회당들은 이미 오래 전에 국유화의 개념을 포기했다. 독일에서 1974년부터 1982년까지 총리였던 사회민주당의 헬무트 슈미트(Helmut Schmidt)는 국유화를 전혀 추진하지 않았다. 그는 세법이나 사회복지계획 등 간접적인 방법을 통한 국가개입을 선호했다.[31]

근래 들어 유럽의 사회주의 정당들은 경제성장의 결실이 사회 내에 너무 불공평하게 배분되지만 않는다면 경제성장은 좋은 것이라는 데 의견의 일치를 보이고 있다. 이들의 주된 관심은 소득 분배의 공평성의 측면에서 국가가 국유화와 같은 방법으로 직접 개입하는 것이 효과적인지 아니면 간접적 방법을 통한 국가 개입이 더 효과적인지에 관한 것이다.

유럽의 사회주의 정당들은 정권을 잡게 되면 더욱 온건하게 된다. 이것은 프랑스의 미테랑 대통령이나 스페인의 펠리페 곤잘레스 총리의 예에서 볼 수 있다. 1970년대에 과격한 사회주의자였던 곤잘레스는 1980년대에 총리가 된 후 효율적인 행정에 관심을 두었다. 사회당들이 온건한 정책을 추진하면서 정부의 의무에 대해 신경을 쓰게 되자 중도적 성향을 띠던 유권자들의 상당수가 사회주의정당을 지지하게 되었다. 사회주의정당에 대한 지지는 경제여건이 나쁠 때 급격히 감소한다. 경제사정이 나빴던 1993년 의회선거에서 프랑스의 사회당에 대한 지지는 그 이전의 38%에서 18%로 급격히 감소했다. 스웨덴에서는 오랫동안 집권해 오던 사회당이 1991년 선거에서 참패를 했는데 주된 이유는 악화된 경제 사정이었다.[32]

---

31) Jürg Steiner, *European Democracies*, 3rd ed. (White Plains, NY: Longman, 1995), p. 5.
32) *Ibid.*, p. 7.

사회당들은 영국, 프랑스, 독일뿐만 아니라 노르웨이, 뉴질랜드, 스웨덴, 오스트리아, 오스트레일리아 등의 국가에서 경쟁력이 높으며 정권을 잡았거나 또는 잡고 있다. 선진국에서 예외적인 국가는 미국으로 미국의 사회주의정당은 매우 약해 없는 것과 마찬가지이다.

사회주의 정당의 대표적인 예들로는 영국의 노동당, 프랑스의 사회당, 독일의 사회민주당, 오스트레일리아의 노동당,33) 뉴질랜드의 노동당 등이 있다.

■² 자유당

'자유'라는 의미는 '진보'(progress)의 개념을 포괄한다. '진보'의 상황은 역사발전과정에서는 세습하는 지주세력에 벗어나 능력에 따라 자신의 재산을 축적한 '유산계급'(부르주아)이 대변하기도 하고, 개인 인권의 발전과정에서는 동성애, 낙태에 대한 개인결정권을 강조하는 세력들에 의해서 대변되기도 한다.

유럽 정당에서 자유당(Liberals)은 자유 시장 원칙을 추구하는 정당이다. 리버럴(liberal)이란 말은 라틴어의 libertas라는 단어가 어원이며 그 뜻은 자유(freedom)란 의미이다. 유럽의 일부 정당들이 정당 명칭에 자유라는 단어를 넣는 것은 이에 연유한다. 예를 들어 독일에서는 자유당원들을 자유민주당원(Free Democrats)이라 부른다. 유럽에서 liberal과 free는 동의어로 사용된다.34)

유럽의 자유당은 생활의 모든 면에서 개인의 자유를 강조한다. 이들은 경제면에서 자유 시장 경제체제를 선호하며 낙태나 이혼과 같은 문제들도 개인의 자유로운 선택에 맡겨야 한다는 입장이다. 이들은 국가나 관료들이 개인의 사생활에 개입하는 것을 반대하며 자유로운 상태에서 개인이 자율적으로 내리는 결정이 최선이라고 본다. 이들은 거대한 조직은 개인의 자유를 제한할 가능성이 있다고 보아 국가뿐만 아니라 노동조합이나 교회와 같은 조직도 선호하지 않는다.

유럽에서와는 달리 미국에서 리버럴이란 단어는 우파보다는 진보

---

33) 오스트레일리아의 노동당은 1891년 노동조합을 기반으로 창당된 중도좌파정당이다.
34) *Ibid.*, p. 9.

적 좌파를 의미하며 프리덤(freedom)이란 단어는 우파를 의미한다. 따라서 미국 정당에서 리버럴이란 유럽 정당의 사회민주당과 성격이 비슷하다. 유럽의 자유당과 비슷한 미국 정당으로는 Libertarian Party를 들 수 있다. 이 정당은 개인의 자율성을 가장 강조하며 이들의 입장은 유럽의 자유당보다 훨씬 더 극단적이다. 예를 들어 유럽의 자유당은 경제적으로나 도덕적으로 정부가 해야 할 역할이 있다는 것을 인정한다. 즉 유럽의 자유당들은 실업자, 장애인, 노약자 등에 대해서는 국가가 책임을 져야 한다고 생각한다. 그러나 국가가 어디까지 역할을 해야 하는가 라는 점에서는 자유당 내의 파벌들 간에 일치된 견해가 없다. 하지만 미국의 Libertarian Party는 국가의 역할 자체를 반대한다. 자유당은 의회 내에서 투표를 할 때에도 자율성이 높으며 정당의 규율이 매우 약하다. 유권자들의 지지 면에서 보면 자유당은 다른 성격의 정당들에 비해 지지율이 낮다.[35]

자유당의 대표적인 정당들로는 오스트레일리아의 자유당, 영국의 자유당, 독일의 자유민주당 등을 들 수 있다. 오스트레일리아의 자유당은 1944년에 창당되었으며 보수적 자유주의를 바탕으로 한다. 2007년 총선에서 패배할 때까지 존 하워드 총리 정권이 1996년부터 2007년까지 11년간 집권했다.

■³ 보수당

보수주의 또는 보수주의자를 의미하는 영어 Conservative는 to conserve라는 동사에서 유래하며 쇠퇴, 변화, 소멸 등을 막는다는 의미이다. 보수주의자들은 그 사회에 정립되어 있는 권위(authority)구조가 쇠퇴하거나 변화하여 소멸하는 것을 막고자 하며 그 사회의 권위구조는 사회의 요구에 의해 정립된 것이기 때문에 그것을 유지해야 한다고 생각한다. 보수주의자들은 개인에 대해서는 자유주의자들과 다른 견해를 가지고 있다. 이들은 개인은 원래가 약한 존재이기 때문에 사회에 자리 잡은 권위구조에 의해 인도되고 보호받아야 한다고 본다. 따라서 개인은 국가, 교회, 가족 등 권위를 가진 조직들에 의해

---

35) *Ibid.*, p. 10.

지도되어야 한다는 것이다. 이러한 점에서 보수주의의 최대 목적은 사회의 권위구조를 유지하는 것이다. 그러나 보수주의가 모든 변화를 거부하는 것은 아니며 급격하고 갑작스러운 변화를 거부하는 것이다.

이러한 원칙을 기반으로 하는 사람들이 모여서 만든 보수당 (Conservative Party)과 자유당의 차이는 개인에게 어느 정도의 자율성을 부여할 것인가의 정도 면에서 나타난다. 보수당은 자유당과는 달리 낙태나 마약의 사용 등과 같은 문제에 대해 엄격한 기준을 주장한다. 이러한 기준은 정부의 규제뿐만 아니라 교회나 가정과 같은 기구에 의해서도 마련되고 집행될 수 있다. 보수당과 자유당의 또 다른 차이는 국기나 국가(國歌)와 같은 국가의 상징물에 관한 입장에서 나타난다. 자유당은 이러한 것을 무시하지는 않지만 이것들에 대해 정서적으로 크게 가치를 두지 않는다. 이에 비해 보수당은 국가의 권위를 지속하기 위해서는 국기나 국가와 같은 강력한 상징물이 필요하다고 생각한다. 이들은 국가는 합리적인 유용성에만 바탕을 둘 것이 아니라 정서적인 면에서도 중요한 역할을 해야 한다고 생각한다.

경제적인 면에서 자유로운 시장경제를 중요시한다는 점에서는 보수당과 자유당이 비슷한 생각을 가지고 있다. 양자 사이에 차이가 있다면 보수당보다는 자유당이 일관해서 시장경제를 강조한다. 자유당은 시장경제에서 자유로운 경쟁이야말로 개인의 능력을 최대로 발휘하게 만드는 바탕이라고 본다. 보수당도 이러한 견해에 동감을 하지만 자유로운 시장경제가 유지되기 위해서는 그 사회의 위계적인 질서가 유지되어야 한다고 본다. 사회에는 경제적으로 부유한 사람이 있고 그렇지 못한 사람이 있는데 그것은 자연적인 현상이며, 경제적 평등을 위해 무리한 분배를 하는 것은 자연의 섭리에 위배된다고 본다. 이러한 점에서 보수당은 과도한 경쟁은 바람직하지 않은 것으로 본다.

자유당과 보수당을 분류하자면 양자는 국가에 의한 통제경제를 반대하고 자유로운 시장경제를 주장하는 면에서 별 차이가 없으나 사회의 권위구조를 강조하는가 아니면 개인의 자율성을 강조하는가에서 차이가 난다. 보수당은 보다 더 사회의 권위를 중요시하는 데 비해 자유당은 개인의 자율성을 보다 강조한다.[36]

대표적인 보수정당으로는 미국의 공화당, 영국의 보수당, 프랑스의 대중운동연합(UMP), 일본의 자유민주당 등을 들 수 있다. 일본의 자유민주당은 1955년에 자유당과 일본민주당이 합당하여 만들어졌으며 1993년부터 1996년을 제외하고는 2009년까지 집권하였으며 이를 '55년체제'라 부른다. 자유민주당은 우파이념을 표방하며 군사력의 확대와 복지정책의 축소, 그리고 기업의 이익 보호를 대변하는 정당이다.

■⁴ 기독교민주당

기독교민주당(Christian Democratic Party)은 역사와 이념면에서 대부분의 보수당들과는 다른 성격을 갖는다. 18세기의 가톨릭 지식인들의 전통을 이어받은 기독교민주당은 사회적 연대와 협력을 추구하며 제2차 세계대전 이후 대부분의 유럽 국가들에서 재등장했다. 기독교민주당 중에는 온정주의(paternalism)의 입장에서 사회주의 정책을 주장하는 경우가 있으며 이러한 예로는 네덜란드의 기독교민주당을 들 수 있다. 기독교민주당은 경제는 지도되고 통제되어야 한다고 보며 노동조합을 지원한다. 기독교민주당은 노인보험이나 연금, 가족수당, 어린이보조, 의료보험 등을 지지하며 모든 계급들로부터 지지를 추구한다. 대부분의 기독교민주당들은 진보적이고 세속화되어 있으며 종교에 관계없이 모든 사람들의 지지를 추구한다. 어떤 경우에는 기독교민주당들과 개신교의 정치조직들이 합쳐서 정당을 구성한 경우도 있다. 또 다른 유형의 기독교민주당은 자유기업과 경제적 자유주의를 주장하면서도 인간적인 점을 강조하며 사회의식을 강조하는 등 기독교민주당의 이념성향은 다양한 양상을 나타낸다.[37] 1940년대 중반에서 1960년대까지 기독교민주당에 대한 지지는 네덜란드, 독일, 벨기에, 오스트리아, 이탈리아, 프랑스 등의 국가에서 40%에서 50%에 달했으며 1980년대 후반에는 35%에서 45%에 달했다.[38]

---

36) *Ibid.*, pp. 11–13.
37) 일반적으로, 경제차원에서 자유당, 보수당, 기민당을 다음과 같이 스테레오타입화 하기도 한다. 자유당은 자유방임(laissez–faire)적 성격이 강하고, 보수당은 자유당보다 상대적으로 '온정주의'(paternalism: 약자보호)의 성격이 더 강하며, 기민당은 보수당보다 상대적으로 온정주의의 성격이 더 강하다.
38) Roy C. Macridis and Steven L. Burg, *Introduction to Comparative Politics: Regimes and Change,* 2nd ed. (New York: Harpercollins, 1991), p. 64.

기독교는 아니지만 특정 종교와 밀접한 관계를 가지고 있는 정당으로는 일본의 공명당(公明黨)이 있다. 공명당은 1964년 니치렌 쇼슈(日蓮正宗)의 신자단체인 창가학회가 정치활동을 목적으로 창당하였다. 1993년에는 연립정부에도 참여하였으며 2010년 당시에는 중의원의원 21명과 참의원의원 20명으로 제3당의 당세를 가지고 있었다. 이념적으로는 중도혁신을 표방한다.

■⁵ 신 급진우파 정당

일부 유럽 국가들에서는 새로운 급진우파(new radical right) 정당들이 새롭게 나타나 일부 국민들의 지지를 받고 있다. 이러한 정당들은 1920년대에 나타났던 파시즘의 연장이라고 할 수 있으며 이들은 때로 신 파시스트라 불린다. 이러한 정당들로는 프랑스의 국민전선(National Front), 독일의 공화당(Republicans) 독일의 공화당(Republicans: 2013년 이후 AFI), 스웨덴의 신민주당(New Democracy), 노르웨이의 진보당(Progressive Party), 이탈리아의 이탈리아 사회운동(Italian Social Movement)과 북부리그(Northern League), 핀란드의 진짜핀란드인(Finns Party), 덴마크의 인민당, 네덜란드의 자유당, 오스트리아의 자유당, 헝가리의 헝가리발전운동 등을 들 수 있다. 이러한 신 급진우파 정당들이 무솔리니나 히틀러의 파시스트 정당들과 다른 점은 이 정당들이 민주주의를 수용하는 점이다. 또한 경제적인 면에서는 과거의 파시스트 정당들보다 더 자유시장경제를 주장한다. 이들이 경제면에서 주장하는 것은 고율의 세금을 반대하며 낭비적인 복지정책을 비판하고 비능률적인 국가 관료주의를 비난한다. 이들은 특히 외국이민자, 무주택자, 마약환자, 동성연애자, 미혼모 등 사회의 국외자들에게 국가가 복지혜택을 주는 것을 비판한다.[39]

이러한 신 급진우파 정당들은 경제상황이 나쁠 때에는 전통적으로 우파 정당을 지지했던 사람들의 표를 잠식할 수 있다. 프랑스에서는 2002년 5월 5일에 실시된 대통령선거 결선투표에서 국민전선의 후보인 쟝 마리 르팽(Jean-Marie LE PEN)이 최종 후보에 올랐으며

---

39) Jürg Steiner, *op. cit.*, pp. 14−16.

18.04%를 득표하여 81.96%를 득표한 자크 시락 후보에게 패했다. 노르웨이의 극우정당인 진보당은 2009년 총선에서 22.9%의 득표율로 집권 노동당에 이어 제2정당으로 부상했다. 핀란드에서는 2009년 4월 선거에서 '진짜핀란드당'이 2007년보다 5배 많은 19.1%를 득표하여 제3당이 되었다. 스웨덴에서도 2009년 9월 선거에서 극우정당인 민주당이 5.7%를 득표하여 사상 처음 의회에 진출하였다. 근래에 들어 극우정당에 대한 지지가 늘어나는 것은 유럽국가들의 재정위기로 고실업이 장기화되면서 이민족에 대한 배타적 의식이 높아졌기 때문이다. 높은 실업률을 겪고 있는 유럽에서 이민자들은 일자리를 빼앗아 실업의 고통을 가중시키는 주범으로 지목되고 있으며, 이민자들에게 내국인과 동등한 복지혜택을 제공한 것이 과도한 재정적자를 낳은 원인이라는 인식이 확산되어 있기 때문이다.[40]

신 급진우파 정당은 우파정당에 대한 지지표를 잠식하며, 보수당과 신 급진우파 정당을 왔다 갔다 하면서 지지하는 유권자들은 주로 중산층들이다. 농민이나 중소상인 등의 전통적인 중산층들은 경제적 앞날에 대해 불안감을 가지며 높은 세금을 반대하는 신 급진우파 정당들에게 지지를 이전한다. 이러한 정당들은 전통적으로 좌파 정당을 지지했던 육체노동자들로부터도 지지를 받는데 이들은 신 급진우파 정당들의 외국노동자 추방이나 낭비적인 복지정책을 지지하기 때문이다.

■⁶ 녹색당

유럽 정당정치에서 녹색당(Greens)이 등장한 것은 1970년대 후반과 1980년대 초반이다.

이것은 소위 잉글하트가 언급한 전후(戰後) 20년이 흐른 시점에 두드러지기 시작한 '후기물질사회'[또는 '탈(脫)물질사회', post-material society]의 특성과 관련이 있다. 대량생산에 의한 '물질사회'를 지양(止揚)하며 '삶의 질'을 중시하는 후기물질사회의 특징은 인간중심의 환경과 복지를 중시한다. 전통적으로 모든 정당들이 추구하여 온 경제정책은 경제를 발전시켜서 나오는 이득을 국민들이 능력에 따라 소유

---

40) 「매일경제」, 2011년 7월 27일, A13쪽.

하거나 또는 분배를 하여 국민들의 경제수준을 향상시킨다는 것이었다. 녹색당은 이러한 인식을 반대하며 물질적인 것을 초월하는 정책을 지향한다. 이들은 인간은 물질적인 것보다는 정신적인 것, 윤리적인 것, 심미적인 것에 일차적인 목표를 두어야 한다고 주장하며 이러한 것의 실현을 위해서는 협동과 공동체생활이 필요하며 말보다는 실천이 중요하다고 본다. 녹색당은 경제의 발전이 국민총생산(GDP)의 증가로 측정되어서는 안 되며 인간의 삶의 질에 얼마나 기여하는가가 중요하다고 본다. 이를 위해 자연은 원래의 상태로 되돌려져야 하며 환경보호를 위해 휘발유의 사용을 억제하고 이를 위해 휘발유 세를 인상할 것을 주장한다. 또한 원자력발전소를 폐쇄할 것을 주장한다. 녹색당은 국제적으로는 평화에 관심을 가지며 지역적으로는 제3세계의 현실에 관심을 갖는다. 녹색당의 이념적 성향은 우파 정당보다는 좌파 정당에 더 가까우며 녹색당원의 다수는 사회당이나 공산당 출신들이다.41) 그러나 또 다른 사람들은 시장경제를 선호하기 때문에 녹색당 내에도 다양성이 존재하며 스위스와 같은 경우에는 의견 차이로 녹색당이 두 개로 분열되기도 했다.

실제 정치에서 녹색당은 의회에 진출하기를 원하지만 전통적인 형태의 정치를 부패하고 비민주적인 것으로 비판하여 이를 답습하지 않는다. 녹색당은 정치를 근본적으로 민주화 시켜야 한다고 주장하며 자신들의 정치생활에서부터 이를 실천하려 한다. 따라서 녹색당은 지도자를 두지 않고 모든 구성원들이 동등하게 결정에 참여한다. 또한 당내에 독특한 규율을 만들어 의회에 진출한 의원들은 노동자 임금 이상의 세비는 받지 못하게 하고 나머지는 정당에 기부하도록 한다. 또한 의회의 의원직도 돌아가면서 맡게 하여 2년이 지나면 사퇴하고 다른 사람이 의원직을 승계하게 한다.

그러나 이러한 주장들은 녹색당을 창당했던 초기 구성원들의 주장으로, 정치권에 진출하고 정부에 참여하면서부터는 이러한 극단적 주장들이 유권자들의 외면을 초래하기 때문에 창당이념을 수정해야 한다는 현실적 주장도 대두되었고 위의 원칙 자체에 대한 불만도 심

---

41) 독일의 녹색당(The Grünen)은 '마르크스주의자들'의 분파에 연원을 둔 정당이다. 독일의 녹색당은 1980년부터 선거에 참여했다.

각하여 제대로 지켜지지 않아 이러한 원칙들의 상당수는 폐기되거나
완화되었다.[42]

녹색당을 지지하는 사람들은 젊고 교육수준이 높고, 도시에 살며
비종교적인 신 중산층들이 다수를 차지한다. 또한 기존의 정당들이
대변해주지 않는 여성운동가들이나 동성연애자 등으로부터도 지지를
받는다. 녹색당에 대한 지지는 국가에 따라 다르지만 1993년 프랑스
하원선거에서는 8%의 지지를 얻었고 1993년 독일 선거에서 함부르크
지역에서는 13.5%의 지지를 얻었다.[43]

■7 포괄정당

1960년대 이후 고도의 산업화와 경제성장을 이룬 유럽의 민주
국가들에서는 대부분 정당들의 이념적 성격이 약화되면서 포괄정당
(Catch all party)[44]의 성격이 강화되었다. 산업화와 경제성장으로 노동
자들의 소득이 증대되고 계급간의 경제적 격차가 감소함에 따라 계급
을 기반으로 한 정당일체감(party identification)은 약화되고 기술의 발
전에 따라 소득도 다양해졌다. 결과적으로 생활방식에도 차이가 나게
되었고 계급에 따라 투표를 하는 경향은 약해졌다. 정당들도 이러한
변화를 수용하여 특정 계급만을 자신들의 지지 세력으로 간주하고 다
른 계급은 소외시키는 양상을 벗어나 모든 사회집단이나 계급의 견해
와 이익을 대변한다는 포괄정당의 성격이 강화되었다. 정당들의 이러
한 변화는 유권자들의 정당일체감을 더욱 약화시켰으며 특정 집단의
이익만을 대변하는 역할은 정당이 아니라 특정 쟁점에만 관심을 갖고
결성된 사회단체나 시민단체가 담당하게 되었다.[45]

---

42) 「조선일보」, 1999년 7월 13일, 9쪽.
43) Jürg Steiner, *op. cit.,* pp. 19-22.
44) "catch all"이라는 용어는 키르크하이머(Otto Kirchheimer)가 그의 논문 "The
  Transformation of Western European Party Systems," in Joseph LaPalombara
  and Myron Weiner (eds.) *Political Parties and Political Development*
  (Princeton, NJ: Princeton University Press, 1968), pp. 177-200에서 처음 사
  용하였다.
45) Roy C. Macridis and Steven Burg, *op. cit.,* pp. 66-67. 이러한 현상은 독일,
  스웨덴, 이탈리아, 스위스, 덴마크 등의 유럽 국가들과 미국(특정 주를 중심으로),
  이스라엘, 일본 등에서도 나타났다. 이에 대해서는 Kay Lawson and Peter H.
  Merkl (eds.) *When Parties Fail: Emerging Alternative Organizations* (Princeton:
  Princeton University).

지금까지 살펴본 정당의 유형 외에도 일부 국가들에서는 지역정당들이 존재한다. 영국 스코틀랜드지역의 지역정당인 스코틀랜드 국민당(Scottish National party), 웨일스지역의 지역정당인 프리드 쿰(Plaid Cymru), 캐나다 퀘벡 주의 퀘벡당, 그리고 스페인 바스크, 안달루시아, 아라곤, 바렌시아 등의 지역에도 지역정당들이 있다. 1989년 스페인 의회선거에서 지역정당들은 전체 투표의 7%를 얻었다. 이념이 아니라 인종적인 차이에 따라 정당들이 형성되는 경우도 있다. 남미의 가이아나에서 집권 인민진보당은 인도계, 인민민족회의당은 아프리카계가 주축을 이루며 백인들은 우익 정당을 형성하고 있다.

정당체계

　　지금까지는 개별 정당에 관한 내용들을 다루었으나 이 절에서는 한 국가 내의 정당들 사이에서 형성되는 정당체계(party system)에 관해 다룬다. 정당체계는 정치체계 내에서 서로 경쟁하는 정당의 수와 규모에 따라 일당제, 패권정당제 또는 일당우위제, 양당제, 다당제 등으로 분류된다.

　　정당체계를 구분하는 방법은 그리 간단하지 않다. 다음의 두 가지 관점을 동시에 갖고 있다면 매우 유용할 것이다. 예를 들어 어떤 의회에서 세 개 정당의 의석수 점유율이 각각 47%, 33%, 13%이고, 나머지 7%가 무소속이라고 가정하자. 이런 경우, 양당체계인지, 삼당체계인지, 아니면 심지어 일당체계에 가까운 것인지를 판단하는 것은 그리 간단한 문제가 아니다. 47%와 33%의 정당이 주요한 두 개의 정당이지만, 13% 의석수를 지닌 정당도 주요한 두 개의 정당과 정당연합을 통해서 나름대로 영향력을 지닐 수 있기에 13%의 정당도 존재감을 지니는 한 해당 의회는 단순히 양당체계가 아니라 삼당체계로 기능할 수도 있다.[46] 또, 반대로 생각하면, 33%의 정당과 13%의 정

---

46) 정당연합의 종류로는 '최소승자연합'(Minimum Winning Coalition: 연합으로 의석수의 50%를 넘기는 연합형태들을 망라함), '최소크기연합'(Minimum Size Coalition: 의석수의 50%를 넘기지만 불필요하게 많이 넘기지 않고 가장 가까스로 50%를 넘

당이 연합해도 가장 큰 정당인 47%를 넘어서지 못하니 사실상 가장 큰 정당의 47%라는 숫자의 의미는 '일당체계'의 성격마저도 지니고 있다. 결론적으로, 한 국가에서 의회에 형성된 정당체계를 객관적으로 인식하기 위하여 두 가지 방식이 있는데, 하나는 특정 공식에 의해서 정당체계를 계산하는 방식이고, 또 다른 방식은 몇 가지 기준의 조합에 의하여 정당체계를 규정하는 방식이다. 하나씩 살펴보자.

락소와 타가페라는 '유효정당수'(N: 'effective' number of parties)란 개념을 제시하였는데, 이것은 선거이후 형성된 의회내 각 정당들의 의석수를 기준으로 소수 정당에게 의석수가 집중되는지를 계산하는 방식이다.[47] 이 방법의 핵심은 개별 정당을 단위로 하여 얼마나 많은 의석수가 집중되는지를 판단하여 이를 기준으로 정당체계를 산출하는 것이다.[48] 소수의 정당에게 의석수가 집중될수록 작은 유효정당수가 산출되고, 다수의 정당이 의석수를 나누어 가질수록 많은 유효정당수가 산출되는 방식으로 계산공식이 마련된 것이다. 락소와 타가페라의 유효정당수 계산법을 적용하면 2.88[무소속을 포함하면 2.84]이

기는 연합형태); '최소행위자연합'(Smallest Number of Actor Coalition: 두 정당의 연합으로 50%를 넘기는 경우); '최소범위연합'(Minimun Range Coalition: 정당간 이데올로기의 범위를 최소화하되, 필연적으로 의석수를 50%가 넘도록 하는 연합); '최소범위연결연합'(Minimun Range Connected Coalition: 50%를 넘기되 이데올로기적으로 중간자 역할의 현실적 필요성을 강조하는 연합); '최소승자연결연합'[Minimal Connected Winning Coalition: 연합의 중간매개자를 가장 강조하면서 50%를 넘어서 다다익선(多多益善)의 관점에서 접근한 연합]. 구체적인 숫자를 통한 논의는 진영재, "'유효정당수'(Effective Number of Parties) 계산법의 문제점: 정당연합이론을 중심으로," 「한국정치학회보」 제33집 제4호 (1999), 334－338쪽을 참조하면 된다.

47) Markku Laakso and Rein Taagepera, "The "Effective" Number of Parties: A Measure with Application to West Europe," *Comparative Political Studies*, Vol.12 No.1 (1979), pp. 3－27.

48) '집중지수'(concentration index)를 계산하여 그 값에 역수를 취한 값이 최종적으로 '유효정당의 수'이다. '집중지수'는 시장에서 몇 개의 기업이 시장을 점유하느냐를 판단하기 위해서 고안된 지수인 '허핀달－허쉬만 지수'[Herfindahl－Hirschman(HH) index]를 사용한다. 집중지수와 유효정당수의 계산식은 다음과 같다. $N=1/HH$ 인데, 여기서 $HH=\sum_{i=1}^{n}P_i^2$ (P: 각 정당의 의석수 비율; i: 개별 정당; n: 의석수를 갖고 있는 정당의 수; $P_1+P_2+P_3+....+P_n=1$)로 계산된다. 참고로 래 (Douglas Rae)가 주장한 정치체계에서 정당들의 '파편화지수'(fractionalization index)는 $F=1-\sum_{i=1}^{n}P_i^2$으로 계산된다. 정리하자면, 집중화지수와 파편화지수를 합하면 1이 되는 것이니, 두 지수는 개념상 서로 여집합의 관계에 있다. 자세한 논의는 Douglas Rae and Michael Taylor, *The Analysis of Political Cleavages* (New Haven, Conn: Yale University Press, 1970), pp. 22－44.

된다. 즉, 이 의미는 양당체계가 아니며, 3당체계에 유사한 의석수라는 것이다. 하지만, 해당 방식은 일일이 계산을 하여야 하는 번거로움이 있고 연산 기법상 군소정당들은 유효정당으로 나타나지 못하는 약점이 있다.[49]

정당체계를 규정하는 또 다른 방식은 엑스타인(H. Eckstein)의 방식인데, '일당체계'란 가장 큰 정당과 그 다음으로 큰 정당의 의석수비율보다 2:1 이상인 경우를 말하며, '양당체계'란 의석수 비율에서 첫 번째로 큰 정당과 두 번째로 큰 정당이 2:1보다 작으면서, 가장 큰 두 개의 정당이 전체 의석수의 2/3이상을 차지하는 경우를 말하고, '다당체계'란 세 개 이상의 정당이 의회에 의석수를 갖고 있으면서 이상에 정의된 일당체계와 양당체계의 경우에 해당되지 않는 경우를 말한다.[50] 이런 시각에 따르면, 앞서 제시된 예는 '양당체계'로 정의된다. 하지만, 이 방법 역시 정의의 방법 때문에 양당체계로 정의되는 경우가 많아서 '순수 양당체계'인지 '삼당체계로 기능할 수도 있는 잠재성을 지닌 양당체계'인지는 실제로 개별 정당의 의석수를 참고해야만 한다.[51] 결론적으로 한 국가의 정당체계를 규정하기 위해선 의석수를 중심으로 하되, 실제적인 정당간 구체적인 경쟁 상황(예를 들면, 정당연합을 포함하여)을 참고하여야 할 것이다.

■¹ 일당제

일당제(one-party system)는 단 하나의 정당만이 합법적인 정당으로 인정되거나 또는 형식적으로는 여러 개의 정당들이 존재하지만 실제로는 한 개 정당만이 주도적 역할을 하는 정당체계이다. 일당제는 거의 모든 경우 권위주의체제에서 존재한다. 일당독재체제에서는 시민의 정치적 자결권이 극도로 제한되며 정치적 자유나 기회의 평등 등 민주주의의 핵심적 요소들이 정치과정에서 무시된다. 유일한 정당만이

49) 진영재, 앞의 논문, 329-334쪽.
50) Harry Eckstein, "Parties, Political: Party Systems," *International Encyclopedia of the Social Sciences*, Vol. 11, David L. Shills(ed.) (New York: Macmillan Company and Free Press, 1968), pp. 441-443.
51) Youngjae Jin, "Testing Political Party Institutionalization: A Theory and Practice," *Journal of Political and Military Sociology*, Vol. 23(1995, Summer), pp. 43-63.

인정된 경우로는 나치독일, 프랑코 독재 하의 스페인, 1990년대 이전까지 대부분의 아프리카 국가들을 들 수 있다. 또한 과거 소련과 동유럽의 공산국가들, 그리고 제3세계의 권위주의국가들을 들 수 있다.

아시아의 라오스는 라오스 인민혁명당의 지도적 역할을 헌법에 명시하고 있는 일당독재국가이다. 베트남에서도 베트남공산당의 일당독재가 계속되고 있다. 1992년 7월 총선에서는 베트남공산당과 동맹관계인 베트남조국전선, 대중조직, 일부 무소속의원들만 출마가 허용되었다. 북한에서도 노동당의 일당독재체제가 계속되고 있다. 대만은 1949년부터 국민당의 일당지배가 계속되다가 1986년 계엄령 하에서 민주진보당(民主進步黨: 민진당)이 창당되었고 1987년에 계엄령이 해제된 후에는 60여 개의 정당들이 난립했다. 몽골도 1990년까지 몽골 인민혁명당이 66년간 일당독재를 하다가 1991년에 정당의 지도이념에서 마르크스레닌주의를 포기하고 다당제로 바꾸었다.

요르단에서는 1957년부터 35년간 정당활동을 금지했으며 1992년 3월 정당법이 의회를 통과해 정당 활동이 합법화되었다. 이란에서는 1996년 선거에서 처음으로 정당 활동이 허용되어 33개 정당이 인가를 받았다. 아프리카의 라이베리아에서는 1878년 미국에서 해방된 노예들이 아프리카로 와서 창당한 트루휘그당의 일당독재가 1980년까지 계속되다가 쿠데타로 종식되었다.

일당제 국가에서는 의회가 아니라 정당이 실제 권한을 갖고 있어 의회는 정당의 결정을 추인할 뿐이다. 역설적으로, 아프리카의 일당제는 다양한 소수 부족들로 파편화된 상황에서 식민통치시대에 독립투쟁을 주도했던 일부 소수 부족에 기반한 세력들이 독립이후에도 주도적인 정치세력으로 정당을 조직하면서 형성된 경우가 많다. 이처럼 아프리카에서 일당제가 일반화되었으나 보츠와나, 감비아, 모리셔스, 세네갈 등의 국가들에서는 다당제를 유지해 왔다. 일당제국가의 선거에서는 후보들을 선택할 기회는 주어지지만 모든 후보들은 정당에서 승인을 받은 사람들이다. 튀니지에서는 1986년에 야당들이 선거를 거부해서 집권당인 국민전선이 모든 의석을 장악한 경우도 있다.[52]

---

52) Philip Laundy, *Parliaments in the Modern World* (Aldershot, England: Dartmouth, 1989), pp. 35–38.

일당제 국가에서는 정당과 정부가 밀접히 연관되어 있으며 정부는 한 개 정당 이외의 다른 정당들은 제대로 활동을 못하도록 만든다. 정당들은 공산주의국가에서처럼 정부를 통제하며 정당이 정부에 의해 만들어지기도 한다. 일당제 국가에서는 정당과 정부가 일체화되어 있기 때문에 정당이 정부와는 다른 대안적 존재가 되는 것이 불가능하다.

■² 패권정당제 또는 일당우위제

패권정당제(dominant – party system)는 여러 개의 정당들이 있으나 하나의 정당만이 집권가능성이 있는 정당체계를 말한다. 패권정당제는 하나의 정당만이 주도적인 권한을 독점한다는 점에서는 일당제와 비슷하지만 다른 정당들의 자유로운 활동이 보장되고 또 정부에 대한 공개적인 비판이 허용되는 점에서 일당제와 차이가 있다.[53]

1929년부터 2000년까지 71년 동안 집권했던 멕시코의 '제도혁명당'은 패권정당의 대표적인 예이다. 멕시코에서는 1929년에 창당된 제도혁명당(Party of the Institutionalized Revolution)이 1989년까지 대통령선거와 주지사선거에서 전승하였으며 야당은 1946년에야 하원에 처음 진출할 수 있었고 상원에는 1976년에야 첫 의석을 가질 수 있었다. 따라서 위의 기간 동안 멕시코의 정치는 정당과 정당 사이에 이루어진 것이 아니라 제도혁명당 내에서만 이루어졌다. 그러나 1990년대 후반부터 제도혁명당의 일당독주가 크게 위협을 받아 1997년 7월 6일에 실시된 상원과 하원, 시장 및 주지사 선거에서는 집권당인 제도혁명당이 전 부문에서 참패하였으며 하원선거에서는 38%를 득표하는 데 그쳐 절대 과반수 획득에 실패했다. 1996년 7월 야당과의 선거법개정에서 제도혁명당은 독차지했던 선거자금을 야당에도 공평하게 분배할 수 있도록 했고 대통령이 임명하던 멕시코시의 시장을 직선제로 바꾸었다. 2000년 7월 2일에 실시된 대통령선거에서는 야당인 국가행동당(National Action Party)의 빈센테 폭스 후보가 42.5%를 얻어 36.1%를 얻은 제도혁명당의 프란시스코 라바스티다 후보를 물리치고

---

53) 패권정당에 관한 논의는 Alan Arian and Samuel Barnes, "The Dominant Party System: A Neglected Model of Democratic Stability," *Journal of Politics*, Vol. 36 (August, 1974), pp. 592–614.

당선됨에 따라 멕시코공화국 성립 이후 최초의 정권교체가 이루어졌고 패권정당제도 끝을 맺었다. 또한 2006년 7월 2일에 실시된 하원의원선거에서는 국가행동당이 207석, 민주혁명당이 127석을 얻은 반면 제도혁명당은 106석밖에 얻지 못해 제3당으로 전락하였다.[54]

패권정당들은 많은 경우에 독립투쟁에서 주도적 역할을 했던 조직을 기반으로 독립 후에 정당을 결성한 것으로 이들은 독립운동기간에 결속력을 가지고 있었기 때문에 하나의 정당으로 결합하는 것이 용이했다. 독립운동의 지도자였던 패권정당의 지도자들은 여러 가지 문제를 안고 있는 신생국에서는 일정기간 동안 국내적 분열이 바람직하지 않다는 명분을 내세워 패권정당제를 지속하였다. 그러나 이러한 패권정당들은 시간이 지날수록 부정부패가 만연하고 독립 당시의 문제들보다는 지배집단을 분열시키는 새로운 문제들에 직면함에 따라 도전을 받게 되었다.

인도에서는 독립 후 30년 동안 마하트마 간디의 독립운동에 뿌리를 둔 인도국민회의당(Indian National Congress)이 독주하여 패권정당제의 형태를 보였다. 그러나 1977년 의회선거에서 의석의 50% 이상을 확보하지 못해 소규모 정당들로 구성된 연립정부에 정권을 잃었다. 패권정당제는 이스라엘에서도 나타났다. 노동당은 1948년 독립한 이래 1977년에 메나킴 베긴의 리쿠드당에게 정권을 넘겨줄 때까지 29년간 집권하였다.[55] 그러나 2005년 선거에서 노동당이 전체 의석에서 16%밖에 차지하지 못함에 따라 패권정당체제는 완전히 소멸하였다.

현재까지 패권정당제를 유지하고 있는 전형적인 국가는 싱가포르이다. 싱가포르는 1968년에 말레이시아연방으로부터 분리한 이후 2010년 현재까지 42년간 패권정당제가 계속되고 있다. [표 6–1]에서 보는 바와 같이 인민행동당(People's Action Party)은 1968년부터 모든 선거에서 압도적으로 승리하였다. 인민행동당 이외의 정당이 의회선거에서 당선자를 낸 것은 1984년에 야당후보가 2명 당선된 것이 처음이었다. 그 이후에도 야당후보는 1명 또는 2명밖에 당선되지 않았고 유일하게 1991년 선거에서만 4명의 야당의원이 당선되었다. 이처럼 인

---

54) https://www.cia.gov/library/publications/the–world–factbook/geos/mx.html.
2010년 1월 4일 검색.
55) W. Philips Shively, *op. cit.*, pp. 213–214.

| 표 6-1 | 싱가포르의회의 역대 선거 결과*

의회선거	총 의석	인민행동당	노동자당	민주당	인민당	비 고
1968년 4월 13일	58	58	0	0	—	
1972년 9월 2일	65	65	0	0	—	
1976년 12월 23일	69	69	0	0	—	
1980년 12월 23일	75	75	0	0	—	1981년 10월 보궐선거 노동자당 후보 당선
1984년 12월 22일	79	77	1	1	—	
1988년 9월 3일	81	80	0	1	—	
1991년 8월 31일	81	77	1	3	—	
1997년 1월 2일	83	81	1	—	1	무선거구의원 1명(인민당) 별도
2001년 11월 3일	84	82	1	—	1	무선거구의원 1명(단결당) 별도
2006년 5월 6일	84	82	1		1**	
2011년 5월 7일	87	81	6	—	—	
2015년 9월 11일	89	83	6	—	—	

인민당(Singapore People's Party): 1993년 민주당에서 탈퇴하여 창당.
* 대통령임명의원수와 무선거구의원수를 제외한 결과임.
**2006년은 싱가포르 민주연합(Singapore Democratic Alliance) 소속.
자료출처: http://www.koreaembassy.org.sg/k—politic.html 주 싱가포르 한국대사관 홈페이지와 https://
www.cia.gov/library/publications/the—world—factbook/geos/sn.html 2010년 1월 13일 검
색자료; https://en.wikipedia.org/wiki/elections_in_Singapore#2015_general_eletion_results
(2015년 12월 20일) 검색자료를 종합하여 저자가 작성하였다.

민행동당이 독주를 하는 이유는 싱가포르 선거제도가 야당이 당선되기 어렵게 만들어 놓았기 때문이다.[56] 1997년 의회선거의 경우 전체 83개 의석 중 47개 의석이 여당인 인민행동당 후보의 무투표 당선으로 채워졌다. 2001년 선거에서도 전체 84명의 의회의원들 중 55명의 인민행동당 후보가 무투표로 당선되었다. 이러한 제도적 이유 외에도, 싱가포르에서는 획기적인 경제발전의 결과로 인민행동당에 대한 국민들의 지지가 높고 또 인민행동당이 국민들의 불만요소를 파악하여 적절한 대안을 제시하기 때문에 국민들의 지지를 받는 점도 없지 않다.

스웨덴에서도 현대정치를 사회민주당이 주도하여 1932년부터 1976년까지 중단 없이 집권하였으며 이 기간 동안 연립정부를 구성한 기간은 9년에 불과했다. 그러나 2006년 스웨덴 의회의 의석분포는 전

---

56) 제7장 선거와 선거정치에 상세히 기술하겠지만, 싱가포르의 의회선거제도는 집권당 후보에게 일방적으로 유리하게 만들어져 있다.

체 349석 중에서 사회민주당이 144석으로 전체의 41%를 차지하고 있고 중도당 55석, 자유당 48석, 기독교민주당 33석, 좌파당 30석, 중간당 22석, 녹색당 17석으로 다당제의 양상을 보이고 있다.

일본은 전통적으로 '다정당체계'적 성격이 강한 국가이다. 그럼에도 불구하고, 전후(戰後)인 1950년대 이후 1980년대까지 일본의 정당체계는 자유민주당 일당에 의해서 주도되었는데, 이를 '1.5정당제'[또는 '일점반(一點半) 정당제']라고 칭하기도 한다. 의회에서 두 번째로 세력이 큰 정당 이하 모든 정당들을 합해도 가장 큰 자유민주당 한 개 정당의 세력의 절반에 불과하다는 의미이다. 일본의 정당은 '파벌정치'의 전통이 강력한데, 1990년대 이후에 들어서 파벌간의 대립을 기반으로 자유민주당 내 강력한 파벌인 '오자와' 계열이 자유민주당에서 탈당하여 '민주당'으로 독립하고 이후 민주당은 의원내각제하에서 제1다수당으로서 정부의 구성을 수차례 주도하기도 하였다. 하지만, 2010년 이후엔 다시 자유민주당이 국회의 2/3에 해당하는 세력을 형성하고 있으며, 전쟁 수행국으로의 '개헌'(改憲)을 추진하는 단계에 와 있다. 이렇게 본다면, 일본에서 '일점반 정당제'란 단순히 일시적인 현상이 아니라, 언제든지 회복되어 발생할 수 있는 것일 수 있다. 근본적으로 이러한 현상을 하나를 중심으로 뭉치는 일본인의 국민성에 비유하기도 한다.

■³ 양당제

양당제는 여러 개의 정당들 중에서 두 개의 정당만이 집권의 가능성을 갖는 정당체계이다. 양당제에서는 두 정당이 받은 득표율을 합하면 90% 정도가 되지만 두 정당 중의 어느 한 정당도 55~60% 이상의 득표는 하지 못한다. 양당제에서는 정권교체가 순조롭게 이루어지며 정치적 자유와 정치경쟁의 공정성이 보장된다. 양당제의 대표적인 예는 영국과 미국으로 미국에서는 공화당과 민주당의 두 개 정당만이 집권해 왔다. 2008년 11월 4일 실시된 선거후 미국 하원의 의석 분포는 민주당이 435석 중 257석으로 59.1%를 차지하였고 공화당은 178석으로 40.9%를 차지하였다. 상원 의석은 110석 중 민주당이 57석, 공화당이 41석, 무소속이 2석이었다.

양당제의 또 다른 예인 영국에서는 [표 6-2]에서 보는 바와 같이 1945년 제2차 세계대전이 끝난 이후 2010년까지 노동당과 보수당이 번갈아 가면서 집권하는 양당제가 계속되었다. 2005년 5월에 실시된 선거에서도 노동당은 하원의석 646석 중 356석을 얻어 전체 의석의 55%를 차지하였고 보수당은 197석으로 30%를 차지하였다. 자유민주당은 62석, 그리고 기타 정당들이 31석을 차지하였다. 그러나 2010년 5월 6일에 실시된 선거에서는 처음으로 어떤 정당도 의회의 과반의석을 차지하지 못하였다(hung parliament). 제1당인 보수당은 650석의 과반수인 325석에 못 미치는 306석을 얻었고 노동당은 258석, 자유민주당은 57석을 얻었다. 이에 제1당인 보수당은 5월 11일 선거제도 변화와 관련된 국민투표를 하겠다는 약속을 하고 자유민주당과 제2차 세계대전 이후 최초의 연립정부를 구성하였다.57) 연립정부를 구성할 때의 약속 이행을 위해 보수당주도의 연립정부는 2011년 5월 5일 기존의 1선거구1인선출 단순다수제(FPTP)를 대안투표제(alternative vote)로 변경할 것인가를 묻는 국민투표를 실시하였다. 투표율이 41.9%였던 국민투표에서 투표자의 32.1%만이 대안투표제를 찬성하고 67.9%가 반대하여 부결됨에 따라 영국에서는 계속해서 1선거구1인선출 단순다수제를 실시하고 있다.58)

┃ 표 6-2 ┃ 영국에서 노동당과 보수당의 양당 간 정권교체

연 도	정 당	총 리
1945~1951	노동당	애틀리
1951~1964	보수당	처칠(1951–1955), 이든(1955–1957), 맥밀란(1957–1963), 더글라스–홈(1963–1964)
1964~1970	노동당	윌슨
1970~1974	보수당	히드
1974~1979	노동당	윌슨(1974–1976), 캘러헌(1976–1979)
1979~1997	보수당	대처(1979–1995), 메이저(1995–1997)
1997~2007	노동당	블레어(1997–2007), 브라운(2007–2010)
2010~2016	보수당	카메론(2010–2016 현재: 자유민주당과 연립정부)

자료출처: 장원석 옮김「영국정치론」(제주: 제주대학교 출판부, 2002), 85쪽과 김형철 "2011년 영국과 뉴질랜드의 국민투표"「선거연구」제2권 1호(2012), 149쪽; https://www.cia.gov/library/publications/the–world–factbook 2010년 1월 13일 검색자료를 참조하여 저자가 작성하였다.

---

57) 김형철, "2011년 영국과 뉴질랜드의 국민투표,"「선거연구」2권 1호(2012 봄), 149쪽.
58) 위의 책, 148쪽.

양당제에서도 두 개의 주요 정당 이외에 많은 정당들이 존재한다. 미국의 대통령선거에는 보통 10개 이상의 정당들이 대통령후보를 내지만 양대 정당 이외의 정당후보들은 전혀 당선가능성이 없다. 영국에서는 노동당과 보수당 이외에도 자유민주당, 자유당, 스코틀랜드국민당, 웨일스 프리드쿰(Plaid Cymru), 3개의 북아일랜드정당, 녹색당, 공산당, 네오파시스트 국민전선, 자연법당 등이 있다.59) 양당제에서 유권자들은 패권정당에서보다 폭넓은 선택을 할 수 있다. 또한 집권정당은 거의 모든 경우에 50% 이상의 의석을 확보하기 때문에 군소정당과 연립정부를 구성하는 일이 거의 없다. 이에 따라 양당제 하에서는 정치적 안정이 이루어진다.

■⁴ 다당제

다당제는 2개 이상의 정당들이 존재하고 또 의회에 여러 정당들이 진출하여 있는 정당체계이다. 아시아에서 대표적인 다당제 국가가 인도로 545석의 하원에 진출한 정당이 1999년의 경우 45개였다. 이들 중 최대의 정당은 182석을 차지한 인도인민당이었고 두 번째로 많은 의석을 차지한 정당은 139석을 차지한 인도국민회의당이었다. 2006년에는 총 545석의 하원에서 4석 이상의 의석을 차지한 정당 수가 19개였다. 2009년 4월 16일, 22~23일, 30일, 5월 7일과 13일에 실시된 선거 후 인도의 하원에 진출한 정당들과 의석수를 보면 9석 이상을 차지한 정당들이 12개 정당이며 이 외에도 61명의 의원들이 군소정당에서 당선되었다. 가장 많은 의석을 차지한 인도국민회의당의 의석수는 206석으로 전체 의석 545석의 27.8%밖에 되지 않아 다른 정당들과 연립정부를 구성하였다.

중동지역의 다당제 국가인 이스라엘에서는 2015년 당시 10개 정당이 의회(크네셋)에 진출했다. 전체 120석 중에서 의석이 가장 많은 정당인 리쿠드당이 30석, 시온주의연합 24석, 연합후보목록 13석 예시아티드당 11석, 쿠라노당이 10석이고 그 외에 5개 정당이 5석에서 8석을 차지하였다. 제1당인 리쿠드당의 의석비율이 25%에 불과하기 때문에 연립정부도 3개 정당이 연립해야만 구성할 수 있다.

---

59) 장원석 옮김, 앞의 책, 84쪽.

유럽 국가들 중에서는 서유럽 국가들의 다수가 다당제 국가이며 소련으로부터 독립하여 민주정치를 시작한 대부분의 동유럽 국가들도 다당제 국가들이다. 1993년 선거 후 노르웨이 의회에 진출한 정당들은 8개였으며 2013년 9월 9일에 실시된 선거에서는 8개 정당들이 의회에 진출했다. 2015년 당시의 의석수는 [표 6-3]과 같다. 노르웨이 의회의 전체 의석은 169석으로 최대 정당인 노동당은 55석밖에 확보하지 못해 과반수인 85석을 확보하기 위해 연립정부를 구성해야 한다.

▎표 6-3 ▎ 2013년 노르웨이 의회에 진출한 정당들의 득표율과 의석 수

정당	의석수	득표율	정당	의석수	득표율
노동당	55	30.8%	중도당	10	5.5%
보수당	48	26.8%	자유당	9	5.2%
진보당	29	16.3%	좌파사회주의자당	7	4.1%
기독교민주당	10	5.6%	녹색당	1	2.8%

자료출처: https://en.wikipedia.org/wiki/Nirweguab_parliamentary_eletion_2013를 2015년 12월 20일 검색한 자료를 참조하여 저자가 작성하였다.

네덜란드도 대표적인 다당제 국가이다. 네덜란드에서 하원에 진출한 정당들을 보면 1982년 선거에서 12개, 1986년과 1989년 선거에서는 9개, 1994년 선거에서는 12개, 2003년 선거에서는 7개, 2012년 선거에서는 11개였다. 그러나 모든 선거에서 20석 이상의 의석을 차지한 정당들은 기독교민주동맹(CDA), 노동당(PvdA), 자유민주국민당(VVD)뿐이며 나머지 정당들은 10석 이하의 군소정당들이다. 2012년 9월에 실시된 선거에서는 자유민주국민당 41석, 노동당 38석, 자유당 15석, 사회당 15석, 기독교민주당 13석, 민주66당 12석, 기독교연합당 5석, 녹색당 4석, 개혁당 3석, 동물애호당 2석, 50PLUS당 2석이었다.[60]

헝가리에서는 공산주의체제가 붕괴되고 민주화가 시작된 후에 정당의 수가 급격히 증가하였다. 민주화 이후 처음 실시된 1990년의 민주선거 전까지 65개의 정당들이 법원에 등록을 하였으며 이 중에서 12개 정당들이 전국구선거에 정당명부를 제출하였다.[61] 이 선거에서

---

60) https://en.wikipedia.org/wiki/Elections_in_the_Netherlands. 2015년 12월 20일 검색.
61) 헝가리 의회선거에서 정당이 전국구비례대표제에 후보를 공천하기 위해서는 7개 이상의 지역구 선거에 후보를 내야하며 각 지역구에 후보를 내기 위해서는 유권자

는 4%의 봉쇄조항이 적용되었으며 결과적으로 6개 정당만이 의회에 진출하였다.[62] 선거가 끝난 이후 1995년까지 다시 150개 정당이 등록을 마쳤으며 이들 중에서 110개 정도의 정당들은 수십 명 또는 수백 명의 당원밖에 없는 거품정당들이었다. 1994년에 실시된 두 번째 선거에서도 20개 이상의 정당들이 후보를 내었으나 의회의 진출한 정당은 6개뿐이었다. 2002년 4월에 실시된 선거에서는 5% 봉쇄조항이 적용되어 의회에 진출한 정당은 4개로 줄어들었으나 2014년 4월 6일에 실시된 선거에서는 헝가리시민연합의 117석, 헝가리사회당의 29석, 보다나은 헝가리 운동당의 23석, 기독교민주국민당의 16석 등 모두 9개 정당의 의회에 진출하였다.

남미의 브라질에는 2015년 당시 23개의 정당이 있으며 이 중의 22개 정당은 의회에 의석을 가지고 있다. 2010년 10월 3일의 하원의원선거 이후 가장 의석이 많은 정당인 브라질민주운동당은 88석으로 전체 513석의 17.1%에 불과하며 제2당인 노동자당은 79석으로 전체 의석의 15.3%에 불과하다.

일반적으로 다당제 정당체계에서는 연립정부가 대부분이기 때문에 정치가 불안정할 것으로 생각하기 쉬우나 다당제 국가들 중에서도 스웨덴, 스위스, 네덜란드, 이스라엘과 같이 정치적 안정을 이루는 국가들이 많다. 반면에 다당제 국가로서 정치가 불안정한 국가들로는 이탈리아와 프랑스의 제4공화국을 들 수 있다. 이탈리아는 제2차 세계대전 이후 제1대 국회를 제외하고는 줄곧 연립정부를 구성하였으며 2001년까지 59회의 정권교체가 있었다.

양당제와 비교할 때 다당제는 유권자들에게 보다 많은 선택의 여지를 주는 장점이 있다. 또한 다당제에서의 정당들은 양당제에서의 정당들에 비해 정당의 성격이 뚜렷하다. 양당제에서는 집권당을 지지한 50% 이상의 유권자들의 성격이 너무 다양하며 이들을 동시에 만족시키기 위해서는 결국 성격이 애매모호하고 포괄적인 정책을 수립하는 경우가 많다. 다당제에서는 이러한 문제가 없으며 연립정부를

750명 이상의 추천을 받아야 한다.
62) 헝가리에서는 의회에 의석을 갖지 못하더라도 의회선거에서 전국적으로 1% 이상의 지지를 얻는 정당은 국가로부터 보조금을 받을 수 있다.

구성하는 경우에도 연립정부에 참여한 정당들을 대변하는 정책을 수립하면 된다. 정당체계는 선거제도와도 관계가 있는데 단순다수 선거제에서는 군소 정당들이 불리하기 때문에 양당제가 되기 쉽고 반대로 비례대표제에서는 다당제가 되기 쉽다.

사회이슈와 정당체계

'개별 정당'들은 사회균열을 반영하여 존재하고, 그러한 개별 정당들이 모여서 '정당체계'를 구성하게 된다. 하지만, 여기서 사회균열이란 결국 그 사회 내에 존재하는 '사회이슈'를 의미한다. 산업 대 노동, 도시 대 농촌, 노동자 대 기업가, 복지 대 안보 등이 그것이다. 어떤 사회 내에 존재하는 모든 사회균열을 반영하여 그 사회이슈의 수만큼 정당들이 존재하게 되는 그러한 사회는 존재하지 않는다. 어떤 사회 내에 존재하는 많은 수의 다양한 사회균열들은 몇 개 소수의 정당들이 점유하게 되는 것이 현실이라는 의미이다. 또한 사회내의 이슈들 간에는 그 중요한 정도가 다르며, 가장 '주요한 이슈'(salient issue)들을 중심으로 하고 그렇지 못한 이슈들은 지엽적인 문제로서 포괄되어 존재한다. 즉, 사회 내에 존재하는 정당들은 그 사회에서 가장 주요한 이슈들을 중심으로 형성될 것이다.

여기서 중요한 것은, "어떤 사회이슈들이 주요한 이슈들이며, 이러한 주요한 이슈들에 세계적으로 공통된 성향이 존재하는가?"에 대한 의문과 그에 대해 경험적 증거에 기반한 해답일 것이다. 보다 구체적으로, "이론적 수준에서, 어떤 사회에서 그 사회의 정당경쟁을 결정하는 주요한 이슈들은 대략 몇 개 정도가 존재한다고 할 수 있으며, 경험적 증거를 살펴볼 때, 그 사회에 주요한 이슈들의 숫자와 정당체계는 어떠한 함수관계가 있을 것인가?"이다.

레입하트의 다국가 교차분석에 따르면, 대략적으로 한 사회에 주요한 이슈들은 수 없이 많을 듯하지만, 결국 역사적으로 누적되어 현재까지 사회에서 영향력을 지닌 '주요 이슈들'(salient issues)은 결국 일곱 가지의 범주 안에서 설명이 가능하다. 그 일곱 가지의 이슈들은

① 사회경제적(socio-economic) 이슈, ② 종교적(religious) 이슈, ③ 문화-인종적(cultural-ethnic) 이슈, ④ 도시와 지역(urban vs. rural) 이슈, ⑤ '체제지지'(regime support)에 대한 이슈, ⑥ 외교정책에 대한 이슈, 그리고 마지막으로, ⑦ '물질주의-탈물질주의'(materialists vs. post-materialists)에 대한 이슈이다.

①의 '사회경제적 이슈'는 어떤 사회에서든 공통적으로 가장 중요한 사회이슈이며 정치과정의 골간을 형성한다고 할 수 있다. 그 내용은 소위 '좌파'(left)와 '우파'(right)라는 분류로 일반인들에게 인식되고 있다. 우파정부와 비교하여, 상대적으로 좌파정부란 중앙 정부 중심의 예산을 편성하며, 국가 차원에서 높은 수준의 경제개입과 공공경제를 운용한다. 실업률 감소와 사회지출의 증대를 통해서 경제적 평등을 추구한다. 결론적으로, ①의 사회경제적 이슈는 인간들의 '삶의 영위'와 관련된 가장 직접적인 것으로 모든 정당들은 ①의 이슈에 대해서 어떤 특정한 입장을 취하게 된다.

레입하트는 ②의 '종교적 이슈'는 전 세계의 기준에서 볼 때, 두 번째로 중요한 사회적 이슈이며, 정치 균열화되어 있다고 본다. 유럽과 남미에서 구교와 신교 사이의 균열, 인도에서 힌두교, 아랍과 아시아에서의 이슬람교 등이 정당형성에 연관되어 있다. 단, 레입하트는 종교적 이슈에 의한 균열이 ①의 균열과 비교하여 현실 정치과정에서 그 영향력이 낮은 이유는 종교적 이슈가 수 없이 많은 종류의 구체적인 '도덕적 이슈'(moral issues: 결혼 및 이혼, 낙태, 아동권리, 동성애자 권리, 포르노산업 등)들에 의해서 희석되어 있기 때문이라고 한다.63) 그럼에도 불구하고, 인도와 같은 특정 국가에선 '힌두주의자들'(Hindu Nationalist Party)과 같이 강력한 종교 정당이 존재한다. 일본의 경우에도 '공명당'(Komeito)이나 '창가학회'(Soka Gakkai) 분파는 그러한 예가 된다.

③의 '문화-인종적 이슈'는 어떤 사회 내에 존재하는 '민족'이나 '인종'의 다양성과 연관을 맺고 있다. 서로 다른 민족이나 인종이란

---

63) 레입하트는 그러한 모든 도덕적 이슈들을 포괄하는 것으로 '종교적 차원'을 설정하였는데, 만약 레입하트가 언급한 구체적인 도덕적 이슈들로 종교적 차원의 균열이 회석될 수 있는 것이라면, 사실상 종교적 차원의 설정 자체가 무의미할 것이란 반론이 제기될 수도 있을 것이다.

서로 다른 문화로 차별화되며, 이러한 민족이나 인종의 문화를 대변하는 정당이 필요할 것이다. 특히 특정 인종이나 민족이 정부의 구성이나 정책에서 소외된다고 인식되는 경우, 그들의 정당 형성은 절실한 문제가 될 수 있다.64) 독일의 '바바리아 사회연합'(Social Union of Barbaria)은 그 대표적 예이다.65) 일반적으로 민족이나 인종을 바탕으로 정당이 형성되는 경우, '분리독립운동'으로 승화할 가능성도 배제할 수 없다.66) 다른 민족이나 인종간의 역사적 배경과 문화적 차이에 대한 극복은 궁극적으로 분리와 자치를 통해서 해결되는 차원의 문제이기 때문이다. 스페인에서 카탈루니아 지역의 분리독립운동을 지지하는 '찬성을 위해 함께'(Junts pel Si)나, 영국에서 스코틀랜드의 분리독립을 주창하는 '스코틀랜드 민족정당'(Scottish National Party)이 그 예이다. '문화'는 빈부의 차이에서 비롯되기도 하는데, 이탈리아의 '북부연합'(Lega Nord)은 남부 이탈리아로부터 독립하기를 원했다.

④의 '도시와 지역'의 이슈란 도시 거주자와 비도시지역의 거주자의 이익 차별성과 갈등에서 발생하는 이슈이다. 일반적으로 도시지역은 사회기반시설의 혜택을 많이 볼 수 있으며, 3차 산업이 주종을 이루고 직장인들이 많이 거주하게 된다. 반면에 비도시지역은 상대적으로 1차 산업이 주종이며, 이에 종사하는 사람들이 거주할 개연성이 크다. 현실의 정치과정을 보면, '도시와 지역'이란 이슈는 '산업 대 농업'이란 형식으로 대변되는 경우가 많다. 소위 '농민당'(Agrarian Party)

---

64) 아프리카의 보츠와나에선, 정부구성과 지배정당이란 '바망그와토'(Bamangwato) 내지는 '바크웨나'(Bakwena) 부족들에 의한 것일 뿐이라는 인식이 지배했다. 나머지 소수 부족들은 어떤 이유에서 이건 정당형성과 정권창출에 실패하고 있는 것이다. John Holm, "Botswana: a Paternalistic Democracy", in L. Diamond, J. Linz and S. Lipset (eds), *Democracy in Developing Countries: Africa.* (Boulder, CO: Lynne Riener, 1988), pp. 179−216.

65) 미국에 인종적 정당은 존재하지 않지만, 민주당이 공화당보다 상대적으로 유색인종들을 대변하거나 지지를 받는 정당으로 스테레오타입화 되어있다. 이것은 유색인종이 미국사회에서 더 낮은 경제적 소득계층인 것과도 무관하지 않기에, 결국 앞서 논의한 '사회경제적 차원'에서 민주당이 공화당에 상대적 좌파인 것과 무관하지 않은 것이다. 동시에, 미국사회에서 인종적 정당이 존재하지 않는다는 의미는 결국 사회경제적 차원의 이슈가 골간이며, 인종적 이슈는 지엽적인 것에 불과하다는 의미도 된다.

66) 2016년 현재, 지구상에는 대략 50개 국가에서 분리독립운동이 발생하고 있다. 하지만, 분리독립운동은 국가의 존립에 관한 문제여서 제도권내의 정당을 통해 독립을 요구하기 보다는 '무력수단'과 같이 비제도권적인 수단에 의존하게 된다. 체제내에서 정당을 구성하여 인종적 문화적 차별성을 근거로 주장되는 요구는 '소수 인종이나 민족'에 대한 처우 개선과 같은 성격이 강하다.

은 농부들의 이익을 대변하기 위한 정당이다. 이러한 정당들은 노르웨이, 스웨덴, 핀란드, 덴마크, 아이슬란드, 스위스, 오스트레일리아 등에서 그 세력이 강했다.

⑤의 '체제 지지'에 대한 이슈는 단순히 특정 시점에서 특정 정부 지지에 대한 이슈를 말하는 것이 아니다. 해당 이슈는 경제적 자유주의 및 정치적 민주주의 체제에서 '공산주의 정당'과 연계된 경우를 말한다. 프랑스, 이탈리아, 핀란드, 아이슬란드, 포르투갈, 그리스, 인도, 일본, 콜롬비아 등에는 작지만 일정 수준에서 그 세력을 유지하는 '공산당'이 형성되어 있으며, 이들의 가장 큰 정당 목표는 공산사회체제의 건설이기 때문에 기존체제를 부정하는 집단을 형성하게 된다. 덧붙여서 종교적 근본주의자들의 정치조직도 체제를 특정종교화하는 의도와 연계된 경우가 있다. 그 이유가 이념적인 것이든, 종교적인 것이든, 헌법을 부정하는 정치단체로 인정되는 정당은 '정당해산'의 대상이 된다.[67]

⑥의 '외교정책' 이슈는 한 국가의 국제사회에서의 역할과 지정학적 위치와 연계된 이슈이다. 국제사회에서 주도적 역할을 하는 강대국들이나, 그러한 강대국들의 역할에 민감하게 반응할 수밖에 없는 국가들에서 나타나는 이슈 차원이다. 하지만, 외교정책에 관해서는 정부와 시기마다 변할 수 있는 것이어서 외교정책과 정당 사이의 연계는 앞서 논의된 이슈 차원들과 비교하여 약하게 형성된다.

⑦에서 '물질주의 대 탈물질주의' 이슈를 대표하는 정당은 '녹색당'이다. '녹색당'은 물질주의를 이미 충분히 거치면서 이에 대한 반대급부로서 '탈물질주의적' 움직임이 강한 국가들에서 조직화되고 성공할 가능성이 높다. 녹색정당이란 기존의 물질주의에 대해서 탈물질주의적 입장을 취하는데, 탈물질주의적 입장을 대변하는 내용은 '환경

---

67) 정당은 대의민주주의의 근간이다. 그래서 세계 각국은 '베니스위원회'의 지침서에 근간한 판결을 하게 된다. 독일, 터키, 한국에서 있었던 사례들에 대한 법리해석과 판결에 대해서는 다음을 참조할 수 있다. 김종서, "전선: 정당의 금지와 해산 및 유사 조치에 관한 베니스위원회 지침," 「민주법학」 제54권(2014), 431–459쪽; 차진아, "독일의 정당해산심판의 요건과 판단기준에 대한 연구," 「고려법학」 제72호 (2014), 91–140쪽; 윤정인·김선택, "유럽인권재판소의 정당해산 심판기준," 「공법학연구」 제15권 제3호 (2014), 45–77쪽; Dicle Kogacioglu, "Dissolution of Political Parties by the Constitutional Court in Turkey: Judicial Delimitation of the Political Domain," *International Sociology*, Vol. 18 No. 1 (2008), pp. 258-276.

보호', '자연친화', '인간중심사회', '양(量)보다 질(質)'(quality-wise perspectives), '커뮤니티의 활성화' 등이 골간이 된다. 환경론자들이 주축이 되었지만, 사실상 기존의 제도권 정치에 대한 혐오감도 포괄하고 있음을 알 수 있다.[68]

레입하트는 36개국의 1945년부터 1996년까지의 경험적 자료를 바탕으로 앞에서 언급된 7가지 범주의 이슈들이 각 국가들 내에서는 어느 정도의 영향력을 지니고 있으며, 또한 어떤 정당체계를 형성하고 있는지 경험적으로 분석하였는데, 그 결과는 다음과 같이 정리된다.

‖ 표 6-4 ‖ 36개 민주주의 국가의 주요 이슈 차원(1945-1996)

	socio-economic	Religious	Cultural ethnic	Urban-rural	Regime support	Foreign policy	Post-materialist	Number of dimensions
Finland	H	M	H	M	M	–	–	3.5
Belgium	H	H	H	–	–	–	–	3.0
Germany	H	H	M	–	–	–	M	3.0
India	H	H	M	–	M	–	–	3.0
Israel	H	H	–	–	–	H	–	3.0
Italy	H	H	–	–	M	M	–	3.0
Netherlands	H	H	–	–	–	–	H	3.0
Norway	H	H	–	M	–	–	M	3.0
Papua N.G.	H	M	H	–	–	M	–	3.0
Switzerland	H	H	M	M	–	–	–	3.0
France	H	M	–	–	M	M	–	2.5
Japan	H	M	–	–	M	M	–	2.5
Portugal	H	M	–	–	M	M	–	2.5
Colombia	H	M	–	M	M	–	–	2.5
Denmark	H	M	–	M	–	M	–	2.5
Spain	H	M	H	–	–	–	–	2.5
Sweden	H	M	–	M	–	–	M	2.5
Costa Rica	H	H	–	–	–	–	–	2.0
Luxembourg	H	H	–	–	–	–	–	2.0
Venezuela	H	H	–	–	–	–	–	2.0
Iceland	H	–	–	M	–	M	–	2.0
Malta	H	M	–	–	–	M	–	2.0
Mauritius	H	–	H	–	–	–	–	2.0
Ireland	H	–	–	–	–	M	–	1.5
Jamaica	H	–	–	–	–	M	–	1.5
United Kingdom	H	–	–	–	–	M	–	1.5
Canada	M	–	H	–	–	–	–	1.5
Trinidad	M	–	H	–	–	–	–	1.5
Australia	H	–	–	M	–	–	–	1.5

---

68) 현재 인구에 회자되는 녹색정당의 원조는 독일의 '녹색정당'(Grünen Partei)이다. 하지만 녹색정당의 뿌리는 공산당인 '마르크스정당'이었다.

	socio-economic	Religious	Cultural ethnic	Urban-rural	Regime support	Foreign policy	Post-materialist	Number of dimensions
Austria	H	M	–	–	–	–	–	1.5
Botswana	H	–	M	–	–	–	–	1.5
Greece	H	–	–	–	M	–	–	1.5
Barbados	H	–	–	–	–	–	–	1.0
New Zealand	H	–	–	–	–	–	–	1.0
United States	M	–	M	–	–	–	–	1.0
Bahamas	M	–	–	–	–	–	–	0.5
Total	34.0	16.5	9.5	4.0	4.0	6.5	2.5	77.0

자료출처: Arend Lijphart, *Patterns of Democracy: government forms and performance in thir-ty-six countires,* 1st ed. (New Haven: Yale University Press, 1999) pp. 80-81. 도표에서 각 이슈별 영향력에 관하여 H는 강도가 높은 것을 의미하고, M은 강도가 중간정도인 것을 의미한다.

위의 도표를 근간으로 하여, 레입하트는 '정치체계 내의 유효정당의 수'와 '주요한 이슈(salient issues)의 수'의 관계를 그래프로 표시해 보았는데 다음과 같이 나타났다.

▌그림 6-1▌ 사회의 주요 이슈의 개수와 유효정당 수 사이의 관계

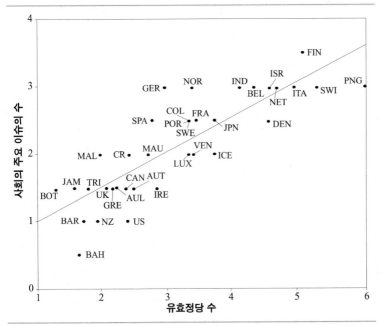

자료출처: Arend Lijphart, *Patterns of Democracy: government forms and per-formance in thirty-six countires,* 1st ed. (New Haven: Yale University Press, 1999), p. 88.

도표와 그래프에 나타난 경험적 증거를 일반화하여 이해해 본다면 $N = I + 1$ 이란 공식을 상정할 수 있을 것이다(N: 한 정치체계 내에서 영향력이 있는 정당의 수, I: 한 사회체계 내에서 주요한 이슈의 수). 이것은 그 사회에서 가장 중요하게 논의되는 이슈들이 1개로 수렴되면 양당제, 2개인 경우엔 3당제, 3개 이상인 경우엔 4당 이상의 다당제로 나타난다는 것이다. 만약 해당 지식을 역으로 이용한다면, 어떤 사회에 3당제가 형성되어 있으면 그 사회에서 현재 논의되는 주요한 이슈는 2개 정도로 수렴되어 생각하는 것이 가능하고, 양당제라면 그 사회에서 논의되는 주요한 이슈들은 1개를 중심으로 수렴될 수 있다고 생각해 볼 수 있을 것이다.

정당의 의회의원 후보 선출

정당이 의회선거에 출마할 후보를 선출하는 것은 의회정치의 정치과정에서 핵심적인 부분으로 정당의 기능들 중에서 가장 중요한 것 중의 하나이다. 정당이 후보자를 결정하는 것이 중요한 가장 단적인 이유는 정당이 어떤 성격의 후보자를 공천하고, 의회에 어떤 성격의 후보자가 진출하느냐가 의회에서 행해지는 '정치의 질'(quality of politics)을 결정하기 때문이다. 보다 현실적으로, 어떤 후보자가 의회에 진출하느냐가 어떤 수준과 방향의 국가정책을 만들어내느냐에 영향을 미칠 수밖에 없다.[69]

근본적으로 정치(또는 의회)에 대한 국민들의 신뢰감은 궁극적으로 정당이란 기관에 대한 국민들의 신뢰감에서 출발하게 된다. 의회의원 후보 선출의 방법은 정당의 결속력에 영향을 미치며 이 과정은 정당 요원의 선택이라는 면을 나타내는 것이기 때문에 선출의 결과는 정당의 정치적 성격을 규정하게 된다. 내각제를 채택하고 있는 국가들에서 장관들은 대부분 의원들 중에서 충원되기 때문에 의회의원 후보

---

69) Reuven Y. Hazan and Gideon Rahat, *Democracy within parties: candidate selection methods and their political consequences* (Oxford: Oxford University Press, 2010).

선출은 누가 의원이 되는가뿐만 아니라 종국적으로 누가 정치적 권한을 행사하는 위치를 차지하는가와도 연관되어 있다. 의회의원 후보의 선출방법은 미국과 유럽 국가들 사이에 차이가 있을 뿐만 아니라 유럽 국가들 사이에도 다양한 차이가 있다.

의회의원에 출마할 후보의 선출절차나 방법은 대부분의 국가에서 개별 정당이 결정하지만 일부 국가에서는 이것을 법으로 규정하고 있다. 이러한 예로는 유럽의 3개 국가를 들 수가 있는데 핀란드에서는 모든 정당은 당원들의 투표를 통해 의회의원 후보를 선출하도록 법으로 규정하고 있다. 독일에서는 지구당에서 의회의원 후보를 선출하고 중앙당은 이를 거부할 권한이 없다고 법에 규정하고 있다. 노르웨이에서 후보선출은 지구당의 관할 하에서 행해지고 이에 소요되는 경비는 국가가 지출하도록 법으로 규정하고 있다. 노르웨이의 정당들은 이 규정을 따르지 않을 수도 있으나 그런 경우에는 의회의원 후보 선출에 따르는 경비를 정당이 부담해야 한다. 실제로 대부분의 정당들은 법에 규정되어 있는 것을 따르고 있다.70) 이들 세 국가 외에는 의회의원 후보 선출 절차를 각 정당이 마음대로 결정할 수 있다.

미국에서는 의회의원후보의 선출은 각 정당의 지구당에서 예비선거(primary)나 대의원대회(Caucus)에서 이루어진다. 예비선거란 선거를 앞두고, 정당들이 자기 정당의 공천을 받아 출마할 후보를 결정하는 정당 내의 선거를 말하지만 미국에서는 정당의 당내행사가 아닌 정부의 공식적인 선거로 진행된다. 예비선거는 원래는 당원들만이 모여서 후보를 선출하였지만 점차 해당 선거구에 사는 당원이 아닌 선거구 내의 일반 유권자들도 예비선거에 참여하는 것을 허용하는 주들의 수가 증가하였다. 예비선거 중에서 정당의 당원들에게만 투표권을 주는 유형을 폐쇄형(closed) 예비선거라 하며 선거구 내의 비당원 유권자들에게까지 투표권을 주는 유형을 개방형(open) 예비선거라 한다. 일반 당원들이 아니라 당원들의 대표들인 대의원들만이 참가한 회의에서 후보를 선출하는 유형을 채택하고 있는 주들은 아이오와 주를 포함하여 다수의 주가 있다.

---

70) *Ibid.*, pp. 253-254.

캐나다의 경우에도 지구당에서 의회의원 후보선출을 위한 지명대회를 열어 의회의원 후보를 선출한다. 일부 지구당에서는 대의원들만이 참석하여 후보선출대회를 열지만 대부분의 지구당에서는 일반 당원 모두에게 투표권을 주는 예비선거를 통해 후보를 선출한다. 당원 누구에게나 투표권을 주는 예비선거의 경우에 일부 주에서는 정당의 규칙이 애매모호하고 당원자격조건도 명확하지 않았으나 근래에는 엄격한 당원자격조건이 확립되었다. 현재 후보선출대회에 참석하여 투표하기 위해서는 어디서나 공식당원 자격을 요구하고 있다.71)

아르헨티나 대선은 2011년 선거 때부터 본 선거 두 달 전에 예비선거를 실시한다. 예비선거는 비당원에게도 투표권을 부여하는 개방형 선거제도를 채택했고 의무투표제에 동시선거로 치러졌다. 예비선거의 기능은 본 선거의 후보를 결정하고 유효투표 1.5%의 지지를 획득하지 못하는 정당에 대해서는 본선거 출마를 제한하기 위한 것이었다.72)

이와는 달리 유럽의 정당들에서 후보선출은 정당 당원들만의 참여 하에 행해진다. 후보선출자격을 당원들에게만 한정시키게 되면 당원들의 정당에 대한 충성심을 고취시키거나 지속시킬 수 있다. 실제로 선거에 출마할 후보를 결정하는 권한은 일반 당원들이 갖는 유일한 권한이라 할 수 있다. 유럽의 정당들은 후보선출과정을 정당에서 엄격히 통제하고 있지만 정당 내의 어떤 조직에서 이 과정을 관장하는가에 따라 다양하다.

유럽 정당들에서 의회의원 후보선출의 첫 번째 방법은 당비를 납부한 일반 당원은 누구나 참여하여 투표할 수 있는 예비선거 방법이다. 그러나 이 방법은 흔하지는 않으며 네덜란드의 한 군소 정당, 벨기에와 아이슬란드의 사회민주당, 영국의 노동당과 일부 군소 정당, 핀란드(법으로 의무규정)에서만 사용하고 있다. 대부분 국가들에서 후보의 선출은 일반 당원들에게 맡기기에는 너무 중요하다는 생각을 갖고 있다.

두 번째 방법은 지구당에서 후보 선출대회를 개최하여 뽑는 방법으로 가장 흔한 방법이다. 대부분이 대선거구 비례대표제를 채택하고

---

71) 신명순·박경산(편역), 앞의 책, 57-58쪽.
72) 강경희, "2011년 아르헨티나 대선,"「선거연구」2권 1호(2012년 봄), 160쪽.

있는 유럽 국가들에서는, 처음 단계로 선거구 내의 '소단위 정당조직'에서 대의원을 뽑아 지구당에서 열리는 '정당대회'에 보내면 이곳 정당대회의 대의원들이 후보를 선출한다. 일부 정당들에서는 지구당의 위원회에서 미리 후보를 내정한 후 후보선출대회에서는 이를 추인만 하는 경우도 있다.

　세 번째 방법은 중앙당에 후보선출 권한이 있어 후보들을 중앙당 집행부가 선정하는 방법이다. 이때 중앙당집행부의 규모는 20명에서 100명 정도이다. 프랑스의 주요 우파 정당들에서는 중앙당집행부가 구성한 소수집단이 후보들을 결정한다. 포르투갈과 이탈리아의 주요 정당들의 중앙당집행부는 때때로 지구당에서 결정한 후보들 외에 몇 명을 추가하는 경우가 있다. 영국 보수당의 중앙당은 후보지망자들을 걸러내는 데 중요한 역할을 한다. 즉 중앙당은 모든 후보희망자를 심사하며 이들의 대부분을 여러 기준에 의거하여 탈락시킨 후 현역의원이 아닌 사람들 500명 정도만을 선정한다. 지구당에서 후보추천대회를 열어 후보를 결정할 때에는 이 500명 중에서 한 명을 선출한다.[73]

　모든 유럽 국가들에서 현역의원들은 다시 공천을 받을 가능성이 매우 높다.[74] 후보로 선출되는 사람들은 오랫동안 정당생활을 하던 사람들이지만 근래에 와서는 정당생활을 오래한 사람보다는 정치신인일지라도 유권자들의 표를 많이 얻을 수 있는 사람을 후보로 선출하는 경향이 커지고 있다. 또한 대부분의 유럽 국가들은 한 선거구에서 여러 명의 의원들을 뽑는 비례대표제를 실시하고 있기 때문에 한 정당이 여러 명의 후보를 한 선거구에 공천하며 이때 여론, 당내파벌, 출신지역 등을 고려하여 균형을 맞추려 한다.

　이러한 유럽 정당들에서의 후보선출방법은 일반 당원들이 후보를 선출하는 미국의 정당들과 비교할 때 덜 민주적인 것으로 생각될 수 있다. 그러나 유럽 정당들은 다음과 같은 점에서 이를 보완하는 성격

---

73) David Denver, "Britain: Centralized Parties with Decentralized Selection" in *Candidate Selection in Comparative Perspective: The Secret Garden of Politics* (London: SAGE Publications, 1988), p. 51.
74) 이것을 '현직자 효과'(incumbent effect)라고도 한다. 현직자는 도전자에 비해서 인지도에서 유리하며, 현직자 효과는 비단 유럽만의 사례는 아니다. Dennis C. Mueller, *Public Choice III* (Cambridge: Cambridge University Press, 2003).

이 있다. 첫째로 일부 국가에서는 선거에서 유권자들이 여러 명의 후보들 중에서 자기가 지지하는 순서에 따라 선호도를 표시할 수가 있다.[75] 덴마크, 핀란드, 아일랜드, 룩셈부르크, 몰타, 스위스에서는 한 정당이 공천한 여러 명의 후보들 중에서 유권자들이 자기가 원하는 후보를 선택할 수가 있다. 예를 들어 한 선거구에서 8명의 의원을 선출한다면 유권자는 8명까지 선택을 해서 투표할 수 있으며 만일 지지 정당이 3석을 얻을 정도의 득표를 하였다면 그 3석은 유권자들이 어느 후보에게 많이 투표하였는가에 따라 결정된다. 이러한 투표방식은 일반 유권자들이 예비선거에 참여해서 자신이 좋아하는 후보를 선택하는 것과 같은 효과를 갖는다.

둘째로 유럽 국가들은 대부분이 내각제 국가이기 때문에 내각이 의회로부터 불신임을 받지 않기 위해서는 개별 의원들이 자신의 의사에 따라 독자적으로 행동해서는 안 되며 정당의 결정에 일사불란하게 따르도록 통제하는 것이 필요하다. 이에 정당들은 의회의원 후보를 선발하는 과정에서부터 정당의 이념에 강한 일체감을 갖는 사람들을 선출하는 것이 필요하며 이러한 성격은 일반 유권자에게 후보선발을 맡기기보다는 정당의 지도자나 지구당의 간부들에게 맡기는 것이 훨씬 더 효과적이다. 그러나 위에서 본 바와 같이 의원후보선출은 대부분의 국가에서 한 명의 정당지도자나 또는 중앙당의 일부 간부들에 의해 지명되는 것이 아니라 지구당의 후보선출대회에서 선출된다.

따라서 의원들이 의회활동에서 당의 지시에 따르는 것은 지도자가 막강한 권한을 가지고 있거나 이에 대한 두려움 때문에 복종하는 것이 아니다. 오히려 의원후보를 선출하는 지구당의 당원이나 간부들은, 의원후보는 당이 추구하는 이념에 충실히 추종해야 하며 일사불란하게 정당과 같이 행동해야 한다는 생각을 갖기 때문에 그러한 기준에 적합한 사람을 뽑는 것이다. 따라서 유럽 정당들에서는 정당내의 누가 후보 선출권을 갖느냐가 중요한 것이 아니라 정당 내에서만 선출하면 그것이 누구이든지 상관이 없다는 생각이 강하다. 이러한 이유에서 유럽 정당들은 일반 유권자가 참여하는 미국식의 예비선거

---

75) 이러한 선거제도에 관해서는 제7장 선거와 선거정치를 참고할 것.

제도를 수용하지 않고 있다.76)

　의회선거에 출마하는 후보들에 대한 정당의 공천은 개별 정당 단위로 이루어진다. 그러나 일부 국가들에서는 몇 개의 정당들이 연합하여 후보를 공천하는 연합공천제를 채택하고 있다. 이러한 국가들로는 스페인, 이탈리아, 칠레 등을 들 수 있다.

　지금까지 논의한 바와 같이 공직선거에 출마하는 후보들은 정당에서 후보로 지명을 받은 후 정당의 공인된 후보로 선거에 출마한다. 정당으로부터 공식적인 추천을 받지 않은 무소속후보도 선거에 출마할 수 있지만 모든 국가에서 무소속 후보의 출마를 허용하는 것은 아니다. 일부 국가에서는 정당에서 추천한 후보만이 선거에 출마할 수 있도록 제한을 두고 있다. 대통령선거와 의회선거 등에서 무소속 후보의 출마 허용 여부는 [표 6-5]와 같다.

┃ 표 6-5 ┃ 공직선거에 무소속 후보의 출마 허용 여부

	대선과 총선 모두 불가	대선과 총선 모두 허용	총선만 허용
아시아	인도네시아	대한민국, 몽골, 방글라데시, 아프가니스탄, 인도, 카자흐스탄, 투르크메니스탄, 파키스탄, 필리핀	네팔, 말레이시아, 일본, 태국
중동	아제르바이잔, 우즈베키스탄, 이란, 이집트		이라크
아프리카	남아프리카공화국	보츠와나	
유럽	러시아, 아르메니아		
중남북미	가이아나, 과테말라, 니카라과, 멕시코, 브라질, 수리남, 아르헨티나, 엘살바도르, 우루과이, 코스타리카, 페루	도미니카공화국, 미국, 볼리비아, 에콰도르, 온두라스, 파라과이	베네수엘라, 콜롬비아, 쿠바, 파나마
오세 아니아			오스트레일리아, 뉴질랜드

자료출처: http://aceproject.org/epic-en/CDMap?question=pc08 2010년 1월 13일 검색자료를 정리하여 저자가 작성하였다.

---

76) Michael Gallagher, Michael Laver and Peter Mair, *op. cit.,* p. 258.

무소속 후보자를 인정하는 경우에는, 능력있는 정치 신인들이 정당의 높은 문턱을 넘지 않고서도 보다 수월하게 정치과정에 진입할 수 있는 개연성이 높고, 유권자 입장에서도 보다 다양한 성향의 후보자들을 정치권에서 선택할 수 있는 장점이 존재한다. 하지만, 의회 내의 정책 결정과정에서 본다면, 극단적으로 무소속 후보자가 의회의 다수를 형성하는 경우엔 정치과정에서의 예측성이 낮아질 수밖에 없을 것이다. 현 단계에서 가장 현실적인 대안은 정당이 유능한 정치신인들이 쉽게 진입할 수 있도록 환경(제도와 문화)을 조성하는 것이고, 더 근본적인 것은 정당이 시민들의 눈높이에 맞추어서 후보자를 공천하는 것이다.

최근에 '전자민주주의'가 활성화된 곳에서 정당공천의 문제는 그 형식에 있어서 새로운 국면을 맞고 있다. 바로 인터넷이나 SNS를 이용하여 보다 많은 사람들이 참여하는 '아래로부터의 공천'이 현실화될 가능성이 증가하고 있다는 것이다. 특히 모바일 기기로서 스마트폰의 개인적 인증이 실용화된다면, 정당공천과정에서 시간과 공간의 제약 때문에 실시하기 어려웠던 '아래로부터의 공천'을 거의 완전한 수준에서 실현할 것으로 예상된다.[77] 그리고, 한국은 모바일기기를 이용한 공천혁명을 세계에서 최초로 실현할 수 있는 국가로 평가되고 있다.

제6장을 마치며

사회내의 모든 구성원들이 직접민주주의를 구현하는 것은 시간과 공간의 현실적 제약으로 한계가 있다. 정당이란 기관은 이러한 직접

---

77) 여론조사과정에서 낮은 응답율의 원인으로 지적되는 'TOP의 문제'를 정당에서 후보자 공천과정에도 적용하여, 정당공천과정에서 '아래로부터의 공천'을 실현하는 가장 큰 문제는 'TOP의 문제'라고 지적하는 경우가 종종 있다. 여기서 TOP는 Time, Place, Occasion의 준말이다. 여론조사과정에서 'TOP의 문제'란 예를 들어 여론조사자가 전화조사를 시행했을 경우, 응답자들이 어떤 시간에 어떤 장소에서 어떤 상황에 있는지를 모르기에 응답을 얻어내기 어려운 것을 말한다. 응답자들은 응답자들이 설문조사에 응답하기에 편한 시간, 장소, 상황이 있다는 의미이다. 응답자가 영화를 보고 있거나, 고속도로에서 운전을 하고 있는데 응답할 수는 없다. 즉, 정당공천과정에서 일반당원들이나 일반시민들이 공천과정에서 표를 행사하는 경우, 수많은 개인들마다 일상생활이 있기에, 개인들이 결정하는 편한 시간, 장소, 상황에서 공천권을 행사하면 된다. 스마트폰의 자기인증에 대한 확신이 있다면 이는 아래로부터의 공천의 현실화란 공천혁명이 가능할 것으로 예상된다.

민주주의 실현의 한계를 극복하기 위한 궁극적 기제이다. 사회 구성
원들은 그들이 동의하는 특정한 주의 및 주장을 표방하는 몇 개의 정
당을 지지하는 행위를 통해서 자신들의 요구를 구체적으로 입법화하
고 이를 집행하여 자신들의 요구를 실현하게 된다. 문제는 사회구성
원들이 자신들의 요구와 주장을 대표하거나 만족시키는 정당이 없다
고 생각하는 경우 그 사회엔 정치불신과 정치냉소가 만연하게 되어
정치과정에 부정적인 영향을 끼친다는 것이다. 정치권이 국민신뢰를
회복하지 않는 한 그 사회에서 진행되거나 발생하는 모든 사건들은
부정적이고 비관적인 사회 분위기로 연결된다. 문제는 이러한 정치불
신감이 특정 국가에서만 존재하는 것이 아니라 전 세계적으로 광범위
하게 나타나는 현상이란 점이다.

　　현대의 민주주의는 '대의민주주의'의 형태와 '의회민주주의'의 형
식을 취하는 것이 일반적 현상인데, 이는 사실상 '정당민주주의'를 의
미한다. '대의민주주의'는 '직접민주주의'가 시공간상의 제약을 받은
곳에서 '대표자들의 집단'을 구성하여 정치과정을 구성한다. 이는 '간
접민주주의'를 의미하며, 사회 구성원들은 자신의 이익을 대변할 수
있는 가장 근접한 '정당'이나 그 정당에서 출마한 '후보자'를 선택하
여 입법부와 행정부에 보내게 되는 것이다. 이렇게 본다면, '정당민주
주의'는 '민주주의'를 구현하는 하나의 방식임을 알 수 있다. 민주주
의를 구현하는 다양한 종류의 민주주의의 형식과 내용에 따라서 다음
과 같이 분류도를 만들어 볼 수 있다.

| 그림 6-2 | 민주주의 유형 구성도

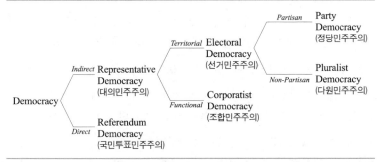

자료출처: Kaare Strøm, "Parties at the Core of Government", in Russell J. Dalton
　　　　　and P. Wattenberg ed. *Parties without Partisans: Political Change in
　　　　　Advanced Democracies* (New York: Oxford University Press, 2000), pp.
　　　　　180−207.

그림을 참조하면, 민주주의 수행을 위한 다양한 방식들 중에서 '정당민주주의'는 '대의민주주의'라는 범주에 있음을 알 수 있다. 또한 집단의 당파성을 중심으로 민주주의를 수행하기 때문에 최종 정책 실현 단계에선 다원성을 반영하는 데 다른 민주주의 수행 방식들과 비교하여 상대적으로 한계가 있음을 알 수 있다. 국가의 정책결정과정에서 어떤 당파성을 지닌 집단에게 어떤 비율의 대표성을 줄 것인가를 결정하는 과정이 결국 '선거'이며, 따라서 정당민주주의는 '선거민주주의'의 범주에 있게 된다. 결론적으로, '정당민주주의'는 행정부와 입법부에 진출하는 당파의 비율을 결정하는 것에 의존할 수밖에 없기에 '선거민주주의'의 기능에 기반하게 된다. '선거'는 수단이며 그 자체가 목적은 아니다. 따라서 선거는 그림에서와 같이 '국민투표민주주의'(referendum democracy)와 같은 직접민주주의 방식에서 사용되기도 한다.

정당민주주의는 이념적 차별성을 지닌 개별 정당들이 국가차원에서 정책결정을 하는 과정에서 갈등이 증폭될 수 있는 태생적 특성을 지니고 있다. 특히 정당이 국가차원의 최종 정책결정단계에서 특수 이익집단과의 관계로 인해서 정당간의 정책적 거리감을 긍정적으로 순화하기 보다는 그 이념적 성격이 더욱 고착화될 수도 있다. 영국의 보수당이 기업들을 대변하고 또 이들의 지지를 받는 정당이라면 노동당은 노동조합에 기반을 두고 노동자들을 대변하는 정당이다. 영국에서는 디즈레일리(Benjamin Disraeli)의 보수당정부에서 노동조합이 자립할 수 있는 기반이 마련되었는데 1875년과 1876년에 단체교섭과 평화시위를 합법화하고 고용주와 노동자를 동등하게 법적으로 대우하는 법률이 통과되었다. 노동조합지도자들은 1900년에 사회주의단체들과 더불어 노동자대표위원회를 결성하였으며 이것이 1906년에 노동당이 되었다. 정당을 조직함으로써 확립된 노동당과 노동조합 사이의 관계는 여러 면에서 공식화되었다. 노동당 전국집행위원회의 29명 위원 중 12명이 노동조합 지도부에 할당되며 노동당의 전당대회 투표에서 90%는 블록투표를 행하는 노동조합 대표자들에 의해 행사된다. 1983년에는 노동당 지도자 선출을 위한 투표권의 40%를 노동조합에게 부여하는 규정을 마련하였다. 노동조합을 특별히 대우하는 이러한 관행은 노동당 재정의

80%~90%를 노동조합이 제공하며, 선거에서 노동당이 노동조합의 조직에 크게 의존하기 때문이다. 노동당은 노동조합의 지원을 받아 정치세력으로 성장을 거듭하며 1918년 선거에서는 자유당을 물리치고 의회 내 제2의 정당이 되었다.[78] 노동당은 1945년 선거에서 승리하여 최초로 노동당정부가 출범한 이후 보수당과 교대로 집권하고 있다.

국가차원에서 '정당민주주의'의 형식을 취하는 경우, 국가차원에서 정당간 이념적 거리를 극복하고 최종정책결정에 도달하는 데에는 크게 두 가지 방식이 존재한다. 첫째, 정당지도자의 정치력(또는 정치적 수완)이다. 특정 이념을 주창하는 정당은 다른 정당과의 이념적 차별성에 의해서 존재하기도 하지만, 국가 정책결정의 최종 단계에선 '이념적 여백'(ideological leeway)이 필요하며, 정치적 수완을 지닌 정치지도자는 그럼으로써 발생할 수 있는 비난과 비용들을 정치적으로 슬기롭게 헤쳐나가게 된다.[79] 둘째, '정당연합'(party coalition)이다. 일반적으로 의회의 정책결정 정족수는 그것이 '재적의원'이건, '출석의원'이건 '과반수'를 중심으로 하게 되어 있다.[80] 따라서, 의회에 과반수를 점한 정당이 없는 경우, 정당민주주의는 국가정책결정과정에서 혼란이 발생할 수 있다. 정당들은 자신의 의석수를 중심으로 과반수를 달성할 수 있는 연합을 추진하여 자신의 의도를 정책에 반영할 수 있다.[81]

최근에 '정당민주주의'의 한계를 지적하면서 이에 대한 대안을 심각히 고민해 봐야 한다는 연구들이 많아지고 있다.[82] '전자민주주의'

---

78) 1918년 선거결과 하원 의석수 비율은 보수당(54%), 노동당(8.6%), 자유당(5.1%)로 나타났다. 득표율은 차례대로 39.5%, 22.5%, 13.3%였다. 노동당이 자유당을 대체하여 보수당과의 양당체계로 발전하는 과정에는 '단순다수-소선거구' 선거제도도 동시에 영향을 미쳤다. 1인 선거구에서 자유당과 노동당으로 표가 분산되고, 선명성 경쟁에서 자유당이 밀리게 되었다. Thomas Mackie and Richard Rose, *The International Almanac of Electoral History* (Washington D.C.: Congressional Quarterly, 1991), pp. 444-447.

79) '이념적 여백'이란 용어는 이념적 중심을 잃지 않은 상태에서 새로운 이념세계를 포괄한다는 것으로, 정당이 '중도 정당'이 되었을 때 발생할지도 모르는 비난을 감수하는 것을 말한다.

80) 사안의 심각성이 인정되는 안건들에 대해서는 '재적의원'을 중심으로 '2/3' 이상의 정족수를 필요로 한다. 예를 들면, 헌법개정안 의결이나 국민이 선출한 행정부의 수반인 대통령에 대한 입법부의 탄핵결정과 같은 사안들이다.

81) 그 형식은 다양하지만, 속성은 다음과 같은 대강의 종류를 벗어나기 어렵다.

82) 윤성이, 『한국정치: 민주주의·시민사회·뉴미디어』 (파주: 법문사, 2015). 시민들의 '참여'를 강조하는 '참여민주주의'는 '정당민주주의'와 대조적 입장에서 이해될 수 있다. 민주주의에서 '참여'에 관한 이론적 논의는 Carole Pateman, *Participation and*

가 활성화되면서 '정당공천'의 문제에서 보다 많은 사회 구성원들이 참여하는 방식이 지속적으로 논의되고 있다. 기실 정당에서 공천권을 갖는 문제는 정당의 존립에 기여한 자에게 주는 것이 상식에 합당하다. 예를 들면, 건전한 정당발전을 위해서 당비를 내는 사람이나 정치에 무관심하고 당비를 내지 않는 사람이나 모두 선거철에 정당의 후보공천권을 행사한다면 이는 '악화가 양화를 구축하는 것'과 다르지 않다. 동시에, 어떤 상황이든, 정당 소수의 권력자가 아닌 보다 많은 사람들이 정당 후보자를 공천하는 과정에 참여한다는 것은 시대정신이라고 할 수 있음에도 유의해야 할 것이다.

국가정책결정구조에 중심이 되는 정당이란 기관이 국민으로부터의 신뢰를 얻지 못하면 그 여파는 단순히 정치권에 한정되는 것이 아니며, 경제와 사회 전반적인 것에 영향을 미칠 수밖에 없다. 정당이 정치신뢰의 대상이 아닌 정치혐오의 대상이 되는 경우, '정당민주주의'는 위기에 처하게 된다. 정당이 정치적 반감의 대상이 되는 것은 특히 현대가 '뉴미디어 시대'인 것과 밀접히 연관되어 있다. '뉴미디어 시대'의 시민들은 이미 높은 교육수준을 지니고 있다. 모바일 기기를 사용한 정보의 실시간 검색과 습득이 가능하기에 '거래비용'(transaction cost)과 '순응비용'(conformity cost)이란 차원에서 과거와는 현격한 차이를 갖고 있다.[83] '거래비용'이란 어떤 사회나 집단이 최종의 집단의사결정을 도출하는 과정에서 소요되는 비용을 말한다. '순응비용'이란 그렇게 도출된 최종결정에 불만을 갖는 사람들이 감수해야 하는 비용을 말한다. 문제는 이 두 가지 비용이 동시에 달성되기 어려운 교환(trade-off)의 관계에 있는 비용이라는 것이다. 뉴미디어 시대에는 그 특성상 상대적으로 '순응비용'에 유의하는 것이 필요한데, 이를 위해서 가장 긴요한 것은, 당연한 것이지만, 어떤 결정에 보다 많은 수의 구성원들이 참여할 수 있는 기회가 주어지는 것이다. 뉴미디어 시대의

Democratic Theory (Cambridge: Cambridge University Press, 1970)를 참조할 수 있다.

83) 거래비용과 순응비용에 대한 이론적 논의는 James M. Buchanan and Gordon Tullock, The calculus of consent: logical foundations of constitutional democracy (Ann Arbor: University of Michigan Press, 1962)를 참고. 윤성이, 앞의 책, 301-303쪽에서 재인용.

시민은 모바일 기기를 통해 실시간 네트워크로 연결되어 있으면서도 "파편화된 개인"의 속성이 강하다. 과거에 시민들이 "생각하는 시민" "이성적인 시민"이었다면, 뉴미디어 시대의 시민은 "참여하는 시민," "감성적인 시민"으로의 특성을 갖는다.[84] 뉴미디어 시대에 '정당민주주의'를 순기능화하기 위해서 정당이 시민들로부터 신뢰를 얻기 위해서 할 수 있는 가장 직접적인 실천과제는 정당공천과정에서 일반당원이나 일반시민들이 일정 지분을 갖고 참여하여 영향력을 갖는 것이다.

---

84) 윤성이, 위의 책, 282-285쪽.

제7장

선거와 선거정치

'선거'(選擧, election)는 국민의 대표를 뽑는 과정일 뿐만 아니라 정치세력들의 권력획득에 영향을 주고 또한 정당체계를 결정지으며 정부의 구조에도 영향을 미치는 정치과정이다. 정치세력들은 권력을 획득함에 있어서 선거를 통해서 국민들로부터 정당성을 부여받게 된다. 선거라는 영어 단어 election의 어원은 라틴어의 'eligere'로서 '뽑다'라는 의미이다. 고대 아테네의 민주정치시대나 로마시대에도 국민의 대표를 선출하는 제도가 있었기 때문에 '선거'의 역사는 매우 오래되었다고 할 수 있다. 중세에는 교황의 선출이나 신성로마제국의 황제를 선출하는 선거도 있었다.[1]

이론적으로, 여러 사람들을 대표하는 대표자를 '뽑는다'라는 '대표자 선출 행위'는 크게 두 가지 상황으로 대변된다. 첫 번째 방식은 집단 구성원들 모두가 1/n이 되어서 전체 구성원들을 대상으로 집단을 대표할 대표자를 '추첨'(lottery)하는 것이다. 고대 아테네에서 대표를 선출하는 방식은 추첨이었다. 추첨제의 경우엔, 선거권자인 구성원들에게 피선거권자인 후보자들이 필요하지 않다. 추첨제는 그 집단 내 구성원들의 성향이나 능력이 유사한 집단인 상황에서 보다 더 효율적으로 사용될 수 있는 방식이다.[2]

두 번째 방식은 집단 구성원들이 자신들을 대표할 수 있는 후보자들을 정해 놓고 그들을 대상으로 투표하는 방식이다. 해당 방식은 선거권자와 피선거권자가 구분되는 방식인데,[3] 현대 민주주의 사회의

---

1) Vernon Bogdanor(ed.), *The Blackwell Encyclopaedia of Political Science* (Oxford: Blackwell, 1993), p. 189.
2) 이지문, 『추첨민주주의 강의: 미래의 정치』, (서울: 삶창, 2015).
3) 슘페터는 민주주의 사회는 궁극적으로 '피선거권자'의 식견에 의존할 수밖에 없다고 주장했다.

대의민주주의 체제는 정당을 매개로 하여 정당이 공천한 후보자들을 시민들이 선출하는 방식이 대세이다. 1800년대 후반까지도 선거권을 행사할 수 있는 사람은 극히 제한되어 있었으며 또한 대부분이 공개선거였다. 국민들도 정부를 구성하는 과정에서 발언권을 가지려 하였으며 이러한 상황에서 선거권이 확대되었고, 1900년대 초반부터 정부는 광범위한 국민들의 지지를 확보하여 정통성을 추구하는 것이 필요하게 되었다.

선거권의 확대는 필연적으로 개별 유권자 입장에서 '내 한 표의 가치'를 떨어뜨리는 효과를 가져왔으며, 선거에서 종종 낮은 투표율로 이어지고 있는 것이 현실이다.[4] 선거의 기능에는 상징적인 면도 있어 국민들이 정부가 정통성이 있는 것으로 생각하게 만드는 역할도 한다. 다시 말해서, 선거는 국민들로 하여금 의회에서 누가 국민들을 대변할 것인가를 결정하고, 누가 다음 정부를 구성할 것인가를 결정하는 역할을 한다는 인식을 갖게 만든다. 사회구성원들 모두가 투표에 참여하여 나타난 선거결과와 소수만이 참여하여 나타난 선거결과는 차후 정치과정에 영향을 미치게 된다. 건강한 민주사회란 사회구성원들이 그 사회의 정치과정에 참여하려는 '시민의무감'(civic duty)이 높은 사회이다.[5] 선거 참여를 민주시민으로서의 의무감이라는 자발적 인식에 맡기지 않고, '강제조항'을 통해 참여하지 않는 시민에게 벌금 등의 벌칙을 부과하는 사회도 있다.

선거는 개인들이 시간이나 경비 또는 정신적인 면에서 큰 대가를 치르지 않고도 정치에 참여하게 만드는 방법이다. 대부분의 국민들에게는 선거 때 투표하는 것이 정치과정에 능동적으로 참여하는 유일한 방법이다. 선거에서 유권자들이 후보나 정당에게 투표한다는 공통점

---

4) 선거에서 후보자들의 '경합성'(closeness)이 높을수록 유권자 한 표의 가치는 더 커진다. 내 한 표가 선거결과에 더 큰 영향을 미칠 수 있기 때문이다. 동시에, 선거에서 후보자들의 경합성이 크면, 유권자들은 투표에 참여하려는 동기가 더 크게 부여된다. 일반적으로, 투표율이 높아지는 상황은 두 가지로 대변된다. 하나는 선거에서 후보자들간의 높은 경합성이며, 또 다른 하나는 경쟁하는 정당간의 정책차별성이 크거나 유권자들에게 명확히 인식되는 경우이다.
5) William H. Riker and Peter C. Ordeshook, "A Theory of the Calculus of Voting," *The American Political Science Review,* Vol. 62, No. 1 (Mar., 1968), pp. 25-42.

에도 불구하고 그 내용을 들여다보면 국가마다 매우 큰 차이가 있다. 투표를 의석으로 전환시키는 방법을 규정한 법들에 큰 차이가 있으며 어떤 선거제도를 채택하는가에 따라 선거결과에서 큰 차이가 나타나기도 한다.

선거참여: 선거인단과 선거대상

선거라는 행사를 치르기 위해서는 유권자들의 범위가 규정되고 이에 따른 선거참여명단이 확정되어야만 한다. 이것을 해당선거에서의 '선거인단'(electorate)이라고 칭한다. 시민들은 '간접민주주의' 하에서 자신의 권한을 위임할 수 있는 대표자로서 정당이나 후보자를 선택하기 위하여 선거에 참여한다. 선거를 치르기 위해선 선거인단이 투표를 하는 대상이 있어야만 한다. 대상은 정당(또는 후보자)이 되는 경우가 대부분인데, 간혹 '국민투표'(referendum)의 경우엔 특정한 정책에 대한 안건이 대상이 될 수도 있다. 정당이나 후보자의 입장에선 정치 권력을 획득하기 위해서 선거에 참여한다. '선거민주주의'의 요체는 선거결과에 대한 승복인데, 선거에서의 승자를 결정하고 이에 승복하는 원리는 '선거규칙'과 연관된 것이지만, 실질적으론 '투표율'이 영향을 미치게 된다. 높은 투표율을 보인 선거 결과는 낮은 투표율의 선거 결과보다 그 결과에 더욱 높은 수준의 승복감을 이끌어내기에 유리할 것이다. 선거 행사를 관장하는 기관에서 높은 투표율을 위해 선거참여를 독려하는 이유이다.

선거에 참여하는 유권자들의 명부를 작성하는 기관은 대부분의 국가에서 지역의 국가기관이다. 선거인 명부는 대한민국에서와 같이 모든 국민들의 주민등록을 기반으로 작성된다. 이러한 국가들로는 덴마크, 오스트리아, 핀란드 등을 들 수 있다. 국가기관이 선거인 명부를 작성하는 국가에서는 유권자들이 이사를 하거나 사망하는 것이 제대로 파악되지 않으면 유권자 명부가 정확하지 않은 경우가 많다. 영국에서는 1951년에 유권자명부에서 잘못된 것이 3%였고 1981년에는 7%였다. 모든 유럽 국가들은 영구적인 유권자명부를 가지고 있다. 이에 따라 유럽 국가들에서의 평균 투표율은 72%~85%로 미국의 50% 수준보다 훨씬 더 높다. 그러나 스위스에서는 제2차 세계대전이후 투표율이 낮아져 50% 이하로 내려가 있다. 이와는 대조적으로 네덜란드, 룩셈부르크, 벨기에, 오스트리아, 이탈리아에서 투표율은 90%를 상회한다. 전반적으로 보면 유럽 국가들에서의 투표율은 1970년대 후반부터 감소하고 있다.6)

┃ 미국의
register & vote 우표

국가의 행정기관이 선거인 명부를 작성하는 것과는 달리 미국, 멕시코, 필리핀 등에서는 유권자 스스로가 선거인 등록을 하여야만 투표일에 투표를 할 수 있다. 미국에서는 보통 50%~70%의 유권자들이 투표를 하기 위해 등록을 한다.7)

선거에 참여하는 정당의 수는 국가의 정치상황에 따라 다르다. 전통적으로 양당제나 다당제 유형을 계속하고 있는 선진국들에서는 선거에 참여하는 정당들의 수가 크게 많지 않다. 그러나 소련의 붕괴 이후 민주주의체제로 전환한 동유럽의 구 공산권 국가들과 오랫동안의 권위주의체제를 청산하고 민주화를 시작한 제3세계 국가들에서는 많은 정당들이 선거에 참여한다. 인도네시아에서는 33년간에 걸친 수하르토 대통령의 권위주의정권이 붕괴된 후 1999년 6월 7일에 실시된 민주선거에서 48개 정당이 참여했다.8) 헝가리에서는 1990년 3월 25일 40년 만에 처음으로 민주선거가 실시되었을 때 후보를 낸 정당은 30개였고 이 중에 6개 정당이 비례제 정당명부를 제출했다. 이 중에서 의회에 진출한 정당은 6개였다. 이 외에도 구 소련이 붕괴된 이후 동구권 국가들에서 실시된 선거들을 보면 폴란드에서는 80개, 동독 17개, 체코슬로바키아 35개, 루마니아 78개, 불가리아 35개 등 많은 정당들이 선거에 참여했다. 이러한 현상은 과도기적인 현상이었으며 선거가 몇 차례 진행되면서 군소정당들은 정리가 되었고 선거에 참여하는 정당들의 수는 많이 감소하였다. 2005년에 실시된 아제르바이잔의 총선에서는 125석을 뽑는데 47개 정당에서

6) Michael Gallagher, Michael Laver and Peter Mair, *Representative Government in Modern Europe*, 2nd ed. (New York: McGraw‒Hill, 1995), p. 272.
7) Vernon Bogdanor(ed.), *op. cit.*, p. 190.
8) 「조선일보」, 1999년 6월 9일, 9쪽.

1,500여명의 후보가 난립하였다.

　스웨덴 선거에서 독특한 것은 투표용지 공급 방식이다. 의석을 가진 정당은 중앙선거관리위원회에 주문하여 무료로 투표용지를 공급받고 의석이 없는 정당은 투표용지 대금을 선불해야만 공급받을 수 있다. 각 정당은 공급받은 투표용지를 선거운동조직을 통해 유권자에게 배부한다. 투표용지 배부 자체가 자기 정당 후보를 지지해 달라는 선거운동이다. 투표일에 유권자는 미리 배부된 투표용지를 가지고 가든지 아니면 투표소 내에 비치되어 있는 투표용지를 가지고 칸막이가 된 기표소에서 자신이 선택한 후보에게 투표한다. 그리고 투표용지를 봉투에 넣어 봉함한다. 이때 투표자는 자기가 좋아하지 않는 후보의 이름에 선을 그어 지워버리거나 또는 미리 인쇄되어 있는 후보의 순위를 변경할 수도 있고, 새로운 후보를 직접 써넣어 추가할 수도 있다. 다만 새로운 후보의 경우 1순위로 추가할 수는 없다.9)

　선거에서의 투표율은 국가별로 차이가 있지만 유럽 국가들에서의 투표참여율은 미국에 비해 훨씬 더 높다. 1945년부터 2004년까지의 기간 동안 서유럽 민주국가 18개국에서 평균 투표율을 조사한 연구에 의하면 스위스의 56.6%를 제외하면 72%~92%에 이르렀다. 투표율이 가장 높은 국가들은 벨기에(92.5%), 오스트리아(90.9%), 이탈리아(89.8%), 룩셈부르크(89.7%), 아이슬란드(89.5%) 등이었다. 이에 비해 헝가리에서는 1990년 5월에 실시된 의회선거에서 기권율이 매우 높아 1차 투표에서 35%가 기권했으며 2차 투표에서 55%가 기권했다.

　유럽 국가들의 투표율이 미국보다 높은 이유는 의무투표제, 유권자등록제도, 국가의 규모, 유권자들의 교육수준 등 여러 가지가 영향을 미치기도 하지만 또 한 가지 이유는 대부분의 유럽 국가들에서 채택하고 있는 비례제 선거방법이 미국이 채택하고 있는 단순다수제 선거방법에 비해 국민들의 선택을 보다 잘 반영하고 있기 때문이다. 비례제에서는 유권자들의 한 표가 의석배분에 잘 반영되기 때문에 유럽의 유권자들은 자신들의 투표가 선거결과에 많이 반영된다는 인식이 강하며 투표에 참여하는 것이 중요하다고 생각한다. 이 외에도 유럽

---

9) http://blog.naver.com/winwon0721?Redirect=Log&logNo=100028866653.

정당들에 비해 미국 정당들은 성향이 비슷하기 때문에 극단적인 이념 성향을 갖는 사람들은 투표에서 찍을 정당이나 후보가 없다고 생각할 수 있다. 또한 미국 선거에서는 현역의원의 지지기반이 확고하여 신인이 당선되기가 어렵기 때문에 유권자들은 자신의 투표가 선거결과에 영향을 미치지 못한다는 생각을 하여 기권할 가능성이 높다.

스위스에서 투표율이 낮은 이유는, 중요한 문제의 대부분을 국민투표에서 결정하기 때문에 누가 의회의원이 되는가를 크게 중요하게 생각하지 않기 때문이다. 또한 모든 정당들이 7명으로 구성되는 스위스 행정부에 포함되어 있기 때문에 의회의원선거를 중요하지 않게 생각한다.

투표권의 성격에 따른 선거 분류

오늘날 민주주의 국가들에서 실시하고 있는 선거는 투표권의 성격을 기준으로 해서 보통선거, 평등선거, 비밀선거, 직접선거의 4가지를 핵심 내용으로 한다.

■¹ 보통선거와 여성의 선거권

▌뉴질랜드 보통선거 75주년 우표

보통선거(universal suffrage)는 인종, 성별, 종교적 신념, 재산, 또는 사회적 지위에 차이를 두지 않고 일정한 연령에 도달한 모든 사람에게 선거권을 부여하는 제도이다. 이 제도가 정착되기 이전에는 여러 가지 이유에서 선거권에 제한을 두었는데 가장 일반적인 제한은 재산의 소유 여부와 성별이었다. 보통선거제가 정착되기 이전에 재산의 소유 여부를 선거권의 조건으로 삼았던 것은 재산을 가진 사람은 국가에 세금을 내기 때문에 그러한 사람들만이 국가의 정치에 참여할 권리를 가져야 한다는 이유에서였다.

선거에서 재산 소유 여부에 따라 차별을 두지 않고 모든 성인 남성에게 선거권을 주는 법은 프랑스혁명 중인 1793년에 만들어졌으나 실현되지는 못하였다. 모든 성인 남성에게 선거권을 준 최초의 선거는

1848년 프랑스에서 발생한 2월혁명 후에 실시되었는데 이 선거는 루이 나폴레옹이 대통령에 출마하여 당선된 선거였다. 이처럼 프랑스는 성인 남성 보통선거(universal adult male suffrage)에서는 세계 최초였으나 성인 여성에게 선거권을 주기 시작한 것은 97년이나 지난 1945년이었다. 1856년에는 남 오스트레일리아(South Australia)가 모든 성인 남성에게 선거권을 부여하였다.10)

현대 민주정치의 기틀을 세운 국가는 영국이지만 영국에서 선거권의 확대와 보통선거제의 도입은 오랜 세월을 두고 여러 개의 개혁법(Reform Act)과 국민대표법(Representation of the people Act)을 제정하면서 이루어졌다. 1832년의 개혁법이 제정되면서 21세 이상의 남자로서 일정액 이상의 재산이나 토지를 소유한 사람들만이 선거권을 갖게 되었는데 이들은 21세 이상 남성의 7분의 1밖에 되지 않았다. 이러한 제한 때문에 영국에서는 1838년부터 1848년까지 노동자들이 자신들의 정치적 권리를 확대하기 위하여 차티스트운동(Chartist Movement)이라는 대규모의 정치투쟁을 전개하였다.11) 이들은 1838년, ① 성인남자의 보통선거, ② 인구비례에 의한 평등한 선거구 설정, ③ 하원의원의 재산자격 폐지, ④ 비밀선거, ⑤ 의원에 대한 세비(歲費) 지불, ⑥ 매년 선거 등을 포함한 인민헌장(People's Chart)12)을 작성하여 1839년에 하원에 제출하였으나 235 대 46으로 부결되었으며 차티스트운동의 지도자들은 체포되었다. 1840년에는 많은 지도자들이 출옥하여 전국차티스트협회를 조직하고 330만 명의 서명을 받았으나, 1842년 대규모 파업의 실패로 또다시 탄압을 받았다. 그 후 대규모 집회가 다시 열리고 570만 명의 서명을 받았으나, 군대와 경찰의 진압으로 지도자들이 체포되어 장기간 투옥되면서 이 운동도 점차 쇠퇴하였다.13)

---

10) Department of Foreign Affairs and Trade, Government of Australia, "Australia's System of Government," Fact Sheet, No. 1 (January, 1995), p. 4.
11) 이 운동은 노동자대표가 작성하고 노동자들 300만명이 서명한 인민헌장을 의회에 청원하여 실현시키려 했던 운동이기 때문에 차티스트운동이라 부른다.
12) 이 헌장은 윌리엄 러벳(William Lovett)이 작성하였다.
13) 이 운동에서 22명은 군대의 발포로 사망하였고 수백명이 투옥되었다. Stephen Roberts, "The Chartist Movement 1838-1848," http://www.bbc.co.uk/history/british/victorians/chartist_01.shtml#four. 2010년 1월 5일 검색.

비록 이 운동은 실패하였으나, 선거권의 확대가 불가피하다고 판단한 보수당의 벤자민 디즈레일리 총리는 1867년의 개혁법을 통하여 모든 남성세대주에게 선거권을 부여하였다. 1867년 개혁법을 다시 개정한 1884년의 국민대표법으로 유권자수는 5,500,000명으로 증가하였으나 그래도 남성의 40%는 투표권을 갖지 못했고 모든 여성들 또한 배제되었다. 제1차 세계대전이 끝난 이후 1918년 국민대표법의 제정으로 21세 이상의 모든 남성들은 투표권을 갖게 되었다.

일정 연령 이상의 모든 남성들에게 선거권을 부여한 이후에도 여성들에게는 오랫동안 선거권이 부여되지 않았다. 여성들이 선거권을 갖게 된 것은 폭탄투척, 방화, 단식투쟁과 같은 과격한 방법까지 사용한 여성참정권운동가(Suffragettes)들의 투쟁의 결과였다. 전국적으로 여성에게 선거권을 가장 먼저 부여한 국가는 뉴질랜드로 1893년 전국선거에서 처음으로 보통선거를 실시하였다. 그러나 뉴질랜드에서 여

┃오스트레일리아 여성투표
100주년 우표

성에게 피선거권을 부여한 것은 1919년이었다. 여성에게 선거권을 두 번째로 부여한 국가는 오스트레일리아로 남오스트레일리아 주가 1894년에 여성에게 선거권을 부여하였으며 전국적으로 여성투표권을 부여한 것은 1902년이었다. 세 번째로는 핀란드가 1906년에 부여하였다. 당시 핀란드는 러시아제국 내의 자치대공국이었는데 여성에게 선거권과 피선거권을 함께 부여하여 세계에서 최초로 여성에게 피선거권을 부여한 국가가 되었다. 네 번째로는 노르웨이가 1913년에 남성과 여성에게 똑같이 선거권과 피선거권을 부여하여 독립국가로서는 최초로 여성에게 피선거권을 부여하였다. 다섯 번째는 덴마크와 아이슬란드가 1915년에 부여하였고 1917년에는 러시아와 캐나다가 여성에게 선거권을 부여하였다.[14] 캐나다에서는 마니토바주가 1916년에 처음으로 여성에게 선거권을 부여하였으며 연방선거에서 여성들이 선거권을 얻은 것은 1918년부터였다.[15]

1918년에 들어서는 영국, 오스트리아, 독일, 헝가리, 아일랜드,

---

14) http://en.wikipedia.org/wiki/Women's_suffrage. 2010년 1월 5일 검색.
15) http://en.wikipedia.org/wiki/Suffrage. 2009년 11월 30일 검색.

폴란드와 같은 유럽 국가들과 그루지야, 라트비아, 리투아니아, 아제르바이잔, 에스토니아, 키르기스스탄이 여성에게 선거권을 부여하였다. 영국에서는 1918년 국민대표법을 제정하면서 여성에게 처음으로 선거권을 주었으나 남성에게는 21세 이상이면 투표권을 준 것과는 달리 30세 이상으로 재산을 가진 여성들에게만 선거권을 부여하였다. 여성들이 남성들과 똑같은 조건에서 선거권을 갖게 된 것은 1928년 국민대표법의 제정으로 이루어졌다. 따라서 영국에서 진정한 의미의 보통선거제는 1928년에야 완성되었다.

그루지야, 라트비아, 리투아니아, 아제르바이잔, 에스토니아, 키르기스스탄은 모두 구 소련의 일부로 병합되었다가 1990년 소련이 붕괴하면서 독립한 국가들이다. 이 국가들은 러시아혁명 이전에 러시아제국의 일부로 병합되었다가 러시아혁명과 제1차 세계대전 이후에 독립을 선언한 후 단기간 독립국으로 존재하였다. 그루지야는 1917년 러시아혁명 후 러시아내전 중인 1918년 5월 26일에 독립을 선언하고 내각제의 공화정을 실시하였고 의회의원 선거에서 여성에게도 선거권을 부여하였다. 그루지야는 1918년부터 1920년까지 영국의 보호령이 되었다가 1921년 소련의 침공으로 소련의 일부로 합병되었다.

아제르바이잔도 제1차 세계대전 후 러시아제국이 붕괴하자 1918년 러시아로부터의 독립을 선언하고 아제르바이잔민주공화국을 선포하였는데 이것은 이슬람세계에서 성립된 최초의 내각제 공화국이었다. 아제르바이잔 헌법에서는 여성에게도 남성과 같이 선거권을 부여하였으며 이것은 이슬람국가들 중에서는 가장 먼저 여성에게 선거권을 부여한 것이었다. 그러나 아제르바이잔민주공화국은 23개월밖에 계속하지 못했고 1920년 4월 소련의 침공으로 소련의 일부가 되었다.[16] 에스토니아도 1918년 2월 러시아로부터 독립을 선언한 후 내각제를 실시하고 여성에게 선거권을 부여하였으나 1940년 소련의 침공으로 소련의 일부로 합병되었다.

1919년에는 벨기에, 룩셈부르크, 네덜란드, 스웨덴, 벨라루스, 우크라이나가 여성에게 선거권을 부여하였고 1920년에는 미국을 비롯

---

16) http://en.wikipedia.org/wiki/Azerbaijan. 2010년 1월 5일 검색.

하여 알바니아, 체코, 슬로바키아의 4개국이 여성에게 선거권을 부여하였다. 1920년대에 들어서는 아시아국가들 중에서는 처음으로 미얀마(당시 버마)가 1922년에 여성에게 선거권을 부여하였고 남미국가들 중에서는 처음으로 에콰도르가 1929년에 여성에게 선거권을 부여하였다. 아프리카에서는 1930년에 남아프리카공화국이 처음으로 여성의 선거권을 인정하였으나 이때에는 선거권이 백인에게만 부여되었으며 흑인에게 선거권을 부여한 것은 1994년이었다. 각 국가들이 여성에게 선거권을 부여한 연도는 [표 7－1]과 같다.

대부분의 서유럽국가들이 여성에게 선거권을 준 것은 1920년대였지만 프랑스는 1945년, 이탈리아는 1946년, 그리스는 1952년이 되어서야 여성에게 선거권을 부여하여 매우 늦었다. 스위스는 유럽 국가들 중에서 가장 늦은 1971년에야 여성들이 선거권을 갖게 되었다. 그러나 한 칸톤에서는 1991년까지도 여성에게 완전한 정치적 권리를 부여하지 않았다.[17]

여성에게 선거권을 부여한 국가들의 수를 10년 단위로 보면 1890년대 1개국, 1900년대 2개국, 1910년대 23개국, 1920년대 13개국, 1930년대 15개국, 1940년대 40개국, 1950년대 42개국, 1960년대 32개국, 1970년대 16개국, 1980년대 4개국, 1990년대 3개국, 2000년부터 2010년까지 4개국이었다. 가장 최근에 여성에게 선거권을 부여한 4개국은 2002년에 독립한 동티모르와 오만(2003년), 쿠웨이트(2005년), 아랍에미리트(2006년)였다. 쿠웨이트에서는 여성의 참정권을 허용한 후 4년 뒤인 2009년 선거에서 4명의 여성의원들이 처음으로 당선되었다.[18] 그러나 사우디아라비아에서는 2010년 현재까지 여성에게 선거권을 주지 않고 있다.

---

17) Heather Deegan, *Third Worlds: The Politics of Africa and Middle East* (London and New York: Routledge, 1996), p. 62.

18) 「조선일보」, 2009년 5월 18일, A20쪽.

│ 표 7-1 │ 세계 각국의 남성 보통선거와 남녀 보통선거 실시 연도

국가	남성 보통선거	남녀 보통선거	국가	남성 보통선거	남녀 보통선거
아 시 아					
네팔	1947	1951	대만	1947	1949
대한민국	1948	1948	동티모르	2002	2002
라오스	1956	1958	말레이시아	1957	1957
몰디브	1932	1932	몽골	1921	1924
미얀마	1935	1935	방글라데시	1947	1972
베트남	1945	1946	부르나이	1959	1959
부탄	1935	1953	북한	1946	1946
스리랑카	1931	1931	싱가포르	1947	1947
아프가니스탄	1964	1964	우즈베키스탄	1922	1938
인도	1909	1950	인도네시아	1941	1945
일본	1925	1945	중국	1947	1949
카자흐스탄	1922	1924	키르기스스탄	1918	1922
캄보디아	1955	1956	타지키스탄	1922	1924
태국	1932	1932	투르크메니스탄	1922	1927
파키스탄	1935	1947	필리핀	1907	1937
중 동					
그루지야		1918	레바논		1952
바레인		2002	시리아		1949
아랍에미리트		2006	아르메니아		1921
아제르바이잔	1918	1918	알제리		1962
예멘		1967	오만		2003
요르단		1974	이라크		1980
이란		1963	이스라엘	1948	1948
카타르		1997	쿠웨이트		2005
터키		1933	사우디아라비아		2015*
아 프 리 카					
가나	1951	1954	가봉	1956	1956
감비아	1960	1960	기니	1958	1958
기니비사우	1973	1977	나미비아	1989	1989
나이지리아	1954	1958	남아프리카공화국	1994	1903 백인여성 1994 흑인여성
니제르	1946	1946	라이베리아	1946	1946
레소토	1965	1965	르완다	1961	1961
리비아	1964	1964	마다가스카르	1959	1959
말라위	1961	1961	말리	1956	1956
모로코	1963	1963	모리셔스	1956	1956
모리타니	1961	1961	모잠비크	1975	1975

국가	남성 보통선거	남녀 보통선거	국가	남성 보통선거	남녀 보통선거
베냉	1956	1956	보츠와나	1961	1961
부르키나파소	1958	1958	부룬디	1961	1961
상토메프린시페	1975	1975	세네갈	1945	1945
세이셸	1948	1948	소말리아	1956	1956
수단	1953	1964	스와질란드	1968	1971
시에라리온	1958	1961	앙골라	1975	1975
에리트레아	1955	1955	우간다	1962	1962
이집트	1922	1956	에티오피아	1955	1955
잠비아	1960	1962	적도기니	1963	1963
중앙아프리카공화국	1956	1986	짐바브웨		1957
차드	1958	1958	카메룬	1946	1946
카보베르데	1975	1975	케냐	1956	1963
코트디브아르	1946	1952	코모로	1956	1956
콩고공화국	1958	1963	콩고민주공화국	1956	1967
탄자니아	1959	1959	토고	1945	1945
튀니지	1956	1956			
유 럽					
그리스	1877	1952	네덜란드	1917	1919
노르웨이	1898	1913	덴마크	1849	1915
독일	1867	1919	라트비아	1918	1918
러시아	1917	1917	루마니아		1938
룩셈부르크	1918	1919	리투아니아	1918	1918
리히텐슈타인	1984	1984	마케도니아	1946	1946
모나코	1893	1962	몰도바	1930	1978
몰타	1947	1947	벨기에	1919	1946
벨라루스	1918	1919	보스니아헤르체고비나	1949	1949
불가리아	1879	1945	산마리노	1959	1959
세르비아	1879	1945	스웨덴	1911	1921
스위스	1848	1971 전국 1959 Vaud주	스페인	1869	1933
슬로바키아	1918	1918	슬로베니아	1931	1945
아이슬란드	1915	1915	아일랜드	1918	1918
안도라	1947	1970	알바니아	1920	1920
에스토니아	1917	1917	오스트리아	1907	1918
영국**	1918	1928	우크라이나	1907	1919
이탈리아	1912	1946	체코	1918	1918
크로아티아	1912	1945	키프로스	1960	1960
포르투갈	1911	1931	폴란드	1918	1918
프랑스	1848	1946	핀란드	1906	1906
헝가리	1848	1918			

국가	남성 보통선거	남녀 보통선거	국가	남성 보통선거	남녀 보통선거
중 남 북 미					
가이아나	1953	1953	과테말라	1945	1945
그레나다	1951	1951	니카라과	1955	1955
도미니카공화국	1915	1942	도미니카연방	1951	1951
멕시코	1917	1947	미국	1857	1920
바베이도스	1951	1951	바하마	1963	1963
버뮤다	1923	1968	베네수엘라	1946	1946
벨리즈	1954	1954	볼리비아	1939	1952
브라질	1891	1932	세인트루시아	1924	1924
세인트빈센트그레나딘	1951	1951	세인트키츠네비스	1951	1951
수리남	1948	1948	아르헨티나	1912	1947
아이티	1950	1950	앤티가바부다	1951	1951
에콰도르	1927	1929	엘살바도르	1939	1946
온두라스	1955	1955	우루과이	1917	1932
자메이카	1944	1944	칠레	1925	1949
캐나다***	1917	1920	코스타리카	1949	1949
콜롬비아	1954	1954	쿠바	1934	1934
트리니다드토바고	1956	1946	파나마	1941	1941
파라과이	1813	19661	페루	1895	1955
오 세 아 니 아					
나우루	1966	1968	뉴질랜드	1867	1893 세계최초
마샬군도	1947	1979	마이크로네시아	1957	1979
바누아투	1957	1975	사모아	1989	1990
솔로몬군도	1945	1974	키리바시	1936	1967
통가	1960	1960	투바루	1936	1967
파푸아뉴기니	1949	1963	팔라우	1947	1979
피지	1929	1963	호주	1901	1902

* 사우디아라비아에서는 2015년 12월 12일 지방의원선거에 한해 처음으로 여성에게 선거권과 피선거권을 주었다.
** 영국은 남성은 21세, 여성은 30세 이상으로 재산소유자에게 선거권을 주었다. 1928년에는 21세 이상의 모든 남녀에게 선거권을 주었다.
*** 퀘벡주는 캐나다의 주들 중에서 가장 늦은 1940년에 여성에게 선거권을 주었다.

자료출처: Phillip G. Kayser, Universal Suffrage: A History and Analysis of Voting in the Church and Society (Biblical Blueprints), http://www.org/wmn−e/suffrage.htm; http://womeshistory.about.com/od/suffrage/womens_suffrage−winning_the_vote.htm http://en.wikipedia.org/wiki/Votes_for_Women; http://www.wordiq/definition/woman_suffrage 자료를 참조하여 저자가 작성하였다.

■ ² 평등선거

평등선거(equal suffrage)는 흔히 보통선거와 혼용하여 사용되는 경우가 많으나, 엄격히 구분하면, 평등선거의 의미는 모든 유권자가 재산이나 소득 또는 사회적 지위에 관계없이 평등하게 1인이 1표만을 행사한다는 의미로 한정된다.[19] 영국에서는 1918년 국민대표법에서 한 유권자에게 2개의 투표권을 주는 제도를 채택한 이후 30년 동안 시행하다가 1948년에 이 제도를 폐지하였다. 일인이표제가 도입된 1918년 선거에서는 유권자들의 7%가 두 개의 투표권을 가졌다.[20] 이 기간 동안 영국에서는 대학선거구라는 것을 두어 대학을 졸업한 사람들은 자기가 거주하는 지역의 선거구에서 한번 투표를 하고 대학선거구에서 한 번 더 투표를 하여 2개의 투표권을 행사하였다. 오스트레일리아에서도 일부 주에서는 1890년대까지 한 유권자에게 복수의 투표권을 주는 제도를 채택하였다.

'투표의 질'(quality of vote)과 연계할 때, 평등선거가 전능한 해답은 아닐 수도 있다. 어떤 특정 사안과 관련하여 경험과 식견을 중시하는 경우, 경험과 식견이 높을 것으로 예상되는 사람(또는 집단 구성원)에게 더 많은 표를 행사하도록 할 수도 있다. 대표적인 예가 정당에서 후보자를 공천하는 과정에서 당원과 일반참여자 사이에서 발생하는 논란이다. 국회의원 선거에서 정당 후보자를 공천하는 과정에서 아래로부터의 공천이라는 명분하에 '시민공천단'이 결성되어 표를 행사한다고 가정하자. '오픈 프라이머리'라는 명분하에 시민공천단이 당원과 일반시민이 50:50의 비율로 구성되었다고 가정하자. 그 정당에 소액이지만 꾸준히 당비를 납부하면서 정당활동을 해 왔던 당원도 한 표를 행사하고, 해당 정당에 당비를 낸 적도 없고, 그 정당에 일체감도 갖지 않는 사람이 공천배심원단에 무작위로 들어와서 한 표를 행사한다면 이런 상황을 합리적이라고 받아들이기 어려울 수도 있다. 해당 상황에선 당원과 일반시민 사이에는 표의 가중치에서 불평등하다는 것이 오히려 당원과 일반시민 사이에 평등한 상황을 초래할 수도 있다.

---

19) 이것은 현실 정치과정에서, 대부분의 주요 선거들이 보통선거의 형식을 취하며, 그 내용은 결국 1인1표제로 시행되기 때문이다.
20) http://en.wikipedia.org/wiki/Suffrage. 2009년 11월 26일 검색.

■³ 비밀선거

오늘날의 민주선거에서 중요한 요소 중의 하나인 비밀투표는 1856년에 처음으로 실시되었으며 그 이전까지는 공개투표로 선거가 이루어졌다. 오늘날의 민주선거에서 비밀투표를 보장하는 이유는 유권자에게 협박을 하거나 뇌물로 회유하는 것을 방지하여 유권자의 선택에 외부의 불법적인 영향을 배제하기 위한 것이다. 비밀투표는 프랑스의 1795년 헌법 31조에 처음으로 규정되었으나 실제로는 실시되지 않았으며, 전면적으로 비밀투표가 법으로 보장된 것은 1856년 2월 7일에 당시 영국의 식민지이던 오스트레일리아의 타스마니아에서 처음으로 실시된 때부터이다. 오스트레일리아의 다른 영국 식민지이던 빅토리아(1856년 3월 19일), 남오스트레일리아(1856년), 뉴사우스웨일스(1858), 퀸스랜드(1859), 웨스턴오스트레일리아(1877)가 뒤이어 비밀투표를 법으로 규정하였다.

영국에서는 1838년부터 1848년까지의 차티스트운동가들이 비밀투표를 요구하였으나 의회는 이를 거부하였으며 1872년 선거법개정에서 비밀투표제를 도입하였다. 미국에서는 1888년에 매사추세츠주에서 처음으로 도입된 이후 대부분의 주가 비밀투표제를 도입하였으며 1891년에는 켄터키주가 마지막으로 비밀투표제를 도입하였다. 그러나 미국 웨스트 버지니아주의 헌법은 지금도 유권자가 원하면 공개투표를 허용하고 있다.[21]

■⁴ 직접선거

직접투표는 유권자가 직접 투표권을 행사하는 것을 의미하며 타인에 의한 대리투표를 인정하지 않는다는 것이다. 오늘날 세계의 거의 모든 국가들에서는 국가의 지도자나 국민의 대표자를 뽑기 위하여 선거를 실시하고 있지만 아직도 일부 국가에서는 선거를 실시하지 않고 있다. 군주제를 채택하고 있는 국가들 중에서 절대군주국들은 선거를

---

21) 웨스트 버지니아주 헌법 4조 2항 "In all elections by the people, the mode of voting shall be by ballot; but the voter shall be left free to vote by either open, sealed or secret ballot, as he may elect." http://en.wikipedia.org/wiki/Secret_ballot. 2009년 11월 9일 검색.

실시하지 않는다. 1971년에 독립한 토후국 바레인은 2002년 5월 9일 5개 시의회에서 50명의 의원을 선출하기 위한 투표를 실시하였다. 이 선거에서는 사상 처음으로 여성에게도 투표권을 부여하고 입후보를 허용하였는데 이 선거는 절대군주제에서 입헌군주제로 전환하기 위해 실시되었다.22)

　　우리가 보통 '직선제'(直選制)라고 하는 것은 '직접선거'를 말하는 것인데, 미묘한 상황도 존재한다. 이것은 '직접선거'나 '간접선거'라는 것이 단순히 형식으로만 이해되는 것이 아니고 그 실질적인 내용이 혼합되어서 이해될 수도 있기 때문이다. 앞서 '정부형태' 부분에서 대통령제의 특성 중의 하나를 "국민 직선에 의해서 선출되는 행정부의 수반인 대통령"이라고 언급한 바 있다. 그런데 대통령제의 원형(proto-type) 국가인 미국의 대통령선거제도를 보면 형식적으로는 '간선제'(間選制)라고 부를 수 있지만, 내용은 '직접선거'제도가 함께 혼용되어 있는 제도이다. 연방제 국가인 미국의 대통령선거제도는 각 주(州)별로 배정된 '선거인단'(electoral college)이 지지할 대통령 후보자를 결정한다. 이를 위해서 대통령 후보에게 바로 투표하는 것이 아니고, 첫 번째 단계로 각 후보에 대한 지지를 공표한 선거인단(electoral college)에게 투표한다. 거의 모든 주는 '승자독식제도'(winner-take-all system: 한 표라도 더 많은 표를 얻은 쪽이 그 주에 배당된 선거인단 수를 모두 확보하는 것)를 채택하며, 후에 주별로 선출된 선거인단들이 모두 함께 모여서 대통령을 선출한다.23) 개별 유권자 입장에서 본다면, 대통령에게 직접투표하지 않았지만, 직접 투표한 것과 다른 효과를 가져온다고 하기도 어려운 것이다.24) 왜냐하면, 대통령 후보자에 대한 지지를 천명

---

22) 「중앙일보」, 2002년 5월 11일, 8쪽.
23) 선거인단확보방식에서 메인주와 네브라스카주는 승자독식제도가 아니다.
24) 미국선거에서 전체유권자의 수와 선거인단 확보의 수가 다른 경우가 문제가 될 수 있다. 주별로 선거인단의 수가 다른 가운데, 단순다수제(승자독식제도)를 병행할 때 나타나는 현상이다. 만약, 선거인단의 숫자가 많은 주에서는 박빙으로 패하여 모든 선거인단을 잃고, 선거인단의 숫자가 적은 주에서는 큰 격차로 승리하면서 선거인단을 확보할 때 해당 현상이 나타날 것이다. 미국에서 전체 유권자와 선거인단의 의사가 다르게 나타날 수 있는 상황에는 두 가지 경우가 있다. ① 주의 선거인단이 모든 주별 선거인단이 모두 모였을 때 뜻을 배신하는 경우인데, 미국대선에서 선거인단이 개별 유권자의 표심을 배반하는 경우를 '불충실한 선거인단'(faithless electorate)이라고 한다. 불성실한 선거인단을 처벌하는 조항을 갖는 주(24개주)도 있고 그렇지 않은 주도 있다. 2016년 현재, 불성실한 선거인단이 발생한 경우는

한 중간자에게 직접 투표한 것은 결국 대통령에게 직접 투표한 것으로 해석되며, 이는 연방제 국가라는 틀 속에서 첫 번째 단계로 개별 주단위의 합의를 중시(즉, 승자독식제도를 통해서 주별 합의를 하나로 통합)한 가운데 대통령을 뽑고, 두 번째 단계로 50개 주가 모두 모여서 대통령을 뽑는 제도인 것이다. 정리하면, 주별 선거인단이 대리로 투표하는 것은 연방제 국가에서 주별 단위의 합의를 기반으로 한다는 정신을 반영한 것이다. 유권자는 심리적으로 선거인단의 유무와 상관없이 자신이 원하는 후보자에게 투표한다고 느끼게 된다.

　한국의 제4공화국 '유신체제'(1972~1979)에서 대통령선거제도는 국민들의 대통령 선호와 간접선거인단의 선호가 별개인 '간접선거'였다. 대통령직은 임기 6년으로 연임이 가능한데, '통일주체국민회의'에서 선출했다. 통일주체국민회의는 국민의 직접선거에 의하여 선출된 2,000인 이상 5,000인 이하의 대의원으로 구성되며, 자격조건은 30세 이상인 자로 조국의 평화적 통일을 위하여 국민주권을 성실히 행사할 수 있는 사람이라고 규정하여 대통령 후보나 정당에 대한 지지와 선호 조항과는 상관이 없었다. 토론 없이 무기명투표로 대통령을 선거했고, 의장은 대통령이 맡았으며, 대의원의 자격심사와 징계 및 그 밖의 필요한 사항을 심의하게 하기 위해 의장이 지명하는 20인 이상 50인 이하의 대의원으로 구성되는 운영위원회가 있었다. 5공화국에서도 '대통령선거인단'을 통해서 대통령이 간접 선출되었는데, 4공화국에서와 마찬가지로 단일 후보에 대한 찬성과 반대로 대통령이 선출되었으므로 대통령선거인단의 대통령선출은 국민들의 의사를 반영하는 것과는 거리가 멀었다.

20여 차례 있었지만 그 결과 대통령선거결과가 뒤바뀐 경우는 한 번도 없었다. ② 전체 유권자의 득표에서 앞서면서도 선거인단 확보에서 뒤지는 경우이다. 모두 5번의 사례가 있었다. 전국 득표수에서는 뒤졌지만 선거인단이 많아서 대통령에 오른 후보는 민주공화당 존 퀸시 애덤스(1824), 공화당 러더퍼드 헤이스(1876), 공화당 벤저민 해리슨(1888), 공화당 부시(2000), 공화당 트럼프(2016)이다. 특히 존 애덤스의 경우에는 선거인단 과반수 득표자가 없어서 하원에서 결정하였고, 부시는 선거개표상의 관리문제가 논란이 된 상황이었으나, 대법원의 판결을 통해서 재투표를 하지 않았다.

투표권과 의무투표제

■¹ 투표권

세계의 여러 국가들에서 국민들에게 투표권을 부여하는 연령은 일정하지 않다. 다음 [표 7-2]에서 보는 바와 같이 가장 어린 나이에 투표권을 부여하는 국가들은 16세부터 부여하며 가장 많은 나이에 부여하는 국가들은 21세에 부여한다. 16세에 투표권을 부여하는 국가들은 니카라과, 브라질, 에콰도르, 쿠바의 4개국이며 전체 196개국 중 2.1%를 차지한다. 17세부터 투표권을 부여하는 국가들은 동티모르, 북한, 인도네시아, 세이셸, 수단의 5개국으로 전체 국가들의 2.6%를 차지한다. 18세부터 투표권을 부여하는 국가들을 보면 아시아에서는 몽골, 베트남, 중국, 태국, 파키스탄, 필리핀 등 23개국이며 중동에서는 바레인, 이라크, 이스라엘, 이집트, 터키 등 12개국이다. 아프리카에서는 세이셸, 수단, 카메룬, 튀니지를 제외한 46개국이 18세에 투표권을 부여한다. 유럽에서도 오스트리아와 모나코를 제외한 25개국 모두가 18세에 부여한다. 중남북미에서는 니카라과, 브라질, 에콰도르, 쿠바의 4개국을 제외한 48개국 모두가 18세에 부여한다. 오세아니아에서도 뉴질랜드, 오스트레일리아 등 11개국이 18세에 부여한다. 이처럼 18세에 투표권을 부여하는 국가들은 전체 196개국들 중에서 165개국으로 전체의 84.2%를 차지하여 세계의 대다수 국가들이 18세부터 투표권을 부여함을 알 수 있다. 많은 국가들이 성년의 나이를 21세에서 18세로 낮추면서 투표연령도 18세로 낮추었는데 영국에서는 1969년에 투표연령을 18세로 낮추었고 오스트레일리아는 1973년에 21세에서 18세로 낮추었다.[25]

대한민국은 19세에 투표권을 부여하고 있으나 현재 '18세 투표권'이 주장되고 있다. 20세에 투표권을 부여하는 국가들로는 대만과 카메룬, 튀니지, 나우루의 4개국이 있다. 이들은 전체 국가들의 2.6%에 해당된다. 가장 많은 나이인 21세에 투표권을 부여하는 국가들로는 아시아에서 말레이시아, 몰디브, 싱가포르, 파키스탄이 있으며, 중

---

25) Department of Foreign Affairs and Trade, Government of Australia, "Australia's System of Government," Fact Sheet No. 1(January, 1995), p. 4.

동에서는 레바논, 사우디아라비아, 오만, 쿠웨이트가 있다. 아프리카에서는 가봉과 중앙아프리카공화국이 있고 유럽에서는 모나코가 유일하다. 오세아니아에서는 사모아, 솔로몬군도, 통가, 피지가 있다. 이처럼 21세에 투표권을 부여하는 국가들은 모두 15개국으로 전체 국가들의 7.7%에 해당된다.

각국의 투표 연령을 대륙별로 보면 [표 7-2]와 같다.26) 모든 국가들에서 투표권을 부여하는 연령은 대통령선거, 하원의원선거, 상원의원선거 등에서 동일하게 적용하고 있으나 이탈리아에서만은 하원의원선거에서는 18세 이상, 상원의원선거에서는 25세 이상에게 투표권을 부여한다.

거의 모든 국가들은 자국의 시민권자에게만 투표권을 부여하는데 극히 일부 국가들에서는 외국인에게도 투표권을 부여하고 있다. 영국과 아일랜드에서는 (상대 국가의 시민으로) 자기 국가에 거주하는 사람들에게 하원의원선거에서 투표참여를 허용하고 있으며27) 네덜란드, 노르웨이, 덴마크, 스웨덴에서도 장기 거주 외국인에게 지방선거에서 투표권을 부여한다. 국가적인 차원에서의 선거와는 달리 지방수준의 선거에서는 일정 기간 거주한 외국인에게도 투표권을 부여하는 국가들이 많이 있다.

대부분의 국가들에서 징역형을 살고 있는 사람이나 정신병동에 수감된 사람들에게는 투표권을 주지 않는다. 일부 국가에서는 문자해득 여부를 투표권의 자격으로 규정하고 있으며 그러한 예로는 태평양의 섬나라인 통가를 들 수 있다.28) 미국 남부의 일부 주에서는 문자해득을 투표권의 요건으로 규정한 적이 있었으나 연방법은 이러한 차별을 위헌으로 규정하였다. 남아프리카공화국은 1995년까지 백인에게만 투표권을 주었다.29)

---

26) 쿠웨이트에서는 군인, 공무원에게는 참정권을 주지 않는다.
27) Michael Gallagher, Michael Laver and Peter Mair, *Representative Government in Modern Europe,* 2nd ed. (New York: McGraw-Hill, 1995), p. 272. 영국은 영연방국민들에게 준다.
28) 브라질은 1985년에 이러한 자격규정을 철폐하였다.
29) Philip Laundy, *Parliaments in the Modern World* (Aldershot, England; dartmouth, 1989), p. 14.

┃표 7-2┃ 세계 각국의 투표권 부여 연령

대륙\연령	아시아	중동	아프리카	유럽	중남북미	오세아니아
16세				오스트리아	니카라과, 브라질, 에콰도르, 쿠바	
17세	동티모르, 북한, 인도네시아		세이셸, 수단			
18세	네팔, 라오스, 몽골, 미얀마, 방글라데시, 베트남, 부탄, 스리랑카, 아프가니스탄, 우즈베키스탄, 인도, 일본, 중국, 카자흐스탄, 캄보디아, 키르기스스탄, 타지키스탄, 태국, 투르크메니스탄, 파키스탄, 필리핀	그루지야, 바레인, 북키프로스터키공화국, 시리아, 아르메니아, 아제르바이잔, 예멘, 요르단, 이라크, 이스라엘, 이집트, 카타르, 키프로스, 터키, 팔레스타인	가나, 감비아, 기니, 기니비사우, 나미비아, 나이지리아, 아프리카공화국, 니제르, 라이베리아, 레소토, 르완다, 리비아, 마다가스카르, 말라위, 말리, 모로코, 모리셔스, 모리타니, 모잠비크, 베냉, 보츠와나, 부룬디, 부르키나파소, 상투메 프린시페, 세네갈, 소말리아, 스와질란드, 시에라리온, 알제리, 앙골라, 에리트레아, 에티오피아, 우간다, 잠비아, 적도기니, 지부티, 짐바브웨, 차드, 카보베르데, 케냐, 코모로, 코트디부아르, 콩고공화국, 콩고민주공화국, 탄자니아, 토고	그리스, 네덜란드, 노르웨이, 덴마크, 독일, 라트비아, 러시아, 루마니아, 룩셈부르크, 리투아니아, 리히텐슈타인, 마케도니아, 몬테네그로, 몰도바, 몰타, 벨기에, 벨라루스, 보스니아헤르체고비나, 불가리아, 산마리노, 세르비아, 스웨덴, 스위스, 스페인, 슬로바키아, 슬로베니아, 아이슬란드, 아일랜드, 안도라, 알바니아, 에스토니아, 영국, 우크라이나, 이탈리아(하원), 체코, 크로아티아, 포르투갈, 폴란드, 프랑스, 핀란드, 헝가리	가이아나, 과테말라, 그레나다, 도미니카공화국, 도미니카연방, 멕시코, 미국, 바베이도스, 바하마, 베네수엘라, 벨리즈, 볼리비아, 세인트루시아, 세인트빈센트그레나딘, 세인트키츠네비스, 수리남, 아르헨티나, 아이티, 앤티가바부다, 엘살바도르, 온두라스, 우루과이, 자메이카, 칠레, 캐나다, 코스타리카, 콜롬비아, 트리니다드토바고, 파나마, 파라과이, 페루	뉴질랜드, 키리바시, 마샬군도, 마이크로네시아, 바누아투, 북마리아나군도, 오스트레일리아, 키리바시, 투발루, 파푸아뉴기니, 팔라우
19세	대한민국					
20세	대만		카메룬, 튀니지			나우루
21세	말레이시아, 몰디브, 싱가포르, 파키스탄	레바논, 사우디아라비아, 오만, 쿠웨이트	가봉, 중앙아프리카공화국	모나코		사모아, 솔로몬군도, 통가, 피지
25세				이탈리아(상원)		

자료출처: https://www.cia.gov/library/publications/the-world-factbook. 2010년 1월 13일 검색. 자료를 참조하여 저자가 작성하였다.

■² 의무투표제

대부분의 국가들에서 투표는 국민의 권리이다. 그러나 일부 국가들에서는 투표를 의무로 규정하고 있다. 의무투표제를 채택하는 이유는 투표율을 높이기 위해서이며 의무투표제를 채택하고 있는 국가들의 투표율은 90%를 넘는다. [표 7-3]에서 보는 바와 같이 의무투표제를 실시하고 있는 국가들은 35개국으로 아시아에서는 북한, 싱가포르, 태국 등 5개국이 있으며 중동에서는 이집트, 터키 등 4개국, 유럽에서는 그리스, 벨기에 등 5개국이 있다. 중·남미대륙에서는 많은 국가들이 의무투표제를 채택하고 있는데 멕시코, 브라질, 아르헨티나, 칠레, 페루 등 15개국이 있다. 오세아니아에서도 오스트레일리아를 비롯하여 나우루, 피지가 의무투표제를 채택하고 있다.

오스트레일리아에 의무투표제가 도입된 것은 1924년이었지만 퀸스랜드주에서는 1915년부터 의무투표제를 채택했다. 브라질에서는 의무투표제를 채택하고 있으나 16세와 17세, 그리고 70세 이상은 의무투표제가 적용되지 않으며 문자해득이 가능한 사람 가운데 18세부터 70세까지만 투표가 의무이다. 파라과이에서는 18세 이상 60세 이하는 투표가 의무이다. 페루에서도 18세 이상 70세 이하는 투표가 의무이

┃ 표 7-3 ┃ 투표가 의무인 국가들

대 륙	국 가
아시아	북한, *싱가포르, 태국
중 동	레바논(남성), 이집트(1956), *키프로스(1960), *터키
아프리카	가봉
유 럽	그리스(1926), *룩셈부르크(1919), *리히텐슈타인(1862), *벨기에(남성 1919; 여성 1949), *스위스(1904; 샤프하우젠 칸톤)
중·남미	과테말라, 도미니카공화국, 멕시코, 볼리비아(1952),** *브라질(18~70세), *아르헨티나(1912), *에콰도르(1936), 온두라스, *우루과이(1934), *칠레(1925), 코스타리카(전국선거), 파나마, 파라과이(18~75세), *페루(1933)
오세아니아	*나우루(1965), *오스트레일리아(1924), *피지

괄호안의 숫자는 의무투표제를 도입한 연도.
 *표시를 한 국가들은 의무투표제를 시행하고 있는 국가들이며 *표시가 없는 국가들은 의무투표제를 법으로는 규정하고 있으나 의무투표제를 강제로 적용하고 있지는 않은 국가들이다. 의무투표제를 시행하는 국가들에서는 투표를 하지 않을 경우에 법적으로 제재를 받지만 강제로 적용을 하지 않고 있는 국가들에서는 투표를 하지 않더라도 아무런 불이익을 당하지 않고 있다. 이러한 국가들에서는 의무투표제를 실제로 적용하고 있는 국가들에 비해 투표율이 낮다.
**볼리비아에서 기혼자는 의무적으로 투표를 해야 한다. 투표권은 18세부터 주어지지만 21세 이상은 모두 의무투표를 해야 한다.
자료출처: http://www.idea/int/vt/compulsory_voting.cfn 검색자료를 참조하여 저자가 작성하였다.

다. 룩셈부르크, 코스타리카, 파라과이에서는 의무투표제를 전국선거에서만 적용하며 지역선거에는 적용하지 않는다. 스위스에서는 샤프하우젠 칸톤에서만 투표가 의무이다. 이집트에서는 남성의 경우에만 투표가 의무이다.30)

　　의무투표제를 실시하고 있는 국가들에서 유권자들이 투표를 하지 않으면 벌금, 사회봉사 등의 제재가 가해지며 벌금을 내지 않거나 사회봉사명령을 이행하지 않으면 구속될 수도 있으나 제재의 정도는 국가에 따라 차이가 있다. 벌금을 납부하게 하는 국가들에서 벌금액이 많지는 않다. 오스트레일리아에서 투표를 하지 않은 유권자에게는 지역 선거관리위원회가 3개월 내에 통지서를 보낸다. 투표하지 않은 유권자는 지역 선거관리위원회에 정당하고도 충분한 이유를 알려야 하며 그렇지 않으면 20달러의 벌금을 내야 한다. 유권자가 정당한 소명도 하지 않고 20달러 벌금도 물지 않으면 법원은 최대 50달러의 벌금을 부과할 수 있으며 이 벌금을 내지 않으면 법원은 사회봉사의 명령을 내리거나 재산을 차압하거나 또는 단기간의 징역형을 명할 수가 있는데 이러한 결정은 해당 선거구의 법원의 결정에 따라 다르며 선거관리위원회가 결정하는 것은 아니다.31) 싱가포르에서는 투표를 하지 않으면 500싱가포르달러의 벌금을 물어야 하며 이를 납부하지 않으면 선거인명부에서 제외하여 투표권을 박탈한다. 오스트리아에서는 투표를 하지 않은 사람의 소명을 들은 후 벌금을 부과한다.

　　벨기에에서는 한 번 투표하지 않으면 10유로 벌금, 두 번째 투표하지 않으면 20유로의 벌금을 부과하며 15년 동안 4번 투표하지 않으면 10년간 투표권을 박탈한다. 이 기간 동안에는 공직에 임명되거나 승진하는 것이 불가능하며 훈장도 받을 수 없다. 페루와 그리스에서 투표불참자는 정부가 제공하는 혜택을 중지당할 수 있다. 볼리비아의 투표불참자는 은행으로 입금된 봉급을 3개월간 인출할 수 없다.32) 멕

---

30) 네덜란드에서는 1970년까지는 의무투표제였으나 그 이후에 폐지하였다. Ruud Koole and Montique Leijenaar, "The Netherlands: The Predominance of Regionalism," in Michael Gallagher and Michael Marsh, *Candidate Selection in Comparative Perspective* (London: SAGE Publications, 1988). p. 191.

31) Australian Electoral Commission, *Electoral Backgrounder*, No. 17 (october, 2007), pp. 2－3.

32) http://en.wikipedia.org/wiki/Compulsory_voting. 2009년 11월 26일 검색.

시코에서는 일 년 동안 신용거래를 정지시키며 브라질에서는 그 지역 최저임금의 3~10%에 해당되는 벌금과 공직 제한, 여권취득 제한, 사회보장기금이나 연금혜택에서 불이익[33]을 준다.

태국에서는 투표에 불참한 유권자는 그 사유를 선거위원회에 알려야 하며 그 사유가 납득할만한 것이 아니거나 또는 알리지 않으면 다음과 같은 권리를 상실한다. 첫째는 하원의원, 상원의원, 지방단체장, 지방의원 등 각종 선거에서 후보자가 될 수 없으며 위의 선거에서 후보자를 추천할 권리도 상실한다. 둘째, 국회나 지방의회에 입법청원권을 상실하며 소환요구권도 상실한다. 리히텐슈타인과 스위스에서도 투표를 하지 않은 사람은 소명 후 벌금을 부과한다. 의무투표제를 채택하고 있는 국가들 중의 일부는 이를 강제로 집행하지 않고 있다.[34] 일부 국가들은 의무투표제를 채택하였다가 폐지하였다. 베네수엘라는 1990년대 중반까지 의무투표제를 실시하다가 폐지하였으며, 네덜란드는 1917년부터 1967년까지, 이탈리아는 1940년대까지 의무투표제를 실시했다.

피선거권

투표권을 갖는 사람은 선거에 입후보하는 피선거권자가 될 수 있다. 그러나 대부분의 국가에서 선거에 출마하는 사람은 특별한 자격요건을 갖춰야 한다. 가장 일반적인 자격요건은 연령으로 일정 연령 이상이 되어야 후보가 될 수 있다. 후보가 될 수 있는 연령은 국가에 따라 다르며 양원제인 국가에서는 일반적으로 상원의원 후보가 될 수 있는 연령이 하원의원 후보가 될 수 있는 연령보다 높다.[35]

[표 7-4]에서 보는 바와 같이 단원제 국가에서 가장 어린 나이에 의원후보가 될 수 있는 연령은 17세이다. 단원제 국가나 양원제의

---

33) 중앙선거관리위원회, 『외국의 선거제도 비교분석집, 1-2』(서울: 중앙선거관리위원회, 2005), 497쪽. 그러나 16-18세, 70세 이상의 선거인 및 문맹자는 제외된다.

34) Maria Gratschew, "Compulsory Voting in Western Europe" International Institute for Democracy and Electoral Assistance, *Voter Turnout in Western Europe Since 1945: A Regional Report,* http://www.idea.int/publications, 2005년 8월 25일 검색.

35) 이란에서는 대통령에 출마하는 후보에 대해 연령 면에서 아무런 규정이 없다.

하원의원 후보 피선거권으로 가장 높은 연령은 30세이다. 이러한 국가들로는 중동의 이라크, 이란, 이집트, 쿠웨이트, 터키와 아프리카의 나이지리아, 남미의 도미니카연방을 들 수 있다.

상원의원의 경우에는 피지가 21세를 피선거권 연령으로 정하고 있어 가장 낮으며, 일부 국가는 30세부터 후보가 될 수 있도록 하고 있다. 이러한 국가로는 미국, 일본, 인도, 캐나다를 들 수 있다. 가장 높은 피선거권 연령은 40세로 이러한 국가로는 벨기에, 이탈리아, 태국이 있다.

일부 국가들에서는 의원후보가 문자해독자일 것을 자격요건으로 삼으며 이러한 국가들로는 감비아, 말라위, 보츠와나, 시에라리온, 싱가포르, 잠비아, 카메룬, 케냐, 코스타리카, 필리핀을 들 수 있다. 칠레에서는 중등교육 이상의 교육을 받아야 후보가 될 자격이 있다.

대부분의 국가들에서 후보가 되기 위해서는 공탁금을 내야 하며 공탁금은 선거법이 규정한 비율 이상의 득표를 할 때에는 후보에게 반환된다.[36] 싱가포르에서는 의회의원 연간 수입의 8%에 해당하는 금액을 공탁해야 한다. 이 공탁금은 후보가 유효투표의 8분의 1 이상을 득표하면 후보에게 반환한다.

▌표 7-4▐ 의회의원의 피선거권 연령

대륙	연령	국가
아시아	17	동티모르, 북한
	18	몰디브, 중국
	21	라오스, 말레이시아(하), 베트남, 싱가포르, 인도네시아, 키르기스스탄
	23	대만
	25	네팔, 대한민국, 몽골, 방글라데시, 부탄(하), 스리랑카, 아프가니스탄(하, 상), 우즈베키스탄, 인도(하), 일본(하), 카자흐스탄(하), 캄보디아(하),[37] 태국(하), 투르크메니스탄, 파키스탄(하), 필리핀(하)
	30	말레이시아(상), 인도(상), 일본(상), 카자흐스탄(상), 파키스탄(상)
	35	타지키스탄, 필리핀(상)
	40	캄보디아(상), 태국(상)
중동	18	팔레스타인[38]
	20	바레인
	21	이스라엘
	24	카타르

---

36) Philip Laundy, *op. cit.*, p. 15.
37) 상원과 하원 모두 학사 이상의 학력을 가져야 하며 상원의원은 정당에 속해 있지 않아야 한다.
38) 정상률, "팔레스타인 국민정부의 의회선거제도와 정치변동," 이정희 외『지구촌의 선거와 정당-정치적 선택의 메카니즘』(서울: 한국외국어대학교출판부, 2007), 209쪽.

대륙	연령	국가
중동	25	그루지야, 레바논, 시리아, 아랍에미리트, 아르메니아, 아제르바이잔, 예멘, 키프로스
	30	사우디아라비아, 오만(하), 요르단(하), 이라크, 이란,39) 이집트, 쿠웨이트, 터키(하)
	40	오만(상), 요르단(상), 터키(상)
아프리카	18	남아프리카공화국(하, 상), 리비아, 모잠비크, 보츠와나, 상토메프린시페, 소말리아, 앙골라(하, 상), 콩고공화국, 콩고민주공화국
	21	가나, 감비아, 기니비사우, 라이베리아(하, 상), 레소토(하, 상), 르완다(하), 부룬디, 브르키나파소, 수단(하, 상), 시에라리온, 에티오피아, 잠비아, 짐바브웨(하), 코모로 탄자니아
	23	케냐, 코트디브아르
	25	나미비아(하), 마다가스카르(하), 말라위, 말리, 모로코, 모리셔스(하), 베냉, 스와질란드(하), 지부티(하), 차드, 카메룬, 카보베르데, 토고
	28	가봉, 알제리(하), 튀니지
	30	나이지리아(하), 마다가스카르(상), 지부티(상)
	35	나이지리아(상), 모리셔스(상), 스와질란드(상), 우간다
	40	르완다(상), 알제리(상), 짐바브웨(상)
	45	나미비아(상)
유럽	18	노르웨이, 덴마크, 독일, 마케도니아, 몬테네그로, 몰도바, 몰타, 보스니아헤르체고비나, 세르비아, 스웨덴, 스위스(하), 스페인, 슬로베니아, 아이슬란드, 안도라, 알바니아, 크로아티아, 키프로스, 포르투갈, 핀란드, 헝가리
	19	오스트리아(하)
	20	리히텐슈타인
	21	라트비아, 러시아(하), 룩셈부르크, 벨라루스, 불가리아, 슬로바키아, 아일랜드, 에스토니아, 영국, 우크라이나, 체코(하), 폴란드
	23	루마니아(하), 프랑스(하)
	25	그리스, 네덜란드(하, 상), 리투아니아, 모나코, 벨기에(하), 북키프로스터키공화국, 산마리노, 이탈리아(하)
	35	루마니아(상), 프랑스(상)
	40	벨기에(상), 이탈리아(상), 체코(상)
중남북미	18	가이아나, 그레나다(하, 상),벨리즈(하, 상), 캐나다(하), 쿠바, 트리니다드토바고(하)
	21	과테말라, 니카라과, 도미니카연방, 멕시코(하), 바베이도스(하, 상), 바하마(하, 상), 베네수엘라, 브라질(하), 세인트루시아(하, 상), 세인트빈센트그레나딘, 세인트키츠네비스, 수리남, 앤티가바부다(하, 상), 온두라스, 자메이카(하, 상), 칠레(하), 코스타리카, 파나마
	25	도미니카공화국(하, 상), 멕시코(상), 미국(하), 볼리비아(하), 아이티(하), 트리니다드토바고(상), 파라과이(하), 페루
	30	미국(상), 아이티(상), 아르헨티나(상), 에콰도르, 우루과이(상), 캐나다(상), 콜롬비아(상)
	35	볼리비아(상), 브라질(상), 칠레(상)
	40	파라과이(상)
오세아니아	18	뉴질랜드, 오스트레일리아(하, 상)
	20	나우루
	21	마샬군도, 사모아, 솔로몬군도, 피지(하, 상), 키리바시, 통가, 투발루
	25	바누아투, 파푸아뉴기니, 팔라우
	30	마이크로네시아

자료출처: 중앙선거관리위원회, 『외국의 선거제도 비교분석집』(2005),
https://www.cia.gov/library/publications/the−world−factbook/geos/bx.html,
http://www.servat.unibe.ch/icl, http://encyclopedia.thefreedictionary.com, http://www.
ipu.org/english/home.htm, http://aceproject.org 등을 참조하여 저자가 작성하였다.

---

39) 후보는 이슬람신자여야 하며 종교지도자와 법률가들로 구성된 혁명수호위원회가
    총선후보들이 이슬람 가치를 충실히 따르는지 사전 심사한다. 예외적으로 소수 종
    교에 할당되는 5석의 후보들은 이슬람이 아니라 그 종교의 신자여야 한다. 「중앙
    일보」, 2008년 3월 17일, 17쪽.

선거의 시기, 선거운동기간, 투표시간

■¹ 선거의 시기: 동시선거와 개별선거

선진국들에서는 선거가 정기적으로 실시되지만 일부 후진국들에서는 선거가 부정기적으로 실시되는 경우가 많았다. 선거가 정기적으로 실시되지 않았던 국가들을 보면 중동의 레바논에서는 내전 때문에 1972년부터 1992년까지 20년간 의회의원선거가 실시되지 않았고 1992년 8월과 9월에 처음 선거가 실시되었다. 요르단에서는 1956년 이후 33년만인 1989년 11월에 첫 하원의원선거를 실시하였고 37년만인 1993년 11월에 처음으로 복수정당제하에서 선거를 실시하였다.

내각제 국가들에서 의회의원선거를 실시하는 시기는 정부를 맡고 있는 총리의 판단에 의해 결정된다. 총리는 자신의 정당에 대한 국민들의 지지도가 가장 높다고 판단되는 시점에서 언제든지 선거를 실시할 수 있다. 예를 들어 태국의 탁신 친나왓 총리는 2005년 2월 6일의 총선을 통해 구성된 하원을 1년 후인 2006년 2월 24일에 해산한 후 4월 2일에 총선을 실시하였다. 그러나 노르웨이는 내각제 국가이면서도 의회의 임기가 4년으로 확정되어 있어 선거시기가 정해져 있으며 집단지도체제국가인 스위스도 마찬가지이다. 따라서 이 국가들에서는 의회의 임기가 끝나기 전에 앞당겨 선거를 실시할 수 없다. 이러한 국가들을 제외한 다른 내각제 국가들에서는 의회의 임기가 헌법에 규정되어 있으나 최소임기는 규정되어 있지 않기 때문에 총리는 언제든지 선거를 실시할 수 있다.

이원집정제 국가인 프랑스에서 선거를 실시할 시기를 결정할 수 있는 사람은 대통령이다. 예들 들어 1988년에 재선된 사회당의 프랑수아 미테랑 대통령은 재집권 직후에 우파 정부의 승인 없이 하원을 해산하고 총선을 실시한 적이 있으며 또한 1996년 선거에서 승리한 우파연합의 자크 시락 대통령은 1997년에 하원을 해산하고 총선거를 실시하였다.

대통령제인 미국에서는 선거일이 짝수 해 11월의 첫째 월요일이 지난 이후의 첫 화요일로 확정되어 있다. 스웨덴에서도 선거일은 9월 셋째 주 일요일로 확정되어 있다. 대한민국에서도 1994년 3월에 제정된 공직선거 및 선거부정방지법에 각종 선거의 선거일을 확정하여 대통령선거는 임기만료일 전 70일 이후의 첫 목요일에 실시하였고 국회의원선거는 임기만료일 전 50일 이후의 첫 목요일에 실시하였다. 그러나 2004년 선거법을 개정하여 대통령선거, 국회의원선거, 지방의회 및 단체장 선거를 수요일에 실시하고 있다. 터키와 필리핀에서는 일요일에 선거를 실시하며 대한민국과 싱가포르에서는 선거일을 공휴일로 정하고 있다.

대부분의 국가들에서는 선거를 하루 동안만 실시하지만 체코에서는 2일간 실시한다. 인도에서는 7억 1,400여명의 유권자가 543명의 하원의원을 선출한다. 오지가 많은 인도는 통상 선거기간이 한 달 정도이고 투표도 하루에 실시하는 것이 아니라 여러 차례에 걸쳐 실시한다. 2009년에 있었던 15대 의회의원선거에서 투표는 4월 16일, 4월 23일, 4월 30일, 5월 7일, 5월 13일의 5회에 걸쳐 실시되었으며 136만 8,000대의 전자투표기로 투표를 하였다. 개표는 투표가 모두 끝난 5월 16일에 시작하였다. 이 선거에는 전국정당 7개와 지역정당 35개 등 42개의 정당들이 참여하였다.[40]

대부분의 국가들에서는 국가의 의회선거뿐만 아니라 주(또는 도)수준의 지역선거와 시나 군 수준의 지방선거를 실시하며, 대통령제 국가에서는 대통령선거가 있다. 또한 유럽연합(European Union)에 가입한 국가들은 5년마다 유럽의회선거도 실시한다.

이처럼 여러 가지 선거를 실시하는 국가들에서는 모든 선거를 동시에 실시하는 국가들이 있는가 하면 각 선거들을 다른 시기에 개별적으로 실시하는 국가들이 있다. 국가에서 실시하는 모든 선거들을 동시선거로 실시하는 국가들로는 미국과 필리핀을 들 수 있다. 동시선거의 장점은 자주 실시되는 선거로 낭비되는 돈을 아낄 수 있다는 점과 다음 선거 때까지의 기간 동안 정부가 정책을 일관성 있게 추진할 수 있다는 점이다. 여러 종류의 선거들을 다른 시기에 실시하는 국가로는 대만, 대한민국과 인도네시아, 일본, 캄보디아를 들 수 있다. 여러 종류의 선거들을 다른 시기에 실시하는 제도의 장점은 자주 선

---

40) 「중앙일보」, 2009년 4월 14일, 16쪽.

거를 실시하게 되면 국민들의 변하는 여론이 선거에 자주 반영될 수 있는 점이다. 또한 선거를 자주 실시하게 되면 정치인들이 계속 국민들의 여론에 관심을 갖고 신경을 쓴다는 점이다. 대통령제 국가나 이원집정제 국가에서 대통령선거와 의회선거를 동시에 실시하게 되면 두 선거가 상호작용을 하여 대통령을 배출한 정당이 의회선거에서도 다수를 차지할 가능성이 높아지며 이에 따라 분점정부(divided government)가 생길 가능성이 줄어든다.

▮표 7-5▮ 국가선거와 지역선거를 동시에 실시하는 국가들

대륙	국가
아시아	라오스, 말레이시아,[41] 방글라데시, 스리랑카, 인도네시아, 필리핀
중동	오만, 요르단
아프리카	가나, 나미비아, 남아프리카공화국, 니제르, 라이베리아, 말라위, 모잠비크, 보츠와나, 부룬디, 우간다, 잠비아, 중앙아프리카공화국, 카보베르데, 케냐, 콩고민주공화국, 탄자니아, 튀니지
유럽	보스니아헤르체고비나,[42] 세르비아, 스웨덴
중남북미	가이아나, 과테말라, 그레나다, 니카라과, 도미니카공화국, 멕시코, 미국, 바베이도스, 볼리비아, 브라질, 세인트빈센트그레나딘, 세인트키츠네비스, 아이티, 에콰도르, 엘살바도르, 온두라스, 우루과이, 자메이카, 칠레, 코스타리카, 파나마, 파라과이, 페루
오세아니아	팔라우

자료출처: https://www.cia.gov/library/publications/the-world-factbook   2015년 11월 13일 검색자료를 참조하여 저자가 작성하였다.

동시선거를 실시하는 필리핀은 대통령선거, 부통령선거, 상원의원선거, 하원의원선거, 주지사선거, 부지사선거, 주 의회선거, 시장선거, 부시장선거, 시의회선거 모두를 동시에 실시한다. 대한민국은 대통령선거, 국회의원선거, 지방선거를 다른 시기에 실시하지만 지방선거만은 기초의회 의원과 광역의회 의원 그리고 기초단체장과 광역단체장 선거의 4가지를 동시에 실시하고 있다. 투표용지는 6장(광역의원과 기초의원의 경우 정당명부식 비례대표제 의원을 선출하기 위한 투표용지가 별도)이 별개로 되어 있다. 선거를 동시선거제로 할 것인가 아니면 개별

---

41) 보르네오섬에 있는 사바와 사라와크에서는 의회의원선거와 주의회선거를 별도로 실시한다.
42) 대통령선거와 국회의원선거는 동시에 실시하나 지방선거는 별도로 실시한다.

선거제로 할 것인가의 선택은 그 국가에서 분점정부를 피하는 것이 중요한가 아니면 국민들의 여론을 자주 반영하는 것이 중요한가를 고려하여 결정하는 것이 합리적이다.

■² 선거운동기간과 투표시간

선거운동기간은 국가에 따라 다르다. 선거운동기간이 가장 짧은 국가는 말레이시아의 7일이다. 싱가포르의 의회의원 선거운동기간은 법률에서는 9일부터 8주간으로 규정되어 있고 선거관리위원회가 결정하도록 되어 있다. 그러나 실제로는 최단 기간인 9일이 적용되고 있다. 일본의 중의원 선거운동기간은 12일이며 참의원 선거운동기간은 17일이다. 대한민국의 국회의원과 지방자치단체장, 그리고 지방의회의원의 선거운동기간은 13일이며 대통령 선거운동기간은 23일이다. 영국의 선거운동기간은 21일이며[43] 캐나다는 36일로 상당히 길다. 미국과 오스트리아에는 선거운동기간에 제한이 없다.

선거를 실시하는 요일과 선거일의 휴일 여부는 국가에 따라 차이가 있다. 또한 투표시간도 국가에 따라 차이가 있다. 많은 국가들은 투표를 일요일이나 법적 공휴일에 실시한다. 주중에 선거를 실시하는 국가들 중에는 대한민국, 필리핀, 영국처럼 선거일을 공휴일로 하는 국가들이 있으며 그 이유는 투표율을 높이기 위한 것이다. 그러나 다른 국가들에서는 주중에 선거를 실시할 경우 근무를 하면서 투표하고 있다.

투표시간은 빠르게는 오전 6시에 시작하는 국가가 있고 7시나 8시 또는 9시에 시작한다. 투표가 끝나는 시간이 가장 빠른 국가는 필리핀의 오후 3시가 있으며 영국처럼 오후 10시까지 투표를 실시하는 국가도 있다.

■³ 부재자 투표

선거일에 투표를 할 수 없는 유권자에게는 선거일 전에 미리 투표를 할 수 있게 하는 부재자 투표가 있다. 국내에 거주하는 유권자에 대한 부재자 투표는 터키 등 일부 국가를 제외한 거의 모든 국가들에서

---

43) 장원석, "스위스연방의 직접민주주의: 2008년 6월 1일 국민투표를 중심으로," 「국제정치논총」 제48집 4호(2008), 82쪽.

실시하고 있으며 사전에 투표한 투표지를 우편으로 거주지 선거관리위원회에 발송하면 선거일 개표 시에 함께 개표한다. 해외에 거주하는 국민들에게는 해외부재자 투표를 일부 국가에서 허용하고 있다. 이러한 국가로는 아시아의 대만, 대한민국, 필리핀, 남미의 멕시코, 유럽의 덴마크, 독일, 스웨덴, 오스트리아, 핀란드를 들 수 있다. 대만의 경우에는 대통령선거와 부통령선거에만 해외 부재자 투표를 실시하며 국회의원선거와 지역선거에는 허용하지 않는다. 대한민국에서는 2008년에 법을 개정하여 해외에 거주하는 국민들에게 부재자투표를 허용하기로 하였다. 해외 부재자 투표를 허용하는 국가들은 [표 7-6]과 같다.

▎표 7-6▎ 해외 부재자 투표를 허용하는 국가들

지역	해외 부재자 투표를 허용하는 국가들
아시아	대한민국, 라오스, 말레이시아, 방글라데시, 싱가포르, 아제르바이잔, 아프가니스탄, 우즈베키스탄, 인도, 인도네시아, 일본, 카자흐스탄, 키르기스스탄, 타지키스스탄, 태국, 필리핀
중동	시리아, 예멘, 오만, 이스라엘, 이라크, 이란, 터키
아프리카	가나, 가봉, 기니, 기니비사우, 나미비아, 남아프리카공화국, 니제르, 레소토, 르완다, 말리, 모리셔스, 모잠비크, 베냉, 보츠와나, 상투메프린시페, 세네갈, 수단, 알제리, 앙골라, 적도기니, 중앙아프리카공화국, 지부티, 짐바브웨, 차드, 카보베르데, 코트디브아르, 토고, 튀니지
유럽	그루지아, 그리스, 네덜란드, 노르웨이, 덴마크, 독일, 라트비아, 러시아, 루마니아, 룩셈부르크, 리투아니아, 리히텐슈타인, 몰도바, 벨기에, 벨라루스, 보스니아헤르체고비나, 불가리아, 스웨덴, 스위스, 스페인, 슬로베니아, 아이슬란드, 아일랜드, 에스토니아, 영국, 오스트리아, 우크라이나, 이탈리아, 체코, 크로아티아, 포르투갈, 폴란드, 프랑스, 핀란드, 헝가리
중남북미	가이아나, 니카라과, 도미니카공화국, 멕시코, 미국, 베네수엘라, 볼리비아, 브라질, 아르헨티나, 에콰도르, 온두라스, 캐나다, 콜롬비아, 파나마, 페루
오세아니아	나우루, 뉴질랜드, 마샬아일랜드, 마이크로네시아, 바누아투, 오스트레일리아, 팔라우, 피지

자료출처: International Institute for Democracy and Electoral Assistance, *Voting from Abroad: The International IDEA Handbook* (Sweden, Internatioal IDEA, 2007), pp. 12-13, http://aceproject.org/epic-en/CDMap?question=VO004. 2010년 1월 18일 검색자료를 참조하여 저자가 작성하였다.

해외 부재자 투표를 하는 선거에는 대통령선거, 국회의원선거, 지방선거와 국민투표가 있다. 그러나 해외 부재자 투표를 실시하는 국가들이 위의 네 가지 선거 모두에 적용하는 것은 아니며 국가에 따라 적용하는 선거가 다르다. 예를 들어 어떤 국가는 대통령선거에는 해외 부재자 투표를 실시하지만 국회의원선거나 지방선거에는 해외 부재자 투표를 실시하지 않고 있다. 대한민국도 대통령선거와 국회의원선거에는 해외 부재자 투표를 실시하지만 지방선거나 국민투표에서는 해외 부재자 투표를 실시하지 않는다. 해외 부재자 투표를 실시하는 국가들에서 적용하는 선거의 유형은 다음과 같다.

┃ 표 7-7 ┃ 해외 부재자 투표를 실시하는 국가들에서 적용하는 선거의 유형

선거의 유형	국가의 수	국가
대통령선거에 만 실시	14	도미니카공화국, 멕시코, 베네수엘라*, 베넹, 볼리비아, 브라질, 아프가니스탄, 에콰도르, 온두라스, 중앙아프리카공화국, 차드, 코트디부아르, 튀니지, 파나마
국회의원선거 에만 실시	31	가이아나, 건지, 그리스, 기니비사우, 나우루, 남아프리카공화국, 네덜란드, 독일, 라오스, 레소토, 마샬아일랜드, 방글라데시, 벨기에, 보츠와나, 룩셈부르크, 아제르바이잔, 앙골라, 오만, 오스트레일리아, 이라크, 인도, 일본, 저지, 지브롤터, 짐바브웨, 체코, 태국, 터키, 피지, 핏케언군도
대통령선거, 국회의원선거	21	가나, 그루지야, 기니, 나미비아, 니카라과, 대한민국, 루마니아, 모잠비크, 불가리아, 상토메프린시페, 세네갈, 시리아, 싱가포르, 아르헨티나, 이스라엘, 인도네시아, 적도기니, 지부티, 카보베르데, 크로아티아, 필리핀
대통령선거, 국회의원선거, 국민투표	11	르완다, 몰도바, 슬로베니아, 오스트리아, 우즈베키스탄, 우크라이나, 콜롬비아, 타지키스탄, 페루, 포르투갈, 폴란드
대통령선거, 국회의원선거, 국민투표, 지방선거	6	러시아, 미국, 벨라루스, 아일랜드, 알제리, 토고
국회의원선거, 국민투표	7	라트비아, 스웨덴, 에스토니아, 이탈리아, 캐나다, 쿡아일랜드, 헝가리
대통령선거, 국민투표	7	가봉, 니제르, 리투아니아, 말리, 예멘, 키르기스스탄, 프랑스
다른 유형의 혼합	19	노르웨이, 뉴질랜드, 덴마크, 리히텐슈타인, 마이크로네시아, 말레이시아, 맨섬(Isle of Man), 모리셔스, 바누아투, 보스니아헤르체고비나, 수단, 스위스, 스페인, 아이슬란드, 이란, 카자흐스탄, 팔라우, 포클랜드제도, 핀란드
합계	116	

* 대통령 소환투표에 경우에만 해외 부재자 투표 적용
자료출처: International IDEA, *Voting from Abroad*, p. 17에 대한민국을 추가하였다.

의회의원 선거제도의 유형

　대부분의 국가에서 국회의원은 국민들의 직접선거로 선출한다. 그러나 두 개의 국회를 두고 있는 양원제 국가들에서는 하원의원을 선출하는 방법과 상원의원을 선출하는 방법이 다른 국가들이 많다. 하원의원은 대부분의 국가들에서 국민들이 직접 선출하지만 상원의원은 국민들의 직선이 아니라 지방의원들이나 선거인단이 선출하거나 또는 군주나 대통령이 임명하는 경우가 많이 있다. 먼저 단원제 국가들에서 국회의원과 양원제 국가에서 하원의원을 선출하는 다양한 선거제도를 알아보고, 양원제 국가에서 상원의원을 선출하는 다양한 유형을 알아본다.

　국민들이 국회의원을 선출하는 선거제도에는 어떤 선거구를 단위로 할 때, ㉠ 득표수와 의석수의 비례성을 고려하지 않고 단순히 득표수의 순서나 기준대로 대표를 선출(이런 경우엔 주로 한 명의 대표자를 선출)하는 경우와 ㉡ 득표수의 비례성을 고려하여 대표를 선출(이런 경우엔, 필연적으로 여러 명의 의원을 선출)하는 경우가 있다. 일반적으로, 한 선거구에서 득표수의 순서대로 한 명을 선출하는 경우엔 '다수대표제'를 채택하며, 한 선거구에서 득표수의 비례성을 고려하여 여러 명을 선출하는 경우에는 '비례대표제'(proportional representation)를 채택한다. 일부 국가에서는 이 두 가지 제도를 혼합하여 사용하는 '혼합제'를 채택한다. '다수대표제'는 선거에서 다수를 득표한 후보가 당선되는 제도로서 다시 '단순다수제'(plurality)와 '절대다수제'(majority)의 두 가지가 있다. 단순다수제는 1표라도 많은 후보자가 승자가 되는 방식이고, 절대다수제는 승자가 되기 위해선 투표자의 50% 이상의 지지를 획득해야만 하는 방식이다. '비례대표제'는 선거에서 정당들이 득표한 비율과 정당들이 의회에서 차지하는 의석의 비율을 최대한으로 비슷하게 만드는 것을 목표로 하는 제도이다. 비례대표제는 선거에서 한 정당이 25%를 득표하였다면 의회에서 차지하는 의석도 전체의 25%가 되어야 한다는 논리를 바탕으로 한다. 실제 정치에서는 완벽한 비례성을 보장하는 선거제도는 없지만 비례대표제는 이에 최대한 비슷하게 만들기 위해 노력하는 제도이다. 대통령을 선출하는 선거제도는 앞서 정부형태에서 다루었기 때문에 이 장에서는 국가차원의 의회의원을 선출하는 제도만을 다룬다.

■¹ 한 선거구에서 한 명을 선출하는 선거제도

1 ■ 단순다수 선거제

19세기까지만 해도 대부분의 국가들은 선거에서 단순다수제를 채택하였으나 20세기에 와서 대부분의 유럽 국가들은 비례대표제로 전환하였다. 단순다수 선거제는 선거구에 출마한 후보들 중에서 가장 많이 득표한 한 명의 후보가 당선되는 제도로서 전체 투표수의 50% 이하를 득표하더라도 당선된다.[44] 이 제도는 1인선출 단순다수(single-member plurality)제도라고 불리지만 학술적 용어로는 경마에서 유래하여 '먼저 기준점을 통과하는 것'(first-past-the-post)의 약자로 FPTP라는 명칭을 사용한다.[45] 현재 의회 선거에서 단순다수제를 채택하고 있는 국가들은 [표 7-8]에서 보는 바와 같이 82개국으로 아시아에서는 싱가포르, 인도 하원, 필리핀 상원 등의 20개국, 중동에서는 시리아 등 6개국, 아프리카에서는 나이지리아 하원, 에티오피아 하원 등 24개국, 유럽에서는 영국과 체코의 하원과 폴란드의 상원의 3개국, 중·남·북미에서는 미국의 상원과 하원, 칠레의 상원과 하원, 캐나다의 하원 등 19개국, 오세아니아에서는 바누아투 등 10개국이 채택하고 있다.

영국에서는 2010년 5월 6일에 실시된 선거에서는 처음으로 어떤 정당도 의회의 과반의석을 차지하지 못하였다(hung parliament). 제1당인 보수당은 650석의 과반수인 325석에 못 미치는 306석을 얻었고 노동당은 258석, 자유민주당은 57석을 얻었다. 이에 제1당인 보수당은 5월 11일 선거제도 변화와 관련된 국민투표를 하겠다는 약속을 하고 자유민주당과 제2차 세계대전 이후 최초의 연립정부를 구성하였다.[46] 연립정부를 구성할 때의 약속 이행을 위해 보수당주도의 연립정부는 2011년 5월 5일 기존의 1선거구1인선출 단순다수제(FPTP)를

---

44) 태국에서는 1인 선출구의 경우 단독 후보일 경우에 유효투표의 20% 이상을 얻어야 당선된다. 그 미만일 경우에는 재선거를 실시한다.

45) 경마(競馬)에서 말의 몸체 부분이 조금이라도 먼저 결승선에 도달한 말이 승리한다는 의미로, 획득한 표 수에 상관없이 한 후보자가 상대방 후보자보다 한 표라도 많으면 승리하는 경우를 말한다. 결론적으로, 단순다수제와 동의어라고 생각하면 된다.

46) 김형철, "2011년 영국과 뉴질랜드의 국민투표,"「선거연구」2권 1호(2012 봄), 149쪽.

2명에게 기표하는 종류의 '대안투표제'(alternative vote)로 변경할 것인가를 묻는 국민투표를 실시하였다.[47] 투표율이 41.9%였던 국민투표에서 투표자의 32.1%만이 대안투표제를 찬성하고 67.9%가 반대하여 부결됨에 따라 영국에서는 계속해서 1선거구1인선출 단순다수제를 실시하고 있다. 단순다수 선거제를 실시하는 국가들과 선출하는 의석수는 [표 7-8]과 같다.

┃표 7-8┃ 단순다수 선거제를 실시하는 국가들의 선출의석수

아 시 아
대한민국(300), 동티모르(52/65), 라오스(115), 말레이시아(하 222), 몰디브(77), 몽골(76), 미얀마(상 224, 하 440), 방글라데시(300/350), 베트남(500), 부탄(상 20/25, 하 47), 북한(687), 싱가포르(84), 아프가니스탄(하 249), 인도(하 543/545), 인도네시아(500), 카자흐스탄(하 98/107), 캄보디아(하 123), 키르기스스탄(90), 투르크메니스탄(125), 파키스탄(하 272/342), 필리핀(상 24)

중 동
바레인(하 40), 시리아(250), 아르메니아(41/90), 아제르바이잔(125), 예멘(301), 오만(하 84), 요르단(하 110), 쿠웨이트(50)

아 프 리 카
가나(230), 감비아(48/53), 기니비사우(100), 나이지리아(하 360), 라이베리아(상 30, 하 64), 마다가스카르(하 127), 말라위(193), 모잠비크(250), 베넹(83), 부르키나파소(111), 보츠와나(하 57/63), 부룬디(하 100)[48], 상투메 프린시페(55), 스와질란드(하 55/65), 에리트레아(150), 에티오피아(하 547), 잠비아(150/158), 적도기니(100), 지부티(52/65), 짐바브웨(210), 카메룬(하 170), 카보베르데(72), 코트디부아르(255), 콩고공화국(하 137), 탄자니아(232/274), 토고(81)

유 럽
독일(하 299), 영국(하 646), 체코(하 200), 크로아티아(8/152), 폴란드(상 100)

중 남 북 미
가이아나(65), 그레나다(하 15), 도미니카공화국(상 32), 도미니카(21/30), 미국(상 100, 하 435), 바베이도스(하 30), 바하마(하 41), 베네수엘라(167), 벨리즈(하 31), 볼리비아(하 77/130), 브라질(상 81), 세인트루시아(하 17), 세인트빈센트그레나딘(15/21), 세인트키츠네비스(11/14), 수리남(51), 에콰도르(116/137), 앤티가 바부다(17), 자메이카(하 60), 칠레(상 38, 하 120), 캐나다(하 308), 쿠바(614), 트리니다드토바고(41)

오세아니아
나우루(18), 마샬군도(33), 마이크로네시아(14), 바누아투(52), 북마리아나군도(상 9, 하 20), 사모아(49), 솔로몬군도(50), 투발루(15), 파푸아뉴기니(109), 팔라우(하 16)

* 이 표에 포함된 국가들은 직선으로 선출하는 의회의원들의 선출방법이 단순다수제를 채택하는 국가들이다. 이 표에는 모든 의회의원을 단순다수제로 선출하는 국가들뿐만 아니라 대부분의 의회의원들을 단순다수제로 선출하면서 극히 일부의 의원은 군주 또는 대통령이 임명하는 국가들도 포함하였다.
** (/)로 표시된 것은 (선출의석/전체의석)을 의미한다.
*** (하)는 양원제의 하원을 의미하며 (상)은 상원을 의미한다.
자료출처: https://www.cia.gov/library/publications/the-world-factbook 2016년 1월 5일 검색자료를 참조하여 저자가 작성하였다.

---

47) 위의 책, 148쪽. 후보들에게 선호를 기표하여 '기준득표수' 이상의 1명을 선출하는 제도.
48) 부룬디의 하원의원은 최소 100석이며 이 중의 60%는 후투족에서, 40%는 투치족에서 선출하며 전체의 30%는 여성에게 할당한다. 또한 소수 종족들의 대변을 위해 선거관리위원회가 추가 의석을 임명한다.

단수다수 선거제에서 기표방법은 투표지에 열거된 후보들 중에서 유권자가 선택하는 후보의 옆에 있는 빈 칸에 표시를 한다. 기표는 대한민국에서는 ⑪ 표가 각인된 도구로 표시하지만 서유럽이나 미국 등 다른 모든 국가들에서는 직접 표기하는 경우 X표로 표시한다. 대한민국 17대 국회의원선거(2004)는 299석의 국회의원을 선출했다. 이 중에서 243석을 '지역구'에서 단순다수제로 선출하고 56석은 '전국구' 비례제로 선출했는데, 이때 사용한 투표용지는 [그림 7-1]과 같다.

┃그림 7-1┃ 대한민국 투표용지

대한민국의 투표용지에는 기호, 소속 정당 그리고 후보의 성명이 인쇄되어 있다. 기호순서는 국회에서 의석수가 가장 많은 정당순서로 정하며 의석이 없는 정당에게는 정당 이름의 가나다 순서로 다음 기호를 부여한다. 무소속 후보들은 성명의 가나다 순서로 다음 기호를 받는다. 하원의원선거에서 단순다수제를 채택하고 있는 영국의 투표용지([그림 7-2])에는 후보의 성명, 후보의 집주소, 소속 정당 이름이 인쇄되어 있으며 순서는 후보의 성(last name)의 알파벳 순서로 한다. 따라서 [그림 7-2]에 있는 아라비아 숫자는 기호가 아니다.

┃그림 7-2┃ 영국의 단순다수 선거제 투표용지

VOTE FOR ONE CANDIDATE ONLY

1	**GRIFFIN** Theresa Griffin of 16 Dovedale Road, Liverpool L18 1DW Labour Party	
2	**MORRIS** Richard James Morris of 46 Croxteth Road, Liverpool L8 3SQ Liverpool Green Party	
3	**MUIES** Gabriel Muies of 26 Loudon Grove, Liverpool L8 8AT Independent	
4	**PRIDDIE** Hulbert Llewelyn Priddie of 10 Lesseps Road, Liverpool L8 0RD Liberal Democrat	
5	**ZSIGMOND** Carol Ann Zsigmond of 43 Rodney Street, Liverpool L1 9EW Conservative Party Candidate	

단순다수 선거제는 투표방법이나 투표계산에서 간단명료하다는 장점이 있다. 또한 선거구에서 선출하는 의회의원이 한 명이기 때문에 유권자들이 자신들을 대표할 사람을 선출한다는 의식이 강해 의회의원과의 일체감이 강한 장점이 있다.

그러나 단순다수 선거제에는 많은 문제점들이 있다. 단순다수 선거제의 첫 번째 문제는 각 정당이 선거에서 득표하는 비율과 정당이 의회에서 차지하는 의석비율의 비례성이 매우 낮다는 것이다. 극단적인 경우에는 한 정당이 모든 선거구에서 단순다수만을 획득하고도 의회의 전체 의석을 차지할 수 있으며 다른 정당들은 한 명의 당선자도 못 낼 수가 있다. 또한 다수 의석을 획득한 정당의 후보들은 적은 득표 차로 당선되고 소수 의석을 차지한 정당의 후보들은 큰 득표 차로 당선된다면 전체적으로는 득표수가 적은 정당이 의회의 다수 의석을 차지할 수도 있다. 이 제도에서는 한 선거구에 출마한 후보의 수가 많을수록 비(非) 비례성은 더욱 커진다. 만일 한 선거구에 3명의 후보가 출마하여 비슷한 득표를 하였을 경우 한 후보는 34%의 득표만으로도 당선될 수 있다. 후보의 수가 많아지면 더 적은 득표로도 당선될 수 있다.

　단순다수 선거제가 초래하는 대표적인 왜곡현상은 1993년 10월의 캐나다 선거에서 극명하게 나타났다. 그 이전의 1988년 선거에서 진보보수당은 전국적으로 43%를 득표하여 169석을 갖는 집권당이 되었으나 1993년 10월 총선에서는 전국적으로 16%를 득표하였지만 전체 295석 중에서 2개의 의석밖에 얻지 못하는 참패를 하였다. [표 7-9]에서 보는 영국의 1987년 선거결과도 단순다수제 선거에서 정당의 득표율과 의회에서 차지하는 의석비율이 얼마나 비(非) 비례적인가를 잘 보여준다.

| 표 7-9 | 영국의 1987년 하원의원 선거결과

정 당	득 표 율	의 석 수
보 수 당	42%	374석
노 동 당	27%	227석
자유-사회민주당연합	25%	22석

자료출처: Michael Gallagher, Michael Laver and Peter Mair, *Representative Government in Modern Europe*, 2nd ed. (New York: McGraw-Hill, 1995), P. 276.

　단순다수 선거제의 두 번째 문제는 [표 7-9]에서 보듯이 규모가 큰 정당들에게는 유리하고 군소 정당에게는 매우 불리한 제도라는 것이다. 자유당과 사회민주당연합은 전국적으로 25%의 득표를 하여 노동당의 27%와 득표 차가 2%p에 불과하였다. 그러나 의석 면에서는 노동당이 227석을 얻었고 자유당과 사회민주당의 연합은 22석밖에 얻지 못해 노동당의 10분의 1정도밖에 되지 않았다. 노동당이 27%의 득표로 227석의 의석을 차지한 것은 노동당에 대한 지지가 노동계급이 많이 사는 지역에 집중되어 있는 데 비해 자유－사회민주당연합은 많은 선거구에서 2등이나 3등을 하였으나 특정 지역에서 집중적 지지를 받지 못했기 때문에 당선자가 적었기 때문이다. 따라서 이러한 선거제도에서는 정당이 전국의 선거구에서 지지를 받기보다는 특정 지역에 지지자들이 집중되어 있을 때에 유리하다. 이러한 경우는 근래의 대한민국선거들에서 자주 나타났으며 1987년 이후 민주정의당, 민주자유당, 한나라당, 새누리당은 영남지역에서 평화민주당, 새정치국민회의, 열린우리당, 민주당은 호남지역에서 그리고 자유민주연합, 자유선진당은 충청지역에서 집중적인 지지를 받아 1당이나 2당, 또는 3당의 지위를 확보했다.

단순다수 선거제의 세 번째 문제는 선거에서 패배한 후보들에게 투표한 모든 표는 사표(死票)가 되어 버리는 점이다. 따라서 이 선거제도에서는 당선자가 아닌 후보에게 투표한 모든 유권자들은 선거결과에 한 번밖에 그들의 의사가 반영되지 않는다. 이 점은 다음에서 논의하는 다른 선거제도와 비교할 때 단순다수 선거제의 결정적인 단점이며, 유권자들의 의사를 여러 단계에서 최대한으로 반영하려는 다른 선거제도에 비해 불리한 점이다.

단순다수 선거제의 네 번째 문제는 많은 유권자들이 당선가능성이 낮은 정당의 후보에게 투표하여 자신의 투표가 사표가 되는 것을 원하지 않기 때문에 자신이 가장 선호하는 제3당이나 군소 정당의 후보에게 투표를 하지 않고 차선의 후보에게 투표하는 전략적 투표(strategic voting)를 한다는 점이다. 어떤 선거제도에서든 유권자들은 어느 정도 전략적 투표를 하지만 단순다수 선거제에서는 이러한 성향이 강하게 나타난다. 이처럼 많은 유권자들이 자신이 선호하는 후보에게 투표를 하지 않고 차선의 후보에게 투표를 하게 되면 유권자들의 뜻과는 다른 선거결과가 나올 수 있다.

2 ▪ 절대다수 선거제

한 선거구에서 한 명을 선출하는 선거제도에서 다수제의 두 번째 방법은 절대다수 선거제이다. 절대다수 선거제는 전체 유효 투표수의

50% 이상을 획득한 후보가 당선되는 선거제도로서 두 가지 유형이 있다. 첫 번째 유형은 절대다수 선호투표제(preferential or alternative vote)를 실시하는 오스트레일리아 하원의원 선거의 유형이며, 두 번째 유형은 1차 투표에서 50% 이상의 다수를 득표하는 후보가 없을 경우에 2차 투표를 실시하는 결선투표제 유형이다.

▪ 1) 절대다수 전면적 선호투표제

절대다수 선호투표제는 투표는 한 번만 실시하면서 유효 투표수의 50% 이상을 득표한 후보가 당선되는 제도이다. 이 제도에서 선호투표제란 유권자들이 후보를 선호하는 정도에 따라 후보들에게 서열을 부여하는 기표방법을 말한다. 이 제도를 채택하고 있는 국가는 오스트레일리아로서 150명의 하원의원을 선출하는데 전면적 선호투표제49)(full preferential voting system)를 채택하고 있다. 오스트레일리아가 영국의 식민지였던 19세기 중엽에는 영국의 선거제도인 1선거구 1인 선출 단순다수제를 채택하였다. 그러나 이 선거제도를 실시하는 과정에서 매표(買票)나 유권자에 대한 협박 등의 불법행위가 만연하자 여러 가지의 선거제도 개혁을 추진하였으며50) 이의 일환으로 1892년에 퀸즈랜드 주가 전면적 선호투표제를 채택하였고 1902년부터는 전국적으로 채택하였다.

오스트레일리아의 하원의원선거에 적용하고 있는 전면적 선호투표제에서는 한 선거구에서 한 명의 의원을 선출하며51) 후보는 유효투

---

49) 슬로바키아에서는 비례대표제를 채택하고 있지만 선호투표제를 실시하고 있다.

50) 선거제도의 개혁으로 빅토리아주는 1855년에 비밀투표제를 실시하였고 남 오스트레일리아주는 1856년에 직업이나 재산정도에 관계없이 모든 성인 남성에게 투표권을 부여하였는데 이것은 세계에서 처음이었다. 1892년에는 남 오스트레일리아주가 대영제국에서는 처음으로 여성들에게 투표권을 부여하였다. 모든 오스트레일리아인들이 투표권을 얻은 것은 1901년에 연방이 결성되면서 실시된 1902의 연방선거에서였다. 한 유권자에게 복수의 투표권을 주는 것은 여러 지방에서 1890년대까지 계속되다가 모든 주들이 1인1표제를 채택하면서 폐지되었다. 의무투표제는 퀸즈랜드 주에서 1915년에 도입되었고 전국적으로는 1924년에 도입되었다. 투표의무 불이행에 대한 벌금은 많지 않았지만 의무투표제의 도입 이후 투표율은 이전의 50% 이하에서 평균 90% 정도로 올라갔다. 상원의원 선거에서 비례대표제를 도입한 것은 1940년대였고 1973년에는 투표연령을 21세에서 18세로 낮추었다. 1975년에는 2개의 준주(territory)에 대해 상원의원을 배당했다. 오스트레일리아는 1984년 2월에도 선거개혁을 실시하여 선거공영제와 선거비용을 공개하는 제도를 도입했다.

51) 상원의원 76석의 선거는 단기이양식 투표제로 실시하며 선거구 단위는 주나 준주

표의 절대다수를 획득하여야 당선된다. 투표방법은 [그림 7-3]에서 보는 바와 같은 투표용지에 있는 모든 후보들에 대해 유권자의 선호도에 따라 가장 지지하는 후보부터 1, 2, 3, 4···의 순서를 기입한다. 이때 선호도의 순서표시는 모든 후보에게 해야 하기 때문에 전면적 선호투표제라 한다. 모든 후보에게 선호도에 따른 순서표시를 하지 않으면 그 투표지는 무효가 된다. [그림 7-3]에서와 같이 한 선거구에 22명의 후보가 출마하였는데 21명까지만 순서를 적고 나머지 한 명에게는 표시를 하지 않았다면 그 투표지는 무효가 된다. 후보들 중에서 1번 번호를 유효투표의 50% 이상 받으면 당선된다. 만일 1번 번호를 50% 이상 받은 후보가 없으면 1번 번호를 가장 적게 받은 후보를 탈락시키면서 그가 얻었던 투표지에서 2번 선호를 받았던 후보에게 그 표를 이양한다. 이러한 이양 후에도 50% 이상을 받는 후보가 없으면 다시 남은 후보들 중에서 1번 번호를 가장 적은 표를 얻은 후보를 탈락시키면서 그가 받았던 표에 2번이나 3번으로 선호도가 표시된 후보에게 다시 그 표들을 이양한다. 이런 방식을 반복하다가 어느 후보가 50% 이상을 얻게 되면 그의 당선이 확정된다.

　이 방법에 대해서는 1번 선호로 표를 받은 후보와 2번이나 그 이하의 선호로 표를 받은 후보 사이의 선호도에 대한 정도를 구별하지 않고, 또 한 선거구에서 한 명밖에 뽑지 않기 때문에 완전한 비례성이 확보되지 못한다는 비판이 있다. 그러나 절대다수 선호투표제의 첫 번째 장점은 유권자의 입장에서 볼 때 자신이 1번 선호로 지지한 후보가 당선되지 못하더라도 2번 또는 3번으로 선호하는 후보들에게 계

로 6개의 주에서 각기 12석의 상원의원을 선출하고 2개의 준주에서는 2석씩을 선출한다. 상원의원선거에서는 정당투표를 할 수도 있다. 즉 유권자들은 후보들에 대한 선호도에 따라 순서를 적지 않고, 한 정당이나 무소속을 선택해서 기표하면 사전에 그 정당이 선거관리위원회에 제출한 순서대로 투표가 된 것으로 계산한다. 상원의원선거에서 후보들은 절대다수가 아니라 기준수보다 많은 표를 얻으면 당선된다. 기준수는 전체 투표수를 그 선거구에 배당된 의원의 수에 1을 더한 숫자로 나눈 것이다. 어떤 후보가 기준수보다 한 표를 더 얻게 되면 그는 당선된다. 이때 당선된 후보가 받은 표 중에서 당선에 요구되는 표들을 제외한 나머지 표들은 필요가 없기 때문에 투표지에 표시된 선호도에 따라 다음 후보에게 이양된다. 이러한 방식을 반복하면서 그 주에서 뽑는 상원의원의 숫자가 채워지면 개표는 끝나게 된다. 주에서 선출된 상원의원의 임기는 6년으로 3년마다 2분의 1을 개선하지만 준주에서 선출된 상원의원의 임기는 3년으로 매 3년마다 2석씩을 뽑는다. https://www.cia.gov/library/publications/the-world-factbook/geos/as.html. 단기이양식 선거제는 후반부에 자세히 설명되어 있다.

속 표가 이양되기 때문에 유권자의 의사를 계속 선거결과에 반영하려는 배려를 한다는 점이다. 그렇기 때문에 이 선거제도에서 유권자들은 전략적 투표를 할 필요가 없으며 소신투표를 하게 된다.[52] 두 번째 장점은 다음에 논의할 결선투표제와 비교할 때, 이 방법은 1차 투표에서 당선자가 없으면 또 한 번 선거를 실시해야 하는 결선투표에 비해 선거비용을 줄일 수 있고 유권자의 입장에서는 다시 투표장에 나가 투표해야 하는 번거로움을 피할 수 있다.

┃그림 7-3┃ 오스트레일리아의 절대다수 전면적 선호투표 용지[53]

BALLOT PAPER
HOUSE OF REPRESENTATIVES
VICTORIA
ELECTORAL DIVISION OF WILLS

Number the boxes from 1 to 22 in the order of your choice

SAVAGE, Katheryne
INDEPENDENT

KARDAMITSIS, Bill
AUSTRALIAN LABOR PARTY (ALP)

KUHNE, Otto Ernest

PHILLIPS, Richard

KAPPHAN, Will
INDEPENDENT

RAWSON, Geraldine
INDEPENDENT

DELACRETAZ, John
LIBERAL

POULOS, Patricia

DROULERS, Julien Paul
INDEPENDENT

FRENCH, Bill
INDEPENDENT

POTTER, F. C.
INDEPENDENT

MURRAY, John
INDEPENDENT

VASSIS, Chris
INDEPENDENT

CLEARY, Philip
INDEPENDENT

FERRARO, Salvatore
INDEPENDENT

GERMAINE, Stan
THE FEDERAL PARTY OF AUSTRALIA

WALKER, Angela
AUSTRALIANS AGAINST FURTHER IMMIGRATION

MACKAY, David
DEMOCRATS

LEWIS, Bob
INDEPENDENT

SYKES, Ian Grant
INDEPENDENT

KYROU, Kon
INDEPENDENT

MURGATROYD

Remember ... number *every* box to make your vote count.
AEC

---

52) Philip Laundy, *op. cit.*, p. 16.
53) 오스트레일리아에서는 1983년 선거법을 개정하여 투표지에 후보자 이름 아래에 정당 명칭을 인쇄하기 시작했다.

■ 2) 결선투표제

절대다수 선거제의 두 번째 유형은 선거에서 유효 투표수의 50% 이상을 획득한 후보가 없을 경우에 결선투표를 실시하는 제도이다. 결선투표는 여러 차례 실시될 수 있으나 유권자들의 직선을 채택하는 경우에는 2차 투표까지만 결선투표를 실시한다. 이 선거방식은 프랑스의 하원의원선거를 비롯한 많은 국가들의 선거에서 실시되고 있다. 임기 5년의 하원의원에 당선되기 위해서는 1차 투표에서 유효 투표수의 절대다수인 50% 이상을 득표해야 하며 동시에 해당 선거구에 등록한 유권자 수의 25% 이상을 득표해야 한다.54) 1차 투표에서 당선자가 나오지 않을 경우에는 등록된 유권자 수의 12.5% 이상을 득표한 후보들만 출마할 수 있는 결선투표를 일주일 후에 실시한다. 12.5% 이상을 득표한 후보가 2명이 안 될 경우에는 최상위 득표자 2명이 결선투표의 후보가 된다. 결선투표에서는 단순다수제로 당선자를 결정하는데 이 때문에 프랑스의 하원의원선거는 절대다수제라기보다는 단순다수제의 성격이 더 강하다는 주장도 있다.55) 프랑스 선거에서는 1차 투표에서 당선되는 후보는 많지 않다. 역대 하원선거에서 1차 투표에서 당선되는 후보는 전체 의석의 15% 정도였으며 1993년 선거에서는 577개의 선거구 중 1차 투표에서 당선자가 결정된 것은 13.9%인 80개 선거구에 불과했다.56)

전 세계적으로 의회선거를 결선투표제를 실시하고 있는 국가들은 [표 7−10]에서 보는 바와 같다. 아시아에서는 러시아의 영향을 받은 우즈베키스탄의 하원의원과 타지키스탄의 하원의원을 선출하는 데 사용되고 있다. 중동에서는 이란과 이집트에서 사용되며 아프리카에서는 가봉의 하원의원, 말리, 모리타니의 하원의원, 중앙아프리카공화국과 코모로, 그리고 콩고공화국의 하원의원을 선출하는 데 사용되고 있다. 유럽에서는 벨라루스와 프랑스의 하원의원과 체코의 상원의원을 선출하는 데 사용되며 중미에서는 아이티의 상원의원과 하원의원,

---

54) 일본의 중의원선거에서 당선되기 위해서는 최소 유효 투표자의 16.7% 이상을 득표해야만 한다.

55) Michael Gallagher, Michael Laver and Peter Mair, op. cit., p. 278.

56) Jürg Steiner, European Democracies, 3rd ed. (White Plains, NY: Longman, 1995), p. 43.

▌표 7-10▐ 결선투표제를 실시하고 있는 국가들

아시아	동티모르(대), 몰디브(대), 베트남(의), 부탄(상, 하), 아제르바이잔(대, 의), 아프가니스탄(대), 우즈베키스탄(대, 의), 인도네시아(대), 키르기스스탄(대), 타지키스탄(대, 의), 투르크메니스탄(의)
중동	레바논(의), 바레인(하), 예멘(대), 이란(대, 의), 이집트(의), 키프로스(의), 터키(대)
아프리카	가나(대), 가봉(대, 하), 기니(대), 기니비사우(대), 나이지리아(대), 니제르(대), 라이베리아(대), 마다가스카르(대), 말리(대, 의), 모리타니(대, 의), 모잠비크(대), 베냉(대), 부룬디(대), 부르키나파소(대), 상투메프린시페(대), 세네갈(대), 세이셸(대), 소말리아(대), 수단(대), 시에라리온(대), 알제리(대), 앙골라(대), 우간다(대), 중앙아프리카공화국(대, 의), 지부티(대), 짐바브웨(대), 차드(대, 의), 카메룬(대), 카보베르데(대), 코모로(대, 의), 코트디부아르(대), 콩고공화국(의), 콩고민주공화국(대)
유럽	러시아(대), 루마니아(대), 리투아니아(대, 의), 마케도니아(대), 벨라루스(대, 하), 불가리아(대), 세르비아(대), 슬로바키아(대), 슬로베니아(대), 안도라(28석 중 14석), 오스트리아(대), 우크라이나(대), 체코(상), 크로아티아(대), 키프로스(대), 포르투갈(대), 폴란드(대), 프랑스(대, 하), 핀란드(대), 헝가리(의)
중남북미	과테말라(대), 니카라과(대), 도미니카공화국(대), 볼리비아(대─의회에서 선출), 브라질(대), 아르헨티나(대), 아이티(대, 상, 하), 에콰도르(대), 우루과이(대), 칠레(대), 코스타리카(대), 콜롬비아(대), 페루(대)
오세아니아	키리바시(의), 파푸아뉴기니(의), 팔라우(대)

* 국가이름 뒤의 (대)는 대통령, (의)는 단원제의회의원, (상)은 상원의원, (하)는 하원의원을 의미한다.
자료출처: http://www.electionguide.org의 검색자료를 참조하여 저자가 작성하였다.

오세아니아에서는 키리바시의 의회의원을 선출하는 데 사용되고 있다.

결선투표제에서는 2차 투표에서 정당들이 어떻게 연합하는가가 선거결과에 큰 영향을 미치기 때문에 결선투표를 앞둔 협상이나 정당연합이 매우 중요하다. 만일 같은 성향의 정당후보들끼리 1차 투표에서 너무 격렬하게 대결하게 되면 이들은 결선투표에서 연합할 가능성이 적어지기 때문에 1차 투표에서 선거운동의 전략을 어떻게 세우는가도 중요한 요인이 된다.

프랑스선거에서 특이한 점은 [그림 7-4]의 프랑스 투표용지에서 보듯이 모든 후보가 후보등록 때 자신의 이름과 함께 예비후보를 등록하며 예비후보의 이름도 투표용지에 오르는 점이다. 투표용지에는 후보의 이름과 직업, 정당이름, 그리고 예비후보의 이름과 직업이 인쇄되어 있다. 프랑스 투표용지의 특징은 한 장의 투표용지에 후보들이 모두 인쇄되어 있는 것이 아니라 후보별로 한 장씩 투표용지를 만들어 선거관리위원회에 제출한다는 것이다. 유권자는 여러 후보들의 투표용지들 중에서 자신이 지지하는 후보의 투표용지를 선택해서 투

ÉLECTIONS LÉGISLATIVES - SCRUTINS DE MARS 93
Département du NORD - 13ᵉ Circonscription

ENTENTE DES ÉCOLOGISTES
GÉNÉRATION ÉCOLOGIE - LES VERTS

Mᵐᵉ DOMINIQUE
MARTIN-FERRARI

Journaliste

Suppléant : RENAUD JOUGLET

Conseiller Municipal de Téteghem

표봉투에 넣은 후 투표함에 넣는다. 어떤 후보가 당선된 후 그가 각료로 입각하거나 사망하게 되면 예비후보가 의원직을 승계하여 의정활동을 한다. 장관들은 상원이나 하원의 의원은 겸직할 수 없지만, 유럽의회나 지방의회의 의원, 주민 2만 명 이상의 시장, 파리시의원 등은 겸직할 수 있다.[57] 이러한 예비후보제는 의원이 사망하거나 자격을 박탈당했을 때 보궐선거나 재선거를 실시하는 데 따른 물적 자원의 낭비를 해소할 수 있기 때문에 바람직한 제도라고 할 수 있다.

결선투표제는 단순다수 선거제보다 장점이 더 많다. 첫째는 이 선거제도에서는 1차 투표에서 낙선한 후보에게 투표했던 유권자들도 결선투표에 출마한 후보들 중에서 자신이 좋아하는 후보를 선택할 기회를 다시 한 번 갖기 때문에, 유권자에게 후보를 선택할 기회를 한 번밖에 주지 않는 단순다수제보다 훨씬 더 유권자를 위한 선거제도이

---

57) 2004년 3월 28일에 실시된 프랑스의 지방의회선거에는 현역 장관 38명 중 19명이 출마하였다. 「동아일보」, 2004년 3월 30일, A15쪽.

다. 둘째로 결선투표제에서는 대부분의 경우 후보가 유권자의 50% 이상의 지지로 당선되기 때문에 당선자의 정당성이 강화된다. 그러나 결선투표제를 실시하는 프랑스에서도 투표결과의 비(非)비례성은 상당히 높게 나오는 문제가 있다. 1988년 프랑스 선거의 경우 프랑스민 주동맹과 공화국을 위한 연대는 37.7%밖에 득표하지 못했으나 의석은 44.6%를 차지하였고, 1993년 선거에서는 39.6%의 득표로 77.87%의 의석을 차지하였다. 단순다수 선거제와 마찬가지로 결선투표제도 큰 정당들에게는 유리하고 군소 정당에게는 불리한 제도이다.

■² 한 선거구에서 여러 명을 선출하는 선거제도

1 ■ 비례대표제

한 선거구에서 여러 명을 선출하는 선거제도는 비례대표제이다. 비례대표제 선거방법은 단순다수 선거제와 절대다수 선거제가 가지고 있는 단점인 정당의 득표비율과 의석비율 사이의 비비례성의 문제를 줄이기 위해 고안된 선거제도이다. 비례대표제는 한 선거구에서 여러 명의 의원들을 선출하기 때문에 정당이 얻은 득표수에 비례하여 의석을 배분한다. 비례대표제에서는 선거구의 크기가 커질수록, 즉 한 선거구에서 뽑는 의원의 수가 많을수록 선거결과의 비례성이 높아진다.

비례대표제는 1899년에 벨기에가 처음 채택하였고 두 번째로는 1906년에 핀란드가 채택하였으며 1920년에는 대부분의 서유럽국가들이 채택하였다. 비례대표제는 영국의 헤어(Thomas Hare), 벨기에의 동트(Victor d'Hondt), 스위스의 하겐바흐 비쇼프(Eduard Hagenbach−Bischoff), 프랑스의 생 라게(Sainte Lague) 등의 학자들이 고안하였다.

비례대표제는 두 가지 유형이 있다. 첫째는 정당명부식(list system) 비례대표제로 비례대표제를 채택하고 있는 대부분의 국가들은 이 방법을 채택하고 있다. 둘째는 단기이양식(Single−Transferable Vote) 비례대표제로 이 방법으로 하원의원을 선출하는 국가는 아일랜드와 몰타의 두 국가밖에 없다. 국민들이 직선하면서 이 방법으로 상원의원을 선출하는 국가는 오스트레일리아뿐이다. 여기에서는 의회의석의 전체를 비례대표제로 선출하는 국가만을 다루며, 의석의 일부는 비례대표제로 선출하고 나머지는 단순다수제나 절대다수제 등의 다른 방법으로 선출하는 국가들은 다음에 논의할 혼합선거제에서 다룬다.

▪1) 정당명부식 비례대표제

비례대표제 선거방법 중에서 대부분의 국가들이 사용하는 방법은 정당명부식 비례대표제이다. 이 제도에서는 해당 선거구에서 선출할 의원의 수와 같거나 적은 수의 후보명부를 정당이 제출하며 유권자는 후보명부를 보고 이들을 공천한 정당에 투표한다.

의회의석 전체를 정당명부식 비례대표제만으로 선출하는 국가들은 [표 7−11]에서 보는 바와 같이 63개국이다. 아시아에서는 스리랑카와 캄보디아 하원의 2개국, 중동에서는 이스라엘, 터키 등 5개국, 아프리카에서는 남아프리카공화국, 앙골라 등 10개국, 유럽에서는 그리스, 노르웨이, 러시아 하원, 스웨덴, 스위스, 아일랜드, 오스트리아, 이탈리아, 포르투갈 등 31개국, 그리고 중남미에서는 브라질 하원, 아르헨티나 하원, 칠레 상원과 하원, 페루 등 15개국이 정당명부식 비례대표제를 채택하고 있다. 오세아니아에서는 정당명부식 비례제만을 채택하는 국가는 하나도 없다.

┃표 7-11┃ 정당명부식 비례대표제 채택 국가들의 의회의원의 수와 선거구 수

국가	의석 수	선거구 수	비 고
아 시 아			
스리랑카	196/225	22	4~20석을 선호투표제. 29석은 전국구
캄보디아(하)	123	23	1~18석. 23개 중 8개 선거구는 1인선출구
중 동			
이라크	275		
이스라엘	120	1(전국)	
키프로스	56/59	6	3석은 소수 종교집단에서 선출
터키	550		
아 프 리 카			
나미비아	72/78	23	6석은 대통령이 임명
나이지리아(상)	109	36	3석씩, 1석은 수도 아부자의 1인 선출구
남아프리카공화국	400	9	200석은 9개주가 선거구. 200석은 전국구58)
니제르	75/83	8	8석은 소수인종선거구에서 단순다수제

---

58) 남아프리카공화국: 하원의 50%는 전국 득표율에 따라 각 정당의 전국 순위별 후보자 명부에서 할당되고 나머지 50%는 각 정당의 지방 순위별 후보자 명부에서

국가	의석 수	선거구 수	비 고
모로코(하)	295/325		30석은 여성을 위한 전국구
모리셔스	62/66	20	3석씩. 1개 선거구는 2석[59]
세네갈	140		70석은 전국구. 50석은 1인 및 다수 선출 선거구
시에라리온	68/80		12석은 추장들을 간선
알제리(하)	462	48	선거구당 최소 4명. 8석은 해외 알제리인에 할당
앙골라	220	18	130석은 전국구. 90석은 18개주에서 5석씩
튀니지	144/163	25	19석은 전국구
유 럽			
그리스	282/300	50	12석은 전국구. 6석은 1인선출구
네덜란드(하)	150	19	4~15
노르웨이	165	19	
덴마크	135/179	17	2~19. 40석은 2단계선거구. 그린랜드와 파로 각 2석
러시아(하)[60]	450		
몰타	65		최대 득표 정당에 추가 의석 제공하여 정국안정
벨기에(하)	150	20	5~48
보스니아헤르체고비나(하)[61]	42*		28석은 보스니아헤르체고비나연방에서 선출하며 14석은 Srpska공화국에서 선출
세르비아	250	29	
스웨덴	349	29	
스위스	195/200	1(전국)	2~42
스페인(하)	348/350[62]	50	5석은 1인선출선거구
슬로베니아(하)	88/90	8	최소 2석 선출. 2석은 2개의 1인선출선거구
아이슬란드	50/63	8	11석씩 선출. 2석은 헝가리와 이탈리아계선거구
아일랜드(하)[63]	166		
안도라	14/28		
알바니아	140	12	
오스트리아(하)	183	9[64]	13석은 전국구 2단계 배분
우크라이나	450	1(전국)	7~36

득표율에 따라 할당한다.

59) 나머지 4석은 소수 인종 대변을 감안하여 대법원이 임명한다.

60) 러시아의 상원의원 168석은 연방을 구성하는 84개 단위의 지도자나 지역의회에서 임명한다.

61) 보스니아헤르체고비나연방의 상원의원 15석은 보스니아계 국민에 5석, 크로아티아계 국민에 5석, 세르비아계 국민에 5석을 배정하며 이들의 선출은 보스니아헤르체고비나연방과 보스니아 내의 세르비아계 국민들의 지역인 Srpska공화국의 의회에서 선출한다.

62) 47개 주는 최소 2석의 하원의석을 보유하고 2개주만 각 1석씩 보유한다. 나머지 248석은 각 주의 인구비례에 따르는데 국민 총인구수를 248로 나누어 배분한다. 이런 식으로 스페인의 하원선거에서는 인구비례와 지역별 동일 안배가 일정 부분씩 혼용되어 있다.
http://blog.daum.net/hansanchodaing/3305320. 2008년 8월 5일 검색.

63) 아일랜드의 상원의원 60석 중의 49석은 5개의 직업단체에서 추천한 후보들을 대상으로 대학들이 선출한다. 나머지 11석은 총리가 임명한다.

64) 9개의 주를 대선거구로, 그 대선거구를 다시 43개의 소선거구로 구분하여 선출하며 3단계에 걸쳐 의석을 배분한다.

국가	의석 수	선거구 수	비 고
이탈리아(하)	630	27	
〃 (상)	315	20	
체코(하)	200	14	
크로아티아(상)	63/68	21	3석씩 선출. 5석은 대통령이 임명
포르투갈	230	22	4석은 해외거주 포르투갈인에게 할당
폴란드(하)	391/460	52	69석은 전국구
핀란드	199/200	14	7~32, 1석은 알란드(Aland)에서 선출
중 남 북 미			
니카라과	70/93	17	20석은 전국구. 3석은 대통령선거 낙선자 3명 임명
멕시코(상)	128[65]	32	한 주당 4석씩
볼리비아(상)	27		
브라질(하)	513	27	8~70석
아르헨티나(하)	257		
앤티가바부다(하)[66]	17		
에콰도르	70/82	20	12석은 전국구
엘살바도르	64/84	14	20석은 전국구
우루과이(하)	99	19	최소 2석
〃 (상)	30/31	1(전국)	1석은 부통령
칠레(하)	120	60	한 선거구에서 2명
〃 (상)	38	19	한 선거구에서 2명
코스타리카	57	7	
콜롬비아(하)	165	33	최소 2석
〃 (상)	100/102[67]	1(전국)	2석은 원주민대표를 전국구로 선출
파라과이(하)	80	17	
〃 (상)	45	1	
페루	120	25	

자료출처: https://www.cia.gov/library/publications/the−world−factbook 2010년 1월 13일 검색자료와 http://en.wikipedia.org/wiki 검색 자료 등을 참조하여 저자가 작성하였다.

이탈리아에서는 전체 의석을 정당명부식 비례제로 선출하는데, 정치안정을 위해 득표를 가장 많이 한 정당이나 정당연합에 추가 의석을 보너스로 부여하여 의회에서 과반수를 차지하도록 하는 선거법을 채택하고 있다. 전국적으로 가장 많은 득표를 한 정당연합 또는 개별 정당에게는 전체 의석의 54%에 해당하는 340석을 우선 배정하기

---

65) 멕시코 상원의원 수는 32개주에 4석씩이 배정되어 128석이다. 투표 결과 의석은 세 가지 방법으로 배분된다. 의석수의 절반인 64석은 최다득표정당에게 배분하고, 의석수의 1/4인 32석은 2위 득표정당에게 배분한다. 나머지 1/4인 32석은 정당득표율에 따라 비례적으로 배분한다.
66) 앤티가바부다 상원의원 17석은 총독이 임명한다.
67) 나머지 5석 중 1석은 수도에서, 2석은 아프로콜롬비아인을 1석은 원주민 대표를, 1석은 해외교포를, 1석은 정치적 소수자 대표를 선출한다.

때문에 그 정당이나 정당연합은 의회에서 안정된 정치를 할 수 있다. 나머지 의석들은 나머지 정당들이나 정당연합이 얻은 득표에 비례하여 배정한다. 각 정당연합이나 정당에게 배분된 의석들은 그들이 각 지역선거구별로 얻은 득표에 따라 배분되며 각 선거구에서는 정당이 결정한 후보명부의 순위에 따라 선출된다. 즉 이탈리아에서는 폐쇄식 정당명부(closed party list)제를 실시한다. 정당연합에 가입한 정당들은 그 연합에서 결정한 총리후보를 지지하는 서약을 해야 한다.

정당명부식 비례대표제는 다음의 다섯 가지 방식 중에서 어떤 방식을 채택하는가에 따라 개별 국가마다 차이가 있다. 첫째는 정당이 선거에서 얻은 득표를 의석으로 전환시키는 방식이며, 둘째는 선거구 단위의 의석배분에서 생길 수 있는 비비례성을 보완하기 위해 이보다 넓은 선거구 단위로 다시 한 번 의석을 배분하는 2단계 의석배분방식의 채택 여부이다. 셋째는 유권자들이 정당에서 제출한 명부에 포함된 개별 후보들에게 직접 투표를 할 수 있는지의 여부이다. 넷째는 봉쇄조항(threshold clause)을 채택하고 있는지의 여부이며, 다섯째는 유권자들이 투표 시에 몇 명의 후보에게 투표할 수 있는가이다.[68]

① **선거의 득표를 의석으로 전환하는 방식**　정당이 한 선거구에서 얻은 득표를 의석으로 전환하는 방식에는 최대 잔여 방식(Largest Remainder System)과 최고 평균 방식(Highest Average System)의 두 가지가 있다.

최대 잔여방식은 선거구에서 각 정당이 얻은 득표수를 기준수로 나누어 얻은 몫의 정수 부분만큼의 의석을 배분하고 미배분의석은 몫의 소수 부분이 큰 정당에 추가로 배분하는 방식이다. 최대 잔여방식에서 사용하는 기준수로는 첫째 '헤어 기준수'(Hare quota or Niemeyer quota)가 있는데 이 기준수는 선거구의 총 유효 투표수를 의석수로 나누어 얻은 몫의 정수 부분으로 정한다. 둘째는 '하겐바흐 비쇼프 기준수'(Hagenbach−Bischoff quota)로 선거구의 총 유효 투표수를 의석수＋1로 나누어 얻은 몫의 정수 부분으로 정한다. 셋째는 '임페리얼 기준수'(Imperial quota)로 선거구의 총 유효 투표수를 의석수＋2로 나누

68) Michael Gallagher, Michael Laver and Peter Mair, *op. cit.,* p. 281.

어 얻은 몫의 정수 부분으로 정한다.

이 세 가지 방법을 구체적 예로 설명하면 다음과 같다. 한 선거구에서 선출하는 의석수가 5석이고 총 유효 투표수가 1000표인 선거구에서 헤어 기준수는 1000/5＝200이 되며 하겐바흐 비쇼프 기준수는 1000/(5＋1)≒166.7 →167이 된다. 또한 임페리얼 기준수는 1000/(5＋2)≒142.8→143이다. 이 선거구에서 A, B, C, D, E의 다섯 개 정당이 얻은 득표수가 485표, 290표, 140표, 75표, 10표라면 세 가지 방법에 의해 얻는 의석수는 [표 7-12]와 같다.

▮표 7-12▮ 헤어, 하겐바흐 비쇼프, 임페리얼 방식에 따른 의석수 배정의 예

정 당	A	B	C	D	E
득표수	485	290	140	75	10
헤어(200)	2.42	1.45(＋1)	0.70(＋1)	0.37	0.05
	2석	2석	1석	0석	0석
하겐바흐 비쇼프 (167)	2.90(＋1)	1.73	0.84(＋1)	0.45	0.06
	3석	1석	1석	0석	0석
임페리얼(143)	3.39	2.03	0.98	0.52	0.07
	3석	2석	0석	0석	0석

[표 7-12]에서 보는 바와 같이 세 가지 방식 중 어느 방식을 채택하는가에 따라 각 정당이 얻는 의석수가 달라진다. 임페리얼 방식과 비교할 때, 헤어 방식이나 하겐바흐 비쇼프 방식에서는 규모가 작은 정당인 C정당이 한 석의 의석을 배정받기 때문에 규모가 작은 정당들에게는 하겐바흐 비쇼프 방식이나 헤어 방식이 이득이 된다. 또한 헤어 방식과 하겐바흐 비쇼프 방식을 비교하면 하겐바흐 비쇼프 방식에서는 가장 큰 정당인 A 정당이 3석을 배정받았으나 헤어 방식에서는 A정당보다 적은 B정당이 의석을 2석 배정받았으므로 헤어 방식은 규모가 작은 정당에게 유리한 방식임을 알 수 있다.

한 선거구에서 정당이 얻은 득표를 의석으로 전환하는 두 번째 방법은 최고 평균방식이다. 이 방식은 각 정당의 득표수를 기준수 대신 제수로 나누어 얻은 몫(평균)이 큰 순서로 의석을 배분하는 방식으로 제수를 계산하는 방식에는 세 가지가 있다. 첫 번째 '동트(D'Hondt) 방식'은 제수가 1, 2, 3, 4,… 이며 제수들의 간격이 1이다. 이 방식은 미국에서 1790년부터 1830년까지 하원 의석을 결정하는 방법으로 사용된 바 있다. 두 번째 '생 라게(Sanit Lague) 방식'은 제수가 1, 3, 5, 7, 9…로 제수들의 간격이 2이다. 이 방식은 1840년부터 1930년까지 미국하원의 의석배분방법으로 사용되었다. 세 번째로 '수정형 생 라게 방식'은 제수가 1.4, 3, 5, 7…로서 간격은 2를 유지하되, 제수들의 시작점을 1.4로 수정한 것이다. 이 방법은 일부 스칸디나비아 국가들에서 사용되고 있다. 이 세 가지 방식을 사용하여, 앞에서 예를 들었던 다섯 개 정당들이 얻을 의석수를 계산하면 [표 7−13]과 같다.

▎표 7-13▎ 동트, 생 라게, 수정형 생 라게 방식에 따른 의석수 배정의 예

정당 방식	득표수	A 485	B 290	C 140	D 75	E 10
동트	1	485	290	140	75	10
	2	242.5	145	70	37.5	5
	3	161.7	96.6	46.6	25	3.3
	의석	3석	2석	0	0	0
생 라게	1	485	290	140	75	10
	3	161.7	96.6	46.6	25	3.3
	5	97	58	28	15	2
	의석	3석	1석	1석	0	0
수정형 생 라게	1.4	346.4	207	100	53.5	7.1
	3	161.7	96.6	46.6	25	3.3
	5	97	58	28	15	2
	의석	3석	1석	1석	0	0

[표 7−13]에서 보는 바와 같이 동트 방식을 적용할 경우의 의석수는 A정당이 3석, B정당이 2석이다. 생 라게 방식과 수정된 생 라게 방식을 적용하면 A정당이 3석, B정당이 1석, C정당이 1석을 얻게 된다. 여기에서 알 수 있는 점은 동트 방식과 비교할 때 생 라게 방식이나 수정된 생 라게 방식은 규모가 작은 정당에게 유리한 의석배분방식이라는 점이다. 그러나 수정된 생 라게 방식과 생 라게 방식 중에서는 수정된 생 라게 방식이 1단계에서 제수가 1.4로 커져 평균이 적어지기 때문에 규모가 작은 정당에게는 불리하다. 동트 방식은 규모가 큰 정당, 특히 제1정당이나 제2정당에게 가장 유리한 방식임을 알 수 있다.

의회의 전체 의석 또는 일부 의석을 정당명부식 비례대표제를 배분하고 있는 국가들이 채택하고 있는 의석배분방법들은 [표 7−14]와 같다.

∥표 7−14∥ 정당명부식 비례대표제에서 정당이 획득한 투표수를 의석으로 전환하는 방식

지역	국가	동트 (하겐바흐 비쇼프)	헤어-니마이어	생 라게	수정 생 라게
아시아	일본	○(하, 상)			
	캄보디아	○			
중동	이스라엘	○			
	팔레스타인			○	
유럽	네덜란드	○			
	노르웨이			○	
	덴마크		○	○(40석)	
	독일		○(하)		
	룩셈부르크	○			
	벨기에	○(하, 상)			
	세르비아	○			○
	스웨덴			△*	○
	스위스	○			
	스페인	○(하)			
	슬로베니아	○(하)			
	오스트리아	○[69]	○		
	이탈리아	○(하, 상)			
	체코	○			
	포르투갈	○			
	폴란드	○			
	핀란드	○			
중남북미	멕시코		○(하)		
오세아니아	뉴질랜드			○	

*전체 349석 중에서 39석의 조정의석 배분 시에는 '생라게'식 사용

위에서 설명한 여섯 종류의 의석배분방식은 모두가 의석의 배분을 득표율에 비례하도록 만들기 위해 고안된 것들이지만 이러한 의석

---

69) 오스트리아에서는 의석의 배분이 3단계에 걸쳐 이루어진다. 1단계와 2단계에서는 각각 소선거구 및 대선거구 득표수를 헤어방식에 따라 배분하며 3단계에서는 각 정당별 전국후보명단에 따라 동트식으로 배분한다.

배분방식 못지않게 중요한 것은 선거구의 크기이다. 정당명부식 비례제를 채택하고 있는 국가들에서 선거구의 크기는 다양하다. 네덜란드, 이스라엘, 가이아나, 카메룬, 소말리아는 전국이 하나의 선거구이다.[70] 그러나 비례대표제를 채택하고 있는 대부분의 국가들은 기존의 주(또는 도)를 선거구의 단위로 한다. 예를 들면 스위스의 하원은 26개의 칸톤과 일치하는 26개의 선거구로 나눈 후 200석의 의석을 각 칸톤의 인구에 비례하여 배분한다. 이에 따라 가장 큰 칸톤인 취리히(Zurich) 선거구에 배당된 의석은 35석이며 가장 적은 5개의 칸톤에 배당된 의석은 각 1석이다. 각 정당의 득표는 칸톤별로 집계한다. 이처럼 전국을 여러 개의 선거구로 나누는 것은 군소 정당에게는 불리하다. 예를 들어 전국이 하나의 선거구라면 200석의 의석 중 1석을 얻기 위해서는 전국적으로 0.5%의 득표만 하면 된다. 그러나 35석이 배정된 취리히선거구에서 1명을 당선시키기 위해서는 정당은 약 3%의 지지를 얻어야 하며 10석을 뽑는 선거구에서는 10% 이상의 득표를 해야 한다.[71]

이처럼 한 선거구에서 뽑는 의원의 평균수가 적을 때에는 각 정당의 득표와 의석배분의 비례성이 낮아진다. 1986년에 프랑스가 비례대표제를 채택하였을 때에 적용된 방식은 한 선거구당 평균 6명을 뽑는 선거구에 동트 방식을 적용하였다. 이 방식에 의한 선거결과는 그 이전의 1선거구 1인 선출 결선투표제에서 보다는 비례성이 높아졌지만 규모가 큰 정당에 유리하였기 때문에 '비(非)비례대표제'라는 비판을 받았다.[72] 스페인에서도 한 선거구당 평균 7명을 선출하여 선거구 규모가 작은데 스페인에서의 비비례성은 비례대표제를 사용하지 않는 영국에서 나타나는 비비례성과 유사한 수준을 나타낸다. 이러한 문제를 극복하는 방법은 한 선거구에서 선출하는 의원의 평균수가 12명 이상이 되

---

70) 네덜란드의 선거구는 전국이 한개 선거구이지만 19개의 행정구역과 일치하는 하부 선거구로 나누어져 있으며 정당들이 원한다면 이들 19개 선거구에 개별적으로 정당의 후보명부를 제출할 수 있다. 후보의 당선결정은 각 정당이 하부 선거구에서 얻은 득표를 모두 합쳐 전국적으로 합계를 낸다. 대부분의 정당들은 하부 선거구마다 다른 후보명부를 제출하는데 이때에는 상당히 복잡한 절차를 적용하여 개별후보의 당선을 결정한다. Ruud Koole and Montique Leijenaar, *op. cit.,* p. 191.
71) Jürg Steiner, *op. cit.,* p. 38.
72) Alistair Cole and Peter Campbell, *French Electoral Systems and Elections since 1789* (Aldershot Goer, 1989), p. 135.

도록 선거구의 규모를 확대하는 것이며 이러한 국가들로는 핀란드, 포르투갈, 룩셈부르크 등을 들 수 있다. 그러나 이러한 거대 선거구에서는 유권자들과 의원들 간의 관계가 소원해진다는 비판도 있다.

② **2단계 의석배분방법** 비례대표제는 정당이 선거구마다 얻은 득표를 의회 의석에 최대한으로 반영하려 하지만 선거구의 크기가 작아여기에서 뽑는 의석수가 적게 되면 각 정당이 얻은 득표율과 차지한의석비율 사이의 비례성이 확보되지 못하는 문제가 있다. 선거구 크기의 문제 때문에 나타나는 이러한 비비례성을 보완하기 위해 의석의배분을 두 단계로 나누어 실시하는 국가들이 있다.[73] 이를 위해 이국가들은 애초에 의석수 중의 일부를 2단계 배분용으로 따로 떼어 놓은 후 남은 의석수를 가지고 선거구를 만든다. 예를 들어 아이슬란드는 전체 의석의 20%, 노르웨이는 5%, 스웨덴은 11%, 독일은 50%를 2단계 차원의 선거구로 따로 배정하며 그리스, 덴마크, 벨기에, 오스트리아도 2단계 의석배정을 하고 있다.

덴마크는 유권자들의 투표를 가장 정확하게 의석에 대변하는 선거제도를 채택하고 있다. 덴마크 의회(Folketing)의 179석 중에서 175석은 덴마크 본국에서 선출한다. 이 중에서 135석은 17개 선거구에서한 선거구당 2석부터 15석까지 선출한다. 나머지 40석은 각 정당이전국적으로 얻은 득표율에 따라 두 번째 단계로 배분한다. 이때 의석은 하겐바흐 비쇼프 방식으로 배분하는데 이 방식은 앞에서 언급한바와 같이 소규모 정당에게 유리한 것으로 각 정당이 얻은 득표수를전체 의석수보다 하나 더 많은 수로 나누어서 결정한다. 이 방식은 동트 방식보다 더 비례적인 결과를 산출한다.

스웨덴의 의회(Riksdag)의석은 349석으로 310석은 29개 선거구에서 정당명부식 비례제로 선출한다. 정당이 각 선거구별로 의석을 배분받기 위해서는 각 선거구에서 12% 이상을 득표해야 한다. 나머지 39석은 비례성을 보완하기 위해 2단계로 배분하는데 각 정당이 전국

---

73) Rein Taagepera and Mathew Soberg Shugart, *Seats and Votes: The Effects and Determinants of Electoral Systems* (New Haven and London: Yale University Press, 1989), pp. 126-133.

적으로 얻은 득표에 따라 결정하며 이때 12% 이상 득표규정에 따라 이득을 본 정당들은 이 배분에서 제외한다. 두 번째 단계의 의석배분을 받기 위해서는 전국적으로 8% 이상의 득표를 해야 한다. 스웨덴에서는 의석배분방법으로 수정된 생 라게 방식을 사용한다. 아이슬란드의 의회(Althing)의석은 63석이며 50석은 8개 선거구에서 선출하며 4석은 레이캬비크시에서 선출하고 9석은 두 번째 단계방식으로 전국적으로 얻은 득표수에 따라 배분한다. 두 번째 단계에서 의석을 배분받기 위해서는 1단계 선거에서 최소한 1명의 당선자를 낸 정당이어야 한다.

이러한 2단계의 선거구를 두는 이유는 각 정당이 선거구에서 얻은 의석수의 부족을 보완해서 가능한 한 의석의 배분비율이 각 정당이 얻은 득표비율에 근접하도록 만들기 위한 것이다. 그리스, 벨기에, 오스트리아에서는 두 번째 단계의 선거구를 미리 결정해 두지는 않지만 결과적으로 나타나는 비례적 효과는 비슷하다. 2단계 선거구에서 당선자를 결정하는 방법은 1단계 선거구에서 사표(死票)가 된 표들을 전국단위의 선거구로 다시 모은 후, 각 정당이 얻은 득표비율에 따라 2번째 단계의 선거구에 할당된 의석을 각 정당에게 배분하는 것이다. 따라서 이 방법은 사표를 줄이고 정당의 득표율과 의석비율의 비례성을 높이는 효과가 있다.[74]

의회의원 선거제도에서 한 후보가 여러 개의 선거구에 출마하는 것을 허가하는 국가들이 있다. 노르웨이에서는 19개의 군(county)이 선거구를 구성하며 한 선거구에서 4명부터 15명까지의 의원을 선출한다. 후보들은 여러 선거구에 동시에 출마할 수 있으며 하나 이상의 선거구에서 당선되면 자기가 봉사할 선거구를 결정한다.[75] 이러한 제도는 독일과 일본의 하원선거에서도 채택하고 있다. 일본의 하원인 중의원의 의원 480명은 1구1인선출 선거구에서 300명을 뽑고 한 선거구에서 6명부터 29명까지 뽑는 11개의 비례대표 선거로 180명을 뽑는다. 이때 1구1인선출 선거구에 출마하는 후보는 그 선거구가 포함되어 있는 비례선거구에도 후보가 될 수 있다. 두 곳에서 모두 당선되

74) Michael Gallagher, Michael Laver and Peter Mair, *op. cit.*, p. 283.
75) 노르웨이는 선거를 통해 의원들을 뽑은 이후 이들 중의 4분의 1인 49석으로 상원을 구성하는 독특한 제도를 가지고 있다.

면 1구1인선출구의 의원이 된다. 독일 하원의원선거에 출마하는 후보들은 1구1인선출 지역선거구에 출마하면서 동시에 정당명부식 비례제 선거구에 후보가 될 수 있다. 따라서 1구1인선출 지역선거구에서는 낙선하더라도 정당명부식 비례제로 국회의원에 당선되는 경우가 있다. 100명의 국회의원을 비례대표제로 뽑는 라트비아에서도 후보는 여러 선거구에 동시에 출마가 가능하다.[76]

③ **유권자들의 투표방법**　정당명부식 비례제를 채택하는 국가들에서 유권자들이 투표지에 기표하는 방법에는 두 가지가 있다. 첫째는 유권자들이 정당에 투표하는 방식이며 이때 당선자는 정당이 제시한 후보명부의 순서대로 당선된다. 둘째는 정당이 제시한 후보명부를 유권자들이 그대로 받아들인다는 표시로 정당에게 투표하거나 또는 정당이 제시한 명부상의 후보들 중에서 자기가 선호하는 후보를 개별적으로 선택해서 투표하는 방식이다. 이때에는 후보들 중에서 많은 표를 얻은 후보들이 당선된다.

ⓐ **정당에 투표하는 방법(폐쇄형 정당명부식)**　정당명부식 비례제를 채택하는 국가들 중에서 다수 국가들에서는 유권자들이 정당에만 투표할 수 있다. 이 제도에서 당선자는 정당이 제출한 명부에 있는 후보들의 순위에 따라 결정되기 때문에 누가 의회의원으로 당선되는가는 유권자들보다는 정당조직이나 정당의 지도자가 결정한다. 이러한 제도를 비선호(non-preferential)투표제라 부르며 이러한 정당명부를 폐쇄형 정당명부(closed party list)라 한다.

ⓑ **정당명부 중에서 유권자가 개별 후보를 선택하는 방법(개방형 정당명부식)**　정당명부식 비례제를 채택하고 있는 국가들 중에서 일부 국가들은 유권자들에게 보다 많은 선택권을 부여하기 위해 정당이 제시한 후보명부들 중에서 유권자가 지지하는 후보를 개별적으로 선택하도록 하고 있으며 이러한 제도를 개방형 정당명부식(open list) 비례제 또는 선호

---

76) http://www.electionguide.org/elections. 2014년 4월 3일 검색.

| 그림 7-5 | 스페인의 폐쇄형 정당명부식 비례제 투표용지

ELECCIONES A CORTES GENERALES 1989
ELLECCIONS A CORTS GENERALS 1989

DIPUTDOS
DIPUTATS

BARCELONA

Doy mi voto a la candidatura presentada por:
Dono el meu vot a la candidatura presentada per:

CONIVERGENCIA I UNIO
(C.I.U.)

MIQUEL ROCA i JUNYENT*(C.D.C.)*
JOSEP M.ª CULLELL, i NANDAL*(C.D.C.)*
JOSEP M.ª TRIAS DE BES i SERRA*(C.D.C.)*
LLIBERT CUATRECASAS i MEMBRADO*(U.D.C.)*
RAFAEL HINOJOSA i LLCENA*(C.D.C.)*
MARIA EUGENIA CUENCA iVALERO*(C.D.C.)*
FRANCESC HOMS i FERRET*(C.D.C.)*
JORDI CASAS i BEDOS*(U.D.C.)*
LLUIS MQUEL RECODER i MIRALLES*(C.D.C.)*
PEAE BALTA i LLOPART*(C.D.C.)*
ANTONI CASANOVAS i BRUGAL*(U.D.C.)*
SANTIAGO MARTINEZ i SAURI*(U.D.C.)*
JOSEP NICOAS DE SALAS i MORENO*(C.D.C.)*
SARA BLASI i GUTIERREZ*(C.D.C.)*
MARCEL RIEA i BOU*(C.D.C.)*
IGNASI JOANIQUET i SIRVENT*(U.D.C.)*
LLVIS ARBORX i PASTOR*(C.D.C.)*
JOAN GRAU i TARRUELL*(C.D.C.)*
JOSEP M.ª OLLER i BERENGUER*(C.D.C.)*
RAMON TOMAS i RIBA*(U.D.C.)*
YOLANDA PIEDRA i MANES*(C.D.C.)*
JOAN USART i BARREDA*(C.D.C.)*
LLUIS BERTRAN i CASAS*(C.D.C.)*
OLGA CAMPMANY i CASAS*(C.D.C.)*
MIOUEL SANCHEZ i LOPEZ*(C.D.C.)*
ANA M.ª PAREOES i ROORIGUEZ*(C.D.C.)*
JOAN MASAFRET i CADEVALL*(C.D.C.)*
MARTA VIGAS i GINESTA*(U.D.C.)*
ALFONS CASAS i PADRO*(C.D.C.)*
JOSET, MASSO i PADRO*(C.D.C.)*
FRANCESC XAVIER MIRET i VOISION*(C.D.C.)*
VICTOR PEIRO i RIUS*(U.D.C.)*

Suplentes-*Suplents*

ANA M.ª DEL VALLE i ROORIGUEZ*(C.D.C.)*
ALBERT TUBAU i GARCIA*(C.D.C.)*
MIQUEL COLL i ALENTORN*(U.D.C.)*

(preferential)투표제라 한다. 정당명부에 등재되어 있는 후보들 중에서 개별 후보를 선택하게 하는 제도는, 정당의 지도자가 독단적으로 후보명부의 순서를 결정하고 유권자는 이를 무조건 받아들여야 하는 단점을 극복할 수 있다는 점에서 바람직한 제도이다.

이 제도에서는 정당이 결정한 후보들의 순서가 우선권을 갖지만 만일 어떤 후보가 유권자들로부터 많은 표를 얻으면 순위가 바뀔 수도 있다. 유권자가 정당명부상에 있는 개별 후보를 선택할 수 있는 국가들 중에서도, 유권자가 다수의 후보에게 투표할 수 있는 제도를 채

▮표 7-15▮ 정당명부식 비례제에서 폐쇄명부제와 개방명부제를 채택하는 국가

대륙	국가
폐쇄명부제(76)	
아시아(12)	네팔(601석 중 335석), 대만(113석 중 34석), 동티모르, 몽골(76석 중 28석), 일본(하원: 300석 중 180석), 카자흐스탄(하원: 107석 중 98석), 캄보디아, 키르기스스탄, 타지키스탄(하원 63석 중 22석), 태국(하원 500석 중 125석), 터키, 필리핀(291석 중 58석)
중동(6)	그루지야, 시리아, 아르메니아(131석 중 90석), 요르단(하원: 150석 중 27석), 이스라엘, 이집트(하원: 498석 중 332석)
아프리카(26)	기니(114석 중 76석), 기니비사우, 나미비아(하원), 남아프리카공화국(하원), 수단(하원 450석 중 180석), 니제르(113석 중 105석), 레소토(120석 중 40석), 리비아(200석 중 80석), 르완다(하원 80석 중 53석), 모로코, 모리타니(하원 146석 중 40석), 모잠비크(250석 중 248석), 베냉, 부르키나파소, 부룬디(하원: 140석 중 100석), 상투메프린시페, 세네갈(120석 중 55석), 세이셸(34석 중 9석), 알제리(하원), 앙골라, 적도기니(하원), 지부티(65석 중 13석), 짐바브웨(상원: 80석 중 60석, 하원 270석 중 60석), 카보베르데, 토고, 튀니지
유럽(19)	노르웨이, 독일(하원), 러시아(하원), 루마니아(상원과 하원), 불가리아, 마케도니아, 몬테네그로, 몰도바, 세르비아, 스페인(하원), 슬로베니아(하원: 90석 중 88석), 아이슬란드, 안도라(24석 중 12석), 알바니아, 우크라이나(450석 중 225석), 이탈리아(하원), 크로아티아, 포르투갈, 헝가리(386석 중 210석)
중남북미(11)	가이아나, 과테말라, 니카라과(92석 중 90석), 멕시코(상원: 1128석 중 32석과 하원: 500석 중 200석), 베네수엘라(167석 중 65석), 볼리비아(상원, 하원: 130석 중 53석), 아르헨티나(하원), 엘살바도르, 우루과이(상원과 하원), 칠레(하원), 코스타리카
오세아니아(2)	뉴질랜드(121석 중 50석), 마이크로네시아(14석 중 4석)
개방명부제(36)	
아시아(3)	스리랑카, 인도네시아(하원), 일본(상원: 242석 중 96석)
중동(2)	이라크, 키프로스
아프리카(1)	콩고민주공화국(하원: 500석 중 439석)
유럽(20)	그리스(300석 중 250석), 네덜란드(상원과 하원), 노르웨이, 덴마크, 라트비아, 룩셈부르크, 리투아니아(141석 중 70석), 모나코(24석 중 8석), 리히텐슈타인, 벨기에(하원), 보스니아헤르체고비나(하원), 스웨덴, 스위스(하원 200석 중 195석), 슬로바키아, 에스토니아, 오스트리아, 우크라이나, 체코(하원), 코소보(120석 중 100석), 폴란드(하원), 핀란드
중남북미(10)	도미니카공화국(하원), 브라질, 수리남, 에콰도르(137석 중 15석), 엘살바도르, 온두라스, 칠레, 콜롬비아(상원과 하원), 파나마(78석 중 45석), 페루

자료출처: http://www.electionguide.org/elections, https://www.cia.gov/library/publications/the-world-factbook. 2014년 4월 19일 검색자료를 기반으로 저자가 작성하였다.

택하고 있는 국가에서는 두 가지 투표방식이 있다. 첫째는 유권자가 선택한 정당의 명부에 있는 후보들 여러 명에게 투표하는 방법이다([그림 7-6] 참조). 두 번째는 유권자가 하나의 정당명부만이 아니라 여러 정당의 정당명부들에서 자신이 선호하는 후보에게 투표하는 방식으로 이러한 방식을 파나샤지(panachage)라 한다.[77] 파나샤지 투표방식을 채택하고 있는 국가로는 룩셈부르크가 있으며([그림 7-7] 참조) 스위스와 모나코에서도 파나샤지 투표방식을 사용한다.

국회의원의 전부 또는 일부를 정당명부식 비례제를 사용하여 선출하는 국가들 중에서 유권자가 정당명부에만 투표하는 폐쇄명부제를 채택하는 국가들과 유권자가 선택한 정당명부에 있는 개별 후보에게

---

77) Ruud Koole and Montique Leijenaar, *op. cit.*, p. 285.

투표할 수 있는 개방명부제를 채택하는 국가들은 [표 7-15]와 같다.

　[표 7-15]에서 보는 바와 같이 비례대표제를 전면적 또는 부분적으로 채택하는 112개국 중에서 폐쇄형 정당명부제를 채택하고 있는 국가는 76개국으로 개방형 정당명부제를 채택하고 있는 36개 국가들보다 두 배 정도가 많다. 이들 중에서 폐쇄형 정당명부제로 전체 국회의원을 선출하는 국가들은 42개국이며 개방형 정당명부제로 전체 국회의원을 선출하는 국가들은 26개국이다. 나머지 국가들은 일부는 폐쇄형 또는 개방형 정당명부제로 국회의원을 선출하고 나머지는 단순다수제나 결선투표제 또는 다른 선거제도로 선출하고 있다. 지역적으로 보면 폐쇄형 정당명부제는 아시아, 아프리카, 유럽, 중남미지역의 국가들에서 많이 사용하고 있으며 개방형 정당명부제는 유럽과 중남미지역의 국가들에서 많이 사용하고 있다. 콜롬비아에서는 정당명부식을 폐쇄형으로 할 것인가 아니면 개방형으로 할 것인가를 국가의 선거제도로 채택하는 것이 아니라 개별 정당들이 선택할 수 있으며 대부분의 정당들은 개방형 정당명부제를 채택하고 있다.[78]

┃그림 7-6┃ 벨기에의 개별 후보 선택 투표용지

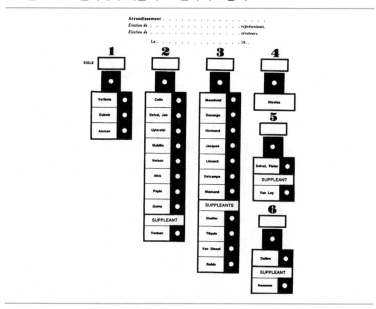

---

78) http://www.electionguide.or/elections/id/462. 2014년 4월 2일 검색.

④ **봉쇄조항**　　정당명부식 비례제를 채택하고 있는 대부분의 국가들에서는 봉쇄조항(threshold clause)을 두고 있다. 봉쇄조항이란 비례제 선거에서 전국적으로나 또는 선거구 단위에서 일정한 비율 이상의 득표를 한 정당에게만 의석을 배분하도록 선거법에 규정한 조항이다. 봉쇄조항을 두는 것은 국민들로부터 일정한 정도 이상의 지지를 받지 못하는 정당은 의회에 진출하는 것을 막기 위해서이다.

　　다음 [표 7-16]에서 보는 바와 같이, 국민들로부터 어느 정도의 지지를 받아야 의석을 배분 받을 수 있는가는 국가마다 다르다. 봉쇄조항의 규정이 가장 높은 국가는 스리랑카이다. 225명의 단원제 국회의원들을 개방형 정당명부식 비례제로 선출하는 스리랑카에서는 정당이 의석을 배분받기 위해서는 전체 투표의 8분의 1인 12.5% 이상을 득표해야 한다. 이런 높은 봉쇄조항 때문에 2010년 4월 8일에 실시된 국회의원선거에는 6개 정당이 참여하였지만 두 개 정당만이 국회 의석을 배분받았다.[79] 다음으로 높은 국가는 터키와 세이셸로 각각 10%이다. 리히텐슈타인 또한 8%로 높은 국가이다.

　　국회의원 선거에서 정당명부식 비례제를 채택하는 국가들이 가장 많이 적용하는 봉쇄조항은 5%로서 24개국이 채택하고 있다. 아시아에서는 대만, 몽골 등의 6개국이, 중동에서는 그루지야와 아르메니아가, 아프리카에서는 모잠비크와 알제리의 하원선거에서 채택하고 있다. 유럽에서는 독일(하원), 라트비아, 루마니아 상원과 하원의 개별정당, 몰도바, 벨기에의 상원선거와 하원선거 등 12개국이 채택하고 있으며, 오세아니아에서는 뉴질랜드가 5%의 봉쇄조항을 두고 있다.

　　봉쇄조항을 4%로 규정하고 있는 국가들은 모두 9개국으로 수단, 노르웨이, 룩셈부르크, 불가리아, 스웨덴, 스위스, 오스트리아 하원선거, 이탈리아 하원선거의 개별 정당, 포르투갈이다. 봉쇄조항을 3%로 규정하고 있는 국가들은 모두 11개국이며 대한민국, 동티모르, 일본, 그리스, 몬테네그로, 보스니아헤르체고비나, 스페인, 슬로베니아, 알바니아의 개별 정당, 폴란드 하원선거의 개별 정당, 아르헨티나 하원선거가 있다. 인도네시아 하원선거는 2.5%로 규정하고 있고, 필리핀,

---

79) http://www.electionguide.org/elections/id/1556. 2014년 4월 3일 검색.

이스라엘, 부룬디 하원선거, 덴마크, 멕시코 상원선거와 하원선거, 콜롬비아 상원선거의 6개국은 2%를 봉쇄조항으로 규정하고 있다. 봉쇄조항이 가장 낮은 국가는 키프로스로 1.8%이다.

국회의원 선거에서 정당명부식 비례제를 채택하는 국가들의 대부분은 봉쇄조항을 각 정당이 전국적으로 얻은 득표율에 적용한다. 그러나 키르기스스탄에서는 전국적으로 5%를 적용하면서 개별 선거구에서도 0.5%의 봉쇄조항을 적용한다. 스웨덴과 스위스에서도 각 정당은 전국적으로 4% 이상을 득표하면서 선거구별로도 12% 이상을 득표해야 한다.

지금까지 논의한 국가들에서는 봉쇄조항을 정당이 얻은 득표율을 기준으로 적용하고 있지만 대한민국, 독일 하원선거, 루마니아 하원선거, 오스트리아 하원선거, 뉴질랜드에서는 정당의 득표율이 봉쇄조항을 넘지 못하는 경우에도 지역구 선거에서 당선자가 있으면 비례의석을 배분한다. 대한민국에서는 지역구 선거에서 5석 이상을 얻은 정당에게, 그리고 독일 하원선거에서는 3석 이상을 얻는 정당에게 비례제 의석을 배분한다. 그러나 독일에서는 1957년 선거 이후 지역구 선거에서 3석 이상을 획득한 정당은 기독교민주당과 기독교사회당, 그리고 사회민주당뿐이었기 때문에 이들 정당 외에 비례제 의석을 배분받아 국회에 진출한 정당들은 모두 전국 득표율이 5%를 넘어서 비례의석을 배분받았다. 루마니아 하원선거에서는 하원 지역구의원 6석이나 상원 지역구의석 3석, 그리고 오스트리아 하원선거와 뉴질랜드에서는 각각 지역구 의석 1석을 얻은 정당에게 비례제 의석을 배분한다.

세계의 일부 국가에서는 국회의원선거에서 정당들이 연합하여 연합후보를 공천하는 경우가 있다. 이러한 국가들에서는 다른 정당과 연합하지 않고 독자적으로 정당후보를 공천하는 정당들과 정당연합 후보를 공천하는 경우를 구별하여 다른 봉쇄조항 규정을 적용한다. 이러한 국가들로는 루마니아, 알바니아, 이탈리아, 체코, 폴란드의 5개국이 있다. 루마니아 하원선거에서는 단독으로 선거에 임하는 개별 정당은 전국적으로 5% 이상을 득표하거나 또는 하원 지역구의석 6석이나 상원 지역구의석 3석 이상을 획득하면 비례제 의석을 배분받을 수 있지만 2개 정당이 연합을 할 경우에는 득표비율이 8%로 올라가고 3개 정당이 연합을 할 때에는 9%로, 그리고 4개 이상의 정당들이 연합할 때에는 10% 이상을 득표해야 비례제 의석을 배분받을 수 있다.

이탈리아 하원선거에서는 개별 정당은 4% 이상을 득표하면 비례제의석을 배분받지만, 정당연합의 경우에는 10% 이상을 획득하면서 동시에 정당연합에 참가한 정당들은 각각 2% 이상을 득표해야 한다. 이탈리아 상원선거에서는 개별 정당의 봉쇄조항은 8%이지만, 정당연합은 전체적으로 20% 이상을 득표하면서 동시에 정당연합에 참가한 정당들은 각각 3%를 득표해야 한다. 체코 하원선거에서는 개별 정당에게는 5%의 봉쇄조항을 적용하지만 2개 정당이 연합한 경우에는 10%, 3개 정당이 연합한 경우에는 15%, 4개 정당이 연합한 경우에는 20%의 높은 봉쇄조항을 적용한다. 폴란드 하원선거에서는 개별 정당에게는 3%의 봉쇄조항을 적용하며 정당연합에게는 8%의 봉쇄조항을 적용한다. 이 경우에 정당연합에 참가한 정당들에 대한 봉쇄조항은 없다.

비례대표제를 채택하면서도 봉쇄조항이 없는 국가들로는 남아프리카공화국, 니제르, 네덜란드, 마케도니아, 그리고 니카라과가 있다.

▌표 7-16 ▌의회의원 선거에서 비례대표제의 봉쇄조항 규정

아시아	
2%	필리핀
2.5%	인도네시아 하원
3%	동티모르, 일본
3% 또는 지역구 5석	대한민국
5%	대만, 몽골, 키르기스스탄(전국; 선거구별로는 0.5%), 타지키스탄, 태국 하원, 파키스탄 하원
중동	
1.8%	키프로스
2%	이스라엘
5%	그루지야, 아르메니아
10%	터키
아프리카	
봉쇄조항 없음	남아프리카공화국, 니제르
2%	부룬디 하원
4%	수단
5%	모잠비크, 알제리 하원
10%	세이셸

유럽	
봉쇄조항 없음	네덜란드, 마케도니아
2%	덴마크(보상의석 배분 시)
3%	그리스, 몬테네그로(소수민족 정당은 0.7%, 크로아트계 정당은 0.4%), 보스니아헤르체고비나, 스페인, 슬로베니아, 알바니아(정당연합은 5%), 폴란드 하원(정당연합은 8%이며 소수민족 정당은 봉쇄조항 없음)
4%	노르웨이, 룩셈부르크, 불가리아, 스페인(전국; 개별 선거구는 12%), 스위스(개별 선거구는 12%), 오스트리아(또는 지역구 1석), 이탈리아 하원(정당연합은 10%, 정당연합 참가 정당은 각 2%), 포르투갈
5%	독일하원(또는 지역구 3석), 라트비아, 루마니아 상원(루마니아 하원은 개별정당은 5% 또는 하원지역구 6석이나 상원지역구 3석. 2개 정당연합은 8%, 3개 정당연합은 9%, 4개 이상 정당연합은 10%), 몰도바(무소속 후보는 4%), 벨기에 상원과 하원,* 세르비소아(소수민족 정당은 0.4%), 슬로바키아, 아이슬란드(보상의석 배분 시), 에스토니아, 우크라이나, 크로아티아, 체코 하원(2개 정당연합은 10%, 3개 정당연합은 15%, 4개 이상 정당연합은 20%[80])), 헝가리
7%	러시아
8%	리히텐슈타인, 이탈리아 상원(정당연합은 20%이며 정당연합 참가 정당은 각 3%)
12%	핀란드(의원 정수가 최소인 선거구는 12%이며 의원 정수가 최대인 선거구는 4%)
중남북미	
봉쇄조항 없음	니카라과
2%	멕시코 상원과 하원, 콜롬비아 상원과 하원
3%	아르헨티나 하원
오세아니아	
5%	뉴질랜드(또는 지역구 1석)

* 벨기에 하원: Brussels—Halle—Vilvoorde, Brabant Wallon, Leuven 3개 선거구에는 봉쇄조항이 없다.
자료출처: http://www.electionguide.org/elections, https://www.cia.gov/library/publications/the—world—factbook 2015년 4월 6일 검색자료를 기반으로 저자가 작성하였다.

⑤ **유권자에게 부여되는 투표권의 수**　비례대표제에서는 한 선거구에서 여러 명의 의원들을 선출하기 때문에 유권자들이 몇 개의 투표권을 갖는가가 문제가 된다. 1선거구에서 1명의 의원을 선출할 때에는 투표권을 하나만 갖는 것이 당연하지만 1선거구에서 10명의 의원을 선출할 때에도 투표권을 하나만 갖는다면 문제가 있다. 정당명부식 비례제를 채택하는 국가들 중에서 정당에게만 투표하는 것을 허용하는 국가들에서는 투표권을 하나만 부여한다. 그러나 한 선거구에서 여러 명을 선출하면서 정당명부에 있는 개별 후보에게 투표하는 것을

---

80) 이정희 외, 앞의 책, 542쪽.

허용하는 국가들에서는 여러 개의 투표권을 부여하며 이러한 국가로
는 룩셈부르크, 벨기에, 스위스, 이탈리아가 있다.

룩셈부르크의 투표용지를 보여주는 [그림 7-7]에서 정사각형 네
모가 두 개씩인 것은 여러 명의 후보들에게 투표를 하면서 후보에 대
한 유권자의 선호도에 가중치를 주는 제도이다. 즉 유권자가 지지하
는 첫 번째 후보에 대한 선호의 정도가, 지지하는 다른 후보들에 대한
선호의 정도보다 훨씬 강하다면 첫 번째 후보에게 두 표까지 줄 수
있음을 나타내는 것이다. 그런 후보가 없다면 두 개의 투표를 두 명에
게 한 표씩 나누어서 할 수 있다. 벨기에에서는 150명의 하원의원 전
원과 71명의 상원의원 중 40명을 정당명부식 비례제로 선출한다. 벨
기에 하원은 20개 선거구에서 150명을 뽑는데 유권자는 투표를 여러

▮그림 7-7▮ 룩셈부르크의 투표용지

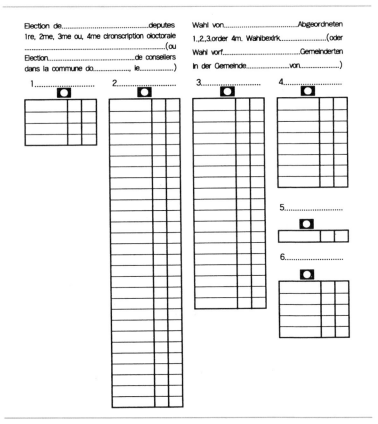

정당들에게 분배할 수는 없으나 정(正)후보와 예비후보에 대한 선호도를 표시할 수 있다.[81]

스위스에서는 26개의 칸톤이 선거구를 구성하는데 이 중 5개 칸톤은 인구가 적어 1명의 의원을 선출하기 때문에 자연히 단순다수 선거제에 의해 당선자가 결정된다. 그러나 21개 칸톤에서는 하겐바흐 비쇼프 방식의 비례제를 실시하며 유권자는 선거구에서 뽑는 수만큼의 후보들에게 투표할 수 있다. 유권자가 정당에게 투표한 경우에는 정당명부에 있는 후보들 중 그 선거구에서 선출하는 수만큼의 후보들이 순서대로 1표씩을 얻는 것으로 계산한다. 유권자는 한 후보에게 2표를 투표할 수도 있으며 또한 한 정당의 후보뿐만 아니라 2개 이상의 정당이 제시한 명부들 중에서 좋아하는 후보에게 표를 분산시켜 투표할 수도 있다. 이러한 제도를 파나샤지(panachage)라 한다. 스페인에서는 4명을 선출하는 선거구에서는 최대 3명까지 투표할 수 있으며 2명 또는 3명을 선출하는 선거구에서는 2명까지 투표할 수 있다.

▪2) 단기이양식 비례대표제

비례대표제 중에서 정당명부를 사용하지 않는 방법으로 단기이양식 비례제(Single Transferable Vote)가 있다. 이 제도에서 단기(single)라는 의미는 투표를 한 번만 한다는 것이며 이양(transfer)의 의미는 투표지에 유권자가 표시한 순서에 따라 유권자 한 투표가 다음 순서의 후보로 계속 이양된다는 뜻이다. 이양 절차가 복잡할 수 있지만, 유권자들이 귀찮아도 선호를 표기해 놓는다면 "한 번의 투표를 통해서도 정해진 득표수 이상을 얻는 몇 명의 후보자를 구분해낼 수 있기에" 이 방식이 이용되는 것이다. 단기이양식 비례제는 19세기 중엽 영국에서 고안되었으며, 이 방식은 영어를 사용하는 국가들에서만 사용되어 왔다. 이 선거방식을 사용하여 국민들이 하원의원을 직접 선출하는 국가로는 아일랜드와 몰타의 두 나라가 있다. 아일랜드에서는 하원(Dail Eireann)의원 166석[82] 그리고 몰타에서는 하원의원 69석 중

---

81) Philip Laundy, *op. cit.*, p. 20.
82) 아일랜드 상원의원 60석 중 43석은 5개의 직업집단이 단기이양식으로 선출하며 11석은 총리가 임명한다. 나머지 6석은 2개의 대학에서 선출한다.

65석을 선출하는 데 사용한다.[83]

아일랜드에서는 최대정당인 피나 포일(Fianna Fail)이 1959년과 1968년 두 차례에 걸쳐 이 선거방법을 폐지하고 영국과 같은 1선거구 1인 선출 단순다수제를 도입하려고 국민투표를 실시하였으나 두 번 모두 유권자들에 의해 부결되었다.[84] 단기이양식 비례제는 정당명부식 비례제와 마찬가지로 유권자들의 의사를 최대한으로 반영하는 제도이다. 아일랜드 선거에서 사용되는 투표용지는 [그림 7-8]과 같다.

단기이양식 비례제를 아일랜드 하원의원선거를 예로 들어 설명하면 아래와 같다. 아일랜드의 하원의석은 166석으로 이들은 41개 선거구에서 선출된다. 한 선거구에서 선출하는 의원 수는 유권자들의 수에 따라 3석에서 5석까지이다. 투표방법은 각 선거구에서 유권자가 후보에 대한 선호도에 따라 투표용지에 게재된 후보들에 대해 1, 2, 3, 4··· 등의 순서를 기입한다.[85] 이때 오스트레일리아와는 달리 마지막 후보까지 순서를 기입하지 않아도 유효하다. 후보가 당선되기 위해서는 드룹(Droop)공식에 따른 기준수 이상의 득표를 해야 하는데 드룹공식의 기준수는 다음과 같이 계산한다.

$$드룹기준수 = \frac{유효투표수}{의석수+1} + 1$$

---

83) 65석은 13개 선거구에서 5석씩 선출하며 나머지 4석은 최대 정당에게 추가로 부여한다.

84) Michael Gallagher, Michael Laver and Peter Mair, *op. cit.*, p. 286.

85) 여러 후보자들에게 기표(記票)하는 단기이양제과 비교하여, 단기비이양제(單記非移讓: Single Non-Transferable Vote: SNTV)는 하나의 선거구에서 한 명을 선출하는 것이 아니라, 여러 명을 선출하면서 한 명의 후보자에게게만 기표하는 제도로 생각하면 이해가 쉽다. 승자는 상대적으로 득표가 많은 순서로 해당 지역구에 배정된 당선자 수만큼 정해진다. 1994년까지 일본 중의원 선거는 하나의 선거구에서 3~5인을 선출하였다. 한 개의 정당이 동일한 선거구에 복수의 후보자를 추천할 수 있으며, 유권자는 가장 선호하는 후보자 1인에게 1표만을 행사한다. 이런 경우, 같은 정당 내에서 파벌에 따라 복수의 후보자들이 같은 선거구에서 경쟁하게 되어 파벌정치를 조장할 가능성이 커진다. 같은 정당 후보자끼리 같은 선거구 내에서 어떤 번호(특히 순서)를 부여받느냐가 당락에 영향을 미칠 수도 있다. '큰 정당'(major party)은 선거구별로 복수의 당선자 중에서 1명이라도 살아남게 되어, 큰 정당은 전국적으로 일정 수준 이상의 의석수를 보장받게 되는 효과가 생긴다. 큰 정당 위주로 정치체계가 형성될 개연성이 높은 것이다. 참고로, 1977년 도입된 스페인 상원 선출제도의 경우엔, 선거구별 4인을 기준으로 하되, 선거구의 크기에 따라서 유권자들이 한 명의 후보자가 아닌 몇 명의 후보자에게 기표할 수 있게 하기도 한다. 이런 경우는 1인에게만 기표하는 SNTV와 구분하며, 동시에 후보자 전원에게 기표하는 '연기제'와도 구분하여 '제한투표제'(limited votes)라는 용어를 쓰기도 한다. 안순철, 『선거체제비교』(서울: 법문사, 2016), p. 105.

즉 후보는, 해당 선거구의 전체 유효 투표수를 해당 선거구의 의석수에 하나를 더한 수로 나눈 후 여기에 하나를 더한 수 이상을 득표해야 당선된다. 후보들 중 당선자를 결정하는 절차는 먼저 투표용지에서 1번의 순서를 받은 후보만을 고려한다. 만일 한 선거구의 전체 유효 투표수가 100,000표이고 그 선거구에서 뽑는 의원수가 5명이라면 최소 당선득표수는 100,000표를 6(5+1)으로 나눈 후 여기에 1을 더한 16,667표이다. 어느 후보든 1번을 받은 득표수가 16,667표 보다 많으면 당선된다. 이때 최대 당선가능 숫자는 5명이다.

구체적으로 [그림 7-8]을 예로 들어 설명하면, 이 선거구에는 13명의 후보가 입후보하였는데, 선거결과가 Barlow 후보를 1번으로 찍은 투표자가 20,000명이고 Belton 후보를 1번으로 찍은 투표자가 17,000명이라면 이들 두 명은 16,667표 이상을 득표했기 때문에 당선된다. 그리고 Barlow 후보는 최소 당선득표수인 16,667표 보다 3,333표를, Belton 후보는 333표를 더 득표했다.

여기에서부터 이양이 시작된다. 당선된 두 후보에게 필요하지 않은 이 잉여득표들은 개표종사원에 의해 그 투표지에서 2번의 순서를 받은 후보에게 이양된다. 만일 Birmingham 후보가 1번을 받은 투표지가 16,000표였다면 그는 667표가 모자란다. Barlow 후보와 Belton 후보가 필요하지 않아 이양한 3,666표들 중에서 Birmingham 후보가 2번의 순서를 받은 투표지가 700표라면 이것을 이양받은 Birmingham 후보의 득표는 16,700표가 되어 최소 득표수인 16,667표를 33표 넘었기 때문에 당선된다. 이 33표는 다시 그 투표지들에서 3번을 받은 다른 후보에게 이양된다. 만일 Brady 후보가 1번을 받은 것이 15,800표였는데 Barlow, Belton, Birmingham 후보들로부터 이양받은 표를 합쳐서 16,667표를 초과하면 4번째로 당선된다.

이런 식으로 진행한 후에도 최소 당선득표수를 넘는 후보가 4명밖에 안된다면 다섯 번째 당선자는 밑에서부터 시작해서 계산을 한다. 즉 남은 후보들 중에서 가장 적은 득표를 한 후보는 낙선한 것으로 선언한다. 만일 그 후보가 Timmons이고 그가 1번으로 500표를 받았다면 이들 500표는 그 투표지에서 2번을 받은 후보들에게 이양된다. 만일 2번을 받은 후보들이 이미 당선된 Barlow, Belton, Birmingham,

Marcáil ord do rogha sna spáis seo síos. **Mark order of preference in spaces below.**	**Marc Oifigiúl** ➤ **Official Mark**
	BARLOW-COMMUNITY (Hannah Barlow-Community, of 67, Shantalla, Beaumont, Dublin. Alderman, Housewife, Midwife.)
	BELTON—FINE GAEL (Paddy Belton, of Ballivor, Howth, Co. Dublin. Director of Family Business.)
	BIRMINGHAM—FINE GAEL (George Birmingham, of "Deaville", 498 Howth Road, Raheny, Dublin 5. City Councillor and Barrister-at-Law.)
	BRADY—FIANNA FÁIL (Vincent Brady, of 138, Kincora Road, Dublin 3. Company Director.)
	BROWNE—SOCIALIST LABOUR PARTY (Noel Browne, of Stepaside, Church Road, Malahide, Dublin. Medical Doctor)
	BYRNE—FINE GAEL (Mary Byrne, of 177, Seafield Road, Clontarf, Dublin 3 City Councillor.)
	CURLEY—THE COMMUNIST PARTY OF IRELAND (John Curley, of 44, Greencastle Road, Coolock, Dublin 5. Storeman.)
	DILLON (Andrew Dillon, of Drumnaigh, Portmarnock, Co. Dublin. Solicitor.)
	DOHERTY (Vincent Doherty, of 76, Pembroke Road, Dublin. H Blocks Campaigner.)
	HAUGHEY—FIANNA FÁIL (Charles J. Haughey, of Abbeville, Kinsealy, Malahide, Co. Dublin. Taoiseach.)
	MARTIN—THE LABOUR PARTY (Michael Martin, of 28, Seafield Road. Insurance Agent.)
	O'HALLORAN—THE LABOUR PARTY (Michael O'Halloran, of 141, Ardlea Road, Artane. Public Representative and Trade Union Official.)
	TIMMONS—FIANNA FÁIL (Eugene Timmons, of 42, Copeland Avenue, Dublin 3. Public Representative.)

TREORACHA	INSTRUCTIONS
I. Féach chuige go bhfuil an marc oifigiúil ar an bpáipéar.	I. See that the official mark is on the paper.
II. Scríobh an figiúr 1 le hais ainm an chéad iarrthóra in rogha leat, an figiúr 2 le hais do dhara rogha agus mar sin de.	II. Write 1 beside the name of the candidate of your first choice, 2 beside your second choice, and so on.
III. Fill an páipéar ionas nach bhfeicfear do vóta. Taispeáin *cúl an pháipéir* don oifigeach ceannais, agus cuir sa bhosca ballóide é.	III. Fold the paper to conceal your vote. Show *the back of the paper* to the presiding officer and put it in the ballot box.

Brady 후보라면 이 표들은 다시 그 투표지에서 3번을 받은 다른 후보들에게 이양된다. 이런 식으로 표를 계속 이양하다가 더 이상 다른 후보에게 이양할 순서가 적혀 있지 않을 때에는 그 표는 더 이상 이양되지 않는다. Timmons를 탈락시키고 남은 후보들 중에서 가장 적은 득

표를 한 후보가 Martin이고 그가 얻은 표가 1,000표라면 개표종사원은 그의 낙선을 선언하고 1,000표를 다음 순서를 받은 후보들에게 이양한다. 이런 과정을 계속하여 Dillon 후보가 당선에 필요한 최소 득표를 넘으면 그가 다섯 번째 당선자가 되어 계산이 끝나게 된다.

그러나 또 하나 남는 의문은 개표종사원이 Barlow 후보가 얻은 20,000표 중에서 어떤 표를 당선에 필요한 16,667표로 분류하고 어떤 표를 이양할 3,333표로 분류하는가이다. 이것을 결정하는 방법은, Barlow 후보가 받은 20,000표에서 다른 후보들에게 2번으로 기재한 것이 몇 퍼센트씩인가를 계산한다. 예를 들어 20,000표 중에서 Belton 후보에게 2번을 기재한 표가 30%, Birmingham 후보에 2번을 기재한 표가 20%, Brady, Browne, Byrne 후보에 기재한 표가 각 10%, 그리고 Curley, Dillon, Doherty, Haughey 후보에게 기재한 표가 각기 5%씩이라고 하자. 그러면 Barlow 후보의 잉여표인 3,333표를 Belton 후보부터 Haughey 후보까지 위의 비율에 따라 배분해 주면 된다. 즉 Belton 후보에게는 3,333표의 30%인 999.9표 즉 1000표를 이양해준다. Birmingham 후보에게는 3,333표의 20%인 666.6표, 즉 667표를 이양해준다. Haughey 후보에게는 3,333표의 5%인 166.65표, 즉 167표를 이양해준다. 그런데 Belton 후보는 이미 당선 최저표인 16,667표를 넘었기 때문에 Barlow 후보에게서 이양되어온 1000표가 필요 없으며 이 표들은 거기에 3번으로 기표된 후보들에게 다시 이양된다.

단기이양식 비례제는 가장 많은 득표를 한 한 명의 후보가 당선되는 미국이나 영국의 단순다수제 선거방법보다 개표과정이 훨씬 더 복잡하고 시간도 오래 걸린다. 아일랜드의 경우에 선거가 끝나고 당선자가 확정될 때까지는 1주일 정도가 걸린다. 또한 이 방식에서 중요한 것은 어떤 후보가 1번의 순서를 받은 표가 다른 후보보다 적더라도 2번의 순서를 받거나 또는 3번의 순서를 받은 표가 다른 후보보다 많으면 당선이 가능하다는 것이다. 이런 점에서 이 선거방법은 제2의 선택이나 제3, 제4의 선택 대상이 되는 군소 정당의 후보들에게는 단순다수 선거제보다 유리하며 결과적으로 득표와 당선 사이의 비례성을 보다 더 높일 수 있는 방법이다. 이 선거방법이 각 정당이 얻은 득표율과 의석비율 사이의 비례성을 높인다는 점은 1989년에 실시한 아일

| 표 7-17 | 1989년 아일랜드 하원선거에서 득표율과 의석비율

정 당	득 표 율(%)	의 석 수	의석비율(%)
피나 포일(Fianna Fail)	43.7	77	46.4
피나 겔(Fine Gael)	29.6	55	33.2
노동당(Labor Party)	8.0	15	9.0
노동자당(Worker's Party)	5.6	7	4.2
진보민주당	5.0	6	3.6
기 타	8.1	6	3.6

자료출처: Jürg Steiner, *European Democracies*, 3rd ed. (White Plains, NY: Longman, 1995), p. 42.

랜드의 하원의원선거 결과를 나타낸 [표 7-17]에서 잘 나타난다.

　다른 비례대표제와 비교할 때 단기이양식 선거제도의 장점은 다음과 같다. 첫째, 유권자들은 같은 정당이 공천한 여러 후보들 중에서 자신의 선호도에 따라 투표하는 것이 가능하고 또 여러 정당들이 공천한 후보들 중에서 자신이 선호하는 후보들을 순서대로 선택하는 것이 가능하기 때문에 유권자들의 선택권이 크게 확대된다. 둘째, 유권자들은 개별 후보들을 선택해서 투표하는 것이기 때문에 정당이 결정한 순서를 강제로 받아들이지 않아 유권자의 선택권이 더욱 확대된다. 유권자들은 정당이 아닌 후보들에게 투표하기 때문에 정당이 일률적으로 제시하는 쟁점보다는 각 정당의 개별 후보들이 취하는 쟁점에 대한 입장에 따라 투표할 수 있다. 예를 들어 유권자가 낙태를 반대하는 사람이고 한 선거구에서 두 명을 선출한다면, 유권자는 A정당에서 낙태를 반대하는 후보를 1번으로 투표하고 B정당에서 낙태를 반대하는 후보를 2번으로 투표하는 등 유권자의 생각과 일치하는 후보를 순서대로 투표할 수 있다. 셋째, 유권자들의 투표가 사표가 되지 않고 계속 살아 있다. 단기이양식에서는 유권자가 첫 번째로 선호한 후보가 당선되지 않더라도 그 표가 두 번째로 선호한 후보에서 이양되기 때문에 자신의 표가 사표가 된다는 걱정 없이 첫 번째 선호 후보에게 안심하고 투표를 할 수 있다. 단기이양식 비례제는 모든 투표들이 선호도에 따라 몇 차례 계산되기 때문에 유권자의 투표가 사표가 되지 않는 면에서 최선의 방법이라 할 수 있다. 이런 점에서 볼 때, 단순다수 선거제에서 비례대표제로 선거방식을 바꾼다면, 정당명부식 비례제는 유권자들이 개별 후보를 선택하는 것이 제한되기 때문에 유권자의 선택권을 보장하는 의미에서는 단기이양식으로 바꾸는 것이 바람직하다. 넷째, 유권자들은 개별 후보에 순서를 매기면서 투표하기 때문에 제1선호의 후보가 자신을 대표하는 의원이라는 인식을 유권자가 가질 수 있다. 따라서 비례대표제는 1선거구 1인선출제에 비해 유권자와 의원들 사이의 유대감 면에서 약하다는 비판을 보완할 수 있다.

■³ 혼합선거제

비례대표제가 갖는 여러 장점에도 불구하고 비례대표제는 몇 가지 단점이 있다. 첫째는 비례대표제의 선거구가 너무 크고 의회의원들을 여러 명을 뽑기 때문에 한 선거구에서 한 명의 의원을 선출하는 제도보다는 유권자들과 의원 사이의 관계가 소원해진다는 점이다. 둘째는 정당명부식 비례제를 실시하는 대부분의 국가들에서 정당이 명부의 후보순서를 결정하여 제시하기 때문에 당선될 후보들을 유권자들이 직접 결정할 수가 없다는 점이다. 이러한 문제를 보완하기 위해 많은 국가들에서는 전체 의석의 일부는 유권자들이 의원을 직접 선출하게 하고 나머지 의석은 비례대표제로 선출하게 하는 혼합선거제 (mixed electoral system)를 채택하고 있다.

혼합선거제에는 최종적으로 선출되는 의원 수를 결정하는 방식 면에서 2표혼합제 유형과 2표병립제 유형의 두 가지가 있다. 2표혼합제는 뉴질랜드, 독일 등에서 채택하는 유형으로 의회에서 각 정당이 차지하는 최종 의석수를 각 정당이 비례대표제 투표에서 얻은 득표율에 따라 배분하는 제도이다. 이 제도에서 각 정당은 정당득표율에 따라 배정받은 의석수 중에서 1인 선출 선거구에서 당선된 의원들을 제외한 나머지 의석을 정당투표에서 얻은 득표율에 따라 비례대표 의원을 결정한다. 2표병립제는 대한민국, 일본 등에서 채택하는 유형으로 각 정당에 배정되는 의석수는 지역 선거구에서 당선된 의원 수에 비례제 의원선거에서 당선된 의원 수를 합치는 것이다.

국가	총 의원 수	지역선거구 의원 수	비례제/기타 의원 수[1]	비례제 선거구 수	비 고
			아 시 아		
네팔	601	240	335+26		335석은 비례제. 26석은 내각이 임명
대만	113	73	34	1	6석은 원주민 직선
대한민국	299	243	56	1	
아르메니아	131	56	75		1인선출구에서 25% 이상 득표해야 당선
일본(하)	480	300	180	11	146석은 1선거구에서 여러 명 선출하는 단순다수제. 중복
(상)	242	146	96	1	입후보 가능. 하원은 1995년 소선거구제로 개정.
태국(하)	480	400	80	8	400석은 157개 선거구 선출. 80석은 8개 선거구에서 10석씩 선출
(상)	150	76	74		76석은 1구1인제. 74석은 임명제
필리핀(하)	240	218	22		22석은 사회단체 명부 비례제로 2% 득표마다 1석. 최대 3석까지 배분
			중 동		
그루지야	150	75	75		
아랍에미리트	40	20	20		연방구성단위의 지도자들이 임명
카타르	45	30	15		국왕이 임명
			아 프 리 카		
기니	114	38	76	1	
레소토(하)	120	80	40		
르완다(하)[2]	80	53	24+3		24석은 여성. 3석은 청년과 장애인
세네갈(하)[3]	150	90	60		
세이셸	34	25	9	1	
소말리아	550		475+75		475석은 4.5 clan 공식에 따라 임명. 75석은 시민사회와 기업인에 할당
수단	450	270	113+67		2010년 현재는 모두 임명. 장래에는 113석은 여성명부에서 67석은 정당명부에서 선출
우간다	332	215	104+13[4]		
짐바브웨(상)	93	60	33[5]		
차드	125	25	100	34	비례제: 다수를 획득한 정당이 그 선거구에 배정된 모든 의석을 획득
카메룬	180			58	
케냐	224	210	12+2		정당의 득표에 비례하여 정당이 추천. 2석은 전직 의원
콩고민주공화국	500	61	439		61석은 1구 1인제. 439석은 개방형 정당명부식 비례제
			중 남 북 미		
과테말라	80		16	1	64석은 22개 선거구에서 단순다수제
멕시코(하)	500	300	200	1	1당이 의석의 60% 이상을 가질 수 없음
(상)	128	96	32	1	96석은 32개 선거구에서 3석씩 단순다수제
볼리비아(하)	130	70	60		
파나마					농촌은 1인선거구. 도시는 정당명부식

국가	총 의원 수	지역선거구 의원 수	비례제/기타 의원 수[1]	비례제 선거구 수	비 고
유 럽					
독일	598	299	299	16	각 정당의 의석은 전국 득표율로 결정
루마니아(하)	334				
(상)	137				
리투아니아	141	71	70	1	71석은 결선투표제로 선출
모나코	24	16	8		
스페인(하)	350	100+2	248	50	지역선거구는 50개 선거구에서 2석 씩. 아프리카 북단의 세우타와 메리야는 1석씩
(상)	264	208	56		56석은 지역의회가 지명
슬로베니아(하)	90	40	50		
안도라	28		14	1	14석은 본당에서 2석씩
알바니아	155	115	40	1	
크로아티아	127	28	80	1	12석은 해외 크로아티아인, 7석은 소수민족
헝가리	386	176	152	20	3단계 58석은 전국 득표비율로 배분
오 세 아 니 아					
뉴질랜드	120	69	51		1인선출구 중 7석은 마오리족에 할당
통가	32	9	14+9		14석은 각료를 겸직. 33명의 귀족들이 선출하는 9명의 귀족
피지(하)	71	25	23+19+3 +1		23석은 피지원주민에 할당. 19석은 인도계주민에 할당. 3석은 기타 종족에 할당. 1석은 로투마(Rotuma)지역의회에 할당.
(상)	32		14+9+8+ 1		14석은 추장회의, 9석은 총리, 8석은 야당지도자, 1석은 로투마의회의 추천에 따라 대통령이 임명

1) 이 항목에는 정당명부식 비례제로 선출하는 의원뿐만 아니라, 지역의회가 선출하거나 군주나 대통령이 임명하는 등의 다양한 의원선출 방법도 포함한다.
2) 르완다의 상원의원 26석 중 12석은 지방의회가 선출하고 8석은 대통령이 임명하며, 4석은 정치기구포럼이 임명하고, 2석은 대학대표를 임명한다.
3) 세네갈의 상원의원 100석 중 35석은 간선하며 65석은 대통령이 임명한다.
4) 우간다에서는 법적으로 인정받은 특별이익집단들이 104석(여성대표 79석, 군인대표 10석, 장애인대표 5석, 청년대표 5석, 노동자대표 5석)의 의원을 지명한다. 또한 13석은 전임 공직자들에게 할당한다.
5) 짐바브웨 상원의원 93석 중 33석은 다음과 같이 결정된다. 대통령이 지명하는 10석의 주지사, 추장회의에서 선출하는 전통 추장 16석, 추장회의의 의장과 부의장의 2석, 대통령이 임명하는 5석으로 33석이다.
자료출처: https://www.cia.gov/library/publications/the-world-factbook 2010년 1월 2일 검색자료와 http://en.wikipedia.org/wiki 검색 자료 등을 참조하여 저자가 작성하였다.

전 세계에서 혼합선거제를 채택하는 국가들은 [표 7-18]과 같이 아시아에서는 대한민국, 일본의 상원과 하원, 필리핀 하원 등 7개국이다. 중동에서는 그루지야, 아랍에미리트, 카타르의 3개국이 혼합제를 채택하고 있다. 아프리카에서는 케냐 등 13개국이 있으며, 유럽에서는 독일과 스페인, 헝가리 등 10개국이 있다. 중남미에서는 멕시코의 상원과 하원 등 4개국이 있으며 오세아니아에서는 뉴질랜드 등 3개국이 있다.[86] 세계적으로는 40개국이 혼합제를 채택하고 있다.

혼합선거제를 보다 자세히 설명하기 위해 독일의 하원의원 선거제도를 보면 다음과 같다. 독일의 하원의원 수는 2006년 당시 598명이다. 이 중 2분의 1인 299명은 299개의 1인 선출 선거구에서 단순다수제로 직접 선출하고 나머지 2분의 1인 299석은 주(Land)별로 정당들이 제출한 후보명부 중에서 정당이 얻은 득표율에 따라 비례제로 선출한다. 독일의 선거에서 유권자는 한 개의 투표용지에 두 번 투표권을 행사한다. [그림 7-9]에서 보는 바와 같이 첫 번째 투표권은 왼쪽의 지역선거구에 입후보한 후보들 중에서 한 명에게 기표하며, 두 번째 투표권은 오른쪽의 비례제 정당명부 중에서 한 정당을 선택하여 기표한다. 비례제 정당명부에 있는 후보들의 이름은 오른 쪽의 정당명칭(CDU, SPD, FDP/DVP 등) 오른쪽 아랫 부분에 명기되어 있다. 유권자는 두 개의 투표권을 두 개 정당에 분리해서 투표할 수 있다. 즉 지역구투표에서는 기독교민주당(CDU) 후보를 선택하고 비례대표제투표에서는 사회민주당(SPD)에 투표하는 식이다. 이것은 유권자들의 후보선택권을 증가시키는 장점이 있다.

독일과 뉴질랜드[87]의 하원의원선거에서 후보들은 지역선거구와 비례대표제의 두 곳에 동시에 후보가 될 수 있으며 지역선거구에서 낙선하더라도 비례대표제로 당선될 수가 있다. 이러한 제도 덕분에 1998년까지 16년간 총리를 역임했던 헬무트 콜은 지역구선거에서는 매번 낙선하였으나 비례제 후보로 하원의원에 당선되었다. 만일 두 선거에서 모두 당선이 되면 지역선거구의 당선을 선택해야 하며 비례제 당선은 취소된다. 독일 하원의원선거에서 또 한 가지 특징은 앞에서도 지적한 바와 같이 하원에서 각 정당이 차지하는 총 의석수는 비례제 투표에서 각 정당이 얻은 득표율로 결정하는 점이다. 이에 따라 지역선거구에서는 당선자를 내기 어려운 군소 정당들이 비례제 투표

86) 뉴질랜드에서는 1993년에 국민투표를 통해 혼합형 비례대표제를 채택한 이후 2011년 11월 26일에 혼합형 비례대표제의 유지 또는 변경에 대한 국민투표를 실시했다. 73.51%가 투표한 국민투표에서 투표자의 55.77%가 혼합형 비례대표제의 유지를 찬성하였다. 김형철, "2011년 영국과 뉴질랜드의 국민투표,"「선거연구」2권 1호(2012 봄), 152, 155쪽.
87) 김형철, 앞의 논문, 155쪽.

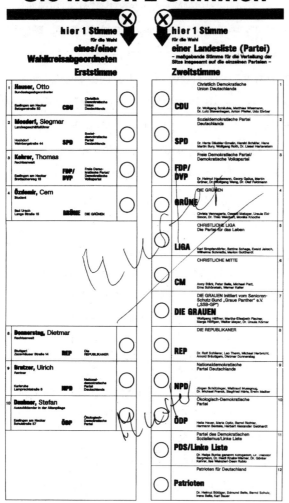

에서 얻은 득표율로 하원에 진출하는 것이 가능하다. 녹색당은 지역
구선거에서는 한 번도 당선자를 내지 못했으나 비례제 정당투표에서
얻은 득표율에 따라 많은 의원들이 당선되었다.

독일의 하원선거에서는 하원의원 정수를 넘는 당선자가 나올 수가
있는데 이를 초과의석(Überhangsmandat)이라한다. 초과의석이 발생하는

이유는 정당투표에서 각 정당이 얻은 득표율에 따라 각 정당의 최종 의석수가 결정되기 때문이며 또한 의석배분이 주 단위로 행해지기 때문이다.[88] 예를 들어 2006년의 경우 헤센 주에 배당된 의석수는 총 42석이다. 이 중 21석은 지역구에서 선출하고 21석은 비례제로 선출한다. 그런데 사회민주당이 헤센 주의 정당투표에서 35%를 득표하였다면 이 정당에 배당될 최종 의석은 42석×35%=14.7석으로 15석이 된다. 사회민주당이 지역구에서 11명이 당선되었다면 나머지 4명을 정당명부에 있는 후보의 순서에 따라 당선시킨다. 그러나 사회민주당이 21개의 지역구선거에서 17명이 당선되었다면 헤센 주에서 사회민주당에게 배정될 15명의 당선자보다 2명이 더 당선되었기 때문에 2석의 초과의석이 생기게 된다. 독일은 16개의 주로 이루어져있기 때문에 1개 주에서 1석의 초과의석이 생긴다면 전국적으로 16석의 초과의석이 생길 수 있다. 실제로 1998년 선거에서는 전국적으로 18석의 초과의석이 발생하였고 2002년 선거에서는 5석,[89] 그리고 2005년 선거에서는 16석의 초과의석이 발생하였다. 2002년 9월 22일에 실시된 15대 하원선거에서 의원정수는 598석이었지만 실제 의원정수는 603석이었다.

이처럼 각 정당의 의석수는 비례제 투표에서 각 정당이 얻은 득표비율에 따라 결정되기 때문에 독일의 선거제도는 혼합선거제도가 아니라 비례대표제라는 주장도 있다.[90] 또한 독일에서는, 정당이 하원에서 비례제 의석을 배분받기 위해서는 1인 선출 선거구에서 3명 이상이 당선되거나 또는 비례제 투표에서 최소한 5% 이상의 득표를 해야 하는 봉쇄조항을 채택하고 있다.

독일 하원에서 각 정당이 차지하는 의석은 비례제 투표에서 각 정당이 얻은 득표비율에 따라 배분하기 때문에 선거에서 각 정당이 얻은 득표비율과 의석비율 사이의 비례성은 거의 완벽하게 일치한다. 독일의 연방하원 선거제도에서는 보궐선거제도가 존재하지 않는다. 연방하원 의원에 공백이 생기게 되면 정당명부에 올라 있는 후보의

---

88) 양현모, 『독일정부론』 (서울: 대영문화사, 2006), 58쪽.
89) 위의 책, 59쪽.
90) Jürg Steiner, *op. cit.*, p. 283. 하지만, 지역구 당선자는 정당이 획득한 비례의석 수를 넘어도 보장하기에 "지역구제도에 기반한 비례대표제"라는 주장도 가능하다.

다음 후보가 의원직을 승계한다. 지역구에서 당선된 의원이 유고로 공백이 생길 때에도 정당명부의 다음 후보가 의원직을 승계한다.91)

필리핀에서는 대통령, 부통령, 상원의원, 하원의원, 주지사, 부지사, 주 의회의원, 시장, 부시장, 시의회의원들을 선출하는 모든 선거를 동시에 실시한다. 한 장의 투표용지에 위의 모든 선거에 출마한 후보들 중에서 지지하는 후보의 이름들을 직접 쓴다. 하원의원선거의 경우에는 1인 선출 선거구에 출마한 후보의 이름을 쓰고 또한 사회단체명부제 명단을 제출한 단체의 이름을 투표지에 쓴다. 필리핀은 1998년 5월에 실시한 하원의원 선거 때부터 지역대표에 더하여 사회의 다양한 부문을 대변하는 의원(sectoral representatives)을 선출하기 위한 사회단체명부제를 도입하였다. 필리핀에서는 하원의원 240석 중 218석은 지역선거구제로 뽑고 나머지 22석은 사회단체명부제로 뽑는다. 사회단체명부제는 사회의 각 집단들을 대변하기 위하여 도입한 제도이기 때문에 5개의 큰 정당들은 사회단체명부제의 혜택을 받을 수 없지만 군소정당들은 이 혜택을 받을 수 있다. 유권자들은 1인을 선출하는 지역선거구 기표 난에 자신이 지지하는 후보이름을 쓰고 또 사회단체명부제 기표 난에 자신이 지지하는 사회단체의 이름을 또 한 번 쓰기 때문에 하원선거에서 2개의 투표권을 행사한다.

필리핀에서 사회단체명부제 의석을 배분받으려는 정당이나 사회단체(사회의 각종 이익집단이나 단체들)는 선거기간 전에 선거위원회에 단체의 이름을 등록하여야 하며 유권자들은 등록된 단체명단들 중의 하나를 선택하여 투표지에 적는다. 사회단체명부제 의석을 배분받기 위해서는 유효투표의 2% 이상을 획득해야 하며 2%를 더 받을 때마다 1개의 의석을 더 배분받으며 최대 3석까지 받을 수 있다.

세계 각국이 채택하고 있는 투표방법 중에서, 유권자가 투표용지에 후보의 이름을 직접 써 넣는 방법을 채택하고 있는 국가들로는 필리핀 외에 이란과 일본이 있다. 일본에서는 [그림 7-10]에서 보는 바와 같이 1선거구 1인선출제에는 유권자들이 후보의 이름을 직접 써 넣으며 정당명부식 비례제에서는 정당의 이름을 직접 써 넣는다.

---

91) 김영태, "독일선거제도의 도입가능성과 한계," http://cafe.naver.com/votewoo. cafe?frame_url=/ArticleRead.nhn%3Farticleid=36. 2009년 3월 23일 검색.

※ 왼쪽은 소선거구의원 선출용. 후보 이름을 씀.
※ 오른쪽은 비례대표의원 선출용. 정당 이름을 씀.

　　싱가포르의 의회선거제도는 지금까지 논의한 선거제도와는 다른 독특한 제도이다. 싱가포르 의회의 총 의석수는 국민들이 직접 선출하는 임기 5년의 84석과 대통령이 지명하는 임기 2년 6개월의 9석, 그리고 최대 3석까지의 무선거구 의원으로 구성되어 있다. 직접 선출하는 의원들의 선거구는 23개이다. 이 중의 9개 선거구는 한 선거구에서 5명을 선출하는 집단선거구(Group Representation Constituency)이며 5개 선거구는 6명을 선출하는 집단선거구이다. 나머지 9개 선거구에서는 한 선거구에서 1명만을 선출한다. 집단선거구에서는 후보들이 집단으로 출마해야 한다. 즉 한 선거구에서 6명을 선출하는 선거구에서는 후보들이 개별적으로 당선되는 것이 아니라 6명이 한 팀으로 집단으로 당선된다. 따라서 후보들은 같은 정당에 소속한 사람들이 한 팀으로 출마한다. 투표는 이들 팀을 대상으로 실시하며 가장 많은 표를 얻은 팀의 6명이 집단으로 당선된다. 집단선거구에 출마하는 5명 또는 6명의 팀 중에서 최소한 1명은 말레이계나 인도계의 소수민족 출신 후보여야 한다. 이것은 중국계, 말레이계, 인도계로 이루어진 다민족국가의 성격을 반영하는 것이다.

이러한 집단선거구제를 채택한 표면상의 이유는 1인 선출 선거구만 채택할 경우에 중국계가 전 의석을 독점하게 될 것이기 때문에 이를 방지하면서 소수민족을 의회에 대변하기 위한 것이라지만, 실질적으로는 집권당인 인민행동당 후보들의 당선을 보장하기 위한 것이라 할 수 있다. 즉 정당의 당세가 약한 야당들은 한 선거구에 5명이나 6명의 후보를 팀으로 출마하게 만드는 것이 어려운 실정이다. 2001년 11월에 실시된 의회선거에서도 84개 의석 중 야당은 29석에 대해서만 입후보자를 낼 수 있어 나머지 55석을 뽑는 선거구에서는 여당인 인민행동당이 단독 입후보하여 무투표로 당선되었다. 실제로 야당은 1인 선출 선거구에서만 2명이 당선되었으며 인민행동당은 84석 중 82석을 차지하는 압승을 거두었다.

싱가포르에는 야당이 3석 미만의 의석만을 차지할 경우 선거에서 낙선한 야당 후보 중 최다 득표를 한 후보 1명을 의원으로 선정하는 무선거구(Non-constituency)의원제도가 있다.[92] 이에 따라 야당의원 1명이 더 당선되어 총 야당의원은 3명이 되었다. 만일 선거에서 야당의원이 3명 또는 그 이상이 당선되면 무선거구의원은 없으며 야당의원이 1명만 당선되면 무선거구의원은 2명이 된다. 무선거구의원은 헌법개정안, 예산안, 내각불신임안 등의 중요한 사안에는 투표권을 갖지 못한다.

2 ■ 중·대선거구제

한 선거구에서 다수의 후보자들이 입후보하고 그들 중에서 다수의 당선자(보통 2~5인 정도)를 득표순서대로 정하는 경우이다.

---

92) 무선거구제도(The Non-constituency MPs)란 야당이 총선에서 9석 미만의 의석 획득시 낙선한 야당 출마자들 중에서 가장 높은 득표를 획득한 후보를 의원으로 추천하는 제도를 말한다. 싱가포르는 2011년 4월에 선거법을 개정하였는데, 기본 구조는 그대로 유지되었으며 일부 변경되었다.

		기존	2011년 개정
대통령임명		9	9
무선거구		3(최대)	9(최대)
선출	집단선거구	75	76
	단일선거구	9	13
총계		96(최대)	107(최대)

집단선거구: 〈기존〉 (5명×9개) + (6명×5개) = 총 75석; 〈변경〉 (4명×6개) + (5명× 8개) + (6명×2개) = 총 76석.

양원제 국가에서 상원의원의 선출방법

양원제를 채택하는 이유는 크게 두 가지이다. 첫째, 그 사회가 역사적으로 과거 신분사회(또는 계급사회)의 전통을 존중했던 경우이다. 상원은 말 그대로 '지주(세습신분)들이 모여 있는 집'(House of the Lords)이다. 영국은 그 대표적인 예이다. 둘째, 연방제 국가에서 국가통합성과 함께 연방 구성단위들의 독립성을 존중하기 위해서이다. 미국은 그 대표적인 예이다. 앞서 단원제를 채택하고 있는 국가의 국회의원이나 양원제를 채택하고 있는 국가에서 하원의원을 국민들이 직접 선출하는 선거제도를 알아보았다. 양원제 국가에서는 하원과 더불어 상원을 추가로 선출하게 된다. 양원제 국가에서 상원의원들은 세 가지 중의 한 가지 방법으로 선출된다. 양원제 국가에서 상원의원을 선출하는 방법들을 알아본다.

■¹ 상원의원의 직접 선출

첫 번째 방법은 국민들이 직선으로 선출하는 것이다. 아시아의 일본 상원 242석은 6년 임기로 직선으로 선출한다. 이들 중 146석은 중선거구제로 선출하고 96석은 비례제로 선출한다. 필리핀의 상원 24석도 직선으로 선출한다. 아프리카 라이베리아의 상원 30석은 직선으로 선출한다. 유럽의 이탈리아 상원 315석은 직선으로 선출한다. 체코공화국의 상원 81석도 직선한다. 멕시코의 상원 128석은 1인 선출 선거구와 비례제로 직선한다. 미국의 상원 100석은 50개 주에서 2석씩을 직선으로 선출한다. 중미 도미니카공화국의 32석 상원의원은 직선으로 선출한다. 남미의 볼리비아 상원 36석은 정당명부식 비례제로 직선한다. 브라질의 상원 81석도 각 주와 연방지역에서 3석씩을 다수제로 선출한다. 아르헨티나의 상원 72석도 직선으로 선출한다. 아이티의 상원 30석도 직선으로 선출하며 우루과이 상원 30석도 직선한다. 칠레의 상원 38석은 직선으로 선출한다. 콜롬비아 상원 102석도 직선으로 선출하며 파라과이 상원 45석도 직선으로 선출한다. 태평양의 북마리아나군도 상원 9석도 직선으로 선출한다. 오스트레일리아의 76석 상원의석도 6개주와 2개의 준주에서 직선으로 선출한다. 팔라우의

9석 상원의석도 직선으로 선출한다.

■² 군주, 대통령 등 국가원수가 임명

양원제 국가에서 상원의원을 선정하는 두 번째 방법은 국왕, 대통령, 총리 또는 야당 지도자가 임명하는 방법이다. 중동의 바레인 상원 40석은 국왕이 임명한다. 예멘 상원 111석은 대통령이 임명한다. 오만의 상원의원 71명도 국왕이 임명하며 이들은 자문을 할 권한만을 갖는다. 요르단에서도 상원 55석은 국왕이 임명한다. 아프리카의 레소토 상원 33석 중 22석은 추장이 임명하며 11명은 집권당에서 임명한다. 러시아의 상원 168석은 84개 연방 행정단위의 지도자와 의회에서 지명하는 2석씩으로 구성된다. 중미의 그레나다, 바베이도스, 벨리즈, 세인트루시아, 앤티가바부다, 자메이카, 트리니다드토바고 등의 소규모 도서 국가들에서는 총리와 야당 지도자의 제청으로 총독이나 대통령이 상원의원을 임명하거나 또는 총독이나 대통령이 자체적으로 임명한다. 캐나다에서 상원의원 105명의 정년은 75세인데, 정년으로 인해 공석이 생길 경우 총리의 제청으로 총독이 임명한다. 34석의 피지 상원의원 중 14석은 추장회의의 추천을 받아, 9석은 총리의 추천을 받아, 8석은 야당 지도자의 추천을 받아 대통령이 임명하며 1석은 로투마의회의 추천을 받아 임명한다.

■³ 지역 의회에서 선출하는 방법

상원의원을 선출하는 세 번째 방법은 지역의회(주 의회)나 지방의회(시의회)가 간선으로 선출하는 방법이다. 파키스탄 상원의원 100석은 지역의회에서 간선으로 선출한다. 아프리카의 가봉 상원의원 102석은 시의회와 지역의회 의원들이 선출한다. 나미비아의 26석 상원의원도 13개 주에서 2석씩 선출한다. 나이지리아에서 상원의원 109석은 36개 주에서 3석씩 선출한다. 남아프리카공화국의 상원의원 90석은 9개 주의회에서 10석씩 선출한다. 모로코에서는 상원의원 270석을 지역의회, 전문가 단체, 노동조합이 간선으로 선출한다. 에티오피아의 상원의원 108석은 주 의회에서 선출한다. 콩고공화국의 상원 72석은 간선으로 선출한다.

유럽의 네덜란드 상원[93] 75석은 12개의 주 의회에서 선출한다. 독일의 상원 69석은 각 주정부의 대표들이다. 스위스의 상원 46석은 칸톤에서 2석씩과 준칸톤에서 1석씩 선출한다. 슬로베니아의 상원 40석은 자문기구의 역할만을 하며 선거인단에 의해 간선된다. 오스트리아의 상원 62석은 9개 주 의회에서 인구수에 따라 최소 3석부터 12석까지를 비례제로 선출한다. 프랑스의 343석 상원의원은 대부분이 지역의원들로 구성된 선거인단이 6년 임기로 선출한다.

■⁴ 세 가지 방법의 혼합 방식

양원제를 채택하고 있는 일부 국가들에서는 상원의원을 선출함에 있어 위의 세 가지 방법 중의 한 가지만이 아니라 두 가지 또는 세 가지 방법을 복합적으로 적용하기도 한다. 아시아의 말레이시아 상원 70석은 국왕이 임명하는 44석과 13개 주 의회가 선출하는 26석으로 구성된다. 아프가니스탄 상원의원 102석의 3분의 1은 지역의회에서 3분의 1은 지방의회에서 선출하며 3분의 1은 대통령이 임명한다. 인도에서 상원 250석 중에서 지역의회가 238석을 선출하며 나머지 12석은 대통령이 임명한다. 카자흐스탄의 상원의원 47석은 지방의회에서 32석을 선출하며 대통령이 15석을 임명한다. 캄보디아의 상원 61석 중 57석은 지역의회와 지방의회에서 선출하며 2석은 국왕이 임명하고 2석은 하원이 선출한다. 타지키스탄의 상원의원 34석 중 25석은 지역의회에서 간선으로 선출하며 8석은 대통령이 임명하고 1석은 전임 대통령이다. 태국의 상원 150석 중에서 76석은 1구1인제로 직선하며 74석은 수상의 추천을 받아 국왕이 임명한다. 아프리카에 있는 마다가스카르의 상원의원 100석 중 3분의 2는 지역의회가 선출하며 3분의 1은 대통령이 임명한다. 부룬디의 상원의원 54석 중 34석은 간선으로 선출하며 20석은 종족집단들과 과거의 추장들에게 배분한다. 스와질란드의 상원 30석은 하원에서 10석을 지명하며 20석은 군주가 임명한다. 알제리의 상원 144석도 3분의 1은 대통령이 임명하며 3분

---

93) 상원은 보통 제2원(the second chamber) 또는 상원(upper House)이라 불리지만 네덜란드에서는 상원을 the First Chamber라 부르며 하원을 the Second Chamber 라 부른다.

의 2는 간선으로 선출한다.

　유럽 벨기에의 상원 71석 중 40석은 직선으로 선출하고 31석은 간선으로 선출한다. 스페인의 264석 상원의원 중 208석은 직선하며 56석은 지역의회가 임명한다. 벨라루스의 상원 64석 중 56석은 지역 의회에서 선출하며 8석은 대통령이 임명한다. 아일랜드의 상원 60석 중에서 43석은 5개의 직업군에서 추천한 후보들 중에서 선출하고 11석은 총리가 임명하며 나머지 6석은 대학들이 선출한다.

국민투표

　오늘날의 민주주의는 대의민주주의이다. 그러나 대의민주주의에서 국민의 대표들은 국민들의 의사를 제대로 대변하지 못하는 경우가 많다. 이러한 대의민주주의의 한계를 보완하기 위해 많은 민주국가들에서는 제한된 형태의 직접민주주의 방식을 도입하고 있다. 현대 대의민주주의 국가들에서 채택되고 있는 직접민주주의의 세 가지는 '국민투표제'(referendum), '국민발안제'(the initiatives), 그리고 '국민소환제'(recall)이다. '국민투표제'는 국가적으로 중요한 쟁점에 대해 국민들이 직접 의사를 표현할 기회를 주는 것으로 국민들의 의견을 무시하는 정치인들에게 압력을 가하면서 국민들의 권리를 보장하는 제도이다. '국민발안제'는 국민들의 대변자들의 모임인 의회가 국민들이 원하는 법률을 제정하지 않을 때 국민들 스스로가 법률안을 발의하는 제도이다. '국민소환제'는 국민들의 대표인 의회의원이 국민들의 대변자 역할을 제대로 수행하지 못할 때, 그를 소환하여 그 직을 박탈하고 새로운 대변자를 선출하는 제도이다. 국가 차원에서 국민소환제를 채택하고 있는 국가로는 베네수엘라와 북한이 있다. 베네수엘라에서는 2004년 8월 15일 우고 차베스 대통령에 대한 국민소환 투표가 실시되었는데 42%만이 소환에 찬성하여 차베스는 대통령직을 유지했다. 북한은 헌법에 국민소환제를 명시하고 있으나 현실적으로는 북한에서 민주주의가 실현되지 않고 있기 때문에 국민소환제란 명목상의 조항에 불과하다. 미국의 주와 스위스의 칸톤에서는 국민소환제가 일반화되어 있다. 국민투표제는 많은 국가들에서 실시하고 있지만 국민발안제와 국민소환제는 극소수의 국가들에서만 채택하고 있다.

국민투표가 처음 실시된 것은 1778년으로 미국 매사추세츠주의 헌법채택을 위해 실시되었으나 부결되었다. 헌법이 국민투표를 통해 승인된 최초의 경우는 1780년 매사추세츠주였다. 일반 법률이 국민투표에서 처음 통과된 것은 스위스의 세인트 갈렌(St. Gallen) 칸톤으로 1831년이었다. 프랑스에서는 프랑스대혁명 이후 새 헌법을 통과시키기 위해 1800년에 국민투표가 실시되었고 1802년에 나폴레옹을 종신 집정관으로 승인하기 위해, 그리고 1804년에는 황제로 승인하기 위해 실시되었다.[94]

스위스는 국민투표를 가장 자주 실시하는 국가로 1993년까지 전 세계에서 실시된 국민투표는 799회였는데 그중에서 414회가 스위스에서 실시되었다.[95] 스위스 외에도 국민투표를 10번 이상 실시한 국가들로는 오스트레일리아 44번, 이탈리아 31번, 프랑스 22번, 이집트 19번, 아일랜드 18번, 덴마크 16번, 뉴질랜드 13번, 우루과이 13번, 필리핀 11번을 들 수 있다.[96] 대한민국에서도 1948년의 정부수립 이후 6번의 국민투표가 실시되었다. 영국에서는 유럽공동체에 가입할 것인가를 두고 국민투표가 실시되었다.[97] 이에 비해 네덜란드, 미국, 이스라엘, 인도, 일본은 전국 수준에서 국민투표를 실시한 적이 전혀 없다.[98] 미국에서는 주정부 수준에서 주민투표를 자주 실시한다. 2006년 5월 22일에는 세르비아·몬테네그로에서 실시된 양국의 분리안이 국민투표에서 통과하여 두 개의 국가로 분리되었다.

스위스에서 국민투표는 3개월에 한 번씩 1년에 4번 정도 실시한다. 연방행정부의 연방사무국은 연방 차원의 국민투표 사안을 모아 3개월

94) Vernon Bogdanor(ed.), *op. cit.*, p. 524.
95) David Butler and Austin Ranney(ed.), *Referendums around the World: The Growing Use of Direct Democracy* (Washington, D. C.: The AEI Press, 1994), p. 5.
96) *Ibid.*, p. 524.
97) Roy C. Macridis and Steven L. Burg, *Introduction to Comparative Politics: Regimes and Change,* 2nd ed. (New York: Harper Collins Publishers, 1991), p. 46.
98) Vernon Bogdanor(ed.), *op. cit.*, p. 524.

에 한 번씩 실시하며 이때 칸톤과 그 아래 하부 행정단위인 게마인데 차원의 사안도 함께 모아 같은 날 국민투표를 실시한다. 투표기간은 사안이 국민투표에 회부된 날로부터 3개월간이며 그 기간 동안 언제든지 투표를 할 수 있고 투표 마지막 날에 그동안 모여진 투표들을 개표한다.99)

스위스에서 실시한 국민투표에는 세 가지 종류가 있는데 첫째는 연방정부나 연방의회가 의무적으로 국민투표를 실시해야 하는 것이다. 연방정부나 연방의회가 헌법을 개정하기를 원하거나 국제기구에 가입하기를 원할 때에는 국민투표를 실시해야 하며 이때에는 투표자의 다수와 칸톤의 다수가 찬성해야 통과된다. 둘째는 연방의회가 통과시킨 법이나 연방정부가 집행하려는 정책 또는 추진하는 국제조약에 국민들이 반대할 때 실시하는 국민투표이다. 이때 국민들은 100일 내에 5만 명 이상의 서명을 받아 연방사무국에 요청하면 국민투표를 실시해야 하며 투표자의 다수가 찬성하면 통과된다. 이 국민투표는 국민들이 자발적으로 연방정부를 견제하려는 방식이다. 세 번째는 국민발안의 결과로 실시하는 국민투표이다. 위의 두 가지와는 달리 국민발안은 연방의회나 칸톤의회가 실행하지 않는 사안에 대하여 국민, 시민단체, 정당, 이익단체, 시민집단 등이 주도하여 헌법의 개정을 통해 새로운 정책을 제안하여 그 제안의 실현에 대하여 찬성 반대를 묻는 제도이다. 국민발안은 사안을 연방사무국에 신청한 후 18개월 동안 10만 명의 서명을 확보하면 국민투표를 실시한다. 이때 정부는 국민발안내용에 반대하는 역제안을 할 수 있으며 이 역제안 또한 국민투표로 찬반여부를 결정한다.100)

국민투표는 통과되는 경우도 많지만 부결되는 경우도 많이 있다. 1848년부터 2008년까지 스위스에서 실시한 국민투표는 모두 534건이었으며 이 중에서 통과된 것은 263건이었고 부결된 것은 286건으로 부결된 것이 더 많았다.101) 1848년부터 2008년까지 160년 동안에 실

---

99) 장준호, "스위스연방의 직접민주주의 – 2008년 6월 1일 국민투표를 중심으로," 「국제정치논총」 제48집 4호, 243쪽.
100) 장준호, 위의 논문, 244쪽.
101) 국민투표의 총 합계는 534건이었으나 국민발안에 대해 정부가 역제안을 할 경우 이 두건에 대한 찬반투표가 이중으로 진행된다. 따라서 찬성으로 통과된 안과 반대

시된 534건의 국민투표 중 정부주도의 국민투표는 207건이었고 이 중 153건(73.9%)은 통과되었고 54건(26.1%)은 부결되었다. 국민들이 정부가 만든 법이나 정책에 반대하여 실시된 국민투표는 162건이었고 이중에 89건(54.9%)은 통과되고 73건(45.1%)은 부결되었다. 국민발안 에 의한 국민투표는 150건 중에서 13건(8.7%)만 통과되고 137건 (91.3%)은 부결되었다. 국민발안에 대해 정부가 다른 안을 역으로 제 안한 경우에는 원래 국민들이 제안한 안 15건 중에서 2건(13.3%)만 통 과되고 13건(86.7%)은 부결되었고, 정부가 역제안한 안건은 15건 중 6건(40%)은 통과되고 9건(60%)은 부결되었다.102)

▌ 프랑스 샤를 드골
대통령 우표

오스트레일리아에서는 1901년 연방을 결성한 이후 42개의 헌법 개정안이 국민투표에 부쳐졌으나 8개만이 통과되었다. 프 랑스의 드골 대통령은 1968년 국민투표에서 패배한 후 대통령 에서 사임하였다. 헝가리에서는 1990년 7월 29일에 대통령을 직선으로 뽑을 것인가를 결정하기 위해 국민투표를 실시하였 다. 이 국민투표에서 85%가 '국민들에 의한 대통령의 직접 선 출'을 찬성하였으나 투표율이 13.8%에 불과하여 찬성비율이 전체 유권자의 50%를 넘지 못해 부결되었다. 이에 따라 대통 령은 의회에서 간선으로 선출되고 있다. 아일랜드의 집권당인 피나 포일(Fianna Fail)은 의회의원선거법인 단기이양식비례제를 변경하기 위한 국민투표안을 2번 발의하였으나 두 번 모두 부결되었다.103)

브라질에서는 대통령제를 내각제로 변경하는 국민투표를 1993년 4월 21일에 실시하였으나 55.4%가 대통령제의 유지를 찬성하여 부결 되었다. 리투아니아에서는 1992년 5월 미국식의 대통령제를 채택하는 안이 국민투표에서 부결되었다.104) 캐나다의 퀘벡주에서는 캐나다로

로 부결된 안을 모두 합치면 549건이 된다. 이것은 국민발안에 대한 정부의 역제 안이 15건 있었기 때문이다.
102) 장준호, 앞의 논문, 244쪽.
103) Arendt Lijphart, *Democracies: Patterns of Majoritarian and Consensus Government in Twenty-one Countries* (New Haven and London: Yale University Press, 1984), pp. 201-206.
104) Valerie Bunce, "Presidents and the Transition in Eastern Europe," Kurt von Mettenheim(ed.), *Presidential Institutions and Democratic Politics: Comparing Regional and National Contexts* (Baltimore: The Johns Hopkins University Press, 1997), p. 165.

부터 퀘벡주를 분리하여 독립하는 국민투표를 두 번 실시하였으나 두 번 모두 부결되었다. 칠레에서는 1972년 군부쿠데타로 정권을 장악한 피노체트 대통령이 자신의 임기를 8년 더 연장하기 위해 1980년 10월 5일에 국민투표를 실시하였으나 부결되어 대통령에서 물러났고 민정 이양이 이루어졌다.

스위스와 이탈리아, 그리고 미국의 24개 주(州)에서는 국민들이 국민투표를 발의할 수 있으며[105] 우크라이나에서는 300만명 이상의 유권자들이 그리고 체코에서는 50만명 이상의 국민들이 찬성할 경우 국민투표를 발의할 수 있다. 이 외의 다른 국가들에서는 의회의 발의가 있어야 국민투표가 실시될 수 있으며 체코에서는 상원이나 하원에서 3분의 2 이상의 의원들이 찬성하면 국민투표를 실시한다. 우크라이나에서는 대통령도 국민투표를 발의할 수 있다. 대한민국과 프랑스에서는 대통령이 국민투표를 발의할 권한을 가지고 있다.

국민투표는 국가 중대사와 연관된 것인데, 그중 하나가 헌법과 관련된 것이다. 대한민국, 덴마크, 스위스, 아일랜드, 오스트리아, 프랑스에서 헌법 개정은 국민투표에서 통과되어야 한다. 헌법 개정 이외에 국민투표에 부쳐지는 사항은 국제사회에서 자기 국가의 위치와 관련된 근본적 변화에 관련된 사항으로 유럽연합의 회원으로 가입하는 것을 예로 들 수 있다. 이를 위해 덴마크와 아일랜드에서는 세 번의 국민투표가 실시되었다. 노르웨이에서는 유럽공동체 가입을 결정하는 국민투표가 1972년에 부결되었다. 2016년에 있었던 영국의 유럽연합(EU) 탈퇴를 위한 국민투표에선 51.9%대 48.1%로 영국의 유럽연합 탈퇴가 결정되었다. 국민투표는 이혼, 낙태 등 도덕적인 문제와 관련된 사항을 놓고도 실시된다. 아일랜드와 이탈리아는 이 문제를 놓고 국민투표를 실시하였다. 이 외에도 그리스, 벨기에, 이탈리아에서는 군주제의 존폐에 관해 국민투표를 실시하였으며, 스웨덴, 오스트리아, 이탈리아에서는 원자력발전 문제를 놓고 국민투표를 실시하였다.[106] 이탈리아는 1993년 4월에 상원의원을 선출하는 선거방법을

---

105) Vernon Bogdanor(ed.), *op. cit.*, p. 525.
106) Michael Gallagher, Michael Laver and Peter Mair, *op. cit.*, p. 273.

변경하는 국민투표를 통과시키는 등 국민투표를 31회 실시하였다. 뉴질랜드 또한 의회의원 선거방법을 1인 선출 선거구제에 정당명부식 비례제를 추가하기 위해 1993년에 국민투표를 실시한 것을 포함하여 13회 실시하였다.

또 다른 국가 중대사는 국가의 분리독립과 연관된 것이다. 이런 경우 용어는 국민투표이지만 실질적으로는 분리독립을 원하는 지역의 주민들이 주로 참여하여 투표하기 때문에 사실상 모든 국민들이 참여하는 것은 아니다. 1995년 실시된 캐나다 퀘벡(Quebec)의 주민투표에서 퀘벡주 독립 지지안은 반대 50.6%, 찬성 49.4%라는 근소한 차이로 부결되었다. 2007년에 '스코틀랜드 국민당'(SNP)은 스코틀랜드의 영국으로부터의 분리독립을 위한 국민투표를 약속했고, 2014년에 국민투표가 시행되었는데, 반대표가 55%였다.

제7장을 마치며

민주주의와 관련하여 선거정치에서 두 가지 논점을 살펴보면서 '선거와 선거정치'를 맺으려고 한다. 하나는 앞서 논의한 '정당'과 '선거'의 연관성에 관한 논점이며, 또 다른 하나는 선거에서 '투표의 질' (quality of vote)에 관한 논점이다. 전자는 선거제도와 정당체계의 연관성과 관련한 문제이고, 후자는 투표결과를 받아들여야 하는 상황에 대한 보다 본질적인 선거결과에 대한 철학적 해석의 문제이다.

일반적으로, 선거체계는 정당체계에 영향을 미치는 것으로 지적되고 있다. 이것은 어떤 사회가 어떤 선거제도를 채택하느냐가 결국 그 사회 내에서 어떤 정당체계를 갖는가에 영향을 미친다는 의미인데, 실제 국가별 사례들을 중심으로 경험적 증거를 살펴보기로 한다. 가장 회자되는 선거체계와 정당체계 사이의 관계는 '뒤베르제의 법칙'(Duverger's law)이다.107) 뒤베르제의 법칙이란 "단순다수대표제도와 소선거구제(1구역에서 1명만 뽑는 제도)를 병행하는 경우엔 전국적 수

---

107) Maurice Duverger, *Les partis politiques* (Paris : Librairie A. Colin, 1951)

| 그림 7-11 | 36개 민주국가에서 선거불비례성과 유효정당수와의 연관성
(1945-1996)

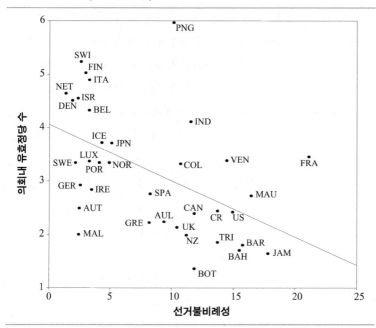

자료출처: Arend Lijphart, *Patterns of Democracy: government forms and per-formances in thirty-six countires,* 1st ed. (New Haven: Yale University Press, 1999) p. 169.

준에서 영향력을 지닌 큰 정당 2개가 정치체계를 점령하게 되는 소위 '양당체계'(two-party system)가 초래된다"는 것이다.108) 레입하트는 듀베르제의 법칙을 확장하여 "선거제도가 높은 비례성을 보장할수록 그 정치체계에는 보다 많은 유효정당이 존재할 수 있다"고 주장했다.109)

_____

108) 이러한 논리는 정당득표율이 의석수에 미치는 영향에서 승수적인(기하급수적인) 효과를 갖는다는 이론으로 확장된다. 타가페라(R. Taagepera)는 큰 정당이 작은 정당보다 유리함을 나타냄에 있어서 '3승규칙'이란 것을 제안하였다. 3승규칙은 1위대표제의 경우 득표를 의석으로 전환하는 과정에서 두 정당의 득표비율이 L:S라면 그 의석비율은 대략 $L^3:S^3$에 가까울 것이라는 '경향적 법칙'(과거의 경험적 증거들로부터 도출된 경향성)을 말한다. 이것은 득표율보다 의석율이 과장되는 경향을 말한 것이다. Rein Taagepera and Mathew Soberg Shugart, *Seats and Votes: The Effects and Determinants of Electoral Systems* (New Haven and London: Yale University Press, 1989), pp. 151-161. 참고로, 단순다수제와 소선거구제를 병행하여도 그 정치체계의 특성상 다당제가 나타날 수도 있다. 안순철, "내각제와 다정당체제: 제도적 조화의 모색," 진영재(편), 『한국 권력구조의 이해』 (개정판) (서울: 나남, 2014), pp. 123-162.

109) 이러한 논리는 래(D. Rae)와 테일러(M. Taylor)의 '파편화 지수'와도 상관 있다.

[그림 7-11]에서 선거불비례성(electoral disproportionality)은 특정한 정당이 어떤 특정 선거에서 얻었던 득표율(% of votes)과 의석률(% of seats)의 차이를 말한다.[110] 39개국의 경험적 증거에 기반한 위의 그림을 보면 '선거불비례성' 변수와 '유효정당수' 변수는 서로 음(-)의 상관관계를 갖고 있는 것을 알 수 있다. 두 변수의 함수관계에 영향을 미치는 변수로 선거제도가 가장 중요하겠지만, 역사적 정당체계, 선거에서 경쟁하는 정당의 수, 국민들의 다당체계에 대한 심리 등이 종합적으로 작용할 것이다.[111] 그림을 보면 영국과 미국처럼 단순다수제와 소선거구제를 병행하는 국가들은 회귀선(regression line)의 하단쪽에서도 중간부터 우측에 있는 것을 알 수 있다. 이것은 소수의 주요 정당들을 중심으로 선거불비례성이 크며 민의를 소수의 정당이 점유할 수 있다는 것을 의미한다. 반면에 프랑스는 회귀선의 상단에 있으면서 우측에 있기에 불비례성이 있지만 나름대로 다양한 정당이 정치체계에 포진하고 있는 정치체계임을 보여준다. 회귀선의 상단에 있으면서 좌측에 있는 국가들로는 스위스, 덴마크, 핀란드, 이탈리아 등이 있는데, 불비례성이 상대적으로 낮은 가운데 형성된 다당체계라고 할 수 있을 것이다. 그림에 따르면, 일본의 경우도 과거 '일점반 정당제'란 전통에도 불구하고 다당체계적 성격이 표출된 정치체계라고 할 수 있다. 마지막으로, '독일식 비례대표제'란 선거제도로 인구에 회자되는 독일의 경우엔 회

'파편화 지수'란 '집중화 지수'의 여집합을 말한다. 다시 말해서 집중화되지 않은 정도이기에 $(1-HH)$로 계산된다. 앞서, HH는 허핀달-허쉬만 인덱스로 집중화지수를 나타내는 것임을 설명한 바 있다. 그림이 제시하는 증거는 '파편화 지수가 높을수록 정치체계 내의 정당의 수가 많아진다'는 것이다. Douglas W. Rae and Michael Taylor, *The Analysis of Political Cleavages* (New Haven: Yale University Press, 1970).

110) '불비례성 지수'는 갤러거(M. Gallergher)의 계산법을 주로 사용한다. 갤러거는 특정 선거를 단위로 하여 불비례성을 계산하였는데, 특정한 하나의 선거에서 불비례성(G)이란 해당 선거에 참여한 모든 정당들을 대상으로 도출된 지수이다. 각 정당별($i = 1, 2, 3, ..., n$)로 득표율과 의석율의 차이를 계산한 후에, 모든 정당들의 득표율(v_i)과 의석율(s_i)의 차이를 합한 후에 1/2의 값을 취하고 나서 제곱근 값을 구한 것이다. 다음과 같이 표시된다. $G = \sqrt{\dfrac{1}{2}\displaystyle\sum_{i=1}^{n}(v_i - s_i)^2}$.

Michael Gallergher, "Proportionality, Disproportionality and Electoral System," *Electoral Studies*, Vol. 10, No. 1 (1991), pp. 33-51.

111) 예를 들면, 특정 국가의 국민들은 다수당이 난립한 정치체계를 정치불안과 동일시할 수 있어, 주요 정당에 대한 지지심리가 더 강할 수도 있을 것이다.

귀선의 하단에 있으면서 좌측에 위치해 있기에 '3당'이 정치를 주도하지만, 불비례성은 매우 낮은 정치체계임을 알 수 있다.

민주주의의 순기능과 연관하여 선거정치에서 여전히 남는 또 다른 문제는 '선거결과에 대한 해석'과 연관된 문제이다. 여기서 투표의 질이란 선거결과로부터 시작되어 생성되는 다양한 '정치적 결과물'(political outcomes)들에 대해서 선거에 참여한 사람들이 받아들이는 데 반감이 생기는 문제를 포괄적으로 의미한다. 자신들이 참여한 선거결과에 대하여 자신들이 받아들이지 못한다면 이것은 역설의 단계를 넘어서서 민주주의의 위기라고도 할 수 있다. 일반적으로 투표의 질과 관련된 논란은 두 가지로 구분된다. 하나는 투표율의 문제이고, 또 다른 하나는 선거인단의 범위 및 이에 따른 승자결정법칙의 문제이다.

민주주의의 많은 부분은 '선거'를 통해서 이루어지며, '선거정치' (즉, 간접방식의 '선거민주주의'와 직접방식의 '국민투표민주주의'를 모두 포함하여) 는 '결과에 승복하는 정신'을 기본으로 한다. 선거정치에서 규정된 선거규칙에 따라서 결정된 결과는 그 정당성을 부여받게 된다. '선거불복'이란 사실상 민주주의를 부정하는 행위 그 이상도 이하도 아니다.

문제는 선거정치에서의 '선거규칙' 그 자체이다. 현재 한국의 '국회선진화법'은 쟁점법안을 처리하기 위한 별도의 절차개시 요건으로 '1/2 다수결'이 아닌 '3/5 다수결'을 채택하고 있다. 어떤 다수결 원칙이 더 좋다고 일방적으로 이야기할 수는 없다. 현재 한국에서 논란이 되고 있는 '3/5 다수결'이 식물국회를 만든다는 문제의식이 있는데, 그렇다면 다시 '1/2 다수결'로 개정해야 하며, 개정하기 전까지는 '3/5 다수결'을 따라야만 할 것이다. 그래서 혹자는 "악법도 법이다" 라고 외치며 생을 마감한 소크라테스의 준법정신이 가장 최고의 집합 수준에서 극단적으로 드러나는 영역이 바로 '선거정치'라고도 한다.

선거를 통해서 결정하는 방식이 다양하며, 그렇기에 어떤 결정방식을 채택하여야만 할 것인가에 대한 사회적 합의 절차가 더욱 중요해지고 있다. 앞서 '선거민주주의'의 한계에 대한 보완적인 방식으로 '국민투표민주주의'를 언급한 바 있다. 사실 간접민주주의 방식인 '대의민주주의'의 한계에 대한 보완적인 방식으로 직접민주주의 성향이 강조되는 '참여민주주의'의 활성화를 언급하는 일이 있는데, 그러한 성향을 지닌 '국민투표민주주의'(referendum democracy)에서도 여전히 선거규칙에 대해서 논란이 있을 수 있다.112) 왜냐하면 국민투표는 대개 국가정책방향의 선택과 같은 국가 중대사에 대한 결정을 위해서 사용되는데, 만약 선거결과가 박빙의 승부를 보인 경우에는 선거결과에 승복할 개연성이 상대적으로 낮을 수밖에 없어 정치적 혼란이 발생할 수 있기 때문이다. 2016년 영국에서 있었던 '브렉시트 선거'(Brexit election)가 좋은 예가 될 것이다. 브렉시트는 '국민투표'의 형식으로 이루어졌다. 투표율은 71.8%였으며, 탈퇴(Leave) 51.9%, 잔류(Remain) 48.1%로 영국의 유럽연합 탈퇴가 결정되었다. BBC는 국민투표 선거결과를 12개 지역으로 나누어서 보도하였는데, 스코틀랜드(잔류 62%), 런던(잔류 59.9%), 북아일랜드(잔류 55.8%)를 제외한 나머지 9개 지역은 모두 탈퇴가 더 많았다. BBC는 지역간 차이와 함께 세대간 차이로서 젊은층은 잔류를 장년 및 노년층은 탈퇴를 상대적으로 더 선호하는 경향이 있음도 보도했다.

　　민주주의의 첨병국가라고 평가되어 온 영국에서 브렉시트 재투표를 요구하는 선거불복 운동이 일어났다. 찬성과 반대에 대한 격차가 상대적으로 작았기 때문이다. 이것은 격차가 작으면 불복해도 된다는 것을 말하는 것이 아니라, 민주주의 정치과정에서 선거결과에 흔쾌히 승복하지 못하는 불복(不服)심리가 증가할 수 있음을 우려하는 것이다.

　　선거결과에 대한 불복심리가 큰 경우, 정치불신과 정치불안정으로 연결된다. 브렉시트 선거결과에 반발하는 시민들은 런던에 모여서 '재선거' 요구 시위를 벌였다. 이것은 앞으로 선거정치에서 영국의 브렉시트 결정 여부에 따른 국가이득이나 유럽지역이득과 별개로 선거정치과정에서 의사정족수 및 의결정족수의 중요성을 일깨워 준다. 브렉시트에 대한 결정은 '투표권자 과반수의 참여와 선택옵션에서 단순다수제를 획득한 옵션으로의 결정'을 채택하고 있다. 물론 단순다수제

---

112) 국민투표민주주의는 독재자의 '대중인기영합주의'(populism)적 수단으로 활용된다고 종종 비판된다. 베네수엘라의 차베스 대통령은 국민투표를 자신의 정책추진과 정권유지에 활용한 바 있다. 한국의 제4공화국 출범을 위한 '유신헌법'도 국민투표로 결정한 것이다. 하지만, 직접민주주의의 한 대안으로서 국민투표는 국민의 의사를 하나로 모으는 데 긍정적으로 활용될 수도 있다. 국민투표에 회부되는 이슈의 성격 및 당시의 정치적 상황, 의도, 목적에 따라서 순기능과 역기능이 판단되어야 할 것이다.

를 채택했다고 하지만, 선택 옵션이 2개일 경우엔 투표자 수에 관계없이 한 가지 옵션 중의 하나는 자연스럽게 과반수를 달성하게 된다. 사실 유럽연합에서 영국의 탈퇴여부를 결정하는 중차대한 국민투표에서 투표율 72%는 작은 숫자가 아니지만 (과반수를 달성했다는 의미에서), 단순히 과반수를 달성했다는 의미는 국민 전체라는 시각에선 결코 충분히 큰 숫자라고 할 수 없다(3/4인 75%에 미치지 못했다는 의미에서). 현재의 사회는 교육수준이 높고 이에 따라서 사회비판의식이 높으며 개인중심의 파편화된 사회라는 특색을 지니고 있다. 앞으로 선거정치에서 각종 선거유형과 내용에 따라서 의사정족수와 의결정족수에 대한 구체적이고 명시적인 합의가 존재해야만 선거정치과정에서의 혼란을 막고 정치과정에서 '순응비용'을 최소화할 수 있을 것이다.113)

---

113) 앞서 제6장 정당과 정당정치 '제6장을 마치며'의 '뉴미디어시대의 정치'에선 '거래비용'보다 상대적으로 '순응비용'에 유의해야 할 필요성을 언급한 바 있다.

제8장

의회와 의회정치

대의민주주의 정치과정에서 '의회'(議會)는 국민의 대표들이 모여 법률을 만드는 입법부(the legislative)로서 기능하며 그렇게 만든 법을 집행하는 행정부의 권력 남용을 견제하는 기구이다.[1] 18세기 이후 의회의 권한은 점차 감소하여 왔으며, 오늘날의 의회는 행정부가 결정한 것을 추인해 주는 '고무도장'(rubber stamp)에 불과한 위치로 쇠퇴했다는 주장도 있다. 그러나 어찌 보면, 대부분의 국가들에서 의회가 권력의 핵심이었던 황금기는 애초에 존재하지 않았으며 오늘날의 의회는 상임위원회 활동을 통해 입법행위에서 유용한 역할을 하고 있다. 많은 경우에 의회가 별 기능을 못하는 것으로 인식하는 이유는 의회의 본회의가 국민들의 관심권 밖에 있기 때문이다. 의회에서 의원들이 발언할 때 의사당의 방청석은 거의 비어 있으며 신문, 텔레비전, 라디오 등은 이러한 발언에 대해 극히 적은 시간과 지면만을 제공한다. 덴마크에서는 의원들이 어떤 사항을 비밀로 하고 싶으면 그것을 의회의 본회의에서 발언하면 된다는 농담이 있을 정도이다. 왜냐하면 의원들의 본회의 발언을 들으려는 사람은 아무도 없기 때문이라는 것이다.[2] 그러나 국민들의 무관심 속에서도 의회는 활동을 지속하고 있으며 전문성도 점차로 높아지고 있다. 만일 의회가 없다면 민주정치는 애초에 상상도 할 수 없는 것이다.

---

1) 정치체계 내에서 의회의 권한은 크게 3종류로 대별되는데, 입법에 관한 권한, 행정부를 견제하는 권한, 국가예산·결산에 관한 권한이 그것이다.
2) David Arter, "The Swedish Riksdag: The Case of Strong Policy-Influencing Assembly" in Philip Norton(ed.) *Parliaments in Western Europe* (London: Frank Cass, 1990), p. 124.

의회의 기원3)

의회는 국민과 정부를 연결하는 민주주의체제의 핵심적 기구로서 세계의 거의 모든 국가들에는 의회가 존재한다.4) 의회를 지칭하는 영어 단어인 parliament는 국민의 대의기구를 의미하는 것으로 영국의 민주적 의회정치에서 유래한다. 그러나 프랑스에서는 프랑스대혁명 이전에는 parlement란 단어는 법원을 의미하는 것이었다. Parliament란 단어는 라틴어의 parliamentum과 프랑스 단어인 parler에서 유래한 말로서 원래 의미는 '말하다'(talk)라는 뜻이다. 따라서 토론은 의회에서 가장 많은 시간을 차지하는 행위이다.5) 의회를 지칭하는 다른 단어들로 독일어는 Bundestag와 Reichstag, 스페인어는 Cortes와 Congresso, 스칸디나비아어는 Riksdagen 또는 Stortinget, 폴란드어로는 Sejm이 있으며, 일본에서는 의회를 지칭하는 외국어로 Diet를 사용한다.

의회의 기원은 수백 년 전으로 거슬러 올라가며 아이슬란드는 930년에 의회가 시작되어 세계최고(古)의 역사를 갖고 있지만 사실상은 영국의회가 의회의 기원으로 간주된다. 영국에서 의회의 형태를 띤 기구가 생기기 시작한 것은 13세기이다. 1215년에 영국의 존 왕이 대헌장(Magna Carta)에 서명한 이후 영국의 국왕들은 각 군(shire)에서 2~4명의 귀족들과 각 읍(town)에서 동일한 수의 상인(burgher)들을 국왕이 거주하는 런던으로 불러 통치와 관련된 사항들을 논의하였다. 국왕이 이렇게 한 것은 선의에서 나온 것이라기보다는 지방에서 권한을 가지고 있는 실력자들을 상징적으로나마 국정에 참여하게 하여 자신에 대한 지원을 확고히 하고 또 세금을 거두어들이기 위한 것이었다.

---

3) 의회는 국가에 존재하는 모든 차원의 국민대표기구를 지칭하는 용어이다. 이 책에서는 국가적 차원의 의회만을 다루며 의회라는 용어를 사용한다. 주(또는 도) 차원의 주의회나 도의회는 지역의회라는 용어를 사용하고 시 차원의 시의회 등은 지방의회라는 용어를 사용한다.

4) 일부 국가에서는 진정한 의회라고는 할 수 없으나 의회와 유사한 기구를 두고 있다. 입헌군주국인 브루나이에는 국왕이 임명한 29명의 자문위원이 있으나 이들은 일년 중 3월에 한 번만 모임을 가질 뿐이다. 사우디아라비아에도 국왕이 임명하는 임기 4년의 자문위원이 150명 있다. 오만에는 국왕이 임명하는 상원의원 71명과 국민들이 선출하는 84명의 하원의원이 있으나 모두 국왕에 대한 자문권만 가지고 있다.

5) Philip Laundy, *Parliaments in the Modern World* (Aldershot, England: Dartmouth, 1989), p. 1.

이러한 사람들의 모임은 처음에는 국왕의 궁궐에서 시작하였으나 시간이 흐르면서 독자적인 기구로 발전해 나갔다.[6] 1264년 존 왕의 맏아들이었던 헨리3세는 프랑스에 잃은 영토를 회복하기 위해 군대를 파병하면서 과다한 세금과 헌납금을 징수하였다. 이에 분노한 귀족, 승려, 상인들은 시몬 드 몽포르(Simon de Montfort)를 지도자로 하여 반란을 일으켰다. 반란군은 국왕의 군대를 패배시키고 국왕을 체포하였으며 시몬 드 몽포르는 잉글랜드의 지도자가 되었다. 그는 1265년 직접 선출된 대표들로 구성된 최초의 의회(assembly)를 열었는데 이것이 영국의회의 기원이었다.

1295년에는 국왕 에드워드 1세가 훗날 평민원(House of Commons)의 모태가 된 모범의회(Model Parliament)[7]를 소집하였는데 국왕이 소집했기 때문에 모범의회는 권한이 별로 없었다. 그러나 점차 국왕의 정책을 승인하거나 국왕에게 조언하는 기능, 국가재정을 다루는 기능, 주요사건들을 심판하는

영국의회 700주년 기념 우표

최고 사법기관으로서의 기능을 갖게 되었다.[8] 1340년부터 상인과 시민대표들은 현재 하원이라고 부르는 평민원을 구성하였으며 귀족들과 고위 성직자들은 상원이라고 부르는 귀족원(House of Lords)을 구성하여 테임스 강변의 웨스트민스터(Westminster)궁전에서 만나기 시작했는데 이 장소가 근대 의회의 산실이 되었다.[9]

스웨덴에서는 19세기 중반까지 귀족 및 성직자, 상공인, 농민, 시민의 4개 신분을 대표들의 모임인 신분의회 릭스닥(Riksdag)이 국왕의 통치를 견제하고 있었다. 신분의회제도는 15세기부터 존속되어 온 통치유형으로 최초의 의회모임은 1435년에 알보가(Arboga)라는 도시에서 귀족, 시민, 농민의 3개 신분대표가 모여 국정을 논의한 것이었다. 성직자들이 포함된 신분회의로 발전한 것은 1544년 베스테로스(Västerås)

---

6) Michael G. Roskin, *Countries and Concepts: An Introduction to Comparative Politics* 5th ed. (Upper Saddle River, NJ: Prentice Hall, 1995), p. 23.
7) 에드워드 1세가 전쟁비용 등 국가재정을 조달하기 위한 세금의 징수를 손쉽게 하려고 소집한 의회로 49명의 귀족들과 292명의 시민대표로 구성되었다.
8) 김웅진 외, 『라운더바우트를 도는 산적과 말도둑: 무엇이 영국민주주의를 만드는가?』(서울: 르네상스, 2006), 17-18쪽.
9) Jürg Steiner, *European Democracies,* 3rd ed. (White Plains, NY: Longman, 1995), p. 30.

에서였다. 신분의회는 국왕의 권력을 견제하고 통제하는 성격보다는 최고 통치자인 국왕의 보조적 기구의 성격이 강했다. 또한 신분의회가 정기적으로 개최된 것이 아니고 국왕의 필요에 따라 임의로 소집되었고 전체 국민을 대표한 것이 아니라 사회의 일부만을 대표하였기 때문에 불완전한 대의기구였다.

이러한 제도적 취약점이 있었으나 신분의회는 전국 각 지역의 신분을 대표하는 사람들이 모여 국정을 논의하고 각 지역의 민심을 대변하는 토론의 장이었기 때문에 근대정치로의 이양을 주도하였다. 신분의회제도가 존재할 당시의 선거는 명문화된 법에 의한 것이 아니었고 각 지역의 계급구성원들이 자발적으로 참여하여 대표를 선출하는 형식이었다. 스웨덴은 1866년에 신분의회제를 마감하고 양원제를 도입하여 근대적 의회를 구축하였다. '상원'(The Second Chamber)은 중앙집권적인 국왕의 권력을 이양받았고 '하원'(The First Chamber)은 일반 국민들의 지지를 기반으로 하여 권력분점을 이루었다.10) 상원은 기존의 정치세력을 제도권 안에 끌어안는 효과가 있었고 하원을 통해서는 국민대표의 직접 통치라는 정당성을 확보하였다.11) 이처럼 초기의 의회는 일반 국민들의 대표기구는 아니었으며 지역에서 부유하고 권력이 있는 사람들만을 대표하였다. 이 시기에 의회는 국왕의 권력을 분산시켜 권력의 남용을 방지하는 역할을 하였다.

의회의 구성

■¹ 단원제와 양원제

세계의 국가들은 의회가 하나만 있는 단원제 의회(unicameralism) 국가들과 의회가 두 개가 있는 양원제 의회(bicameralism) 국가들로 나누어진다. 단원제 국가에는 하원만이 존재하며 양원제 국가에는 하원과 상원이 있다. 하원과 상원이라는 개념은 영국 의회에서 유래하며

---

10) 일반적으로 하원을 'First'로 상원을 'Second'로 표시하지만, 네덜란드에선 그 반대로 표기한다.
11) 최연혁, "스웨덴," 박찬욱(편) 『비례대표선거제』 (서울: 박영사, 2000), 135쪽.

과거에는 귀족원(House of Lords)이 권한도 더 많고 권위도 더 높았기 때문에 상원(upper House)이라고 불렀고 시민들의 대표기관인 평민원 (House of Commons)을 하원(lower House)이라 불렀다.

전 세계 191개국 중에서 단원제를 채택하고 있는 국가는 111개국으로 전체의 59.69%를 차지하며 양원제를 채택하고 있는 국가는 77개국으로 40.31%를 차지한다.12) [표 8-1]에서 대륙별로 단원제 국가들과 양원제 국가들의 숫자와 비율을 보면 아시아에서는 단원제 국가의 비율이 55.2%이고 양원제 국가의 비율은 44.8%로 크게 차이가 없다. 중동에서는 단원제 국가의 비율이 76.5%인 데 비해 양원제 국가의 비율은 23.5%로 단원제 국가가 훨씬 더 많다. 아프리카에는 단원제 국가의 비율이 58.8%이고 양원제 국가는 41.2%로 단원제 국가들이 조금 많다. 유럽에서도 거의 비슷한 양상으로 단원제 국가가 약간 많다. 그러나 중남북미 국가들에서는 양원제 국가의 비율이 57.1%이고 단원제 국가의 비율은 42.9%로 유럽이나 아프리카와는 반대의 양상을 보인다. 오세아니아에서는 단원제 국가의 비율이 73.3%로 양원제 국가의 26.7%보다 훨씬 더 많다.13)

■² 의회의 명칭

의회를 지칭하는 영어로는 assembly, parliament, legislature, congress, council 등의 다양한 용어들이 있다. 의회를 하나만 두는 단원제 국가들에서 의회를 지칭하는 용어를 보면 다음과 같다.

1 ■ 단원제 국가에서 의회의 명칭

단원제 국가들에서 의회를 지칭하는 용어로 가장 많이 사용되는 용어는 National Assembly이다. 이 책에서 다루는 의회들이 국가차원의 의회만을 다루기 때문에 국가의 의회라는 면에서 National Assembly라는 용어를 쓰지만 일부 국가들에서는 단순히 Assembly라는 용어를

---

12) http://www.ipu.org/parline-e/ParliamentStructure.asp?REGION=All&LANG=ENG. 2010년 2월 16일 검색.
13) 뉴질랜드는 양원제였으나 1950년에 임명제인 상원을 폐지하여 단원제로 변경하였다. Raymond Miller, *New Zealand Politics in Transition* (Auckland, New Zealand: Oxford University Press, 1997), p. 62.

사용하기도 한다. National Assembly라는 용어를 사용하는 국가들을 대륙별로 보면 아시아에서는 16개 국가들 중 9개 국가가 이 용어를 쓴다. 이 중에서 대한민국을 비롯한 5개 국가는 National Assembly를 쓰며 4개 국가는 몽골의 State Great Assembly, 네팔은 Constituent Assembly 등 다른 용어를 쓴다. 중동에서는 13개 국가들 중 6개 국가가 사용하며 이들 중 4개국은 National Assembly, 터키는 Grand National Assembly, 이란은 Islamic Consultative Assembly 등 유사한 용어를 쓴다. 아프리카에서는 30개 국가들 중에서 21개 국가들이 National Assembly를 사용하고 기니 등 4개국이 People's National Assembly 등 유사한 용어를 사용하여 대다수 국가들이 National Assembly라는 용어를 사용한다.

유럽에서는 26개국들 중에서 9개국이 사용하며 그중에서 National Assembly라는 용어를 사용하는 국가는 불가리아, 세르비아, 헝가리 3개국에 불과하며 마케도니아, 몬테네그로, 알바니아의 3개국은 Assembly라는 용어를 사용한다. 이들 6개 국가가 모두 1990년대 초까지 소련의 영향력 아래 있었던 국가들이라는 점에서 서유럽 국가들과 의회명칭 사용에서 차이를 보인다. 나머지 2개국은 덴마크에서 People's Assembly를 사용하며 포르투갈에서 Assembly of the Republic을 사용한다. 중남북미 국가들에서는 6개 국가들이 National Assembly라는 용어를 쓰고 있고 도미니카연방 등 3개국이 House of Assembly 등 비슷한 용어를 쓰고 있다. 오세아니아에서는 National Assembly라는 용어를 쓰는 국가는 하나도 없으며 투발루만이 House of Assembly를 사용하고 있다.

이처럼 단원제 국가들에서 National Assembly라는 용어를 사용하는 국가들은 39개국이며 Assembly가 들어가는 용어를 쓰는 국가들이 20개국이어서 단원제 국가들의 53.2%인 59개국이 국가의 의회를 지칭하는 용어로 Assembly를 사용하고 있다.

단원제 국가들이 의회를 지칭하는 용어 중에서 두 번째로 많이 사용하는 것은 parliament이다. Parliament 또는 parliament가 포함된 용어를 사용하는 단원제 국가들은 아시아 2개국, 아프리카 2개국, 유럽 10개국, 오세아니아 5개국으로 총 19개국이며 단원제 국가들 중의

17.1%이다. Parliament라는 용어는 주로 유럽 국가들과 영국의 영향을 많이 받은 오세아니아 국가들에서 사용하며 중동과 중남북미 국가들에서는 사용하는 국가가 없다. 단원제 국가들에서 의회를 지칭하는 용어로 세 번째 많이 사용하는 용어는 Council이다. 아시아에서는 몰디브와 키르기스스탄 2개국, 중동에서는 사우디아라비아, 아랍에미리트 등 6개국, 유럽에서는 슬로바키아 등 5개국 등 총 13개국(전체의 11.7%)에서 사용하며 아프리카, 중남북미, 오세아니아에서는 사용하는 국가가 없다. 그 외에 Congress라는 용어를 사용하는 국가들이 중국, 리비아, 과테말라, 에콰도르, 온두라스, 페루, 마이크로네시아의 7개국이 있다. 입법을 지칭하는 legislature나 legislative를 사용하는 국가로는 대만이 Legislative Yuan, 코스타리카와 사모아, 통가의 Legislative Assembly, 마샬군도의 Legislature의 5개국이 있다.

2 ▪ 양원제 국가에서 의회의 명칭

양원제 국가들에서는 상원과 하원을 모두 포함하여 의회를 지칭하는 명칭이 있으면서 동시에 상원과 하원을 지칭하는 각기의 명칭이 있다. 양원제 국가들에서 의회를 통칭하는 용어들을 보면 가장 많이 사용되는 용어는 Parliament이다. Parliament라는 용어를 사용하는 국가들은 아시아에 6개국, 아프리카에 13개국, 유럽에 10개국, 중남북미에서 8개국, 오세아니아에서 2개국 등 39개국이 사용하여 양원제 국가들의 48.8%를 차지한다. 다음으로 많이 사용하는 용어는 Legislature로 아시아 2개국, 중동 2개국, 아프리카 7개국, 유럽 2개국, 중남미 1개국, 오세아니아 1개국 등 13개국이며 양원제 국가들의 16.3%를 차지한다. National Assembly를 사용하는 국가들도 12개국으로 양원제 국가들의 15%를 차지하며 Congress는 10개국으로 12.5%를 차지한다. 특이한 것은 Legislature라는 용어를 아프리카국가들에서 7개국이 사용하는 점과 National Congress라는 용어를 사용하는 국가들이 중남미국가들 중에서 많은 점이다.

단원제 국가들과 양원제 국가들을 모두 합해 의회를 지칭하는 용어로 가장 많이 사용되는 용어는 71개국에서 사용하는 National Assembly 등 assembly가 들어간 용어로 전체 국가들의 37.2%를 차지한다. 다음으로 많이 사용되는 용어는 parliament로 58개국이며 전체의 30.1%이다. 이 외에 Legislature가 9.4%, Congress가 8.9%를 차지한다. 지역별로 많이 사용하는 용어를 보면 유럽에서는 Parliament라는 용어를 사용하는 국가들이 20개국으로 전체의 45.5%를 차지하며 아시아에서는 National Assembly 등 assembly가 들어간 용어를 사용하는 국가가 29개국으로 아시아 국가들의 44.8%를 차지한다. 아프리카에서도 National Assembly를 사용하는 국가들이 19개국으로 37.2%를 차지하여 대륙별로 많이 사용되는 용어가 있음을 알 수 있다.

　　양원제 국가에서 상원을 지칭하는 용어로 가장 많이 사용되는 용어는 Senate이다. 양원제 국가들 77개국 중에서 Senate라는 용어를 사용하는 국가는 49개국으로 전체의 63.6%를 차지한다. 특히 중남북미 지역에서는 20개국 중에서 16개국이 사용하고 있고 오세아니아에서는 양원제를 채택한 4개국 모두가 이 용어를 사용한다. 상원을 지칭하는 용어로 Senate 다음으로 많이 사용하는 용어들로는 National Council 등 council이 들어간 용어를 많이 사용한다. 특이한 국가로는 타지키스탄을 들 수 있는데 이 국가에서는 상원을 지칭하는 용어로 National Assembly를 사용하고 있다. 이 용어는 대부분의 국가들에서 전체 의회를 지칭하거나 양원제 국가들에서는 주로 하원을 지칭하는 용어로 사용하고 있다. 상원을 지칭하는 용어로 영국에서는 House of Lords, 독일과 오스트리아에서는 Bundesrat, 네덜란드에서는 First Chamber를 사용하고 있다.

▎표 8-1 ▎ 대륙별 단원제 국가들과 양원제 국가들의 수

대 륙	단 원 제	양 원 제	합 계
아 시 아	16(55.2)	13(44.8)	29
중　　동	13(76.5)	4(23.5)	17
아프리카	30(58.8)	21(41.2)	51
유　　럽	26(59.1)	18(40.9)	44
중남북미	15(42.9)	20(57.1)	35
오세아니아	11(73.3)	4(26.7)	15
합　　계	111	80	191

* 괄호안은 각 대륙별로 단원제 국가와 양원제 국가의 비율이다. (단위: %)

양원제 국가에서 하원을 지칭하는 용어로 가장 많이 사용되는 용어
는 National Assembly로서 18개국에서 사용하며 House of Assembly
등 assembly가 들어간 용어를 사용하는 국가가 9개국이다. 이 둘을
합하여 양원제 국가들 중 33.8%에서 이 용어를 사용하고 있다. 다음
으로 많이 사용하는 용어는 House of Representatives이다. 이 용어
는 미국, 일본 등에서 사용하며 양원제 국가들의 28.8%에서 사용하고
있다. 세 번째로 많이 사용하는 용어는 Chamber of Deputies로 양
원제 국가들의 20%에서 사용하고 있다.

양원제 국가에서 하원을 지칭하는 용어로 영국과 캐나다는 House
of Commons, 독일은 Bundestag, 러시아는 State Duma, 폴란드는
Sejm, 네덜란드는 Second Chamber, 프랑스는 National Assembly를
사용하고 있다.

■³ 연방제와 양원제의 연관성

의회제도에서 양원제를 채택하는 첫째 이유는 의회가 수행하는
일의 양을 분담하거나 기능을 분리하기 위함이다. 이것은 국가사무에
서 입법부와 행정부의 기능이 분화된 것과 같은 이치로, 입법기능을
분화한 것이다. 상원은 하원이 통과시킨 법을 승인하거나 비준하는
기능을 한다. 일반적으로 하원이 대내적인 영역과 연관된 입법 기능
을 수행한다면, 상원은 대외적인 영역과 연관된 입법 기능을 수행한
다. 동시에 상원은 하원이 통과시킨 주요한 결정사안을 더 세밀하게
검토하며 인준(endorsement)하는 역할을 수행하기도 한다. 예를 들면,
미국의 경우, 대통령 탄핵(impeachment)과 같은 국가 중대결정이 하원
에서 의결되어 상원으로 넘어오면 상원은 다시 한 번 해당 탄
핵결정을 심사숙고하게 된다.

양원제를 채택하는 두 번째 이유는 연방제 국가의 특성을
반영하기 위해서이다. 연방국가에서 의회가 인구비례에 의해서
만 국민을 대변하게 되면 인구가 많은 주는 인구가 적은 주를
압도하게 된다. 이에 거의 모든 연방제 국가에서는 상원과 하
원의 양원을 둔다. 레입하트에 의하면 178개 국가들 중에서
20개국이 연방국가인데 이들 연방국가들은 모두가 양원제를

┃미국 하원 200주년
기념 우표

채택하고 있다. 이에 반해 158개의 단일국가들 중에서 양원제를 채택하는 국가는 47개국뿐이었다.[14] 양원제를 채택하는 연방제 국가들에서는 상원을 구성함에 있어 모든 주에 똑같은 수의 의석을 배분하여 이들이 연방의 지역단위를 대표하게 한다. 연방제 국가인 미국의 의회구성은 이러한 경우의 대표적 예이다. 하원의 경우에는 각 주의 인구비례에 따라 의석을 배분하기 때문에 인구가 많은 캘리포니아, 뉴욕, 텍사스, 펜실베이니아, 오하이오의 5개 주만으로도 435석 중에서 150석을 차지한다. 이에 비해 인구가 적은 주들은 하원의원을 한 주에 한 석밖에 갖지 못하기 때문에 5개 주가 합쳐도 5석밖에 갖지 못한다. 이러한 불균형을 해소하기 위해 미국의 상원에서는 주의 인구의 많고 적음에 관계없이 50개 주 모두에 각기 2석씩의 상원의원을 배정하고 있다.

연방국가인 스위스의 20개 칸톤들은 상원에 각기 2명씩의 상원의원을 보내며 6개의 준(準)칸톤들은 각기 1명씩을 보내 정원은 46명이다. 이에 따라 인구가 많은 취리히(Zürich) 선거구에서는 1,228,600명의 인구에 상원의원 2명을 선출하기 때문에 의원 1명이 614,300명을 대변하는 데 반해 인구가 35,000명인 우리(Uri) 선거구에서도 2명의 의원을 선출하기 때문에 1명의 의원이 17,500명만을 대변한다. 이에 따라 취리히 선거구의 상원의원은 우리 선거구보다 41배나 많은 인구를 대변하는 불균형이 나타난다.[15] 상원의원의 선출방법과 임기는 각 칸톤에서 결정한다. 따라서 칸톤은 상원의 구성에 대해 독점적 통제력을 갖는다. 이러한 스위스의 예는 상원이 연방제를 위한 기구임을 잘 나타낸다.

연방국가인 브라질의 상원의원은 26개의 주 및 1개의 연방자치구에서 각각 3명씩 뽑는다. 1988년에 채택된 헌법에 의해 이들은 모두 직선으로 선출되며 임기는 8년이고 재선이 가능하다. 아르헨티나의 상원은 72명이며 수도와 각 주의 24개 선거구에서 3명씩 선출한다.

---

14) Arend Lijphart, *Patterns of Democracy: Government Forms and Performance in Thirty Six Countries* (New Haven: Yale University Press, 1999), 이옥연, 『통합과 분권의 연방주의 거버넌스』 (서울: 오름, 2008), 55쪽에서 재인용.
15) http://en.wikipedia.org/wiki/Swiss_Council_of_States. 2009년 11월 10일 검색.

연방국가인 말레이시아의 상원(Dewan Negara)의원은 70명이며 이 중 26명은 13개 주들에 각기 2명씩 배당되어 주의회에서 선출하며, 이들 26명은 동시에 연방수도인 쿠알라룸푸르를 대변하도록 임명된다. 나머지 44명은 국왕이 사회 각 분야의 저명인사들 중에서 임명하거나 또는 소수민족의 대표들을 임명한다.[16] 연방국가인 오스트레일리아에서도 6개의 주에 동일하게 12명씩의 상원의원을 배정하며 2개의 준주에는 2명씩의 상원의원을 배정한다. 멕시코의 상원의원 128명은 31개의 주와 연방지구(federal district)에서 4명씩 선출한다.

그러나 모든 연방국가가 연방을 구성하는 주들에 동일한 상원의석을 배정하는 것은 아니다. 독일에서는 연방을 구성하는 주의 대표들로 상원이 구성되지만 상원에서의 투표권은 각 주의 인구를 고려하여 최소 3표에서 6표까지 차이를 둔다. 캐나다의 10개 주들은 상원에 동등한 의원수로 대변되지는 않지만 1867년에 캐나다연방이 구성될 때에는 이에 참가한 4개 주들(퀘벡, 온타리오, 노바스코시아, 뉴브른스윅)을 지역 면에서 동등하게 대변하였다. 그러나 그 후에 6개 주와 2개의 준주(territory)가 연방에 추가되면서 상원의석의 지역적 균형이 깨어졌으며 현재의 캐나다 상원은 연방을 구성하는 단위들인 주를 대변하는 곳이라고는 할 수 없다. 캐나다 상원의원은 선출을 하는 것이 아니라 총리가 임명한다. 캐나다에서는 상원의원의 임기가 정해져 있는 것이 아니라 75세가 되면 퇴직을 하기 때문에 정년이 되는 상원의원이 있으면 공석을 총리가 임명한다. 총리는 퇴직하는 주의 자기 정당 소속 정치인을 상원의원으로 임명한다. 캐나다에서는 상원의원의 선출을 직선제로 바꾸어 상원을 효과적인 기구로 만들어야 하며 또 10개 주가 공평하게 대변되기 위해 10개 주가 동일한 상원의석을 가져야 한다는 3E(Effective, Elective and Equal)요구가 상원개혁안으로 요구되고 있다.[17]

연방국가인 인도의 상원의원 수는 250명으로 이 중 238명은 각 주와 연방직할지의 지방의회의원들로 구성되는 선거인단이 선출하고

---

16) Philip Laundy, *op. cit.*, p. 6
17) 캐나다의 상원개혁에 관해서는 신명순·유리스 레닉스 편역, 『캐나다정치론』(서울: 대왕사, 1990)의 제11장 "상원의 개혁: 상원개혁안의 기본논리"를 볼 것.

12명은 대통령이 임명한다. 선거인단의 선거방법은 단기이양식 비례제(Single Transferable Vote system)이다. 각 주는 같은 수의 상원의원 수를 갖는 것이 아니라 주의 규모에 따라 의석수를 갖는다. 연방국가인 오스트리아의 상원의원 63명은 9개의 주 의회에서 비례대표제로 선출하며 각 주에 배당되는 상원의원 수는 인구비례에 따라 최소 3명에서 최고 12명까지이다.[18)

■⁴ 연방제가 아닌 국가의 양원제

연방제가 아닌 국가들에서도 상원은 지역을 대표하는 역할을 하는 경우가 있다. 프랑스는 연방국가가 아니지만 상원은 지역단위들과 해외에 사는 프랑스 국민들을 대표한다. 상원의원은 각 주(department) 의회의 의원들과 각 주 내의 시의회의원들, 그리고 프랑스 본국 외의 선거인단에 의해 간선으로 선출된다. 348명의 상원의원들 중에서 프랑스 본토를 대표하는 상원의원은 326명이고, 프랑스 본국 외의 국민을 대표하는 상원의원은 10명이며, 해외에 거주하는 프랑스 국민들을 대표하는 상원의원은 12명으로 배정된다. 스페인의 264명 상원의원들 중 208명은 직선으로 선출되며 56명은 지역의회에서 간선한다.[19)

지역대표성은 상원의 기능 중의 하나에 불과하며 상원은 다른 이익을 대변하는 기능도 한다. 아일랜드 상원의원은 60명인데 이들은 사회의 다양한 이익을 대변하도록 구성되어 있다. 이들 중 11명은 총리에 의해 임명되며 나머지는 국가의 사회적 · 전문적 · 경제적 그리고 문화적 이익을 대변하기 위해 간선으로 선출된다. 6명의 상원의원은 두 개의 대학에서 선출되며 43명은 하원의원 · 지역유지 · 현역 상원의원들로 구성되는 선거인단에 의해 선출된다. 영국의 상원에는 두 명의 영국정교회 추기경과 24명의 주교들이 포함되어 있으며 이들은 영국정교회를 대변하는 기능을 하고 있다. 영국 상원은 또한 2009년 9월 30일까지는 영국의 대법원 기능을 하여 상원의원이 대법관의 역할을 하였으나 10월 1일부터는 영국에 대법원이 설립되어 대법관의

---

18) Philip Laundy, *op. cit.*, p. 8.
19) https://www.cia.gov/library/publications/the−world−factbook/geos/sp.html. 2010년 1월 9일 검색.

역할을 하던 상원의원은 대법관으로서만 일하며 퇴임할 때까지 상원으로 돌아가지 못하게 되었다. 앞으로 임명되는 신임 대법관은 상원의원이 되지 못하고 상원과 아무런 관계를 갖지 않게 되었다.[20]

소규모 국가들이 양원을 두는 경우에는 상원은 또 다른 역할을 한다. 카리브해 연안의 소규모 영연방국가들에서는 상원이 거의 비슷한 형태로 구성되어 있다. 상원의원의 대부분은 총리의 추천으로 총독이 임명하며 일부 소수는 야당 지도자의 추천으로 임명한다. 예를 들어 자메이카에서는 21명 중 13명은 총리가, 8명은 야당 지도자가 추천한다. 그레나다에서는 13명의 상원의원 중 10명을 총리가 추천하며 야당 지도자가 3명을 추천한다. 바베이도스에서는 총리가 12명, 야당 지도자가 2명의 상원의원을 추천하며 트리니다드토바고에서는 31명의 상원의원을 집권당이 16명, 대통령이 9명, 야당 지도자가 6명을 추천한다. 바하마에서는 총리가 9명, 야당 지도자가 4명을 총독에게 추천하며 총독이 개인적으로 3명을 임명한다. 이러한 국가들에서는 집권정당과 야당 모두를 의회에 진출시켜 균형을 유지하기 위한 방법으로 상원을 두고 있다.[21]

연방제가 아닌 국가들에서 상원은 하원과 마찬가지로 단순히 국민들을 대변하기 위한 기관인 경우도 많다. 일본의 상원인 참의원은 하원인 중의원과 마찬가지로 인구비례에 의한 지역대표제를 기본으로 한다. 이러한 점은 이탈리아, 프랑스도 마찬가지이다.

■⁵ 양원제에서 상원과 하원의 차이

상원과 하원은 여러 면에서 차이가 있다. 첫째 규모면에서 보면 모든 국가에서 상원의 규모는 하원보다 작다. 세계의 모든 국가들의 상원의원 수를 평균을 내어보면 155명이고 하원은 365명이다. 상원의원의 수가 많은 국가들로는 이탈리아(315명), 프랑스(348명)가 있다. 상원의원의 수가 가장 적은 국가는 팔라우의 9명이며 상원의원의 수가 20명 이하인 국가들로는 세인트루시아 11명, 벨리즈 12명, 그레나다

---

20) http://www.chosun.com/site/data/html_dir/2009/07/16/2009071600489.html.
21) Philip Laundy, *op. cit.*, p. 10.

13명, 바하마 16명, 엔티가바부다 17명 등으로 모두가 중미의 섬나라들이다. 유럽의 보스니아헤르체고비나도 15명이다.

의회 중에서 의원의 수가 가장 많은 국가는 중국으로 2,978명이며 의회 의원이 500명 이상인 국가들은 영국 상원(740명), 북한(687명), 영국 하원(646명), 이탈리아 하원(630명), 독일 하원(622명), 쿠바(614명), 프랑스 하원(577명), 인도네시아(560명), 터키(550명), 에티오피아 하원(547명), 인도 하원(545명), 브라질 하원(513명), 멕시코 하원(500명) 등이다.

단원제 국가 중에서 가장 규모가 작은 의회는 세인트키츠네비스로 1명이며 투발루 의회도 의원이 15명이다. 유럽의 리히텐슈타인은 25명, 안도라는 28명이며, 오세아니아의 통가는 32명이다.

상원과 하원의 두 번째 차이는 권한에서 나타난다. 양원제 국가들 중에서 양원 중 한 의회의 세력이 다른 의회보다 월등히 강하여 권한이 불균형을 이루는 유형을 '약한 양원제'(feeble bicameralism)라 부른다. 양원의 세력이 비슷하여 균형을 이루는 유형은 '강한 양원제'(strong bicameralism)라 하며 이것이 명실상부한 양원제라 할 수 있다.22) 양원제에서 상원 권한의 핵심은 하원이 통과시킨 법안을 단지 지연시키는 권한만을 갖는가 아니면 거부권을 행사할 수 있는가이다. 상원의 거부권은 네 가지로 분류할 수 있다. 첫째는 상원의 거부권이 최종 결정이 되는 경우이다. 두 번째는 일정한 영역에서만 거부권이 인정되는 경우이며, 세 번째는 하원에서 75% 또는 60% 등의 특정한 비율 이상의 재의결로 거부권이 무효가 되는 경우이고, 네 번째는 단순 다수로 상원의 거부권이 무효가 되는 경우이다. 각국의 상원들은 위의 네 가지 종류 중의 어떤 유형인가에 따라 강한 양원제인가 약한 양원제인가가 결정된다.

양원제 국가들 중에서 소수의 국가들은 상원과 하원의 권한이 동등한 '강한 양원제' 국가들이며 대부분의 국가들은 하원의 권한이 상원보다 더 강한 '약한 양원제' 국가들이다. 상원의 권한은 대부분의

---

22) Giovanni Sartori, *Comparative Constitutional Engineering: An Inquiry into Structures, Incentives and Outcomes* (Washington Square, NY: New York University Press, 1994), p. 184.

경우 하원이 통과시킨 법안을 지연시키는 것에 불과하다. 캐나다에서는 헌법상으로는 상원의 권한은 재정관련 법안을 발의할 수 없는 것 외에는 하원의 권한과 같지만 실제로는 상원은 하원보다 훨씬 더 권한이 약하다. 인도의 상원은 헌법관련 문제에 대해서는 특별한 권한을 갖지만 통제권은 전혀 없으며 하원과 동등한 권한을 가지려 하지도 않는다. 그러나 독일 상원은 주정부의 권한에 영향을 미치는 법안에 대해서는 거부권을 행사할 수 있다. 또 상원이 어떤 법안을 3분의 2의 다수로 부결시키면 하원이 이 법률안을 되살리기 위해서는 3분의 2의 다수로 통과시켜야 한다. 네덜란드에서는 상원이 통과시킨 법안을 하원이 번복할 수 없다.

강한 양원제의 예로는 미국, 독일, 오스트레일리아, 스위스를 들 수 있고 약한 양원제의 예로는 벨기에, 이탈리아, 일본, 네덜란드, 캐나다, 영국 등을 들 수 있다. 오스트리아와 아일랜드는 양원제의 의미가 없을 정도로 상원이 약하여 단원제와 비슷하다.[23]

의회의원의 수

각 국가의 의회에서 의원의 수를 몇 명으로 하는가는 의회의 종류에 따라 다르다. 하원은 일반 국민들을 대표하는 기관으로 시작하고 발전하여 왔기 때문에 대부분의 국가에서 하원의원의 수는 국민들의 수를 감안하여 결정한다. 한 명의 의회의원이 몇 명의 국민들을 대변하는가는 국가에 따라 다른 기준을 가질 수 있다. 일부 국가에서는 5년 또는 10년마다 인구조사를 한 후 인구의 증감에 따라 의원수를 조정한다. 또한 의회의원의 정수를 법률로 정하여 놓은 국가들이 있는가 하면 의원 정수를 200명 이상 300명 미만과 같이 정하여 놓고 인구의 변화에 따라 의원수를 조정하는 국가들도 있다.

2010년 당시에 단원제를 채택하고 있는 국가들의 인구와 의회의

23) Arend Lijphart, *Democracies: Patterns of Majoritarian and Consensus Government in Twenty-one Countries* (New Haven: Yale University Press, 1984), p. 99.

원 수를 조사한 후 의원 1인이 국민 몇 명을 대표하는가를 계산해 본 바에 의하면 대한민국의 국회의원 1인은 평균적으로 국민 162,237명을 대표하였다. 다른 국가의 국회의원들이 대변하는 국민들의 수가 이 숫자보다 많다면 인구비례로 볼 때 그 국가의 의회의원 수는 대한민국에 비해 적은 것을 나타낸다. 반대로 다른 국가의 의회의원이 대변하는 국민들의 수가 162,237명보다 적다면 그 국가의 의회의원 수는 대한민국에 비해 많은 것을 나타낸다. 단원제를 채택하고 있는 아시아의 20개 국가들 중에서 대한민국보다 의회의원 수가 적은 국가는 대만, 방글라데시, 베트남, 인도네시아, 중국의 5개 국가뿐이고 나머지 15개 국가들은 대한민국에 비해 의회의원의 수가 많다. 중동의 11개 국가들 중에서는 사우디아라비아와 이란만이 대한민국에 비해 의회의원의 수가 적고 나머지 9개 국가들은 대한민국에 비해 의원 수가 더 많다.

　아프리카에서는 31개 국가들 중에서 대한민국보다 의회의원 수가 적은 국가는 케냐 1개국뿐이며 나머지 30개국에서는 대한민국에 비해 의원수가 많다. 유럽에서는 26개국 중에서 인구비례로 대한민국보다 의회의원의 수가 적은 국가는 하나도 없으며 30개 국가 모두가 대한민국보다 더 많은 의회의원을 두고 있다. 중남북미의 15개국 중에서도 대한민국과 비교하여 의회의원 수가 적은 국가는 페루밖에 없으며 나머지 14개국들은 의회의원의 수가 더 많다. 오세아니아의 경우에도 11개국들 중에서 대한민국보다 의회의원의 수가 적은 국가는 하나도 없다. 이러한 수치들은, 한 명의 의회의원이 대표하는 국민들의 숫자 면에서 대한민국의 의회의원보다 더 많은 국민을 대표하는 국가는 8개국에 불과하였고 나머지 105개 국가에서는 대한민국의 의회의원보다 적은 수의 국민들만을 대변하였다. 즉 300명의 대한민국 국회의원들 수는 다른 많은 국가들에 비하여 매우 적은 수임을 알 수 있다.

　양원제를 채택하고 있는 국가들을 보면 양원제를 채택하는 77개 국가들 중에서 하원의원 수가 대한민국보다 적은 국가는 인도, 일본, 파키스탄, 필리핀, 나이지리아, 마다가스카르, 러시아, 이탈리아, 멕시코, 미국, 브라질, 콜롬비아의 12개국뿐이다. 단원제 국가 105개국과 양원제 국가 77개국을 합한 전체 182개국들 중에서 인구비례로 볼 때 대한민국에 비해 국회의원수가 적은 국가는 20개국에 불과하고 나머지 162개국은 대한민국에 비해 더 많은 국회의원들을 두고 있다.

의회의원의 임기

의회의원의 임기는 단원제인가 양원제인가에 따라 차이가 있다. 다음 [표 8−2]에서 보는 바와 같이 양원제 국가에서 상원의 임기는 4년부터 종신에 이르기까지 다양하다. 이에 비해 [표 8−3]에서 보는 바와 같이 단원제 국가의 의회의원 임기와 양원제 국가에서 하원의원의 임기는 최단 임기가 2년이며 최장 임기는 6년으로 상원의원에 비해 임기가 짧다.

의원의 임기가 2년으로 가장 짧은 국가는 단원제 국가에서는 아랍에미리트와 마이크로네시아이다. 양원제 국가들 중에서는 미국 하원과 북마리아나군도 하원 임기가 2년으로 가장 짧다. 임기가 3년인 국가들로는 단원제 국가로는 엘살바도르, 나우루, 뉴질랜드, 통가가 있다. 양원제 국가들로는 말레이시아 상원, 필리핀 하원, 멕시코 하원, 그리고 오스트레일리아 하원이 있다.

대부분 국가들의 의회임기는 4년 또는 5년이다. 의원들의 임기가 4년인 국가들을 보면, 상원의 경우에는 파키스탄을 비롯한 19개국이 있다. 단원제 국가들과 양원제 국가들에서 하원의 경우에는 그루지야를 비롯하여 76개국이다. 의원의 임기가 5년인 국가들을 보면 상원의원의 임기가 5년인 국가들은 우즈베키스탄을 비롯하여 24개국이다. 단원제 국가들과 양원제 국가들에서 하원의 임기가 5년인 국가들을 보면 네팔을 비롯한 103개국이다. 따라서 세계의 모든 국가들에서 의원들의 임기를 5년으로 하고 있는 국가들이 가장 많은 것을 알 수 있다. 의원의 임기가 6년인 국가들로는 상원의 경우에는 말레이시아를 비롯한 19개국이며 단원제 국가와 양원제 국가 중 하원의원의 임기가 6년인 국가는 스리랑카 등 4개국에 불과하다. 이 외에 상원의 임기가 8년인 국가들로는 브라질과 칠레가 있고, 9년인 국가들로는 라이베리아, 모로코가 있다. 독일, 오스트리아, 스위스에서는 상원의원들 사이

에 임기가 서로 다른데 그 이유는 이 국가들의 상원의원들은 주정부
가 뽑아서 보내는데 주정부 의회의원들의 임기가 주마다 다르기 때문
이다. 캐나다에서 상원의원은 한 번 임명되면 75세까지가 임기이다.
영국과 룩셈부르크의 상원의원은 임기가 없이 종신이다.

　　하원의원은 전원이 동일한 임기 동안 재임하지만 유일한 예외는
아르헨티나로 하원의원 257명 중에서 2년마다 의원의 절반을 새로 뽑
는다. 이에 반해 대부분의 국가들에서 상원의원은 임기 중에 일부를 새
로 선출한다. 네덜란드, 멕시코, 오스트레일리아, 일본, 필리핀의 상원
의원은 3년마다 2분의 1을 새로 선출하며 미국, 아르헨티나, 인도의 상
원은 2년마다 3분의 1을 새로 선출한다. 프랑스 상원의원은 3년마다 3
분의 1을 새로 선출한다.[24] 브라질의 상원의원은 4년마다 3분의 1을
새로 선출하며 칠레 상원의원은 4년마다 2분의 1을 새로 선출한다.[25]

　　대통령의 임기와 임기제한에서 언급한 바와 같이 많은 국가들에
서 대통령의 임기를 단임, 두 번까지 중임, 비연속 중임 등으로 제한
하고 있다. 이에 비해 국회의원의 경우에는 몇 번이라도 선거에서 당
선만 되면 국회의원을 계속할 수 있다. 그러나 극히 일부 국가에서는
국회의원의 중임을 제한하고 있다. 멕시코에서는 상원의원과 하원의
원이 모두 단임제이다. 지역의회에서 간선으로 선출하는 말레이시아
의 상원의원은 두 번까지만 중임할 수 있다. 필리핀의 상원의원도 두
번까지만 중임할 수 있으며 필리핀 하원의원은 세 번까지만 중임할
수 있다.[26]

---

24) Arend Lijphart, *op. cit.*, p. 95.
25) 의원의 임기가 끝나기 전에 선거를 실시하는 것이 일반적이지만 일부 국가에서는
　　특별한 상황에서 의회의원의 임기를 연장한 경우가 있다. 이스라엘은 1973년 욤키
　　퍼(Yom Kippur) 전쟁 당시에 의회의원의 임기인 4년을 초과하여 의회의 회기를
　　연장한 예가 있다.
26) http://www.electionguide.org/elections와 https://www.cia.gov/library/publications/
　　the-world-factbook. 2014년 3월 19일 검색.

표 8-2 상원의원의 임기

임기	아 시 아	중 동	아프리카	유 럽	중·남·북미	오세아니아
3년	말레이시아					
4년			나이지리아 마다가스카르	네덜란드 노르웨이 러시아 루마니아 벨기에 벨라루스 보스니아헤르체고비나 스위스 스페인 아이슬란드 폴란드	도미니카공화국 볼리비아 콜롬비아	북마리아나군도 팔라우
5년	아프가니스탄** 우즈베키스탄 캄보디아 타지키스탄	아랍에미리트	나미비아 남아프리카공화국 스와질란드 에티오피아 콩고공화국	슬로베니아 아일랜드 이탈리아	그레나다 바베이도스 바하마 베네수엘라 벨리즈 볼리비아 세인트루시아 우루과이 자메이카 트리니다드토바고 파라과이	
6년	네팔 말레이시아 인도 일본 카자흐스탄 태국 파키스탄	이집트	가봉 모리타니 알제리 차드	체코 프랑스	멕시코 미국 아르헨티나 아이티	오스트레일리아
8년					브라질 칠레	
9년			라이베리아 모로코	프랑스		
임기 다양*				독일 오스트리아 스위스		
75세					캐나다	
종신				영국 룩셈부르크		

* 자신이 선출된 주의회의 임기에 따라 다르며 오스트리아의 경우 주 의회의 임기는 주별로 5년 또는 6년이다.

** 아프가니스탄 상원의원의 3분의 1은 대통령이 임명하고 3분의 1은 지역의회(주 의회)가 선출하며 3분의 1은 지방의회(시의회나 군 의회)에서 선출한다. 이들의 임기는 서로 다른데, 대통령이 임명한 의원의 임기는 5년이지만, 지역의회(주 의회)에서 선출한 의원임기는 4년, 지방의회(시의회나 군 의회)에서 선출한 의원 임기는 3년이다.

자료출처: https://www.cia.gov/library/publications/the-world-factbook. 2010년 1월 3일 검색자료를 참조하여 저자가 작성하였다.

┃표 8-3┃ 단원제 국가의 의회의원과 양원제 국가의 하원의원 임기

임기	아시아	중 동	아프리카	유 럽	중·남·북미	오세아니아
2년 (4)		아랍에미리트			미국하원	마이크로네시아 북마리아나군도
3년 (7)	필리핀하원*				멕시코하원 엘살바도르	나우루 뉴질랜드 오스트레일리아 하원 통가
4년 (77)	대한민국 몽골 미얀마 아르메니아 일본하원 태국하원 파키스탄하원	그루지야 레바논 바레인하원 사우디 아라비아 시리아 예멘하원 요르단하원 이라크 이스라엘 이란 쿠웨이트	가나 기니비사우 나이지리아 하원 라이베리아 하원 마다가스카르 하원 베냉 상투메프린 시페 수단 앙골라 차드	그리스 네덜란드하원 노르웨이 덴마크 독일하원 라트비아 러시아하원 루마니아하원 리투아니아 리히텐슈타인 마케도니아 모나코 몬테네그로 몰도바 벨기에하원 벨로루시하원 보스니아 헤르체고 비나하원 불가리아 스웨덴 스위스하원 스페인하원 슬로바키아 슬로베니아 하원 아이슬란드 안도라 알바니아 에스토니아 체코 크로아티아 포르투갈 폴란드하원 핀란드 헝가리	도미니카 공화국하원 볼리비아하원 브라질하원 아르헨티나 하원 아이티하원 에콰도르 온두라스 칠레하원 코스타리카 콜롬비아하원	마샬군도 바누아투 솔로몬군도 키리바시 투발루 팔라우하원
5년 (103)	네팔 동티모르 라오스 말레이시아 하원 몰디브 방글라데시 베트남	북키프로스 터키공화국 아제르바이잔 예멘 이집트하원 키프로스 터키 튀니지	가봉하원 감비아 기니 나미비아하원 남아프리카 공화국하원 니제르 레소토하원	룩셈부르크 몰타 산마리노 아일랜드하원 영국하원 오스트리아 하원 우크라이나	가이아나 과테말라 그레나다하원 니카라과 도미니카연방 바베이도스 하원 바하마하원	사모아 파푸아뉴기니 피지

임기	아 시 아	중 동	아프리카	유 럽	중·남·북미	오세아니아
5년 (103)	북한 싱가포르 아프가니스탄 하원 오만하원 우즈베키스탄 하원 인도하원 인도네시아 중국 카자흐스탄 하원 캄보디아하원 키르기스스탄 타지키스탄 하원 투르크메니스 탄하원		르완다 말라위 말리 모로코하원 모리셔스 모리타니아하원 모잠비크 벨리즈하원 보츠와나하원 부룬디하원 부르키나파소 세네갈 세이셸 소말리아 스와질란드 하원 시에라리온 알제리하원 에티오피아 하원 우간다 잠비아 적도기니 중앙아프리카 공화국 지부티 짐바브웨 카메룬 카보베르데 케냐 코모로 코트디부아르 콩고공화국 하원 콩고민주 공화국 탄자니아 토고 튀니지	이탈리아하원 프랑스하원 헝가리	베네수엘라 벨리즈하원 볼리비아하원 세인트루시아 하원 세인트빈센트 그레나딘 세인트키츠네 비스 수리남 앤티가바부다 하원 우루과이하원 자메이카하원 캐나다하원 쿠바 트리니다드 토바고하원 파나마 파라과이하원 페루	
6년 (4)	스리랑카		라이베리아 하원 모로코 예멘하원			

*필리핀 하원의원은 연속해서 3번까지만 당선될 수 있다.

자료출처: https://www.cia.gov/library/publications/the−world−factbook. 2010년 1월 3일 검색자료를 참조하여 저자가 작성하였다.

의회의 회기

의회의 권한은 의회가 많은 문제들을 논의하고 결정할 때에 신장된다. 만일 의회가 회의를 하지 않거나 가끔씩 할 때에는 의회는 법에 의해 주어진 권한을 행사하기가 어렵게 된다. 이러한 점에서 보면 의회는 자주 회의를 해야 하지만 실제는 그렇지가 않다. 미국이나 영국, 캐나다와 같은 민주국가들의 의회는 일 년 내내 거의 매일 의회에서 회의를 하지만 많은 국가들에서는 회의도 자주 하지 않을 뿐만 아니라 의회가 토론과 논의의 장이 아니라 특정 정당의 회의장과 같은 양상을 나타내기도 한다.

의회의 회기(會期)에는 두 가지 유형이 있다. 첫 번째는 일 년을 회기로 정하는 유형이며, 두 번째는 일 년 중 일정 기간을 회기로 정하여 놓은 후 더 이상의 회의는 필요한 경우에만 개최하는 유형이다. 첫 번째 유형은 상시의회 또는 연중의회라 지칭되며 대부분은 여름의 휴회기간과 휴일을 제외하고는 매일 회의를 개최한다. 이러한 두 가지 유형 때문에 어떤 국가에서는 회의를 하는 기간이 연간 며칠에 불과한가 하면 다른 국가에서는 연간 150일 정도까지 회의를 개최한다. 대부분의 서유럽 국가들과 미국, 캐나다의 의회는 연중 상설로 회의를 개최하며 실제로 회의하는 날이 1년에 75일에서 100일에 이른다.[27] 아시아의 싱가포르 의회도 상시의회이다. 필리핀 의회는 매년 7월 네 번째 월요일에 개회하며 회기는 1년이다. 터키에서도 회기가 1년이며 9월 1일에 개회한다. 1년 회기 동안 최대 3달까지 휴회가 가능하다.

뉴질랜드에서는 회기가 2월에 시작하여 12월 말까지 계속하며 그 동안 주기적으로 휴식기간을 갖는다. 1년 평균 약 200일 동안 회의를 하며 회의시간은 화요일 오후 2시부터 6시, 수요일 오후 2시부터 6시와 오후 7시 30분부터 10시, 그리고 목요일 오전 10시부터 오후 1시까지와 오후 2시부터 6시까지이다. 수요일 오전에는 상임위원회를 개최하며 화요일 오전에는 원내 교섭단체들이 의원총회를 연다. 따라서

---

27) Jean Blondel, *Comparative Government: An Introduction* (New York: Philip Allan, 1990), p. 247.

뉴질랜드의회는 화요일부터 목요일까지 하루 종일 의회에서 회의를 한다.[28] 말레이시아의회는 월요일부터 목요일까지만 개회한다. 브라질의 국회는 매년 2월 15일부터 6월 30일까지와 8월 1일부터 12월 15일까지가 회기이다. 그 사이 기간에는 휴식기간이다.

두 번째 유형에서는 정기의회와 임시의회를 구분하여 정기의회 기간 동안에만 회의를 개최하며 임시의회는 특별히 필요하다고 합의되는 경우에만 회의를 개최한다. 헝가리 의회는 2월 1일부터 6월 15일까지의 춘계 정기회기와 9월 1일부터 12월 15일까지의 추계 정기회기의 두 정기회로 나누어져 있다. 그러나 헝가리 의회는 이들 정기회의 외에도 임시회의를 열기 때문에 실제로 회기는 1년 동안 계속하고 있다. 회의 일정은 매주 월요일과 화요일에는 본회의를 개최하고 수요일과 목요일에는 상임위원회를 개회한다.[29] 이탈리아도 2차의 정기회의를 가지며 정기회는 2월 1일과 10월 1일에 시작한다. 이 외에도 필요한 때에는 특별회의를 갖는다. 프랑스 의회의 회기는 10월 첫째날에 시작하여 다음해 6월말까지를 회기로 하며 여름, 부활절, 크리스마스 휴가기간에는 휴회하며 총 180일을 넘지 못하도록 하고 있다. 추가적인 회기는 총리가 양원과 협의하여 소집하도록 되어 있으므로 행정부가 필요하다고 판단하면 이를 연장할 수 있으나 의회 단독으로는 불가능하다.[30] 매년 상원과 하원의 개원 실적을 보면 평균 120일에 가깝다.

대한민국과 일본에서도 정기회와 임시회로 회기를 정해 놓고 그 기간 동안에만 회의를 한다. 일본의 하원인 중의원에서는 매년 1월 중에 소집되는 회기 150일의 정기회 외에 중의원이나 참의원의 요구가 있거나 또는 의원의 4분의 1 이상의 요구가 있을 때에 개회하는 임시회가 있다. 대한민국에서는 9월 1일부터 100일간의 회기로 개회하는 정기국회가 있고 의원의 4분의 1 이상의 요구가 있으면 30일 이내의 기간으로 임시국회를 개회한다. 또한 보다 많은 회의를 하기 위해

28) Raymond Miller, *op. cit.*, pp. 63-64.
29) Éva Molnár(ed.), *Hungary: Essential Facts, Figures and Pictures* (Budapest: MTI Corporation, 1997), p. 97
30) 임도빈, "프랑스에서의 의회와 행정부간 관계,"「정부학연구」, 제6권 제2호 (2000), 110쪽.

2월과 4월, 6월에는 자동적으로 임시회의를 개최하도록 규정하고 있다. 스위스의 연방 상원과 하원은 1년에 4번, 봄(2008년 경우 3월 3일~20일), 여름(5월 26일~6월 13일), 가을(9월 15일~10월 3일), 겨울(12월 1일~19일)에 열린다.[31] 각 회의는 3주간 정도로 열린다.

스웨덴은 10월 첫째 주에 시작하는 1회의 정기회만 있으며 인도네시아에서도 정기회의는 1년에 1회만 개최되며 2~3회의 임시회의가 개최된다. 나이지리아 의회는 1년에 최소 6개월 이상의 회의기간을 갖도록 규정하고 있다. 이라크에서는 의회의 회기가 2회로 나누어져 있다. 중국의 의회인 전국인민대표대회는 임기가 5년인데 회의는 1년에 1회만 개최하며 회의기간은 1주일 정도이다. 따라서 5년 임기 동안 실제로 회의가 열리는 기간은 한 달 정도에 불과하다.

의회의 유형

의회의 권한은 의회가 많은 문제들을 논의하고 결정하기 위해서 충분한 '회기'를 확보하는 것에 영향을 받지만, 의회란 궁극적으로 정치세력들(즉, 서로 다른 이념을 가진 정당들) 사이의 각축장이기에 의회의 '유형'에 영향을 받게 된다. 즉, 의회의 유형이란 정치체계 내에서 정치세력들 간의 상호작용이 이루어지는 의회 내의 거시적 역학구도 및 환경을 말한다.[32]

폴스비(N. Polsby)는 의회의 유형을 '전환형'(transformative) 의회와 '경합장형'(arena) 의회의 양 극단으로 구분하고, 그 사이에 '완화된 전환형'과 '완화된 경합장형'의 구분을 포함하여 총 4개로 구분하였다.[33] '전환형 의회' 유형이란 이념이 다른 정당들 간에 최종정책결정

---

31) 장준호, "스위스연방의 직접민주주의-2008년 6월 1일 국민투표를 중심으로," 「국제정치논총」 제48집 4호(2008), 242쪽.
32) 물론, 의회유형이란 것은 대통령제인지 의원내각제인지, 의원내각제 하에서도 단일 내각인지, 연립 내각인지, 의회내 유효정당의 수가 어떻게 형성되어 있는지, 양원제인지, 단원제인지 등에 다양하게 영향을 받게 된다.
33) Nelson W. Polsby, "The Institutionalization of the U.S. House of Representatives," *American Political Science Review*, 62 (March, 1968), pp. 144-168. '전환형 의회'를 '변환형 의회'로 번역하거나, '경합장형 의회'를 '무대형

단계(즉, 최종입법단계)에서 상호간의 이념이 원래의 위치에서 일정 수준 변화하는 경우를 말한다. 즉, 개별 정당의 입장에서 볼 때, 각 정당의 정책적 입장이 최종입법과정에서 상대 정당의 정책적 입장과 조율되고 전환되는 환경을 지닌 의회를 말한다. 그러한 환경은 의회 내에서 의원들이 모두 참석하는 '본회의'(plenary session)에서 법안을 논의하기 보다는, 법안의 세부 주제별로 '상임위원회'(standing committee)를 구성하여 의원들 중에서 그런 주제에 전문성을 지닌 의원들만이 모여서 법안을 논의하는 환경에서 가능할 것이다. 반면에 '경합장형 의회'란 의회의 제도나 규칙이 앞서 전환형 의회의 환경과 비교하여 상대적으로 본회의 중심으로 안건을 처리하는 의회의 환경에 해당한다. 전환형 의회와 비교하여, 상대적으로 경합장형 의회에서는 정치세력들간의 대화와 정책조율을 통해 원래의 정책적 입장을 전환할(즉, 양보할) 가능성이 상대적으로 낮으며, 결국 의석수나 표대결로서 입법을 마무리할 가능성이 크다. 폴스비는 주요 국가들의 입법유형을 상대적 관점에서 4가지의 유형에 적용하였는데 '경합장형 의회'(영국, 프랑스 5공화국 이후, 벨기에), '완화된 경합장형 의회'(독일, 이탈리아, 프랑스 4공화국), '완화된 전환형 의회'(스웨덴, 네덜란드), '전환형 의회'(미국)로 분류하였다. 복잡 다기한 현대 사회에선 어떤 국가이건 의회의 입법과정에서 '상임위원회'의 기능이 상대적으로 증가하며, 본회의는 상임위원회에서 합의된 안건을 형식적으로 처리해 주는 방식으로 의회의 유형이 진화할 수밖에 없다. 본회의 중심으로 경합장형 의회의 대표적 사례로 거론되는 영국의 경우에도 상임위원회의 역할이 증대되고 있다.

　　의회의 입법활동이란 궁극적으로 의회가 '국민통합' 기능을 실행하는 것이며, 나아가 의회는 행정부에 대한 견제기능을 수행한다. 폴스비가 의회 내에서 정당들간의 역학관계에 주목하여 의회유형을 구분하였다면, 대조적으로 와인바움(Weinbaum)은 의회의 '대(對)국민 통합능력'과 '대(對)행정부 정책결정능력'을 통해서 의회의 유형을 5가지로 구분하였다.[34] 전자는 국민적 지지와 단합(즉, 국민통합)을 통해서

의회'로 번역하기도 한다.

34) Marvin G. Weinbaum, "Classification and Change in Legislative System: with Particular Application to Iran, Turkey, and Afganistan," G. R. Boynton

정치체제를 유지하는 의회의 능력을 말한다.[35] 따라서, 의회의 대국민 통합능력이란 '정치안정'이란 변수와 밀접한 관계가 있다. 후자는 의회가 행정부의 일방적 정책을 저지하거나 수정할 수 있는 의회의 능력을 말한다. 와인바움은 이들 두가지 의회의 능력을 조합하여 모두 5가지 의회유형을 제시하였는데 그 구체적인 내용은 다음과 같다.

'우월한 의회'(competitive-dominant congress)는 통합능력과 정책결정능력에서 모두 높은 수준에 있는 의회유형을 말한다. 이 경우는 행정부의 국정운영에서의 전반적인 정책설정권을 불가피할지라도, 전체적인 그림에서 의회가 행정부에 대하여 높은 자율성을 지니며(행정부를 장악한 정당이 의회의 다수당일지라도), 따라서 행정부의 예산안 제출에 대해서 의회는 이를 수정하는 과정에서도 국민통합을 저해하지 않고서 처리할 수 있는 힘이 있다. 와인바움은 미국하원, 프랑스, 필리핀(1935~1972)을 그 예로 들었다.

'동반자 의회'(coordinate congress)는 통합능력은 강하지만, 정책결정능력은 행정부와 어느 정도 동등한 수준에 있는 경우를 말한다. 이런 상황은 특히 의회 내에서 정당연합에 의해서 안정적인 다수파를 구성한 경우와 연관되어 있다. 의회는 한 정당에 의해서 다수파가 구성된 것이 아니어서 행정부에 대한 정책결정능력이 우월의회만큼 높은 수준이 될 수 없는 것이다. 와인바움은 그 예로 네덜란드, 칠레, 터키(1961~1965)를 들었다.

'하위자적 의회'(subordinate congress)는 통합능력은 일정 수준이상이 인정되지만, 입법부가 행정부의 정책설정이나 정책 이니셔티브를 저지하거나 수정하는 능력이 낮은 경우를 말한다. 한마디로, 국민통합을 저해하지 않는(즉, 정치적 안정이 유지되는) 강력한 행정부가 존재하는 경우를 말한다. 와인바움은 영국, 일본, 캐나다, 프랑스 5공화국, 인도를 그 예로 들었다.

'유순한 의회'(submissive congress)는 의회가 통합능력이 낮은 환경

---

and C. L. Kim (eds.), *Legislative Systems in Developing Countries* (Durham: Duke University Press, 1975), pp. 35-45.

35) 의회의 국민통합능력이나 체제유지능력은 결국 국민들의 의회에 대한 '신뢰감'에 의존한다. 그 구체적인 내용은 제5장 '정치문화'에 설명되어 있다.

에서, 결정능력도 낮은 경우를 말한다. 이런 경우는 강력한 행정부가 의회를 압도하는데, 사실상 입법부가 정치적 안정을 위한 기능도 제대로 하지 못하는 국가를 말한다. 와인바움은 콜롬비아, 케냐, 레바논, 타이, 이집트, 말레이시아, 구 소비에트연방 등을 예로 들었다.

마지막으로, '미확정형 의회'(indeterminate congress)인데, 이것은 의회가 지나치게 대행정 정책결정기능이 강해서 오히려 국민통합능력이 저해되며 정치적 불안정에 있는 국가를 의미한다. 와인바움은 독일 바이마르공화국에서의 의회나 아프가니스탄에서 특정시기에 존재했던 의회(1965~1973)를 그 예로 들었다.[36] 의회는 행정부에 대하여 자율성을 지닌 견제기구여야 하지만, 그 견제기능이 지나쳐 행정부를 압도하는 경우엔 오히려 국민통합을 해치고 정치불안정을 유발한다는 것을 의미한다.

의회의 지도자

의회의 최고 지도자는 의회의장으로 의회를 대표한다. 의회의장의 역사는 영국 의회의 역사와 일치한다. 의회의장을 지칭하는 영어의 speaker라는 용어는 영국에서 하원의 결정을 국왕에게 전달하거나 또는 하원의 불만을 국왕에게 말로 표현하며 전달했던 초기 의회의장의 기능에서 유래한다. 영국에서 의장직은 1258년부터 있었으며 1377년에 동료의원들에 의해 선출된 토마스 헝거포드(Thomas Hungerford)경은 공식적으로 의회 의장으로 지명된 첫 번째 인물이었다.[37] 의장의 지위는 국가에 따라 다양한 차이가 나는데 많은 국가들에서 의장은 자신이 소속한 정당에서 매우 중요한 역할을 하는 정치지도자들이 선출된다. 그러나 일부 국가의 의회의장은 자신이 소속한 정당과는 완전히 관계를 끊은 후 의회활동에서 정치적 중립을 지킨다.

---

36) 한국의 경우에도 제2공화국(1960–1961)의 의회유형으로 '미확정형 의회'를 언급하는 경우가 있다.
37) Philip Laundy, *op. cit.,* p. 49.

■¹ 의회의장의 선출

대부분의 국가에서 의장후보를 지명하는 권한은 의원들에게 있다. 그러나 그리스, 네덜란드, 스페인에서는 의회에 의석을 가지고 있는 정당만이 의장후보를 지명할 수 있다.[38] 포르투갈에서 의장후보가 되기 위해서는 의원들의 5%에서 10%의 추천이 있어야 한다. 정당이 누구를 의장후보로 추천하는가는 투표방법과도 관련되어 있다. 비밀투표일 경우에는 의원들의 자율성이 커지기 때문에 정당은 의원들의 광범위한 지지를 받는 사람을 지명해야 한다. 그러나 호명투표[39]일 경우에는 소속 의원들이 정당의 지침에 따라 투표할 것으로 기대할 수 있기 때문에 정당이 지명하는 후보가 소속 의원들의 지지를 받기가 용이하다.

▎의회 의장의 의자 우표

의장선출의 표결방법으로는 대부분의 국가에서 비밀투표를 실시하지만, 아일랜드와 영국에서는 호명투표를 실시한다. 덴마크와 아이슬란드에서는 특별히 선출방법을 규정하지 않고 있다. 실제로 덴마크, 룩셈부르크, 벨기에, 스웨덴, 영국에서 의장은 대부분의 경우 만장일치로 선출된다. 의장으로 선출되기 위해서는 대부분의 국가에서 재적의원 50% 이상의 찬성이 있어야 한다. 그러나 영국에서는 출석 의원의 50% 이상인 단순다수로 선출하는가 하면, 이탈리아에서는 3분의 2 이상의 찬성이 있어야 한다. 의회의장선거가 얼마나 경쟁적인가를 보기 위해 의장선거에 관련된 특징들과 임기를 보면 [표 8-4]와 같다.

[표 8-4]에서 보는 바와 같이, 그리스, 네덜란드, 아이슬란드, 프랑스, 핀란드에서는 의장후보의 평균 숫자가 2명을 넘기 때문에 모든 의장선거에서 경선이 이루어짐을 알 수 있다. 포르투갈에서는 의장후보가 평균 1.5명, 스페인에서는 1.8명이기 때문에 이들 국가에서도 의장선거에서 경선이 자주 이루어짐을 알 수 있다. 그 외의 국가들에서는 의장에 출마하는 후보의 평균 숫자가 1명이거나 이에 가깝기

---

38) 네덜란드 하원에서는 1983년 이전에는 의회가 추천한 3명의 후보들 중에서 첫 번째 후보를 국왕이 의장으로 임명하였으나 그 이후에는 선거로 선출한다.
39) 호명투표는 의원의 성명을 한 명씩 호명할 때마다 찬성이나 반대의 의견을 공개적으로 밝히는 투표방법이다.

| 표 8-4 | 각국 의회의 의장선거 관련 특징들과 임기

국 가	의장선거 횟수	평균 후보 수	의장선거 득표율	의장 역임자 수	의장의 법정임기	실제 평균 임기	의원의 임기
그 리 스	8	2.4	58.5	4	4	4.7	4
네덜란드	16	4.7	89.1	4	4	6.0	4
노르웨이	25	1.2	92.0	5	1	4.8	4
덴 마 크	27	1.1	96.3	6	1	4.8	4
독 일	10	1.0	79.8	7	4	3.0	4
룩셈부르크	5	1.2	–	5	5	5.1	5
벨 기 에	33	1.2	94.1	7	1	3.3	4
스 웨 덴	8	1.3	94.4	–	4	6.7	4
스 위 스	13	1.0	90.2	2	1	1.0	4
스 페 인	6	1.8	–	4	4	3.9	4
아이슬란드	22	2.0	78.5	7	1	2.9	4
아일랜드	8	1.1	82.8	6	5	3.0	5
영 국	9	1.1	93.9	–	5	6.4	5
오스트리아	9	1.0	95.3	5	4	5.2	4
이탈리아	7	1.0	74.9	3	5	8.0	5
포르투갈	14	1.5	64.7	7	4	2.2	4
프 랑 스	7	3.3	60.8	5	5	4.3	5
핀 란 드	26	4.9	83.5	9	1	2.1	4

자료출처: Marcelo Jenny and Wolfgang C. Müller, "Presidents of Parliament: Neutral Chairmen or Assets of the Majority?" Herbert Döring(ed.) *Parliaments and Majority Rule in Western Europe* (Frankfurt: Campus Verlag/New York: St. Martin's Press, 1995), pp. 340, 346.

때문에 이들 국가에서는 단일 후보가 경선 없이 의장에 선출됨을 알수 있다.

의회의장 선출에서 경선이 실시된 예를 보면, 네덜란드에서는 1989년에 현역 의장인 사회민주당의 돌만(Dolman)에 대항하여 기독교민주당이 디트만(Deetman) 후보를 내세웠으며 이 선거에서 디트만은 유효투표의 52%를 얻어 당선되었다. 룩셈부르크, 벨기에, 아일랜드, 포르투갈에서 의장은 연립정부에 참여한 정당들 사이의 협상에 의해 결정된다. 이탈리아에서는 연립정부에 참여한 정당들에게 의장직을 배정한다. 1970년부터 1976년까지 이탈리아 하원의 의장은 사회당소속 의원이었다. 반면에 상원의장, 대통령, 총리는 기독교민주당소속 의원이었다. 1976년에 공산당이 연립정부에 참여하면서 공산당의 후보인 피에트로 인그라오(Pietro Ingrao)가 하원의장으로 당선되었다.

1979년에는 공산당이 연립정부에 참여하지 않았으나 공산당 후보 레오닐드 아이오티(Leonilde Iotti)가 1979년에 의장이 된 후 1983년과 1987년에 재선되었다.[40]

　의회의장으로 당선되는 후보들의 득표율도 의장후보가 다수인 그리스(58.5%), 포르투갈(64.7%), 프랑스(60.8%)에서는 낮지만 그 외의 국가들에서는 득표율이 대부분 90%를 넘어 단일후보에 대해 별 반대 없이 선출함을 알 수 있다.

　대한민국에서 2002년까지 국회의장으로 당선된 거의 모든 의원들이 집권당 소속이었던 것과는 달리[41] 많은 국가들에서는 집권당 소속이 아닌 의원들도 의장으로 당선된다. 그리스, 룩셈부르크, 벨기에, 스페인, 오스트리아, 포르투갈, 프랑스에서는 의회의 다수당 소속 의원을 의장으로 선출하는 것이 관례이지만 스위스는 매우 특이한 경우이다. 스위스에서는 의회에 진출한 정당들 중에서 의석수가 많은 6개 정당 중의 4개 정당들이 1950년대 이래 계속해서 연립정부를 구성해왔으며 나머지 2개 정당은 야당으로 존재해 왔다. 의장후보는 이들 6개 정당들이 돌아가면서 지명하는데 연립정부에서 가장 큰 3개 정당인 기독교민주당, 사회민주당, 자유민주당은 각기 4년마다 한 번씩 의장후보를 지명했다. 연립정부 내에서 4번째 정당인 스위스국민당은 8년에 한 번씩 후보를 지명했다. 야당 중에서 가장 큰 자유당과 독립당은 12년마다 한 번씩 의장후보를 지명했다. 서유럽 민주국가들에서 의장으로 당선된 사람들의 정당배경을 여당과 야당으로 구분하여 보면 [표 8−5]와 같다.

---

40) Marcelo Jenny and Wolfgang C. Müller, "Presidents of Parliament: Neutral Chairmen or Assets of the Majority?," Herbert Döring(ed.), *Parliaments and Majority Rule in Western Europe* (Frankfurt: Campus Verlag and New York: St Martin's Press, 1995), pp. 344−345.

41) 1998년 9월에 실시된 의장선거에서는 원내 제3당이던 자유민주연합의 박준규 의원이 국회의장으로 당선되었다. 1997년 10월 당시 야당이던 새정치국민회의와 자유민주연합은 제15대 대통령선거를 앞두고 정당간의 연합을 한 후 12월 18일의 선거에서 승리하였다. 이후 김대중 대통령은 자유민주연합 소속인 박준규 의원을 의장후보로 지명하였으며 여권인 새정치국민회의와 자유민주연합, 그리고 야당인 한나라당의 일부 의원들의 지지로 박준규 의원이 한나라당 소속의 오세응 의원보다 많은 표를 얻어 당선되었다. 2016년 제20대 국회의원선거 결과 야당인 더불어민주당이 여당인 새누리당보다 1석이 더 많았으며 더불어민주당의 정세균 의원이 국회의장으로 당선된다.

| 표 8-5 | 유럽 국가들 의회의장의 여·야당별 배경비율(1970~1992)(%)

국 가	여 당	야 당	의회 내 최대당	연립 정부 내 최대당	야당으로 의회 내 최대당	의회 내 비최대당으로 연립정부 참여
그 리 스	100	0	100	100	0	0
네덜란드	56	44	81	50	38	13
노르웨이	72	28	40	72	0	24
덴 마 크	48	52	44	41	26	26
독 일	70	30	100	70	30	0
룩셈부르크	100	0	60	100	0	60
벨 기 에	100	0	12	12	0	85
스 웨 덴	75	25	88	75	25	13
스 위 스	91	9	22	22	0	70
스 페 인	100	0	100	100	0	0
아이슬란드	96	4	32	59	0	64
아일랜드	63	37	38	50	0	25
영 국	78	22	78	78	0	0
오스트리아	100	0	100	100	0	0
이탈리아	57	43	14	14	0	43
포르투갈	100	0	71	71	0	29
프 랑 스	100	0	100	100	0	0
핀 란 드	77	23	35	50	4	42

자료출처: Marcelo Jenny and Wolfgang C. Müller, "Presidents of Parliament: Neutral Chairmen or Assets of the Majority?" Herbert Döring(ed.) *Parliaments and Majority Rule in Western Europe* (Frankfurt: Campus Verlag/New York: St. Martin's Press, 1995), p. 348.

[표 8-5]에서 볼 수 있는 첫 번째 특징은 야당소속 의원들이 의장으로 선출되는 국가들이 많다는 점이다. 네덜란드, 노르웨이, 덴마크, 독일, 스웨덴, 스위스, 아이슬란드, 아일랜드, 영국, 이탈리아, 핀란드 등 18개국 중 11개국에서 야당의원들이 의장으로 선출되었으며 네덜란드, 덴마크, 독일, 아일랜드, 이탈리아에서는 야당의원이 의장에 선출된 비율이 30%를 넘어 그 비율이 상대적으로 높다. 또한 연립정부 내의 최대 정당소속 의원이 의장이 되는 비율이 벨기에(12%), 이탈리아(14%), 스위스(22%)에서 매우 낮은 것은 의장직이 연립정부에 참여한 소수정당들에게 자주 배분됨을 보여 주는 것이다.

[표 8-5]에서 나타나는 두 번째 특징은 연립정부에는 참여하지 않았지만 의회 내에서는 최대 의석을 가지고 있는 야당이 의장직을

차지하는 경우도 네덜란드(38%), 덴마크(26%), 독일(30%), 스웨덴(25%)에서 많이 나타나는 점이다. 이러한 점은 의회 내에서의 의장선거가 당파성에 따라서만 이루어지는 것은 아님을 보여 주는 중요한 점이다. 그러나 그리스, 룩셈부르크, 스페인, 오스트리아, 프랑스에서는 의회 내 최대 정당이 의장직을 독점하여 극도의 당파성을 나타낸다. 스위스의 경우는 6개 정당이 돌아가며 의장직을 맡기 때문에 당파성이 약한 예이다.

■² 의회의장의 중립성

의회의장이 의사진행을 중립적으로 하는가 아니면 자신이 소속한 정당의 이익만을 대변하기 위해 역할하는가를, 의장이 행사하는 권한과 그의 소속정당에 대한 충성심이라는 두 가지 요인을 기준으로 4가지 유형으로 분류하면 [그림 8-1]과 같다.[42]

┃그림 8-1┃ 의회의장의 4가지 유형

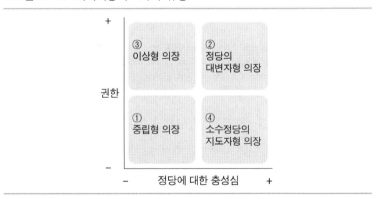

① [그림 8-1]에서 볼 수 있는 첫 번째 유형은 의장이 행사할 수 있는 권한이 많지 않고 또 소속정당에 대한 충성심도 약한 중립형 의장 유형이다. 이런 유형의 대표적인 경우는 영국의 하원의장이다. 중립형 의장으로 선출되는 사람은 오랜 기간 동안 의원경력을 가진 사람이지만 의원생활 동안에 정당들 사이의 투쟁에는 앞장서지 않았

---

42) Marcelo Jenny and Wolfgang C. Müller, *op. cit,*. pp. 328-330.

던 사람이다. 의장후보를 지명하는 정당은 다른 정당으로부터 지지를 얻기 위해 여러 정당들과 폭넓은 합의를 추구한다. 의장후보로는 한 명만이 출마하며 의장으로 선출되면 스스로가 은퇴를 결심하기 전까지는 의장직을 계속할 수 있다. 이것은 다음 선거에서 의장의 선거구에는 의장만이 단독 출마하며 상대 정당에서는 후보를 내지 않기 때문이다. 또 선거 후에 새로 구성되는 의회에서도 자신이 원하면 다시 의장으로 선출되며, 이것은 선거결과로 여당이 바뀌는 경우에도 마찬가지이다.

중립형 의장은 완전히 중립적으로 직무를 수행한다. 이를 제도화하기 위해서는 의장에게 투표권을 주지 않는 규정을 만들 수도 있지만 투표권이 있다 할지라도 의장은 이를 행사하지 않는다. 의장은 의원의 신분으로 발언하거나 또는 상임위원회의 위원으로 일하는 것과 같은 의회활동도 전혀 하지 않는다. 따라서 의장의 행동은 어떤 논란도 일으키지 않으며, 동료의원들이나 일반 국민들로부터 높은 존경을 받는다. 의장이 중립적으로 행동하여 의원들의 존경을 받기 때문에 의장은 더 이상의 권한을 가질 필요가 없다. 중립적 활동이 모든 것을 해결해 주기 때문이다.

영국 하원의장은 오랫동안 의원직을 역임한 사람으로 동료의원들에 의해 선출되며 의장에 당선되면 소속 정당을 탈당하여 소속 정당과의 관계를 끊는다. 영국에서도 초기에는 의장이 정당의 지도자였지만 내각제 정부가 등장하면서 의회의장은 점차 정치적으로 중립적인 위치가 되었다. 그는 다른 의원들과 마찬가지로 자신의 지역구는 유지하지만 재선을 위한 정치활동은 하지 않는다. 영국에서는 의장의 정치적 중립과 의장직의 계속은 매우 잘 확립된 전통이다. 선거 때는 의장의 선거구에 다른 후보가 출마하기도 하지만 재선을 희망하는 의장이 자신의 선거구에서 낙선한 적은 한 번도 없으며, 1835년 이후 지금까지 정권이 바뀌더라도 현직 의장은 그대로 의장직을 계속해 왔다. 의회의장은 정당들의 사전 협의에 의해 선거 후의 첫 번째 의원투표에서 당선되며 20세기의 100년 동안에 의장 경선이 이루어진 경우는 2번뿐이었다.[43]

---

43) Philip Laundy, "The Speaker and His Office in the Twentieth Century" in S. A. Walkland(ed.), *The House of Commons in the Twentieth Century*

이와 같은 의장에 대한 보장 때문에 의장으로 당선된 사람은 스스로가 정치적 중립을 극대화시킨다. 그는 정치와 관련된 어떠한 조직에도 가입하지 않으며 하원의 사회생활이나 친교활동에서도 자신을 고립시킨다. 그는 토론에는 전혀 참여하지 않으며 투표는 가부 동수일 경우에만 행사하며 이때에도 당파성은 완전히 배제하고 확립된 선례에 따라 투표한다. 이 유형에서는 '엄격한 중립성'이 의장의 특징이다. 그러나 이러한 영국 하원의장의 전통을 훼손하는 일이 2009년 6월 21일에 발생하였다. 하원의원들의 수당 부당 청구로 시작된 영국 하원의 '세비 스캔들'로 마이클 마틴 하원의장이 의장직을 사퇴하였다. 하원의장이 임기 중에 사퇴한 것은 314년 전인 1695년이었다.[44]

의장의 권한이 약하고 소속 정당에 대한 충성심이나 당파성도 약한 중립적 의장은 영국 이외에도 네덜란드, 노르웨이, 덴마크, 독일, 스웨덴, 스위스, 아일랜드에서 볼 수 있다. 일본의 중의원과 참의원의 의장도 중립성이 강하며 이들은 의장에 당선되면 소속 정당을 탈당하는 경우가 흔하다. 대한민국에서도 의회의장으로 선출되면 소속 정당으로부터 탈퇴할 것을 규정하고 있다.

② 의회의장의 두 번째 유형은 의장이 행사할 수 있는 권한이 강하면서 동시에 자기가 소속한 정당에 대한 충성심과 당파성이 강한 경우로 의회의장은 자기가 소속한 정당의 대변자 역할을 하는 유형이다. 이 유형에서는 의회의 다수를 확보한 정당이 자신들이 추구하는 정치적 목표를 달성하기 위해 의장의 권한을 최대한으로 이용하려 하며, 이러한 역할을 잘 수행할 사람을 의장으로 선출한다. 의회의장으로 선출되는 사람은 의원 경력이 많은 사람일 수도 있지만, 의원 경력보다는 의회를 통제할 능력이 더욱 중요시된다. 의회의장의 선출은 다수결에 의해 이루어지며 집권당은 야당의 지지나 협조를 추구하지 않는다. 정당의 대변자형 의장에게는 다음 선거에서 재선을 보장하는 제도적 장치나 관습이 없다. 일단 의장이 되면 그는 자신이 소속한 정당에게 유리하도록 의장의 권한을 행사한다. 의장은 투표권을 가질

(Oxford: Larendon, 1979), p. 32.
44) *Ibid.*

뿐만 아니라 다른 당파적 행위에도 참여하기 때문에 때로는 의장의 당파적 행위가 논란을 일으키기도 한다. 이러한 유형에 가장 가까운 예로는 미국의 하원의장을 들 수 있고 그리스 의회의 의장도 이러한 유형에 속한다.

③ 의회의장의 세 번째 유형은 이상형 의장으로, 이 유형의 의장은 강력한 권한을 행사할 수 있으면서도 자기가 소속한 정당에 대한 충성심이나 당파성은 없거나 약한 유형이다. 이 유형의 의장은 자신의 권한을 행사함에 있어 자신이 소속한 정당의 이익보다는 국가와 의회에 도움이 되는 일을 위해 권한을 행사한다. 이 유형은 의회와 행정부의 권력이 분리되어 있는 대통령제 국가에서 나타날 수 있으며 또한 정당의 당내규율이 약한 정당체계에서 가능하다. 그러나 실제 정치에서는 자기가 소속한 정당에 대한 충성심이나 당파성이 없는 의원이 의장으로 선출되는 것이 불가능하기 때문에 이상형 의장의 유형은 예를 찾기가 어렵다.

④ 의회의장의 네 번째 유형은 의장이 행사할 수 있는 권한은 별로 없는데도 자신이 소속한 정당에 대한 충성심만은 강해 강한 당파성을 나타내는 유형이다. 이러한 유형의 의장은 사실상 자기가 소속한 정당에 도움을 줄 권한이 별로 없기 때문에 실제 정치에서 아무것도 할 수 없는 소수정당의 지도자와 비슷한 유형이다. 이 유형에서 의장이 되는 사람은 의원 경력이 많으면서 정당의 2급 지도자들 중의 한명이고 또 소속 정당에 대한 충성심이 강한 사람이다. 이 유형의 의회의장은 권한이 약하기 때문에 정당의 1급 지도자들은 이 직책을 차지하려 하지 않는다. 또한 의장의 권한이 약하기 때문에 실제로는 자기가 소속한 정당에 이익을 주려는 당파성이 별 효과가 없다. 이러한 국가의 예로는 포르투갈, 프랑스, 그리고 핀란드를 들 수 있다.

영연방 국가들의 의회의장은 영국 의회정치의 영향을 상당히 받았으며 권한과 역할 면에서 상당한 유사성이 있다. 그러나 의장의 실제 권한과 그의 역할은 정치체제의 성격에 많은 영향을 받는다. 오스트레일리아의 하원의장은 소속 정당의 이익을 대변하는 강한 당파성을 갖지만 규칙의 해석이나 의회활동과정에서 영국 의장보다 권한이 약하다. 오스트레일리아 의회의장은 정권이 바뀌면 당연히 의장직을 물러나야 한다. 캐나다에서는 많은 하원의장들이 중립을 유지하려 노력하였지만 소속 정당으로부터 독립해서 중립을 유지하는 데 성공한 의장은 루시엥 라뮈로(Lucien Lamureux) 한 명뿐이었으며 그는 무소속으로 재선에 성공했다. 그는 1965년부터 1974년까지 3번 의장직을 역임했다. 1986년에 의장이 된 존 프레이저(John Fraser)는 비밀투표로 당선된 최초의 의장이었으며 1988년에도 비밀투표로 재선되었다.[45] 인도 의회에서도 소속 정당과 완전히 단절하여 독립성을 유지한 의장은 없었다. 그러나 인도 의회의 의장들은 강력한 리더십을 가진 인물들이 당선되어 상당한 중립성을 행사한 것으로 평가받는다. 의원들은 의장을 신뢰하며 의사일정에서 그의 지도를 기대한다.[46]

대부분의 영연방 국가 의회들에서 의회의장후보의 지명은 집권정당의 특권으로 간주된다. 의장은 대부분의 국가에서 의원들에 의해 선출되지만 보통은 정당이 선택한 사람을 형식적으로 추인한다. 그러나 말라위에서는 대통령에 의해 임명되며 통가에서는 국왕에 의해 임명된다. 대부분의 의장들은 자기가 소속한 정당에서 활발한 정치활동을 하는 지도자들 중의 한 명이며 자기 정당이 추진하는 정책에 앞장선다. 의장으로 당선된 의원은 다음 선거에서 재선되기 위해 노력해야 하며 영국에서와 같이 상대 정당이 후보를 내지 않는 특혜는 없다. 일부 영연방 국가들에서는 선거에서 당선된 의원이 아닌 사람도 의회의장이 될 수 있다. 이러한 국가들로는 가이아나, 말레이시아, 몰타, 싱가포르, 트리니다드토바고 등과 아프리카에 있는 대부분의 영연방 국가들이다. 감비아, 잠비아, 짐바브웨, 키리바시에서도 의원이 아닌 사람이 의회의장이 될 수 있다.[47]

■³ 의회의장의 권한

영국의 하원의장은 특별한 경우를 제외하고는 의사일정 협의에 전혀 관여하지 않는다. 이에 비해 다른 국가들에서는 의사일정과 토

---

45) 의장후보가 다수일 때 비밀투표로 결정하는 다른 영연방 국가들의 의회로는 말레이시아, 모리셔스, 싱가포르, 오스트레일리아, 케냐, 탄자니아, 파푸아뉴기니가 있다. 뉴질랜드에서는 1차 투표의 결과가 동수일 경우에는 비밀투표를 실시한다.
46) Philip Laundy, *op. cit.*, p. 51.
47) *Ibid.*, p. 51.

의주제 결정이 의장의 핵심적 권한이다. 노르웨이, 덴마크, 스웨덴, 아이슬란드, 핀란드에서 의장은 회의를 소집하고 토의안건을 조정하고, 의사절차를 통제하고 필요하면 의사일정을 변경하며, 토론을 연장하거나 또는 종결시키는 것을 주도하며 투표 일정을 결정한다. 노르웨이, 스웨덴, 아이슬란드에서 의장은 토론에 참가할 수 있으며 투표도 한다.

모든 스칸디나비아 국가들의 의장은 일정한 정치적 영향을 행사하며 정치적인 직책을 맡는 것이 흔한 일이다. 스웨덴과 핀란드에서는 의장이 정부를 구성하는 과정에도 참여할 수 있다. 핀란드에서 내각이 붕괴되면 의회의장은 대통령에게 새로운 정부의 구성에 대해 자문하는 사람들 중의 하나이다. 스웨덴의 의장은 1974년 이래로 큰 영향을 행사하고 있다. 이때부터 새로운 총리 후보의 지명권은 정당으로부터 의회의장에게 이양되었다.[48]

노르웨이, 덴마크, 벨기에, 스위스, 아이슬란드, 핀란드 등의 국가에서 의장은 매년 새로 선출된다. 스위스에서는 상원과 하원 의장 모두가 매년 새로 선출된다. 페루에서도 상원과 하원의장은 매년 선출된다. 현역의장이 다시 선출되려면 출석의원 3분의 2 이상의 지지를 받아야 한다. 상원과 하원이 합동회의를 할 때에는 두 의장이 번갈아 사회를 본다.

일부 국가의 의회에서는 의회를 이끌어 가는 사람이 의장 한 명이 아니라 집단인 경우가 있다. 프랑스의 하원은 의장, 부의장 6명, 회의진행을 기록하는 12명의 서기, 하원의 재정과 행정을 책임지는 3명의 담당관으로 구성되는 집합체를 선출한다. 의원들로 구성되는 이 집합체는 의회에 진출한 정당들이 차지하는 의석수와 비례해서 이루어진다. 이 집합체는 의회의 내부관리를 책임지며 의회의 절차나 규율에 관해 의장을 자문한다. 의장이 어떤 결정을 내릴 때에는 이 집합체 전체의 권위를 내세운다. 의원들은 집합체가 지지하는 의사절차에 관련된 결정은 경시하거나 무시할 수가 없다. 의회에서 논의할 주제를 이 집합체에서 결정하는 것은 아니며 의장, 부의장들, 상임위원

---

48) *Ibid.*, p. 53.

회의 위원장들, 재정위원회의 간사들, 30명 이상의 의원들을 갖춘 원내 교섭단체의 지도자들로 구성된 의장의 자문회의에서 결정한다. 의사일정과 안건은 일주일 단위로 준비하며 하원의 승인을 받아야 한다. 상원도 하원과 비슷한 집합체를 선출한다.

독일의 하원에서는 원로회의라는 집합체를 구성한다. 이 집합체는 의장, 4명의 부의장, 하원에 진출한 정당들을 대표하는 23명의 의원들로 구성되며 이들이 하원의 의사일정을 협의한다. 프랑스의 경우와 다른 것은 이 집합체가 의사일정을 결정하고 여러 가지 주제를 토론할 시간배정을 하는 것이 주 임무라는 것이다. 이 집합체는 상임위원회 위원장을 임명한다. 상원에서는 정당보다는 각 주들을 대변하는 것을 중요시하는 집합체를 선출한다. 이 집합체는 의장, 3명의 부의장, 그리고 각 주를 대변하는 집단들의 지도자들로 구성되는 자문위원회이다. 이 집합체의 의장은 주정부 지도자들이 일 년씩 번갈아 가며 맡는다.

이탈리아 하원과 상원에서도 의장, 4명의 부의장, 3명의 간사, 그리고 8명의 비서로 구성되는 집합체를 구성한다. 이 집합체에는 모든 원내 교섭단체의 대표가 참여한다. 간사들은 의회의 행정, 재정 등을 책임지며 서기들은 의사일정의 조정과 기록의 보존을 담당한다. 그리스, 벨기에, 오스트리아, 스페인, 포르투갈의 의회에서도 집합체를 구성한다. 비슷한 형태의 집단지도제는 세네갈, 카메룬, 코트디부아르 등의 아프리카 국가들에서도 볼 수 있다. 브라질의 상원과 하원은 의장, 2명의 부의장, 4명의 서기, 4명의 대표로 구성되는 간부회를 선출한다. 과테말라에서는 의장을 포함하는 12명의 조정위원회를 선출한다.[49]

■⁴ 상원의장의 특성

양원제 국가에서 상원의장은 의원들이 선출하지만 일부 국가에서는 상원의장이 선출되지 않는 경우도 있다. 영국의 상원의장(the Lord Chancellor)은 각료이면서 사법부의 수장이다. 영국에서 상원의장은 의원에 대한 징계권이 없으며 투표권도 없고 상원의원에게 발언권도 줄

---

49) *Ibid.*, pp. 55-56.

수 없다. 캐나다의 상원의장은 총리가 추천하면 총독이 임명하며 그의 유일한 권한은 상원 회의의 사회를 보는 것이다. 미국에서는 부통령이 상원의장을 겸직한다. 그러나 부통령이 상원 회의의 사회를 보는 일은 흔하지 않다. 상원의원들 중에서 대리의장(a president pro tempore)을 선출하며 그는 부통령이 결석할 때 회의의 사회를 본다. 그는 토론을 규제할 권한을 가지고 있으나 행사하는 일은 별로 없다. 태국의 상원의장은 하원의 부의장을 겸한다.

아르헨티나와 인도에서도 부통령이 상원의장을 겸직한다. 인도의 부통령은 상원의장으로서 논의를 통제하며 규율을 적용하고 상원의 권위를 보호하며, 헌법, 법률, 상원규칙 등을 해석한다. 그의 결정은 구속력을 가지며 도전할 수 없다. 오스트레일리아 상원에서는 의장직이 주의 알파벳 순서에 따라 6개월마다 순환된다. 네덜란드에서는 1983년 이전까지는 상원 의장이 내각의 자문에 따라 국왕에 의해 임명되었으나 현재는 의원들이 투표로 선출한다.50) 독일의 상원의장은 대통령 유고시에 권한을 대행하며 각 주의 총리가 1년씩 교대로 맡는다.

■⁵ 의회의장의 서열

의회의장이 국가원수 다음으로 서열이 매겨진 국가는 노르웨이, 룩셈부르크, 리히텐슈타인, 바누아투, 스웨덴, 코트디부아르, 포르투갈, 핀란드이다. 독일에서는 상원과 하원의 의장은 서열이 같이 2위이며 이탈리아에서는 상원의장과 하원의장 중 연장자가 2위 서열이다. 네덜란드에서는 상원의장이 서열 2위이며 이스라엘에서는 의회인 크네셋의 의장은 국가원수인 대통령 다음으로 총리와 같은 서열이다.

일부 국가에서는 국가원수의 직책이 공석이 될 때에 의회의장이 그 직책을 수행한다. 독일, 이탈리아, 프랑스에서는 상원의장이 국가원수를 승계한다. 트리니다드토바고에서는 상원의장, 하원의장의 순서로 승계한다. 브라질에서는 부통령, 하원의장, 상원의장의 순서로 승계한다. 아르헨티나와 미국에서는 상원의장인 부통령 다음에 하원의장이 승계권을 갖는다. 오스트리아에서는 하원의장과 2명의 부의장

---

50) *Ibid.*, p. 57.

이 집단으로 국가원수를 대행하며 아일랜드에서는 상원의장, 하원의장과 대법원장이 집단으로 국가원수를 대행한다. 스웨덴에서는 의회의장이 임시로 국가원수 역할을 하며 그리스, 도미니카, 말리, 바누아투, 세인트빈센트그레나딘, 솔로몬군도, 싱가포르, 이스라엘, 이집트, 콩고공화국, 키프로스, 투발루, 파푸아뉴기니, 포르투갈, 핀란드, 필리핀에서도 의회의장이 국가원수를 대행한다.51)

의회의 입법 활동

■¹ 입법 활동에서 하원과 상원의 차이

의회에서 가장 중요한 활동 중의 하나는 법을 만드는 입법 활동이다. 의회의 고유 권한인 입법 활동은 활발한 국가가 있고 그렇지 못한 국가가 있다. 헝가리 의회는 1990년부터 1994년의 기간 동안 219개의 새로운 법을 만들고 213개의 법을 개정하고 354건의 결정을 내려 활발한 입법 활동을 한 대표적인 국가이다.52)

모든 국가에서 입법권은 의회에 있지만 법률안을 제출하는 권한은 국가에 따라 다르다. 양원제 국가들에서는 법률안제출권이 양원 모두에 있는 국가가 있는가 하면 하나의 의회에만 있는 국가도 있다. 네덜란드와 태국에서는 하원만이 법률안을 제출할 수 있다. 스페인과 오스트리아에서는 모든 법률안의 통과절차는 하원에서 먼저 시작해야 한다. 아일랜드, 영국, 프랑스에서는 재무관련 법률안의 제출권은 하원에만 있다. 이것은 세금인상에 관한 법률은 국민들의 대변자인 하원의원들만이 결정할 수 있다는 논리 때문이다. 아일랜드에서는 헌법 개정안 제출권한도 하원에만 있다.53)

대부분 민주국가들에서는 입법과정에 행정부도 참여한다.54) 노르

---

51) *Ibid.,* pp. 58-59.
52) Éva Molnár (ed.), *op. cit.,* p. 97.
53) Ingvar Mattson, "Private Members' Initiatives and Amendment," in Herbert Döring(ed.), *op. cit.,* p. 457.
54) 일부 국가에서는 국민들도 법률제안권을 갖는다. 오스트리아, 이탈리아, 스위스에서는 국민들의 법률제안권이 보장되어 있다. *Ibid.,* p. 456.

웨이와 미국과 같이 의회만이 법률안 제출권을 갖는 예외적인 경우를 제외하고는 거의 모든 내각제 국가들과 대통령제 국가들에서 행정부도 법률안을 제출할 수 있다. 행정부와 의회 모두가 법률안제출권을 갖는 국가들에서 실제로 법률안을 주로 제출하는 것은 의회가 아니라 행정부이다. 이러한 점은 의회가 입법 활동에서 중심적 역할을 하는 것으로 인식되고 있는 민주국가들에서도 마찬가지이다. 이러한 국가들에서도 의회의원들의 법률안 제출은 많지 않으며 이들이 제출한 법률안도 행정부가 반대하지 않는 경우에만 통과된다. 많은 민주국가들에서 의회는 주로 행정부가 제출한 것을 토론하고 승인하는 역할만을 하기 때문에 통법부(通法府)라 불리기도 하고 또 의회의 권한이 쇠퇴했다는 지적도 받는다. 이러한 주장을 하는 사람들은 의회가 행정부를 통제하던 시대는 19세기로 끝났다고 이야기하기도 하지만 모든 국가들의 의회가 행정부가 제출한 것을 승인만 하고 있는 것은 아니다.

의회활동은 많은 의원들 사이의 개별적 상호 관계에서 이루어지는 것이 아니라, 의회에 진출한 몇 개의 정당들 사이에 집단적 상호관계로 이루어진다. 구체적으로 의회활동은 의회에 진출한 정당들이 중심이 되어 구성하는 원내 교섭단체를 단위로 이루어진다. 각국 의회는 원내 교섭단체를 구성하기 위한 최소 인원을 정하고 있는데 벨기에는 3명, 독일과 오스트리아는 5명, 아일랜드는 7명, 대한민국과 이탈리아는 20명이며, 프랑스의 하원은 20명이고 상원은 15명이며, 우크라이나는 25명이다.55)

■² 다수결 유형 의회와 합의 유형 의회

입법 활동에서 의회와 행정부 중 누가 더 주도적 역할을 하는가를 논의하는 데는 정치체제를 두 가지 유형으로 나누어 보는 것이 도움이 된다. 첫 번째는 다수결(majoritarian) 유형 또는 웨스트민스터 유형이고 두 번째는 합의(consensual) 유형이다.56) 다수결 유형의 정치체제는 하나의 정당이 정부를 구성하는 영국이나 다수의 정당들이 연립정부를

55) Sylvia Giulj, "Confrontation or Conciliation: The Status of the Opposition in Europe," *Government and Opposition* Vol. 16 No. 4 (1981), pp. 481-482.
56) Arend Lijphart, *op. cit.,* p. 16.

구성하는 유럽의 다당제 국가들에서와 같이, 하나의 집권정당 또는 여러 개의 정당들이 연립하여 의회에서 다수를 차지하는 유형이다. 이러한 국가들의 의회에서는 야당의 반대에도 불구하고 정부가 원하는 것을 다수결로 통과시키는 것이 가능하다. 이러한 유형의 국가들로는 그리스, 대한민국, 룩셈부르크, 아일랜드, 영국을 들 수 있다.

다수결 유형 의회의 대표적인 국가인 그리스 의회에서는 주요 정당인 신민주당과 범그리스사회주의운동은 적대세력이다. 거의 모든 그리스 정부들은 단일정당으로 구성된 정부들이었으며 행정부는 야당의 주장이나 견해를 전혀 고려하지 않았다.[57] 야당은 세력이 약하기 때문에 의회 내에서 극단적인 투쟁을 하며 의회에서 진행되는 토론은 공허하게 되풀이되는 독백에 불과하다. 그리스 의회에서 행정부주도의 입법 활동 양상은 1974년부터 1987년까지 의회에서 통과된 1,750건의 법률들 중에서 1,749건이 행정부가 제출한 것인 데서 잘 나타난다. 각 상임위원회의 위원장은 모두 집권당 소속 의원들이며, 또 각 상임위원회에서는 집권당 소속 의원들이 다수를 차지하기 때문에 정부 제출안은 언제나 통과된다.[58]

아일랜드도 다수결 유형의 대표적인 국가이다. 하원에서 통과된 거의 모든 법률안들은 행정부가 제출한 것이며 1989년에 통과된 의원법률안은 40년 만에 처음 통과된 의원법률안이었다.[59] 영국에서도 집권당은 하원에서 항상 다수를 차지하였으며, 행정부가 제출한 법안은 거의 모두가 통과된다. 영국의 제1야당은 형식상으로는 '여왕의 반대당'(Her Majesty's Opposition)이라는 특별지위를 부여받지만 영향력 면에서는 유럽의 다른 국가들의 야당들보다 훨씬 약하다. 야당은 여당의 정책에 반대를 하지만 그러한 반대의견이 행정부에 의해 수용되리라는 기대보다는 유권자들에게 야당이 대안을 가지고 있음을 보여 주려는 의도에서 행한다.

---

57) 2005년 12월 31일 당시의 의석분포는 300석 중에서 신민주당이 165석, 범그리스사회주의운동당이 117석, 공산당이 12석, 시나스피스모스가 6석이었다.

58) Nikos Alivizatos, "The Difficulties of 'Rationalization' in a Polarized Political System: The Greek Chamber of Deputies," in Ulrike Liebert and Maurizio Cotta(eds.) *Parliament and Democratic Consolidation in Southern Europe: Greece, Italy, Portugal, Spain and Turkey* (London: Pinter, 1990), p. 144.

59) Michael Gallagher, Michael Laver and Peter Mair, *op. cit.,* p. 45.

위와 같은 다수결 유형과는 대조적으로 합의 유형의 정치체제에서는 의회가 입법 활동에서 활발한 역할을 한다. 노르웨이, 독일, 오스트리아, 이탈리아, 스웨덴이 대표적인 예인 합의 유형의 정치체제에서는 의회 내의 다수세력이 자신들이 원하는 바를 다수결의 힘으로 밀어붙이기보다는 가능한 한 폭넓은 합의를 조성하려 한다. 이 유형에서 행정부와 의회는 서로 간에 주고받기(give and take)를 추구한다. 입법 활동의 핵심적 과정이 이루어지는 장소도 다수결 유형에서는 본회의장인 데 비하여 합의 유형에서는 상임위원회가 핵심 장소이다. 합의 유형의 예인 독일 의회의 상임위원회에서는 집권당의 기본 의사를 반영하는 범위 내에서 여당과 야당이 세부적이고 기술적인 사항을 집중적으로 협의한다. 집권당은 야당이 법안의 통과를 저지하지 않는 한 세부사항에서는 융통성을 보이며 이 단계에서 집권당과 야당은 상당한 수준의 협상과 타협을 벌인다. 오스트리아 의회에서 행정부는 법률안에 대한 기본 원칙의 줄거리만을 제시하며 세부적인 내용은 의회가 결정한다. 또한 상임위원회가 특정 주제에 관한 법률안을 입안하여 본회의에 제출하면 본회의에서 통과된다. 네덜란드에서도 하원의 상임위원회는 법률안심의에서 중요한 역할을 한다. 의회는 자체의 의안선택과 시간계획에 따라 법률안을 심의하기 때문에 다수결 유형의 의회에서처럼 논의할 법률안의 선정이나 의사일정이 행정부에 의해 결정되는 것이 아니다. 또한 의회에서 통과된 법률안들의 상당수는 행정부와 의회가 상호간에 합의한 수정안이 차지한다.[60]

스칸디나비아 국가들의 의회도 입법 활동에서 상대적으로 활발하다. 노르웨이 의회가 다루는 모든 의안들은 관련 상임위원회에서 심의되는데 상임위원회가 본회의에 회부하는 위원회안은 대부분이 만장일치로 합의된 것이기 때문에 이것은 야당의원들도 만족하게 합의하였음을 의미한다. 또한 의원들은 행정부안이 의회에 제출되기 이전에 행정부의 각료들에게 로비를 하여 영향을 미친다. 이처럼 의회는 행정부가 제출한 법안에 도장만 찍는 역할을 하는 것은 아니다.[61] 스웨

---

60) Ken Gladdish, *Governing from the Center: Politics and Policy−Making in the Netherlands* (London: C. Hurst, 1991), pp. 109−111.

61) Hilmar Rommetvedt, "Norway: From Consensual Majority Parliamentarianism to

덴의 의회 또한 전통적으로 법률제정에서 중요한 역할을 하였으며 상임위원회도 강한 권한을 가지고 있다. 상임위원회 소속의원들은 동일한 위원회에 오랫동안 소속되기 때문에 전문성이 강하며 이들은 정책입안에서 중요한 역할을 하는 정부위원회에도 참여한다. 1980년대에는 의원들의 70% 성도가 행정부위원회에 참여하였다.[62] 이러한 예는 행정부가 정책을 입안하는 과정에서 의회가 적극 참여하여 의견을 반영하는 독특한 예라 할 수 있다.

노르웨이와 스웨덴 의회에서 집권당과 야당 사이에 합의가 이루어지는 비율이 다른 국가들에 비해 높은 이유는 의원들의 좌석배치와도 관련이 있다. 대부분 국가들의 의회에서는 의원들의 좌석이 정당별로 배치되어 있지만 노르웨이와 스웨덴에서는 [그림 8－2]에서 보는 바와 같이 지역구별로 의석이 배치되어 있다.[63] 이러한 좌석배치는 동일한 출신지역의 의원들이 자기 지역에 관련된 법률안이나 정책에 대해서는 집권당과 야당의 구별 없이 협조를 용이하게 만든다.

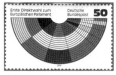

유럽의회 의사당의 좌석 배치 우표

핀란드 의회도 1992년까지는 행정부와의 관계에서 의회의 권한이 강했다. 그 이유는 1919년 이래로 법률안이 통과되려면 의회에서 3분의 2 이상의 찬성을 얻도록 헌법에 규정했기 때문이다. 이러한 규정 때문에 행정부가 의회에서 폭넓은 지지를 받기 위해서는 의회 내의 거의 모든 정당들이 만족하는 내용의 법률안이어야 한다. 이에 행정부는 의회의 의사를 반영하지 않으면 안 된다. 이 외에도 핀란드 의회에서는 모든 법률안이 상임위원회를 거쳐 본회의에 상정되도록 되어 있고 또 본회의에서는 상임위원회의 안이 거의 수정 없이 통과되기 때문에 의회의 권한이 크다.[64]

덴마크도 민주국가들 중에서 의회의 권한이 행정부의 권한보다 큰 국가들 중의 하나로 1982년부터 1988년까지 행정부가 제출한 법률안이 통과된 것은 8%에 불과했다. 이 기간은 4개 정당들이 연립정

Dissensual Minority Parliamentarianism" in Erik Damgaard(ed.) *Parliamentary Change in the Nordic Countries* (Oslo: Scandinavian University, 1992), pp. 83－84.

62) David Arter, *op. cit.*, p. 124.

63) Michael Gallagher, Michael Laver and Peter Mair, *op. cit.*, p. 47.

64) Dag Anckar, "Finland: Dualism and Consensual Rule," Erik Damgaard(ed.), *op. cit.*, p. 184.

| 그림 8-2 | 각국 의회의 좌석 배치도

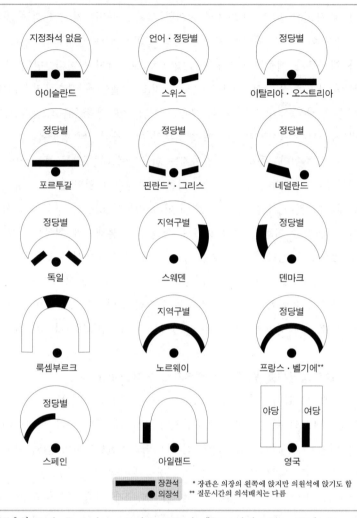

자료출처: Rudy B. Andeweg and Lia Nijzink, "Beyond the Two-Body Image: Relations Between Ministers and MPs," in Herbert Döring(ed), *op. cit.*, p. 158.

부를 구성한 시기로 연립정부는 의회에서 소수 의석밖에 확보하지 못했다. 의회는 행정부가 원하지 않는 법률안·결의안·동의안들을 100여 건 넘게 통과시켰으며, 행정부는 자신이 반대한 법률이나 정책을 집행하면서 6년을 보냈다.[65]

---

65) Erik Damgaard, "Denmark: Experiments in Parliamentary Government," Erik Damgaard(ed.), *op. cit.*, p. 32.

의회가 행정부보다 우위에 있는 또 하나의 예는 이탈리아 의회이다. 이탈리아에서는 의회에서 논의할 의안을 행정부가 결정하는 것이 아니라 여러 정당의 지도자들 사이의 합의에 의해 결정한다. 이에 따라 행정부가 제출한 법률안은 논의조차 보장받지 못한다. 만일 행정부가 사전에 의회의 동의를 구하지 않고 법률안을 제출하면 의회는 이를 수정하는 경우가 많다. 그러나 이탈리아 정당들은 대립적인 방법만을 사용하는 것은 아니며 행정부와 야당들이 막후협상을 하는 경우도 자주 있다. 특히 1988년까지는 법률안에 대한 모든 표결들이 비밀투표로 진행되어 집권당소속 의원들도 징계의 위험 없이 정부안에 반대하는 것이 가능하였으며 이에 따라 정부의 입장은 더욱 약화되었다. 이탈리아 의회의 상임위원회는 법률안을 본회의에 회부할 것인지의 여부를 결정할 최종 권한을 갖는다. 또한 의회에서 통과된 법률안의 약 3분의 1은 의원들이 제출한 것이다.[66] 그러나 이 두 가지 유형들 모두에서 의회의 개별 의원들은 독립적인 의원으로서가 아니라 자신이 소속한 정당의 일원으로 역할하는 점에서는 차이가 없다.

■³ 의원제출 법률안과 정부제출 법률안의 비교

개별 의원이 법률안을 제출하는 것은 스웨덴의 연간 2,400건에서 룩셈부르크의 연간 4건처럼 다양하다. 그러나 일부 국가의 의회에서는 의원이 제출하는 법률안이 진정한 의회의원으로서의 입법 활동이 아니라 선거 때 사용하기 위한 선전활동에 불과한 경우도 있다. 예를 들어 벨기에에서는 의원제출 법률안의 다수가 정책적인 중요성이 없는 것이다. 따라서 제출되는 법률안의 수보다 이 중에서 통과되는 의원제출 법률안의 평균수가 보다 더 적절한 지표라 할 수 있다. 실제로 의원제출 법률안이 통과되는 비율은 매우 낮아 28% 정도만이 통과된다. 포르투갈에서는 이 비율이 60% 정도로 높지만 포르투갈 의회에서 통과된 의원제출 법률안의 상당수는 중요성이 적은 것들이다. 독일에서는 개별 의원이 법률안을 제출할 수 없으며 전체 의원 662명의

---

66) Vincent Della Sala, "The Permanent Committees of the Italian Chamber of Deputies: Parliament at Work?," *Legislative Studies Quarterly* Vol. 18 No. 2, (1993), pp. 164–167.

5%인 34명 이상이 서명하거나 또는 의회에 진출한 정당들만이 법률안 제출권을 갖는다.[67]

　　의회가 입법 활동을 수행하는 데 있어 의회와 행정부의 상대적 우위를 파악하는 한 가지 방법은 의회에 제출된 법률안과 통과된 법률안을 정부제출 법률안과 의원제출 법률안으로 분리하여 비교하는 것이다. 민주국가들에서 의회에 제출되고 통과된 법률안의 연평균 수치를 보면 [표 8-6]과 같다.

　　법률안제출 면에서 정부제출안이 의원제출안보다 더 많은 국가는 그리스, 네덜란드, 노르웨이, 덴마크, 독일, 룩셈부르크, 스위스, 스페인, 오스트리아, 포르투갈 등이다. 의원제출안이 정부제출안보다 더 많은 국가는 벨기에, 스웨덴, 영국, 프랑스가 있다. 다수의 국가들에

▌표 8-6▌ 연평균 각 국가의 의회에 제출되고 통과된 법률안의 수(1978~1982)

국가	정부안		의원안		기 타		합 계		%[1]
	제출	통과	제출	통과	제출	통과	제출	통과	
오스트리아	74	71(95.9)	40	20(50)	4	4	118	95	21
벨 기 에	55	29(52.7)	187	11(5.8)	0	0	242	40	28
덴 마 크	171	151(88.3)	89	5(5.6)	NA	NA	260	15	3
핀 란 드	259	253(97.7)	238	3(1.2)	5	3	502	259	1
프 랑 스[2]	93	77(82.8)	125	7(5.6)	NA	NA	218	84	8
독 일	79	80(100)	28	16(57.1)	18	13	125	109	15
그 리 스	128	98(76.6)	19	0(0)	NA	NA	147	98	0
룩셈부르크	63	64(100)	4	1(25)	NA	NA	67	65	2
네덜란드	135	119(88.1)	6	2(33.3)	–	–	141	121	2
노르웨이	75	74(98.7)	8	1(12.5)	NA	NA	83	7	1
포르투갈	126	17(13.5)	55	26(47.3)	0	0	181	43	60
스 페 인	80	65(81.2)	57	8(14.0)	0	0	137	73	11
스 웨 덴[3]	약200	대부분	약2400	약1%	32	대부분	약2632	–	–
스 위 스	약80	대부분	11	1(9.0)	0	0	약91	–	–
영 국	57	53(93.0)	100	10(10)	–	–	157	63	16

1) 통과된 법률안 중에서 의원제출 법률안이 차지하는 비율.
2) 상원자료, 하원에 제출된 의원제출 법률안 평균은 328건이며 이 중에서 통과된 것은 평균 11건.
3) 스웨덴에서 모든 의원제출 법률안은 상임위원회에서 심의되기 때문에 제출되는 법률안이 많다. 그러나 거의 모든 의원제출 법률안은 상임위원회에서 부결 판정이 나기 때문에 본회의에서도 부결된다.

자료출처: Rudy B. Andeweg and Lia Nijzink, "Beyond the Two Body Image: Relations Between Ministers and MPs," Herbert Döring(ed), *op. cit.,* p. 171.

67) Rudy B. Andeweg and Lia Nijzink, "Beyond the Two Body Image: Relations Between Ministers and MPs," Herbert Döring(ed.), *op. cit.,* pp. 170-171.

서 정부제출안이 더 많음을 알 수 있다. 제출된 법률안이 통과되는 비율을 보면 정부제출안의 통과비율이 훨씬 더 높다. 정부제출안의 통과비율이 의원제출안의 통과비율보다 낮은 국가는 포르투갈이 유일하다. 의원제출안이 정부제출안보다 절대 숫자가 많았던 벨기에, 스웨덴, 영국, 프랑스에서도 통과되는 비율로 보면 정부제출안은 의원제출안보다 훨씬 더 높음을 알 수 있다. 이러한 결과는 대부분이 내각제 국가인 민주국가들에서도 의회의 입법 활동면에서 의원들의 역할은 매우 수동적이어서 의원들이 법률안을 제출하고 또 그 안을 통과시켜 법으로 만드는 역할이 매우 부진함을 알 수 있다.

또한 1971년부터 1990년까지의 20년 동안 서유럽 민주국가들의 의회에 제출된 의원제출 법률안이 통과된 비율은 스페인(46%), 오스트리아(37.7%), 프랑스(32.3%), 포르투갈(29.8%), 룩셈부르크(27.8%), 아이슬란드(23.7%)에서는 30%에 가까웠지만, 나머지 국가들에서는 의원제출 법률안의 통과 비율이 매우 낮았다.[68]

이처럼 거의 모든 국가들에서 의원들의 입법 활동은 정도의 차이는 있으나 활발하지 않다. 그리스에서는 의원제출 법률안이 통과된 것은 2건밖에 없다. 또 하나 주목해야 할 점은 전반적으로 의원제출 법률안은 행정부가 제출한 법률안들보다 중요도나 사회에 미치는 영향력이 적다는 것이다. 아이슬란드의 경우에 통과된 중요 법률안의 대부분은 행정부가 제출한 것이다. 이탈리아에서는 제출된 법률안의 상당수(12,887건)가 의원들이 제안한 것으로 의원들이 법률안을 제출하는데는 상당히 활발하지만 이들 중의 다수가 법률안으로 통과되지 못해 통과 비율은 상대적으로 낮다. 포르투갈에서도 상당수(연 평균 177건)의 법률안이 의원들에 의해 제출되지만 이 중의 상당수는 의원들이 제출한 것이라기보다는 정당들이 제출한 것이다.[69] 모든 국가들에서 의원제출 법률안의 대부분은 찬반의견이 갈려져 있지 않은 중요성이 낮은 것들이다. 또한 법률안의 형식면에서도 의원제출 법률안은 정부제출 법률안보다 간단하고 항목이 많지 않은 것들이다. 벨기에 의회를 조사

---

68) Ingvar Mattson, "Private Members' Initiatives and Amendments", in Herbert Döring(ed.), *op. cit.,* p. 478.
69) Ingvar Mattson, *op. cit.,* pp. 477−479.

한 연구에 의하면 의원제출 법률안의 내용은 극히 짧아 2개 조항 이상을 갖춘 것이 거의 없었고 또 상당수의 의원제출 법률안은 회기가 끝나기 며칠 전이나 몇 주 전에 제출된 것들이 대부분이었다.[70]

의원들이 제출한 법률안을 제출의원의 정당 소속별로 나누어 보면 집권당의원들은 야당의원들에 비해 법률안 제출이 활발하지 않다. 벨기에 의회에서는 야당의 입법 활동이 훨씬 더 활발하다. 또 한 정당이 연립정부구성에 참여한 정도가 강할수록 그 정당소속 의원들이 법률안을 제출한 수는 적다. 이것은 집권당의원들의 역할은 정부제출 법률안의 통과를 돕는 것이지 자신들이 법률안을 제출하는 것이 아님을 나타낸다. 집권당의원들은 법률안 제출을 원할 경우에 정부가 그것을 제출해 주기를 바라며 그것이 여의치 않으면 개인적으로 법률안을 제출해도 의회에서 통과될 가능성이 거의 없다는 것을 알기 때문에 법률안 제출을 포기하게 된다. 또한 법률안을 제출한다 해도 행정부나 정당 지도부에서 이를 철회하도록 압력을 가한다. 이러한 이유들 때문에 의원들의 법률안 제출은 주로 야당의원들에 의해 이루어진다.

야당의원들이 자신들이 제출한 법률안이 통과될 가능성이 적은 것을 알면서도 제출하는 이유는 야당이 정부에 반대한다는 것을 보여 주기 위해서이다. 이들은 정부정책을 비판하고 대안을 제시함으로써 언론의 주목을 받기를 원하기 때문에 통과가능성에 관계없이 법률안을 제출한다. 이러한 모든 점을 감안할 때, 의원들의 입법 활동에 관한 논의는 의회 내 정당들의 역할과 연관해서 논의되어야 하며 특히 정당들이 개별 의원들의 활동에 미치는 영향을 고려해서 논의해야 한다.

■⁴ 의원들의 법률안 제출이 활발하지 못한 이유

의원들이 입법과정에서 능동적인 역할을 하지 못하는 데에는 제도적·기술적·구조적 이유들이 있다. 첫 번째 이유는 대부분 국가들의 의회가 정당에 의해 통제되고 있기 때문이다. 정당은 소속의원들이 의회의 중요 투표에서 정당이 정한 방침에 따라 투표할 것을 요구한다. 특히 집권당소속 의원들은 모든 쟁점에서 행정부를 지지해야 한다. 이

---

70) *Ibid.*, p. 481.

런 점에서, 의회는 많은 수의 개별 의원들 사이에서 상호 관계가 이루어지는 장소가 아니라, 의회에 진출한 몇 개의 정당들 사이에서 상호 관계가 이루어지는 장소인 것이다. 정당들이 의회법에 따라 원내 교섭단체를 구성하면 의원들의 의정활동은 원내 교섭단체의 일원으로 행해진다. 의회의 모든 활동은 정당이 중심이 되어 원내 교섭단체 위주로 이루어지기 때문에, 의원의 이름을 한 사람씩 부르고 찬반의사를 확인하는 호명투표(roll-call vote)는 거의 의미가 없다. 1985년부터 1년간 노르웨이 의회에서 행해진 402건의 호명투표 중에서 정당의 방침에 어긋나게 투표한 것은 0.2%에 불과했다.[71] 한 정당에 소속된 의원들이 투표의 99.8%를 같은 식으로 한다면 이들은 독립된 개별 의원이라기보다는 의회 내 정당집단의 한 부분에 불과한 것이다. 이런 점 때문에 개별 의원들에 의한 법률안 제출은 자연적으로 위축되게 된다.

의원들의 법률안 제출을 제약하는 두 번째 요인은 법률안의 제출에 일정 수 이상의 의원들이 공동발의를 하도록 하는 제도이다. 대한민국에서는 10명, 룩셈부르크에서는 5명, 포르투갈에서는 20명의 의원들이 공동발의를 해야 하며 오스트리아에서는 1989년까지는 8명이었으나 현재는 5명이다. 일본에서는 중의원은 20명이고 참의원은 10명이며 예산이 수반되는 법안의 경우에는 중의원은 50명이고 참의원은 20명이다. 이탈리아에서는 최소 10명의 의원 또는 교섭단체만이 법률안을 제출할 수 있으며, 스페인에서는 최소 15명 또는 교섭단체만이 할 수 있다. 독일 하원에서는 전체 의원의 5% 이상 의원들이 공동 서명해야 한다.[72] 그러나 미국, 영국, 프랑스에서는 개별 의원이 단독으로 법안발의를 할 수 있다.[73] 이처럼 법률안 제출에 있어 일정 수의 공동서명을 규정하는 이유는 어느 정도의 지지도 없는 법률안에 대한 심의에 시간을 낭비하는 것을 방지하기 위해서이다.

의원들의 법률안 제출을 제약하는 세 번째 요인은 의원 법률안의 제출을 회기 중에만 하도록 제한하는 제도이다. 스웨덴에서는 정부의 예산안이 제출되는 1월의 15일 동안에만 의원 법률안의 제출이 허용

---

71) Michael Gallagher, Michael Laver and Peter Mair, *op. cit.*, p. 51.
72) Ingvar Mattson, *op. cit.*, p. 459.
73) 전진영, "국회입법과정," 임성호 외, 『한국국회와 정치과정』 (서울: 오름, 2010), 184쪽.

된다. 이 기간이 지나면 의원제출 법률안은 이미 제출된 정부제출 법률안과 관련된 것만 제출할 수 있다. 핀란드에서도 정부가 예산안을 의회에 제출한 날로부터 14일 동안에만 예산관련 법률안을 제출할 수 있다. 아일랜드에서는 정부제출 법률안과 의원제출 법률안 모두가 의회의 정기회의 개회일로부터 6개월 이내에만 제출할 수 있다.[74]

넷째로 의원제출 법률안은 심의기간 면에서도 제약을 받는다. 영국에서는 의원제출 법률안의 심의시간이 금요일로 한정되어 최대 10회로, 이것은 매 회기의 5% 이하의 기간에 불과하다. 이것은 제안된 의원제출 법률안의 대다수가 논의조차 되지 않음을 뜻한다. 또 의원제출 법률안에 대한 논의가 오후 2시 30분 이전에 종결되지 않으면 그 법률안은 다음 금요일로 넘어가며 그때에는 이 법률안의 논의가 봉쇄되어 사실상 폐기된다. 그리스에서는 의원제출 법률안은 한 달에 한 번씩만 심의한다. 따라서 대부분의 의원제출 법률안은 논의조차 되지 못하고 폐기되어 버린다. 아일랜드에서는 의원제출 법률안은 화요일과 수요일 밤 7시부터 8시 사이에만 논의되도록 시간이 제한되어 있다. 제1독회를 통과한 법률안들은 제2독회에서 최대 6시간 동안만 논의된다. 또한 모든 의원제출 법률안들은 정당의 승인을 받아야 하고 정당들은 한 번에 한 개의 의원제출 법률안만을 제출할 수 있기 때문에 의원제출 법률안이 심의되고 통과되기는 매우 어렵다. 이탈리아에서는 의회에서 심의할 법률안의 순서를 상·하 양원의장들과 교섭단체의 지도자들이 정하며, 이 회의에서 의원제출 법률안 심의는 회기의 마지막으로 밀려난다. 프랑스에서는 어떤 법률안에 얼마의 시간을 할애하여 논의할 것인가를 정부가 결정한다. 이때 정부제출 법률안은 미리 심의되도록 일정이 정해지며, 의원제출 법률안은 후보 법률안으로 분류된다. 이에 따라 소수의 의원제출 법률안만이 통과되며 이것들은 모두 정부가 반대하지 않는 것들이다.[75]

의원제출 법률안에 대한 다섯 번째 제약은 법률안의 내용에 대한 제약이다. 재정문제에 관해서는 많은 국가들이 제약규정을 두고 있는

---

74) Ingvar Mattson, *op. cit.*, p. 459.
75) *Ibid.*, pp. 460−461.

데, 이탈리아에서는 예산은 행정부만이 갖는 법률제정 영역이며 의원들은 예산을 증감시키기 위한 법률안을 제출할 수 없다. 그리스와 스페인에서는 재정관계 법률안을 제출하기 이전에 행정부의 승인을 얻어야 한다. 아일랜드에서도 정부지출과 관련된 법률안들은 제3독회에 들어가기 전에 행정부의 지출동의가 있어야 한다. 영국 하원에서는 행정부의 동의가 없이는 예산증가나 세금증가에 관한 법률안을 제출할 수 없다.76)

여섯째로는 기술적인 제약이다. 법률안을 준비하고 제출하는 데에는 내용뿐만 아니라 형식적이고 기술적인 문제들도 중요하다. 즉 법률의 형식에 관한 전문적 지식이 필요한데 의원들은 이러한 지식을 결여하고 있는 경우가 많다.

그러나 제도적이고 기술적인 면보다도 더욱 중요한 것은 의회의 조직형태가 의원들의 입법 활동을 촉진시키는 구도인가 아니면 제약하는 구도인가이다. 법률안을 제안하거나 법률안의 내용에 관해 토론하거나 수정안을 제안하거나 타협하기 위해 협상할 수 있는 권한이 의원들에게 주어지지 않는 의회에서는 의원들은 의미 있는 입법 활동을 할 수가 없다.

위와 같은 의원제출 법률안에 대한 다양한 형태의 제약요인들과는 다른 차원에서 의원제출 법률안을 생각해 볼 수 있다. 즉 의원이 제출한 법률안일 경우에도 그것이 진정 의원들에 의해 제안된 것인가의 문제이다. 많은 경우에 의원들은 소속정당을 대신해서 법률안을 제출한다. 예를 들어 포르투갈에서는 법률안의 제안자로 서명한 의원들이 실제로는 법률안을 준비하는 데 아무 것도 하지 않는 경우가 많다. 집권당의원들이 제출한 법률안은 때로 정부의 부처에서 준비한 것들이지만 전략상 의원이 제출하는 형식을 취한다. 어떤 경우에는 집권당의원들은 자기가 서명한 법률안의 내용을 충분히 알지 못하는 경우도 있다. 이러한 경우는 야당이 제출한 법률안의 경우에도 마찬가지이다.77)

---

76) *Ibid.*, pp. 464–465.
77) *Ibid.*, p. 454.

의회의 행정부 견제

모든 의회들은 행정부의 행정집행을 감시하고 견제하는 권한을 갖는다. 의회가 이러한 역할을 수행하기 위한 수단으로는 대정부 질문, 행정부 관리에 대한 임명 승인권, 탄핵을 들 수 있다.

■¹ 대정부 질문78)

의회의 대정부 질문은 총리나 장관들을 대상으로 행해지는데 대정부 질문을 하는 이유는 여러 가지가 있다. 의회는 행정부가 책임을 지고 있는 영역에서 발생하는 쟁점들에 관한 정보를 얻으려는 의도도 있고 다른 면에서는 행정부와 행정조직을 통제하면서 정책적인 약속을 실현하려는 의도도 있다. 대정부 질문의 목적은 이 외에도 의원들이 개인적인 주목을 받기 위해서이거나, 장관들이 자신의 관할영역 내에 있는 정책적 쟁점을 숙지하고 있는지를 시험하기 위해서이거나, 정치적으로 어려운 상황에 있는 장관을 공격하기 위해서이다. 또한 지역구민들의 이해관계가 걸린 쟁점에 관심을 보이기 위해서거나, 어떤 정책을 받아들일 생각이 없는 행정부가 타협을 하게 만들기 위해서거나, 정부의 잘못을 밝히기 위해서거나, 야당세력을 결집시키고 장기적으로는 정권을 교체하기 위해서 사용한다.79) 한 개의 질문은 위의 여러 가지 의도를 복합적으로 가지고 있다.

많은 연구들은 의회의 대정부 질문이 행정부를 통제하기 위한 것으로 밝히고 있으나 실제로 대정부 질문은 의원들이 행정부를 통제하

---

78) 의회의 대정부질문에 관한 연구들로는 Norman Chester and Nona Bowring, *Questions in Parliament* (Oxford: Oxford University Press, 1962); Mark N. Franklin and Philip Norton (eds.) *Parliamentary Questions* (Oxford: Clarendon Press, 1993); Sir Edward Fellowes, "Extent of the Control of the Executive by Different Parliaments," *Constitutional and Parliamentary Information*, 44 (1960), pp. 188−227; Gaston Bruyneel, "Interpellations, Questions and Anologous Procedures for the Control of Government Actions, and Challenging the Responsibility of the Government," *Constitutional and Parliamentary Information*, 115 (1978), pp. 66−89 등이 있다.

79) Matti Wiberg and Antti Koura, "The Logic of Parliamentary Questioning" in Matti Wiberg(ed.), *Parliamentary Control in the Nordic Countries: Forms of Questioning and Behavioral Trends* (Helsinki: The Finnish Political Association, 1994), pp. 30−31.

는 것과는 다른 게임으로 행해지는 경우가 많다. 행정부에 대한 통제는 애초에 의원이 의도한 것이 아닐 수도 있고 행정부에 대한 통제가 이루어진 경우에도 그것은 부수적으로 이루어진 효과로도 볼 수 있다. 현실적인 면에서 보면 대정부 질문의 보다 근본적인 동기는 의원들이 질문을 통해 자신의 인지도를 높이거나 능력에 대한 선전을 통해 다음 선거에서 당선될 기회를 높이려는 것이다. 그러나 질문의 횟수가 많아지면 행정부를 통제하는 방법이 오용될 가능성도 높아진다.[80]

여러 국가들에서 행해지는 대정부 질문들은 질문의 종류, 질문신청 방법, 질문이 받아들여지는 조건, 질문의 시기, 논의가 확정되고 조직되는 방법, 질문의 내용, 질문 수의 제한, 질문에 대한 답변의 의무 여부, 질문의 종결이라는 아홉 가지 면에서 차이가 난다. 질문의 종류에는 정규적인 질문시간에 행하는 구두질의와 회의장에서 답변되거나 토론되지 않는 서면질의, 그리고 장관에 대한 질의와 설명요구(interpellation) 가 있다.

거의 대부분의 유럽 국가 의회들에는 매주 질문시간(question time)이 있으며 일부 국가에서는 매일 질문시간이 있다.[81] 헝가리 의회는 월요일과 화요일에 본회의를 열며 화요일을 대정부 질문일로 정해놓고 있다. 구두질의는 미리 서면으로 제출할 수도 있고 의원이 직접 구두로 물을 수도 있으며 이에 대한 답변은 해당 장관이나 다른 사람이 구두로 답변해야 한다. 서면질의는 질문이나 답변이 서면으로만 이루어진다. 의원들의 서면질의는 정해진 시간(최대한 2주) 내에 답변되어야 한다. 질문신청방법에서 의원들의 즉흥적인 구두질의는 허가하지 않는 것이 일반적이다. 최소한 질의의 주제는 의회 직원이나 해당 장관 또는 그의 보좌진에게 미리 알려줘야 한다. 즉 구두질의조차 이름과는 달리 미리 답변할 준비시간을 주기 위해 서면으로 제출되는 경우가 대부분이다. 그러나 스웨덴에서는 1952년 이래 완전히 즉흥적인 질문을 할 수 있는 질문시간을 두고 있다.[82]

---

80) Matti Wiberg, "Parliamentary Questioning: Control by Communication?," Herbert Döring(ed.), *op. cit.*, pp. 182–183.
81) 싱가포르에서는 의회가 개회될 때마다 첫 1시간 30분은 질문시간이다.
82) Matti Wiberg, *op. cit.*, p. 186.

의회에서의 대정부 질문은 본회의에서만이 아니라 상임위원회에서도 행해진다. 유럽에서는 의회에서 대정부 질문이 증가하는 추세를 보인다. 영국의 하원에서는 1940년대에 대정부 질문이 17,000개이던 것이 1980년대 후반에는 66,000개로 증가했다.[83] 덴마크에서는 1953년에는 1년에 90개이던 질문이 1984년부터 1989년까지는 1년에 1,550개로 증가했다.[84] 아일랜드에서는 1960년대 중반에 4,300개이던 것이 1992년에는 12,900개로 증가했다.[85] 이와 비슷한 현상이 네덜란드, 노르웨이, 이탈리아, 프랑스 등에서도 나타났다. 이러한 증가들은 의회가 행정부에 대한 감시 및 견제기능을 확대하여 온 증거라 할 수 있다.[86]

대정부 질문의 이러한 수적 증가에도 불구하고 의원들이 의회에서 발언할 수 있는 기회와 시간은 많지 않다. 영국의 하원은 연중회의를 하지만 의원들의 발언시간을 보면 연평균 90분밖에 되지 않는다. 이러한 상황은 다른 서유럽 국가들에서도 마찬가지이다. 아프리카 국가들의 의회에서 의원들의 발언기회는 이것보다 훨씬 더 적다.[87] 따라서 개별 의원들이 발언이나 토론을 통해 영향을 미치는 것은 그 정도가 매우 약하다. 반면에 의회에 진출한 정당의 지도자들은 발언도 많이 하고 행정부에 큰 영향을 미친다. 또한 의회에서의 질문이나 논의는 형식적인 경우가 많으며 논의도 제한되어 이것을 통해 행정부가 정책을 바꾸는 경우는 많지 않다.

■² 행정부 관리에 대한 임명 승인권

의회가 행정부를 견제하는 방법 중의 하나는 대통령이 지명한 행정부 관리를 의회가 승인하는 것이다. 미국 헌법에 규정된 의회의 권한 중의 하나는 대통령이 지명한 연방정부의 고위관리에 대해 상원이

---

83) Helen Irwin, Andrew Kennon, David Natzler and Robert Rogers, "Evolving Rules," in Mark N. Franklin and Philip Norton (eds), *op. cit.*, p. 27.
84) Erik Damgaard, "Denmark: Experiments in Parliament Government," *op. cit.*, pp. 41–42.
85) Michael Gallagher, "Parliament," in John Coakley and Michael Gallagher(eds.), *Politics in the Republic of Ireland,* 2nd ed. (Dublin: Folens and Limerich: PSAI Press, 1993), p. 137.
86) Michael Gallagher, Michael Laver and Peter Mair, *op. cit.*, p. 48.
87) Jean Blondel, *op. cit.,* p. 247.

임명 승인권을 갖는 것이다. 대법원판사, 대사, 장관을 포함한 고위 직책들이 이에 해당된다. 러시아에서는 대통령이 임명한 총리, 부총리, 고등법원 판사, 검찰총장에 대해 의회가 승인권을 갖는다. 페루에서도 대법원판사, 검찰총장, 감사원장, 그리고 군 고위 장성으로 지명된 사람들은 상원의 승인을 받아야 한다. 멕시코 상원은 장관, 대사, 참모총장, 대법원판사의 승인권을 갖는다. 스위스의 상원과 하원 합동회의는 장관, 30명의 대법원판사를 선출한다. 포르투갈 의회는 10명의 헌법재판소 판사와 다른 고위 판사들을 선출한다.[88] 필리핀의 상원도 대통령이 지명한 장관과 대사에 대한 승인권을 갖는다. 나이지리아 상원은 대통령이 지명한 장관들에 대해 승인권을 갖는다. 대한민국의 국회는 국무총리, 대법원장, 대법원판사, 헌법재판소장, 감사원장에 대해 임명 승인권을 갖는다.

■³ 탄핵

탄핵은 형벌 또는 보통의 징계절차로는 처벌하기가 곤란한 고위 공무원이나 특수 공무원을 의회가 견제하기 위해 제도화한 형사절차이다. 이러한 점에서 탄핵은 의회가 행정부에 대해 갖는 권한 중의 하나이다. 영국에서는 하원이 탄핵소추를 담당하였으며 상원은 탄핵심판을 담당했다. 영국에서 탄핵의 유죄판결은 벌금 및 징역형이며 사형까지도 가능했다. 영국에서 탄핵은 14세기에 시작되었으며 1806년 이후에는 탄핵절차는 완전히 사라졌다. 미국에서는 하원이 탄핵소추를 하며 상원은 탄핵심판을 담당한다. 탄핵의 대상은 대통령을 포함한 연방 고위 공무원들이며 의회의 탄핵을 받으면 공직으로부터 추방된다. 대통령의 경우에는 상원의 재판과정에서 대법원장이 사회를 본다.

미국 대통령으로 탄핵대상이 되었던 대통령은 3명이다. 첫째는 1868년의 앤드류 존슨(Andrew Johnson) 대통령으로 소추내용은 법률을 위반하면서 육군장관인 에드윈 M. 스테넨을 해임하려 했다는 것과 육군 장성으로 하여금 의회가 제정한 법을 위반하도록 유도했다는 것, 의회를 모독했다는 것 등의 혐의였다. 존슨 대통령은 상원의 탄핵

---

88) Philip Laundy, *op. cit.*, pp. 40–41.

심판표결에서 3분의 2에서 한 표가 모자라 탄핵을 모면하였다.[89] 1974년에는 워터게이트(Watergate) 사건으로 리처드 닉슨(Richard Nixon) 대통령이 하원에서 탄핵소추를 받은 뒤 상원의 탄핵심판표결을 앞두고 대통령직을 사임하였다. 1998년에는 빌 클린턴 대통령이 여성들과의 성 스캔들 때문에 탄핵대상이 되어 12월 19일 하원이 클린턴에 대한 탄핵소추안을 가결했다. 탄핵사유는 연방대배심 위증, 폴라 존스사건에 대한 위

▌미국 앤드류 존슨 대통령 우표

증, 사법방해, 권력남용의 4개항이었는데 연방대배심 위증건은 228 대 206으로 가결되었고 사법방해건도 221 대 212로 가결되었으나 나머지 2건은 부결되었다. 상원은 1999년 2월 12일 2개항에 대한 탄핵안을 표결하였는데 연방대배심 위증건은 45 대 55로 부결되었고 사법방해건도 50대 50으로 부결되어 클린턴 대통령은 탄핵을 모면하였다.[90] 멕시코, 브라질, 아일랜드에도 탄핵제도가 있으며 인도의 상원이나 하원은 3분의 2의 찬성으로 대통령을 탄핵할 수 있다.[91]

　대한민국에서는 형벌 또는 보통의 징계절차로 처벌하기 곤란한 대통령, 국무총리, 국무위원, 행정각부의 장, 헌법재판소 재판관, 법관, 감사원장, 감사위원 등이 맡은 직무와 관련하여 헌법이나 법률에 어긋나는 행위를 할 경우 국회가 그 공무원을 탄핵하기로 의결하면 (탄핵소추) 헌법재판소가 재판을 통하여 해당 공무원을 파면한다. 대통령을 탄핵할 경우에는 국회재적의원 과반수의 발의와 재적의원 3분의 2 이상의 찬성으로, 그 외의 자를 탄핵할 때에는 국회재적의원 3분의 1의 발의와 재적의원 과반수의 찬성으로 결의한다.[92] 대한민국에서 대통령에 대한 탄핵 시도는 몇 차례 있었으나 국회에서 탄핵소추(彈劾訴追)가 이루어진 것은 한 번이다. 국회는 2004년 3월 12일 노무현 대통령이 헌법을 위반했다는 이유로 찬성 193표 반대 2표로 탄핵소추를 했다. 헌법재판소는 탄핵심판을 거쳐 2004년 5월 14일 노무현 대통령이 헌법을 위반하였지만 그 위반의 정도가 탄핵소추의 사유가 될 정

89) 엠파스 백과사전 검색. http://100.empas.com/dicsearch/pentry.html?i=197514 2005년 12월 1일 검색.
90) 「중앙일보」, 1998년 12월 21일, 「동아일보」, 1999년 2월 14일.
91) Philip Laundy, op. cit., p. 44.
92) 「동아일보」, 1999년 2월 14일.

도로 중대한 사안이 아니라는 이유로 탄핵심판을 기각했다.

에콰도르에서도 의회가 대통령을 해임시킬 수 있다. 1997년 2월 6일 에콰도르 의회는 부카람 대통령을 정신적으로 문제가 있다고 판단하여 44 대 34의 표결로 해임을 결의하고 의회의 지도자인 아랄콘을 임시 국가원수로 지명했다. 헌법에 의하면 대통령이 정신적인 문제가 있을 경우에는 82명의 의원 중에서 42명이 동의하면 대통령을 면직시킬 수 있다. 에콰도르에는 대통령에 대한 탄핵조항이 있으나 이것은 시간이 많이 걸리며 의회의 면직표결만으로도 대통령을 면직시킬 수 있다.[93]

독일의 상원과 하원은 대통령이 헌법을 위반할 경우 3분의 2의 찬성으로 그를 기소할 수 있다. 프랑스의 상원과 하원은 합동으로 대통령의 심각한 범죄행위에 대해 기소할 수 있다. 그리스, 스웨덴, 스페인, 코트디부아르, 키프로스, 포르투갈 의회도 대통령과 행정부의 고위 관리들에 대한 탄핵소추권을 갖고 있다.

내각제 국가에서 의회와 행정부 사이의 관계

행정부의 장관과 의회의 의원 사이의 관계 유형은 행정부와 의회 사이의 관계 내에서 분석된다. 정당이 강한 국가에서는 양자 사이의 관계가 행정부나 의회의 일원이라는 면에서 행해지기보다는 정당의 구성원이라는 차원에서 이루어진다. 내각제 국가에서 의회와 행정부 사이에 이루어지는 관계는 세 가지 유형이 있다.

첫 번째 유형은 정당이 존재하지 않는 것과 같은 유형(a non-party mode)이다. 의회의 구성단위는 정당이지만, 실제로 정당간의 이념적 장벽보다 같은 의회의원으로서의 행정부 견제의 사명감이 큰 경우이다. 서로 다른 정당들에 소속된 의원들의 친밀감은 동일한 상임위원회에 소속되어 입법활동을 진행하면서 증대된다.[94] 이 유형에서 의회와 행정부는 2개의 독립된 기구로 존재하면서 상호관계가 이루어진

---

93) *The San Diego Union-Tribune*, February 7, 1997, p. A-2.
94) 물론, 이것은 해당 국가의 정치문화에 영향을 받는다. 같은 상임위원회에 소속된 의원들끼리 더 격렬하게 싸울 수도 있다.

다. 즉, 정국이 '행정부' 대 '입법부'의 경쟁구도로 운영된다. 여당과 야당이 의회의 구성원으로서 행정부를 견제함에 있어선 한통속이 되는 것이다.

두 번째 유형은 정당들이 중심이 되어 상호관계가 이루어지는 유형(an inter-party mode)이다. 이 유형에서 의회의 의원이나 행정부의 장관은 자기가 소속한 정당의 일원으로 다른 정당에 소속된 장관이나 의원들과 상호관계를 이룬다. 이 유형에는 다시 두 가지 하부 유형이 있다. 첫째는 여러 개의 정당들이 연립정부를 구성하였거나 또는 한 정당이 여러 파벌로 구성되어 있는 경우이다. 여기에서는 연립정부에 참여한 한 정당에 소속된 장관이나 의원들과, 연립정부를 구성한 다른 정당에 소속된 장관이나 의원들 사이에서 상호 관계가 이루어진다. 두 번째는 연립정부에 소속된 장관이나 의원들을 한편으로 하고 다른 편에 야당소속 의원 들이 있어 양자 사이에 상호 관계가 이루어지는 유형이다. 정당들이 중심이 되어 상호관계가 이루어지는 두 번째 유형에서는 의회와 행정부가 독립적인 기구로서 헌법에 규정된 대로 견제와 균형을 이루는 관계가 아니라 정당들 사이의 이념적 갈등이 의회와 행정부 사이의 관계 유형을 결정한다. 따라서, 정국은 '여당' 대 '야당'의 경쟁구도로 운영된다.

세 번째 유형은 교차정당유형(a cross-party mode)으로 의회 의원들과 행정부의 장관들은 자기가 소속한 정당을 초월하여 쟁점(또는 이슈)별로 이해관계에 따라 상호관계를 형성하는, 소위 '정책중심' 관계 유형이다. 이 유형은 의원들과 장관 사이의 상호관계가 의회와 행정부라는 틀을 무시하고 발생하지만, 상호간의 관계는 정당을 바탕으로 이루어지는 것이 아니라 쟁점에 대한 이해관계를 바탕으로 하여 전개된다. 이 유형에서는 의회와 행정부 사이의 상호관계가 이익들이 경쟁하면서 거래를 이루는 시장의 성격을 띤다.95) 이러한 관계를 그림으로 표시하면 [그림 8-3]과 같다.96)

---

95) Rudy B. Andeweg and Lia Nijzink, *op. cit.*, p. 153.
96) *Ibid.*, p. 154.

1. **정당이 존재하지 않는 유형**(의회는 하나의 독립된 기구로 작용함)

2. **정당간 상호 관계유형**(의회는 정당들간의 정치가 이루어지는 장소로 작용함)

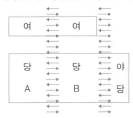

3. **교차정당유형**(쟁점에 대한 이해관계에 따라 의원과 장관 개개인들의 연합)

의회와 행정부 사이의 상호관계유형은 의회에서 의원들의 좌석이 어떻게 배치되어 있는가와도 밀접하게 연관되어 있다. [그림 8-2]의 각국 의회의석 배치도를 보면 아이슬란드에서 영국으로 가면서 위의 3가지 유형 중의 첫 번째인 정당이 존재하지 않는 것과 같은 유형에서 두 번째 유형인 정당들이 중심이 되어 상호관계가 이루어지는 유형으로 바뀐다. 아이슬란드에서 장관들은 의회 내에서 의원들과 분리되어 앉으며 정당소속을 구별하지 않고 앉아 있는 의원들과 마주 보며 앉는다. 의원석은 정당별로 구분되어 있지 않기 때문에 같은 정당소속 의원들끼리 몰려서 앉는 것이 아니다. 이러한 좌석배치에서 정당의 위상은 거의 보이지가 않기 때문에 아이슬란드 의회는 정당이 존재하지 않는 것과 같은 유형의 전형적인 예이다.[97]

스위스, 오스트리아, 이탈리아, 포르투갈, 그리스, 핀란드, 네덜란

---

97) *Ibid.,* p. 157.

드, 독일에서도 행정부와 의회가 독립되어 있는 형태를 볼 수 있지만 의회의 의원들은 정당별로 모여서 앉는다. 여기에서부터 의회와 행정부는 2개의 독립적인 기관으로서의 이미지(two body image)는 약화되기 시작하며 의회는 정당들 사이의 이해관계에 따라 정치가 이루어지는 장소로서의 유형이 나타난다. 네덜란드 하원에서 장관들은 의원들과는 분리되어 별도로 앉지만 의회의 한쪽 구석으로 밀리며, 독일의 경우에는 장관들의 의석이 의원들 의석 쪽으로 훨씬 가까워져 있다. 스웨덴과 덴마크에서부터는 장관들이 앉는 좌석이 완전히 의원들의 의석 속으로 들어가 있다. 노르웨이, 벨기에, 프랑스에서는 장관들이 의원의석 속에서 맨 앞줄에 앉으며, 아일랜드와 영국에서는 장관들이 자기 정당 의원석의 제일 앞줄에 앉아 야당지도자들과 정면으로 마주 보고 있기 때문에 정당들이 중심이 되어 상호 작용하는 유형이 명백해진다.

언뜻 보기에는 이 그림의 의원좌석 배치에서 교차정당모형은 명확하지가 않다. 그러나 노르웨이와 스웨덴에서는 의원들이 출신 선거구별로 앉는다. 이 유형에서는 같은 지역에서 당선된 의원들은 소속 정당에 관계없이 함께 모여 앉기 때문에 자신들의 출신지역에 관련된 쟁점에 대해서는 정당을 무시하고 상호간의 이익을 공동으로 추구할 가능성이 높아진다. 스위스에서는 같은 언어를 사용하는 의원들끼리 함께 앉는다. 이때 공통의 언어는 소속정당의 이해관계를 초월하는 요인이 될 수 있다.

의회에서의 투표

■¹ 의회에서의 투표방법

의회에서는 여러 가지 투표방법이 사용되며 개별 의원들이 취하는 입장을 밝히는 정도에 따라 비밀투표, 준공개투표, 공개투표의 세 가지로 나눌 수 있다.[98]

---

98) Thomas Saalfeld, "On Dogs and Whips: Recorded Votes," in Herbert Döring(ed), *op. cit.*, p. 531.

1 ■ 비밀투표

의회의 투표에서 비밀투표가 사용되는 경우는 많지 않다. 비밀투표는 헌법에 관련된 사항과 탄핵, 의원직의 박탈, 의회의장이나 상임위원장 등 의회간부직의 선출 등과 같이 인사에 관련된 투표 때 사용한다. 비밀투표에서는 개별 의원들이 어떻게 투표했는지가 알려지지 않기 때문에 의원들이 자율성을 가지고 투표할 수 있다.

2 ■ 준공개투표

의회에서 행하는 투표의 거의 대부분은 준공개투표이다. 이러한 유형의 투표는 익명(anonymous)투표의 성격을 띤다. 이 투표는 다른 의원들이 보는 앞에서 의원들이 공개적으로 자신의 입장을 표시하는 면에서는 공개적이다. 그러나 준공개투표에서는 의원들의 투표가 개별적으로 기록되지 않기 때문에 개별 의원들의 찬성·반대 여부를 차후에 확인할 수가 없어 익명적이다. 준공개투표에서 실제로 사용하는 투표방법으로는 만장일치, 구두투표, 거수투표, 기립투표 등이 있다.

만장일치투표는 안건에 대한 입장이 하나뿐일 때 사용하며 노르웨이, 대한민국, 덴마크, 스웨덴, 스페인, 영국의 의회에서 자주 사용된다. 구두투표방법은 의장이 찬반 여부를 물으면 의원들이 '예' 또는 '아니오'로 답하며 소리가 크게 나는 쪽을 채택한다. 이 방법은 의견이 대립되지 않는 주제의 투표에 사용한다. 이 방법은 시간을 절약하는 장점이 있으며 스웨덴, 영국에서 자주 사용한다. 거수투표는 손을 들어 찬반을 나타내며 이를 계산하여 통과 여부를 결정한다. 거수투표는 그리스, 네덜란드, 독일, 이탈리아, 프랑스에서 자주 사용한다. 아이슬란드는 1992년까지, 스위스 상원은 1994년까지 거수투표방법을 사용하였으나 그 이후에는 기계를 이용한 전자투표를 사용하고 있다. 대한민국에서도 제6대 국회 이전에는 거수투표방법을 본회의에서 사용하였으나 그 이후에는 사용하지 않는다. 그러나 상임위원회 투표에서는 거수투표방법이 계속 사용되고 있다.[99]

기립투표방법은 찬성과 반대에 따라 의석에서 일어나는 방법으로

---

99) 민준기·신명순·양성철·이정복·장달중, 『한국의 정치』 개정판 (서울: 나남, 1998), p. 212.

의원수가 많지 않을 때나 의원들의 좌석이 지정되어 있을 때 효과적이다. 따라서 이 방법은 영국과 같이 의원의 지정 좌석이 없는 의회에서는 사용하기가 불편하다. 이 방법은 그리스, 네덜란드, 덴마크, 룩셈부르크, 벨기에, 스웨덴, 스페인, 오스트리아, 포르투갈, 프랑스, 핀란드에서 사용하고 있으며, 1994년 이전까지의 스위스 하원에서 사용했다. 독일에서 사용하는 함멜스프룽(Hammelsprung)투표방법은 의원들이 '찬성', '반대', '기권'이라고 표시된 문을 지나가도록 하면서 그 수를 계산하는데, 개별 의원들의 선택내용이 기록되지 않기 때문에 기립투표와 비슷한 방법이다. 이러한 준공개방식의 표결 중에서 독일의 함멜스프룽과 전자투표방법을 제외하고는 정확한 표 계산을 하지 않고 다수 여부만을 파악한다. 그러나 의안의 통과조건이 투표자의 3분의 2 이상일 때에는 찬반의 숫자를 정확히 계산한다.

3 ■ 공개투표

공개투표방법은 개별 의원의 선택이 회의록에 기록되는 투표방법이다. 공개투표의 방법으로는 분리(division), 호명, 투표용지 사용, 전자투표 등의 방법이 있다. 분리투표방법은 아일랜드와 영국의 하원에서 사용하는 방법으로 의원들이 '찬성'과 '반대'로 분리된 복도를 지나는 동안 의원들의 이름을 확인하면서 숫자를 세는 방법이다. 영국에서는 의원들이 찬성과 반대 복도로 분리하는 데만 10분에서 15분이 걸리기 때문에 시간이 많이 소요되는 방법이다. 영국 하원에서는 한 회기 동안 1,000번 이상의 분리투표를 실시하기 때문에 시간적으로 상당히 비효율적인 방법이다.[100] 호명투표는 의원의 이름을 부르면 자신의 찬반의견을 밝히는 방법으로 개별 의원의 투표 결과가 기록으로 남는다. 이 방법은 그리스, 네덜란드, 노르웨이, 덴마크, 룩셈부르크, 벨기에, 스페인, 이탈리아, 포르투갈에서 사용하고 있다.

공개투표의 또 한 가지 방법은 투표용지에 자신의 이름과 자신의 찬반 여부를 기록하는 것이다. 이 방법은 독일, 오스트리아, 핀란드에서 사용하며[101] 전자투표방법은 의원들이 자신의 의석에 설치되어 있는 찬

---

100) Thomas Saalfeld, in Herbert Döring(ed.), *op. cit.,* p. 534.
101) 대한민국에서는 헌법개정안에 대한 투표에서 사용한다. 그러나 개별 의원의 찬반

성이나 반대의 단추를 선택하여 누르면 종합된 투표결과는 회의장 전면에 설치된 전광판에 즉각 표시되며 개별 의원의 투표결과가 기록으로 남는다. 이 방법은 시간의 절약과 정확성에서 장점이 있다. 전자투표방법은 노르웨이, 대한민국, 덴마크, 룩셈부르크, 미국, 벨기에, 스웨덴, 스위스, 스페인, 아이슬란드, 이탈리아, 프랑스, 핀란드에서 사용한다. 독일은 1970년에 이 방법을 도입했다가 1973년에 폐지했다.[102]

의회의원을 대신하여 다른 사람이 대신 투표하는 대리투표는 룩셈부르크와 프랑스를 제외한 모든 국가에서 허용하지 않는다. 대부분 국가들의 의회에서는 비밀, 준공개, 공개의 3가지 방법 중에서 한 가지 또는 그 이상을 사용한다. 비밀투표를 전혀 사용하지 않는 의회는 덴마크, 아일랜드, 이탈리아(비밀투표제를 1988년에 폐지함), 그리고 영국이다. 그러나 비밀투표를 사용하는 국가들의 경우에도 이 방법은 극히 예외적으로만 사용하며 거의 대부분의 경우에 인사와 관련된 투표에만 사용한다. 스페인, 오스트리아, 포르투갈에서는 일정 수의 의원들이 요구하면 비밀투표를 실시한다. 거의 대부분의 의회에서의 투표방법은 준공개투표나 공개투표이다. 준공개 투표 중에서도 가장 많이 사용되는 방법은 호명투표이거나 기립투표이다. 공개투표는 호명투표와 전자투표로 실시하며 전자투표의 결과는 의회기록보관소에 보관된다.

그러나 유럽의 다수 국가에서는 의회에서의 호명투표가 별 의미가 없다. 왜냐하면 정당에 소속한 의원들은 중요한 투표가 있을 때에는 정당이 정한 대로 투표를 하기 때문이다. 예를 들면 1985년부터 1986년까지 노르웨이 의회에서 실시한 402건의 호명투표들 중에서 정당의 방침에 반대하여 투표를 한 것은 0.2%에 불과했다.[103] 한 정당에 소속된 의원들이 투표의 99.8%를 같은 식으로 할 때 이들은 개별 의원들이라기보다는 의회 내 정당그룹의 한 부분에 불과하다. 노르웨이, 룩셈부르크, 아이슬란드, 스페인에서는 준공개 투표에서 전자투표를 실시한다. 이 경우 투표결과는 전시되지만 개별 의원의 투표결과는 공표되지 않는다. 유럽 국가들의 의회에서 사용하는 표결방법

여부는 기록되지 않으며 공개되지도 않는다.

102) Thomas Saalfeld, in Herbert Döring(ed.), *op. cit.,* p. 534.
103) Michael Gallagher, Michael Laver, and Peter Mair, *op. cit.,* p. 51.

들을 표로 요약하면 [표 8-7]과 같다.

┃표 8-7┃ 유럽 국가 의회의 표결방법(1970-1994)

표결방법 / 국 가	비 밀 투표지	준 공 개 구두	거수	기립	전자	만장일치	공 개 호명	기명투표지	전자
그 리 스	○		○	○			○		
네덜란드	○		○	○			○		
노르웨이	○			○	○	○	○		○
덴 마 크				○	○	○	○		○
독 일1)	○		○	○				○	
룩셈부르크	○			○	○		○		○
벨 기 에	○			○			○		
스 웨 덴	○	○		○		○			○
스 위 스	○		○6)	○7)	○8)				
스 페 인2)	○			○			○		○
아이슬란드	○		○		○		○		
아일랜드3)									
영 국4)		○		○		○			
오스트리아	○			○				○	
이탈리아1)			○		○		○		○
포르투갈2)				○			○		
프 랑 스5)	○		○	○					○

1) 독일과 이탈리아는 준공개투표에서 분리표결을 하는 국가이다.
2) 스페인과 포르투갈에서는 색이 다른 공으로 찬반을 표시하는 방법을 사용한다.
3) 아일랜드는 공개투표 중에서도 분리방법만 사용한다.
4) 영국은 기록투표 중에서 분리방법을 사용한다.
5) 프랑스는 준공개투표에서도 투표지를 사용하는 유일한 국가이다.
6) 스위스-상원에서만 실시한다.
7) 스위스-1994년까지 하원에서 실시했다.
8) 스위스-1994년부터 하원에서 실시한다.

공개투표는 많은 국가들에서 자주 사용하지는 않지만, 일부 국가들에서는 자주 사용하기도 한다. 노르웨이, 덴마크, 영국의 하원, 스웨덴 등에서는 매 회기마다 1,000건 이상의 공개투표가 행해진다. 반면에 1960년대와 1970년대 초의 독일 하원과 오스트리아 하원에서는 1년에 몇 건의 투표만이 공개투표로 실시되었다.104) 이러한 차이가 나타나는 이유는 전자투표방식의 채택과 연관되어 있다. 전자투표시

---

104) Thomas Saalfeld, *op. cit.*, p. 539.

설이 있는 의회에서는 짧은 시간에 투표결과가 나타나기 때문에 이를 선호하여 전자투표시설을 설치한 의회에서는 공개투표가 증가하였다. 아이슬란드 의회에서는 1986~1987년과 1990~1991년 회기 동안에는 평균 51건의 공개투표가 있었으나 전자투표기가 설치된 1992년 이후에는 공개투표가 2배 증가하였다. 덴마크에서도 1981년에 전자투표기가 설치되기 전까지는 1년 동안에 공개투표가 몇 건밖에 없었으나 1981년 이후에는 그 수가 급격히 증가하였다. 아일랜드와 영국의 하원에서는 전자투표기가 설치되어 있지 않으나 많은 공개투표가 행해졌다. 독일 하원에서도 전자투표기의 설치 없이 1973년 이래 공개투표가 1회기당 3백 건으로 증가했다.[105]

■² 의회투표에서 의원의 독립성

의회에서 투표를 할 때 정당은 소속 의원들이 정당이 결정한 대로 투표하기를 요구한다. 미국과 같은 대통령제 국가에서는 정부가 필요로 하는 법안이 통과되지 않더라도 정권의 유지에는 아무런 영향이 없다. 또한 미국에서는 의원후보의 공천이 지구당에서 예비선거를 통해 이루어지고 있고 또 정치자금이나 선거자금도 중앙당에서 지원받는 것이 아니라 지구당에서 의원이나 의원후보 희망자가 개인적으로 모금하기 때문에 이들은 이익집단이나 정치활동위원회(Political Action Committee), 유권자들에게 신경을 쓰고 상대적으로 중앙당이나 대통령의 의사에는 신경을 쓰지 않으며, 의회의 투표에서도 독자적인 판단에 따른다.[106]

그러나 내각제 국가에서는 정부가 추진하는 중요한 법안이 소속 의원들의 반대 때문에 부결된다면 정권을 잃게 될 수도 있기 때문에 소속 의원들은 정당의 지시를 일사불란하게 따라야 한다. 만일 정당의 지시에 반대되는 투표를 하게 되면 다음 선거에서 정당의 공천을 받을 것을 기대하지 말아야 하며 당직이나 의회 고위직의 배정에서도 배제되거나 또는 징계를 받는 불이익을 받는다. 아일랜드 의회의 최대 정당인 피나 포일(Fianna Fail)은 1993년 7월부터 어떤 쟁점에 관한

---

105) *Ibid.*, p. 539.
106) Richard F. Fenno Jr., *Home Style: House Members in Their Distircts,* (Pearson; Longman Classics edition, 2002).

정당의 결정에 대해 반대투표를 하거나 또는 기권하는 소속 의원은 정당에서 자동적으로 제명된다고 결정하였다.107) 유럽에서는 정당의 공천을 받지 않을 경우 선거에서 당선이 불가능하므로 정치생활을 그만두지 않으려면 정당의 지시에 따라 투표를 해야 한다. 그러나 극히 일부이기는 하지만 소속 의원들이 정당의 지시와는 다르게 투표하는 경우도 있다. 예를 들면 오스트리아에서는 정당의 규율이 약화되어 국민당 소속 의원들이 자신의 정당 소속의 국방장관에 대한 불신임 결의안을 제출하기도 하였다.108)

대부분의 의원들이 소속 정당의 지시에 따라 투표를 하는 것은 이를 따르지 않았을 때 겪게 될 불이익을 피하기 위한 것 외에도 다른 이유들이 있다. 의회에서 같은 정당에 소속되어 있는 의원들은 자연적으로 동질감을 가지며 소속 정당에 대한 충성심과 공통의 목적을 공유하기 때문에 정당이 결정하는 대로 투표하는 것을 당연하게 생각한다. 또한 이들은 자기 정당이 위협받는 것을 원하지도 않는다. 선진국 의회에서 의원들이 소속 정당의 지시에 자발적으로 따르는 또 다른 이유는 정당의 당론을 결정하는 과정이 매우 민주적이기 때문이다. 만일 집권당의 의원 다수가 정부안에 반대하면 해당 장관은 그 법안을 철회한다. 또한 의원들은 정부안을 전면적으로 변경할 것을 주장하기보다는 해당 장관을 개별적으로 만나 법률안 내용을 수정하도록 권유한다. 장관들은 야당의원들이 반대하는 내용은 무시할 수가 있으나 같은 정당 소속 의원들의 의견에는 호의적으로 반응을 한다.109)

예를 들어 스웨덴의 경우 사회민주당 정부는 소속 의원들의 무조건 지지에 익숙해 왔으나 1982년부터는 소속 의원들의 충성심 확보를 위해 정부제출 법률안에 대해 이들과 사전에 협의하고 때로는 수정하거나 제출을 포기하는 것까지도 필요하다는 것을 인식하게 되었다.110) 내각제 국가에서는 의회가 행정부의 고위직을 충원하는 주요

---

107) Michael Gallagher, Michael Laver and Peter Mair, *op. cit.*, p. 54.
108) Kurt Richard Luther, "Consociationalism, Parties and the Party System," in Kurt Richard Luther and Wolfgang C. Müller (eds.), *Politics in Australia: Still a Case of Consociationalism?* (London: Frank Cass, 1992), pp. 45－98.
109) Michael Gallagher, Michael Laver and Peter Mair, *op. cit.*, p. 51.
110) Anders Sannerstedt and Mats Sjolin, "Sweden: Changing Party Relations in a More Active Parliament," in Erik Damgaard (ed.), *op. cit.*, p. 115.

기반이기 때문에 행정부에서 장관이 되고 싶은 의원들은 의회 내에서 행동을 조심해야 한다.

여성의 의회 진출

많은 국가들이 헌법이나 법을 통해 정치활동에서 여성에 대한 차별을 금지하고 있지만 의회에 진출하는 여성의 수는 남녀 성비에 비해 많이 낮다. 2010년 1월 당시로 각국 의회에서 여성의원의 수와 여성의원이 전체 의석에서 차지하는 비율을 보면 [표 8-8]과 같다.

▮표 8-8▮ 각국 의회 여성의원의 수와 전체 의석에서 여성의원의 비율

국 명	여성의원수	총의원수	여성의원백분율	최근선거(年)	국 명	여성의원수	총의원수	여성의원백분율	최근선거(年)
아 시 아									
네 팔	197	594	33	2008	대한민국	41	299	14	2008
동티모르	19	65	29	2009	방글라데시	64	345	19	2008
북 한	107	687	16	2009	스리랑카	13	225	6	2004
아프가니스탄	68	242	28	2005	우즈베키스탄	21	120	18	2005
인 도	58	543	11	2009	인도네시아	93	560	17	2009
중 국	637	2987	21	2008	카자흐스탄	17	107	16	2007
키르기스스탄	23	90	26	2007	태국	56	480	12	2007
파키스탄	76	338	22	2008	필리핀	49	239	21	2007
중 동									
레 바 논	4	128	3	2009	아르메니아	12	131	9	2007
요 르 단	7	110	6	2007	이라크	70	275	25	2005
이스라엘	21	120	18	2009	이집트	8	442	2	2005
키프로스	8	56	14	2006	터키	50	549	9	2009
아프리카									
가 나	19	229	8	2008	나미비아	21	78	27	2004
남 아 공	178	400	45	2009	니제르	11	113	10	2009
라이베리아	8	64	13	2005	레소토	30	120	25	2007
르 완 다	45	80	56	2008	말라위	40	192	21	2009
말 리	15	147	10	2007	모로코	34	325	10	2007
모리타니	21	95	22	2006	모잠비크	87	250	35	2004
부 룬 디	36	118	31	2005	부르키나파소	17	111	15	2007
보츠와나	5	63	8	2009	세네갈	40	100	40	2007
소말리아	33	539	6	2004	수단	80	443	18	2005
시에라리온	16	121	13	2007	알제리	30	389	13	2007
에리트레아	33	150	22	1994	에티오피아	116	529	22	2005

국 명	여성의원수	총의원수	여성의원백분율	최근선거(年)	국 명	여성의원수	총의원수	여성의원백분율	최근선거(年)
우 간 다	102	332	31	2006	적도기니	10	100	10	2008
지 부 티	9	65	14	2008	짐바브웨	32	210	15	2008
카 메 룬	25	180	14	2007	케냐	22	224	10	2007
코트디브아르	18	203	9	2000	탄자니아	97	319	30	2005
튀 니 지	59	214	28	2009					
유 럽									
그 리 스	52	300	17	20091	네덜란드	62	150	41	2007
노르웨이	67	169	40	2009	덴마크	68	179	38	2007
독 일	204	622	33	2009	루마니아	38	334	11	2008
룩셈부르크	12	60	20	2009	리투아니아	25	141	18	2008
몰 도 바	26	101	26	2009	몰타	6	69	9	2008
벨 기 에	53	150	35	2007	보스니아 헤르체고비나	5	42	12	2006
세르비아	54	250	22	2008	스웨덴	164	349	47	2006
스 위 스	57	200	28	2007	스페인	127	350	36	2008
슬로바키아	29	150	19	2006	슬로베니아	12	90	13	2008
아이슬란드	27	63	43	2009	아일랜드	22	166	13	2007
알바니아	23	140	16	2009	영국	126	646	20	2005
오스트리아	51	183	28	2007	이탈리아	134	630	21	2008
체 코	31	200	16	2006	크로아티아	32	153	21	2007
포르투갈	64	230	28	2009	폴란드	93	460	20	2007
프 랑 스	105	577	18	2007	헝가리	43	386	11	2006
중남북미									
가이아나	21	70	30	2006	과테말라	19	158	12	2007
니카라과	17	92	18	2006	도미니카공화국	35	178	20	2006
멕 시 코	141	500	28	2009	볼리비아	22	130	28	2009
브 라 질	46	513	9	2006	아이티	4	98	4	2006
에콰도르	40	124	32	2009	엘살바도르	16	84	19	2009
온두라스	30	128	23	2005	우루과이	14	99	14	2009
칠 레	18	120	15	2005	캐나다	68	308	22	2008
코스타리카	21	57	37	2006	콜롬비아	14	166	8	2006
트리니다드토바고	11	41	27	2007	파나마	6	71	8	2009
파라과이	10	80	13	2008	페루	33	120	28	2006
오세아니아									
호 주	40	150	27	2007					

자료출처: http://www.quotaproject/org의 각국 자료를 2010년 1월 23일 검색하여 저자가 작성하였다.

절대적인 숫자 면에서 여성의원이 가장 많은 국가는 중국으로 637명이다. 그러나 전체 의원수가 2,987명이기 때문에 여성의원이 차지하는 비율은 21%이다. 전체 의회에서 여성의원이 차지하는 비율이 가장 높은 국가는 아프리카의 르완다 하원으로서 전체 의원 80명의

56.25%인 45명이 여성이다. 르완다에서는 의회의원 선거가 2008년 9월 15일부터 18일까지 4일 동안 실시되었는데 첫날은 80명 중의 53명을 정당명부식비례제로 선출하였으며 나머지 3일 동안에는 여성에게 할당된 24명의 여성의원과 청년에게 할당된 2명의 의원, 그리고 1명의 장애인 의원을 선거인단이 간선으로 선출했다. 53명을 선출하는 정당명부식비례제 선거에는 총 356명의 후보들 중에서 196명이 여성후보였다. 이 선거에서 53명의 당선자들 중 여성후보가 20명이었다. 여성에게 할당된 24명을 선출하는 간선제에는 113명의 후보가 등록하였고 2명을 선출하는 청년대표에는 83명의 후보가 등록하였다. 여성에 할당된 24명 외에 청년대표에게 할당된 2명 중 1명도 여성이 당선되어 총 여성의원 수는 45명이었다.[111]

르완다 다음으로 여성의원의 비율이 높은 국가들로는 스웨덴(47%), 남아프리카공화국(45%), 아이슬란드(43%), 네덜란드(41%), 노르웨이(40%), 세네갈(40%)로 6개국의 여성의원 비율이 40%를 넘는다. 전체 의원들 중에서 여성의원이 차지하는 비율이 30%를 넘는 국가들로는 덴마크(38%), 코스타리카(37%), 스페인(36%), 벨기에(35%), 모잠비크(35%), 독일(33%), 네팔(33%), 에콰도르(32%), 부룬디(31%), 우간다(31%), 가이아나(30%), 탄자니아(30%)의 12개국이 있다. 여성의원 비율이 25% 이상인 국가들로는 아시아의 동티모르(29%), 아프가니스탄(28%), 키르기스스탄(26%)와 중동의 이라크(25%), 아프리카의 튀니지(28%), 나미비아(27%), 레소토(25%)가 있고 유럽에서는 스위스 · 오스트리아 · 포르투갈(28%), 몰도바(26%), 중남미에서는 멕시코 · 볼리비아 · 페루(28%), 트리니다드토바고(27%)가 있다. 오세아니아에서는 호주에서 여성의원들이 전체 의석의 27%를 차지하고 있다. 대륙별로 보면 아프리카와 유럽, 그리고 남미국가들에서는 여성의원의 비율이 높은 국가들이 많고 중동과 아시아에서는 여성의원의 비율이 대체로 낮다.

영국에서는 1997년 5월 1일에 실시한 총선에서 여성의원이 영국 역사상 최대인 120명이 당선되어 의석의 18.6%를 차지했다. 여성후보자는 658명으로 당선 비율은 18.2%였다. 이전 의회에서는 여성의

---

111) http://www.ipu.org/parline−e/reports/2265_E.htm, 2010년 1월 23일 검색.

원이 63명에 불과했다. 또한 내각에서도 22명의 장관 중 5명의 여성 장관이 입각하여 영국 역사상 최다 여성장관시대를 열었다. 2005년에도 여성의원의 수는 126명으로 8년 전과 비슷한 수를 보였다. 프랑스에서도 1991년에는 여성의원 비율이 6%에 불과했으나 사회당이 여성후보 할당제를 실시하여 출마자의 30%를 여성 몫으로 배당하자 1997년 5월 선거에서는 여성후보가 전체의 23%가 되었다. 이에 비해 보수/중도연합후보 중 여성 비율은 6%에 불과했다. 선거결과 577명 중 여성이 63명 당선되어 여성의원의 비율이 11%로 증가했으며 이 중 50명이 좌파연합 소속이었다. 또한 8명의 여성의원들이 장관으로 입각했다. 2007년에는 577명의 하원의원들 중 105명이 당선되어 여성의원의 비율이 18%로 증가하였다. 스페인에서는 여성의원의 비율이 1997년에 30%였는데 2008년에는 36%로 증가하였다.

세계 각국의 의회에서 여성의원의 수가 가장 적은 국가는 중미의 아이티로 98명의 의원들 중 4명만이 여성이고 레바논도 128명 중 4명만이 여성이다. 그 다음 적은 국가들로는 보츠와나의 5명, 몰타와 파나마의 6명, 요르단의 7명이 있다. 여성의원이 차지하는 비율이 가장 낮은 국가는 이집트로 442명의 의원들 중 여성의원은 8명으로 전체 의원들의 2%에 불과하다. 다음으로 여성의원 비율이 낮은 국가로는 레바논으로 3%(128명 중 4명)이고 아이티가 4%(98명 중 4명)이다. 이 외에 소말리아, 스리랑카, 요르단이 6%를 차지하며 가나, 보츠와나, 콜롬비아, 파나마가 8%이다. 몰타, 브라질, 아르메니아, 코트디브아르, 터키에서는 여성의원들의 비율이 9%이다. 지역적으로 보면 다른 지역에 비해 중동지역의 국가들에서 여성의원들의 비율이 낮다.

제8장을 마치며

복잡다기한 이슈가 발생하고 처리되어야 할 필요성이 커짐과 동시에 '뉴미디어 시대'에 의회민주주의의 한계를 지적하는 상황도 빈번해지고 있다. 직접민주주의의 성향을 강조하는 '참여민주주의'와 이를 가능케하는 수단으로의 '전자민주주의'에 대한 논의가 활성화되고 있음에 주목함과 동시에, 참여민주주의가 의회민주주의를 대치할 수 있는 '대체재'(代替財)인지, 아니면 의회민주주의의 약점을 보완해 주는 '보완재'(補完財)인지에 대해서 구분해야만 한다. '뉴미디어 시대'의 급변하는 환경 속에서 의회민주주의만으로는 곤란하다는 의미이지, 의회민주주의는 안 된다는 의미는 아님에 유념해야만 한다. 의회민주주의가 국민들의 요구와 눈높이에 맞추어서 순항한다면, 역설적으로 '참여민주주의'의 보완재로서의 역할은 상대적으로 약해질 수밖에 없다. 급변하는 세상에서도 앞으로도 상당 기간 인류는 건전한 의회민주주의를 골간으로 하면서, 그 상대적 약점을 보완해주는 것으로서의 '참여민주주의'를 받아들일 것으로 예측해 본다.

의회민주주의가 전 세계에서 가장 현실적인 정치체계 운영방안으로 받아들여지고 있는 현실을 직시하는 것이 중요할 것이다. 의회민주주의의 한계를 극복하려는 노력과 분리된 의회민주주주의 부정의 논리가 받아들여지기 어려운 이유이다. 의회민주주의는 시공간적인 제약 때문에 직접민주주의가 불가능하기에 인류가 고민한 결과물이다. 비록 유럽에서 선거민주주의와 함께 대의민주주의가 체계화되었다고 하지만, 동서에 고금을 막론하고 어떤 집단이건 대표성을 지닌 회의체를 구성하여 집단의 발전을 도모해 왔다. 이렇게 본다면 의회라는 형식과 내용은 인류가 정치사회를 구성한 이후 지금까지 장시간에 걸쳐 진화를 거듭하여 온 국민회의체로서의 결과물이며, 즉흥적으로 단시간에 만들어진 것이 아니며, 더욱이 정치과정상의 논리로 볼 때, 서구적인 것으로만 치부될 수 없는 필연적 결과물인 것이다.

이코노미스트지가 매년 발표하는 민주주의 선진화지수는 선거과정, 다원주의, '정부'(government)의 기능, 선거참여, 정치문화, 시민자유 항목들에 대한 인식조사를 종합한 것인데, 이러한 설문항목들을 관통하는 골간 개념을 종합하면, 정당정치 및 의회정치를 중심으로 형성된 '대의민주주의 체제'의 순기능 정도에 대한 평가와 직·간접적으로 연관되어 있다. 선거과정, 다원주의, 선거참여는 투표자들의 선택의 자유로움과 다양성 및 공정성에 대한 인식을 설문조사한다. 정부의 기능이란 국민의 대의 기관으로서 정부의 정책에 대한 시민의 입력기능과 정부의 책임기능을 설문조사한다. 정치문화는 대의기관들에 대한 인식과 그러한 인식의 사회배경에 대한 설문조사이다. 결론적으로 이코노미스트지의 민주주의 선진화 지수평가 개념은 궁극적으로 현재 지구촌에서 가장 보편화된 정치체제인 의회민주주의 과정에 직·간접적으로 연관된 것이다. 국가의 민주주의 선진화 등위는 다음과 같다.

▌표 8-9▌ 민주주의 선진화 지수

순위	국가	Democracy Index	순위	국가	Democracy Index
1	노르웨이	9.93	39	키프로스	7.53
2	아이슬랜드	9.58	40	그리스	7.45
3	스웨덴	9.45	41	자메이카	7.39
4	뉴질랜드	9.26	42	라트비아	7.37
5	덴마크	9.11	43	슬로바키아	7.29
6	스위스	9.09	44	동티모르	7.24
7	캐나다	9.08	45	파나마	7.19
8	핀란드	9.03	46	불가리아	7.14
9	호주	9.01	47	트리니다드토바고	7.10
10	네덜란드	8.92	48	폴란드	7.09
11	룩셈부르크	8.88	49	인도네시아	7.03
12	아일랜드	8.85	50	아르헨티나	7.02
13	독일	8.64	51	브라질	6.96
14	오스트리아	8.54	52	크로아티아	6.93
15	말타	8.39	53	가나	6.86
16	영국	8.31	54	필리핀	6.84
17	스페인	8.30	54	헝가리	6.84
18	모리셔스	8.28	56	수리남	6.77
19	우루과이	8.17	57	튀니지	6.72
20	미국	8.05	58	세르비아	6.71
21	이탈리아	7.98	59	루마니아	6.68
22	한국	7.97	60	도미니카공화국	6.67
23	일본	7.96	61	엘살바도르	6.64
23	코스타리카	7.96	62	몽골	6.62
25	체코	7.94	62	콜롬비아	6.62
26	벨기에	7.93	64	레소토	6.59
27	프랑스	7.92	65	페루	6.58
28	보츠와나	7.87	66	멕시코	6.55
29	에스토니아	7.85	67	홍콩	6.50
30	칠레	7.84	68	말레이시아	6.43
31	대만	7.83	69	스리랑카	6.42
32	카보베르데	7.81	70	몰도바	6.35
33	포르투갈	7.79	71	파라과이	6.33
34	이스라엘	7.77	72	나미비아	6.31
35	인도	7.74	73	잠비아	6.28
36	슬로베니아	7.57	74	싱가포르	6.14
37	남아프리카공화국	7.56	75	세네갈	6.08
38	리투아니아	7.54	76	가이아나	6.05

순위	국가	Democracy Index	순위	국가	Democracy Index
77	파푸아뉴기니	6.03	123	에티오피아	3.83
78	마케도니아	6.02	124	가봉	3.76
79	몬테네그로	6.01	125	코모로	3.71
80	과테말라	5.92	126	카메룬	3.66
81	알바니아	5.91	127	벨라루스	3.62
82	조지아	5.88	128	베트남	3.53
83	에콰도르	5.87	129	쿠바	3.52
84	온두라스	5.84	130	토고	3.41
85	볼리비아	5.75	131	앙골라	3.35
86	방글라데시	5.73	132	코트디부아르	3.31
87	베냉	5.72	132	러시아	3.31
88	우크라이나	5.70	134	이집트	3.18
88	말리	5.70	134	카타르	3.18
90	피지	5.69	136	기니	3.14
91	탄자니아	5.58	136	중국	3.14
92	말라위	5.55	138	스와질란드	3.09
93	키르기스스탄	5.33	139	르완다	3.07
93	케냐	5.33	140	카자흐스탄	3.06
95	니카라과	5.26	141	짐바브웨	3.05
96	우간다	5.22	142	오만	3.04
97	터키	5.12	143	감비아	2.97
98	태국	5.09	144	콩고 공화국	2.91
99	베네수엘라	5.00	145	지부티	2.90
100	라이베리아	4.95	146	바레인	2.79
101	부탄	4.93	147	아프가니스탄	2.77
102	레바논	4.86	148	아랍에미리트	2.75
103	마다가스카르	4.85	149	아제르바이잔	2.71
104	보스니아 헤르체코비나	4.83	150	부룬디	2.49
105	네팔	4.77	151	수단	2.37
106	부르키나파소	4.70	151	에리트레아	2.37
107	모로코	4.66	153	리비아	2.25
108	나이지리아	4.62	154	예맨	2.24
109	모잠비크	4.60	155	라오스	2.21
110	팔레스타인	4.57	156	이란	2.16
111	시에라리온	4.55	157	콩고 민주공화국	2.11
112	파키스탄	4.40	158	우즈베키스탄	1.95
113	캄보디아	4.27	158	타지키스탄	1.95
114	미얀마	4.14	160	기니비사우	1.93
115	이라크	4.08	160	사우디아라비아	1.93
116	아르메니아	4.00	162	투르크메니스탄	1.83
117	모리타니	3.96	163	적도 기니	1.77
118	알제리	3.95	164	중앙아프리카공화국	1.57
119	아이티	3.94	165	차드	1.50
120	요르단	3.86	166	시리아	1.43
121	쿠웨이트	3.85	167	조선민주주의 인민공화국	1.08
121	니제르	3.85			

자료출처: Economist Intelligence Unit, *Democracy Index 2014.*

도표에서 보듯이 아시아 국가들 중에서는 유일하게 세계 20위권 정도에 한국과 일본이 위치하고 있다. 불행히도, 같은 민족인 북한은 등위 평가 대상 국가들 중에서 최하위 국가에 위치한다. 사실, 세계 20위권 내의 많은 국가들이 유럽 소국들이어서 인구 5천만명 이상의 국가들을 대상으로 한다면 한국은 세계 10위권의 민주주의 성취수준을 보여준다. 이것은 대한민국이 짧은 시기에 경제성장을 통한 국가 기적을 이룬 것과 버금가게 정치영역에서도 많은 민주주의의 진전이 있었음을 의미한다.

제9장

정치경제

인간 생존의 가장 원초적인 문제는 '먹고 사는 문제'이다. 각종 선거에는 선거가 치러지는 해당 시기의 사회 상황을 반영한 주요 이슈들이 있지만, 이들 다양한 선거의 공통되며 중요한 첫 번째 이슈는 정당이나 후보자의 경제 관련 공약인 경우가 대부분이다. 20세기 초반과 중반에 서구의 주요 선진자본주의 국가의 국민들이 경제공황이나 경제불황으로 '경제적 곤란'의 시기를 경험하면서 경제학(말하자면, 시장)이 독자적으로 경제문제를 해결할 수 있다는 믿음이 희석되었다.

1929년에 미국 월가(Wall Street)의 금융공황에서 시작되어 전 산업부문에 파급되고 국가를 넘어서서 전 세계 자본주의 제국으로 퍼진 '세계공황'(World Depression)은 1929년과 1933년에 유럽과 미국의 공업생산을 50%, 무역은 60%, 국민소득은 50% 감퇴시켰고 당시의 실업자는 3천만 명을 넘어섰다. 이때, 유럽은 제1차 세계대전의 황폐를 충분히 극복하지 못했고, 달러의 도입으로 재건을 달성하는 과정에서 미국의 경기변동에 직접적인 영향을 받는 상황이었다. 미국 내부에서는 독점자본에 의해서 고도로 통제된 공업제품 가격 때문에 일반 노동자들의 구매력이 저하되었으며, 실업자 수가 증대되면서 상품 수요는 절대적으로 하락하였고 사태는 세계공황으로 번지게 되었다. 이때, 케인즈(John Maynard Keynes)는 수요가 부족한 경우 공공지출의 확대를 통해서 실업문제에 대처하고자 했다. 이것은 경제공황에 대처하기 위해서 경제상황의 자율기능에 맡긴 것이 아니라, 정부가 경제상황에 '적극적으로 관여'(strong commitment)할 것을 주문한 것이다.[1]

---

[1] Maynard John Keynes, *The general theory of employment interest and money*, (London: Macmillan and co., 1936), p.379. 케인즈의 주장은 다음의 표현으로 대변된다. "…만약 재무부가 지폐로 가득찬 금고를 갖고 있다면, 폐광 깊숙이 묻고 표

국가가 경제적 곤란에 대한 제반 사항을 해결하고 치유하는 데 제시된 내용의 핵심은 결국 '정부의 역할'에 관한 것이었다. 정부의 역할이란 인간 개인의 자발적인 선택이 중시되는 시장 중심의 사고방식에 대해서 '권위(또는 권력)를 지닌 정부가 시장에 개입하는 상황'을 의미한다. 경제문제를 해결함에 있어서 경제학과 정치학이 함께 다루어져야 한다는 것인데, 그 학문 분야를 '정치경제'(political economy)라고 한다.[2] 정치경제 분야의 가장 기본적이고 주된 질문은 "정부가 경제에 무슨 부분에서(in what part), 무슨 역할을(what kind of role), 어떻게 해야(how does it) 잘하는 것일까?"로 정리된다.

대부분의 경제이론들은 인간의 행동이란 "최적화된 인간들 사이의 자발적인 상호작용"(voluntary interactions among optimizing individuals)의 결과물이라고 간주한다. 여기서 상호작용이란 '교환'(exchange)으로 현시화되는데, 그러한 교환이 발생하는 영역을 '시장'(市場, market)이라고 부른다. '최적화된 인간'은 어떤 행위를 함에 있어서 손해를 보는 행위는 하지 않기 때문에, 결국 경제학에서의 시장은 "인간 개인들의 자발적(voluntaristic) 의지에 따라서 교환이 이루어지는 곳"을 의미한다. 만약 시장이 제대로 기능하지 않는다면, 그리고 적어도 국가에서 발생하는 경제적 곤란 상황들이 시장기능과 연계되어 있을 때, 이를 치유할 수 있는 정책을 제시하고 운용할 수 있는 권력을 지닌 기구는 국가(또는 '정부')가 된다.[3] 이때, 정부가 시장에 개입할 수 있는 권력

면을 쓰레기로 덮어 버려라. 그 후 자유방임주의 원칙에 입각한 민간기업들이 그 지폐를 파헤쳐서 가져가도록 내버려 두라. 더 이상의 실업은 없을 것이다…"

2) '정치경제'란 용어의 시초를 17세기 프랑스 왕실의 재정관리에서 비롯된 용어로 보기도 한다. Rod Hauge and Martin Harrop, *Comparative government and politics: an introduction,* 8th ed. (New York: Palgrave Macmillan, 2010). 하지만, '정치경제'란 용어는 사회과학의 두 핵심어인 '정치'와 '경제'의 합성어이기에 여러 지역이나 기관에서, 또는 여러 학자들에 의해서 서로를 의식하지 않고 시기에 상관없이 여러 곳에서 다발적으로 쓰였을 가능성이 높다.

3) 국가(state: 국민, 영토, 주권의 혼합체)와 정부(government: 일정한 임기를 지닌 국가 최고의 통치기구)는 구분되는 용어이나 상황에 따라서 동의어로 사용된다. '정부(또는 국가)'란 의미는 하나의 기준으로 묶는다는 뜻에서 '중앙집권적'(centralized), '권위'(authority: 국가가 행하는 정치는 '가치를 권위적으로 배분하는 것'이다.)라는 용어와 일맥상통하는 대명사로 쓰이고, '시장'이란 의미는 다양성을 방치한다는 뜻에서 '지방분권적'(decentralized)의 대명사로 쓰이는 경향이 있다. 이상의 시장과 국가의 연관성에 대한 구체적인 논의는 Charles E. Lindblom, *Politics and markets: the world's political economic systems* (New York: Basic Books, 1977)를 참고.

은 본질적으로 선거과정에서 후보자(또는 정당)가 내걸었던 경제공약의
성격에 따라서 주어진 것이다.

시장과 사유재산

앞서 경제학적 이론에서 정의된 시장의 개념과는 달리, 현실에서
작동하는 시장에는 국가의 힘이 근본적으로 작용하고 있다. 즉, 현실에
서의 시장은 단순히 경제적인 것이 아니고 시장과 정부가 혼합되어 작
동하기에 이미 정치경제적인 것이다. 예를 들면, ① 집단사회의 규범과
조화되는 거래나 거래의 공정성이 지켜지도록 관리 감독하는 공정거래
법과 같은 '거래법 체계'[transactions], ② 체계독과점 금지법과 같은 '금
지법 체계'[prohibitions, embargo], ③ 최소임금제, 근로기준법과 같은 각
종의 '계약법 체계'[contracts], ④ 특정 약품(마약), 행위(성매매), 거래(단
말기 유통행위) 등의 거래를 불법화하거나, 규제하고 단속하는 '제재법 체
계'[regulations, sanctions] 등은 정부정책이 시장기능에 근원적으로 개입
되어 있음을 보여 준다. 이것은 인간의 삶이 집단을 이루어 영위된다고
할 때 결코 개인적인 것이 아니며, 시장이란 단순히 어떠한 교환도 용
인될 수 있는 장소라기보다는 '바람직한 것'과 '바람직하지 않은 것'에
대한 최소한의 사회적 공감대와 무관하지 않기 때문이다.4)

현실 세계에서 시장이 이미 정부정책의 영향력에서 자유로울 수
없음은 물론이고, 정부정책에 의존할 수밖에 없는 것이라면, 정부가
언제, 어떤 방식으로, 어느 정도 수준에서 시장에 '개입'하고 시장을
'조정'해야 하는 것인가가 문제의 핵심이 된다.5) 조정의 수준은 국가

---

4) 순수하게 경제적 시각에서 보더라도 경제와 정치는 분리될 수 없다. 모든 경제정책
   은 소위 일반적 의미에서 '정치적'이라고 할 수 있기 때문이다. 국가 내에서 경제
   정책이란 궁극적으로 부와 소득의 분배에 영향을 미치는 소위 '제세구민'(濟世救
   民)에 연관된 정책이기 때문이다.
5) 용어를 더 엄격히 구분해서 쓰는 경우에 유의할 필요가 있다. 국가가 시장에 '개
   입'(intervention)한다는 것은 국가가 시장에 간섭하고 관리하는 적극적 관여를 의
   미하고, 반면에, 국가가 시장을 '조정'(regulation)한다는 것은 국가와 시장을 분리
   하여 국가의 시장개입을 최소화하되, 시장에 대한 감독과 규제의 소극적 역할만 하
   는 것을 의미한다. 전자는 '간섭국가'(interventionist state)가 되고, 후자는 '조정
   국가'(regulatory state)가 된다. 이 책의 본 장에선 전자와 후자를 모두 합한 포괄

의 의지에 좌우되는 것이다. 여기서 국가가 시장에 '관여한다'(개입 또는 조정)는 것을 개인의 입장에서 본다면 국가가 '개인의 재산'(properties)에 관여한다는 것을 의미한다. 재산이란 "시장에서 교환을 통해서 얻은 상품(goods)과 용역(services)에 대한 소유권(ownership)"을 뜻한다. 국가가 시장에 개입한다는 것이 개인의 재산권을 침해한다는 것으로 해석될 수도 있지만, 시장이 개인이 재산권을 안전하게 지켜주는 것은 아니다. 개인의 재산권은 개인이 국가에 일정 수준 세금을 내고 국가는 개인의 재산권을 지켜주는 궁극적인 기구로 기능하게 되는 경우에 안전하게 유지된다. 개인들의 경제행위 과정에서도 국가는 시장에서 집단에서 용인하는 최소한의 규범에 근거하여 공정한 거래가 되도록 감독자의 역할을 하게 된다.

국가는 개인의 재산권을 지켜주는 데 실패할 수도 있으며, 그 이유를 단순히 무능한 국가공권력 수준이라는 차원이 아닌 정치경제적 시각에서 찾는 경우 국가의 경제발전 수준과 연관시켜 볼 수 있다.6) 소위 '저발전 국가'(less developed countries)에서는 시장에 대한 국가의 적절한 수준의 규제, 금지, 제재 등이 효율적으로 관리되지 못한다. 여기서 '저발전 국가'란 경제발전과 정치적 제도화가 일정 수준에 이르지 못한 국가를 말한다.7) 국가의 경제발전은 '국가의 경제적 부(富, wealth)의 성장수준'을 의미하며, 일반적으로 GDP(Gross Domestic Product; 국내총생산: 생산품의 소유와 상관없이 국내의 총생산액)의 수준을 국

적 용어로 '관여한다'라는 용어를 사용하였다. 물론, 개입, 조정, 간섭, 관여라는 단어를 엄밀히 구분하지 않고 일반명사로 사용하는 경우도 종종 발견된다.

6) 국가와 시장의 혼합기능(즉, 정치경제적 기능)에 의한 것이 아닌, 국가 공권력이 제대로 작동하지 않는 소위 '약한 국가'(weak state)의 문제로 소위 권력정당성(legitimacy)의 문제와 연관시켜서 단순화할 수 있다는 의미이다. 이에 대해서는 앞서 제2장 국가 부분의 약한국가, 실패한 국가에서 파키스탄의 예를 들어 논의한 바 있다.

7) Patrick H. O'Neil, *Essentials of Comparative Politics*, 4th ed. (New York: W. W. Norton & Co., 2013), p. 293. 때로는 '후발(後發)산업국'[또는 '신흥산업국'(NICs: Newly Industrialized Countries)]을 포함하기도 하지만, 현재의 상태가 중요하다는 측면에서 보면 '저개발국가'와 '신흥산업국'은 구분되어야만 한다. G20 국가인 대한민국은 후발산업국이지만 세계교역규모는 10위 안에 있고, GDP규모로도 15위를 전후한 수준인 사실상 경제선진국이다. 이코노미스트지가 격년마다 평가하는 정치선진화지수에서도 인구 5천만 이상의 국가를 기준으로 볼 때, 세계 10위권의 국가이다. 종합하면 대한민국은 경제수준과 정치제도화수준에서 '발전된 국가'(developed country)라고 평가할 수 있다.

┃ 표 9-1 ┃ 경제규모와 부의 분배(2020)

국가	1인당 GDP (미국 $)	1인당 GDP (구매력평가, 미국 $)	지니 계수* (연도)
미국	63,080	63,080	41.1 (2016)
스웨덴	52,170	54,400	28.8 (2017)
독일	46,220	54,550	31.9 (2016)
캐나다	43,310	48,950	33.3 (2017)
영국	41,130	45,330	34.8 (2016)
프랑스	40,160	46,210	31.6 (2017)
일본	40,050	42,150	32.9 (2013)
한국	31,640	44,750	35.4 (2015)
이란	11,150	15,760	40.8 (2017)
중국	10,530	17,110	38.5 (2016)
러시아	10,150	28,170	37.5 (2018)
멕시코	8,510	19,120	36.8 (2018)
브라질	6,840	14,890	53.9 (2018)
남아프리카공화국	5,620	13,290	63 (2014)
나이지리아	2,080	5,190	35.1 (2018)
인도	1,940	6,530	35.7 (2011)

* 지니 계수: 100 = 완전불평등
　자료출처: International Monetary Fund and Central Intelligence Agency, 2022

가간에 비교하게 된다.

　[표 9-1]의 경험적 사실로부터 선진자본주의국가(advanced cap-italistic societies)와 선진민주주의(advanced democratic societies)가 상관성을 지니고 있다는 추론이 가능하다. 이것은 민주주의 성취에 경제적 안정을 바탕으로 한 '중산층'(middle-class) 존재의 중요성을 알려준다. 중산층이란 사유재산을 기본으로 하여 형성된 경제적 성격을 지닌 계층이다. 앞서 맨 앞에서 언급한 바와 같이, 인간 생존의 가장 기본적인 문제는 '먹고 사는 문제'이며 국가는 이에 대해서 책임을 져야만 한다. 그렇기에, 다양한 선거의 공통되며 중요한 첫 번째 이슈는 정당이나 후보자의 경제 관련 공약으로 귀결된다. 기능주의적 관점에서 '정치발전'(또는 민주주의의 성취 수준)이란 정치과정에서 국민들의 요구(demand 또는 input)와 이에 대한 정부의 반응(supply 또는 output)이 서로 순기능화된 것이다. 국민들이 참여의식을 갖고 자신들이 원하는 바를 주장하며, 정부의 반응에 대해서 제대로 된 평가를 하고 부족한

점이 있으면 이를 다시 요구하기 위해서는 중산층의 역할이 중요하다. 물론, 국민들의 요구의 골간은 경제적 문제로 회귀될 가능성이 크다. 중산층은 경제적 수준에서는 일치하지만, 사회적 요구나 정치적 이념은 다양할 수 있다. 그렇게 본다면, 교육 수준의 신장과 함께 경제적 중산층들의 사회적·정치적 요구가 다양화되고 그 정도가 심화되는 현대국가는 '과부하(過負荷) 국가'로 전락하며 정치적 불안정이 초래될 가능성도 있다. 현대사회에서 교육수준이 높고 요구가 다원화된 중산층의 존재는 정치적 불안정의 요인이 될 수도 있는 것이다.

공공재와 사회지출

인간의 삶의 질이 시장과 사유재산에만 영향을 받는다면 경제라는 영역만 중요시될 것이다. 하지만 인간의 삶의 질에 사유재산과 함께 큰 영향을 미치는 것은 인간들이 일상생활을 영위하는 공간에서 '공공재'(public goods)의 존재와 수준 및 이에 대한 효율적 운영여부이다. 개인들이 높은 수준의 삶을 영위하기 위해서는 시장을 통하여 사용하고 얻는 재산만으로는 한계가 있다는 것이다. 도로, 교통, 공원, 의료, 보건 등은 단순히 개인적 자산의 영역에 있는 것이 아니며, 국가는 국민들로부터 '세금'(tax)을 걷고 그러한 세금의 '사회지출'(social expenditure)을 통하여 공공재를 창출하고 관리하며 국가의 역할을 수행하게 된다.

사유재산이 본질적으로 개인의 경제적 자유 및 이익과 연관된 것이라면, 공공재는 사회 구성원들 모두의 이익을 위한 것으로 사회적 평등을 의미한다. 국가를 '폭력의 독점기구'라고 정의할 수 있는 것 이상으로 국가는 공공재에 대한 독점적 권한을 수행하는 기구이다. 그런데, 국가들은 그들의 이념적 성격에 기본해서 (즉, 국가의 정치경제 체제의 성격에 따라서) 공공재를 제공하고 관여하는 정도와 수준에 현격한 차이가 존재하는 것이 현실이다. 예를 들면, 미국에서 건강관리의 영역은 공공재의 영역이 아니며, 민간 영역의 것이다. 반면에 캐나다에선 국가가 운영하는 공공의료기관에서 건강관리가 가능하다. 석유

판매도 마찬가지이다. 사우디아라비아, 브라질, 멕시코, 노르웨이에서 석유는 국가가 소유한 공공재여서, 석유판매의 수입금은 사회의 모든 구성원들을 위해서 사용된다. 사회구성원들 모두를 위한 형평성이 강조되고 있는 것이다.

　　앞서 국가의 '경제적 부'를 측정하는 것으로 'GDP'를 언급하였으나, 총체적으로 국가의 부를 평가하려면 개인 차원과 공공 차원의 '부'(wealth)를 모두 종합하여 평가하게 된다. 국가는 세금을 걷고 사회지출을 통해서 공공차원의 부를 형성하고 운영하게 된다.

▎그림 9-1 ▎GDP 대비 과세 비율

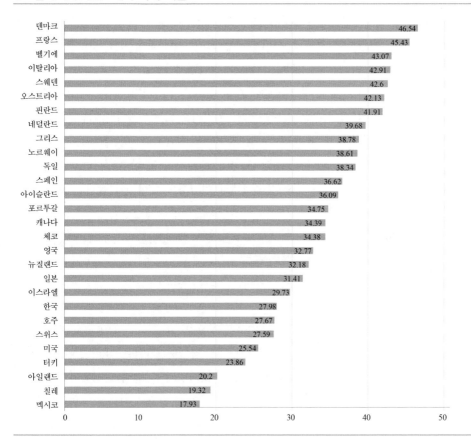

자료출처: 2022년 6월 19일 https://data.oecd.org/tax/tax-revenue.htm#indicator-chart. OECD 데이터베이스에서 최신 자료로 검색 후 작성함.

해당 도표에서 보자면 유럽의 선진자본주의 국가들은 GDP대비 높은 세율을 부과하고 있음을 알 수 있다. 일반적으로, 높은 세금징수율을 보이는 곳은 '복지국가'적 성격이 강조된 정치경제체제라고 할 수 있다. 덴마크는 낙농업의 전통적 기반이 상대적으로 강한 곳인데도, 가장 높은 세금 징수율을 보이고 있다. 이런 곳에서 국민의 삶에 대한 행복지수나 인간개발지수는 어떻게 나타나는지 궁금해진다.

정치경제체계

'정치경제체제'(political economic system)는 한 국가의 정치적 기구와 경제적 기구들 사이에서 추구되는 현실적 정책과 정책에 따른 결과에 따라서 규정된다. 저명한 정치경제학자들은 경제문제를 해결하기 위한 정부의 정책 방향에 대하여 그들의 정치적 식견이나 혜안과 연관시켜 그 이론을 제시하였다. 일반적으로 정치경제체제는 '국가'와 '시장' 그리고 '자유'와 '평등'의 수준을 기준으로 할 때, '자유주의'(liberalism), '사회민주주의'(social democracy), '중상주의'(mercantilism), '공산주의'(communism)라는 4개의 이념형으로 나누어 볼 수 있다.[8]

	'시장' 역할 강조	'국가' 역할 강조
개인의 '경제적 자유' 강조	① 자유주의	④ 중상주의
개인의 '경제적 평등' 강조	③ 사회민주주의	② 공산주의

① '자유주의'는 1776년 '국부론'(The Wealth of Nations)을 저술한 아담 스미스(A. Smith)에게서 가장 극명하게 나타난다.[9] 스미스는 오늘날의 경제학과 동일한 의미로 '정치경제'란 용어를 사용하였는데, 정치경제의 목적은 지배군주를 위한 부의 창출이 아니라, 시민 개인들이 부를 창출할 수 있도록(즉, 풍족한 수입을 창출할 수 있도록)하는 것이며, 동

---

8) *Ibid.*, pp. 102–110.
9) Adam Smith, *An inquiry into the nature and causes of the wealth of nations* (Oxford: Oxford University Press, 1776).

시에 국가도 시민들에 대한 공공서비스를 제공하기에 충분한 재정수입을 확보하는 것이라고 보았다. 스미스는 개인들의 최대의 이득은 시민들 개개인이 각각의 이윤을 추구하는 곳인 시장에서 창출된다고 보았다. 스미스는 "우리의 저녁은 푸줏간 주인, 양조장 주인, 빵집 주인의 자비심으로부터 마련되는 것이 아니며, 그들 상인들의 자기이윤추구로부터 비롯된다"라고 주장했다. 시장에서 소비자로서의 개인 이익은 푸줏간 주인, 양조장 주인, 빵집 주인이란 생산자의 이익과 상충하는 것이 아니고 서로의 필요한 의한 이익으로서 '교환'(exchange)되는 것이란 의미이다. 개개인들의 교환이 이루어지는 시장은 '보이지 않는 손'(invisible hand)에 의해서 자원을 최적화된 상태로 배분하게 된다. 교환을 국제적 수준으로 확대하게 되면 '자유무역'(free trade)이 된다. 따라서, 스미스에 의하면 '좋은 정부'란 시장에 어쭙잖게 제도와 규제로서 간섭하는 것이 아니라 개인의 이익을 최우선으로 하여 이를 보이지 않는 손에 의하여 최적화할 수 있는 자발적인 시장 기능에 맡기는 정부이다. 그렇다고 해서 스미스가 정부의 역할을 부정한 것은 아니다. 스미스는 기업들(경제주체들)이 활동할 수 있는 공공기반시설의 중요성과 이러한 시설을 제공해야 하는 정부의 역할을 중시하였다.10)

② 개인의 자유를 강조하는 '자유주의'와 달리 '공산주의'는 '개인의 평등'을 강조한다. '공산주의' 정치경제체계의 사상적 기반은 1867년에 '자본론'(Das Kapital)을 저술한 칼 마르크스(Karl Marx)를 시조로 하여 마련된다.11) 마르크스는 사유재산과 자유시장에 의해 뒷받침되는 '자본주의'는 사회 전체의 욕구를 충족시킬 수 없다고 보았다. 인간들간의 경제적 경쟁의 특성은 사회의 부를 독점한 소수 계급에 의해서 빈곤한 다수 노동 계급의 이익을 착취한 결과라는 것이다. 국내적으로 그리고 국제적으로, 이러한 착취는 경제를 통제하는 계급(즉, 자본을 점유한 계급)과 단순히 노동력을 제공하는 계급의 격차를 통해서 지속화된다. 이러한 사회계급들 사이의 불평등이 궁극적으로 단일정당인 공

---

10) 나아가, 시장은 '게걸스러운 이윤추구'의 장이 아니라, 자신이 속한 사회에 대한 애정으로부터 더 긍정적으로 기능할 것이란 균형잡힌 시각을 지니고 있었다. Adam Smith, *The theory of moral sentiments* (Oxford: Oxford University Press, 1759).

11) Karl Marx, *Das Kapital* (Hamburg: Verlag von Otto Meissner, 1922).

산당이 모든 국민들을 대신하여 국가를 통제하게 되는 '공산혁명'을 초래한다고 본다. 공산주의 정치경제체계에서 사유재산이란 전적으로 '국유화'(國有化)되며, 시장은 국가에 의해서 제거되고, 모든 경제 재화는 구성원들 모두의 이익을 위해 존재하는 '공공재'가 된다는 것이다.

모든 공산주의 정치경제체제에서 모든 소유권과 경제정책의 결정은 중앙집권화되어 있다. 세금은 고정된 가격과 임금체계를 통해서 '간접세'의 성격을 띠게 되고, 노동자와 기관의 이익은 공동지출을 위해 국가로 환원된다. 노동도 국가에 의해서 할당되는데, 이는 누가 어느 곳에서 일할 것인지를 국가가 결정한다는 것이다. 공동지출은 기간산업, 교육, 보건, 의료, 퇴직, 휴가 등 전 분야에 걸쳐 광범위하게 이루어지고 무역은 통제된다. 단지 국가의 필요에 의해 수입만 일부 허용되는데, 이들 품목은 대개 국내에서 생산할 수 없는 품목들이다. 공산주의 정치경제체제는 개인적 자유가 아닌 모두의 평등을 강조하며, 국가가 개인의 '운명'(언제 어디서 일하고, 무엇을 사고 팔고)을 결정하기에 시민 개개인의 보다 나은 경제활동의 측면에서 비효율적일 수밖에 없다.[12] 북한과 쿠바는 공산주의 정치경제체제를 운용하는 대표적 예이다.

③ '사회민주주의' 정치경제체제의 사상은 1898년 '진화된 사회주의'(Evolutionary Socialism)를 저술한 에드워드 번스타인(Edward Bernstein)을 시조로 한다.[13] 번스타인은 무력에 의한 혁명을 통하지 않고 자유로운 선거에 의해서도 '사회주의'가 가능하다고 설파하였는데, 그것이 바로 '사회민주주의'이다. 사회민주주의 정치경제체제에선 사유재산과 시장을 인정한다. 그러나 자유주의처럼 자유방임적인 것이 아니라 사유재산과 시장의 궁극적인 이익은 사회이익과 조화되어야 한다는 조심스러운 상황에서 사유재산과 시장을 인정한다. 국가가 방조하는

---

12) 공산주의가 현 시점에선 '공동체주의'(communitarianism)라는 형식으로 명맥을 유지한다는 주장도 있다. 하지만, 경험적인 증거들은, 공동체주의가 공산주의 내에 존재하는 것이 아니고, 자유주의 체제 내에서 일부 집단의 시스템으로 작동하는 경우에 그 존재의 의미를 찾을 수 있음을 보여준다. 동시에, 지금 이 시대 사람들의 입에 오르내리는 공동체주의란 집단의 가치를 위해서 개인의 개성이 함몰되는 일방적인 것을 뜻하는 것이 아니고, 집단의 가치와 개인의 개성이 조화되는 쌍방향적인 것을 뜻하는 것이어서, 공산주의의 기본 사상적 맥락과는 거리가 있다.

13) Eduard Bernstein, *Evolutionary socialism* (New York: Schocken Books, 1961 [1899]).

경제체제는 소수에게 장악되는 부에 의해서 개인들의 불평등을 심화시키기에 이에 유념해야 한다는 것이다. 따라서, 사회민주주의 정치경제체제에서 국가의 힘은 방대하다고 할 수 있다.[14] 국가는 다양한 층의 공공재, 교육, 보건, 의료, 연금체계 등에 관여하게 된다. 적자생존식의 자유방임적 경쟁은 국가로부터 규제될 수 있고, 무역은 국내의 임금이나 고용체계와 연동되어 관리되며, 사회적 평등이란 가치는 높은 수준의 '사회지출비용'을 감수하게 된다. 물론 높은 수준의 사회지출비용은 부자들로부터의 높은 세금체계에 의존한다. 자유주의 정치경제체계인 미국과 비교하여 볼 때, 독일을 비롯한 오스트리아, 핀란드, 덴마크, 네덜란드, 스웨덴, 프랑스와 같은 많은 주요 유럽 국가들이 사회민주주의 정치경제체계에 해당한다.

사회민주주의에서의 시장경제는 자유주의에서의 시장경제와 비교하여 볼 때, 고용자와 피고용자의 경제관계가 덜 계약적이어서 일단 기업에 고용된 피고용자들은 어려운 경제상황에서도 일자리를 유지할 가능성이 상대적으로 높다. 사회민주주의 정치경제체계에선 기업과 같은 민간영역도 정부와 정치세력이 통제하는 영역으로 보기에 독립성이 상대적으로 낮다. 그 배경에는 강력한 사회민주주의 정당, 노동당, 사회당과 같은 정당들이 존재하며, 심지어 카톨릭 교회와 같은 종교적인 배경도 작용한다.[15] 사회민주주의 시장경제에선 자유시장경제에서와 비교하여 상대적으로 노동자들간의 임금격차도 낮다.[16]

---

14) 여기서 국가의 힘이란 것에 대해서 보이어(Boyer)는 국가마다 그 기관 형식에 차이가 있음을 지적한다. 예를 들면, 프랑스는 국가 자체, 스웨덴은 강력한 사회민주당이란 정당, 독일은 산업부문협회 등이란 주장이다. 자세한 내용은 J. Rogers Hollingsworth and Robert Boyer (eds.), *Contemporary capitalism: the embeddedness of institutions* (New York: Cambridge University Press, 1997)를 참고.

15) 대부분의 종교정당들은 반시장적인 것으로 스테레오타입화된다. Peter Mair, *The West European Party System* (Oxford: Oxford University Press, 1990).

16) 이상의 사회민주주의 정치경제체제를 '조정시장경제'란 용어로 표현하기도 한다. Rod Hauge and Maritn Harrop, *op. cit.*, p. 391. 헤이그와 해롭은 조정시장경제에선 '이해관계자 자본주의'(stakeholder capitalism)의 성격이 나타나는데, 독일은 그 대표적인 예라고 지적한다. '이해관계자 자본주의'란 기업의 논의에 근로자, 노조, 지역공동체, 정부 등의 해당 기업관련 다양한 이해관계자를 포함시키는 것을 말한다. '이해관계자 자본주의'의 유사용어는 '신조합주의'(neo-corporatism)일 것이다. 오닐(P. O'Neil)은 사회민주주의 정치경제체제를 기능적 측면에서 볼 때 '신조합주의'와 동의어라고 주장한다. 오닐이 말하는 '신조합주의'란, '조합주의'(corporatism)와 비교하여, 국가(정부, 정치)의 영역에 대해 시장(민간, 기업, 노동자)의 목소리가 영향력을 갖는 상황을 말한다. Patrick H. O'Neil, *op. cit.*, pp. 105-106. 오닐

④ '중상주의' 정치경제체제의 사상적 기초는 프리드리히 리스트 (Friedrich List)의 1841년 저서인 『정치경제의 국가체계』에서 비롯된 다.[17] 국가가 국내의 산업을 보호육성하며 국가의 부를 창출하려는 체제이기에 국가가 시장에 대한 법과 규제를 통해서 기업의 독점을 조장할 수도 있다. 리스트는 자유주의 사상의 '자유무역' 논리에 대해 서 반대한다. 단적으로, 그 이유는 국가는 해외 경제주체들에 대해서 국내 경제 주체들을 보호하는 상당한 수준의 역할을 해야만 하기 때 문이다. 리스트는 개인이 활동 주체인 국내 경제와 국가가 활동주체 인 국제경제는 서로 다른 차원의 것이라고 인식한다. 개인들은 자신 의 이익 창출을 위해선 심지어 국가의 이익과 반대 방향으로도 움직 일 수 있는 존재이다. 그렇기에 국가의 역할은 자명해 진다. 첫째, 자 신들의 경제적 이득에만 관심이 있는 개인들과 달리, 국가는 시민들 전체의 공공복지를 고려해야 하며, 이를 위해서라도 국가의 부를 창 출해야만 한다. 둘째, 국가는 자국의 산업이 스스로 자생력을 지니고 발전할 수 있는 힘을 지닐 때까지 보호육성해야만 한다.[18]

국가의 국내산업 보호육성과 국제경쟁력 강화란 측면이 강조되는 중상주의 정치경제체제의 가장 현대적인 모델은 1960년대 이후 동아시 아에 등장한 소위 '발전국가'(the developmental state) 모델이다.[19] 찰머 스 존슨(Charlmers Johnson)은 일본의 자본주의 경제발전 모델을 설명하 면서 '발전국가'란 개념을 처음 사용하였는데, 그 의미는 생산수단의

은 시장을 중심으로 국가에 대한 민간의 영역(기업, 노동자)의 역할을 중심으로 용 어를 선정하였고, 헤이그와 해롭은 시장에 대한 국가의 역할을 중심으로 용어를 선 정하였음을 알 수 있다. 참고로 오닐은 미국의 학자이고, 헤이그와 해롭은 유럽의 학자임이 우연은 아닐 것이다.

17) Friedrich List, *National system of political economy* (New York: Augustus M. Kelley Pub., 1966[1885]).

18) 중상주의자들도 한 국가의 특정 산업영역(농업, 공업, 상업 등)이 해외의 경제주 체들과 비교하여 일정 수준의 자생적 경쟁력을 지니게 된다면 그 이후엔 자유무역 에 임할 수도 있다고 본다. 실제로 17세기와 18세기 유럽지역에서 산업혁명에 성 공한 직후 영국의 공업생산력은 유럽지역 총생산력의 60%로 평가되었다. 이 시기 에 영국과 자유무역의 대상이 된 타국가의 업종들은 쇠퇴하였으며, 일정 수준 국가 보호아래 경쟁력을 쌓은 후에 자유무역의 대상이 된 업종들은 나름대로 생존하며 명맥을 유지하였다고 주장한다. 이에 대한 구체적인 논의는 Dieter Senghaas, 한 상진, 유팔무(공역), 『유럽의 교훈과 제3세계』 (서울: 나남, 1990)를 참고.

19) 이연호, 『발전론』 (서울: 연세대학교 출판문화원, 2009), 65쪽, 15세기 이후 '중상 주의적 입장'의 시대적 변천사에 대해선 62-64쪽, '발전국가'의 구체적 논의는 91-109쪽을 참조하면 된다.

사적 소유를 인정한 상태에서 국가경제목표를 설정하고 결정하는 강력한 관료제(bureaucracy)가 결합하여 형성된 정치경제체제이다. 일본은 제2차 세계대전 이후 높은 경제성장을 통해서 국가의 부를 축적하였는데, 이때 시장을 조정한 것은 산업통산성(MITI: Ministry of International Trade and Industry)을 중심으로 한 관료들이었다. 발전국가 정치체계에서는 국가의 산업목표를 수행하기 위한 반관(半官), 또는 준국영(準國營)의 기업(parastatal corporations)이 존재하기도 한다. 한국은 일본과 더불어 발전국가의 대표적 예로 회자되는데, 발전국가에서는 정부의 고위관료와 이를 추종하는 기업의 고위 경영자 사이에 긴밀한 유착관계[정경유착(政經癒着)]가 형성되어 정부에 대한 대중들이나 강력한 야당의 정치적·경제적 요구를 막을 수 있는 기제로 작용한다. 발전국가에서 직업의 안정성은 높지만, 임금수당은 상대적으로 낮은 편이다. 수익은 주주들에게 재분배되기 보다는 수출지향산업을 중심으로 재투자되었다. 어찌 보면, 중상주의는 평등과 자유, 시장과 국가란 축을 기준으로 한다기 보다는 단순히 '국가의 필요'라는 차원이 두드러지게 강조되는 정치경제체제일 수도 있다.[20]

이상의 4가지 정치경제체제의 특성을 '정책입안 및 결정 방식'이나 '복지국가적 성격'과 연관시킬 때 비교관점에서 다음과 같이 정리해 볼 수 있을 것이다.

	자유주의	사회민주주의	중상주의	공산주의
정책입안 결정방식	다원주의	조합주의	행정부역할 강조	일당역할 강조
복지국가의 성격	최소 (minimal)	큰 (large)	작은 (small)	광범위 (extensive)
가능한 사회 오류	불평등	고비용	권위주의	비효율
국가들	미국, 영국	독일, 스웨덴	일본, 한국	쿠바, 북한

현대 지구촌에서 가장 뚜렷한 정치경제체제의 대세는 '자유주의'이다. 경제자유화 수준을 보면 다음과 같이 나타난다.

---

20) Patrick H. O'Neil, *op. cit.*, p. 109.

▮표 9-2▮ 경제자유화수준

국가	2000년	2011년	2019년
미국	8.73	8.09	8.24
영국	8.58	8.11	8.15
뉴질랜드	8.47	8.36	8.56
캐나다	8.26	8.08	8.06
일본	8.03	7.77	7.98
독일	7.94	7.92	7.91
스웨덴	7.91	7.86	7.72
프랑스	7.67	7.64	7.55
칠레	7.49	7.94	7.85
한국	7.01	7.63	7.61
남아프리카공화국	6.90	7.00	6.97
멕시코	6.65	6.79	7.20
인도	6.23	6.50	6.66
베네수엘라	5.91	3.73	2.83
브라질	5.78	6.75	6.63
이란	5.67	5.40	5.06
중국	5.48	6.07	6.53
러시아	5.19	6.48	6.70
나이지리아	4.95	6.52	6.97
World	6.60	6.85	6.93

자료출처: Fraser Institute

　　지구촌은 이제 어떤 정치경제체제이냐에 상관없이 모든 사회와 개인들이 연결되어 있으며, 앞으로 이런 경향은 더욱 심화될 가능성이 높다. 인터넷과 모바일로 대표되는 '뉴미디어 시대'라는 흐름에서 그 이전으로 다시 역행할 가능성을 논하는 사람은 거의 없다.[21]

21) ▮표 9-3▮ 2022년 1월 기준 대륙별 인터넷 사용자 비율 (단위: %)

대륙	(지역 내) 인터넷 사용자 비율	인터넷 사용자 증가율 (2000-2022)
아프리카	43.1	13,220
중동	76.4	6,141
중남미	80.4	2,851
아시아	64.1	2,341
유럽	88.4	608
오세아니아	70.1	301
북아메리카	93.4	222
World	66.2	1,355

자료출처: www.internetworldstats.com/stats.htm. 2022년 6월 19일 검색.

앞서 살펴본 4가지 정치경제체제 유형은 몇 가지 변수들과 관련하여 스테레오타입화한 것이어서 정치경제체제의 상이성을 이해하는 데 도움이 되지만, 현실 정치경제체제간의 유사성을 이해하는 데에는 한계가 있다. 현대의 대부분의 국가들은 일방적으로 시장만 중시할 수도 없다. 미국은 자유주의로 대변되지만, 유럽의 국가들만큼은 아니어도 고소득자에 대한 누진세율이 제법 높은 수준이라고 할 수 있으며, 경제사범에 대한 국가의 법집행 강도가 매우 높은 수준의 국가이다. 쿠바와 북한에도 최소한의 시장은 존재한다. 모든 발전된 정치경제체제는 시장의 역할만 중시할 수도 없고 국가의 역할만 중시할 수도 없는 공통적인 형태로 '수렴'(收斂)하는, 일종의 '수렴이론'(convergence theory)에 의한 국가로 나간다는 것이다. 다시 말해서, 자유주의 정치경제체제는 복지국가로의 기능을 보완해 나가며 공산주의 정치경제체제는 시장기능을 보완해 나갈 수밖에 없다는 것이다. 심화되는 글로벌 환경은 모든 국가들을 친시장적 대응을 요구하고 있기 때문에 국가들의 정치경제체제가 동일해질 수는 없더라도, 공통된 시장형식을 받아들이게 된다. 세계시장형식을 받아들이면서 발생하는 국내경제문제를 해결하기 위해서 다시 국가가 후생에 적극적인 역할을 하게 된다는 것이다.

제9장을 마치며

정부가 시장에 개입하는 것은 정권의 '이념적 자세'(ideological stance)와 무관할 수 없다. 케인즈의 공공지출 확대정책이 '좌파 운동'을 자극했던 것과 마찬가지로, 프리드먼(Milton Friedman)의 '통화주의'(monetarism) 정책은 미국의 레이건이나 영국의 대처 정부와 같은 '우파 정권'을 자극했다.[22]

---

22) Milton Friedman, *Capitalism and freedom* (Chicago: Universiy of Chicago Press, 1962). 정치경제학적 입장에서 케인즈와 프리드먼은 두 가지 점에서 대비된다. 첫째, 케인즈의 공공지출정책은 단기적이고 단호한 처방인 데 반해서, 상대적으로 프리드먼의 통화정책은 조심스럽고 점진적인 성격의 처방으로 비유할 수 있다. 둘째, 케인즈는 본질적으로 정부의 개입이 중요하다고 보았지만, 프리드먼은 정부의 개입에 찬성하지 않았다. 케인즈는 정부의 정책결정자가 경제를 잘 조율할 수 있다는 인식을 갖고 있었지만, 프리드먼은 정부의 정책결정자들이 시장의 성과

정부가 어떤 이유에서 어떤 입장을 취하건, 정부가 시장에 개입하는 것은 궁극적으로 개인의 부가 공공의 부와 분리될 수 없기 때문이다. 정치는 국민이 잘 살기 위해서 필요한 것인데, 그러기 위해서 국가의 경제정책 운용이 중요함은 앞서 논의한 바와 같다. 정치경제체제에 대한 성공과 실패 및 만족과 불만족을 결정하는 대상이 국민들이라고 한다면, 비록 결과론적인 성격이 강한 것이라고 해도, 국민들의 '행복지수'23)와 '인간개발지수'(Human Development Index: HDI)는 사회구성원들에게 그들의 정치경제체제가 바람직한 것인지 아닌지를 판단할 수 있는 좋은 기준이 된다.

흥미로운 것은 덴마크인데, 앞서 [그림 9-1]에서 본 바와 같이 세금징수율이 가장 높은 곳인데도 국민들의 행복지수 역시 가장 높게 나타났다는 점이다. 세금징수율이 높아서 시민들의 불만이 고조될 법도 한데, 그렇지 않은 것이다. 총체적으로 이런 상황은 국가의 복지체계가 잘 운영되고, 사회부패의 정도가 낮아 시민들의 국가와 사회에 대한 신뢰도가 높은 곳에서 가능할 것이다.24) 앞서서 덴마크는 부패지수에서도 가장 부패하지 않은 국가 1위에 선정된 곳이다. 인간행복지수란 국가의 정치경제체제의 성격, 정치적 역량의 유무, 경제정책의 효율성뿐만이 아니라, 그 사회의 전통과 문화적 요인이 작용할 것이다. 하지만, 역으로 행복지수가 높은 곳의 정치경제체제는 실패한 정치경제체제라고 말하기 어려울 것이다. 정치발전과 경제발전에서 선발 주자들과 그들의 기준에 의해 후발주자들을 비교한다는 것이 무리일지도 모른다. 이렇게 본다면, 어떤 국가의 물질적 기준에 의한 선진화 여부와 함께 비물질적 요소를 함께 파악하는 것은 의미있는 일이다. '인간개발지수'는 이를 종합적으로 판단하기 위한 좋은 변수이다.

를 향상시킬 수 없다고 인식하였다.

23) 여기서 '주관적 측정'(subject measure)이란 개인들의 종합적이고 주관적인 인식을 측정한다는 것이며, 사회과학 방법론상의 '객관적 측정'(objective measure)에 대비되는 용어이다. 금액이나 생산량과 같이 양적인 것(quantity-wise)에 대한 측정을 객관적 측정이라고 하며, 개인의 종합화된 심리 상태를 측정하는 것을 '주관적 측정'이라고 한다. 행복한 감정이란, 객관적인 소득과 상관없이 개인이 느끼는 종합적이고 주관적인 인식의 측면이 있기에 '주관적 측정'이 된다.

24) 덴마크의 농업사회적 기반과 전통에서 그 이유를 찾기도 하지만, 농민들이 결코 사회순종적이라는 등식은 성립하기 어렵다. '노동자혁명'만큼이나 '농민혁명'은 사회과학의 주요 주제이다.

▌표 9-4▌ 국민행복지수(2019~2021)

순위	국가	행복지수	순위	국가	행복지수
1	핀란드	7.821	56	포르투갈	6.016
2	덴마크	7.636	58	그리스	5.948
4	스위스	7.512	59	한국	5.935
5	네덜란드	7.415	61	태국	5.891
7	스웨덴	7.384	72	중국	5.585
8	노르웨이	7.365	77	베트남	5.485
9	이스라엘	7.364	80	러시아	5.459
10	뉴질랜드	7.200	81	홍콩	5.425
11	오스트리아	7.163	87	인도네시아	5.240
12	호주	7.162	94	방글라데시	5.155
14	독일	7.034	107	이라크	4.941
15	캐나다	7.025	110	이란	4.888
16	미국	6.977	111	가나	4.872
17	영국	6.943	112	터키	4.744
18	체코	6.920	118	나이지리아	4.552
19	벨기에	6.805	119	케냐	4.543
20	프랑스	6.687	120	튀니지	4.516
23	코스타리카	6.582	129	이집트	4.288
25	사우디아라비아	6.523	136	인도	3.777
27	싱가포르	6.480	138	말라위	3.750
29	스페인	6.476	139	탄자니아	3.702
31	이탈리아	6.467	140	시에라리온	3.574
38	브라질	6.293	144	짐바브웨	2.995
46	멕시코	6.128	145	레바논	2.955
54	일본	6.039	146	아프가니스탄	2.404

자료출처: *The World Happiness Report 2022* (United Nations Sustainable Develoopment Solutions Nework)

인간개발지수란 국제연합개발계획이 매년 문자해독률과 평균수명, 1인당 실질국민 소득 등을 토대로 각 나라의 선진화 정도를 평가하는 수치를 말한다. 인간의 행복이나 발전 정도는 소득수준과 비례하지 않고, 소득을 얼마나 현명하게 사용하느냐에 달려 있음을 보여주는 지수이다. 비물질적인 요소까지 측정 대상으로 삼는다는 점에서 국민 총생산(GNP)과 구별된다.

인간개발지수는 다음과 같이 측정되었다.

| 표 9-5 | 인간개발지수(HDI, 2019년 기준)

순위	국가	HDI	순위	국가	HDI
1	노르웨이	0.957	48	몬테네그로	0.829
2	아일랜드	0.955	49	루마니아	0.828
2	스위스	0.955	50	팔라우	0.826
4	홍콩	0.949	51	카자흐스탄	0.825
4	아이슬란드	0.949	52	러시아	0.824
6	독일	0.947	53	벨라루스	0.823
7	스웨덴	0.945	54	터키	0.820
8	호주	0.944	55	우루과이	0.817
8	네덜란드	0.944	56	불가리아	0.816
10	덴마크	0.940	57	파나마	0.815
11	핀란드	0.938	58	바하마	0.814
11	싱가포르	0.938	58	바베이도스	0.814
13	영국	0.932	60	오만	0.813
14	벨기에	0.931	61	조지아	0.812
14	뉴질랜드	0.931	62	코스타리카	0.810
16	캐나다	0.929	62	말레이시아	0.810
17	미국	0.926	64	쿠웨이트	0.806
18	오스트리아	0.922	64	세르비아	0.806
19	이스라엘	0.919	66	모리셔스	0.804
19	일본	0.919	67	세이셸	0.796
19	리히텐슈타일	0.919	67	트리니다드토바고	0.796
22	슬로베니아	0.917	69	알바니아	0.795
23	한국	0.916	70	쿠바	0.783
23	룩셈부르크	0.916	70	이란	0.783
25	스페인	0.904	72	스리랑카	0.782
26	프랑스	0.901	73	보스니아 헤르체코비나	0.780
27	체코	0.900	74	그레나다	0.779
28	몰타	0.895	74	멕시코	0.779
29	에스토니아	0.892	74	세인트키츠 네비스	0.779
29	이탈리아	0.892	74	우크라이나	0.779
31	아랍에미리트	0.890	78	앤티가 바부다	0.778
32	그리스	0.888	79	페루	0.777
33	사이프러스	0.887	79	태국	0.777
34	리투아니아	0.882	81	아르메니아	0.776
35	폴란드	0.880	82	북마케도니아	0.774
36	안도라	0.868	83	콜롬비아	0.767
37	라트비아	0.866	84	브라질	0.765
38	포르투갈	0.864	85	중국	0.761
39	슬로바키아	0.860	86	에콰도르	0.759
40	헝가리	0.854	86	세인트 루시아	0.759
40	사우디아라비아	0.854	88	아제르바이잔	0.756
42	바레인	0.852	88	도미니카 공화국	0.756
43	칠레	0.851	90	몰도바	0.750
43	크로아티아	0.851	91	알제리	0.748
45	카타르	0.848	92	레바논	0.744
46	아르헨티나	0.845	93	피지	0.743
47	브루나이	0.838	94	도미니카 연방	0.742

순위	국가	HDI	순위	국가	HDI
95	몰디브	0.740	143	케냐	0.601
95	튀니지	0.740	144	캄보디아	0.594
97	세인트빈센트 그레나딘	0.738	145	적도 기니	0.592
97	수리남	0.738	146	잠비아	0.584
99	몽골	0.737	147	미얀마	0.583
100	보츠나와	0.735	148	앙골라	0.581
101	자메이카	0.734	149	콩고	0.574
102	요르단	0.729	150	짐바브웨	0.571
103	파라과이	0.728	151	솔로몬 제도	0.567
104	통가	0.725	151	시리아	0.567
105	리비아	0.724	153	카메룬	0.563
106	우즈베키스탄	0.720	154	파키스탄	0.557
107	볼리비아	0.178	155	파푸아뉴기니	0.555
107	인도네시아	0.718	156	코모로	0.554
107	필리핀	0.718	157	모리타니	0.546
110	벨리즈	0.176	158	베냉	0.545
111	사모아	0.715	159	우간다	0.544
111	투르크메니스탄	0.715	160	르완다	0.543
113	베네수엘라	0.711	161	나이지리아	0.539
114	남아프리카공화국	0.709	162	코트디부아르	0.538
115	팔레스타인	0.708	163	탄자니아	0.529
116	이집트	0.707	164	마다가스카르	0.528
117	마셜 제도	0.704	165	레소토	0.527
117	베트남	0.704	166	지부티	0.524
119	가봉	0.703	167	토고	0.515
120	키르기스스탄	0.697	168	세네갈	0.512
121	모로코	0.686	169	아프가니스탄	0.511
122	가이아나	0.682	170	아이티	0.510
123	이라크	0.674	170	수단	0.510
124	엘살바도르	0.673	172	감비아	0.496
125	타지키스탄	0.668	173	에티오피아	0.485
126	카보베르데	0.665	174	말라위	0.483
127	과테말라	0.663	175	콩고민주공화국	0.480
128	나카라과	0.660	175	기니비사우	0.480
129	부탄	0.654	175	라이베리아	0.480
130	나미비아	0.646	178	기니	0.477
131	인도	0.645	179	예멘	0.470
132	온두라스	0.634	180	에리트리아	0.459
133	방글라데시	0.632	181	모잠비크	0.456
134	키리바시	0.630	182	부르키나파소	0.452
135	상투메프린시페	0.625	182	시에라리온	0.452
136	미크로네시아	0.620	184	말리	0.434
137	라오스	0.613	185	부룬디	0.433
138	에스와티니	0.611	185	남수단	0.433
138	가나	0.611	187	차드	0.398
140	바투아누	0.609	188	중앙아프리카공화국	0.397
141	동티모르	0.606	189	니제르	0.394
142	네팔	0.602			

자료출처: United Nations Development Program, *Human Development Report 2020: The Next Frontier.*

국가들의 등위를 볼 때, 앞서 살펴본 행복지수와 인간개발지수는 큰 틀에서 유사하면서도 차이점도 일부 발견됨을 알 수 있다. 전 세계 국가들 중에서 대한민국은 행복지수에서는 상위권 정도이지만(상위 30% 수준) 인간개발지수는 훨씬 상위권(상위 9% 수준)이라고 할 수 있다. 행복지수가 과거에 근간하여 현재를 중심으로 한다면, 상대적으로 인간개발지수는 그 지수의 내용상 미래에 대한 희망을 포괄하고 있다. 대한민국은 2015년 인간개발지수를 기준으로 볼 때, 최상위권에 있다. 더욱 성공한 정치경제체제가 되기 위해서 덴마크에서 교훈을 얻는다면, '사회신뢰도'를 높여야 하는데, 이는 국가가 '사회부패'를 줄이고, 정비된 '복지체계'로 국민들의 국가에 대한 신뢰도를 높여야 한다는 의미일 것이다. 대한민국에 어려움도 있지만 인간개발지수가 아시아 최고 수준이기에 미래가 있다고 말할 수 있다. 객관적 기준에 의해서, 아시아에서 일본보다 우위에 있으며 아시아 최상의 국가라고 할 수 있다. 19세기 근대화의 조류를 타지 못해서 일제의 침략까지 받았던 그리고 여전히 한반도 분열의 아픔을 겪고 있음에도 대한민국은 당당히 우리가 우리에 대한 '자존감'을 높일 수 있는 상황에 있음이 분명하다.

자국에 대한 '자존감'이야말로 '진정한 세계인'(genuine globalist)으로 나가는 첫 걸음이다. "다른 사람을 존중하고 사랑하기 위해선 우선 자기 자신을 존중하고 사랑하여야 한다"는 경구와 같은 이치일 것이다. 그러한 상황은 우리가 추상적으로 생각하는 자기 위안이 아니며, 살펴본 구체적인 기준들에 의해서 도출된 국제적·객관적 기준에 의한 것이다. 현재는 지구촌 시대다. 자국 중심의 폐쇄적인 사고방식을 버리고, 다양한 국가들을 이해하며, 상대적 입장을 이해하고 이와 더불어 자국의 위치를 반추할 때 진정한 의미의 세계인으로 거듭나게 될 것이다. 비록 '고립주의'와 '자국보호주의'의 물결이 반작용으로 발생할 수 있을 것이다.

자이한(Peter Zeihan) 그의 저서 "세계화의 종말의 시작"(The End of the World is Just the Beginning, 2022)에서 세계의 탈세계화 가능성을 진단한다. 생산인구감소, 기후변화, 식량위기, 미국의 리더십 부재들이 혼재되면서 예견되는 미래라는 것이다.

하지만, 인터넷과 SNS로 엮인 지구촌은 이제 그 연계성과 친밀성 에서 새로운 시대로 들어서며 당분간 역행할 수 없는 길을 가고 있다.

인명
색인

신명순(申命淳)
현 대한민국 학술원 회원
　　연세대학교 정치외교학과 명예교수
Northwestern University 정치학 박사(Ph.D.)
한국정치학회장 역임

진영재(陳英宰)
현 연세대학교 정치외교학과 교수
University of California, Irvine 정치학 박사(Ph.D.)
한국정치학회장 역임

제6판
비교정치

초판발행　　1999년 9월 5일
개정판발행　2006년 3월 10일
전정판발행　2010년 3월 10일
제4판발행　 2017년 3월 15일
제5판발행　 2019년 7월 15일
제6판발행　 2022년 8월 10일

지은이　　　신명순·진영재
펴낸이　　　안종만·안상준

편　집　　　전채린
기획/마케팅　조성호
표지디자인　이영경
제　작　　　고철민·조영환

펴낸곳　　　(주)**박영시**
　　　　　　서울특별시 금천구 가산디지털2로 53, 210호(가산동, 한라시그마밸리)
　　　　　　등록 1959. 3. 11. 제300-1959-1호(倫)

전　화　　　02)733-6771
f a x　　　 02)736-4818
e-mail　　　pys@pybook.co.kr
homepage　 www.pybook.co.kr
ISBN　　　　979-11-303-1607-9　93340

정　가　　　32,000원